기념비적 성취로 추존한 저술에 대한 평으로는 너무 주제넘다고 느꼈다. 그런데 같은 순간 의식 저편에서 이렇게 중얼거리는 목소리도 똑똑히 들렸다. '아주 틀린 말은 아니지.'

『윤리학의 방법』의 중심 테마인 이기주의·직관주의·공리주의는 20세기에 출간된 온갖 윤리학 입문서들의 기본 메뉴였다. 저자의 입맛에 따라 어떤 모양새를 취하든, 윤리학 입문서들은 이 '주의(ism)'들에 대한 요약적 설명과 핵심적 비판을 담아야 했다. 그렇기에 식당 창문에 걸린 메뉴판만 보고 그냥 지나치는 손님처럼, 어쩌면 어떤 독자들은 이 책의 목차에 걸린 장 제목들에서 벌써 식상함을 느낄 수 있다. 그런데 윌리엄스가 꼬집으려던 '지루함'의 정체는 이러한 식상함이 아니었다.

그 지루함의 정체는 지나친 상세함이다. 별 각오 없이 읽다 보면, 어느새 정신 사납다고 진저리칠 수밖에 없는 상세함이다. 시지윅 자신이 밝힌 계획대로라면, 『윤리학의 방법』은 오늘날의 입문서들처럼 대표적인 윤리학적 '주의'들에 대하여 최대한 중립적인 입장에서 설명과 비판을 제공할 목적으로 빚어진 책이다. 그러나 이 책의 실체는 일반 독자들까지 배려한, 아니 어쩌면 그들을 상업적 표적으로 삼은 흔한 입문서들과는 차원과 궤를 달리한다. 친절함은 눈 씻고 찾아봐도 없다.

윤리학적 주요 개념들에 대한 서양 근대 사상가들의 엇갈리는 주장들, 고대로부터 전승된 덕목에 대한 세인들의 일관성 없는 견해들, 당시의 심리학·생물학·진화론 등과 관련된 과학적 보고들, 자유의지의 존재와 도덕적 함축에 대한 결정론자와 자유지상주의자의 풀리지 않는 논쟁들, 여기에 우리에게는 생소한 그와 동시대 주변 학자들의 잡다한 의견들까지,『윤리학의 방법』은 시지윅이 도덕철학과 관련된 자신의 온갖 지식과 관심을 털어 넣고, 세간의 지적을 예의주시하면서 죽을 때까지 정성스레 매만진 역작이다.

'역작(力作)'이란 힘들여 지은 만큼 다가가기도 힘든 작품일 수 있다. 이 책이 꼭 그렇다. 그래서 결코 단순한 투덜거림의 수준이 아니지만 윌리엄스의 '지루하다'는 평은 아주 틀린 말이 아니다. 나름 성의껏 논의 범위를 좁히려고 노력하지만, 시지윅이 의도적으로든 비의도적으로든 이 책에 던져 넣은 아이디어들의 산더미는 읽는 사람의 마음을 어수선하게 만든다. 그럼에도 역자의 입장에서 변론하자면, 그것은 오늘날의 흔한 입문서들에서는 절대 마주칠 일이 없는, 필시 누군가에게는 무모한 도전정신을 자극할 산더미다.

봉천동에서
강준호

제1판 서문

　윤리학이라는 진부한 주제에 대한 새로운 책을 대중 앞에 내놓으면서, 첫머리에 그 계획과 목적을 분명하게 밝혀주는 것이 바람직할 것으로 보인다. 이 책의 독특한 특징은 우선 부정적으로 보일 수 있다. 이 책의 대부분은 형이상학적인 것도 심리학적인 것도 아니다. 동시에 이 책은 독단적인 것도 실천과 직접 연관된 것도 아니다. 이 책은 예증을 제시할 경우를 제외하고는 윤리학적 사유의 역사를 다루지 않는다. 어떤 의미에서 이 책은 비판적인 것도 아니라고 말할 수 있다. 왜냐하면 이 책에서 개별 윤리학자의 체계에 대한 비판을 제공하는 것은 아주 부차적이기 때문이다. 이 책은 무엇을 행해야 하는가에 대하여 이성적 신념을 얻는 여러 방법들에 대한 설명적인 동시에 비판적인 고찰이라고 주장한다. 그 방법들은 인류 전체의 도덕의식에서—명시적으로나 암묵적으로—발견될 수 있고, 가끔은 단독으로나 공동으로 개별 사상가들에 의하여 발전되어왔고, 이제는 역사적으로 유명한 체계들이 되었다.

나는 주어진 어떤 상황에서든 옳거나 합당한 어떤 행동[1]이 있고 이 행동이 무엇인지 알 수 있다는 (모든 윤리학적 추론에서 암시적으로 내려지는) 단순한 가정에 의하여—아마 근대 윤리학자들이 지나치게 주목해온—도덕 능력의 기원에 대한 탐구를 회피하려 했다. 우리가 지금 [옳거나 합당한 행동을] 알 능력이 있다고 인정할 경우, 내가 보기에 이러한 인식의 역사적 전제조건이라든가 그것과 정신의 다른 요소들의 관계에 대한 탐구는, 마치 공간 인식의 문제가 기하학에 속하지 않는 것처럼, 당연히 윤리학에 속하지 않는다.[2] 그러나 나는 윤리학적 지식의 대상의 성질에 대하여 더 이상의 가정을 하지 않는다. 따라서 나의 논고는 독단적인 것이 아니다. 나는 이 책에 나오는 모든 상이한 방법을 중립적 입장에서 되도록 불편부당하게 해설하고 비판한다. 이 주제에 대한 나의 논법은 어떤 의미에서 많은 윤리학자들의 논법보다 더 실천적이다. 왜냐하면 나는 시종일관 우리의 공통적 일상생활과 현실적 실천의 친숙한 문제에서 어떻게 합리적으로 결론에 도달할지를 고찰하기 때문

---

1) 나는 어떤 상황에서는 둘 혹은 그 이상의 대안들이 동등하게 옳을 수 있다는 가정을 배제하지 않았다(1884).
2) 내가 보기에 이제 이 진술은 약간 수정이 필요하다(1884).

이다. 그럼에도 나의 직접적 대상은—아리스토텔레스의 경구를 거꾸로 뒤집어—실천이 아니라 지식이다. 나는 윤리학자의 마음을 지배해온 교화의 욕망이 윤리과학(ethical science)의 진정한 진보를 방해했고, 물리학의 위대한 발견을 가져다준 사심 없는 호기심을 발휘하는 것이 윤리과학에 이롭다고 생각했다. 나는 바로 이러한 정신으로 이 책을 쓰려고 애썼다. 이러한 견해를 가지면서 내가 바라는 바는, 우리가 다룰 방법들이 도달할 실천적 결과가 아니라 그 방법들 자체에 독자들이 주목해주는 것이다. 내가 원하는 것은 우리가 해야 할 일을 결정해주는 참된 방법의 발견과 적용에 대하여 우리 모두가 느끼는 절박한 필요를 잠시 접어두고, 일정한 윤리학적 전제로부터 출발할 경우 우리는 어느 정도로 확실하고 정확하게, 그리고 어떤 결론에 합리적으로 도달할 것인가를 고찰하는 것이다.

제1권 4장은 "쾌락과 욕망"에 관한 논문이 처음 실렸던 《컨템포러리 리뷰》로부터 (상당한 수정을 가하여) 재출판된 것이라는 점을 말해두겠다. 끝맺기 전에, 나의 저술이 인쇄되기 전뿐만 아니라 인쇄되는 동안에도 그것을 읽고 비판하는 다소 힘든 작업을 친절하게 수락해준 나의 친구 존 벤(John Venn: 1834-1923)에게 감사를 표하지 않을 수 없다. 나의 해설의 여러 개선사항들은 그의 덕분이다.

제2판 서문

　이 저술의 제2판을 준비하면서 나는 수많은 내용의 변경과 추가가 바람직하다고 느꼈다. 실제로 상당한 수준의 변경과 추가가 이루어졌고, 그래서 나는 초판 구매자들이 활용할 수 있도록 변경과 추가 내용을 별책 형태로 출판하는 편이 좋을 것이라고 생각했다. 한두 가지 점에서 나는 견해의 변화를 인정하지 않을 수 없다. 이 변화는 적어도 부분적으로는 비판으로 인한 것이다. 예컨대 알렉산더 베인(Alexander Bain) 교수와 몇몇 다른 사람들로부터 상당히 비판을 받은 ("쾌락과 욕망"에 대한) 제1권 4장에서, 나는 쟁점이 된 심리학적 문제에 대하여 이전 견해를 유지하면서도, 이 문제와 윤리학의 관계에 대해서는 다른 견해를 취하게 되었다. 사실 이번 판의 제1권 4장 §1은 이에 대응하는 초판의 절과 직접적으로 모순된다. 그래서 '자유의지'에 대한 그 다음 장과 관련해서도, 비록 그것이 불러일으킨 비평이 이 오래된 문제를 다루면서 내가 마주친 문제들을 제거해주었다고 생각하지 않지만, 독자에게 이 문제를 잔인하게 강요해서는 안 된다고 확신하게 되었고, 동시에 그 문제에 대한 고찰을 표면상 나의 논제에서 배제했다. 따라서 이번 판에서 나는 조심스럽게 그 문제의 실천적 국면에 대하여 내가 취하는 견해를 설명하고 정당화하는 작업에만 집중했다. 더 나아가 나는 진화론에 대한 연구를 통하여 그 견해를 실천에 적용하면서 예전보다 더 큰 중요성을 이 이론에 부여하게 되었다. 그리고 나는 제3권과 제4권의 여러 절들에서 상식도덕에 대한 숙고가 지속적으로 보여주는 더 높은 목적과 기준의 암시적 지시에 대한 설명에서 '행복'을 '복리(well-being)'[3]로 대체하게 되었다. 그러나 (제3권의 종장에서 설명한 것처럼) 후자의 변화는 궁극적으로 어떤 실천적 결과를 낳을 것으로 보이지 않는다. 또한 나는 '객관적 옳음'에 대한 견해를 바꿨다. 독자는 제1권 1장 §3과 초판에서 이에 대응하는 절을 비교함으로써 그 변화를 발견할 것이다. 그러나 여기서도 그 변화는 아무런 실질적 중요성을 가지지 않는다. 공리주의적 원칙에 대한 설명에서(제4권 1장), 나는 '최대 다수의 최대 행복(greatest happiness

---

3) 〈역주〉책 전반에서 'happiness'는 '행복', 'well-being'은 '복리'로 번역한다. 여기서는 마치 양자를 구분하는 듯하나, 이 책의 어디서도 시지윅은 양자의 정확한 의미상의 차이를 설명하지 않는다. 이러한 문제는 벤담에게서도 발견된다.

of the greatest number)'이라는 성가신 문구를—그 문구의 창시자가 조언한 대로—마지막 네 낱말을 생략하여 짧게 만들었다. 마지막으로 나는 이 논고의 종장에 대하여 강력하게 제기된 반론에 최대한 양보했다. 내가 보기에 거기에 포함된 주요 논의는 이 저술의 완전성에 필수불가결하다. 그러나 나는 종장의 시작 부분을 바꾸고 마지막 문단의 대부분을 생략하여 그 장을 새로운 모습으로 바꾸려고 애썼다.

이 판의 새로운 내용의 대부분은 설명적이고 보완적일 뿐이다. 나는 모호하거나 불충분하게 표현되어 있다고 보았거나 경험에 의하여 잘못 이해될 수도 있다고 생각했던 여러 지점들에서 나의 견해를 더 충실하고 명쾌하게 설명하려고 애썼다. 그래서 제1권 2장에서 나는 윤리학과 정치학의 관계에 대하여 제1판에 포함된 것보다 조금 더 유익한 설명을 제공하려고 시도했다. 또한 레슬리 스티븐(Leslie Stephen)의 흥미로운 논평이 《프레이저(*Fraser*)》(1875년 3월)에 나오기 전에도, 나는 '실천이성'에 대한 나의 전반적 견해와 '옳음' 및 '당위' 등의 용어가 나타내는 기본개념을 더 깊이 설명하는 것이 바람직하다는 점을 알고 있었다. 이러한 목적으로 나는 제1권 3장을 완전히 다시 썼고, 제1권 1장에 상당한 변화를 주었다. 제1권 6장과 9장, 제2권 4장과 같은 다른 곳에서도 나는 더 명쾌하고 균형 잡힌 설명을 위하여 큰 변화를 주었다. 제3권의 처음 세 장들에서 내가 준 상당한 변화가 이렇다는 것은 부분적으로 사실이다. 그러나 나는 이 장들 중에서 첫 번째 것에 대하여 콜더우드 (Henry Calderwood: 1830-1897)[4] 교수가 제기한 반론을 회피하려고 시도했다. 제3권의 중심부(4-12장)는 아주 약간만 변했다. 그러나 여러 저술가들이 암시적으로 비판한 ('철학적 직관주의'에 대한) 13장 에서, 나는 (초판에서 그랬던 것처럼) 다른 윤리학자들의 의견을 비평하는 것에 그치지 않고 나의 의견에 대한 더 명백한 진술을 제시하는 것이 이롭다고 생각했다. 14장도 상당히 수정되었다. 이러한 수정은 주로 내가 《마인드(Mind)》(5호)에 출판한 '쾌락주의와 궁극적 좋음'에 대한 논문의 일정 부분의 내용을 그 장에 집어넣기 위해서였다. 제4권에는 (위에서 언급한 것 외에) 별다른 변화가 없다. 변화는 주로 중점적으로 검토한 세 방법들에 대한 나의 전반적 태도에 대하여 내가 즉각 알아챈 오해를 제거하기 위한 것이었다.

이 저술을 개정하면서 내가 공적으로나 사적으로 알게 된 모든 비판에서 최대한 도움을 받으려고 애썼다.[5] 내가 보기에 불합리한 반론의 경우에도 사소한 변경에 의하여 논쟁을 피할 수 있다고 생각되면, 언제나 그 반론을 수용했다. 요청된 변화를 줄 수 없는 경우라도, 나는 그럴듯하거나 어쨌든 교훈적으로 보이는 비판에 대

---

4) 《마인드》, No. 2를 참조하시오.
5) 출판되지 않은 비판들 가운데 특히 내가 카베스 리드(Carveth Read: 1848-1931)에게서 받은 귀중한 제안을 거론하지 않을 수 없다. 이번 판을 개정하면서 내가 교정한 것들 중 여럿은 그에게 도움을 받은 것이다.

해서는 본문이나 주석에서 답했다. 이렇게 하면서 반론자가 윤리학 교수로 인정받는 위치에 있다는 사실이 논의에 대한 관심을 분명 더 높일 수 있다고 생각되는 경우, 나는 그 반론자의 이름을 언급했다. 경험상 이렇게 하는 것이 예의에 어긋날 것 같은 경우에는 이름을 언급하지 않으려고 주의했다. 이 책은 이미 내가 바랐던 것보다 더 많은 논쟁을 불러일으키고 있다. 따라서 나는 순전히 개인적 흥미의 논쟁들로 이 책을 거치적거리게 만들지 않으려 했다. 이러한 이유로 나는 단순한 오해로 인한 비판은 대체로 무시했다. 이번 판에서 나는 이러한 비판이 생기지 않도록 적절히 주의했다. 그러나 몇 마디 해두는 편이 좋다고 생각되는 근본적 오해가 있다. 나는 여러 비판가들이 원래의 서문과 제1권 1장 §5에서 제시한 나의 논고의 계획에 대한 설명을 간과하거나 무시하고, 그 결과 그들은 내가 중점적으로 검토한 방법들 가운데 처음 두 방법에 대한 공격자인 동시에 세 번째 방법에 대한 옹호자로서 내가 이 책을 쓰고 있다고 추측한다는 사실을 깨달았다. 그래서 나의 비평가들 중 어떤 사람은 (직관주의에 대한) 제3권을 외부로부터의 적대적 비판만을 포함한 것으로 간주하는 듯하다. 다른 사람은 나의 주된 목적이 '이기주의의 억제'라고 가정하는 논문을 썼다. 또 다른 사람은 (명백히) 나의 논고의 '주요 논증'이 보편주의적 쾌락주의의 증명이라는 인상을 주는 소논문을 썼다. 나는 이렇게 많은 오도된 비판을 일으킨 것을 유감으로 생각한다. 나는 이번 판에서 오도된 비판의 원인이었다고 인식한 절들을 세심하게 고쳤다. 내가 제3권에서 검토한 도덕은 누구의 것이랄 것 없이 나 자신의 도덕이다. 내가 말한 것처럼, 그것은 '상식도덕'이다. 그것을 공유하는 한에서, 나는 그것을 설명하려고 시도할 뿐이다. (1) 불편부당한 비판을 위하여 일시적으로, 아니면 (2) 그것이 불완전하다는 실천적 자각에 의하여 어쩔 수 없이 그것을 넘어설 수밖에 없는 한에서만, 나는 나 자신을 그것 바깥에 놓는다. 나는 확실히 상식도덕을 가차 없이 비판했다. 그러나 나는 내가 쾌락주의적 방법의 결점과 문제도 마찬가지로 거리낌 없이 폭로했다고 생각한다(특히 제2권 3장과 4장, 제4권 5장을 참조하시오). 그리고 두 쾌락주의 원칙들과 관련하여, 나는 전체의 행복을 목표로 삼는 것의 합당함을 자신의 행복을 목표로 삼는 것의 합당함보다 더 강한 확신을 가지고 주장하지 않는다. 내가 다른 곳에서 "실천이성의 이중성"이라고 부른 것에 특별히 주목하도록 만든 것은 나의 계획의 일부가 아니었다. 그러나 나는 나의 견해가 비판가들 가운데 그것을 이해하고 있는 사람들조차 큰 혼란에 빠트렸다는 사실에 놀라고 있다. 나는 그들이 내가 그것을 배운 출처, 즉 버틀러의 유명한 설교에서 나의 견해를 즉각 발견하리라고 상상했다. 버틀러와 더불어 나는 이렇게 주장한다. "합당한 자기애와 양심은 인간본성의 최고 혹은 상위의 두 원칙이다." 우리는 그것들 각각을 따라야 할 "분명한 책무"를 가지고 있다. 합당한 자기애, 그리고—신학과는 별문제로—그것과 양심의 관계에 대한 견해에서, (내가 믿기에) 나는 버틀러와 크게 의견이 다르다. 다시 양심을 본질적으로 실천이성의 기능으로 간주한다는 점에서 나는 그와 의견이 다르지 않다. 『유비』⁶⁾(제2부 8장)에서 그는 "도덕적 수칙들은 우리가 그 이유를 아는 수칙들이다"라고 말한다. 나의 차이점은 '우리는 우리의 공통적 양심의 수칙들 가운데 어느 것이 궁극적으로 합당한가를 정말로 아는가?'라고 물을 때 나타난다. 이 물음은 버틀러가 심각하게 주목하지 않은 것으로 보이거나 어쨌든 만족스러운 대답을 제공하지 못한 물음이다. 이 물음에 대하여 내가 발견한 대답은, 벤담(Jeremy Bentham: 1748-1832)의 공리주의를 윤리학설로 간주할 경우, 내가 오래전부터 그 학설에서 부족하다고 인식해온 합리적 기초를 제공했다. 그리하여 나는 직관주의자와 공리주의자 사이의 일반적으로 인정해온 대립을 초월할 수 있었다.

---

6) 〈역주〉 원제목은 『자연의 구성과 방향에 대한 자연종교와 계시종교의 유비 (*The Analogy of Religion, Natural and Revealed, to the Constitution and Course of Nature*)』(1736).

제3판 서문

　제3판에서 나는 다시 광범위한 변화를 주었고, 상당 양의 새로운 내용을 추가했다. 이러한 변화와 추가의 일부는 나 자신의 윤리학적 혹은 심리학적 견해의 변화에서 기인한다. 그러나 나는 이 변화와 추가사항들 중 어느 것도 이 논고의 중심 주제에 대단히 중요하다고 생각하지 않는다. 사실 새로 삽입된 내용의 대부분은 (1) 나의 견해에 대한 설명 속에서 다른 사람들의 비판[7]이나 나 자신의 숙고에 의하여 발견할 수 있었던 불명료한 점, 모호한 점, 그리고 사소한 비일관성을 제거하기 위한 것이거나, (2) 이전 판에서는 완전히

---

[7]　여기서 나는 내 제자들의 소견과 질문에서, 또한 다른 사람들이 나에게 사적으로 전한 비판들에서 얻은 이익을 인정하지 않을 수 없다. 후자 가운데 나는 특히 나의 근본 학설에 대하여 헤이스팅스 래시들(Hastings Rashdall: 1858-1924) 신부가 제공한 유익한 검토를 언급하지 않을 수 없다.

무시했거나 아주 가볍게 논했지만 지금 와서 보니―그 주제에 대한 나 자신의 견해에 따라서―나의 논고를 더 완전하게 만들기 위해서든 영국의 윤리학적 사고의 현 상태에 더 잘 적용될 수 있도록 만들기 위해서든 나의 의견에 대한 설명이 중요해 보이는 일정 부분과 국면을 마음에 들 만큼 충분히 논하기 위하여 작성되었다. 첫 번째 종류의 가장 중요한 변화는 제1권 1장과 9장, 제2권 1-3장, 제3권 1장, 13장, 14장에 있다. 두 번째 항목의 변화로는, 제1권 3장에 나오는 도덕적 행동과 지성의 관계에 대한 논의, 제1권 5장의 의지에 대한 논의, 제2권 6장의 쾌락과 고통의 원인에 대한 논의, 제3권 2장의 상식도덕에서의 덕 개념에 대한 논의, (주로) 제4권 4장에 나오는 진화론적 윤리학에 대한 논의를 언급할 수 있다.

　제2판 구매자가 이용할 수 있도록 모든 주요 변경과 추가사항을 별책으로 출판했다는 점을 덧붙인다.

제4판 서문

제4판의 주요 변경사항은 다음과 같다. (1) 『도덕원리』[8]에서 토머스 파울러(Thomas Fowler: 1832-1904)의 비판과 『윤리이론의 유형』[9]에서 제임스 마티노(James Martineau: 1805-1900)의 비판에 맞서기 위하여, 나는 제1권 5장 §3에서 자유의지에 대한 논의를 확장했다. (2) 마지막에 언급한 저술의 출판 때문에, 나는 마티노 박사가 주장한 윤리학적 견해를 다루는 제3권 12장의 일부를 다시 썼다. (3) 나는 래시들이 《마인드》(1885년 4월)에서 제기한 훌륭한 반론에 맞서기 위하여 제3권 14장의 논증을 확대했다. (4) 제3판을

---

8) 〈역주〉 Thomas Fowler & John Matthias Wilson, *The Principles of Morals* (Clarendon Press, 1886).

9) 〈역주〉 James Martineau, *Types of Ethical Theory*(Clarendon Press, 1898).

준비하면서 내가 부주의하게 간과했던 기지키(Georg von Gizycki: 1851-1895) 교수의 중요한 비판(《과학철학 계간지》, 4권, 1호)[10] 때문에 종장을 다소 변경했다. 그리하여 여러 쪽의 새로운 내용이 삽입되었다. 저술의 다른 부분들에서 장황하게 보이는 부분을 줄이고 불필요하게 보이는 부분을 삭제하고 본제에서 벗어난 부분을 주해로 돌림으로써—기쁘게 말해서—새로운 내용을 위한 공간을 마련했다. 그래서 전체 분량은 늘어나지 않는다.

이번 판에서 새로운 모양을 갖춘 색인은 『명제에 대한 학문으로서 논리학의 요소』[11]의 저자인 거튼 칼리지(Girton College)의 존스(E. E. C. Jones: 1848-1922) 양 덕분이다.

---

10) 〈역주〉 *Vierteljahresschrift für Wissenschaftliche Philosophie*, Jahrg. iv. Heft i.

11) 〈역주〉 Emily Elizabeth Constance Jones, *Elements of Logic as a Science of Propositions*(Clark, 1890).

제5판 서문

　이 논고의 제4판 출판 이후, 나의 윤리학적 의견과 추론에 대하여 내가 인지한 비판은 주로 제1권 5장의 자유의지 문제에 대한 논법이나 제3권과 제4권에서 주장한 궁극적 좋음에 대한 쾌락주의적 견해와 연관되어 있었다. 따라서 논증을 더 분명하고 설득력 있게 만들겠다는 바람에서, 나는 이 두 장의 일정 부분을 다시 썼다. 각 경우에 이번 판과 이전 판을 비교하는 세심한 독자에게는 약간의 견해 변화가 또렷이 보일 것이다. 그러나 어떤 경우든 그 변화가 논증의 주된 요지에 영향을 미치지 않는다. 여러 다른 장들에서, 특히 제1권 2장과 제3권 1-2장에서 한두 경우에는 결코 사소하지 않은 변화가 있었다. 그러나 그 변화는 주로 설명의 결함을 제거하기 위한 것이었고, (내가 생각하기에) 아무런 중요한 견해 변화도 동반하지 않는다.

이번 판을 개정해주고 가장 유용한 교정과 제안을 제공해준 것에 대하여 거튼 칼리지의 존스 양에게 다시 감사드린다.

제6판 서문

시지윅 교수는 『윤리학의 방법』 제6판의 개정을 시작했고, 작업은 276쪽까지 이어졌다. 그런데 그의 교정 작업은 여기서 끝난다. 개정 후반부는 그가 심각한 질병에 시달리는 와중에 이루어졌고, 질병이 악화되자 언급한 지점부터 그는 개정 작업을 계속할 수 없었다. 그의 죽음이라는 불행한 사건으로 인하여, 이 책의 나머지 부분은 그의 마지막 손질을 받지 못했다. 그의 바람에 따라서―그가 지시한 몇몇 사소한 변경사항과 제4권 3장의 마지막 부분을 457-479쪽에 삽입한 것을 제외하고―나는 277쪽부터 509쪽까지를 변경하지 않고 인쇄했다. 시지윅 교수가 이번 판의 276쪽 이전에서 변경한 내용은 주로 제1권 1-4장과 9장, 그리고 제2권 3장과 6장에서 발견될 것이다.

이번 판의 58쪽 주해 1에서 약속한 「칸트의 자유의지 개념」이라는 부록은 사실 《마인드》, 13권 51호에 실린 시지윅 교수의 같은 제목의 논문을 재인쇄한 것이고, 정확히 주해에서 지시한 근거를 포함한다.

중요한 내용이 한 가지 더 있다. 이번 판의 인쇄를 준비하면서 시지윅이 언급하려 했던 원고 자료의 일부로서 강의노트가 있다. 그것은 그가 『윤리학의 방법』에서 제시한 윤리학적 견해에 대한 그의 생각의 간략한 변천사다. 비록 완결된 상태는 아니지만, 이것은 본질적으로 완벽하고 정합적이다. 이것은 이 책을 공부할 연구자에게 특별한 가치와 중요성을 가질 것이기에 여기에 삽입하기로 결정했다. 이러한 조정은 제2판 서문에서 저자 자신의 진행 방법과 어느 정도 일치하는 듯하다. 이리하여 『윤리학의 방법』을 공부할 미래의 연구자는 윤리학적으로나 역사적으로나 아주 특별한 중요성을 지닌 사전 설명을 접할 것이다. 동시에 본문의 혼란은 일어나지 않을 것이다.

언급한 설명에서 시지윅 교수는 다음과 같이 말한다.

"내가 처음으로 신봉한 명확한 윤리학적 체계는 밀(J. S. Mill: 1806-1873)의 공리주의였다. 나는 이 체계에서 내가 따르라고 가르쳐왔지만 내가 보기에 상당히 의심스럽고 혼란스러웠던 도덕규칙들의 명백히 외부적이고 임의적인 압력으로부터의 해방을 느꼈다. 그 규칙들은 때로는 분명할 때도 있었지만, 나에게는 독단적이고 불합리하고 모순적으로만 보였다. 이러한 압력에 대한 나의 반감은 트리니티 칼리지에서 학부생들이 배우도록 지정된 윌리엄 휴얼(William Whewell: 1794-1866)의 『도덕의 요소』[12]에 대한 연구로 인하여 더 강렬해졌다. 바로 그 책에서 나는 직관주의 윤리학자의 정의와 공리가 (수학자의 그것들과 비교할 때) 형편없이 느슨하다는―오랫동안 지워지지 않았던―인상을 받았다.

나에게 익숙한 밀의 견해의 두 구성요소는 심리학적 쾌락주의[각 사람은 그 자신의 행복을 추구한다]와 윤리학적 쾌락주의[각 사람은 전체의 행복을 추구한다]로 구별되고, 둘 모두 나의 흥미를 끌었다. 나는 처음에는 그것들이 모순된다는 사실을 지각하지 못했다.

심리학적 쾌락주의는―보편적 쾌락추구의 법칙은―그것의 꾸밈없는 자연스러움으로 나의 흥미를 끌었다. 밀의 설명처럼, 윤리학적 쾌락주의는 무조건적 자기희생을 각오하라는 명령으로 도덕성을 고무했다. 그것들은 나의 본성의 상이한 요소들에 호소하면서도 이 요소들을 명백히 조화시켰다. 그것들은 모두 "쾌락"과 "행복"이라는 동일한 낱말을 사용했다. 밀의 설명의 설득력은 한동안 행동의 자연적 목적과―사적 행복과―의무의 목적―전체의 행복―사이의 뿌리 깊은 불일치를 감추었다. 행여 사적 행복과 전체

---

12) 〈역주〉 William Whewell, *The Elements of Morality*(London: J. W. Parker, 1845).

의 행복의 일치에 대한 의혹이 엄습했더라도, 나는 관대한 해결책으로 이러한 의혹을 떨쳐야 한다고 생각하려 했다.

그러나 이익과 의무 사이의 충돌을 이렇게 처리하는 방법이 어쩌면 실천에서는 적절할지 모르나 철학에서는 궁극적 방법일 수 없다는 깨달음이 나에게서 자라났다. 철학적으로 사유하지 않는 실천적인 사람들에게 일반적으로 생각하는 자기이익을 그들이 더 높고 고상하다고 느끼는 "이타적" 충동과 감정 아래에 두는 준칙이 훌륭한 준칙이라는 점을 나는 의심하지 않는다. 그러나 이러한 행동의 합리적 근거를 찾고 명확하게 만드는 일은 분명 윤리철학(Ethical Philosophy)의 임무이다.

그래서 나는 이익과 의무의 관계에 대한 방법론적 검토를 시작하려 했다.

이 검토는 이익과 의무의 관계를 이해하기 위하여 이기주의적 방법에 대한 면밀한 연구를 수반했다. 나 자신의 이익이 가장 중요하다고 가정해보자. 나의 진정한 이익은 무엇인가, 나의 이익에 도움이 되는 행위가 무엇인지 얼마만큼 알 수 있는가, 이러한 행위의 결과는 의무(혹은 인류의 복리)와 얼마만큼 일치하는가? 이 탐구는 소위 직관이나 도덕적 감각지각과 에피쿠로스학파의 것이든 공리주의의 것이든 쾌락주의 사이의 **이러한 대립을 밀이나 여타 공리주의자들보다 더 강하게 느끼게 만들었다. 그래서 나의 책의 제2권, 제3권, 제4권의 배열은 다음과 같다. [제2권 이기주의, 제3권 직관주

의, 제4권 공리주의]

그 결과 나는 나의 행복과 전체의 행복 사이의 충돌에 대한 완전한 해결책을 세속적 경험의 토대 위에서 발견하는 것은 불가능하다는 결론을 내렸다. 나는 이 결론을 천천히 마지못해 받아들였다—제2권 5장과 논고의 종장을 참조. [제2권 5장은 "행복과 의무"에 대한 것이고, 종장은 "세 방법들의 상호관계"에 대한 것이다.] 이것이 나에게 가장 중요했다.

이러한 지각의 결과로, 도덕적으로 전체의 행복을 선택하는 것혹은 자기이익을 궁극적인 것으로서 묵인하는 것은 실천적으로 필연적인 것이 되었다. 그러나 그 근거는 무엇인가?

나는 그러한 희생이 "영웅적"이라는 밀의 문구를 무시했다. 그러한 희생을 하려는 성향이 없는 한, 그것은 나에게 "좋은" 것이 아니었다. 나는 마음속으로 밀에게 딜레마를 던졌다—그것은 나 자신의 행복을 위한 것이거나 아닌 것이다. 나 자신의 행복을 위한 것이 아니면, 왜[내가 그것을 해야 하는가]? 만약 내가 도덕적 영웅이라면, 나 자신의 쾌락이 저울의 다른 편에 있더라도 다른 사람에게 기꺼이 유익한 행동을 하려는 존속할 습관을 들일 수 있었을 것이라는 말은 아무 쓸모가 없다. 나는 어쨌든 내가 아무 이유 없이 이렇게 행동할 도덕적 영웅이 아니라는 점을 알고 있었다. 왜냐하면 내가 보기에 이러한 종류의 영웅은 아무리 훌륭하더라도 확실히 철학자는 아닐 것이기 때문이다. 어쨌든 나는 필시 내가 소속된 전체의 좋음을 위하여 나의 행복을 희생하는 것이 옳다고 **보았다**.

그래서 휴얼에 대한 연구로부터 시작된 직관주의적 윤리학에 대한 나의 초기의 반감에도 불구하고, 그리고 밀을 신봉하는 나의 태도에도 불구하고, 나는 어떤 근본적인 윤리적 직관의 필요성을 인정하지 않을 수 없었다.

내가 보기에—내가 밀로부터 배운—공리주의적 방법은 이 근본적 직관 없이는 정합적이고 조화로운 방법이 될 수 없었다.

이러한 심리상태에서 나는 칸트의 윤리학을 다시 읽었다. 그것이 "괴이한 실패"라는 밀의 견해에 영향을 받아, 전에는 그것을 아무 생각 없이 읽었다.[13] 나는 이제 그것을 보다 더 수용적인 태도로 읽었고, 그것의 근본원칙이—네가 **보편적 원칙이 되기를 의욕할 수 있는 원칙 혹은 준칙에 따라서 행동하라**—참되고 중요하다는 인상을 받았다—『윤리학의 방법』 제3권 1장 §3을 참조. 그것은 복음서의 "황금률"(네가 다른 사람들에게서 대우받고자 하는 대로 그들을 대우하라)을 나의 이성에 맞는 형태로 만들었다].

칸트가 도덕을 자유에 기초한 것은 사실 마음에 들지 않았다.[14] 처음에는 인식하지 못했으나 지금은 내가 분명하게 알고 있는 것

---

13) 칸트의 『근본원칙들(*Fundamental Principles, Grundlegung zur Metaphy-sik der Sitten*)』, §§ 1, 2. 존 스튜어트 밀, 『공리주의(*Utilitarianism*)』, 5-6쪽 [제7판(큰 글자 조판), 1879].

14) 『윤리학의 방법』 제1권 5장.

은 칸트의 윤리학이 "자유"를 두 가지 다른 의미로 사용하는 근본적 혼동을 수반한다는 것이다—우리가 옳은 행동을 할 때, 즉 이성이 경향성을 극복할 때에만 실현되는 "자유"와 우리가 그른 행동을 선택할 때에도 똑같이 실현되고 "응분의 벌"이라는 개념에 명백히 함축되어 있는 "자유". 요컨대 내 마음에 들었던 것은 칸트의 형이상학적 토대가 아니라 그의 윤리학적 원칙이었다. 나는 이것을 『윤리학의 방법』 제3권 1장 §3에서 간단히 설명한다. 칸트를 다룰 때 이것을 더 길게 설명할 것이다.

나의 경우에 옳은 것은 그것이 무엇이든 나와 유사한 상황에 놓인 모든 사람에게도 옳다는 것은—내가 수용한 형태의 칸트의 준칙은—내가 보기에 확실히 근본적이고, 확실히 참이고, 실천적 중요성을 가진다.

그러나 내가 보기에 그 근본원칙은 의무 체계를 구축하는 데에는 불충분하다. 그 원칙에 대하여 깊이 생각할수록, 그것은 나에게 더욱더 불충분하게 보였다.

심사숙고해보니 그 원칙은 실제로 나를 밀로부터 칸트로 인도했던 문제에 대응하지 못하는 것처럼 보였다. 그것은 결정적으로 자기이익이 의무에 종속된다는 점을 확증하지 못했다.

왜냐하면 합리적 이기주의자는—홉스로부터 자기보존이 자연의 제일법칙이고 자기이익이 사회적 도덕의 유일한 합리적 토대이고, 그 사회적 도덕이 유효한 한에서 자기이익이 사실상 그것의 현실적 토대라고 배운 사람은—칸트의 원칙을 받아들이는 동시에 이기주의자일 수 있기 때문이다.

그는 이렇게 말할 수도 있다. "어떤 다른 사람에게 자신의 행복과 전체의 행복 사이에서 선택해야 하는 고통스런 숙명이 닥칠 때, 합리적 존재로서 그는 자신의 행복을 택해야 한다는, 즉 그가 나의 원칙에 따라서 이렇게 행동하는 것이 옳다는 것을 나는 완전히 인정한다. 아마 내가 다른 사람들보다 특별히 그에게 더 공감하지 않듯이, 자유로운 관찰자로서 나는 분명 그가 전체의 좋음을 위하여 스스로 희생하기를 바랄 수도 있다. 그러나 그의 입장에 있을 경우에 내가 할 수 있는 것 이상으로, 나는 그가 이러한 희생을 하리라고 기대하지 않는다."

내가 보기에 이 추론은 사실상 논파될 수 없다. 물론 우주적 관점에서 보면 더 적은 좋음이 행위자의 사적 행복일지라도, 더 적은 좋음보다 더 큰 좋음을 택하는 것이 합당하다. 그럼에도 내가 보기에 개인이 자신의 행복을 택하는 것은 더할 나위 없이 합당했다. 내가 보기에 자애(self-regard)의 합리성은 자기희생의 합리성만큼 부정할 수 없었다. 나의 스승들 중 누구도, 즉 칸트도 밀도 그것을 기꺼이 인정하지 않을 것이라고 보였으나, 나는 이러한 신념을 단념할 수 없었다. 상이한 방식이지만 각자의 방식으로 그들은 그것을 받아들이지 않으려 했다.

따라서 이렇게 말할 수 있을지 모르겠지만, 나는 스승을 찾아 자유롭게 돌아다니는 제자였다—'스승'이라는 말이 너무 지나치다면, 어쨌든 내가 가장 많은 것을 배운 사상가들의 반대의견에도 불구하고 내가 도달한 신념에 대한 공감과 지지를 구하고 있었다.

이 지점에서 나는 버틀러의 영향을 받았다. 왜냐하면 윤리학적 신념을 구하면서 내가 도달한 단계에서 나는 버틀러를 이해하게 되었고, 그의 견해에서 내가 필요로 했던 지지와 지적 공감을 발견했기 때문이다.

나는 그를 이해해야 한다고 말하고 있다. 왜냐하면 내가 생각하기에 대다수 사람들은 이제껏 그를 오해했고 아마 여전히 오해하고 있듯이, 이제껏 나도 그를 오해했기 때문이다. 그는 나에게 양심의 권위의 대변자로 보였다. 요약적으로 말해서, 그의 논증은 우리의 충동에 대한 숙고는 권위를 주장하는 양심을 우리에게 보여주기에 우리는 그것에 따라야 한다는 것이다. 글쎄, 비록 버틀러가 말하는 양심이 아니라 공리주의적 양심이지만, 나는 나의 양심이 권위를 주장한다는 점에 의문을 품지 않았다. 왜냐하면 원칙에 대한 모든 탐색에서 나는 실천적 목적으로 내가 밀로부터 배운 학설을 고수했기 때문이다. 즉 나는 여전히 전체의 행복을 목표로 삼는 준칙을 최고의 지배적 행위규칙으로 신봉했고, 이 견해에 대한 버틀러의 반론에 대하여 (『유비』의 끝에 나오는 「덕에 대한 논설」에서)[15]

---

15) 〈역주〉 앞서 언급한 『자연의 구성과 방향에 대한 자연종교와 계시종교의 유

내가 대답할 수 있다고 생각했다. 내가 말한 것처럼, 나의 문제는 공리주의적이든 아니든 양심의 주장이 합리적 자기애의 주장과 조화되어야 한다는 것이었다. 나는 막연하게 버틀러가 [후자의 주장을] 회피하거나 무시한다고 가정했다.

이 단계에서 버틀러를 더 세심하게 읽으면서, 즐겁고 놀랍게도, 밀과 칸트를 융합하려고 노력하는 과정에서 나의 마음에서 생겨난 견해와 매우 유사한 견해를 그에게서 발견했다. 내가 발견한 바로는, 그는 "이익, 즉 나 자신의 행복은 명백한 의무"이고 "합당한 자기애"는 ["인간본성의 최고 혹은 상위의 두 원칙 중 하나"]라는 점을 명백히 인정했다. 즉 그는 "지배적 기관(Governing Faculty)의 이중성"을 인정했다—나는 그것을 "실천이성의 이중성(Dualism of Practical Reason)"이라고 부를 것이다. 왜냐하면 버틀러가 강조했던 '권위'는, 내가 그것을 받아들일 수 있기에 앞서, 나의 마음에는 필시 이성의 권위로 보이기 때문이다.

이것에 대하여 곧바로 더 이야기해보자. 지금 분명히 말하려는 바는—이렇게 말해도 괜찮다면—내가 버틀러의 체계에서 공감했던 부분이 바로 이 측면이었고, 그의 강력하고 신중한 지성에 영향을 받았다는 사실이다. 그의 영향의 결과로 나는 밀로부터 한 걸음

비』의 부록으로 실린 두 번째 논설, 『덕의 본성에 대하여(*Of the Nature of Virtue*)』를 말한다.

더 멀어졌다. 왜냐하면 그의 영향은 내가 심리학적 쾌락주의를 포기하고 '사심 없는' 혹은 '타자-관계적(extra-regarding)' 행동에 대한 충동, 즉 행위자의 쾌락을 향하지 않는 [충동]의 존재를 인정하게 만들었기 때문이다[『윤리학의 방법』, 제1권 4장을 참조]. 사실 윤리학의 심리학적 기초라고 말할 수 있는 것과 관련하여, 나는 밀보다는 버틀러와 의견이 더 일치한다는 사실을 깨달았다.

이로 인하여 나는 나 자신과 직관주의적 윤리학의 관계를 다시 생각하게 되었다. 매우 신중한 저술가인 버틀러가 순수한 공리주의를 강렬하게 비난한 것은 당연히 나에게 깊은 인상을 주었다. 스스로 인정할 수밖에 없지만, 나 자신도 어느 정도 직관주의자가 되었다. 왜냐하면 내가 깨닫게 된 것처럼 전체의 행복을 목표로 삼으라는 최고의 규칙이 어쨌든 구속력을 가진다고 인정할 수 있으려면, 그 규칙은 어떤 근본적인 도덕적 직관에 의존할 수밖에 없기 때문이다. 헨리 모어(Henry More: 1614-1687)와 새뮤얼 클라크(Samuel Clarke: 1675-1729) 같은 영국의 초기 직관주의자의 저술을 읽으면서, 나는 어떤 형태로든 나의 공리주의[합리적 행위자는 보편적 행복을 목표로 삼아야 한다]가 중요한 위치를 차지하기 위하여 필요로 했던 공리를 발견했다(『윤리학사』,[16] 172, 181쪽).

---

16) 〈역주〉 Henry Sidgwick, *Outlines of the History of Ethics for English Readers*(Macmillan and Co., 1886).

당시 나는 실천적으로뿐만 아니라 이론적으로도 이 근본적인 도덕적 직관을 받아들였다. 나는 칸트의 원칙도 완전한 지침을 제공하기에는 충분하지 않지만 거부할 수 없을 정도로 타당하다고 인정했다. 당시 나는 이 정도로 "직관주의적" 윤리학자였다. 그랬다면, 왜 더 이상은 그렇지 않은가? (당시 유행하던) 휴얼 같은 정통 윤리학자들은 온전히 이해할 수 있는 직관들의 체계가 있다고 말했다. 그러나 그것들을 어떻게 알 수 있는가? 나는 평범한 사람들의 양심의 능력에 대한 버틀러의 견해를 받아들일 수 없었다. 왜냐하면 내가 보기에 평범한 사람들은 실제로가 아니라 말로만 의견이 일치했기 때문이다.

이러한 심리상태에서 나는 아리스토텔레스를 다시 읽었다. 그의 방법의—특히 『윤리학』[17]의 제2, 3, 4권의—의미와 흐름이 나에게 점점 분명해지는 듯했다(『윤리학사』, 2장 §9, 58쪽을 참조. 절의 끝까지 읽어보시오).

거기서 아리스토텔레스가 나에게 보여준 것은 면밀한 비교를 통하여 일관성 있게 만들어진 고대 그리스의 상식도덕이었다. 그것은 그의 외부에 있는 무언가가 아니라 "우리"가—즉 그와 여타 사람들이—숙고를 통하여 확인되었다고 생각하는 바를 보여준 것이

---

17)　〈역주〉아리스토텔레스의 『니코마코스 윤리학』을 말하는 듯하다. 한글 번역은 강상진, 김재홍, 이창우 옮김, 『니코마코스 윤리학』(길, 2011).

다. 이것이 바로 질문을 통하여 결론을 끌어내는 소크라테스적 귀납추리가 아니겠는가?

나도 이 방법을 모방할 수 있지 않을까? 즉 현재 통용되는 의견에 대한 불편부당한 숙고의 방식으로 지금 여기서 **우리의** 도덕에 대해서도 똑같은 방법을 모방할 수 있지 않을까?

사실 내가 도덕적 직관들의 체계를 가졌는지 가지지 않았는지 판가름하기도 전에 내가 이러한 작업을 수행해서는 안 되지 않을까? 어떤 결론에 도달하든, 아무튼 그 결과는 유용할 것이다.

이것이 나의 책에서 처음 쓴 부분이었다(제3권 1-11장). 아리스토텔레스의 방법의 모방이 처음에는 거기서 아주 두드러졌다. 나는 젠체하거나 현학적으로 보이는 곳에서 그것을 제거하려 했지만, 여전히 어느 정도 남아 있다.

그 검토 결과는 (예컨대 진실성 및 신의처럼 가장 강력하고 엄격한 준칙조차도) 상식도덕의 준칙들과 내가 이미 도달한 직관, 예컨대 칸트의 원칙 (나는 지금 정의에서 유일하게 확실한 요소는—"유사한 경우를 유사하게 다루라"—이 원칙의 특수한 적용이라고 보았다) 및 공리주의의 근본원칙 사이의 차이를 더 새롭고 생생하게 끌어냈다. 후자는 칸트의 원칙과 완벽한 조화를 이루었다. 나는 확실히 사람들이 보편적 행복을 증진하는 방식으로 행동해야 한다는 것이 보편적 법칙이 될 것을 의욕할 수 있었다. 사실 그것은 내가 보편적 관점에서 확고하게 의욕할 수 있는 유일한 법칙이라는 점은 나에게 아주 분명했다.

다시 말하지만, 당시 나는 직관주의적 토대 위에 있는 공리주의 자였다.

더 나아가 내가 수행한 상식도덕에 대한 숙고는 전체의 행복을 증진하는 경향을 가진 규칙들의 체계라는 것이 그것의 특성이라는 점을 지속적으로 깨닫게 해주었다(『윤리학의 방법』, 470-471쪽 참조).

또한 제2권에서 쾌락주의적 방법에 대한 이전의 숙고는 그것의 약점을 나에게 보여주었다. 그렇다면 무엇을 해야 했는가? 상식에 대하여 [우리가 지켜야 할] 보수적 태도는 제4권 5장에 제시되어 있다. "대체로 그것을 고수하라. 그러나 상식에 대한—비록 거칠지만 쾌락주의적 방법이 제기한—반론이 의심할 여지가 없는 예외적 경우에만 그것에서 벗어나 개혁을 시도하라."

이러한 심리상태에서 나는 이 책을 출판했다. 나는 내가 발견한 것, 즉 공리주의와 직관주의 사이의 대립은 오해에서 기인한다는 점을 말하려 했다. 개인의 이익과 도덕 사이에는 실로 근본적 대립이 있다. 세계의 도덕적 통치를 가정하지 않고는, 나는 여태껏 내가 믿을 만하다고 생각했던 그 어떤 방법으로도 그 대립을 해결할 수 없었다. 여기까지는 나는 버틀러와 칸트의 의견에 동의했다.

그러나 나는 직관주의와 공리주의 사이에서 진정한 대립을 발견할 수 없었다. … 내가 보기에 밀과 벤담의 공리주의는 토대가 부족했다. 그 토대는 오직 근본적 직관에 의해서만 제공될 수 있었다. 그러나 내가 수행할 수 있었던 최고의 검토에서도 상식도덕은 공리주의와 완전히 일치하는 것을 제외하고는 분명하고 자명한 원칙을 전혀 보여주지 못했다.

그럼에도 공리주의적 방법에 대한 탐구는 내가 [그것 안에 있는] 결점을 깨닫게 해주었다. 행동의 결과에 대한 단순한 경험적 검토는 만족스럽지 못하다. 그래서 많은 경우에 공리주의적 계산법의 지침이 실천적으로 불완전하다는 사실을 의식하면서, 나는 진화론이 제공한 일반적 추측, 즉 도덕감정(moral sentiments)과 의견은 전체의 행복에 도움이 되는 행위를 지시할 것이라는 추측에 근거하여, 상식이 제공하는 지침을 존중하고 활용하려는 상태에 있었다. 그러나 나는 이러한 추측을 공리주의적 계산에서 도출된 정반대 추측의 강력한 개연성을 무시할 수 있는 근거로는 받아들일 수 없었다."

이제 남은 일은 본문의 변화에 따라서 목차와 색인이 개정되었다는 사실을 언급하는 것뿐이다.

E. E. 콘스턴스 존스
거튼 칼리지,
케임브리지, 1901년 4월

제7판 서문

이 판은 제6판의 재판이다. 유일한 변화는 (몇몇 오기의 수정 외에) 제6판 457쪽과 이번 판의 457-459쪽에 나오는 문단의 활자 변화다. 이로 인하여 (1) 페이지 매기기와 색인, (2) 재인쇄된 제6판 서문에서 문제의 문단 언급, 그리고 (3) 457쪽 주해의 삽입에서 변화가 있었다.

E. E. 콘스턴스 존스
1906년 12월

【차례】

제1권

제2권 이기주의

제3권 직관주의

1장 **직관주의** 385

5장 정의

12장 도덕판단의 주제로 생각되는 행동의 동기 혹은 원천

전자의 모든 문제점과 혼란을 수반할 테지만, 이 감정을 빠뜨리는 것은 모순적이다. 660

3. 설령 이 [도덕] 감정을 [동기들 사이에서] 빼더라도, 우리는 동기의 등급에 대한 의견일치를 거의 발견하지 못한다: 동기의 복잡성에서 발생하는 특별한 문제가 있다. 상식은 "더 높은"—가장 높은 것 아래의—동기가 항상 "더 낮은" 동기보다 선호할 만하다고 주장하는 것처럼 보이지는 않는다. 663

13장 철학적 직관주의

제4권 공리주의

1장 공리주의의 의미

2장 공리주의의 증명

3장 공리주의와 상식도덕의 관계

러한 일치가 완벽하거나 정확하다는 것을 증명할 필요는 없다―그 논변을 돕지도 않는다. 753

2. 우리는 우선 그 성향들에서 생기는 특수한 행위가 불행을 가져올지라도 흔히 그것들이 (일반적으로 행복을 가져온다고) 칭찬받을 수 있다는 사실을 관찰할 수 있다. 또한 여러 덕들의 준칙들이 이미 명확하다고 생각되는 의무를 명시적으로나 암시적으로 지시하는 것으로 보인다. 이것들을 무시하고 의무의 일반적 개념들 가운데서 더 확실한 것을 검토한다면: 758

3. 우리는 우선 어떻게 가족애, 우정, 보은, 동정의 정상적 자극에 따라서 친절을 베풀 것을 지시하는 규칙들이 견고한 공리주의적 토대를 가지는가를 관찰한다. 그리고 이 규칙들을 정의하려는 시도에서 발생하는 문제를 설명하기 위해서 어떻게 공리주의가 자연히 언급되는가를 관찰한다. 764

4. 우리가 정의의 일반적 개념을 분석해서 얻은 여러 요소들을 하나씩이든 동시든 검토함으로써 유사한 결과에 도달한다: 779

5. 그리고 다른 덕들의 경우에서도. 792

6. 순수는 예외라고 생각되었다: 그러나 성적 관계의 규제에 대한 일반적 의견들의 면밀한 검토는 도덕감정과 사회적 공리 사이의 아주 복잡하고 미묘한 대응을 보여준다. 796

7. 또한 도덕감은 '무의식적으로 공리주의적'이라는 가설은, 같은 시대의 같은 나라에서든 상이한 시대들과 나라들을 비교하든, 여러 의무 규범들과 덕에 대한 평가들에서의 현실적 차이들을 설명한다. 옳음의 지각이 항상 공리의 지각에서 의식적으로 도출된다고 주장하지는 않는다. 역사적 증거가 뒷받침할 수 없는 견해다. 공리주의적 견해에

따르면, 윤리학과 정치학의 관계는 법규의 상이한 부분들에서 다르다. 801

4장 공리주의의 방법

1. 공리주의자는 상식도덕을 잠정적으로 일련의 공리주의적 학설로 받아들여야 하는가? 그렇지는 않다; 왜냐하면 도덕감이 공감에서 나온다는 이론을 받아들이면서도 우리는 필시 상식과 완벽한 공리주의적 도덕률 사이의 차이를 낳을 여러 원인들을 인식할 수 있기 때문이다.

2. 동시에 실정법을 우리의 토대로 삼지 않고 다른 방식으로 이러한 규범을 세우려고 시도하는 것은 무익하게 보인다.

3. 만약 전체의 행복이 궁극적 목적이라면, "사회적 건강"이나 "능률"을 도덕의 실천적인 궁극적 기준으로 채택하는 것은 합당하지 않다.

5장 공리주의의 방법 (계속)

1. 상식도덕을 전반적으로는 지지하면서도 세부적으로는 교정하는 것이 곧 공리주의자의 의무다: 순수한 경험적 쾌락주의의 방법은 최종적으로 이 교정의 성질과 범위를 결정하는 추론에서 그가 당장 사용할 수 있는 유일한 방법이다.

2. 그의 혁신은 부정적이고 파괴적이거나 긍정적이고 보완적일 수 있다. 전자의 성질의 혁신에 반대할 만한 중대한 일반적 이유들이 있다. 주어진 어떤 경우에든 이 이유들이 혁신을 찬성하는 특수한 논증

제1권

1장

서론

§1. 윤리학이라는 연구의 경계선은 다양하고 종종 모호하게 진술된다. 그러나 '윤리학의 방법'은 개별적 인간이 '해야(ought)' 하거나 자발적 행동을 통하여 실현하려고 노력'해야' 할 것을—혹은 그렇게 하는 것이 '옳은(right)' 것을—결정하는 합리적 절차를 뜻한다고 이해할 경우, 아마 윤리학의 경계선은 이 논고의 시작부터 목적에 알맞게 충분히 정의될 것이다.[1] "개별적(individual)"이라는 용어를 사용함으로써, 나는 잠정적으로 윤리학 연구를 통치할 사회의 적

---

1) '옳음'과 '당위'라는 용어들의 정확한 관계는 제1권 2장에서 논의된다. 나는 여기
    서 그것들을 대부분의 목적을 위하여 같은 의미로 사용할 수 있다고 가정한다.

절한 구성과 옳은 공적 행위를 결정하려는 정치학[2] 연구와 구별할 것이다. 내 견해로는, 윤리학과 정치학은 모두 단순히 무엇이 있거나 있었거나 있을 것인가를 확인하는 것이 아니라 당위의 결정을 고유한 일차적 목적으로 삼음으로써 실증과학(positive sciences)과 구별된다.

윤리학 연구자는 당위에 대한 체계적이고 정밀한 일반적 지식을 얻으려 한다. 이러한 의미에서 그의 목적과 방법은 정당하게 '과학적'이라고 말할 수 있다. 그러나 나는 윤리학을 과학보다는 연구라고 부르는 것을 선호한다. 왜냐하면 과학은 필시 어떤 부문의 현실적 존재를 그것의 주제로 삼는다고 널리 생각되기 때문이다. 어법에 따른다면, 사실상 '윤리과학(Ethical Science)'이라는 용어는 개별적 인간 마음의 현실적 현상으로서 자발적 행동과 그것의 원천, 그리고 도덕감정과 판단을 다루는 심리학 분야를 뜻하거나, 혹은 유사한 현상을 다루지만 우리가 사회라고 부르는 조직화된 인간 집단의 정상적 구성원들이 나타내는 현상을 다루는 사회학 분야를 뜻할 수 있다. 그러나 우리가 알기로는 대부분 사람들이 단순히 호기심에서 실제로 무엇이 존재하거나 존재했거나 존재할 것인지를

---

[2] 나는 '정치학'을 내가 생각하기에 그것의 가장 일반적인 의미, 즉 옳은 혹은 좋은 입법과 정부에 대한 과학 혹은 연구라는 의미로 사용한다. 예컨대 옳은 사회적 관계에 대한 이론이라고 이해할 경우, 그것은 윤리학의 대부분을 포함하는 더 넓은 의미를 가질 수 있다. 2장 §2를 보시오.

확인하기 위하여 이러한 연구를 수행하지는 않는다. 그들은 일반적으로 인간행동을 이해하려고 할 뿐만 아니라 그것을 통제하려고 한다. 이러한 관점에서 그들은 '좋음', '나쁨', '옳음', '그름' 등의 관념을 그들이 설명하는 행위나 제도에 적용한다. 그리하여 그들은 심리학이나 사회학의 관점에서 윤리학이나 정치학의 관점으로 건너간다고 말할 수 있다. 윤리학에 대한 나의 정의는 분명 이러한 이행의 근본적 중요성을 드러내기 위한 것이다. 두 종류의 연구의─실증적 연구와 실천적 연구의─상호관계는 어떤 이론에서든 매우 밀접하고 전면적이다. 어떤 이론에서든 당위에 대한 우리의 견해는 대체로 존재에 대한 우리의 이해로부터 면밀하게 도출되어야 한다. 우리의 이상을 실현하는 수단은 현실적 현상에 대한 면밀한 연구에 의해서만 완전하게 얻어질 수 있다. 그리고 '나는 무엇을 해야 하는가, 혹은 무엇을 목표로 삼아야 하는가?'라고 자문하는 개인에게는, 유사한 물음에 대하여 같은 인간들이 현실적으로 제시하는 대답을 검토하는 것이 중요하다. 그럼에도 인간의 행위와 행위에 대한 인간의 감정 및 판단의 다양성을 **설명할 수 있는** 일반적 법칙이나 획일성을 확인하려는 시도는 이렇게 다양한 행위들 가운데 어떤 것이 **옳은지**, 그리고 이렇게 상이한 판단들 가운데 어떤 것이 **타당한지** 결정하려는 시도와는 분명 본질적으로 달라 보인다. 그렇다면 후자의 물음에 대한 체계적 고찰이 내 견해로는 윤리학과 정치학의 특별하고 독특한 목적을 구성한다.

§2. 이전 절에서, 나는 윤리학의 근본문제를 진술하는 상이한 두 형식들에 주의를 기울이지 않을 수 없었다. 곧 보겠지만 그 형식들 사이의 차이는 다소 중요한 결과를 끌어낸다. 윤리학은 때로는 행위의 참된 도덕 법칙 혹은 합리적 수칙(precepts)에 대한 탐구로 간주된다. 때로는 합당한 인간행동의 궁극적 목적의 본성과—인간의 좋음 혹은 '참된 좋음'과—그것을 획득하는 방법에 대한 탐구로 간주된다. 이 견해들은 모두 친숙하지만 면밀히 고찰해야 할 견해들이다. 그러나 전자는 근대 윤리사상에서 가장 두드러지고, 근대 윤리체계에 가장 쉽게 적용할 수 있을 것처럼 보인다. 왜냐하면 윤리학에서 탐구하는 좋음은 어느 정도는 인간의 노력에 의하여 획득할 수 있는 좋음에 국한되기 때문이다. 따라서 목적에 대한 지식의 추구는 어떤 행동이 목적의 성취를 위한 적절한 수단인가를 확인하기 위한 것이다. 따라서—어떤 종류든 자발적 행동이 아니라—어떤 궁극적 좋음에 대한 개념이 어떤 윤리체계에서 얼마만큼 현저하게 나타나든 간에, 그리고 이 개념에 어떤 해석을 내릴 수 있든 간에, 그 윤리체계가 실천적으로 유용하려면, 우리는 결국 행위의 수칙 혹은 지배적 규칙에 대한 모종의 결정에 도달해야 한다.

그러나 윤리학은 본질적으로 인간의 '궁극적 좋음'과 그것을 획득할 수단에 대한 탐구라는 개념은 편의상 직관주의적 견해로 분류할 수 있는 도덕관에 무리 없이 보편적으로 적용될 수 없다. 이 견해에 따르면, 행위는 무조건적 구속력을 가졌음을 직관적으로 알 수 있는 일정한 의무수칙이나 원칙을 따르는 경우에 옳다고 생각된다. 이 견해에서는, 옳은 행위 자체를—혹은 옳은 행위로 실현되거나 이러한 행위를 통하여 발달하는 성품을—인간의 유일한 궁극적 좋음이라고 가정하지 않는 한, 궁극적 좋음의 개념이 반드시 옳은 행위의 결정에서 근본적 중요성을 가지지 않는다. 그러나 이러한 가정이 직관주의적 윤리관에 함축되어 있지는 않다. 내가 생각하기에, 그 가정은 근대 기독교 공동체의 도덕적 상식과도 일치하지 않을 것이다. 왜냐하면 우리는 일반적으로 인간의 좋음 혹은 복리에 대한 완전한 개념은 의무의 수행뿐만 아니라 행복의 성취를 포함해야 한다고 생각하기 때문이다. 설령 버틀러처럼 "세계의 행복은 하느님이자 세상의 주인이신 그분의 관심사이고", 따라서 사람들이 자신의 행복에 도움이 되는지 여부에 따라서 의무를 수행하는 것은 옳지 않다고 주장하더라도 말이다. 이렇게 주장하는 사람들에게 인간들이 그들의 행동의 **실천적인** 궁극적 목적이자 옳은 행동의 기준으로 간주해야 하는 것은 여하튼 인간의 궁극적 좋음의 개념과 아무 논리적 연관이 없을 수 있다. 이러한 경우에는, 이 궁극적 좋음의 개념이 어떤 윤리체계의 완전함에 아무리 필수불가결하더라도, 그 개념은 옳은 행위의 방법론적 결정에서 전혀 중요하지 않을 것이다.

내가 윤리학을 정의하면서 어떤 사람은 더 적절한 명칭이라고 생각했던 '행위의 기술(Art of Conduct)'이라는 용어를 꺼리는 이유는 직관주의적 견해가 널리 퍼져 있고 그것이 결국 나의 논의에서 현저한 부분을 차지하고 있기 때문이다. '기술'은—어떤 논고의 내용에 적용될 때—주어진 목적의 적절한 수단에 대한 (숙련(skill)이라고 부르는 암시적 지식이나 규칙적 습관과 구별되는) 체계적이고 명확한 지식을 뜻하는 것처럼 보인다. 행동의 옳음이 장래의 어떤 목적에 도움이 되는가에 달려 있다고 가정하면, 필시—이 목적이 분명히 확인되었을 경우—상이한 관계와 상황에 놓인 인간들을 위하여 옳은 행위의 규칙을 결정하는 과정은 마땅히 기술 개념에 포함될 것이다. 그러나 도덕적 행동의 실천적인 궁극적 목적은 흔히 그 행동 자체의 옳음이고—혹은 그 행동에 의하여 실현되고 증명되는 덕이고—이 옳음을 각 경우나 경우들의 집합에서 직관적으로 알 수 있다는 견해에 따르면, 우리는 도저히 '기술'을 이러한 지식의 체계화에 적용할 수 있는 적절한 용어로 간주할 수 없다. 후자의 견해와 모순된 가정을 가지고 시작하길 바라지 않기에, 나는 윤리학을 개인들의 자발적 행동에 관련된 한에서 옳음 혹은 당위에 대한 과학 혹은 연구로 간주하고자 한다.[3]

§3. 윤리학의 범위에 대한 이러한 견해를 받아들일 경우, 일반적으로 왜 윤리학이 '도덕적 기능의 본성'에 대한 심리학적 논의에 크

---

3) '좋음' 개념과 '옳음' 혹은 '당위' 개념의 관계는 제1권 9장에서 더 살펴볼 것이다.

게 의존한다고 생각하는가 하는 물음이 생긴다. 특히 나 자신도 이 논고에서 이러한 종류의 논의를 포함하는 것이 옳다고 생각한다. 왜냐하면 수학적 능력이나 감각-지각 능력에 대한 논의가 수학과 물리학 각각에 속하지 않는 것처럼, 언뜻 보기에 왜 이러한 심리학적 논의가 윤리학에 속해야 하는지가 드러나지 않기 때문이다. 어째서 우리는 진위를 파악할 능력은 고려하지 않고 그냥 무엇을 행해야 하거나 추구해야 하는지를 말하는 일정한 전제들에서 출발하지 않는가?

하나의 대답은 윤리학자는 실천적 목적을 가지고 있다는 것이다. 우리는 옳은 행위에 대한 지식에 따라서 행동하기 위하여, 이 지식을 욕구한다. 우리는 우리가 참이라고 보는 것을 믿지 않을 수 없지만, 우리는 우리가 옳거나 현명하다고 보는 것을 행하지 않을 수 있다. 사실 우리는 우리가 그르거나 어리석다고 보는 것을 자주 행한다. 그리하여 우리는 비합리적 행동의 원천이 우리 안에 존재하고 있어서 우리의 지식과 충돌하고 그것의 실천적 실현을 방해한다는 것을 깨닫게 된다. 우리의 실천적 판단과 우리의 의지 사이의 연결이 이렇게 불완전하다는 점이 바로 그 연결의 본성에 대한 더 정밀한 지식을 탐구하게 만든다.

이것이 다가 아니다. 사람들은 '왜 나는 내가 참이라고 보는 것을 믿어야 하는가?'라고는 절대 묻지 않지만, '왜 나는 내가 옳다고 보는 것을 행해야 하는가?'라고는 자주 묻는다. 후자의 물음이 쓸데 없다고 답하는 것은 쉬운 일이다. 왜냐하면 그 물음이 옳은 행위에 대한 어떤 다른 인정받은 원칙을 언급해야만 대답될 수 있는 물음이고, 그 원칙에 대하여 다시 이러한 물음을 제기할 수 있기 때문이다. 그럼에도 우리는 그 물음을 널리 지속적으로 제기하고, 따라서 그 물음의 무익함에 대한 증명은 결코 완벽하게 납득되지 않는다. 우리는 그 물음의 지속성에 대한 설명을 필요로 한다.

다음과 같은 설명을 제안할 수 있다. 우리는 도덕판단만이 아니라 도덕판단과 무관하게 작용하는 욕망과 성향에 의해서도 행동하게 되기 때문에, '내가 왜 그것을 해야 하는가?'라는 물음에 대하여 우리가 정말로 원하는 대답은 단순히 어떤 행동이 옳다는 것을 증명할 뿐만 아니라 그 행동을 하게 만드는 현저한 성향을 우리 안에서 일으키는 대답이다.

나는 모종의 기분을 가진 어떤 사람들의 마음에 대해서는 이러한 설명이 맞는다는 점을 부정하지 않을 것이다. 그럼에도 내가 생각하기에 어떤 사람이 '왜 내가 무언가를 해야 하는가?' 하고 심각하게 물었을 때, 보통 그는 자신의 비합리적 성향들이 일으킬 수 있는 것과는 매우 다르겠지만 논증에 의하여 합당하다고 밝힐 수 있는 행위를 수행하려는 결정을 내린 것이다. 그리고 우리는 보통 모든 경우에 합당한 행위는 원칙에 따라서 결정되어야 하고, 그 원칙의 적용에서 행위자의 성향은—그것이 이러한 결정과 별개로 존재할 경우—고려되어야 할 여러 요소 중 하나일 뿐이지 일반적으로 가장 중요한 요소가 아니라는 점에 동의한다. 그러나 이 원칙이 뭐냐고 물을 경우, 자칭 윤리학자들이 그들의 체계와 기본공식에서 천명한 다양한 대답들은 실제로 인류의 공통적인 실천적 추론 속에서 나타나는 듯하다. 다만 철학자는 역설을 무릅쓰고라도 원칙의 통일성과 방법의 일관성을 추구하는 데 비하여, 철학적 식견이 없는 사람들은 상이한 원칙들을 동시에 주장하고 상이한 방법들을 다소 혼란스럽게 결합하여 적용한다는 차이가 있다. 그렇다면 위에서 주목한 것처럼 우리는 만족하지 못함에도 불구하고 어떤 궁극적 이유를 지속적으로 요구하는 것에 대하여 또 다른 설명을 제공할 수 있다. 만약 평범한 사람들의 생각 속에 행위의 궁극적 합당함에 대한 상이한 견해들이 있고 그것들의 상호관계가 분명하지 않다면, '왜'라는 물음에 대하여 어느 하나의 대답도 완전히 만족스럽지 않으리라는 것은 쉽게 알 수 있다. 왜냐하면 그 대답은 이들 관점 가운데 하나에서만 주어질 것이고, 항상 다른 관점에서 그 물음이 제기될 여지를 남겨둘 것이기 때문이다.

나 자신은 이것이 그 현상에 대한 주된 설명이라고 확신한다. 이 논고의 계획은 이러한 확신에 기초한다. 물론 우리는 상충하는 결론에 이르는 추론들을 타당하다고 간주할 수 없다. 따라서 나는 두 방법이 충돌할 경우 그들 중 하나를 수정하거나 거부해야 하는 것이 윤리학의 근본가정이라고 생각한다. 그러나 나는 윤리학적 탐구를 시작하면서 평범한 사람들의 실천적 사고에서 작동하는 방법

들은 다양하다는 사실을 인정하는 것이 본질적으로 중요하다고 생
각한다.

　§4. 이 상이한 방법들은 무엇인가? 얼핏 보기에 인간의 상식이
궁극적 원칙으로 받아들이려는 상이한 실천적 원칙들은 무엇인가?
이 물음에 답할 때, 다소 주의를 기울일 필요가 있다. 왜냐하면 우
리는 흔히 장래의 어떤 목적을 암암리에 전제하면서도 그것을 명
확히 언급하지 않은 채, 이것 혹은 저것을 행'해야' 한다거나 목표
로 삼'아야' 한다고 규정하기 때문이다. 이러한 규정들은 필시 칸트
가 가언명령(Hypothetical Imperatives)이라고 부른 것일 뿐이다. 그
것들은 애초에 그 목적을 받아들이지 않았던 사람들에게는 해당되
지 않는다.

　예를 들어보자. 예술을 가르치는 사람은 자기 학생이 예술품을
만들기를, 아니 질적으로 훌륭한 예술품을 만들기를 바란다고 가
정한다. 그는 학생에게 송곳과 망치와 붓을 다르게 잡'아야' 한다고
가르친다. 의사는 자기 환자가 건강하기를 바란다고 가정한다. 그
는 환자에게 일찍 일어나고 간소하게 생활하고 운동을 열심히 해
야 한다고 말한다. 환자가 일부러 건강한 생활보다 편하고 즐거운
생활을 택할 경우, 의사가 말해준 수칙들은 실패로 끝난다. 그것
들은 더 이상 그 환자에게 해당되지 않는다. 그래서 세상물정에 밝
은 사람은 자신이 정해준 의복 · 태도 · 대화 · 생활습관 등의 규칙

을 잘 지키는 사람은 출세하길 바라는 사람이라고 추측한다. 때로
는 소위 "자신에 대한 의무"를 규정하는 여러 규칙들에 대해서도
그럴듯하게 유사한 견해를 취할 수 있다. 그 규칙들은 어떤 사람
이 자신의 행복을 궁극적 목적으로 생각한다는 가정하에서만 주어
진다고 말할 수 있다. 예외적으로 어떤 사람이 자신의 행복을 무시
할 수 있을 경우, 그는 그 규칙들의 영역에 들어오지 않는다고 말
할 수 있다. 요컨대 이러한 공식에서 '당위'는 한층 암시적으로 어
떤 **선택적** 목적에 상대적이라고 말할 수 있다.

내가 보기에 그 문제에 대한 이러한 설명은 완전하지 못하다. 우
리는 그저 행복에 관심이 없다는 이유로 자신의 행복을 획득할 옳
은 수단을 취하지 않으려는 사람을 무심하게 쳐다만 보지 않는다.
대다수 사람들은 다소 못마땅해하면서 이러한 거부를 비합리적
이라고 간주할 것이다. 그래서 그들은 암묵적으로 "이익, 즉 자신
의 행복은 하나의 명백한 책무다"라는 버틀러의 말[4]에 동의할 것
이다. 달리 말해서 그들은 사람은 자신의 행복을 살펴**야만** 한다고
생각한다. 이렇게 사용된 '당위'는 더 이상 상대적이지 않다. 이제
행복은 궁극적 목적으로 보인다. 행복의 추구는—적어도 다른 의
무들에 의하여 부과된 한계 내에서—칸트의 말처럼 '정언적으로

---

4) 버틀러(Joseph Butler)가 쓴 『인간본성에 대한 설교(*Sermons on Human Nature*)』(1726)의 서문을 보시오.

(categorically)', 즉 더 먼 미래의 어떤 목적을 암암리에 가정하지 않고, 이성에 의하여 규정되는 것으로 보인다. 정통 윤리학자들조차 모든 도덕은 결국 "합당한 자기애"[5]라는 토대에 의존한다는, 즉 도덕규칙들은 결국 그것들을 따르는 것이 어떤 개인에게 대체로 이익이 되는 경우에만 그에게 구속력을 가진다는 견해를 널리 주장해왔다.

일반적인 도덕적 의견은 분명 타산(Prudence)[6]의 의무 혹은 덕을 의무 혹은 덕 전체의 일부일 뿐이라고—게다가 가장 중요한 부분도 아니라고—간주한다. 일반적인 도덕적 의견은 다른 근본규칙들을—예컨대 정의, 신의(Good Faith), 진실성 등을—인정하고 가르치며, 개별 사례에 대한 일반적 판단에서 그 규칙들이 무조건적으로, 혹은 나중의 결과와 무관하게 구속력을 가진다고 간주하려는 경향을 보인다. 그리고 일반적 형태의 직관주의적 윤리관은 철학적 숙고의 결과로서 이러한 규칙들의 "정언적" 명령을 분명하고 확실하게 옹호한다. 행위에서 덕의 실현은—적어도 방금 언급한 덕

---

5) 이 문구는 버틀러의 말이다.
6) 〈역주〉 책 전반에서 'prudence'를 '타산', 'prudent'를 '타산적'으로 번역한다. 'prudence'를 '신중함' 정도로 번역하는 경우도 있으나, 그것의 본래적 의미는 무엇이 자신에게 이익이 되는지를 신중하게 따져 헤아리는 것이니 '타산'이 더 적절하다고 판단된다. 그런데 일반적으로 '타산적'을 '이기적'과 혼동하는 것은 피해야 한다.

들의 경우에는—이러한 규칙들을 엄격하고 흔들림 없이 따르는 것에 있다고 생각된다.

그러나 많은 공리주의자들은 사람들이 서로에게 도덕규칙으로서 규정한 모든 행위규칙이 사실은—부분적으로 무의식적이지만—인류 혹은 모든 감성을 지닌(sentient) 존재의 전체적 행복을 위한 수단으로서 규정된 것이라고 주장한다. 더 많은 공리주의 사상가들은 어떻게 생겨났든 간에 이 규칙들은 그것들을 따르는 것이 전체의 행복에 도움이 되는 경우에만 타당하다고 주장한다. 지금부터 나는 적절한 주의를 기울이면서 이 주장을 검토할 것이다. 내가 여기서 지적하고 싶은 것은 이것뿐이다. 만약 전체의 행복을 목표로 삼아야 한다는 의무가 다른 모든 의무를 그것의 하위 적용 규칙들로 포함한다고 생각된다면, 우리는 행복이 정언적으로 규정된 궁극적 목적이라는 개념으로 되돌아가는 것으로 보인다—다만 이제 한 개인의 사적 행복이 아니라 전체의 행복이다. 그리고 이것이 내가 공리주의적 원칙에 대하여 취하는 견해다.

동시에 사적 행복이나 전체의 행복이라는 목적에 대하여 고찰해 보면, 옳은 행위에 대한 방법론적 탐구에서 목적 자체가 이성에 의하여 결정되거나 규정된다고 가정할 필요는 없다. 우리는 단지 설득력 있는 실천적 결론의 추론은 그것을 최고의 궁극적 목적으로 삼는다고 가정하면 된다. 왜냐하면 어떤 사람이 어떤 목적을 최고의 궁극적 목적으로 받아들일 경우, 그는 암암리에 이 목적에 가장 도움이 되는 행동을 결정할 수 있는 추론과정을 자신의 "윤리학의 방법"으로 받아들일 것이기 때문이다.[7] 하지만 받아들인 목적에서의 모든 차이에는 적어도 방법에서의 어떤 차이가 일반적으로 대응할 것이다. 따라서 사람들이 실천적인 궁극적 목적으로 삼는 ('지배적 정념'의 영향을 받아 다른 무엇보다 그것의 획득을 중시하는) 모든 목적이 윤리학 연구자에게 합리적 방법을 고안하도록 요구하는 원칙으로 간주될 경우, 그의 임무는 아주 복잡하고 광범위할 것이다. 그러나 인류의 상식이 합리적인 궁극적 목적으로 받아들인다고 보이는 목적들에 국한할 경우, 내가 생각하기에 그 연구자의 임무는 감당할 만한 범위로 줄어든다. 왜냐하면 이 기준은 적어도 사람들이 실천적으로 최고의 목적이라고 간주하는 것처럼 보이는 대상들 중 여럿을 배제할 것이기 때문이다. 많은 사람들은 명성을 위하여 건강이나 재산이나 행복을 희생한다. 그러나 내가 아는 한, 누구도 명성이 그 자체로 추구할 만한 합당한 대상이라고 진지하게 주장하지 않았다. 명성이 사려 깊은 사람들의 마음을 끄는 것은 단지 다음과 같은 이유에서다. (1) 그것을 얻는 사람에게 행복의 한 원천이기 때문이거나, (2) 그의 도덕적 혹은 지적 탁월성(Excellence)의 표식이기 때문이거나, (3) 그가 사회에 어떤 중대한 이득을 가져왔다는 사실을 증명하는 동시에 자신뿐만 아니라 다른 사람들도 미

---

7)   제1권 3장의 마지막 문단을 보시오.

래에 더 많은 성취를 이루도록 자극하기 때문이다. 검토해보면 "이득" 개념도 결국 우리를 다시 행복 혹은 인간본성의 탁월성으로 인도한다―왜냐하면 일반적으로 한 사람은 다른 사람들을 더 행복하게 만들거나 더 현명하고 유덕하게 만듦으로써 그들에게 이득을 준다고 생각되기 때문이다.

이 둘 외에 합당하게 궁극적 목적이라고 간주할 수 있는 다른 목적이 있는가는 지금부터 우리가 탐구할 관심사의 일부일 것이다.[8] 그러나 아마 우리는 얼핏 보기에도 합리적인 궁극적 목적으로서 널리 강력한 지지를 받는 목적은 방금 언급한 두 가지, 즉 행복과 인간본성의 완전성 혹은 탁월성뿐이라고 말할 수 있다―여기서 '탁월성'은 다른 사람들보다 근본적으로 우월하다는 것이 아니라 이상적 유형의 인간 완전성을 부분적으로 실현하거나 그것에 근접한다는 것을 뜻한다. 이 목적들 중 전자의 채택은 행복을 보편적으로 실현하려고 애쓰거나 각 개인이 자신만을 위하여 행복을 실현하려고 애쓰는, 얼핏 보아도 상이한 두 방법으로 인도한다. 왜냐하면 분명 한 사람은 흔히 다른 사람들을 위해서 일하고 절제함으로써 자신의 행복을 최대로 증진할 수 있지만, 전체의―적어도 이 세계의―행복에 가장 도움이 되는 행동이 항상 행위자의 최대 행복에도 도움이 되는 것은 아니라는 점이 우리의 일반적인 자기희

---

8) 제1권 9장과 제3권 14장을 보시오.

생 개념에 함축되어 있는 것으로 보이기 때문이다.[9] "행복은 우리의 존재 목적이자 목표다"라고 주장하는 사람들 사이에서도 누구의 행복을 목표로 삼는 것이 궁극적으로 합당한가에 대해서는 근본적 의견차가 있어 보인다. 왜냐하면 어떤 사람들은 "누구든 한 개인으로서는 행동의 순간에 변함없이 타당한 목적은 그 순간부터 그의 삶이 끝날 때까지 그가 얻을 실질적 최대 행복"[10]이라고 생각하는 데 반하여, 다른 사람들은 이성의 견해는 본질적으로 보편적이고—여하튼 모두 동등하게 행복을 얻을 자격과 느낄 수 있는 능력을 가졌다면—특정 개인의 행복을 최고의 궁극적 목적으로 간주할 수 없기에 전체의 행복은 정치학에서와 마찬가지로 "도덕의 영역에서도 옳고 그름의 참된 기준"이어야 한다고 주장하기 때문이다.[11] 물론 이 둘 사이의 중간적 목적을 택하여, 어떤 사람의 가족이나 민족이나 인종처럼 인류의 제한된 일부의 행복을 목표로 삼을 수도 있다. 그러나 이러한 제한은 임의적이다. 전체의 행복을 목표로 삼거나 간접적으로 자신의 행복을 확보하는 가장 실현가능한 방법인 경우를 제외하고, 아마 이러한 제한을 본질적으로 합당

---

9) 이 문제에 대한 충분한 논의에 대해서는 제2권 5장과 이 저서의 결론을 보시오.

10) 벤담, 『회고록(*Memoirs*)』(보링이 편집한 전집의 제10권), 560쪽.

11) 다시 벤담, 『회고록』, 79쪽. 제1권 6장의 끝에 있는 주석을 보시오. 벤담 이후의 공리주의자들은 이 두 원칙 중에서 때로는 전자를, 때로는 후자를 최고의 원칙으로 삼았다.

하다고 주장할 사람은 거의 없을 것이다.

탁월성 혹은 완전성의 경우에는 사정이 다르게 보인다.[12] 언뜻 보기에 사실상 동일한 대안들이 나타난다.[13] 목표로 삼는 탁월성을 개인적으로 혹은 보편적으로 취할 수 있다. 어떤 사람은 자신의 탁월성을 희생함으로써 다른 사람들의 탁월성을 최고로 증진할 수 있다고 생각할 수 있는 상황이 있을 법하다. 그러나 탁월성을 궁극적 목적으로 삼는 윤리학자는, 적어도 도덕적 탁월성과 관련된 한,[14] 결코 이러한 희생을 찬성하지 않았다. 다른 사람들의 덕을

---

12) 나는 '탁월성'과 '완전성'을 다소 다른 측면에서 바라본 동일한 궁극적 목적, 즉 우리가 인간의 삶에서 그 표현을 칭찬하거나 승인하는 정신적 자질들의 이상적 복합체를 의미하는 용어로 사용한다. 그러나 '완전성'은 이러한 이상을 나타내는 데 사용하는 반면, '탁월성'은 우리가 인간의 경험에서 실제로 발견하는 것처럼 그 이상을 부분적으로 실현하거나 그것에 근접하는 것을 나타낸다.

13) 행복의 경우보다는 이러한 경우에 합당한 목적에 대한 더욱더 확장된 견해들이 가능하다고 말할 수 있다. 왜냐하면 우리는 (행복의 경우처럼) 반드시 감각을 지닌 존재에 대한 고려에 국한되지 않기 때문이다. 생명 없는 것들도 그것들 자체의 완전성과 탁월성을 가지고, 그것들의 종류 안에서 더 좋거나 나쁜 것이 될 수 있을 듯하다. 이러한 완전성 혹은 그것의 한 종류가 미술의 목적으로 보인다. 그러나 나는 잘 생각해보면 생명 없는 대상들의 아름다움이나 다른 모든 성질은 감각을 지닌 존재의 완전성이나 행복과 관계없이 그 자체로 좋은 혹은 바람직한 것으로 간주될 수 없다고 생각한다. 뒤에 나오는 제1권 9장을 참조하시오.

14) 〈역주〉 아리스토텔레스의 맥락에서 오늘날에는 일반적으로 '성격적 탁월성 (excellence of character)'이라고 번역되는 것을 영어권에서는 꽤 오랫동안

증진하는 일이 어떤 개인 자신의 덕을 완전하게 실현하는 일과 양립하거나 다소 연관된 경우를 제외하고, 지금까지 누구도 그에게 이러한 증진을 명령하지 않았다.[15] 그렇다면 옳은 행위를 결정하는 방법들 가운데 개인의 탁월성이나 완전성을 궁극적 목표로 삼는 방법과 인간 공동체의 탁월성이나 완전성을 목표로 삼는 방법을 구별할 필요는 전혀 없어 보인다. 게다가 일반적으로 덕은 인간 탁월성의 가장 귀중한 요소라고—합리적 선택을 위한 대안으로서 그것과 경합할 수 있는 다른 어떤 요소보다 본질적으로 선호할 만한 요소라고—생각되기 때문에, 인간본성의 완전성이나 탁월성을 궁극적 목적으로 삼는 방법은 언뜻 보기에 내가 직관주의적 견해라고 부른 것에 기초하는 방법과 대체로 일치할 것이다. 따라서 나는 그 [완전성이나 탁월성을 궁극적 목적으로 삼는] 방법을 후자의 [직관주의적] 방법의 한 특수한 형태로 간주하기로 했다.[16] 행복을 궁극적 목적으로 삼는 두 방법을 이기주의적 쾌락주의(Egoistic Hedonism)와 보편주의적 쾌락주의(Universalistic Hedonism)로 구별하는 것이

'도덕적 탁월성(moral excellence)'이라고 번역해왔다.

15) 칸트는 다른 사람들의 완전성을 나의 목적으로 삼는 것이 나의 의무일 수 있다는 점을 단호히 거부한다. 그러나 내가 생각하기에 그의 논증은 타당하지 않다. 뒤에 나오는 제3권 4장 §1을 보시오.

16) 제3권 14장을 보시오. 여기서 나는 완전성을 궁극적 목적으로 삼는 생각에 하위의 지위만을 부여한 이유를 설명한다.

편할 것이다.[17] 이것들 중 후자는 벤담과 그의 계승자들이 가르쳤던 것으로서, 더 일반적으로는 '공리주의'로 통용된다. 나는 항상 보편주의적 쾌락주의라는 낱말을 이러한 의미로 한정할 것이다. 이기주의적 쾌락주의에 대해서는 하나의 완벽히 적절한 용어를 발견하기가 다소 어렵다. 종종 나는 이것을 짧게 이기주의라고 부를 것이다. 그러나 때로는 그것을 에피쿠로스주의(Epicureanism)라고 부르는 것이 편할 수 있다. 더 정확히 말해서 이 명칭은 특정한 역사적 사상체계를 나타내지만, 지금 그것은 내가 사용하려는 더 넓은 의미로 사용되기 시작했기 때문이다.

§5. 마지막 문장은 분명한 이해를 위해서 한 번 더 설명하는 것이 바람직해 보이는 바를 제시하고 있다. 그러나 그것은 윤리학이라는 주제의 본성과 경계보다는 이 논고의 계획과 목적에 대한 설명이다.

이 주제를 다루는 여러 방법들이 알려져 있다. 나는 그것들 중 아무것도 택할 만하다고 생각하지 않는다. 우리는 기존 체계들에서 출발하여 여러 세기에 걸친 사고변화를 추적하면서 그것들을

---

17) 〈역주〉 책 전반에서 'egoistic hedonism'은 '이기주의적 쾌락주의'로, 'universalistic hedonism'은 '보편주의적 쾌락주의'로 번역한다. 일부 학자들은 전자를 '이기적 쾌락주의', 후자를 '보편적 쾌락주의'로 번역하기도 한다.

역사적으로 연구하거나, 유사성 관계에 따라서 그것들을 비교하고 분류하거나, 그것들의 내부적 정합성을 비판할 수 있다. 아니면 우리는 이 체계들의 수를 늘리면서, 수많은 실패를 겪은 후에 마침내 그 주제에 대한 다른 모든 이론을 시험할 수 있는 하나의 참된 이론에 도달했다고 주장할 수도 있다. 이 책은 어떤 체계에 대한 설명도 체계들의 자연적 혹은 비판적 역사에 대한 설명도 포함하지 않는다. 나는 윤리학의 한 방법이 아니라 여러 방법들을 정의하고 설명하려고 시도했다. 동시에 나는 여기서 실천의 규제를 위하여 현실적으로 사용되었거나 제안되었던 방법들을 역사적으로 연구하지 않는다. 내가 연구한 방법들은 실천적 준칙들의 완전한 종합을 구성하고 철저히 일관된 방식으로 행동하려 할 때, 인간의 마음이—그 준칙들이 조화될 수 없는 경우—택일할 수밖에 없는 대안들이다. 아마 그 방법들은 합리화된 자연적 방법들이라고 부를 수도 있다. 왜냐하면 흔히 사람들은 다소 불명료한 언어로 변장한 상이한 방법들의 조합에 의하여 좌우되는 것처럼 보이기 때문이다. 모든 인간의 마음은 상이한 방법들의 기원인 충동들이나 원칙들, 즉 상이한 목적들을 합리적이라고 말하는 상이한 주장들을 어느 정도 받아들인다. 그리고 이 주장들과 더불어, 그것들을 조화시킬 필요성도 느끼게 된다—왜냐하면 앞서 말한 것처럼 실천이성은 상충하는 두 행동규칙이 모두 합리적일 수 없다고 가정하기 때문이다—결과는 보통 상이한 원칙들과 방법들의 혼란스런 혼합이거나 강제적이고 미숙한 조정이다. 전문 윤리학자들이 세운 체계도 이와 유사한 결함에서 자유롭지 못하다. 저술가들은 일반적으로 충분한 분석도 없이 종합으로 나아간다. 전자의 이론적 필요보다 후자의 실천적 요구를 더 절박하게 느낀다. 여러 다른 지점에서처럼, 여기서도 실천적 고려의 우세가 윤리이론의 발전을 저해한다. 아마 옳은 행위에 대한 이론적 연구를 그것의 실천적 적용으로부터 더 철저히 분리하는 것이 후자를 위해서도 바람직할 것이다. 왜냐하면 과학과 권고를 혼합하는 논법은 그것이 수확할 성과를 모두 놓치기 십상이기 때문이다. 그 혼합물은 머리를 어리둥절하게 하면서도 가슴을 흥분시키지는 못한다. 그래서 나는 다른 과학에서처럼 여기서도 이미 알고 있는 것과 아직 모르는 것을 명확히 구분하는 편이 좋을 것이라는 생각이 든다. 왜냐하면 미해결 문제를 분명히 가리키는 것이 어쨌든 문제의 해결로 나아가는 일보이기 때문이다. 그러나 윤리학 논문에서 주제와 관련된 문제들을 무시하거나 숨기려는 경향이 계속 있어왔다. 이러한 경향은 저자가 만족스럽게 답할 수 없는 물음은 물어볼 필요도 없는 물음일 것이라는 잠재적 확신에서 무의식적으로 나온 것이거나, 저자가 독자의 정신에 미치는 도덕의 영향력을 흔들리게 해서는 안 된다는 잠재적 확신에서 의식적으로 나온 것이다. 선의에서 나온 후자의 예방책은 종종 무산된다. 그렇게 설명에서 감춰두었던 문제들은 논쟁에서 다시 나타나기 십상이다. 그때 그것들은 신중히 제한되지 않고 논쟁을 위하여 확대되어 나타난다. 이리하여 우리는 한편 모호하고 흐릿한 절충을 얻거나, 다른 한편 느슨하고 제멋대로 과장된 모순을 얻는다. 어느 논법도 우리의 공통적인 실천적 추론의 근본개념에 잠복하고 있는 본래적 모호함을 일소하는 데 효과가 없다. 이러한 불명확함과 혼란을 제거하거나 줄이는 것이 내가 이 책에서 이루려는 유일한 직접적 목적이다. 이 임무를 더 잘 수행하기 위하여, 나는 주요 윤리학적 문제와 논쟁의 완벽한 최종적 해결책, 즉 윤리학의 여러 방법에 대한 설명을 하나의 조화된 체계의 전개로 전환시킬 해결책을 제시하려는 노골적 시도는 하지 않았다. 하지만 나는 이러한 체계의 구성에 일조하길 바란다. 왜냐하면 상이한 사고방식들이 논리적으로 인도하는 결론들을 공평하고 엄밀하게 탐구한 후에는 그 사고방식들의 상호관계와 상충하는 주장들을 판정하기가 더 쉬울 것이라고 생각하기 때문이다. 실천적 원칙을 숙고하면서—우리가 첫눈에 주저 없이 그것에 동의하는 것처럼 보이더라도, 또 그것을 구성하는 개념들이 아주 친숙하고 분명하더라도—그것을 채택한 결과를 면밀히 검토하면 그것이 다소 의심스럽고 변화된 양상을 가지고 있다는 사실을 발견하는 일은 드물지 않다. 지금까지 진지하게 제안된 주요 실천적 원칙들은 경쟁상대가 없는 경우에는 다소 인간의 상식을 만족시킨다는 것이 사실인 듯하다. 그것들은 모두 우리의 본성 안에서 어떤 반응을 발견한다. 그것들의 근본가정은 모두 우리가 기꺼이 받아들이려는 것이고, 우리가 습관적 행위를 어느 정도 다스리기 위하여 찾고 있던 것이다. "당신은 자신을 위하여 쾌락을 구하고 고통을 피하는 것이 궁극적으로 합당하다고 생각하지 않는가?" "당신은 도덕감이 없는가?" "당신은 어떤 행동은 옳고 다른 행동은 그르다는 것을 직관적으로 단언하지 않는가?" "당신은 전체의 행복이 최고의 목적임을 인정하지 않는가?" 이러한 물음을 받았을 때, 나는 이 모든 물음에 대하여 '그렇다'고 답한다. 나의 고민은 상이한 원칙들이나 그것들에서 도출된 결론들 중에서 선택해야 할 경우에 시작된다. 그 원칙들이나 결론들이 충돌할 때 우리는 선택의 필요를 인정하고, 때에 따라서 상이한 원칙들에 설복당하는 것은 비합리적이라는 점을 인정한다. 그러나 그 필요는 고통스런 필요다. 우리는 모든 방법이 결국 서로 일치하기를 바랄 수밖에 없다. 어쨌든 선택을 내리기 전에, 우리는 각 방법에 대하여 되도록 가장 완전한 지식을 얻을 수 있기를 합리적으로 바랄 수 있다.

이 책에서 나의 목적은 내가 우리의 공통적인 도덕적 추론에 내포되어 있다고 생각하는 상이한 윤리학의 방법들을 나의 능력이 닿는 한에서 가장 명쾌하고 충실하게 설명하는 것이다. 즉 그것들의 상호관계와 그것들이 충돌하는 것처럼 보이는 지점을 지적하고, 그 쟁점을 최대한 잘 정의하는 것이다. 나는 이러한 노력의 과정에서 윤리학적 제일원칙의 채택에서 내가 생각하기에 결정적인 고려사항을 논하게 된다. 그러나 이러한 원칙을 수립하는 것이 나의 일차적 목적은 아니다. 행위에 대한 일련의 실천적 지시들을 제공하는 것도 나의 일차적 목적이 아니다. 나는 시종일관 독자들이 윤리학적 사고의 결과보다는 과정에 주목하길 원했다. 따라서 예증의 방편인 경우를 제외하고, 나는 결코 어떤 적극적인 실천적 결론을 나 자신의 결론인 것처럼 말하지 않았다. 또한 원칙의 정의에서 정확성과 명확성이 부족하거나 추론에서 일관성이 부족하여 논쟁이 일어날 것처럼 보이는 경우를 제외하고, 나는 논란의 여지가 있는 사항을 독단적으로 결정하는 위험을 감수하지 않았다.

2장
윤리학과 정치학의 관계

§1. 바로 앞 장에서 나는 윤리학과 정치학이 다소 실증과학(posi-tive sciences)의 영역 바깥에 놓여 있는 것, 즉 추구할 목적이나 무조건 복종할 규칙의 결정을 그것들의 탐구영역에 포함하는 실천적 연구(Practical Studies)라고 말했다. 더 진행하기 전에 동일한 성질을 가진 이 연구들의 상호관계를 윤리학의 관점에서 대략 결정짓는 것이 바람직하게 보인다.

앞서 정의했던 대로 윤리학은 개인이 무엇을 해야 하는가를 결정하려는 반면에, 정치학은 국가나 정치사회의 정부가 무엇을 해야 하고 그것은 어떻게 구성되어야 하는가를 결정하려 한다―후자의 항목에는 피통치자가 정부에게 행사할 수 있는 통제력에 대한 모든 물음이 포함된다.

이렇게 생각할 경우 정치학은 언뜻 보기에 윤리학의 한 분과로 생각될 수도 있다. 왜냐하면 정부의 모든 행동은 단독이든 공동이든 개인들의 행동이고, 정부에 복종하거나 영향을 미치거나 때로는 저항하면서도 국가의 조직을 유지하고 때로는 그 조직을 변화시키는 사람들의 모든 행동도 개인들의 행동이기 때문이다. 이러한 행동을 올바르게 수행하려면 그것은 윤리학적 원칙에 의하여 결정되거나 이러한 원칙에 의하여 정당화될 수 있어야 한다고 보일 것이다. 그러나 이 논증은 의문의 여지가 없지 않다. 왜냐하면 이와 유사한 추론에 따르면, 윤리학은 모든 학술과 기술을 포함해야 할 것이기 때문이다. 예컨대 배를 똑바로 조종하는 것은 선장과 그 부하들의 도덕적 의무의 주요 일부다. 그러나 우리는 윤리학이 항해 규칙에 대한 연구를 포함한다고 생각하지 않는다. 모든 사람이 선원은 아니지만—적어도 민주정부를 가진 나라에서는—모든 시민이 가급적 지식에 따라서 실행해야 하는 중요한 정치적 의무를 가진다고 응답할 수도 있다. 비슷하게 자신의 건강을 돌보는 것은 모든 성인의 도덕적 의무의 주요 일부다. "마흔 살에 이른 모든 사람은 바보거나 스스로를 치료하는 의사다"라는 속담도 있지 않은가. 그럼에도 우리는 윤리학이 의술을 포함한다고 생각하지 않는다.

윤리학과 정치학 사이의 특히 중요한 관계는 다른 방식으로 나타난다. 피통치자들의 행위가 강제적 규칙을 적용할 대상인 경우,

법안을 입안하고 집행함으로써 한 부문이 아니라 모든 사회관계에서 그들의 행위를 규제하는 것이 정부의 직무다. 이 규제는 도덕과 조화를 이루어야 할 뿐만 아니라—왜냐하면 사람들에게 분명히 그들이 해서는 안 될 일을 강요해서는 안 되기 때문이다—더 나아가 어떤 사람이 속한 국가의 법은 법집행의 영역을 넘어서 당연히 그의 도덕적 의무의 세부사항도 결정할 것이다. 따라서—어떤 우연으로 인하여—다른 당사자가 자기 권리를 법적으로 집행할 권한을 가지지 않더라도, 우리는 일반적으로 "모든 사람에게 그 자신의 것을 주라"는 것을 정의의 항목에 속하는 개인의 도덕적 의무로 간주한다. 그럼에도 그 다른 사람 "자신의" 것이 무엇인가에 대한 숙고에서, 우리는 일반적으로 그가 속한 국가의 법이 그를 지배한다고 가정한다. 법이 바뀔 경우, 그의 도덕적 의무도 함께 바뀔 것이다. 이와 유사하게 남편과 아내 사이와 자녀와 부모 사이의 도덕적 의무는 그들의 법적 관계의 변화에 따라서 세부적으로 달라질 것이다.

윤리학과 정치학 사이의 이렇게 구성된 관계를 더 면밀히 살펴보면, 우리는 현행법 혹은 실정법과 이상적 법 혹은 당위적 법을 구분해야 한다는 점을 깨닫는다. 정치학은 후자를 위한 원칙을 정한다. 방금 예시한 방식으로 지금 여기서 한 개인이 취할 옳은 행위를 일차적으로 결정하는 것은 이상적 법이 아니라 실정법이다. 만약 실정법과 이상적 법이 아주 크게 다르게 보인다면—(예컨대)

내가 정치이론에 의하여 재산법의 근본적 변화가 바람직하다고 확신한다면—이 확신은 필시 현행법하에서 나의 도덕적 의무에 대한 견해에 영향을 미칠 수 있다. 이러한 영향의 정도는 모호하고 불확실하다. 내가 노예제를 인정하는 사회의 한 노예소유주인데, 인간을 사유재산으로 삼는 법을 폐지해야 한다고 확신하게 되었다고 가정해보자. 그렇다고 나의 노예를 즉시 풀어주는 것이 나의 도덕적 의무라고 생각하리라는 결론은 나오지 않는다. 나는 노예제 일반의 즉각적 폐지는 가망이 없을 뿐만 아니라, 자유에 대한 단계적 교육을 필요로 하는 노예 자신에게도 이롭지 않을 것이라고 생각할 수 있다. 그래서 당장은 노예제의 최악의 폐해를 없애는 법적 변화를 꾀하고, 그동안 노예를 인간적이고 배려 있게 대우하는 본보기를 제시하는 편이 더 좋을 것이라고 생각할 수 있다. 유사한 추론이 생산도구에서 혹은 공직이나 성직의 임명에서 사유재산의 폐지에 적용될 수 있다. 일반적으로 말해서, 정치적 이상이 도덕적 의무에 미칠 영향력의 범위는 부분적으로는 그 이상을 실현할 가능성의 명백한 원근(遠近)에, 또 부분적으로는 그 이상의 긴요함이나 즉각적 실현의 편의에 달려 있다고 할 것이다. 이 고려사항들 전부와 결부된 영향력은 채택된 정치적 방법에 따라서 달라질 수 있다. 그래서 그것들을 더 정확히 결정하는 일은 윤리학이 아니라 정치학에 속한다.

요컨대 다음 두 가지 물음을 확실히 구별해야 한다. (1) 실제로 수립된 실정법 및 정부의 여타 명령이 지금 여기서 한 개인이 취할 옳은 행동의 결정에 얼마만큼 영향을 미쳐야 하는가. (2) 정부가 당연히 가져야 할 기능과 구조에 대하여 정치이론은 얼마만큼 영향을 미쳐야 하는가. 전자의 물음과 관련해서 정부에의 복종의 근거와 한계를 결정하는 일은 확실히 윤리학에 속한다. 그리고 단순한 복종을 넘어선다면―상이한 국가들이 지닌 다양한 정치적 여건으로 인한 다수의 변형들을 충분히 인정한다면―정치적 의무에 대한 일반적 개념을 결정하는 일도 확실히 윤리학에 속한다. (미국의 "좋은 시민"은 자신의 정치적 의무 개념을 합리적으로 형성할 테지만, 그의 개념은 러시아의 좋은 시민이 합리적으로 형성한 개념과 아주 다를 것이다.[1]) 윤리학이 삶의 정치적 측면을 다루는 경우, 이 물음은 윤리학의 일차적 직무일 것이다. 정치적 이상이 현재의 여건하에서 정치적 의무의 결정에 영향을 미칠 수밖에 없는 한, 정치적 이상에 대한 논의도 더 불명확하고 간접적 방식이지만 윤리학의 범위에 들어올 것이다.

§2. 나는―윤리학적 관점에서―윤리학과 정치학의 관계를 진술

---

[1] 후자를 "러시아 황제의 충실한 백성"이 아니라 "좋은 시민"이라고 불러야 할지에 대해서는 의혹을 품을 수 있다. 그러나 이러한 의혹은 내가 주목하고자 하는 다름을 예증할 뿐이다.

했고, 내가 보기에 그것은 이전 장에서 채택한 윤리학의 정의와 일치한다. 어떤 사상가들은 윤리이론이 정치이론에 대하여 방금 내가 제시한 것과는 상당히 다른 관계를 가진다는 견해를 취한다. 그들은 이론적 혹은 "절대적" 윤리학은 지금 여기서의 당위에 대한 탐구가 아니라, 이상적으로 완벽한 인간들의 사회에서의 행위규칙에 대한 탐구라고 간주한다. 그래서 우리의 연구 주제는 이중적으로 이상적일 것이다. 왜냐하면 그것은 무엇을 하는가와 다르게 당위를 규정할 뿐만 아니라, 그 자체로는 **존재하지 않지만 존재해야 할** 사회에서의 당위도 규정할 것이기 때문이다. 이 견해에서 이론적 혹은 "절대적" 윤리학의 결론은 현실적 삶의 실천적 문제에 대하여 이론적 정치학의 결론만큼 간접적이고 불확실한 관계를 가질 것이다. 일반적으로 건전한 정치이론이 이상적 여건하에서 고안하는 것은 통치할 사회가 아니라 정부일 뿐이기 때문에, 더욱더 간접적이고 불확실한 관계를 가질 것이다. 그럼에도 이 두 연구는 이상적 사회관계에 대한 단일한 이론으로 융합될 수 있다—이상적 사회에서는 정부가 필요하지 않다고 생각하여 일반적 의미[2]의 정치학이 완전히 사라지지 않는 한에서 말이다.

---

2) 앞서 관찰한 것처럼, 때때로 정치학은 더 넓은 의미에서, 정부의 강요로 수립된다고 생각하는 것이든 다른 방법으로 수립된다고 생각하는 것이든, 이상적 사회관계에 대한 이론을 의미하는 말로 사용되는 듯하다.

이러한 견해[3]를 취하는 사람들은 윤리학이 이상적으로 완벽한 인간관계를 다루어야 한다는 점을 보여주기 위하여 기하학과의 유사성, 즉 기하학은 이상적 직선과 완벽한 원을 다룬다는 사실을 예로 제시한다. 그러나 우리가 경험에서 만나는 울퉁불퉁한 선들은

---

3) 이 절을 쓰면서 나는 일차적으로 허버트 스펜서(Herbert Spencer: 1820-1903)의 『사회 정학(*Social Statics*)』에서 제시된 학설을 주목했다. 『윤리학 자료(*Data of Ethics*)』에서 스펜서가 자신의 견해를 새로 진술하고 나의 논증에 응답했을 때, 나로서는 이 절의 첫 번째 문단은 '절대적' 윤리학과 '상대적' 윤리학에 대하여 후자의 저술에서 주어진 것과 같은—내가 보기에 『사회 정학』의 견해와는 현저히 다른—견해에 반대하는 것이 아니라는 점을 밝힐 필요가 있다. 『사회 정학』에서는—『윤리학 자료』에서처럼—"이상적 사회에서 정상적 행위를 규정하는" 절대적 윤리학은 "상대적 윤리학에 우선"해야 한다고만 주장한 것이 아니라, 절대적 윤리학은 철학적 윤리학자가 관여할 수 있는 유일한 종류의 윤리학이라고 주장한다. 스펜서의 말을 인용해보자. "현존하는 결함을 인식하면서도 그 결함에 의하여 필요하게 된 행위를 묵인하는 모든 도덕체계는 스스로를 비난하게 된다. … 도덕법은 … 인간이 완벽하다는 것을 전제할 필요가 있다. 철학적 윤리학자는 **정직한** 사람들만 다루고 … 한 정직한 사람이 다른 정직한 사람과 어떤 관계에 있는가를 보여준다. … 그 철학적 윤리학자에게 **부정직한** 사람이 일으키는 문제는 해결불가능하다." 『사회 정학』 1장. 같은 저술의 마지막 장에 나오는 다음 문단에서는 상대적 윤리학이 더욱더 확실히 배제된다. (나의 강조)—"완벽한 도덕률은 명백히 불완전한 사람이 완수할 수 없는 것이고, 당장 우리의 지침으로서 어떤 다른 도덕률이 필요하다고 주장할 가능성은 매우 클 것이다. 불완전한 사람은 그의 불완전성을 인식하고 그것을 받아들이는 도덕률을 필요로 한다고 말하는 것은 첫눈에는 합당한 것처럼 보일 것이다. 그러나 그것은 사실 그렇지 않다. … 사람이 가진 불완전성을 인식하고 그것을 받아들이는 도덕체계는 고안될 수 없고, 고안되더라도 쓸모가 없을 것이다."

기하학이 완전히 묵살하지 않는 공간적 관계를 가진다. 기하학은 실천적 목적에 적합하게 그 관계를 정확히 규명할 수 있고, 또 그렇게 한다. 물론 그 관계는 완벽한 직선의 공간적 관계보다 더 복잡하다. 그래서 한때 믿었던 바대로 천문학에서는 별이 원운동을 하는 편이 연구를 위하여 더 편리했을 것이다. 그러나 원운동이 아니라 타원운동, 심지어 불완전하고 궤도변화를 일으키는 타원운동을 한다는 사실이 별을 과학적 탐구의 영역에서 배제하지는 않는다. 우리는 인내심과 근면성을 가지고 원칙에 도달하는 방법과 심지어 이 복잡한 운동을 계산하는 방법을 배웠다. 행성이 완벽한 타원운동을 한다고 가정하는 편이 교육을 위하여 유용할 수 있다. 그러나 천문학자들과 마찬가지로 우리가 알고 싶은 것은 별들의 현실적 운동과 그 원인이다. 이와 유사하게 윤리학자들과 마찬가지로 우리는 당연히 우리가 살고 있는 현실세계에서 당위를 탐구하려 한다. 어쨌든 우리가 일반적 추론에서 복잡한 현실적 고려사항을 빠짐없이 생각해낼 것이라고 기대할 수는 없다. 그러나 우리는 그 복잡함에 최대한 근접하려고 노력한다. 인류가 보편적으로 답을 요구하는 물음, 즉 "한 사람의 현재 여건에서 그의 의무는 무엇인가?"라는 물음을 해결하려고 고심하는 것이 바로 이러한 노력이다. 왜냐하면 사람의 모든 의무는 결국 이상적 상태의 사회관계에 도달하려는 노력이라는 말은 너무 불합리하기 때문이다. 이렇게 말하지 않을 경우, 우리는 현존하는 사람들에 대한 우리의 의무를 현존하는 상황을 고려하여 결정해야 한다. 이것이 바로 윤리학 연구자가 체계적 방식으로 수행하려는 바다.

　이상적 사회의 도덕에 대한 탐구는 기껏해야 사전 탐구에 불과하고, 그 후에 이성에 따라서 이상적 사회에서 현실사회로 나아가는 단계를 밟아야 할 것이다. 그렇다면 얼마만큼의 사전 작업이 바람직한가를 물어야 한다. 이 물음에 답하면서, 우리는 윤리학의 상이한 방법들을 구분해야 한다. 왜냐하면 직관주의자들은 일반적으로 참된 도덕은 모든 사회적 여건하에서 무엇이 그 자체로 옳은가를 절대적으로 규정한다고 주장하기 때문이다. (예컨대) 항상 진실을 말해야 한다, 약속을 지켜야 한다, 그리고 '하늘이 무너져도 정의를 세우라'와 같이 적어도 명확한 의무들과 관련된 한에서 그렇다는 말이다. 또 이렇게 주장하는 한, 의무의 결정에서 현실적 상태의 사회와 이상적 상태의 사회 사이에 근본적 차이는 없어 보일 것이다. 어쨌든 (예컨대) 정의에 대한 일반적 정의는 그것의 절대적 엄중함과 마찬가지로 양자의 사회에 대하여 동일할 것이다. 그러나 극단적 직관주의자도 정의 및 여타 의무들의 세부사항은 사회제도에 따라서 다를 수 있다는 점을 인정할 것이다. 하나의 본보기로서 이상적 공동체의 "절대적" 정의를 분명하게 관찰할 수 있을 경우, 우리는 현재의 여건하에서 실현가능한 "상대적" 정의를 더잘 성취할 수 있다는 것은 그럴듯한 제안이다. 이것이 얼마만큼 그럴듯한 제안인가는 우리가 직관주의적 관점에서 정의에 대한 정의를 검토했을 때에 더 잘 판단할 수 있을 것이다.

보편적 행복을 궁극적 목적이자 최고의 기준으로 제안하는 방법의 경우, 물음은 더 단순한 형태를 취한다.[4] 이 경우, 우리는 이상적으로 행복한 인간 집단의 사회관계에 대한 체계적 고찰이 지금 여기서 인간행복을 증진하려는 우리의 노력에 얼마만큼의 지침을 제공할 수 있는가를 물으면 된다. 나는 당장은 이러한 임무를 이 방법에 대한 포괄적 연구에 포함하는 것이 유용할 수 있다는 점을 부인하지 않을 것이다. 그러나 그것이 심각한 문제를 수반한다는 것은 쉽게 증명될 수 있다.

왜냐하면 일상적 숙고에서 우리는 인간 삶의 일정한 내적 혹은 외적 여건하에서 무엇이 최선인가를 숙고해야 하듯이, 이상적 사회의 관찰에서도 무엇이 최선인가를 숙고해야 하기 때문이다. 우리는 달성할 수 있다고 가정하는—최대한 오랫동안 끊임없이 지속되는, 단지 생각할 수 있는 가장 즐거운 의식—목적보다 인간이 추구하는 목적을 실현하는 방법에 대하여 더 많이 숙고할 필요가 있다. 우리는 이 인간이 우리 자신의 여건과 동떨어지지 않은 여건하에 존재한다고 상상해야 한다. 그리하여 우리는 적어도 그들을

---

4) 당분간 나는 완전성을 궁극적 목적으로 삼는 윤리학의 방법은 살펴보지 않을 것이다. 왜냐하면 앞서 관찰한 것처럼 이 방법을 통상적인 직관주의적 방법과 다소 더 명확히 구분하기 전에는 지금의 물음과 관련하여 그것을 만족스럽게 논하기가 어렵기 때문이다.

모방하려고 노력할 수 있다. 이를 위하여 우리는 우리의 현재 상황이 얼마만큼 변할 수 있는지 알아야 한다. 실제로 만들어진 이러한 이상적 사회의 구성들이 보여주는 것처럼, 이것은 아주 어려운 물음이다. 예컨대 플라톤의 『국가』는 여러 면에서 현실로부터 충분히 벗어난 것처럼 보인다. 그럼에도 그는 전쟁을 이상적 사회에서도 대비해야 할 영구불변의 사실로 생각했고, 사실 이러한 대비가 그의 구성의 현저한 목적으로 보인다. 반면에 근대의 가장 건전한 유토피아는 확실히 전쟁의 억제를 포함한다. 사실 이상적 사회는 우리가 현재의 해악들에서의 탈출을 꿈꾸면서 우연히 채택한 상상적 변화의 궤도를 따라서, 흔히 현실사회의 정반대 방향으로 벗어나는 것처럼 보일 것이다. 예컨대 영원한 결혼은 오늘날 상당한 불행의 원인이다. 왜냐하면 부부간의 애정이 영원불변하는 것은 아니기 때문이다. 결혼은 부분적으로 남녀를 그들에게 해로운 열정의 변덕으로부터 지켜주기 위한 것이지만, 주로 자녀를 잘 양육하기 위하여 필요하다고 생각된다. 그런데 어떤 사람들이 보기에 이상적 사회에서는 우리가 부모의 애정을 더 깊이 신뢰할 수 있기 때문에 남녀 사이의 자연스런 정서작용을 통제하려고 애쓸 필요가 적을 것이고, '자유연애'가 이상적이다. 동시에 다른 사람들은 부부간의 애정의 불변성은 자연스럽고 정상적인 것이고, 이상적 사회에 접근할수록 이 규칙의 예외는 사라지리라고 가정해야 한다고 주장할 것이다. 또 우리가 현실사회에서 향유하는 행복은 행복의 수단의 불평등한 분배 및 부자와 빈민의 구분에 의하여 크게 감소할 것으로 보인다. 그러나 우리는 이러한 해악이 매우 상이한 두 방법에 의하여 제거될 것이라고 상상할 수 있다. 부자가 자신의 몫을 재분배하려는 성향이 늘어나거나, 빈민이 더 많은 것을 얻게 해주는 사회제도에 의해서다. 전자의 경우에는 현행의 임의적·일시적 자선을 크게 확대하고 체계화하는 것이 이상적이다. 후자의 경우에는 이러한 자선을 없애는 것이 이상적이다.

요컨대 현실사회의 고정된 토대를 버릴 경우, 광대한 이상향이 우리를 사방으로 둘러쌀 것이다. 그 속에서 우리는 온갖 종류의 모범국가를 고안할 수 있을 것이다. 그러나 현실의 물리적 세계의 직선과 원이 과학적 기하학의 직선과 원에 근접하는 방식으로 현실사회가 명백히 근접할 만한 일정한 이상적 사회는 없다.

우리는 인류역사를 연구함으로써 그 모범국가의 종류들을 줄일 수 있다고 말할 수 있다. 왜냐하면 이 연구는 모범국가가 미래에 존재할 방식을 다소 예언할 수 있게 해주기 때문이다. 그렇더라도 우리가 당장 우리의 행위에 대한 아주 확실한 지침을 얻을 수 있을 것처럼 보이지 않는다. 우리가 생각할 수 있는 가장 유리한 가정을 세우고, 가장 독단적인 과학적 역사가의 신념을 훌쩍 뛰어넘어 보자. 인류사의 과정은 더 큰 행복을 향한 인류의 전진이라고 가정해 보자. 나아가 미래 인간사회의 여건이 놓일 한계를 정할 수 있을 뿐만 아니라, 미래 공동체의 상이한 요소들의 상호관계를 상세히 정하여 인간이 최대 행복을 획득할 수 있는 행위규칙들을 뚜렷하게 볼 수 있다고 가정해보자. 그럼에도 우리가 지금 살고 있는 상황에서 이 규칙들을 따르는 것이 얼마만큼 바람직할지는 매우 불확실한 상태로 남는다. 왜냐하면 이렇게 예언된 사회질서는 가설에 따라서 초기 단계에서 우리가 대략 실현하려고 노력해야 할 유형이나 모범이 아니라, 우리 사회의 진보에서 더 진전된 하나의 단계로 제시된 것일 뿐이기 때문이다. 그 사회질서를 얼마만큼 모범으로 인정해야 할지는 여전히 해결해야 할 물음이다. 그리고 그 물음에 대한 고찰에서 우리의 행동이 현세대에 미치는 영향이 결국 가장 중요한 요소일 것이다.[5]

---

5) 이 물음에 대한 더 자세한 고찰은 뒤에 나올 장에서 발견할 수 있다. 제4권 4장 §2를 참조하시오.

3장
윤리학적 판단

§1. 1장에서 나는 우리가 옳다고 판단하거나 해야 한다고 판단하는 행동을 "합당한" 혹은 "합리적인" 행동이라고 말했다. 이와 유사하게 궁극적 목적을 "이성에 의하여 규정된" 것이라고 말했다. 나는 합당하다고 인정받는 행동동기를 "비합리적" 욕망 및 성향과 대조했다.[1] 여러 학파의 저술가들이 이러한 방식으로 말했고, 이러한 방식이 그 주제에 대한 일반적 견해 및 어법과 일치한다고 보인다. 왜냐하면 우리는 보통 그릇된 행동은 본질적으로 불합리하

---

1) 〈역주〉 책 전반에 걸쳐서 'non-rational'은 '비합리적', 'irrational'은 '불합리한'으로 번역한다. 엄밀히 구별하자면, 'irrational'은 '합리성에 반하는' 것을, 'non-rational'은 '합리성과 무관한' 것을 뜻한다. 그럼에도 가독성과 편의를 위하여 이와 같이 구분하여 번역한다.

고, 이것을 논증으로 밝힐 수 있다고 생각하기 때문이다. 이성만이 사람을 올바르게 행동하도록 만드는 것은 아니지만, 우리는 여전히 이성에의 호소가 모든 도덕적 설득의 본질적 부분이고, 게다가 설교자나 도덕 웅변가와 구별되는 윤리학자나 도덕철학자가 관심을 갖는 부분이라고 주장한다. 반면에 흄이 말한 것처럼, "참·거짓의 판단을 하도록 정해진 이성이 결코 저절로 의지의 동기일 수 없다"고 널리 주장된다. 게다가 행동의 동기는 모든 경우에 모종의 비합리적 욕망이고, 당장의 쾌락과 고통에 의하여 주어진 행동충동도 이 용어에 포함된다고 널리 주장된다. 더 진행하기 전에, 우리는 이 논쟁의 이유를 신중히 검토하는 것이 바람직해 보인다.

가급적 쟁점을 분명히 규정하는 것에서 시작하자. 추측건대 모든 사람은 비합리적 혹은 불합리한 욕망과 이성의 충돌이라고 일컫는 것을 경험한 적이 있다. 우리 대부분은 가끔 (예컨대) 스스로 경솔하다고 판단하는 방종에 빠지도록 만드는 육체적 욕구와 스스로 부당하거나 몰인정하다고 비난하는 행위를 하도록 만드는 분노를 느낀다. 이러한 욕망을 불합리하다고 말하는 것은 이러한 충돌이 일어나는 경우, 즉 우리가 심사숙고한 판단에 반대되는 의지를 갖도록 만드는 경우다. 우리는 때로는 이렇게 유혹하는 충동에 굴복하기도 하고 때로는 굴복하지 않기도 한다. 이러한 불합리한 욕망의 인력(引力)이 가장 확실히 느껴질 때는 우리가 그것에 굴복하지 않을 경우다. 왜냐하면 우리는 욕망에 저항하면서 근력 발휘의 노력과 다소 유사한 의지의 노력을 발휘해야 하기 때문이다. 흔히—우리가 늘 우리의 의무나 이익에 대하여 생각하는 것은 아니기 때문에—이러한 종류의 욕망은, 우리가 이러한 행동을 옳거나 그르다고 판단하거나 신중하거나 경솔하다고 판단하지 않더라도, 자발적 행동에서 힘을 발휘한다. (예컨대) 평범하고 건강한 남자가 저녁식사를 하는 것처럼 말이다. 이러한 경우에는 그 욕망을 "불합리한(irrational)"보다는 "비합리적(non-rational)"이라고 말하는 편이 더 적절해 보인다. 두 용어 중 어느 것도 지금 말한 것과 같은 욕망들이—혹은 적어도 그 욕망들 가운데 중요한 것이—보통은 지적 과정을 수반하지 않음을 암시하지 않는다. 어떤 행동충동은, 우리가 "맹목적으로" 혹은 "본능적으로"라고 말하듯이, 그 행동이 겨냥하는 목적이나 그 목적을 획득하기 위한 수단에 대한 뚜렷한 의식 없이도 힘을 발휘하는 듯이 보인다. 그러나 내가 생각하기에 이것은 감지할 만한 시간 동안 의식을 사로잡지 못하고 보통 아주 근접한 목적을 달성하기 위하여 매우 친숙하고 습관적인 행동만을 요구하는 충동에 해당된다. 다른 모든 경우에서는—즉 우리가 주로 윤리학적 논의에서 관심을 갖는 행동의 경우들에서는—겨냥하는 결과와 그것의 실현을 위한 수단의 적어도 일부는 그 결과의 실현을 위한 운동을 일으키는 의지에 선행하여 다소 뚜렷하게 의식에 표상된다. 따라서 내가 "비합리적" 욕망이라고 부른 것에서 나오는 힘과 그것이 일으키는 의지는 상이한 두 방식으로 지적 과정에 의하여 계속 변화한다. 첫째로 욕망된 목적의 달성에 도움이 되는 수단에 대한 새로운 지각이나 표상에 의해서, 둘째로 새로운 욕망과 반감의 충동을 일으키는 지금 존재하거나 앞으로 존재할 것이라고 예상되는 사실에—특히 심사숙고한 행동의 다소 개연적 결과에—대한 새로운 직각(直覺)이나 표상에 의해서다.

문제는 지성이 욕망과 의지에 미치는 영향에 대한 방금 제공한 설명이 완전하지 않은가, 또 흔히 "욕망과 이성의 충돌"이라고 말하는 경험은 그저 욕망들 사이와 반감들 사이에서의 충돌로 이해하는 편이 더 올바르지 않은가 하는 것이다. 이성의 유일한 기능은 위에서 말한 방식으로 우리의 다양한 충동에서 나오는 힘을 변화시키는 현실적 사실이나 가능한 사실에 대한 관념을 우리에게 상기시키는 것이다.

나는 이것이 사실이 아니라고 생각한다. 즉 모든 혹은 대부분 사람들의 마음에서 의지에—흔히 불충분하지만—다소 영향을 미치는 일반적 도덕판단이나 타산판단을 인간이 지금이나 미래에 가질 감정[2]의 존재나 감각적 세계의 사실에 대한 판단이라고 해석하는

---

2) 〈역주〉 책 전반에서 'feeling'을 'sentiment'와 마찬가지로 '감정'이라고 번역한다. 시지윅은 이 두 용어의 차이를 분명히 밝히지도 않고, 딱히 그것들을 구분하여 사용하는 것처럼 보이지도 않는다. 'sentiment'는 사랑, 공감, 다정함 등의 표현처럼 어떤 특수한 정서적 태도와 연관되는 데 비하여, 'feeling'은 어떤 사람이나 대상에 대한 전반적인 정서적 태도와 연관된다고 말할 수도 있다. 굳

것은 옳지 않다고 생각한다. 왜냐하면 이러한 [도덕 혹은 타산] 판단에 명시적으로나 암시적으로 포함되는 "해야 한다"와 "옳다"라는 낱말[3]이 표상하는 근본개념은 육체적 혹은 심리적 경험의 사실을 표상하는 모든 개념과 본질적으로 다르기 때문이다. 문제는 자신의 실천적 판단과 추론에 대한 숙고에서 개인들은 결국 어느 개념에 의지해야 하는가이다. 후자의 [사실을 표상하는] 개념에 의존하면서 위에서 부정적으로 정의한 그것의 고유한 성격을 인식하지 못한 상태에서, "해야 한다"와 "옳다"가 표상하는 근본개념을 끌어들이는 실천적 판단과 명제를 설명하려는 시도는 모두 부적절하다는 점을 보여주는 것에서 시작하는 편이 가장 편리하게 보인다. 도덕판단이나 타산판단에 확실히 동반하는 감정과 옳다고 판단한 행동에 대한 의지의 결정에 일반적으로 다소 영향을 미치는 감정을 보여주는 한에서, 이러한 설명에도 진리의 요소는 있다. 그러나 그 설명이 이러한 [도덕 혹은 타산] 판단이 의미하는 바의 해석이라고 공언하는 한에서, 내가 보기에 그 설명은 완전한 실패다.

이 문제를 고찰하면서, 내가 "도덕적"과 "타산적"으로 분류한 두 종류의 판단을 구별하는 것이 중요하다. 둘은 모두 넓은 의미에서 "도덕적"이라고 부를 수도 있다. 우리가 본 것처럼, 모든 타당한 도

이 양자를 구별하기 위해서 'feeling'을 '느낌'으로 번역할 수도 있었다.
3) 두 낱말의 의미 차이는 나중에 논의한다.

덕규칙은 결국 타산적 토대를 가진다는 것은 강력히 옹호되는 의견이다. 그러나 일반적 사고에서 우리는 의무의 인지나 판단을 행위자의 사적 이익이나 행복의 관점에서 "옳은" 것 혹은 "해야 할" 것의 인지나 판단과 분명히 구별한다. 내가 생각하기에 이 구별의 깊이는 우리가 이제 다루려는 판단들을 더 면밀히 검토하더라도 줄어들지 않을 것이다.

바로 이 구별이 옳음 개념의 해석을 제시하는데, 그 해석은 도덕판단에서 옳음 개념의 특별한 의미를 부정한다. "옳음"은 당연히 목적이 아니라 수단의 속성이라고 강력히 주장된다. 그래서 이 속성을 가진다고 생각하는 것은 옳다고 판단된 행위가 명시적으로 말하지 않아도 알 수 있는 목적의 실현에 가장 적합한 혹은 유일하게 적합한 수단이라는 것을 의미할 뿐이다. 이와 유사하게 무언가를 "해야 한다"는 단언은 적어도 장래의 목적에 대한 암묵적 지시와 함께 이루어진다. 나는 이것이 일상적 담론에서 두 용어의 용법의 일부에 대한 정당한 해석임을 인정한다. 그러나 다음 두 가지는 분명해 보인다. (1) 일정한 종류의—정의, 진실성, 신의 등으로 명명되는—행동은 일반적으로 장래의 결과와 무관하게 무조건 옳다고 생각된다. 그리고 (2) 이와 유사하게 우리는—사회의 공동선이나 전체의 행복 같은—일정한 목적의 채택을 "옳다"고 간주한다. 이 경우들 중 어느 것에서든, 위에서 제안한 해석은 확실히 받아들이기 어려워 보인다.[4]

우리는 "옳음"이나 "당위"에 대하여 장래의 목적에 적합하다는 개념과는 다른 의미를 찾아야 한다. 여기서 우리는 일반적으로—더 좁은 의미에서—도덕적이라고 부르는 판단이나 명제는 그것을 실제로 입 밖에 내는 사람의 마음에 있는 특정한 정서의 존재를 확인해준다는 제안과 마주친다. 즉 '진실을 말해야 한다' 혹은 '진실을 말함이 옳다'고 말할 때, 나는 단지 진실말하기의 관념이 나의 마음에서 승인[5] 혹은 만족의 감정을 일으킨다는 것을 의미할 뿐이다. 일반적으로 '도덕감정'으로 분류되는 다소의 이러한 정서는 아마 실제 사례에 대한 도덕판단에 대체로 동반한다. 그러나 단지 내가 진실말하기를 승인한다는 사실에 대한 진술이 '진실을 말해야 한다'는 명제에서 당연히 주어져 있다고 말하는 것은 어리석다. 만약 그렇지 않으면, 다른 사람이 진실말하기를 불승인한다는 사실

---

4) 예컨대 벤담이 (『도덕과 입법의 원칙에 대한 서론』 제1장 1절 주석) 자신의 기본원칙은 "모든 이해 당사자의 최대 행복이 인간행동의 올바르고 타당한 목적이라고 말한다"고 설명할 때, 우리는 그가 정말로 "옳음"이라는 낱말로 "전체의 행복에 이바지함"을 의미한다고 이해할 수 없다. 비록 같은 장의 다른 문단에서는(9절과 10절) 그의 말투가 그것을 의미하는 것처럼 들릴 테지만 말이다. 왜냐하면 전체의 행복을 행동의 목적으로 삼는 것이 전체의 행복에 이바지한다는 명제는 엄밀히 말해서 동어반복은 아니나 어떤 도덕체계의 기본원칙으로는 알맞지 않기 때문이다.

5) 〈역주〉 'approbation'은 흔히 '승인'이라고 번역된다. 이 책에서 역자는 문맥에 따라서 '찬성'이라고도 번역할 것이다. 따라서 'disapprobation'도 문맥에 따라서 '불승인'이 아니라 '반대'라고도 번역할 것이다.

은 '진실을 말해서는 안 된다'는 말에 의하여 동등하게 표현될 수 있을 것이다. 그리하여 우리는 상호모순되는 두 명제에서 진술된 두 공존적 사실과 마주칠 것이다. 이것은 너무 당연해서 우리는 나와 경쟁하는 견해를 주장하는 사람들은 정말로 이것을 부정하려는 것이 아니라고 가정해야 한다. 그들은 차라리 내가 [진실말하기를] 승인한다는 주관적 사실이 근거 있게 진술할 수 있는 전부, 아니면 분별 있는 사람이라면 아마 숙고를 통해서 긍정할 수 있는 전부라고 주장하려 한다고 가정해야 한다. 형식은 객관적이지만 타당성이 의문시될 경우, 우리가 주관적이라고 주장할 수밖에 없는 진술들의 거대한 집합이 있다. '공기가 달콤하다' 혹은 '그 음식이 마음에 들지 않는다'고 말하는 경우, 나는 단지 내가 하나는 좋아하는데 다른 하나는 싫어한다는 것을 의미할 뿐이라고 말하는 것은 정확한 사실이 아닐 것이다. 누군가 나의 진술에 이의를 제기할 경우, 나는 아마 나 자신의 마음에 이러한 감정이 있다고 단언하는 것에 만족할 것이다. 그러나 내가 보기에 이러한 감정의 경우와 도덕감정의 경우 사이에는 근본적 차이가 있다. 내 경험으로는 도덕적 승인이라는 독특한 정서는 승인하는 행위가 '정말' 옳다는—즉 오류를 범하지 않은 경우 누구도 승인하지 않을 수 없다는—암시적 혹은 명시적 확신과 불가분하게 얽혀 있다. 다른 사람들은 이 확신을 공유하지 않는다는 이유나 다른 어떤 이유로 내가 그것을 버리더라도, 나는 문제의 행위를 자극하는 감정, 혹은—어쩌면 더 일반적인 것으로서—그 행위와 반대되는 행위에 계속 강한 반감을 가질 수 있다. 그러나 이 감정은 더 이상 엄밀히 '도덕감정'이라고 부를 만한 특별한 성질을 가지지 않을 것이다. 윤리학적 논의에서 흔히 둘의 이러한 차이를 간과하는 경우가 있다. 논증에 의하여 도덕적 의견에 변화가 일어나는 경험이 이 차이의 실례를 제공할 수 있다. (예컨대) 평소 진실성의 감정에 따라서 움직이는 사람이 자신이 놓인 독특한 상황하에서 진실을 말하는 것은 옳은 일이 아니라 그른 일이라고 믿는다고 가정해보자. 필시 그는 여전히 진실을 말하라는 규칙을 어기는 것에 강한 반감을 느낀다. 그러나 그것은 유덕한 행동의 한 부문으로서 그에게 진실성을 유발했던 감정과는 종류와 정도에서 상당히 다른 감정일 것이다. 아마 그중 하나를 '도덕'감정이라고 부르고, 다른 하나는 '유사-도덕(quasi-moral)' 감정이라고 부를 수 있다.

방금 제시한 논증은 승인이나 불승인은 단순히 일정한 종류의 행위에 대한 개인의 호감이나 반감이 아니라는 견해에도 저항한다. 이 논증은 다른 인간들이 느낀 유사한 호감이나 반감에 대한 공감적 표상에 의하여 복잡해진다. 분명 이 공감은 도덕적 정서의 통상적 부산물이고, 전자 없이는 후자를 지탱하기가 훨씬 더 어려워진다. 그러나 이것은 부분적으로 우리의 도덕적 믿음이 흔히 사회의 다른 구성원들의 믿음과 일치하고, 이 믿음이 참이라는 우리의 확신은 이러한 일치에 상당히 의존한다.[6] 방금 가정한 경우처럼 우리가 정말로 논증에 의거하여 자신의 평소 감정뿐만 아니라 우리 사회의 감정에도 대립하는 새로운 도덕적 믿음에 도달할 경우, 우리는 내가 정의한 것과 같은 도덕감정이 우리에게 존재하고 이 감정은 우리의 단순한 호감과 반감에 못지않게 우리의 동료들이 표상하는 공감과 충돌한다는 사실을 증명하는 중대한 실험을 갖게 된다. 우리의 믿음과 대립하는 공감이 인류 전체를 덮을 정도로 확대되고, 우리 자신을 마치 인류 전체에 대항한 아타나시우스[7]라고 상상해보자. 그럼에도 의무에 대한 우리의 믿음만 굳건하면, 우리가 도덕적이라고 말하는 정서는, 그것에 대립하는 복잡한 공감이 아무리 확대되고 복잡해지고 강렬해지더라도, 상상력 속에서 튀어나올 것이다.

§2. 'X를 해야 한다'는 명제가 단지 나 자신이나 다른 사람들 속에 있는 어떤 감정의 존재를 표현한다는 주장을 받아들일 생각이 없는 내가 보는 바로는, 이 부수적 감정에서 '도덕적'이라는 용어가

---

6) 제3권 9장 §1을 보시오.

7) 〈역주〉 아타나시우스(Athanasius: 293-373)는 4세기경 알렉산드리아 대주교로, 325년의 니케아 공의회에서 그의 삼위일체론이 정통교리로 받아들여졌다. 그러나 성자(즉 예수)는 창조된 피조물이고 성부에 종속된다고 주장한 아리우스파와 아리우스주의를 추종한 콘스탄티누스 1세와 이후의 여러 로마 황제들에 의하여 핍박을 받아 수차례 주교직을 박탈당하고 추방당했다가 복권되기를 반복했다.

나타내는 고유한 성질을 제거하지 않은 채로 나 자신의 도덕판단을 대하는 것은 전혀 불가능하다. 그런데 '당위'에 대하여 또 다른 해석이 있다. 이 해석은 사람들이 일정한 종류의 행위에 대하여 일반적으로 느끼는 호감과 반감을 그 행위의 도덕적 요소를 판단하고 구성하는 사람의 정서에서 공감적으로 표상된 것이라고 간주하지 않고, '당위'나 '의무'를 짊어진 사람에게 주어지는 고통의 원인이라고 간주한다. 이 견해에 따르면, 어떤 사람이 무언가를 '해야' 한다고 말할 때, 우리는 그가 그것을 해야 한다는 처벌을 받아야 한다고 말하려는 것이다. 이 특정한 처벌은 그의 동료들의 반감으로부터 직간접적으로 그에게 자연히 발생할 고통이라고 간주된다.

내가 생각하기에, 이 해석이 '당위'와 '의무'가 일상적 사유와 담론에서 지니는 의미의 일부를 표현한다. 왜냐하면 우리는 일반적으로 '도덕적 책무(moral obligation)'를 '의무(duty)'와 동의어로 사용하고,[8] 이 말은 '해야 한다'라는 동사가 함축하는 바를 표현하고, 그리하여 이 개념과 법적 책무 개념 사이의 유사성을 암시하기 때문이다. 실정법의 경우, 우리는 '책무'와 '처벌' 사이의 관계를 인정하지 않을 수 없다. 어떤 법을 상습적으로 위반해도 처벌되지 않을 경우, 그 법이 어떤 사회에서 현실적으로 확립되었다고 말할 수 없

---

8) 〈역주〉 책 전반에서 일반적인 용례에 따라서 'obligation'은 '책무', 'duty'는 '의무'로 번역한다.

다. 그러나 일반적으로 상상하는 법과 도덕의 관계를 더 면밀히 숙고해보면, '당위'에 대한 이러한 해석은—그것을 배제할 수는 없지만—그 용어의 특히 윤리학적 용법과 구별되어야 한다는 사실이 밝혀지는 듯하다. 왜냐하면 일반적 사유에서 법적 규칙과 순전히 도덕적 규칙 사이의 이상적 구별은 후자가 아니라 전자의 규칙과 처벌의 이러한 연결에 놓여 있는 것처럼 보이기 때문이다. 우리가 생각하기에, 어떤 사람이 행하거나 행하지 않도록 강제해야 할 것이 있고, 또 그가 강제 없이 행하거나 행하지 않아야 할 것이 있는데, 당연히 전자만이 법의 영역에 속한다. 그리고 법의 강제가 분명 바람직하지 않은 많은 경우에 도덕적 비난과 그 결과에 대한 두려움이 통상 개인의 의지에 유용한 제약을 가한다. 어떤 사람이 "법적으로는 아니나 도덕적으로" 무언가를 "해야 한다"고 말할 때, 우리가 단지 "그가 그것을 하지 않으면 여론에 의하여 처벌받을 것이다"라는 말을 하려던 것은 분명 아니다. 왜냐하면 우리는 이 두 진술의 의미를 똑똑히 구별하는 동시에 흔히 그것들을 결합하기 때문이다. 더 나아가 (여론이 틀리기 쉽다는 사실을 너무 잘 알고 있기에) 우리가 판단하기에 사람들이 마땅히 '해야' 할 많은 일들이 있지만, 그것들을 하지 않더라도 그들이 아무런 심각한 사회적 처벌도 받지 않으리란 사실을 우리는 아주 잘 알고 있다. 사실 이러한 경우에 부도덕한 행위에는 사회적 불승인이 계속 따라다녀"야 한다"고 흔히 말한다. 이 주장에서 '해야 한다'는 말은 [그 부도덕한 행위를] 불승인하지 않는 사람들이 사회적 처벌을 두려워해야 한다는 것을 의미할 수 없다. 도덕의식이 강하게 발달된 사람들 모두 혹은 대다수도 때로는 자신이 속한 사회에서 일반적으로 인정받은 도덕과 자신이 충돌하는 것을 느낀다. 이렇게 그들은—앞서 말한 것처럼—그들에게 의무란 그들이 행하지 않음을 다른 사람들이 반대할 것을 의미하지 않는다는 것을 증명하는 중대한 경험을 얻는다.

또한 1장 §3에서 이미 암시했던 것처럼, 나는 우리가 종종 도덕판단과 형식상 유사하면서 일상적 사고에서 그것과 구별되지 않는 판단을 내리고, 숙고해보면 이러한 경우에 긍정된 책무는 널리 유행하는 의견과 감정의 존재에 의존한다는 사실을 인정한다. 근대 문명사회의 구성원은 사회적 처벌로서 집행되는 여론의 규율에 지배를 받는다. 그러나 사려 깊은 사람은 그것에 복종하면서도 결코 그것을 도덕률과 동일시하지 않고, 그것이 무조건적 구속력을 가진다고 생각하지도 않는다. 사실 그 규율은 변동이 매우 심하고 일정하지 않고, 동일한 정치공동체에 속한 상이한 계급과 직업과 사교집단에서 동시에 상이하다. 이러한 규율은 항상 일반적으로 인정받은 도덕률을 상당히 뒷받침한다. 대다수 사려 깊은 사람들은—중대한 문제에서 명예규율(code of Honor)이라고 하거나, 가벼운 문제에서 공손함의 규칙 혹은 올바른 예의범절이라고 말하는—여론의 명령이 도덕과 확실히 충돌하지 않는 경우에는 그 명령을 따르는 것이 일반적으로 합당하다고 생각한다. 이러한 복종은 사적 이익 때문이거나, 자신의 동료와 되도록 조화를 이루는 것이 최대 행복 혹은 복리에 도움이 된다고 생각하기 때문에 유지된다. 따라서 무분별한 사람들의 일반적 사고에서 사회적 의견에 의하여 부과된 의무는 흔히 도덕적 의무와 구별되지 않는다. 사실 이러한 불분명함은 많은 용어들의 일반적 의미에 거의 내재하고 있다. 예컨대 어떤 사람이 비겁한 행위로 '명예를 더럽혔다(dishonored)'고 하면, 우리가 말하려던 바가 그가 경멸을 당했다는 것인지, 아니면 그가 경멸을 당할 만했다는 것인지, 아니면 양자 모두인지가 별로 분명하지 않다. 명예규율과 도덕률이 충돌하는 경우를 예로 들면, 이것은 분명해진다. 만약 (예컨대) 어떤 사람이 종교적 이유로 결투를 거부했기 때문에 어디로든 사회적 추방을 당한다면, 어떤 사람들은 그가 올바른 행동을 했지만 '명예를 더럽혔다'고 말할 것이고, 다른 사람들은 유덕한 행위에서는 아무런 실질적 불명예도 있을 수 없다고 말할 것이다. '부적당한' 혹은 '올바르지 않은' 행위에 대한 일반적 개념에도 유사한 모호함이 잠복해 있는 것 같다. 그럼에도 모든 경우에 그 모호함은 숙고를 통해서 밝혀진다. 발견될 경우, 그 모호함은 '옳은 행위', '의무', 우리가 '해야' 하는 것 혹은 해야 할 '도덕적 책무'를 가진 것이라는—이 용어들이 엄격히 윤리학적 의미에서 사용될 때—개념과 단지 현재 여론의 기준에 따르는 행위 사이의 차이를 더 깊이 설명하는 것에 도움이 되는 듯하다.

'당위'가 처벌을 내포한다고 해석하는 또 다른 방법이 있다. 이것은 어떤 결정적인 심리학적 실험으로 대응하기가 다소 어려운 방법이다. 도덕명령은 신법이고, 그것을 어기면 신의 처벌을 받는다고 생각할 수 있다. 분명 기독교 사회에서는 흔히 이러한 처벌이 적절한 것이고 보편적으로 적용될 수 있다고 생각된다. 그런데 때로는 자기 공동체의 법이나 여론의 지지를 받지 못하는 독자적인 도덕적 신념에 따라서 행동하는 모든 사람이 이러한 생각을 공유한다고 말하기는 어렵다. 세계의 도덕적 통치에 대한 믿음으로 충만한 사람들 중 대다수도 "나는 이것을 해야 한다"라는 판단을 "만약 내가 이것을 하지 않는다면 신이 나를 벌할 것이다"라는 판단과 동일시할 수 없다. 왜냐하면 전자의 명제가 참이라는 확신은 분명 후자의 명제를 믿기 위한 근거의 중요한 일부라고 인식되기 때문이다. 또한—그들이 흔히 그러하듯이—죄인에게 벌을 주고 의인에게 상을 주는 것에서 드러나는 신의 '정의'에 (혹은 여타 도덕적 속성에) 대하여 말할 때, 분명 기독교인들은 단순히 신이 이렇게 상벌을 줄 것이라고 말하려는 것이 아니라, 신이 이렇게 하는 것이 '옳다'[9]고 말하려는 것이다. 물론 이것은 신이 '벌을 받아야 한다'고 말하려는 것이라고 간주될 수 없다.

---

9) 방금 설명한 이유로 여기서는 '해야 한다(ought)'는 부적당하다.

§3. 우리가 일반적 도덕판단에서 사용하는 '당위'나 '도덕적 책무' 개념은 단지 (1) 그 판단을 내리는 사람의 마음에 (다른 사람의 마음에 있는 유사한 정서에 대한 공감적 표상에 의하여 복잡해졌든 복잡해지지 않았든) 어떤 특수한 정서가 존재한다는 것을 의미하는 것도 아니고, (2) 일정한 행위규칙이 그것의 위반에 따를 처벌에 의하여 뒷받침된다는 것을 (이 처벌이 명령된 혹은 금지된 행위에 대하여 느끼는 일반적 호감과 반감에서 나온 것이든 다른 원천에서 나온 것이든) 의미하는 것도 아니다. 그렇다면 그 개념은 무엇을 의미하는가? 하고 물을 수 있다. '당위'와 '옳음', 그리고 동일한 근본개념을 표현하는 다른 용어들을 우리는 어떻게 정의할 수 있는가? 이 물음에 나는 이 용어들이 공통으로 지닌 개념은 형식적 정의를 내리기에는 너무 기본적이라고 답할 수 있다. 이렇게 말하면서 나는 그 개념이 "마음의 본래적 구성"에 속한다고, 즉 의식 속에 그 개념의 현존은 어떤 발생과정의 결과가 아니라고 암시하려는 것은 아니다. 나는—가장 단순하고 기본적으로 보이는 개념을 포함하여—인간 사고의 전체 구조는 엄밀히 말해서 사고력이 없는 하등생물로부터 정신의 점진적 변화과정을 거쳐서 발생했다는 사실을 의심치 않는다. 그렇다고 이 개념이나 다른 모든 개념이 우리가 그것을 숙고하는 순간에 그것이 가진 것으로 여겨지는 단순성을 사실은 가지지 않았다고 추론할 수는 없다. 만약 사고가 어떻게 성장했는가를 보여줄 수 있다면—그것을 자연적 결과로 산출하는 정신적 선행조건

을 지적할 수 있다면—우리는 문제의 사고가 실은 그것의 선행조
건을 잠복적인 요소로 포함하는 합성물이라는 결론을 내릴 수 있
다. 그러나 나는 이렇게 화학 개념을 심리학으로 옮기는 것을 정당
화할 방법은 전혀 알지 못한다.[10] 정신적 선행조건과 그것의 정신
적 귀결 사이의 명백한 차이에도 불구하고, 전자가 실로 후자를 구
성한다고 생각하는 이유를 전혀 모르겠다. 그렇게 생각할 이유가
없을 경우, 마땅히 심리학자는 신중히 수행한 내성(內省)을 통하여
밝혀진 바를 기본적인 것으로 받아들여야 한다. 이 기준을 응용하
여, 나는 지금 우리의 사고에 존재하는 것으로서 지금까지 검토해
온 개념은 더 단순한 개념들로 분해될 수 없다는 사실을 발견한다.
그 개념은 일상적 사고에서 그것과 연결되는 다른 개념, 특히 그
것과 혼동하기 쉬운 개념과의 관계를 최대한 명확히 결정함으로써
더 명료해질 따름이다.

---

10)   화학에서 우리는 선행조건(원소)이 귀결(합성물) 속에 여전히 존재하면서 그
      것을 구성한다고 간주한다. 왜냐하면 후자는 전자와 무게가 완전히 같고, 우
      리는 일반적으로 이 합성물을 분해하여 그 자리에서 원소들을 얻어낼 수 있
      기 때문이다. 그러나 정신적 현상의 발생에서는 이러한 것을 전혀 찾을 수
      없다. 정신적 귀결은 어떤 면에서도 그것의 선행조건과 완전히 같지 않고,
      그것이 선행조건들로 분해될 수도 없다. 나는 내가 여기서 도덕판단의 타당
      성이 그것의 정신적 선행조건의 발견에 의하여 영향을 받는가 하는 물음을
      논하는 것은 아니라고 변명할 수 있다. 나는 이 물음을 나중에 논할 것이다.
      제3권 1장 §4를 보시오.

이 과정을 수행하면서 "당위"라는 낱말이 가진 상이한 두 의미에 주목하고 그것들을 구별하는 것이 중요하다. 가장 엄밀한 윤리학적 의미에서, 우리가 '해야 한다'고 판단하는 것은 언제나 그 판단이 적용되는 개인의 의지에 의하여 이루어질 수 있다고 생각된다. 나는 내가 할 수 없다고 판단한 무언가를 동시에 그것을 '해야' 한다고 생각할 수 없다. 그러나 더 넓은—쉽게 버릴 수 없는—의미에서, 나는 때로는 더 현명한 사람이 아는 바를 알아'야 한다'는, 혹은 더 훌륭한 사람이 느끼는 바를 느껴'야 한다'는 판단을 한다. 비록 내가 의지의 힘으로 이러한 지식이나 감정을 나 자신 속에서 직접 일으킬 수 없다는 것을 알더라도 말이다. 이 경우 그 낱말은 단지 내가 최대한 본받으려고—더 엄밀한 의미에서—노력'해야 할' 이상 혹은 본보기를 의미할 뿐이다. "당위"의 이렇게 더 넓은 의미는 그 낱말이 통상적으로 기술 일반의 법칙과 정치적 판단에서 사용될 때의 의미로 보인다. 내가 내 나라의 법률과 헌법은 지금과 달라'야 한다'고 판단할 때, 물론 나는 나 자신이나 다른 개인의 의지가 이러한 변화를 직접 일으킬 수 있다는 것을 의미하지 않는다.[11] 그러나 여하튼 나는 당위가 지식의 가능한 대상이라는 점을

---

11) 나는 심지어 개인들의 어떤 연합이 내가 존재'해야 한다'고 생각하는 상태의 정치적 관계들을 완전히 실현할 수 있다고 생각하지 않는다. 만약 실천과 무관하다면, 나의 개념은 무익할 것이다. 그것은 실천적으로는 근사치에 도달하는 것만 가능한 하나의 모범을 묘사할 수 있을 뿐이다.

의미한다. 즉 내가 오류를 범하지 않는 한, 그 문제를 올바르게 판단하는 모든 합리적 존재는 내가 당위라고 판단한 것을 똑같이 당위라고 판단해야 한다는 것을 의미한다.

이러한 판단을 '이성'에 속한다고 말하면서, 여기서 나는 타당한 도덕판단은 보통 보편적 원칙이나 공리로부터의 추론과정을 통하여 획득되는 것인가, 아니면 개인의 특수한 의무에 대한 직접적 직관에 의하여 획득되는 것인가 하는 물음에 대하여 예단하려는 것이 아니다. 도덕적 기능은 주로 개별 경우들을 다루면서 일반적 의무 개념을 각 경우에 직접 적용하고 이 특수한 상황에서 이 사람이 무엇을 해야 하는가를 직관적으로 결정한다는 주장이 드물지 않게 제기된다. 이 견해에 의하면 도덕적 진리의 파악은 (일반적으로 이해하듯이) 합리적 직관보다는 감각-지각과 더 유사하리라는 사실을 나는 인정한다.[12] 따라서 도덕감이라는 용어가 더 적절하게 보일지도 모른다. 그러나 감(Sense)이라는 용어는 인지 능력이라기보다는 어떤 경우에도 오류를 범하지 않고 A로부터 B로 변할 수 있는 감정들을 가질 수 있는 능력을 암시한다.[13] 내가 보기에 이러한 암시

---

12) 우리는 보통 특수한 물리적 사실을 이성에 의하여 파악한다고 말하지 않는다. 우리는 이 기능이 판단이나 명제와 관련된 그것의 추론적 작용과 관련이 있다고 생각한다. 우리는 (여기서 차라리 문제가 되는) 직관적 이성을 논리학과 수학의 공리들과 같은 보편적 진리에 대한 파악에 국한한다.

13) 인식이라는 말로 나는 항상 일부 사람들이 "명백한 인식(apparent cogni-

를 피하는 것이 매우 중요하다. 나는 도덕적 인지 능력을 나타내기 위해서 위에서 설명한 것과 같은 이성이라는 용어를 사용하는 편이 더 낫다고 생각한다.[14) 나는 이 용어의 이러한 광범위한 사용에 대한 추가적 정당화로서, 도덕판단이 주로는 특정 행동과 연관될 경우에도 우리는 일반적으로 그 판단이 어떤 한정된 집합에 속하는 다른 행동들에도 적용될 수 있다고 생각한다는 점을 덧붙일 수 있다. 그래서 그것을 처음 파악할 때에는 특수하지만, 우리는 그 파악된 도덕적 진리를 암암리에 본질적으로 보편적인 것이라고 생각하게 된다.

더 나아가—당위라는 용어의 엄밀한 윤리학적 의미에서[15)—'X를 해야 한다'는 인지 혹은 판단을 그것과 관련된 사람들에 대한 이성의 '명령' 혹은 '수칙'이라고 말할 때, 나는 이 인지가 합리적 존재들에게 행동의 충동 혹은 동기를 제공한다는 것을 의미한다. 물론 인간에게 이 인지는 그것과 충돌할 수 있는 다른 여러 동기들에 둘

---

tion)"이라고 부르는 것을 의미한다. 즉 나는 인식의 **타당성**이 아니라 오직 심리적 사실로서의 그것의 존재와 타당성에 대한 그것의 주장을 긍정할 뿐이다.

14) 이성이라는 용어를 이렇게 광범위하게 사용하는 것에 대한 추가적 정당화는 제1권 8장 §3에서 제시될 것이다.

15) 이 논고에서 그 용어는 항상 이러한 의미로 사용될 것이다. 단 문맥상 아주 분명하게 더 넓은 의미가—정치적 '당위'의 의미가—적용될 수 있는 경우는 제외된다.

러싸인 하나의 동기일 뿐이고, 그것이 항상—어쩌면 대체로—지배적 동기도 아니다. 사실 동기들의 이러한 충돌가능성은 '명령'이라는 용어에 내포된 것처럼 보인다. 이 용어는 상관의 의지와 부하의 의지의 관계와 비교함으로써 이성과 단순한 성향 혹은 비합리적 충동의 관계를 묘사한다. 이 충돌은 일상적인 도덕적 담론에서 사용되는 '당위', '의무', '도덕적 책무'라는 용어에도 함축되어 있는 것처럼 보인다. 따라서 이 용어들은 이성과 충돌하는 충동들을 가진다고 생각할 수 없는 합리적 존재들의 행동에는 적용할 수 없다. 우리는 이러한 존재들에게 그들의 행동이 '합당하다' 혹은 (어떤 절대적 의미에서) '옳다'고 말할 수 있다.

§4. 내가 인식하기로는 어떤 사람들은 내가 보여주려던 무조건적 명령 혹은 정언명령을 자신의 의식에서 발견할 수 있다는 사실을 단순히 부정함으로써 앞의 모든 논증에 대응하려 한다. 만약 이것이 정말로 어쨌든 자기반성의 최종결과라면, 더 이상 할 말이 없다. 적어도 나는 도덕적 책무 개념이 전혀 없는 사람에게 그 개념을 가르쳐줄 방법을 모른다. 내가 생각하기에 이렇게 부정적인 사람들 중 대다수는 자신이 행동의 결과와 관계없이 행동에 대한 도덕적 책무를 의식할 수 있다는 사실을 부정하려는 것이다. 그들은 자신이—전체의 행복이든 복리든—어떤 보편적 목적 혹은 목적들을 목표로 삼고 이 목표와 충돌하는 모든 개인적 욕망의 만족을 이

목표의 달성에 종속시키는 것이 궁극적으로 합당하다고 인식한다는 사실을 정말로 부정하지는 않을 것이다. 그러나 앞서 말한 것처럼 이 견해에서는 분명 그 목적과 관련하여 무조건적 명령이 도입되고, 그 목적은—명시적 혹은 암시적으로—모든 사람이 목표로 삼아'야 하는' 목적으로 인식된다. 어떤 목적이 궁극적으로 합당하다는 인식은 그것에 가장 도움이 되는 행위를 해야 할 책무의 인식을 수반한다. 그 책무가 정말 "무조건적"이지는 않지만, 비합리적 욕망이나 반감의 존재에 의존하지도 않는다. 이전 절에서 말한 것 가운데 어느 것도 도덕규칙을 전체의 좋음이나 복리와 관련된다고 생각하는 공리주의나 여타 모든 방법과 대립하는 직관주의를 옹호하는 논변을 제공하는 것이 아니다. 예컨대 내가 말한 것 중에서 어느 것도 진실말하기는 사회보존을 위한 수단으로서만 가치를 지닌다는 견해와 불일치하는 것은 없다. 진실말하기가 이러한 이유로 가치를 지닌다는 견해를 받아들일 경우에만, 사회보존이—혹은 사회보존을 수단으로 삼는 더 높은 목적이—그 자체로 가치를 지니고 합리적 존재가 마땅히 겨냥해야 할 목적이라고 말할 수 있다. 우리가 사회보존을 넘어선 일을 생각할 필요가 없다고 인정할 경우, '사회를 보존해야 한다'가 첫 번째 '이성의 명령'일 것이다. 그러나 진실말하기가 이 목적에 필수적이거나 가장 적합한 수단이라고 인식되는 한에서, 이성은 진실을 말해야 한다고도 명령할 것이다. 두 명령에서 사용된 "당위" 개념이 내가 지금까지 밝히려 했던 개념이다.

　도덕규칙은 그것에 따르는 것만이 개인에게 이익이기 때문에 책무로 주어진다고 주장하는—그래서 도덕규칙을 타산규칙의 한 특수한 종류로 간주하는—사람들도, 사적 이익이나 행복을 목표로 삼는 것이 궁극적으로 합당한 목적이라고 인식하는 한에서, '이성의 명령'을 벗어나지 않는다. 실천이성이 단지 자기-관계적 타산을 의미한다고 해석하더라도, 실천이성과 불합리한 욕망의 충돌은 우리의 의식적 경험의 확실한 사실로 남는다. 실로 칸트 및 다른 여러 사람들은 자신의 행복을 증진하는 것이 한 사람의 의무라고 정당하게 말할 수 없다고 주장한다. 왜냐하면 "모든 사람이 어쩔 수 없이 의욕하는 것이 의무 개념에 속할 수 없기" 때문이다. 그러나 한 사람의 의지는 항상 자신의 행복의 달성으로 향한다는 주장을 어떤 의미에서 참이라고 인정하더라도,[16) 그 사람이 항상 자신의 **최대** 행복에 도움이 된다고 믿는 바를 행한다는 결론은 나오지 않는다. 버틀러가 역설한 것처럼, 욕구나 열정의 탐닉이 사람들이 스스로 자신의 의무라고 생각하는 것과 대립하는 만큼 자신의 이익이라고 생각하는 것과도 분명하게 대립하는 경우에도, 그들이 이렇게 탐닉한다는 것은 일반적 경험이다. 그래서 '당위' 개념은—합리적 판단과 비합리적 충동의 관계를 표현할 때—행위자의

---

16)　다음 장에서 볼 것처럼, 나는 이것을 인정하지 않는다.

이익과 무관하게 의무를 규정한다고 알고 있는 일반적 도덕규칙에서와 마찬가지로 이기주의적 체계의 실천규칙들에서도 자리를 발견할 것이다.

여기서 이기주의는 행위자 자신의 최대 행복을 그가 당연히 목표로 삼아"야 하는" 것이 아니라, 단지 전반적으로 그가 실현하려는 뚜렷한 욕망을 가진 궁극적 목적으로 간주한다고 주장될 수 있다. 이 목적은 일시적으로 특수한 열정과 욕구에 압도될 수도 있지만, 이 일시적 충동이 세력을 다하면 일반적으로 그것의 우위를 되찾는다. 나는 분명 이것이 이기주의적 행동에 대하여 널리 채택된 견해라는 점을 알고 있고 나중에 살펴보려 한다.[17] 그러나 모든 행동의 목적은 이성에 의하여 무조건적 혹은 "정언적으로" 규정된다는 믿음을 버리더라도, 위에서 설명한 것과 같은 '당위' 개념은 우리의 실천적 추론에서 사라지지 않는다. 그것은 여전히 우리가 목표로 결심할 수 있는 목적에 대한 가장 적합한 수단을 규정하는 "가언명령(hypothetical imperative)" 속에 남는다. 만약 어떤 의사가 (예컨대) "건강하길 바란다면 당신은 일찍 일어나야 한다"고 말한다면, 이것은 "일찍 일어나는 것이 건강에 필수불가결한 조건이다"라는 말과 같은 것이 아니다. 후자의 명제는 전자의 명제가 기초하고 있는 생리학적 사실들의 관계를 표현한다. 그러나 '당위'는 단지 이

---

17)　제1권 9장.

사실들의 관계만을 의미하지 않는다. 그것은 어떤 목적을 택했으면서도 이 목적의 달성에 필수적인 수단을 택하지 않는 것은 합당하지 않다는 것을 함축한다. 어쩌면 이렇게 하는 것은 합당하지 않을 뿐만 아니라 불가능하다고 주장할 수도 있다. 왜냐하면 어떤 목적을 택한다는 것은 그것에 대한 욕망이 우위에 있다는 것을 의미하기 때문이다. 또한 어떤 수단을 필수적이라고 인식해도 그것에 대한 반감이 그것을 택하지 못하게 할 경우, 그것을 수단으로 삼는 목적에 대한 욕망은 우위에 있지 않고 더 이상 채택되지 않을 것이기 때문이다. 내 의견으로는, 이 견해는 불완전한 심리분석에서 나온 것이다. 내가 의식에 대하여 관찰한 바로는, 어떤 목적을—절대적으로든 어떤 한계 안에서든—최고의 목적으로 택한다는 것은 욕망과 상당히 다른 심리현상이다. 물론 특수한 즉각적 행동을 일으키는 의지와는 분명히 다르지만, 그것은 일종의 의지다. 우리는 어떤 미래의 순간에 일정한 방식으로 행동하려는 결심을 그 둘의 중간에 있는 종(種)으로 자리매김할 수 있다. 계속 이렇게 결심했다가도 그것을 실행에 옮길 순간이 왔을 때, 우리는 때로는 그것을 의식적으로 취소하지도 않고 열정이나 단순한 습관의 영향을 받아 실제로는 그것과 다른 방식으로 행동한다. 우리의 실천이성은 의지의 이러한 비일관성을 불합리하다고 비난하고, 이 비판은 독립적으로 숙고한 어느 한쪽의 의지를 승인하거나 불승인하는 판단과는 다르다. 어떤 목적을 택하는 것과 그 목적의 달성에 필수적이라고 볼 수 있는 수단을 대체로 거부하는 것 사이에도 이와 유사한 비일관성이 있다. 만약 결정적 순간이 왔을 때 우리가 그 목적의 선택을 취소하지도 않고 이러한 수단을 취하지도 않는다면, 우리는 우리가 행하는 것과 다른 방식으로 일관성 있게 행동'해야 한다'는 것을 부정할 수 없다. 내가 기술한 것과 같은 일반적 결심과 특수한 의지 사이의 모순은 분명 일반적으로 경험하는 사건이다.

4장
쾌락과 욕망

§1. 이전 장에서 나는 우리를 이성의 명령에 복종하도록 유도하는 충동의 정서적 특징을 불명료한 상태로 남겨두었다. 내가 이렇게 한 이유는, 이 특징이 상이한 사람들의 마음에서 매우 상이한 것처럼 보이고, 심지어 같은 사람의 마음에서도 그 충동의 의지 방향에서 상응하는 변화가 없는데도 크고 급격히 변하는 것처럼 보이기 때문이다. 예컨대 합리적 이기주의자의 마음에서 지배적 충동은 흔히 버틀러와 허치슨이 "침착한" 혹은 "냉정한" 자기애(self-love)라고 부른 것이다. 반면 보편적 행복을 옳은 행위의 기준이자 목적으로 삼는 사람의 마음에서는 합당하다고 판단된 행위를 수행하려는 욕망이 흔히 공감 및 박애의 열정과 다양한 정도로 혼합된다. 명령하는 이성이—그것의 명령이 무엇이든—우리 자신의 외

부에 있다고 생각할 경우, 옳음의 인식은 권위에 대한 경의의 감정을 동반한다. 어떤 사람은 이 권위를 비인격적인 것으로 생각하지만, 그것을 어떤 최상의 인격의 권위로 간주하는 것이 더 일반적이다. 그래서 그 감정은 통상 상이한 관계들에 있는 사람들이 불러일으키는 애정과 혼합되고 종교적인 것이 된다. 사려 깊은 사람들의 마음에는 종종 이렇게 이성을 자기의지(self-will)가 반항하는 외부적 권위로 보는 개념이 압도적이다. 그러나 다른 경우에는 이성과 자아의 동일성이 즉각적 확신으로 나타나고, 권위에 대한 경의가 자기존중이 된다. 만약 우리가 합리적 자아를 관능적 충동의 강력한 힘에 사로잡히기 쉬운 것으로 여긴다면, 정반대의 훨씬 더 강력한 자유의 감정이 밀려들어 온다. 도덕적 아름다움의 이상으로서[1] 덕 개념이 일깨우는 동경 혹은 존경의 정서는 또 매우 다르다. 다른 모습들의 정서가 언급될 수 있다. 그것들은 그것들이 촉발하는 행위의 **옳음**에 대한—암시적이든 명시적이든, 직접적이든 간접적이든—명확한 인식으로부터 분리될 수 없다는 공통된 특징을 가진다. 내가 지금부터 주목할 이 상이한 정서들의 도덕적 가치와 효력에는 필시 중대한 차이가 있다. 그러나 그것들의 근본적인 실천적 효과는 옳음의 인식이 변하지 않는 한에는 변할 것처럼 보이지 않는다. 내 견해로는 윤리학이 일차적으로 관여하는 바는 이러한 인

---

1) 행위의 미학적 이상과 도덕적 이상의 관계는 제1권 9장에서 논할 것이다.

식들이다. 윤리학의 목적은 이 인식들을 의문과 오류에서 벗어나도록 해주는 것이고 그것들을 최대한 체계화하는 것이다.

자발적 행동을 촉발하는 감정에 대한 하나의 견해가 있고, 때때로 이 견해가 이러한 행동을 규제할 원칙에 대한 모든 논쟁을 가로막는다고 생각된다. 내가 말하려는 견해는 의지는 항상 현재나 장래의 쾌락이나 고통에 의하여 결정된다는 견해다. 이 학설은—나는 그것을 심리학적 쾌락주의로 분류할 것이다—종종 내가 이기주의적 쾌락주의라고 불렀던 윤리학의 방법과 연결되고 드물지 않게 그것과 혼동되기도 한다. 만약 내가 행동의 한 목적을—나 자신의 쾌락이나 고통의 부재를—불변하는 심리학적 법칙에 의하여 확실히 결심하게 되면, 이성이 나에게 다른 목적을 지시할 수 없다는 것은 분명 첫눈에 자연스런 추론처럼 보일 것이다.

그러나 숙고해보면 이 추론은 한 사람의 쾌락과 고통은 그의 도덕판단과 무관하게 결정된다는 보증되지 않은 가정을 포함하고 있다. 어떤 행동의 결과로 발생하는 쾌락에 대한 예상은 분명 그 행동이 옳은지 그렇지 않은지에 대한 우리의 생각에 크게 의존할 수 있다. 사실 위에서 언급한 심리학적 이론은 이것을 자신의 도덕적 신념에 따라서 습관적으로 행동하는 양심적 사람에게는 흔히 있는 일이라고 가정할 것이다. 어떤 행위에서 발생하는 쾌락에 대한 기대와 그것이 옳다는 판단의 관계는 경우에 따라서 다를 수 있다. 일반적으로 우리가 생각하기에, 진정 도덕적인 사람은 자신이 옳다고 판단하기 때문에 자신이 옳다고 판단하는 것을 행하면서 쾌락을 발견하는 사람이다. 도덕적 감수성이 약한 경우에도, 어떤 행위에서 발생하는 쾌락에 대한 기대는, 덕과 자기이익을 어떻게든 조화시키는 세계의 도덕적 통치에 대한 믿음을 통하여, 그 행위가 옳다는 판단의 필연적 결과일 수 있다.

나의 결론은 나 자신의 쾌락이나 고통의 부재가 항상 나의 행동의 현실적인 궁극적 목적이라는 심리학적 명제와 나 자신의 최대 행복이나 쾌락이 나에게 옳은 궁극적 목적이라는 윤리학적 명제 사이에 필연적 연관이 없다는 것이다. 만약 전자의 명제가 후자의 명제와 동일하게 양적으로 정밀한 형태로 받아들여진다면—만약 내가 나의 본성의 법칙에 의하여 항상 나 자신에게 가능한 최대의 쾌락을 (혹은 최소한의 고통을) 목표로 삼아야 한다는 것을 인정한다면—적어도 나는 이성이 이것과 충돌하는 목표를 지시하리라고 생각할 수 없다. 내가 보기에 이것은 부정할 수 없는 것이다. 만약 벤담[2]이 단언한 것처럼, "자신이 수행하는 모든 행위의 경우에 모든 인간이" 필연적으로 "그가 그 순간에 그 상황에 대하여 취하는 견해에 따라서 자신의 최대 행복에 가장 도움이 되는 행동방침을 따

2) 1장에서처럼, 나는 여기서 '행복'에 대하여 벤담이 유행시킨, 정밀한 쾌락주의적 해석을 채용한다. 나에게는 이것이 그 용어에 대한 가장 적합한 용법으로 보인다. 그러나 나중에(제1권 7장 §1) 나는 다른 용법들에 주목할 것이다.

르게" 된다면,[3] 이것을 아는 모든 사람에게 이성이 다른 행동방향을 따르도록 지시한다는 것은 분명 생각할 수 없는 일이다. 또한 내가 보기에, 그가 이러한 행동방향을 따라'야 한다'는 명제도 분명 유의미하게 단언할 수 없다. 왜냐하면 나의 행위에서 변함없이 실현되는 심리학적 법칙을 이성의 '수칙' 혹은 '명령'이라고 생각할 여지가 없기 때문이다. 후자는 필시 그것에서 벗어날 수 있다는 것을 내가 의식하고 있는 규칙이다. 그러나 나는 오늘날 심리학적 쾌락주의를 주장하는 저술가들이 벤담에게서 인용한 명제를 무조건 지지할 것이라고 생각하지 않는다. 존 스튜어트 밀(J. S. Mill)과 더불어,[4] 그들은 다음과 같은 사실을 인정한다. 사람들은 단지 지능의 부족 때문이 아니라 흔히 "성품의 결점 때문에 가치가 덜하다는 것을 알면서도 더 가까이 있는 좋은 것을 택하고, 이는 두 육체적 쾌락 사이에서 선택할 때도 마찬가지다. … 건강이 더 좋은 것임을 아주 잘 알면서도 사람들은 건강을 해하는 감각적 즐거움을 추구한다."[5]

---

3) 제러미 벤담, 『헌법(*Constitutional Code*)』, 서론, §2.
4) 존 스튜어트 밀, 『공리주의(*Utilitarianism*)』, 2장, 14쪽.
5) 레슬리 스티븐(Leslie Stephen)은 "고통과 쾌락은 행동을 결정하는 유일한 원인"이라고 주장하는데(『윤리 과학(*The Science of Ethics*)』(1882, 50쪽), 동시에 그는 "우리가 항상 미래의 쾌락에 대한 계산에 의하여 결정되는 것은 아니"라는 것을 "모두가 인정할" 것이라고 생각한다.

그렇기 때문에 이기주의적 쾌락주의는 심리학적 쾌락주의가 제
안한 것으로 보이는 그럴듯한 윤리학적 이상이 된다. 만약 행위
에서 우리 각자의 궁극적 목적이 항상 자신의 **어떤** 쾌락(혹은 고통
의 부재)일 뿐임을 증명할 수 있다면, 그 증명은 물론 각자가 자신
의 **최대 쾌락**[6]을 추구해야 한다고 제안한다. 앞서 말한 것처럼, 심
리학적 일반화에서 윤리학적 원칙으로 나아가는 납득할 만한 추론
은 가능하지 않다. 그러나 마음은 전자의 입장에서 후자의 입장으
로 나아가려는 자연적 경향을 가지고 있다. 만약 우리의 의지의 현
실적인 궁극적 원천이 항상 우리 자신의 쾌락과 고통이라면, 그 원
천의 유쾌함과 고통스러움에 비례하여 그것에 의하여 움직이고,
대체로 최대 쾌락 혹은 최소 고통을 택하는 것이 얼핏 합당해 보
인다. 게다가 이 심리학적 학설은 도덕의식이 매우 발달된 사람들
이 널리 주장해온 윤리학적 견해와 충돌하는 듯하다. 즉 어떤 행위
가 가장 고상한 의미에서 유덕한 행위가 되려면, 도덕적 의미의 쾌
락일지라도 오직 그 행위에 따르는 쾌락 때문에 그것을 행해서는
안 된다는 견해다. 만약 내가 어떤 행위의 수행에 수반한다고 생각
하는 도덕적 자화자찬의 만족감만을 얻으려고 그 행위를 수행한다
면, 그것은 정말로 유덕한 행위가 아닐 것이다.

따라서 더 불명확한 형태로라도 심리학적 쾌락주의를 면밀히 검

---

6) 혹은 더 정확히 말해서, '고통에 대한 쾌락의 최대 잔여'.

토하는 것이 중요해 보인다.

§2. 쟁점인 물음을 더 정확히 규정하는 것부터 시작하는 편이 좋을 것이다. 나는 우선 쾌락이 그것을 유지하거나 산출하는―실제로 현존하는 경우에는 그것을 유지하고, 관념으로만 표상되는 경우에는 그것을 산출하는―경향을 지닌 행동에 대한 의지를 자극하는 일종의 감정이라는 점을 인정할 것이다. 이와 유사하게 고통은 그것을 제거하거나 막는 경향을 지닌 행동에 대한 의지를 자극하는 일종의 감정이다.[7] 이 두 경우에 느껴진 의지적 자극을 각각 욕망[8]과 반감이라고 부르는 것이 편리할 듯하다. 그런데 전자, 즉

---

7) 내가 보기에, 이 명제가 엄밀한 참으로 받아들여지기 위하여 필요로 하는 자격 조건이나 제한사항은 현재의 논의를 위하여 중요하지 않다. 제2권 2장 §2를 보시오.

8) 이 논고에서 나는 첫째로 '욕망'을 욕망된 것을 실현하는 경향을 가진 행동으로 이끄는 어떤 절실한 충동 혹은 자극으로 간주한다. 그러나 '욕망'이라는 용어가 관례적으로 적용될 수 있는 때로는 강렬한 감정의 상태들이 있고, 그 상태들에는 이러한 충동적 성질이 없거나 적어도 보이지 않는 듯하다. 왜냐하면 욕망하는 결과의 실현이 가망이 없다고 인식하거나 오랫동안 그렇게 인식해왔기 때문이다. 이러한 경우에는 (소위) '욕망'은 어떤 인식된 좋음의 결여에 대한 감각, 즉 지나간 환희에 대한 아쉬운 기억에 불과한 충동적 감정으로만 의식에 남는다. 즉 이러한 상황에서의 욕망은 자발적 몽상에 대한 이차적 충동을 낳을 수 있고, 이러한 몽상에 의하여 결여한 것에 대한 씁쓸하면서도 즐거운 상상 속의 만족을 얻는다. 혹은 고통스러운 것이라면, 그것을 없어지게 만들 행동이나 생각을 하도록 만들 수 있다. 그러나 욕망하는 결과를 실현하는 경향을 가

욕망은 통상 쾌락이 실제로 현존하지는 않고 관념으로만 표상되는 경우에 느껴지는 충동에만 적용되는 용어라는 점을 주목해야 한다. 그렇다면 쟁점인 물음은 실제로 현존하는 것이든 표상된 것이든 쾌락에는 그 현실적 감정을 연장하거나 그 표상된 감정을 현실화하려는 충동이 동반하는가, 그리고 이에 상응하여 고통에는 반감이 동반하는가 하는 물음이 아니다. 그것은 쾌락과 고통을 대상으로 삼지 않는 욕망과 반감은 없는가—행위자 자신의 감정 이외의 결과를 산출하거나 막으려는 의식적 충동은 없는가—하는 물음이다. 내가 언급했던 논문에서 밀은 다음과 같이 설명한다. "어떤 사물을 욕망하는 것과 그것을 유쾌하다고 느끼는 것은 엄밀히 말해서 동일한 심리학적 사실을 명명하는 두 방식이다." 만약 이것이 사실이라면, 어떻게 우리가 논의하는 명제를 "숙련된 자의식과 자기관찰"에 의하여 판정해야 한다고 요구할 수 있는지가 이해하기 어렵다. 왜냐하면 그 명제의 부정은 용어상의 모순을 수반할 것이

___

진 행위에 대한 최초의 충동은 더 이상 지각할 수 없다.

나는 현재의 논의에서 이러한—"별을 동경하는 불나방, 내일을 동경하는 밤"이라는—심리상태에 관여하지 않는다. 내가 그것에 주목한 주된 이유는 몇몇 저자들이 (예컨대 베인(Bain) 박사는) "동기는 있는데 그것에 따라 행동할 능력은 없는 경우"를 욕망의 유일한 혹은 전형적인 사례라고 생각하고, 따라서 내가 보기에 윤리학적 관점에서 가장 중요한, 말하자면 욕망하는 결과를 산출하는 경향을 가진 행동이 즉각 가능하다고 생각되는 상황에 대한 욕망을 배제하기 때문이다.

기 때문이다. 사실 쾌락이라는 낱말의 모호함이 이 문제의 논의를 혼란스럽게 만든다.[9] 어떤 사람이 "제멋대로" 혹은 "자기가 원하는 대로" 무언가를 한다고 말할 때, 우리는 보통 자발적 선택이라는 단순한 사실을 의미한다. 목표로 삼는 결과가 반드시 그 선택자가 미래에 가질 감정은 아니다. 그런데 우리가 "유쾌한"이라는 낱말로 선택에 영향을 미치는, 즉 의지에 일정한 매력을 발휘하는 것만을 의미할 경우, 유쾌한 것을 욕망한다는—혹은 어떤 사물을 그것이 유쾌해 보이는 정도에 비례하여 욕망한다는—말은 동어 반복일 뿐이기에 논쟁의 여지가 없다. 그러나 "쾌락"이 위에서 정의한 종류의 감정을 의미한다고 간주할 경우, 우리의 욕망이 항상 의식적으로 지향하는 목적이 우리 자신이 이러한 감정을 획득하는 것인가 하는 물음은 사실 논쟁의 여지가 있다. 밀은 이 물음을 "너무 명백하여 논쟁할 것이 전혀 없다"고 생각한다는 점을 알아야 한다.

상당히 흥미롭게도 가장 유명한 영국 윤리학자들 중 한 사람은 밀이 너무 명백하다고 생각한 바와 정반대의 것을 우리가 의식적으로 경험하는 보편적 사실일 뿐만 아니라 필연적으로 참이라고

---

9) 그 혼란은 사실 쾌락과 욕구를 동일시하는 홉스(Hobbes)에게서 가장 두드러진 형태로 일어난다—"쾌락을 포함하는 이 운동은 쾌락을 주는 사물에 접근하려는 끌림이다."

생각한다는 점을 발견한다. 잘 알려진 것처럼, 버틀러는 자기애 혹은 자신의 쾌락을 향한 충동을 "특수한 외적 대상을—명예나 권력, 혹은 다른 사람의 해악이나 좋음을—향한 특수한 마음의 운동"과 구별한다. 이러한 마음의 운동에서 나오는 행동은 "모든 생물의 모든 행동이 경우의 성질에 따라서 그러한 것처럼 필시 관심을 끈다. 왜냐하면 누구도 자신의 욕망이나 선택이나 선호에 따라서만 행동할 수 없기 때문이다." 더 나아가 그는 다음과 같이 말한다. 이렇게 특수한 열정이나 욕구는 "이해관심의 추구라는 **관념 자체가 필연적으로 전제하는** 바다. 왜냐하면 이해관심이나 행복이라는 관념 자체가 이것에 있기 때문이다. 즉 욕구나 애정은 그것의 대상을 가지고 있기 때문이다." 만약 우리가 쾌락 이외의 무언가를 욕망하지 않았다면, 우리는 쾌락을 전혀 추구할 수 없었을 것이다. 왜냐하면 쾌락은 바로 이렇게 "사심 없는" 충동의 만족에 있기 때문이다.

나 자신이 경험한 바에 따르면, 버틀러는 확실히 자신의 입장을 과장했다.[10] 왜냐하면 많은 쾌락들은—특히 여러 정서적 쾌락들과

---

10) 허치슨은 동일한 논증을 더 신중하고, 내가 생각하기에 완전한 형태로 제시한다. 아마 흄도 버틀러가 그의 유명한 설교집에서 한 말을 빌려서 표현한 견해를 공유한다는 점이 더 주목할 만하다. 그는 다음과 같이 말한다. "모든 사람이 인정하는 육체적으로 원하는 것 혹은 욕구가 있다. 이것은 필연적으로 모든 감각적 즐거움에 앞서고, 우리가 즉시 그 대상을 소유하려고 애쓰게

시각·청각·후각의 쾌락들은—이전의 욕망과 지각할 수 있는 관계가 없이도 나에게 일어나고, 우리의 일차적 욕망이 모두 이러한 쾌락들을 향하는 것은 충분히 있을 법한 일로 보이기 때문이다. 그러나 사실 나는 나의 감각적·정서적·지적 충동의 전체 단계들에서 나 자신의 쾌락이 아닌 무언가를 대상으로 삼는 욕망을 분별할 수 있다고 생각한다.

우선 일반적으로 가장 낮은 단계에 위치한 충동에서 이 욕망의 한 사례를 취하는 것으로 시작할 것이다. 내가 관찰한 바로는, 배고픔에서 나온 욕구는 음식을 먹음에 대한 직접적 충동이다. 음식을 먹음은 일반적으로 다소 강렬하고 유쾌한 감정을 필시 동반한다. 그러나 내가 생각하기에 엄밀히 말해서 이 유쾌한 감정이 배고픔의 대상이고, 이 쾌락의 표상이 배고픈 사람의 의지를 자극한다고 말할 수는 없다. 물론 배고픔은 종종 자연적으로 먹음의 쾌락에 대한 예감을 동반한다. 그러나 신중한 내성을 통하여 그 둘이 결코 불가분하지는 않다는 것을 알 수 있을 것 같다. 그것들이 함께 일

___

만든다. 따라서 배고픔과 목마름은 먹음과 마심을 그 목적으로 삼는다. 이러한 일차적 욕구의 만족에서 쾌락이 나온다. 그 쾌락은 이차적이고 관심을 끄는 또 다른 종류의 성향의 대상이 된다." 따라서 흄은 "자기애와는 별개의 사심 없는 선행을 인정하는 가설"이 "자연의 유비에 일치한다"고 이해한다. 데이비드 흄(David Hume), 『도덕원칙에 대한 탐구(*Enquiry concerning the Principles of Morals*)』(1751), 부록 2를 보시오.

어나는 경우에도, 정확히 말해서 그 쾌락은 일차적 욕구의 대상이 아니라 전자와 구별될 수 있는 이차적 욕망의 대상으로 보인다. 왜냐하면 이러한 이차적 욕망은 그것이 강한 대식가가 종종 배고픔을 자극하는 행동을 하도록 유도하고, 종종 그 욕망을 만족시키는 과정을 연장하고 변화시키기 위하여 일차적 충동을 조절하도록 만들기 때문이다.

실로 배고픔은 예상된 쾌락에 대한 욕망과 다른 무언가라는 점은 너무 명백하여, 일부 저술가들은 그것의 의지적 자극을 (그리고 욕망 일반의 의지적 자극을) 현재의 고통에 대한 반감의 경우로 간주한다. 내가 보기에 이것은 심리학적 분류의 명백한 실수다. 분명 욕망은 고통과 아주 유사한 의식상태여서, 양자에서 우리는 현재상태에서 어떤 다른 상태로 빠져나가려는 자극을 느낀다. 그러나 고통에 대한 반감은 현재상태에서 벗어나서, 소극적으로 그저 현재상태와 다르다고 표상되는 상태로 빠져나가려는 충동이다. 반면에 욕망에서 일차적 충동은 미래의 긍정적 결과의 실현을 향한다. 어떤 강한 욕망이 어떤 이유로든 행동을 일으키는 데 실패할 때, 일반적으로 그것이 다소 고통스럽다는 것은 사실이다. 그래서 욕망의 상태에 대한 이차적 반감이 생겨나는데, 이 반감은 그 욕망과 뒤섞이면서 쉽게 혼동될 수 있다. 그러나 여기서 그 두 충동이 때때로 유발하는 상이한 종류의 행위들을 관찰함으로써, 우리는 그둘을 구분할 수 있다. 왜냐하면 만족되지 못한 욕망의 고통에 대한 반감은 그 욕망의 만족을 향한 추가적 자극으로 작용할 수도 있지만, 그것은 (흔히 그러듯이) 욕망을 억제함으로써 고통을 제거하도록 자극할 수도 있다.

모든 욕망이 다소 고통의 성질을 갖는가 하는 물음은 윤리학적 관심보다 심리학적 관심의 물음이다.[11] 어느 정도든 흔히 그것의 강도가 욕망에 필적할 만큼 고통스럽지 않다고 인정하는 한에서, 그것의 의지적 충동이 그것 자체의 괴로움에 대한 반감의 경우라고 설명될 수 없다. 또한 나는 경험에 따라서 위의 물음에 대하여 주저하지 않고 부정적으로 답할 것이다. 배고픔의 경우를 다시 살펴보자. 나는 분명 나의 정상적 삶의 한 요소인 배고픔을 하나의 고통스런 감정으로 이해하지 않는다. 배고픔은 건강이 나쁘거나 식욕의 만족이 비정상적으로 지연될 경우에만 고통스러워진다. 일반적으로 말해서 모든 욕망은 그것을 만족시킬 수 있는 행동에 대한 일차적 충동에서 좌절을 느끼지 않을 경우에는 그 자체로—그 만족의 달성이 아주 먼 경우에도—고통스런 감정이 아닐 뿐만 아니라, 종종 대체로 매우 유쾌한 의식상태의 한 요소다. 사실 간절히 원하는 활동에 대한 의식에 의하여 주어지는 쾌락에서 욕망은 필수적 요소이고, 그 쾌락은 삶의 모든 즐거움에서 중요한 항목이 된다. 우리가 일반적으로 추구의 쾌락이라고 말할 수 있는 쾌락이

---

11)   그것에 대한 추가적 논의는 이 장의 끝에 나오는 주석에서 발견할 수 있다.

달성의 쾌락보다 더 중요하다는 말은 아주 진부한 말이다. 많은 경우에 후자보다 전자에 대한 예상이 추구를 시작하도록 만든다. 이러한 경우에서 추구 대상을 달성하려는 욕망과 달성의 쾌락에 대한 욕망을 구별하는 것은 아주 쉬운 일이다. 달성이 유쾌할 것이라고 예상되는 이유는 오직 추구 자체가 추구되는 것에 대한 욕망을 자극하기 때문이다. 승리 경쟁을—대다수 게임이 그렇듯이—포함하는 게임의 경우를 예로 들어보자. 이러한 경쟁에 들어가기 전에는 평범한 경기자는 누구도 그 게임에서 승리에 대한 욕망을 가지지 않는다. 실제로 경쟁에 참여하기 전에는 그는 사실 자신이 승리로부터 만족감을 얻는 것을 상상하기 어려울 것이다. 게임이 시작되기 전에 그가 의도적으로 욕망하는 것은 승리가 아니라 그것을 위한 투쟁의 유쾌한 흥분이다. 게임에서 승리하려는 순간적 욕망은 일반적으로 이러한 쾌락을 최대한 발생시키기 위하여 필요한 것일 뿐이다. 경쟁 자체가 처음에는 존재하지 않던 욕망을 상당한 강도에 이르도록 자극한다. 그 욕망을 자극받는 정도에 비례하여 그 단순한 경쟁은 더 유쾌해지고, 원래는 무관심했던 승리도 격한 기쁨을 주게 된다.

같은 현상이 더 중요한 종류의 추구의 경우에서도 나타난다. 그래서 자신의 삶에서 아무 활력도 재미도 느끼지 못하던 사람이 목적이 아니라 직업을 위하여 과학적 작업이나 사회적으로 유용한 작업의 수행에 전념하는 경우가 종종 일어난다. 처음에는 분명 그 직업이 지루할 가능성이 매우 높다. 그러나 곧 그가 예견했던 것처럼 부분적으로 다른 작업자와의 공감과 부분적으로 목표로 삼은 목적을 향한 자발적 노력의 지속적 발휘가 그 목적의 달성에 대한 욕망을 자극한다. 이리하여 간절해진 그의 추구는 쾌락의 원천이 된다. 여기서도 목적에 대한 욕망이 강해진 정도에 비례하여, 그 목적의 달성이 유쾌하다고 예상될 것은 분명한 사실이다. 그러나 이렇게 예상된 쾌락이 그것을 일으킬 욕망의 대상이라고 말하는 것은 명백한 잘못이다.[12]

---

12) 매켄지(J. S. Mackenzie) 교수는 자신의 『윤리학 입문서(*Manual of Ethics*)』 (제3판, 제1권 ⅱ장 주석)에서 욕망의 보편적 고통스러움을 논하면서, "추구의 쾌락은" 실제로는 "점진적 달성"의 쾌락이라고 역설한다. 쾌락을 일으키는 것은 최종 달성에 선행하는 일련의 부분적 달성이라는 말이다. 몇몇 형태의 추구와 관련해서는, 내가 보기에, 이 견해는 많은 진실을 담고 있다. 그러나 다른 경우에는 나는 추구의 과정에서 그 이름에 어울릴 만한 것을 아무것도 발견할 수 없다. 분명 쾌락의 두드러진 요소는 간절히 바라고 기대하는, 아마 의식적으로 숙련된 활동의 반영으로 보인다. 예컨대 과학적 혹은 역사적 진실의 추구에서 종종 그러하다. 나는 중요한 증거를 아무것도 발견하지 못했을 때처럼 "점진적 달성"을 전혀 이루지 못한 경우에도, 어려운 역사적 물음에 대한 가능한 해결책으로서 떠오른 추측에 대한 유리한 증거를 추적하면서 대부분의 유쾌한 시간을 보냈다. 그럼에도 그 쾌락은 추구의 초반부에는 실제로 존재했다. 혹은 사슴 사냥이나 대등한 균형을 이룬 체스게임이나 막판에 이르기까지 어느 경쟁자도 다른 경쟁자들과의 격차를 벌리지 못한 장거리 경주에 대한 공통된 경험을 생각해보자. 이 경우에는 "점진적 달성" 같은 것을 발견하지 못한다. 매켄지의 견해가 내가 생각한 것보다 더 넓게 적용될 수 있다고 인정하

이러한 쾌락을 앞서 논의한 쾌락과 비교할 경우, 또 다른 중요한 관찰결과가 나타난다. 전자의 쾌락의 경우에서, 우리가 의식에 나타나는 욕구와 욕구의 만족에 동반하는 쾌락에 대한 욕망을 구별할 수 있더라도, 그 둘이 양립불가능하지 않은 것처럼 보인다. 대식가는 먹음의 쾌락에 대한 욕망에 지배당한다는 사실이 결코 이 쾌락의 필요조건인 식욕이 그에게 발생하는 것을 방해하지 않는다. 그러나 추구의 쾌락을 살펴볼 때, 우리는 이러한 양립불가능성을 다소 지각하는 것 같다. 완전한 즐거움을 얻기 위해서는 다소 자존감을 억누를 필요가 있어 보인다. 자신의 주된 의식적 목표를 항상 자신의 쾌락에 두면서 줄곧 쾌락주의적 마음가짐을 유지하는 사람은 그 추구의 참뜻을 충분히 파악하지 못한다. 그의 열망은 그 쾌락에 최상의 묘미를 전해주는 날카로운 날을 결코 얻지 못한다. 쾌락주의의 근본 역설이라고 말하는 것, 즉 쾌락을 향한 충동은 그것이 아무리 탁월할지라도 그 자체의 목표를 좌절시킨다는 것이 여기서 드러난다. 이러한 결과는 눈에 보이지 않거나, 어쨌든 수동적 감각의 쾌락의 경우에는 거의 보이지 않는다. 그러나 '신체적인' 것으로 분류되는 활동에서 일어나든 '지적인' 것으로 분류되는 활

더라도, 내가 보기에 그것이 다루는 물음은 내가 지금 논하는 쟁점과 대체로 관련이 없다. 왜냐하면 선행한 욕망의 현존은—"점진적"이든 "종국적"이든—달성의 쾌락의 본질적 조건이고, 그 욕망 자체가 눈에 띄게 고통스럽지 않다는 것은 여전히 사실이기 때문이다.

동에서 일어나든, 우리의 능동적 즐거움에 대해서 (또한 대다수 정서적 쾌락에 대해서도) 주된 의식적 목표를 그것에 집중할 경우 우리는 그것을 최대한으로 달성할 수 없다는 것만큼은 확실하게 말할수 있다. 우리 능력의 발휘는 그것에 수반하는 쾌락에 대한 단순한 욕망에 의해서는 충분히 자극받지 못하고, 그 능력의 발휘가 충분히 발달하려면 다른 더 객관적인, 즉 '타자-관계적인' 충동의 존재를 필요로 한다. 우리는 더 나아가 우리 능력의 발휘와 그것에 수반하는 만족감을 완전히 성취하려면, 이 다른 [타자-관계적] 충동이 일시적으로라도 지배적이고 열광적이어야 한다고 말할 수 있다. 많은 중년 영국 남자들은 사업이 오락보다 더 즐겁다는 견해를 주장할 것이다. 그러나 그들이 사업을 그것에 동반하는 쾌락에 대한 항구적인 의식적 목표와 맞바꿀 경우, 그들은 결코 사업이 오락보다 더 즐겁다고 느끼지 않을 것이다. 이와 유사하게 자신의 마음을 일시적으로 자아와 감각에서 멀어지게 하는 열정적 호기심을 가진 사람만이 사유와 연구의 쾌락을 최대한으로 향유할 수 있다. 모든 종류의 예술에서도 창조적 능력의 발휘는 강렬하고 절묘한 쾌락을 동반한다. 그러나 그 쾌락을 얻기 위해서 우리는 그것을 잊어버려야 할 것이다. 진짜 예술가는 작업 중에 아름다움에 대한 자신의 이상을 실현하려는 현저하고 일시적으로 열광적인 욕망을 가진 것처럼 보인다.

자비로운 애정의 주요 사례는 언뜻 보기에 다소 더 의문스럽다. 한편 사랑하는 사람이 기뻐하거나 고통스러워할 때 우리 자신도 공감적 쾌락과 고통을 느낀다는 것은 물론 사실이다. 더 나아가 사랑이나 친절한 감정의 흐름은 그 자체로 매우 유쾌하다는 것도 사실이다. 따라서 자비로운 행동은 결국 이 두 종류의 쾌락 중 하나 혹은 둘 모두를 성취하려는 행동이거나 행위자가 느낄 공감적 고통을 피하려는 행동이라는 해석은 나름 그럴듯하다. 그러나 우선 공감에 의하여 우리에게 일어나는 선행의 충동이 종종 우리 자신 안의 공감적 쾌락과 고통의 현실적 의식보다 훨씬 더 크고, 후자를 그 충동의 목적이라고 간주하는 것은 모순된다는 사실을 관찰할 수 있다. 실로 우리는 종종 현실적 고통에 대한 이야기가 마치 비극을 목격했을 때의 흥분처럼 우리에게 고통스럽기보다는 대체로 유쾌한 흥분을 일으키는 것을 느끼지 않을 수 없다. 그럼에도 그 이야기는 고통을 덜어주는 과정이 괴롭고 힘들고 여러모로 자신의 쾌락의 희생을 수반하더라도 우리에게 그 고통을 덜어주려는 충동을 동시에 불러일으킨다. 우리는 종종 공감적 고통을 일으키는 외부의 수난으로부터 생각을 돌림으로써 그 공감적 고통에서 아주 쉽게 벗어날 수 있다. 우리는 때때로 이렇게 하려는 이기주의적 충동을 느낀다. 그렇다면 우리는 이러한 이기주의적 충동을 원래의 수난을 덜어주도록 자극하는 진정한 공감적 충동과 확실히 구별할 수 있다. 마지막으로 많은 칭찬을 받는 자비심(benevolence)[13])의 쾌락을 크게 느끼려면, 우리 자신이 아니라 다른 사람들을 위하여 그들에게 선행을 베풀려는 욕망이 선재해야 할 것으로 보인다. 허치슨이 설명한 것처럼, 우리는 자비로운 애정에 수반하는 쾌락을 얻기 위해서 그 애정을 **배양할** 수도 있지만 (마치 대식가가 식욕을 기르듯이), 이 쾌락에 대한 욕망이 아무리 강해도 우리가 자비로운 애정을 마음대로 일으킬 수는 없다. 순전히 이기주의적 충동에서 나올지라도 그 애정이 존재한다면, 그것은 본질적으로 우리 자신이 아니라 다른 사람들을 위하여 그들에게 선행을 베풀려는 욕망이다.

자기를 버림(self-abandonment)과 자기를 잊음(self-forgetfulness)이 앞에서 주목한 다른 고상한 충동들의 완전한 발달을 위한 본질적 조건으로 보였지만, 아마 그것들이 자비로운 애정을 표준적이고 영구적으로 특징짓는다고 말할 수는 없다. 왜냐하면 하나의 강렬한 정서로서 사랑은 자연히 그 정서의 강도에 비례하는 사랑을 받으려는 욕망을 동반하는 것으로 보이기 때문이다. 자아와 자신의 쾌락과 고통에 대한 의식은 흔히 그 사람과 다른 사람들을 엮어

---

13) 〈역주〉 의미상 '이타심'이 더 적합하다고 말할 수도 있다. 그러나 'altruism'이 흔히 '이타주의' 혹은 '이타심' 정도로 번역되므로, 혼동을 피하기 위하여 이 책에서는 'benevolence'를 '자비심'으로 번역한다. 또한 '선의'라는 번역도 가능하나, '선의'에 대응하는 영어 표현들이 너무 많고 이 책에서 'benevolence'의 중요성을 드러내기 위해서 이와 같은 번역어를 의도적으로 택했다.

주는 애정의 강도에 의하여 높아지는 것 같다. 그럼에도 이렇게 자기를 억제하고 다른 사람들과 그들의 행복에 대한 생각에 의식을 빼앗기는 것은 적어도 모든 강렬한 애정의 공통적 부수조건이라고 말할 수 있다. 강렬하게 사랑하는 사람들은 때때로 그들의 욕망의 이기주의적 요소와 이타주의적 요소 사이의 대립을 느끼고, 전자를 억누르려는 충동인 후자는 이따금 기상천외하고 엄청난 자기희생의 행위로 나타난다고 말한다.

만약 우리의 도덕의식에 대한 숙고를 통해서 "유덕한 쾌락은 그것을 목적으로 삼지 않는다는 명시적 조건 위에서만 얻을 수 있는 쾌락이라고"[14] 밝혀진다고 보인다면, 그 현상의 변칙적 성질 때문에 이러한 관찰결과를 의심할 필요는 없다. 우리는 심리학적 법칙의 또 다른 실례를 얻었을 뿐이다. 앞서 본 것처럼, 그 법칙은 우리의 욕망의 전체 범위에 걸쳐서 예증(例證)된다. 지성이나 이성의 자극보다는 감각의 자극에서, 우리는 엄밀히 사심 없는 충동이라는 현상을 발견한다. 기본적이고 평범한 표면적 목적들은 이러한 종류의 욕망뿐 아니라 웅대하고 이상적인 종류의 욕망도 자극할 수 있다. 단순한 동물적 삶의 쾌락들 가운데는 양심의 만족처럼 직접

---

14) 윌리엄 에드워드 하트폴 레키(William Edward Hartpole Lecky: 1838-1903), 『유럽 도덕의 역사—아우구스투스에서 샤를마뉴까지(*History of European Morals from Augustus to Charlemagne*)』(1869), 서론.

적으로 추구하지 않을 경우에만 얻어질 수 있는 쾌락이 있다.

§3. '자기-관계적' 충동과 '타자-관계적' 충동이 본질적으로 다르다는 점을 증명하기 위한 수단으로서, 나는 지금까지 그것들의 느껴지는 양립불가능성을 강조하려 했다. 나는 이 양립불가능성을 과장하고 싶지는 않다. 내가 믿기에는, 일반적으로 이 양립불가능성은 매우 일시적이고 종종 찰나일 뿐이고, 우리의 최대 행복은—그것이 우리의 의도된 목표일 경우—일반적으로 의식에서 이두 종류의 충동이 교차해서 일어나는 모종의 순환에 의해서 달성된다. 나는 한 사람의 의식적 욕망이 대개는 타자-관계적이라고 생각한다. 그러나 어느 방향으로든 강렬한 욕망이 있을 경우, 일반적으로 그 욕망에 대응하는 쾌락에 대한 예리한 감수성이 있다. 가장 헌신적인 광신자는 이러한 쾌락에 대한 반복적 의식에 의하여 자신의 일을 계속해나간다. 그러나 자기애와 타자-관계적 충동 사이의 친숙하고 분명한 충돌 사례는 대충 얼버무릴 수 있는 역설이나 환상이 아니라, 이러한 충돌이 없는 정상적 상태에 있는 우리의 의식에 대한 분석에 의해서 우리가 예상하게 될 현상이다. 만약 우리가 계속 자신의 행복이 아닌 무언가를 직접적 목적으로 삼는 충동에 따라서 행동한다면, 그 충동이 쾌락의 보상 없는 희생으로 유도할 때에도 우리는 경우에 따라서 그것에 따라야 한다는 것은 아주 자연스럽다. 오래 단식한 후에 자제력이 약한 사람은 건강에 좋

지 않다는 것을 알면서도 식욕을 채우는 일에 쉽게 빠져든다. 식욕을 채우는 순간에도 그에게 먹음의 쾌락이 건강을 해치는 것에 비하여 상당한 가치가 있다고 보이기 때문은 아니다. 단지 그는 음식을 먹으려는 충동을 느끼고, 그 충동이 그의 타산판단보다 더 우세하기 때문이다. 그래서 사람들은 사후의 명성을 얻기 위하여 삶의 모든 즐거움, 심지어 삶 자체를 희생한다. 이러한 행동은 그들이 그 명성에서 어떻게든 쾌락을 얻을 것이라는 착각에서 일어나는 것이 아니라, 미래의 다른 사람들의 칭찬에 대한 직접적 욕망과 자신의 쾌락보다 그 칭찬의 선호에서 일어나는 것이다. 그래서 진리나 자유나 종교 같은 이상적 목적을 추구하기 위한 것일 경우, 그 희생은 단지 행복의 다른 모든 요소보다 매우 세련된 쾌락에 대한 (혹은 어떤 특정한 고통의 부재에 대한) 선호가 아니라, 그 개인의 행복의 진정한 희생일 수 있다. 이러한 선호는 분명 가능하다. 어떤 사람은 자신의 이상을 위하여 진력하는 고상하고 엄숙한 기쁨이 다른 모든 쾌락의 가치를 능가하는 "값진 진주"라고 느낄 수 있다. 그는 그 희생이 자신에게 아무 보답도 주지 않을 것을 느끼면서도 그것을 감내하기로 결심할 수 있다.

요컨대 우리가 의식하는 능동적 충동이 항상 자신의 쾌락의 성취나 고통의 회피를 지향하는 것은 아니고, 우리는 쾌락도 아니고 고통의 제거도 아닌 무언가를 지향하는 타자-관계적 충동을 의식의 어느 곳에서든 발견할 수 있다. 실로 우리의 쾌락의 가장 중요한 일부는 이러한 충동의 존재에 달려 있다. 그러나 이러한 [타자-관계적] 충동은 대다수의 경우에 자신의 쾌락에 대한 욕망과 양립하기 매우 어렵기 때문에, 그 두 종류의 충동이 동시에 의식에 공존하기는 쉽지 않다. 아주 가끔은 (그렇다고 아주 드문 것도 아니고) 그 두 종류의 충동이 타협불가능한 충돌에 빠지고 상반된 행동방침으로 유도한다. 분명 이 양립불가능성은 (그것을 다른 사례에서 알아채는 것도 중요하지만) 윤리학적 논쟁에서 현저하게 쾌락과 맞서는 목적을 지향하는 충동의 경우에 아주 두드러진다. 예컨대 덕 자체에 대한 사랑이나 옳은 일을 행하려는 욕망이 그것이다.

§4. 아마 나의 논증의 근거가 되는 심리학적 관찰에 대한 논박이 적어도 나의 주요 결론을 직접 부정할 정도는 아닐 것이다. 그런데 이 결론을 직접 부정하지 않고도 그것의 설득력을 약화시키는 두 방향의 추론이 있다. 첫째, 쾌락이 인간행동의 유일한 의식적 목표는 아니지만 인간행동이 항상 무의식적으로 지향하는 결과라는 주장이 있다. 이 명제를 반증하는 것은 어려울 것이다. 왜냐하면 누구도 욕망하는 목적의 달성이 통상 어느 정도 쾌락을 동반한다는 것을 부정하지 않기 때문이다. 일단 우리가 의식의 증거를 넘어서면, 행동의 결과들 중 어떤 것이 그 행동이 겨냥한 목적인가를 판정할 명확한 방법도 없어 보인다. 그런데 같은 이유로 이 명제는 여하튼 증명하기도 어렵다. 더 나아가 나는 다음과 같이 주장할 수

있다. 인간행동의 무의식적 측면을 진지하게 고찰해보면, 우리는 그것을 물질적 유기체의 부분들의 운동들의 조합이라고 말할 수밖에 없다. 어떤 경우에든 그 운동들의 '목적'이 무엇인가를 확인하려면, 그 목적은 물질적 결과, 즉 개별 유기체나 그것이 속하는 종족의 보존에 도움이 되는 유기적 조건이라는 결론이 합당하다. 사실 쾌락이 (혹은 고통의 부재가) 모든 인간행동의 목적이라는 학설은 내성의 결과로도 외적 관찰 및 추론의 결과로도 뒷받침될 수 없다. 그 학설은 차라리 이 두 결과의 임의적이고 정당하지 않은 조합에 의하여 얻어지는 것처럼 보인다.

때로는 지금 우리가 가진 성숙한 의식의 경우에는 어떨지 모르지만 우리의 근원적 충동은 모두 쾌락[15]을 지향하거나 고통을 피하려 하고, 다른 것을 지향하는 모든 충동은 "관념들의 연합"을 통하여 이 근원적 충동에서 나온다고 말한다. 나는 이 주장의 증명에 도움이 될 만한 증거를 전혀 발견할 수 없다. 우리가 어린이의 의식을 관찰할 수 있는 한에서, 타자-관계적 충동과 쾌락에 대한 욕

---

15) 나는 독자에게 이 장에서 논했던 욕망과 반감의 대상에 관한 물음을 이러한 충동들의 원인이 쾌락과 고통에 대한 이전의 경험에서 항상 발견될 수 있는가 하는 물음과 조심스럽게 구별해달라고 요구하지 않을 수 없다. 후자의 물음과 윤리학의 관계가 중요하지 않은 것은 아니나, 여기서 다루어진 물음과 윤리학의 관계보다는 분명 더 간접적이다. 후자의 물음에 대한 논의는 나중 단계로 미루는 것이 편리할 것이다. 제2권 6장 §2와 제4권 4장 §1을 참조하시오.

망이라는 두 요소가 성인의 삶에서와 같은 방식으로 공존하는 듯하다. 만약 차이가 있다면, 어린이의 의식은 반대 방향으로 나아가는 것처럼 보인다는 것이다. 본능에 더 충실하고 숙고하지 않은 어린이의 행동은 타자-관계적 충동에서 더 많은 자극을 받고 쾌락이라는 의식적 목표에서는 자극을 덜 받는다. 의식 발달을 추적해보면, 분명 두 종류의 충동은 점점 구별하기 어려워진다. 분명 이것이 이 두 종류의 충동 중 어느 하나를 그 둘 모두를 발생시킨 더 불명확한 충동과 동일시하는 것을 정당화하지는 않는다. 어릴 때의 욕구는 모두 쾌락에 대한 욕구일 뿐이라고 밝혀지더라도, 그것은 현재의 문제와 별 상관이 없다. 내가 주장하려는 바는 보통 사람들은 **지금** 쾌락만을 욕망하는 것이 아니라 다른 것도 상당히 욕망하고 있다는 것이다. 특히 어떤 사람들은 덕에 대한 욕망을 가지고, 이 욕망은 자신의 쾌락에 대한 욕망과 충돌할 수 있고 실제로 충돌하고 있다. 이에 대한 응답으로 모든 사람이 **한때** 쾌락을 욕망했다고 말하는 것은 윤리학적 관점에서 부적절하다. 인간의 욕구적 본성에는 어떤 원형이 있고 그 본성을 따르는 것이 옳거나 가장 좋다고 가정하고 하는 말이 아니라면 말이다. 아마 어떤 쾌락주의자도 노골적으로 이렇게 주장하지 않을 것이다. 그런데 분명 직관주의 학파의 저술가들은 종종 이러한 가정을 세운다.

〈주해〉 몇몇 심리학자들은 욕망을 본질적으로 고통스러운 것으로 간주한다. 그 용어의 일반적 용법에 따르면, 내가 보기에 이 견해는 잘못된 견해다. 이 견해가 욕망 자체의 의지 자극과 고통스러운 것으로서 욕망에 대한 반감의 의지 자극 사이의 —이 장에서 내가 주로 경계하려 하는—혼동을 반드시 수반하지는 않지만 다소 이러한 혼동을 일으키는 경향을 가진다. 따라서 나 자신과—베인 박사가 주요 표본이 되는—문제의 심리학자들 사이의 의견차는 전적으로는 아니지만 대체로 정의의 차이에 달려 있다는 사실을 지적할 필요가 있다. 그의 책 『정서와 의지』[16] 제2부 8장에서, 베인 박사는 욕망을 "동기는 있으나 그것에 따라 행동할 능력은 없는 의지의 단계"라고 정의하면서 다음과 같은 설명을 제공한다.

"좁고 어두운 방의 수감자는 빛과 탁 트인 조망의 쾌락을 마음속으로 생각한다. 만족되지 못한 관념은 그 실재를 얻는 데 적합한 행동을 자극한다. 그는 일어나서 걸어 나간다. 이제 동일한 관념적 즐거움이 죄수의 마음에 들어간다고 가정해보자. 그 자극을 실현하지 못하면서도, 그는 계속 그 동기의 유도를 받는다. 그의 상태는 갈망, 동경, 욕구, 욕망 등으로 불린다. 만약 모든 동기적 충동에 적합한 행동을 즉각 취할 수 있다면, 욕망의 자리는 없을 것이다. … 행동과정에는 충돌상태로 인도하고 욕망을 다소 고통스러

---

16) 〈역주〉 Alexander Bain, *The Emotions and the Will* (London: Longmans, Green, and Co., 1865).

운 심리상태로 만드는 장애가 있다."

나는 무언가를 욕망하는 사람이 그 욕망 대상을 얻기 위한 행동을 하지 못할 경우에는 흔히 욕망이 다소 고통스럽다는 점을 인정한다. 사실 나는 이러한 상황에서도 특히 희망을 동반할 경우에는 욕망이 항상 고통스러운 것이라고 생각하지는 않는다. 단순한 배고픔의 경우를 생각해보자. 왕성한 식욕을 느끼면서 저녁식사를 기다리고 있을 때—아주 오랫동안 단식하지 않은 한—보통 나는 배고픔을 고통스럽다고 느끼지 않는다. 비록 관습과 나의 소화력에 대한 배려가 수프가 나올 때까지 내가 식욕을 만족시키지 못하게 하더라도 말이다. 그럼에도 나는 성취에 이르는 행동이 허락되지 않을 경우에는 욕망이 고통스러운 것이 될 수 있다는 점을 인정한다.

그러나 욕망이라는 말을 이러한 경우에 한정하는 것은 분명 용법에 어긋난다. 베인 박사가 말하는 죄수가 줄을 입수하고 여러 작업 가운데 몇몇 창살을 줄로 자르는 작업을 동반하는 오랜 과정을 거쳐 교도소에서 탈출할 방법을 발견한다고 가정해보자. 줄질을 시작하면서 그의 욕망이 마침내 멈춘다는 말은 확실히 어리석게 들릴 것이다. 자유를 얻기 위한 복잡한 활동에 집중할 경우, 죄수는 분명 다른 생각과 감정에 마음을 빼앗겨 자유에 대한 욕망은 일시적으로 그의 의식에서 사라질 수도 있다. 그러나 궁극적으로 그의 모든 활동을 지배하는 자극은 분명 아직 실현되지 않은 자유에 대한 관념에서 나오기 때문에, 보통 이 관념은 공존하는 욕망의 감정과 더불어 그 과정 동안 짧은 간격으로 마음에 계속 일어날 것이다. 다른 경우에도 이와 유사하게, 사람들은 종종 목적에 대한 욕망을 의식적으로 느끼지 않으면서도 그 목적을 위하여 일한다는 것은 확실한 사실이지만, 이렇게 일을 하면서 그들이 욕망을 전혀 느끼지 않는다고 말하는 것은 어리석을 것이다. 내가 생각하기에, 여하튼 윤리학적 저술가들은 욕망을 다루면서 결코 그 용어의 이러한 제한적 사용을 인정하지 않는다. 게다가 몇몇 구절에서 베인 박사 자신도 [그 용어의] 더 넓은 의미를 택하는 것처럼 보인다. 예컨대 내가 인용한 장에서 그는 다음과 같이 말한다. "**우리가 먼 미래의 목적을 위하여 일할 때** … 우리는 어떤 형태의 욕망을 가진다." 여하튼 욕망의 감정이 때로는 욕망 대상을 성취하기 위한 활동과정과 공존하거나 그 과정의 짧은 정지 순간에 끼어드는 의식의 요소라는 사실을 인정한다면, 내가 감히 생각하기로는 이러한 상황에서 관찰되는 [욕망의] 감정을 본질적으로 고통스럽다고 말하는 것은 인류의 일반적 경험과 부합하지 않는다는 점을 깨달을 수 있다.

단순한 예로 신체운동과 기술의 경합을 포함하는 게임의 경우를 들어보자. 아마 건강상의 목적이나 사회적 목적으로 이러한 운동에 참여하는 대다수 사람들은 게임에서 이기려는 감지할 만한 욕망이 없는 상태에서 시작할 것이다. 만약 그들이 이렇게 무관심한

5장
자유의지

§1. 이전 장들에서 나는 의지의 자유와 관련된 난처한 물음을 끌어들이지 않은 상태에서, 첫째로 합리적 행동과 둘째로 사심 없는 행동에 대하여 논했다. 오랜 변증법적 경험에 의하여, 이 물음과 연관된 문제들의 중대함이 밝혀졌다. 그래서 나는 그 문제들을 되도록 엄밀한 경계 안으로 제한하고, 그것들이 되도록 나의 주제를 혼란시키지 못하게 하고 싶었다. 내가 보기에 우리가 사심 없는 행동을 "자유로운" 혹은 "합리적" 행동과 동일시할 심리학적 이유는 없다. 동시에 합리적 행동과 자유로운 행동을 동일시하는 것은 오해를 불러일으킬 수 있고, 자유의지 논쟁에서 제기되는 진정한 쟁점을 모호하게 만드는 경향이 있다. 바로 앞 장에서 나는 순전히 사심 없는, 즉 우리에게 예견된 쾌락의 잔여에 개의치 않는 행동

은 우리의 의지 경험의 가장 신중하고 자의식적인 영역뿐만 아니라 가장 본능적인 영역에서도 발견된다는 사실을 보여주려 했다. 앞서 말한 것처럼 합리적 행동은 한 개인의 행위의 합리성이 그의 의지에 선행하거나 외부에 있는 원인들에 의하여 완전히 결정될 수 있더라도 여전히 합리적이다. 앞 장에서 설명한 것처럼, 합리적으로 행동한다는 개념은, 결정론자에 대항하는 자유지상주의자 일반이 주장하듯이, '자유롭게' 행동한다는 개념과 밀접한 연관이 없다. 내가 "자유지상주의자 일반"이라고 말한 이유는 자유와 합리성의 관계에 대한 진술에서 칸트 신봉자는 자유의지에 대한 논의에서 신중히 구별할 필요가 있는 자유라는 낱말의 두 의미를 혼동하는 것처럼 보이기 때문이다. 칸트[1] 신봉자가 사람은 "이성의 인도 하에서 행동하는 한에서만 자유로운 행위자"라고 말할 때, 일반 독자는 이 말에 쉽게 동의한다. 왜냐하면 휴얼이 말한 것처럼, 우리는 일반적으로 "우리의 욕망이나 감정보다 우리의 이성이 우리 자

---

1) 나는 칸트적 자유의지 개념이 이 장의 논의 범위에서 빠지는 것이 마땅하다고 생각했다. 그 이유는 부분적으로 본문에서 언급한 혼동 때문이고, 부분적으로는 그 개념이 시간 조건(time-conditions)에 지배받지 않는 인과성 개념에 의존하기 때문이다. 내가 보기에 이러한 인과성 개념은 전혀 옹호할 수 없고, 동시에 그것을 논하는 것은 이 논고의 계획에 포함되지 않는다. 그러나 칸트적 이론이 오늘날 윤리학적 사고에 미친 광범위한 영향을 고려할 경우, 나는 부록 (I)에서 그의 자유의지 개념에 대한 간략한 논의를 제공하는 것이 바람직하다고 생각했다.

신이라고 생각하기 때문이다. 우리는 욕망·사랑·분노가 **우리를** 지배한다고 말하기도 하고, 그것들을 통제하는 것은 **우리 자신**이라고 말하기도 한다. 만약 우리가 즉각적 쾌락보다 더 멀고 추상적인 좋음을 택하기로 결정하거나 당장 우리에게 고통을 가져올 규칙을 따르기로 결정한다면(그 결정은 이성의 활동을 함축한다), 우리는 특히 이러한 행위를 우리 자신의 행위라고 생각한다."[2] 따라서 나는 "자유로운"이라는 말을 유혹적 권유에 훌륭히 저항하는 자발적 행동을 뜻하는 말로 사용하는 용법에 반대하지 않는다. 나는 강렬한 자유의 감정을 이성과 도덕의 편으로 끌어들이는 것이 도덕적 설득의 효력을 증대시킨다는 사실을 감지하고 있다. 그런데 만약 사람은 "이성의 인도하에서 행동하는 한에서만 자유로운 행위자"라고 한다면, 그가 불합리하게 행동할 때 우리는 분명 그가 자신의—같은 의미로—"자유로운" 선택에 의하여 이렇게 행동한다고 말할 수 없다. 자유지상주의자 일반이 주장하려 했던 바는 후자의 명제다. 그들은 자유와 도덕적 책임 사이에 존재한다고 자신들이 주장하는 관계 때문에 도덕적 행위자의 '자유'를 증명하는 일이 대

---

2) 윌리엄 휴얼(William Whewell: 1794-1866), 『도덕의 요소(*Elements of Morality*)』(1845), 제1권 2장. 우리는—내가 나중에 말할 것처럼—때로는 이성과 의식적으로 충돌하는 열정이나 욕구를 우리 자신과 동일시한다는 것도 사실이다. 그렇다면 이성의 규칙은 어떤 외부적 제약으로 보일 것이고, 그것에 복종하는 것은 노예상태는 아닐지라도 어떤 예속상태로 보일 것이다.

단히 중요하다고 생각한다. 이렇게 책임과 연결된 자유는 합리적 행동에서만 나타나거나 실현되는 자유가 아니라 옳음과 그름 사이에서 선택하는 자유이고, 그 자유는 분명 어떤 선택에서든 똑같이 나타나거나 실현된다. 그런데 사람들이 알면서 일부러 불합리하게 행동하기를 선택한다는 것은 "고의적 죄"에 대한 기독교적 의식에 함축되어 있다. 사람들은 의무보다 자기이익을 선호할 뿐만 아니라(이는 명백한 불합리성보다는 합리성에 대한 주장들의 충돌이다), 예컨대 건강보다 감각의 만족을, 명성보다 보복을 선호한다. 게다가 그들은 이러한 선호가 자신의 의무와 마찬가지로 그들의 진정한 이익에 반한다는 사실을 알고 있다.[3] 따라서 이성과 정념 사이의 충돌을 한편으로 '우리 자신'과 다른 한편으로 자연의 힘 사이의 충돌로 묘사하는 것은 대체로 우리의 경험과 일치하지 않는다. 우리가 정념에 굴복할 때, 우리는 뭐랄까 '우리의 욕망과 욕구의 노예'가 된다고 말할 수도 있다. 동시에 우리는 노예상태가 스스로 선택한

---

3) 자신에게 나쁘다는 것을 알면서 일부러 그것을 선택하는 사람을 상상함에 있어서 소크라테스와 소크라테스학파가 가졌던 문제는—악덕의 "자발성"과 "책임"을 분명히 주장하면서도, 의도된 행동에 대한 설명에서 아리스토텔레스를 사실상 결정론자로 몰아간 문제는—도덕적 판단과 타산적 판단의 구분에 의해서, 그리고 '이익'과 '의무' 사이의 명백한 충돌에 의해서 현대인의 마음에서는 훨씬 줄어든 것처럼 보인다. 이익 혹은 의무에 의식적으로 대항하는 고의적 선택이라는 개념과 친숙해지면서, 우리는 별다른 문제없이 양자에 의식적으로 대항하는 선택을 상상할 수 있게 되었다. 제1권 9장 §3을 보시오.

것임을 인정해야 한다. 그렇다면 고의적 악행자에 대하여, 그의 의지의 외부적·내부적 선행조건이 지금과 달랐고 이 선행조건이 변하지 않았다면 그는 옳은 선택을 했을지도 모른다는 의미에서, 그의 그른 선택은 '자유로운' 것이었다고 말할 수 있을까? 내가 생각하기에, 이것이 자유의지 논쟁에서 발생하는 본질적 쟁점이다. 나는 지금 그것을 간략히 살펴볼 계획이다. 왜냐하면 그것은 윤리학적으로 매우 중요하다고 널리 생각되기 때문이다.

§2. 우리는 윤리학의 모든 방법을 다 같이 따라서—엄밀한 윤리학적 의미의—'옳음'과 '당위'라는 술어들이 배타적으로 적용될 수 있는 자발적 행동 개념을 더 정확히 정의하는 일에서 편리하게 시작할 수 있다. 우선 자발적 행동은 '의식적' 행동이기 때문에 인간 유기체의 '무의식적' 혹은 '기계적' 행동 혹은 운동과 구별된다. '무의식적' 혹은 '기계적' 운동을 수행한 사람은 그 운동을 수행한 다음에야 그것을 의식하게 된다. 따라서 이러한 운동은 그 사람의 탓이라고 말하지 않거나, 도덕적으로 그르거나 경솔하다고 판단되지 않는다. 때로는 이러한 운동이 결과 면에서는 좋거나 나쁘다고 판단할 수 있고, 이러한 판단은 의식적 노력에 의하여 간접적으로 수행될 수 있는 한에서 이 운동이 촉진되거나 억제되어야 한다는 것을 함축한다.

그래서 의식적 행동의 경우에 행위자는 자신의 자발적 행동의 전혀 예견치 못한 결과에 대해서는 간접적으로만 도덕적으로 비난받을 만하다고 간주된다. 어떤 사람의 행동이 예견치 못한 해악을 일으켰을 경우, 분명 대중의 도덕판단은 종종 그를 부주의하다고 비난한다. 그러나 사려 깊은 사람은 일반적으로 이러한 경우에 엄밀한 도덕적 비난은 행위자의 부주의가 고의적 의무태만의 결과인 한에서 그 행위자에게 간접적으로만 주어진다는 점을 인정할 것이다. 따라서 도덕적 승인 혹은 불승인의 적합한 즉각적 대상은 항상 어떤 사람의 의지의 결과로 보이고, 그것이 의도된—그의 의지의 확실한 혹은 개연적[4]—결과라고 생각되는 경우만이다. 혹은 더 엄밀히 말해서, 그 [도덕적 승인 혹은 불승인의] 대상은 이러한 결과를 의도한 의지 자체다. 왜냐하면 우리는 어떤 사람의 그른 의도가 외적 원인에 의하여 실현되지 않은 상태로 남았다고 해서 그가 도덕적 비난을 면한다고 생각하지 않기 때문이다.

이 견해는 언뜻 보기에 행위의 도덕성은 그것의 '동기'에 달려 있다는 일반적 의견과 다르게 보인다. 만약 '동기'라는 말이 우리의

---

4) "의도(intention)"라는 것은 행위자가 실현하려고 **욕망했던** 의지의 결과뿐 아니라 욕망하지 않으면서도 그가 확실하거나 있음직하다고 예견한 모든 것을 포함한다고 간주하는 것이 가장 편리하다. 우리의 행위의 모든 예견된 결과에 대하여, 혹은 명확한 도덕규칙에 의하여 규정된 행위의 경우에는 일정한 범위 내의 결과에 대하여, 우리는 얼마만큼의 책임이 있는가 하는 물음은 직관주의적 방법을 검토할 때 살펴볼 것이다.

행위의 예견된 결과들 중 일부에 대하여 우리가 느끼는 욕망이라고 이해된다면 말이다. 그러나 내가 생각하기에 이 의견을 가진 사람들은 욕망의 대상이었든 아니었든 우리가 그것을 의욕하면서 예견했던 어떤 금지된 결과에 대하여 비난받을 수도 있다는 사실을 부정하지 않을 것이다. 분명 예견된 결과에 있어서 유사한 행위들이 어떤 욕망이나 반감의 현존으로 인하여 '더 좋은' 혹은 '더 나쁜'[5] 행위일 수 있다고 흔히 주장된다. 그러나 이 감정들이 완전히 의지의 통제하에 있지 않는 한—가장 엄밀한 의미의—'옳음'과 '그름'에 대한 판단은 당연히 이 감정들 자체가 아니라 나쁜 동기를 억제하고 좋은 동기를 고무하는 자발적 노력의 발휘와 소홀, 아니면 목표로 삼은 목적으로서 어떤 욕망 대상의—의지의 일종인—의식적 채택에 적용될 수 있다고 생각한다.

그렇다면 옳음과 그름에 대한 판단은—의도된 결과가 외부적인 것이든 행위자 자신의 감정이나 성품에 따라서 발생한 결과이든—의도를 동반한 의지와 당연히 관련된다는 결론을 내릴 수 있다. 이 결론은 엄밀히 말해서 의도적이지 않은 의식적 행동을 이러한 [옳음과 그름에 대한] 판단의 영역에서 제외한다. 갑자기 강렬한

---

5)　나중에 나올 장(제1권 9장)에서 나는 '옳음'과 '그름'이라는 대구(對句)와 우리의 실천적 추론에서 쓰이는 '좋음'과 '나쁨'이라는 더 모호하고 광범위한 대구의 관계를 더 충실히 검토할 것이다.

쾌락과 고통의 감정이 운동을 일으키고 우리는 그 운동을 의식하지만, 그 운동 자체나 그것의 결과에 대하여 관념 속에 아무런 표상도 선행하지 않은 경우다. 때때로 '본능적'인 것으로 분류하는 행동에 대해서는, 더 완벽한 자제의 습관을 익히려는 자발적 노력으로 그 행동의 나쁜 결과가 방지될 수 있었던 한에서, 우리는 간접적으로만 이러한 행동의 결과에 책임이 있다고 말한다.

더 나아가 우리의 일반적 도덕판단은 **충동적** 악행과 **고의적** 악행의 구별을 인정하고, 전자보다 후자를 더 강하게 비난한다는 점에 주목해야 한다. 둘 사이의 경계선은 분명하게 그려질 수 없다. '충동적' 행동은 그것을 자극한 감정과 자극된 행동 사이의 연결이 매우 단순하고 즉각적이어서, 의도는 분명하게 있어도 개인이 의도된 결과를 선택하는 의식은 순식간에 사라지는 행동이라고 정의될 수 있다. 고의적 의지는 언제나 둘 혹은 그 이상의 현실적 선택지들 중 하나를 결과로서 의식적으로 선택한다.

도덕적 비난과 승인의 명확한 대상인 의지의 경우에는, '의지'라는 심적(心的) 사실은—의도 혹은 행동의 결과에 대한 표상 외에도—이러한 결과를 선택하고 결심하고 확정하는 자아의 의식도 포함하는 것 같다. 내가 자유의지 논쟁의 쟁점이라고 생각하는 물음은 이렇게 진술될 수 있다. 내가 나의 고의적 의지가 속한다고 생각하는 자아는 아주 명확한 도덕적 성질, 즉 일부는 물려받은 것이지만 일부는 나의 과거의 행동과 감정에 의하여, 그리고 무의식적으로 받은 물리적 영향에 의하여 형성된 일정한 성품을 가진 자아인가? 따라서 좋음을 위해서든 악을 위해서든 나의 자발적 행동은 어떤 순간에든 나의 주변상황이나 그 순간에 나에게 작용하는 외부적 영향과 더불어—이 조건에는 현재의 나의 신체적 조건이 포함된다—철저히 이러한 성품의 명확한 성질에 의하여 발생하는 것인가? 아니면 이전의 행동과 경험이 무엇이었든, 나는 항상 내가 지금 합당하고 옳다고 판단하는 방식으로 나의 행동을 선택할 수 있는가?

위의 물음에서 유물론자는 '성품'을 '뇌와 신경체계'로 대체할 것이고, 그럼으로써 더 분명한 개념을 얻을 것이다. 나는 유물론적 가정을 암시하는 용어를 사용하지 않고자 했다. 왜냐하면 결정론은 결코 유물론을 함축하지 않기 때문이다. 현재의 목적과 관련하여, 그 차이는 중요하지 않다. 실질적 논쟁은, 우리가 앞선 시점의 사태를 '성품과 주변상황'이라고 하든지 '뇌와 주변의 영향력'이라고 하든지, 의지가 이 사태에 인과적으로 얼마만큼 완전하게 의존하고 있는가와 관련된다.[6]

---

6) 결정론자들이 각각의 의지는 일정불변의 법칙들에 의하여 우리의 과거의 의식상태와 연결되어 있다고 생각하는 것은 드물지 않다. 그러나 우리가 어떤 사람의 과거의 의식에서 추적할 수 있는 일정불변의 법칙들은, 설령 우리가 그것들을 모두 안다 해도, 우리에게 그의 미래의 행동에 대한 매우 불완전한 지침만을 줄 것이다. 왜냐하면 다음과 같은 것이 생략되어 있기 때문이다.

결정론자 측에는 대단히 위력적인 누적 논증(cumulative argument)이 있다.[7] 인간의지를 제외한 모든 종류의 사건에 대하여 오늘날 모든 유력한 사상가는 사건들은 그것에 바로 앞선 사태와 연결되어 있다고 믿는다. 인간의 마음이 발달하고 인간의 경험이 체계화되고 확대되면서, 그 믿음의 내포와 외연, [그 믿음에 대한] 신념의 명확성과 확실성, 그리고 [그 믿음의] 적용의 보편성도 꾸준히 성장했다. 현행의 연계된 분야들에서 상충하는 사고방식은 점차 줄어들고 희미해져, 의지라는 신비로운 성채를 제외하고 이렇게 상충하는 사고방식은 마침내 모든 곳에서 사라졌다. 다른 모든 곳에서 그 믿음은 확고해져서, 어떤 사람들은 그것과 대립하는 것은 상상할 수조차 없다고 선언한다. 다른 사람들도 그것이 항상 그랬다고 주장한다. 모든 과학적 절차는 그것을 가정한다. 과학이 거둔 모든 성공은 그것이 옳음을 확인한다. 우리는 사건들이 인식할 수 있을 만큼 결정되어 있을 뿐만 아니라, 상이한 종류의 사건들을 결정하는 상이한 방식들이 근본적으로는 동일하고 상호의존적이라는 새로운 증거를 계속 발견하고 있다. 인식할 수 있는 우주의 본

---

(1) 아직 숨어 있거나 완전히 나타나지 않은 모든 타고난 경향과 감수성; (2) 그 효과가 의식에 완전히 드러나지 않은 과거의 모든 신체적 영향.

7) 〈역주〉 '누적 논증(cumulative argument)'이란 그것이 제시하는 증거들과 이유들의 증가에 의하여 더 강한 설득력을 획득하는 논증이다. 그것의 설득력은 그 증거들과 이유들 사이의 연결보다 그것들의 총합에 있다.

질적 단일성에 대한 신념이 강해지면서, 자연히 인간행동의 분야에 대하여 자유지상주의자가 주장하는 예외적 성격을 인정하지 않으려는 경향도 강해진다.

다시 인간행동에 주목할 때, 우리는 그중에서 무의식적으로 일어난 부분은 필시 물리적 원인에 의하여 결정된다는 사실을 관찰한다. 우리는 이러한 종류의 행위와 의식적이고 자발적인 행위 사이에 분명한 경계선을 그릴 수 없다는 사실을 발견한다. 전자의 부류에 속하는 많은 행위들은 무의식적이라는 점을 제외하면 후자의 부류의 행위들과 아주 유사하다. 더 나아가 우리는 습관적으로 빈번히 행하는 행동들이 의식적 부류에서—완전히 혹은 부분적으로—무의식적 부류로 변한다는 사실을 알게 된다. 더 깊이 탐구할수록, 우리는 의식적 의지에 의하여 일어난 종류의 행동이 일정한 상황하에서 무의식적으로도 일어날 수 있다는 결론을 받아들일 수밖에 없다. 또한 의식적 행위들을 면밀히 살펴보면 우리는 다음과 같은 사실을 발견한다. 우리의 의식적 행위들 가운데 내가 '충동적'이라고 기술한 행위에—순간적 감각이나 정서의 자극으로 갑자기 행해진 행위에—대한 우리의 의식은 그 행위가 자극의 강도와 자극의 작용 순간에 이미 결정되어 있는 기질과 성품의 상태에 의하여 완전히 결정되지 않는다는 것을 암시한다고 말할 수 없다. 앞서 관찰한 것처럼, 여기서도 '자유로운 선택'에 대한 또렷한 의식이 분명히 드러나는 행동으로부터 이 충동적 행동을 선명하게 구별하는 경계선을 그리기는 어렵다.

더 나아가 우리는 항상 우리 자신을 제외한 모든 사람의 자발적 행동을 인과관계의 원칙 위에서 성품과 주변상황에 의하여 설명한다.[8] 사실 그렇게 하지 않을 경우, 사회생활은 불가능할 것이다. 왜냐하면 사람의 사회생활은 날마다 인류의 일반적 경험에 기초하여 다른 사람들이나 특정 부류의 사람들이나 개인들의 행동에 대한 수많은 정밀한 예측을 동반하기 때문이다. 필시 그들은 명확한 속성을 가진 것들, 즉 그 결과를 예측할 수 있는 원인들로 간주된다. 일반적으로 우리는 아는 사람들의 미래 행동을 그들의 과거 행동으로부터 추리한다. 어떤 경우에든 우리의 예측이 틀렸다고 밝혀질 경우, 우리는 그 어긋남을 자유의지의 교란작용이 아니라 그들의 성품과 동기에 대한 우리의 불완전한 지식의 탓으로 돌린다. "사회과학"을 믿든 안 믿든, 개인에서 공동체로 나아가면서 우리 모두는 사회현상들에 대하여 동일한 원칙을 가정하는 논의를 인정하고 그것에 참여한다. 특정한 이론에 대해서는 의견을 달리하더라도, 우리는 결코 그 가정의 타당성을 의심하지 않는다. 과

---

8) 이것이 다른 사람들의 행위에 대하여 우리가 취하는 유일한 견해라는 말은 아니다. 나는 (곧 드러날 것처럼) 그들의 행위를 도덕적으로 판단함에 있어서 우리는 일반적으로 자유의지 개념을 적용한다고 생각한다. 그러나 우리는 일반적으로 그것을 다른 종류의 인과성을 제한하고 방해하는, 한 종류의 인과성으로 간주하지 않는다.

거든 현재든 역사에서 설명할 수 없는 무언가를 발견하더라도, 우리는 결코 그것이 자유의지를 특정한 방향으로 광범위하게 행사한 결과로 보지 않는다. 심지어 자신의 행동과 관련해서도 우리는 그렇게 보지 않는다. 행동의 순간에 우리가 스스로 아무리 '자유롭다'고 느끼더라도, 즉 우리의 의지 선택이 현재의 동기와 주변상황에 구애받지 않고 우리의 이전 모습과 감정의 결과로부터 자유롭다고 보이더라도 말이다. 그 행동이 한 번을 훨씬 넘고 우리가 그것을 우리의 일련의 행동들 속에서 관찰할 경우, 그것과 우리 삶의 다른 부분들의 인과성 및 유사성의 관계가 나타나고, 우리는 자연히 그것을 우리의 본성과 교육과 주변상황의 결과로 설명한다. 아니, 우리는 동일한 개념을 우리의 미래 행동에도 적용하고, 우리의 도덕 감정이 발달할수록 더욱더 그렇게 할 것이다. 왜냐하면 우리의 의무감과 더불어 일반적으로 도덕적 수양에 대한 의무감과 자기개선에 대한 우리의 욕망도 증가하기 때문이다. 도덕적 자기수양의 가능성은, 우리는 현재의 의지에 의하여 다소 먼 미래의 우리 행동을 어느 정도 결정할 수 있다는 가정에 의존한다. 또한 우리는 분명 습관적으로 우리의 미래에 대하여 정반대의, 즉 자유지상주의적 견해를 취한다. 예컨대 우리는 과거에 끊임없이 굴복했던 유혹에 앞으로는 철저히 저항할 수 있다고 믿는다. 그러나 (모든 학파의 윤리학자가 인정하고 강조하는 것처럼) 이러한 믿음은 **여하튼 대부분** 착각이고 오해라는 것을 알아야 한다. 자유지상주의자들은 우리가 어떤 순간에든 후천적 경향과 이전의 관습에 대립하는 방식으로 행동할 수 있다고 주장한다. 그럼에도 그들과 결정론자들은 모두 습관의 미묘하고 느낄 수 없는 구속에서 벗어나는 것은 사람들이 흔히 상상하는 것만큼 쉽지 않다고 가르친다.

§3. 고의적 행동의 순간에 의식의 즉각적 확인은 결정론을 뒷받침하는 어마어마한 누적 증거의 집합과 대립한다. 대안적 행위들 가운데서 내가 옳거나 합당하다고 생각하는 하나의 선택을 명확히 의식할 경우—나의 욕망과 자발적 습관이라는 조건 외에 그 행위의 수행에 다른 장애물이 없다고 가정할 경우—부당하게 행동하려는 나의 성향이 아무리 강하고 과거에는 이러한 성향에 한결같이 굴복했을지라도, 내가 느끼기에 지금의 나는 스스로 옳거나 합당하다고 생각하는 행위를 선택할 수 있다고 생각하지 않을 수 없다.[9] 나는 사악한 욕망에 굴복할수록 그 욕망이 다시 일어났을 때 그것에 저항하는 것이 더 어려워진다는 사실을 인정한다. 그러나 어렵다는 것은 건널 수 없는 소용돌이처럼 불가능하다는 것과는 구별되는 듯하다. 인간의 경험에는—죽음이나 극한 고통에 대한

---

9) 우리가 윤리학적 관점에서 관심을 갖는 것은 아주 막연한 선택의 가능성, 즉 "이렇다 할 동기가 없는 의지의 제멋대로의 변덕"이 아니라, 합리적 동기와 비합리적 동기 중에서 선택할 가능성이다.

반감 혹은 알코올이나 아편에 대한 병적 욕망처럼—어떤 충동들은 도저히 저항할 수 없을 정도로 자발적 선택을 압도한다고 느껴지는 강도에 도달하는 경우가 있다는 사실을 나는 부정하지 않는다. 이러한 강도에 도달한 경우, 내가 생각하기에, 우리는 일반적으로 그 개인은 이 압도적 충동하에서 행한 행동에 대해서는 더 이상 도덕적 책임이 없다고 판단한다. 여하튼 이렇게 야기되는 도덕적 문제는 매우 예외적이다. 유혹에 굴복하는 일반적 경우에 충동의 저항불가능성에 대한 의식은 나타나지 않는다. 욕구나 분노가 아무리 강하게 치밀어 올라도, 보통 그것은 저항할 수 없어 보이지 않는다. 만약 내가 이 순간에 깊이 생각한다면, 나는 그 충동의 단순한 힘을 내가 부당하다고 판단하는 행위를 행할 이유로 간주할 수 없다. 나는 자유로운 선택에 대한 나의 신념이 착각일 수도 있다고 상정할 수 있다. 만약 내가 나 자신의 본성을 안다면, 이렇게 만들어졌고 이러한 상황에 놓인 나는 문제의 순간에 나의 합리적 판단과 반대로 행동하도록 예정되어 있다고 볼 수도 있다고 상정할 수 있다. 그러나 내가 이렇게 본다고 생각할 경우, 동시에 나는 지금 "나의" 행동이라고 부르는 것에 대한 나의 모든 생각이 근본적으로 바뀔 것이라고 생각하지 않을 수 없다. 만약 내가 나의 유기체의 행동들을 이러한 관점에서 관찰했다면, 나는 내가 지금 언급하는 의미에서의 그 행동들을 나의 "자아"에—즉 이렇게 생각하는 마음에—속한다고 생각할 수 없다. 논증들의 이러한 충돌 속에서 유명한 사상가들이 의지의 자유와 관련된 이론적 물음에 대하여 아직도 상이하게 판단하는 것은 놀랄 일이 아니다. 나 자신은 당장 그 물음에 대하여 아무런 판단도 내리고 싶지 않다. 나는 어떻게든 그 물음에 대하여 판단하는 일의 윤리학적 중요성이 과장되기 쉽다는 점을 보여줄 수 있고, 그것이 유용하다고 생각한다. 내가 생각하기에, 그 문제를 진지하고 조심스럽게 살펴본 사람은 이 중요성이 매우 제한된 성질을 가지고 있다는 것을 발견할 것이다.

나는 주로 자유지상주의자 측에서 방금 이야기한 과장의 경향을 발견한다. 몇몇 자유지상주의적 저술가들은 의지의 자유 개념은 실증과학에는 맞지 않을 수 있지만 윤리학과 법학에는 불가결하다고 주장한다. 왜냐하면 나는 무언가를 "해야 한다"는 판단은 내가 그것을 "할 수 있다"는 판단을 함축하고, 유사하게 다른 사람들의 행동에 대한 칭찬과 비난에서 나는 그들이 다른 방식으로 행동"할 수도 있었다"는 판단을 함축하기 때문이다. 만약 어떤 사람의 행동들이 단지 인과관계의 사슬의 연결고리들이고, 그 사슬을 역추적하면 결국 그의 존재에 선행하는 사건들로 이어진다면, 사실 그에게는 공도 과도 있을 수 없다고 말한다. 만약 그에게 공도 과도 없다면, 그에게 상을 주거나 벌을 내리는 것은—그를 칭찬하거나 비난하는 것도—인간의 일반적 도덕감에 일치하지 않는다. 이 논증을 살펴보면서—논의의 명료함을 위하여—현재의 물음에 의하여 일어날 수 있는 의문이나 충돌은 제외하고, 우선 무엇을 행하는 것이 옳은가에 대한 우리의 견해에는 아무 의문이나 충돌이 없다고 가정하는 편이 편리할 것이다. 또한 도덕적 행동 일반과 관련된 자유의지의 중요성에 대한 논의를 상벌과 관련된 그것의 중요성에 대한 특별한 물음에서 분리하는 것이 편리할 것이다. 왜냐하면 후자의 종류의 행동에서 주로 관심을 끄는 것은 행위자의 현재의 자유가 아니라 그 사람의 과거의 자유이기 때문이다.

결정론자는 행동 일반과 관련하여 사람은 "그에게 가능한" 일을 행할 도덕적 의무만을 가진다는 점을 인정한다. 그런데 결정론자는 "그에게 가능한"을 그 사람이 문제의 결과를 일으키기로 선택한다면 그 결과가 일어날 것이라는 뜻으로 설명한다. 내가 생각하기에, "나는 내가 할 수 있는 것을 해야 한다"는 명제는 일반적으로 이러한 의미로 받아들여진다. 그것은 "내가 선택한다면 할 수 있다"는 말이지, "행하기로 선택할 수 있다"는 말은 아니다. "나는 일상적 사고에서 내가 옳다고 판단하는 것을 행하기로 선택할 수 있는가?" 하는 문제는 여전히 남는다. 여기서 나 자신의 견해는—위에서 설명한 한계 내에서—나는 내가 선택할 수 있다고 생각할 수밖에 없다는 것이다. 그러나 나는 내가 이 생각을 착각으로 간주하고, 과거에서 미래를 추론하면서 나는 분명 선택하지 않을 것이고 사실 이러한 선택은 나에게 가능하지 않다고 판단하는 상황을 상정할 수 있다. 이렇게 상정한다면, 내가 보기에, 관찰된 행위의 경우에 이러한 판단은 분명 도덕적 동기의 작용을 차단하거나 약화시킬 것이다. 나는 내가 합당하다고 판단하는 것을 행하기로 선택하는 것이 합당하다고 판단하지 않거나, 내가 정말 그 판단을 무시할 경우 나는 그 판단에서 적용된 의무 개념도 자유 개념과 마찬가지로 착각이라고 판단할 것이다. 나는 정말 확신을 갖고 결정론을 주장할 경우에 일어날 타락적 효과에 대한 자유지상주의자의 주장을 어느 정도까지는 인정한다. 그러나 결정론의 원칙에 따르더라도, 내가 생각하기에, 나는 고의적으로 내가 어리석다고 판단하는 것을 행하기로 선택할 것이─그저 매우 개연적인 정도가 아니라─확실하다는 결론이 정당한 경우는 드물다.[10] 보통 어떤 사람의 과거 경험과 인간본성에 대한 그의 일반적 지식에서 나오는 정당한 추론은 그가 그른 일을 행하기로 선택할 것이라는 아주 강한 개연성을 넘지 않을 것이다. 심사숙고한 나는 내가 옳은 일을 행하

---

10) 나는 어떤 사람이 "저항해봐야 소용없다"고 판단하면서 유혹에 굴복할 때, 그는 추론과정을 방해하는 욕구나 열정의 영향으로 인하여 반쯤은 의식적인 자기기만(self-sophistication) 속에서 판단을 내린다고 생각한다. 나는 이러한 자기기만이 결정론을 결론적 의견으로 채택한 사람의 마음에서는 결정론의 형태를 가지기 쉽다는 점을 의심하지 않는다. 자유지상주의자의 경우에는 다른 형태를 가지겠지만, 그도 동일한 자기기만의 위험에 놓여 있지 않다고 생각할 이유는 없다. 예컨대 결정론자는 "나는 확실히 오늘밤 평소처럼 브랜디를 마실 것이고, 그것을 마시지 않으려고 결심해봐야 소용없다"고 추론한다면, 자유지상주의자는 "나는 그 브랜디를 끊을 작정이고, 내일 그것을 끊는 것은 오늘 그것을 끊는 것만큼 쉬울 것이다. 따라서 나는 한잔만 더 마시고 내일 그것을 끊을 것이다"라고 추론할 것이다.

기로 의욕하지 않을 것이라는—얼마나 강하든—단순한 개연성을 옳은 일을 행하기로 의욕하지 않을 이유로 간주할 수 없다.[11] 게다가 그 개연성은 확실히—어떤 다른 해악의 강한 개연성이 그것을 피하려는 각별한 노력의 합리적 근거를 제공하는 것처럼—무언가를 강하게 의욕해야 할 합리적 근거를 제공한다. 사실 나는 왜 자유지상주의자가—결정론자도 마찬가지로—특수한 상황에서 그가 옳은 일을 선택하지 **않을** 수 있도록 만드는 사정들을 타당하다고 받아들이지 않는지, 그리고 그것들을 심사숙고하는 것이 도움이 된다고 생각하지 않는지 모르겠다. 따라서 모든 일상적 경우에서, 내가 합당하다고 결론 내린 것을 선택할 자유에 대한 나의 의식의 형이상학적 타당성을 판정하는 것은 윤리학적 숙고와 관련이 없어 보인다. 의지의 자유에 대한 긍정이나 부정이 내가 선택할 수 있을 경우에 내가 행하기로 선택하는 것이 합당한 일에 대한 나의 견해를 변화시키지 않는 한에는 말이다.

나는 1장에서 내가 일반적으로 인정받은 것으로 간주했던 합

---

11)　이러한 개연성이 다른 조건에서는 최선인 것을 행하기로 결심하지 않을 간접적 이유일 수 있는 특수한 경우가 있다. 말하자면 이러한 결심이 그것과 이어지는 결심들이 따라올 경우에만 옳은 경우다. 그리하여 야기되는 문제는 나중에 75-76쪽에서 살펴본다.
　　〈역주〉주석에 나오는 쪽 번호는 본 역서가 아니라 원서의 쪽 번호를 그대로 표기한 것이다.

리적 행동의 궁극적 목적에 대해서는 이러한 견해의 변화가 옹호될 수 없다고 생각한다. 자유지상주의자의 견해에 의거하여 개인의 것이든 전체의 것이든 행복을 행동의 궁극적 목적으로 간주할 경우, 결정론자의 견해를 택하는 것이 그것을 부정할 근거를 제공하지 않는다. 만약 탁월성이 그 자체로 훌륭하고 바람직한 것이라면—탁월성 개념이 자유의지 개념을 포함하는 경우를 제외하고—탁월성에 대한 어떤 개인의 접근이 순전히 유전된 본성과 외부적 영향에 의하여 결정되든 그렇지 않든, 분명 그것은 여전히 훌륭하고 바람직하다. 그런데 자유의지는 분명 육체적·지적 완전성에 대한 일반적 이념에 포함되지 않는다. 내가 보기에 그것은 우리가 덕이라고 부르는 성품의 탁월성에 대한 일반적 개념에도 포함되지 않는다. 용기·절제·정의의 표현은, 그것들의 선행조건이 용의주도한 교육에 의하여 계발된 유전적 성향들의 운 좋은 균형에서 발견될 수 있다는 이유로, 덜 훌륭한 것이 되지 않는다.[12]

자유의지의 긍정이나 부정이 두 목적 중 어느 하나의 성취를 위한 최적의 수단에 대한 우리의 견해에 영향을 미칠 수 있는가? 이

---

12) 사실상 나는 공로(merit)에 대한 일반적 개념은 적용될 수 없다는 점을 인정할 수밖에 없다(71-72쪽을 보시오). 그러나 나는 우리가 더 이상 완전성의 달성을 칭찬할 만한 것으로 간주하지 않는다는 이유로 그것이 겨냥할 만한 목적이 아니라고 보지는 않는다. 신의 행동에 '공로' 개념을 적용할 수 없다는 점이 결코 신성(Divine Nature)의 완전성을 손상시키는 것으로 느껴지지는 않는다.

물음을 살펴보면서 우리는 수단과 목적 사이의 연결이 경험적 혹은 다른 과학적 근거 위에 존재한다고 믿는 경우와 이러한 연결에 대한 믿음이 세계의 도덕적 통치에 대한 믿음에서 추론되는 경우를 구별해야 한다. 세계의 도덕적 통치에 대한 통념에 따르면, 의무수행은 신에 의하여 덕은 상을 받고 악덕은 벌을 받는 또 하나의 세계에서 대체로 그것이 산출할 것이라고 예상되는 결과로 인하여 행위자의 행복을 성취하는 최선의 수단이 된다. 세계의 도덕적 통치에 대한 믿음과 사람들의 미래의 삶이 자유의지의 가정에 의존한다고 생각될 경우, 당연히 후자는 실로 어떤 사람의 의무의 결정에서가 아니라 의무와 그의 이익의 조화에서 근본적인 윤리학적 중요성을 가지게 된다. 내가 생각하기에, 이것이 자유의지의 부정은 의무수행의 동기를 제거한다는 견해에서 주된 진실의 요소다. (1) 신학적 고려사항과 별개로 개인의 이익에 이로운 행동방향이 그의 의무와 대립한다고 생각될 경우, 그리고 (2) 이 대립을 제거하려는 신학적 추론에서 자유의지가 꼭 필요한 가정일 경우, 나는 그 주장의 타당성을 인정한다. 전자의 논점은 뒤에 나올 장에서 검토할 것이다.[13] 후자의 논점은 이 논고의 논의 범위에 속하지 않는다.[14]

---

13) 제2권 5장과 이 논고의 종장을 보시오.

14) 나는 세계의 도덕적 통치에 대한 믿음을 가장 강력한 형태로 주장한 신학자

과학적으로 인식할 수 있는 목적과 수단 사이의 연결에만 주목할 경우, 지금 숙고하는 행위가 장래의 어떤 목적에 어느 정도로든 수단이 될 수 있어 보이지 않는다. 왜냐하면 그 행위는 이미 결정되어 있기 때문이다. 그러나 어떻게 행동해야 하는가를 숙고하면서, 여하튼 우리는 다른 사람들의 미래의 개연적 행동뿐만 아니라 우리 자신의 그것도 고려해야 한다고 주장할 수 있다. 이 행동과 관련하여 과거에서 미래를 예언할 수 있는지 알려면, 자유의지 문제를 결정할 필요가 있다고 주장할 수 있다. 여기서도 내가 보기에 이 결정에서는 어떤 명확한 실천적 결과도 논리적으로 도출되지 않는다. 왜냐하면 우리가 자유의지를 하나의 원인으로 인정할 수 있더라도, 그리고 그 원인의 작용이 인간행동에 대한 가장 과학적인 예측을 논파할 수 있더라도, 가설에 따라서 자유의지는 절대로 알 수 없는 원인이기에 그것의 인정이 우리가 이러한 [과학적] 예측을 수정하게 할 수 없기 때문이다. 그것은 기껏해야 이 예측에 대한 우리의 신뢰에만 영향을 미칠 뿐이다.

이것은 상상적인 극단적 경우로 설명될 수 있다. 우리가 어떻게든 다음과 같이 믿는 경우를 가정해보자. 모든 행성은 자유의지를 부여받았고, 그것들은 강력한 원심운동이나 구심운동의 끌림에 저항하면서 자유로운 선택을 계속 행사하여 그것들의 주기운동을 유

들의 한 주요 분파는 결정론자들이라는 사실을 지적해야 할 것이다.

지할 뿐이다. 얼마나 손상될지는 말하기 어렵지만, 태양계의 미래에 대한 우리의 일반적 확신은 상당히 손상될 것이다.[15] 그러나 천문학적 계산의 세부는 분명 영향을 받지 않을 것이다. 자유의지는 결코 그 계산의 한 요소로 받아들여지지 않을 것이다. 만약 심리학과 사회학이 언제고 정밀과학이 될 수 있다면, 상상컨대 인간행동의 예측에서도 상황은 비슷할 것이다. 그러나 현재의 심리학과 사회학은 이렇게 불확실한 부가적 요소가 아무런 정서적 영향조차 미칠 수 없는 그러한 과학과는 거리가 멀다.

요컨대 우리 자신이나 다른 사람의 미래 행동들에 대한 확실한 결론을 추론하는 경우, 우리는 그것들을 불변의 법칙에 의해서 결정되는 것으로 간주해야 한다고 말할 수 있다. 만약 그것들이 이렇게 완전히 결정되지 않는다면, 우리의 추론은 그만큼 오류를 범할 수 있다. 그러나 더 이상은 우리에게 열려 있지 않다. 우리가 (어떤 원칙에 따라서든) 현재의 두 대안적 행위 중 어느 것을 선택하는 것이 합당한지를 규명하려고 애쓸 때, 결정론자의 개념은 전자의 [미래의 행동들에 대한 확실한 결론을 추론하는] 경우에는 불가피하지만 이 경우에는 관련성이 없다. 어느 관점에서 보더라도 자유의지 논

---

15) 이것을 결정하기 위하여 우리는 또 다른 논쟁, 우선 미래는 과거와 닮아 있을 것이라는 우리의 예상의 일반적 합당함에 대한 문제를 먼저 해결해야 할 필요가 있다.

쟁의 쟁점인 형이상학적 문제의 해결은 행위의 일반적 규제에 대해서는 실천적으로 중요하지 않아 보인다. 우리가—윤리학에서 신학으로 나아가면서—의무와 이익의 조화를 자유의지의 가정을 요구하는 신학적 논증에 기초하지 않는 한에서 말이다.

§4. 지금까지 나는 결정론의 채택이—예외적 상황에 놓여 있거나 신학적 가정에 따르는 경우를 제외하고—자신이 무엇을 해야 옳은가 혹은 그것을 해야 하는 이유에 대한 어떤 사람의 견해를 변화시키지 않을 것이라고 논했다. 그러나—옳은 행동을 해야 할 이유는 변하지 않는다고 인정하더라도—이러한 행동을 하도록 자극하는 동기는 약해질 것이라고 말할 수 있다. 왜냐하면 어떤 사람이 자신의 행동을 자신보다 앞서 존재한 원인들의 필연적 결과로 간주할 경우, 그는 자신의 행동에 **후회**를 느끼지 않을 것이기 때문이다. 후회의 감정이 비난당한 자아에 단단히 새겨진 자기비난을 의미할 경우, 나는 그 감정이 투철한 결정론자의 마음에서는 희미해지는 경향이 있다는 점을 인정한다. 그러나 결정론자의 상상력이 자유지상주의자의 그것만큼 생생하지 않고, 그의 공감이 자유지상주의자의 그것만큼 예민하지 않고, 좋음에 대한 그의 사랑이 자유지상주의자의 그것만큼 강하지 않을 이유는 없다. 따라서 과거에 나쁜 행동을 일으킨 자신의 결점과 성품의 유해한 성질에 대한 혐오가 후회의 감정만큼 효과적인 도덕적 향상의 원천이 아닐 이

유는 없다. 왜냐하면 사람들은 흔히―자신에게 아무런 후회의 감정도 일으키지 않는―자신의 주변상황의 약점, 타고난 약점, 지적 약점을 제거하기 위하여 적어도 자신의 도덕적 결함을 제거하면서 받는 만큼의 고통을 받는다고 보이기 때문이다. 그들이 전자의 결함을 후자의 결함에 못지않게 유해하고 제거가능하다고 간주하는 한에서 말이다.

이로 인하여 나는 처벌과 보상의 할당에 대한 결정론적 학설의 결과를 살펴보고자 한다. 왜냐하면 내가 생각하기에 처벌에 대한 일반적인 보복적 개념뿐만 아니라, "공로"·"과실"·"책임"에 대한 통상적 개념은 자유의지의 가정을 함축한다는 사실을 인정할 수밖에 없기 때문이다. 그른 행위와 그 행위에서 드러난 성품의 나쁜 성질이 행위자보다 앞서 혹은 외부에 존재하는 원인들의 필연적 결과라고 볼 경우, 그 행위와 성질로 인하여 발생한 해악에 대한―일반적 의미의―도덕적 책임은 더 이상 그에게 있을 수 없다. 또한 결정론자는 "나쁜 응분(ill-desert)"과 "책임"에 대하여 명쾌하고 확실할 뿐만 아니라 공리주의적 관점에서도 가장 적당한 의미를 제공할 수 있다. 이 견해에서는, A는 어떤 해로운 행위에 대하여 책임이 있다고 단언할 경우, 나는 그 행위에 대하여 그를 처벌하는 것이 옳다고 말하는 것이다. 이것은 기본적으로 처벌의 공포로 그 사람뿐만 아니라 다른 사람들도 미래에 유사한 행위를 범하지 않도록 예방할 수 있기 위한 것이다. 처벌에 대한 이 두 견해의 이론적 차이는 매우 크다. 그러나 일반적 정의 개념을 자세히 검토할 때,[16] 나는 이러한 수용이 거의 실천적 영향을 미칠 수 없다는 사실을 증명할 것이다. 왜냐하면 봉사에 대한 보상이나 유해한 행동의 처벌에서 응분에 대한 결정론적 해석에 포함되지 않는 다른 고려사항들에 의하여 좌우되는 것은 실천적으로 불가능하기 때문이다. 예컨대 법적 처벌을 보복보다는 억제책과 개선책으로 논하는 것은―결정론적 철학과 전혀 별개로―사회질서와 복리의 실천적 절박함에 의하여 요구되는 것으로 보인다.[17] 게다가 지금부터 보여줄 것처럼, 만약 처벌에 대한―예방적 견해를 제거하고―보복적 견해만을 받아들인다면, 처벌이 전혀 무익한 해악으로 보일 경우에 그 견해는 우리의 정의 개념과 자비심을 충돌하게 만든다. 이와 유사하게 도덕적 칭찬과 비난의 표현을 유발하는 감정과 관련하여, 나는 투철한 결정론자의 마음에는 좋은 행위를 권장하고 나쁜 행위를 예방하려는 욕망이 전자에 상을 주거나 후자에 벌을 주려는 욕망을 대신한다는 것을 인정한다. 다시 말해서, 결정론적 부류의 도덕감정이 덕과 사회복리의 증진에서 자유지상주의적 부

---

16) 제3권 5장을 보시오.

17) 그래서 우리는 부주의의 결과가 매우 중대할 경우에는, 그것이 의무의 고의적 무시임을 밝힐 수 없더라도, 처벌할 필요가 있다고 느낀다. 그리고 신을 섬기거나 인류를 이롭게 하려는 진실한 욕망에서 나온 것임을 알더라도, 우리는 반란과 암살은 처벌할 필요가 있다고 느낀다.

류의 도덕감정만큼 효과적일 수 있다.

　§5. 의지의 힘이 (형이상학적으로 자유롭든 그렇지 않든) 현실적으로 얼마만큼 확장되는지를 규명하는 것은 분명 실천적 중요성을 가진다. 왜냐하면 이것은 가장 엄밀한 의미의 윤리학적 판단이 적용될 수 있는 범위를 규정하기 때문이다. 이 탐구는 형이상학적 자유에 대한 물음과 전연 무관하다. 우리는 이 탐구를 결정론적 용어로 충분한 동기가 없지 않은 경우에 인간의지가 일으킬 수 있는 결과의 범위에 대한 탐구라고 말할 수 있다. 이 결과는 대체로 세 종류라고 생각한다. 첫째, 근육수축의 결과로 일어나는 외부세계에서의 변화. 둘째, 우리의 의식적 삶을 구성하는 관념과 감정의 행렬에서의 변화. 셋째, 장차 일정한 상황하에서 일정한 방식으로 행동하려는 경향에서의 변화.

　Ⅰ. 의지적 인과관계의 영역에서 가장 명백하고 현저한 부분은 근육수축에 의하여 일어나는 사건들로 구성된다. 이 사건들과 관련하여, 때때로 우리가 의욕하는 것은 더 먼 결과가 아니라 당연히 그 근육수축이라고 말한다. 왜냐하면 이러한 [더 먼] 결과는 다른 원인들의 동시발생을 필요로 하기에, 우리는 결코 그 결과의 발생을 절대적으로 확신할 수 없기 때문이다. 엄밀히 말해서 그 근육수축이 일어날 것이라는 결과가 더 확실한 것도 아니다. 왜냐하면 우리의 수족이 마비될 수도 있기 때문이다. 의지의 즉각적 결과는 운

동신경에서의 분자 변화다. 그러나 우리는 의욕 속에서 우리의 운동신경과 그것의 변화에 대하여—사실 일반적으로 그 변화에 따른 근육수축에 대해서도—의식하지 못하기 때문에, 운동신경의 변화나 근육수축을 의욕에서 마음의 통상적 '대상'이라고 말하는 것은 용어의 오용이다. 왜냐하면 거의 언제나 우리가 의식적으로 의욕하고 의도하는 것은 어떤 더 먼 결과이기 때문이다. 그럼에도 우리의 의지가 외부세계에 미치는 거의 모든 결과에 대하여 우리의 근육수축은 필수적 선행조건이다. 그것이 끝나면, 인과관계에서 우리의 역할은 완료된다.

Ⅱ. 우리는 우리의 생각과 감정을 어느 정도 통제할 수 있다. 흔히 '감정의 통제'라고 부르는 것의 중요한 부분은 실로 방금 논의한 항목에 속하는 것처럼 보일 것이다. 우리의 근육에 대한 통제는 우리가 감정표현을 억누르고 그것의 행동 유도에 저항할 수 있게 해준다. 어떤 감정을 맘껏 배출하는 것은 일반적으로 말해서 그 감정을 유지하거나 연장하는 경향이 있기 때문에, 근육의 이러한 통제는 결국 정서를 지배하는 힘이 된다. 우리의 근육체계와 우리의 생각 사이에 이러한 연결은 없다. 그럼에도 경험에 따르면 대다수 사람들은 자기 생각의 방향을 (확실히 어떤 사람들은 다른 사람들보다 훨씬 더) 자발적으로 결정할 수 있고, 의지대로 어떤 일정한 숙고의 방향을 따라갈 수 있다. 이러한 경우에 우리의 의식은 의지의 노력으로 그것의 일부 내용에 집중할 수 있고, 나머지 부분은 어두워지

고 결국 사라지는 데 비하여 이 일부는 점점 더 생생하고 선명해진다. 흔히 이러한 자발적 노력은 관념들의 행렬을 시작하는 데에만 필요하고, 이후로 그 행렬은 아무 노력 없이도 이어진다. 예컨대 일련의 과거 사건들을 상기시키거나 익숙한 추론의 행렬을 거치는 때처럼 말이다. 이렇게 집중함으로써 우리는 떠올리고 싶지 않은 수많은 생각과 감정에서 벗어날 수 있다. 그러나 이렇게 할 수 있는 능력은 매우 제한적이다. 만약 그 감정이 강하고 그것의 원인이 계속된다면, 그 감정을 떨쳐버리는 것은 아주 비범한 의지의 노력을 필요로 한다.

III. 독자가 특히 주목하길 바라는 의지의 결과는 미래의 행동에 대한 사람들의 경향에서의 변화다. 그 경향이 효력이 있는 한에서, 그것의 변화는 미래의 행위에 대한 일반적 결심의 결과라고 가정되어야 한다. 어떤 특수한 행위를 하려는 결심도—만약 경험이 그렇다고 말해주기에 이렇게 결심할 가치가 있다면—이렇게 결심하는 사람에게 이러한 성질의 변화를 일으킨다고 가정해야 한다. 그 결심은 어떻게든 예견된 미래의 순간에 일정한 방식으로 행동하도록 필시 그의 현재의 경향을 변화시킨다. 그러나 미래의 행위에 대한 일반적 결심에서 우리가 의지력으로 무엇을 할 수 있는지를 아는 것은 대단한 실천적 중요성을 가진다. 예를 들어보자. 어떤 사람이 밤에 브랜디를 너무 많이 마시는 습관을 가지고 있다. 어느 날 아침 그는 더 이상 이렇게 하지 않겠다고 결심한다. 이렇게 결심하면서 그는 현재의 의지로 브랜디에 탐닉하는 자신의 습관적 경향을 바꿀 수 있다고 믿으면서 행동하고, 그 후의 몇 시간 동안은 술에 대한 자신의 습관적 갈망의 강렬한 힘에 저항할 것이다. 그런데 이 믿음에 충분한 근거가 있는지 없는지는 결정론자와 자유지상주의자가 일반적으로 논했던 것과는 다른 물음이다. 또한 이 두 물음은 혼동하기 쉽다. 사람들은 때로 막연히 다음과 같이 생각한다. 자유의지를 믿을 경우, 우리는 어떤 순간에든 충분히 강한 노력을 발휘하여 우리의 습관을 얼마든지 바꿀 수 있다고 주장해야 한다. 대체로 이러한 노력을 발휘하는 순간, 분명 우리는 그 노력이 완벽한 효과를 거둘 것이라고 믿는다. 무언가를 하려는 마음을 먹는 순간에 가졌던 것과 동일한 신념을 가지고, 우리는 그 후로도 몇 시간 혹은 며칠 동안은 그것을 하려는 마음을 간직한다. 숙고해보면, 내가 생각하기에, 이러한 경우에는 누구도 즉시 효력을 발휘하는 대안적 행위들의 선택과 같은 의미에서 미래의 행위가 자신의 능력 안에 있다고 주장하지 않을 것이다. 반복된 경험을 통하여, 우리는 미래에 대한 결심이 제한적이고 흔히 불충분한 효과만을 가진다는 사실을 알 수 있다. 게다가 그 일반적 믿음은 사실 그것을 정당화한다고 생각되는 자유의지 학설과 모순된다. 왜냐하면 현재의 의지로 지금부터 몇 시간 후에 일어날 행동을 내가 완전히 결정할 수 있을 경우, 그 행위를 해야 할 순간이 왔을 때 나는 자신이 더 이상 자유롭지 않다고 느낄 것이기 때문이다. 따라서 우리는 이러한 결심 각각이 제한된 효과만을 가진다는 결론을 수용해야 한다. 우리는 결심의 순간에 결심한 행위의 수행에서 이러한 효과가 얼마나 드러날지 알 수 없다는 결론도 수용해야 한다. 또한 이러한 결심이 때로는 오랜 습관을 깨뜨리는 데 성공한다는 점도 부정하기 어렵다. 오랜 습관을 깨뜨리지는 못하더라도, 그것은 종종 순조롭고 쉬운 탐닉을 고통스러운 다툼으로 바꿔놓는다. 따라서 그 결심이 이러한 방향으로 모종의 영향을 미친다고 가정하는 것이 합당하다. 내적 갈등의 순간에 새로운 동기를 일으킴으로써 이성의 편에 가담하는 행동을 취하든지, 아니면 낮은 정도라도 관습의 현실적 위반이 그러한 것과 같은 방식으로 습관의 충동적 힘을 직접 약화시키든지 말이다.[18]

　의지의 범위에 대한 이러한 설명이 받아들여질 경우, 기대컨대 그 설명은 앞 절에서 자유의지 논쟁이 실천적으로 중요하지 않다

---

18)　때로는 동일한 종류의 변화가 의지 없이도 외부적 원인에서 기인한 강력한 정서적 충격에 의하여 일어난다는 점을 주목해야 한다. 따라서 모든 경우에 그 결과를 낳는 것은 정서적 성질의 강력한 인상이라고 추론할 수 있다. 의지는 단지 습관의 변화로 얻을 수 있는 이득이나 피할 수 있는 해악에 우리의 주의를 집중시켜서 이러한 이득과 해악의 인상을 강화시키는 것에만 관여할 뿐이다. 이러한 종류의 자발적 주시는 좋은 결심을 세우는 데에는 유용한 보조수단이지만, 이러한 의지의 작용력이 그 결심을 구성하는 것으로 보이지는 않는다. 우리는 그 두 가지를 분명히 구별할 수 있다. 따라서 의지의 이러한 세 번째 결과는 두 번째 것으로 환원될 수 없고, 반드시 별개로 진술되어야 한다.

는 주장이 독자의 마음에 남겼을지 모를 오랜 의문을 일소할 것이다. 왜냐하면 우리는 막연히 다음과 같이 생각했을 수도 있기 때문이다. 한편 결정론에 따르면, 만약 우리가 어떤 하나의 유덕한 행위를 지금부터 당연히 따라야 한다고 믿을 근거가 없다면, 어떤 경우에는 그 행위가 그른 것일 수 있다. 다른 한편 자유의 가정에 따르면, 우리는 일관성 있게 따른다면 가장 좋을 행위를 우리에게 이러한 일관성이 가능하다고 의식하면서 항상 과감하게 행해야 한다. 그러나 현재의 결심의 작용력은 우리의 미래의 행동 경향에 제한된 효과를 미칠 수 있을 뿐이고, 직접적 의식은 이 효과가 필요를 충족시킬지도 실제로 얼마나 클지도 말해줄 수 없다는 점을 인정할 경우, 결정론과 자유의 가정 사이의 추정적 차이는 사라진다. 왜냐하면 극단적 자유지상주의도 미래의 어떤 행동을 행하기로 약속하기 전에 우리 자신에 대한 경험과 인간본성에 대한 일반적 지식에 의거하여 우리가 놓일지 모를 상황에서 우리가 현재의 결심을 지킬 개연성이 얼마나 되는지를 신중히 판단해야 한다는 점을 인정할 것이기 때문이다. 우리가 자제력의 빈약이나 부족을 묵인해서는 안 된다는 점은 분명 도덕적으로 매우 중요하다. 그러나 이러한 [자제력의] 빈약이 어떤 하나의 의지로 치료될 수 없다는 사실은 여전하다. 자유지상주의적 이론에 따르든 결정론적 이론에 따르든, 어떤 순간에 의지의 노력으로 그 빈약의 치료를 위하여 우리가 무엇을 할 수 있든지, 이성은 분명 그것을 하라고 요구한다. 어느 이론에 따르든, 우리의 [자제력] 빈약의 정도에 대하여 스스로를 속이거나, 우리의 행위의 예상에서 그 빈약의 정도를 무시하거나, 그 빈약을 실제보다 더 쉽게 치료할 수 있다고 가정하는 것은 합당하지 않다.

6장
윤리학적 원칙과 방법

§1. 이전 세 장의 결말은 다음과 같이 간략히 진술될 수 있다.

윤리학의 목적은 대다수 사람들이 행위의 옳음이나 합당함에 대하여 가지고 있는 명백한 인식을 체계화하고 그것에서 오류를 없애는 것이다. 그 행위가 그 자체로 옳다고 생각되든, 아니면 일반적으로 어떤 목적을 위한 수단으로서 궁극적으로 합당하다고 생각되든 말이다. [1] 통상 이러한 인식은 "도덕감정"이라고 알려진 다양

---

1) 내가 앞서 말한 것처럼, 어떤—행복이든 완전성이든—궁극적 목적에 비해서, 옳은 행동을 결정할 방법의 적용가능성은 이성에 의하여 규정된 목적의 수용에 반드시 의존하지는 않는다. 그 목적은 그것이 어떻게든 궁극적이고 가장 중요한 목적으로 채택되어야 한다고 요구할 뿐이다. 그러나 나는 이 논문에서 합당하다고 널리 수용된 목적들에만 주목하였다. 지금부터 나는 내가 보기에 이

한 종류의 정서들을 동반한다. 그러나 윤리학적 판단은 이러한 감정의 존재를 긍정하는 것만으로 설명될 수 없다. 실로 무언가에 대한 단순한 감정을 넘어서 명백한 인식과 밀접히 연관되는 것이 도덕적 감정의 본질적 특징이다. 나는 이러한 인식을 '명령'이라고 불렀다. 왜냐하면 누군가가 숙고하고 있는 행위와 관련된 경우에만 이러한 인식은 옳다고 인식된 행위를 행하려는 충동을 동반하고, 이 충동은 다른 충동들과 충돌할 수 있기 때문이다. 이 충동이 옳은 의지를 낳는 데 효과적일지라도, 이 의지에 선행하는 정서적 상태의 정확한 특징을 결정하는 것이 윤리학적 목적을 위하여 가장 중요한 일은 아니다. 그의 의지에 실제로 작용하는 힘이 옳은 행위에 동반할 것이라고 예상되는 쾌락에 대한 단순한 욕망이나 그른 행위의 수행에서 일어날 고통에 대한 단순한 반감일지라도, 이것은 여전히 사실이다. 그러나 우리는 이러한 경우에 그의 행동은 엄밀히 유덕한 행위에 대한 우리의 일반적 개념에 부합하지 않는다는 사실을 관찰한다. 이러한 욕망과 반감을 인간의지의 유일한 동기나 통상적 동기로 간주할 이유는 없다고 본다. 우리가 항상 형이상학적으로 말해서 '자유롭게' 우리가 분명히 옳다고 보는 것을 행할 수 있는지를 결정하는 것도 대체로 중요하지 않다. '당위'의 가

러한 수용 속에 함축된 자명한 실천적 공리들을 제시하려고 노력할 것이다. 뒤의 제3권 13장을 참조하시오.

장 엄밀한 용법에서 내가 '해야 할' 일은, 충분한 동기가 없을 경우를 제외하고는 내가 그 일을 수행하는 데 아무 장애물이 없다는 의미에서, 항상 '나의 능력 안에 있는' 것이다. 숙고해보면 내가 이러한 동기의 부재를 내가 어쩌면 합당하다고 판단했을 것을 행하지 않을 이유로 간주하는 것은 일반적으로 불가능하다.

우리는 일반적으로 무엇을 행동하거나 행동하지 않을 타당한 궁극적 이유라고 생각하는가? 앞서 말한 것처럼, 이것이 이 논고의 논의를 위한 출발점이다. 이 논고는 이러한 이유들의 타당성을 증명하거나 논박하는 일이 아니라, 널리 받아들여진 상이한 궁극적 이유들과 논리적으로 연결된 상이한 '방법들'을—혹은 특수한 상황에서 옳은 행위를 결정하는 합리적 절차들을—비판적으로 설명하는 일에 일차적으로 관여한다. 우리가 1장에서 알아본 바로는, 이러한 이유들을 제공하는 것은 궁극적 목적으로 간주되는 행복 개념과 탁월성 혹은 (두드러진 요소로서 덕 혹은 도덕적 완전성을 포함하는) 완전성 개념, 그리고 무조건적 규칙에 의하여 규정되는 의무 개념이다. 행위의 궁극적 이유에 대한 개념에 있는 삼중적(三重的) 차이는 우리가 인간존재에 적용하는 가장 근본적 구분들로 보이는 것에 대응한다. 의식적 존재와 의식적 경험의 흐름의 구분, (후자 안에서) 행동과 감정의 구분. 왜냐하면 완전성은 인간발달의 이상적 목표로서 제시되고 이 목적은 영속적 존재자로 간주되기 때문이다. 한편 의무라는 말은 우리가 행해야 한다고 생각하는 종류의 행동을 의미하고, 이와 유사하게 행복 혹은 쾌락이라는 말은 우리가 궁극적으로 바라거나 바람직한 종류의 감정을 의미한다. 그러나 이 개념들이 행동의 궁극적 근거로 널리 받아들여진 이유들을 망라하지는 못할 수 있다. 다수의 종교적인 사람들은 무언가를 행할 최상의 이유는 신의 의지라고 생각한다. 다른 사람들에게는 '자아실현' 혹은 '자기발전', 또 다른 사람들에게는 '자연에 따르는 삶'[2]이 진정한 궁극적 목적으로 보인다. 왜 이 개념들이 윤리학의 근본적 물음에 대하여 앞서 명명한 개념들보다 더 심오하고 더 만족스러운 답을 준다고 생각하는지를 이해하기는 어렵지 않다. 왜냐하면 그것들은 엄밀한 의미의 '당위'만을 표상하지 않기 때문이다. 그것들은 '당위'를 실제로 존재하는 것과의 아주 단순한 관계에서 표현하고 있기 때문이다. 신, 자연, 자아는 존재의 근본적 사실들이다. 무엇이 신의 의지를 달성할 것인지, 무엇이 '자연에 따르는' 것인지, 무엇이 우리 각자의 참된 자아를 실현할 것인지에 대한 지식은 윤리학뿐만 아니라 형이상학의 가장 심오한 문제를 해결할 것이다. 그러나 이 개념들은 이상적인 것과 현실적인 것을 결합하기 때문에, 그것들의 고유 영역은 내가 정의한 윤리학이 아니

---

2) 〈역주〉 'Life according to nature'는 '본성에 따르는 삶'으로도 번역할 수 있지만 여기서는 '자연에 따르는 삶'으로 번역한다. 왜냐하면 뒤에서 시지윅은 이것을 자연법을 강조한 스토아학파와 연결하고 있기 때문이다.

라 철학에—지식의 모든 대상의 관계에 관심을 기울이는 최고의 중심 학문에—속한다. 이 개념들을 윤리학에 끌어들이는 것은 "존재"와 "당위" 사이에 근본적 혼동을 가져와서 모든 윤리학적 추론의 선명성을 파괴할 것이다. 만약 이러한 혼동을 피하고 그 개념들의 엄밀히 윤리학적인 의미를 밝힌다면, 그 의미는 언제나 앞서 구별했던 방법들 중 하나로 우리를 인도하는 것처럼 보일 것이다.

'신의 의지'에 대한 신학적 개념의 경우에는 혼동의 위험이 아주 적다. 왜냐하면 여기서 '존재'와 '당위' 사이의 연결은 아주 분명하고 명시적이기 때문이다. 우리는 신의 의지의 내용이 관념 속에 현존한다고 상상한다. 그 의지의 실현이 겨냥할 목적이다. 사실 옳은 일을 행하든 그른 일을 행하든, 어떻게 신의 의지가 실현될 수 없는지를 이해하기 어렵다. 어쨌든 그것이 실현될 수밖에 없을 경우, 어떻게 그것의 실현이 옳은 일을 행할 궁극적 동기를 제공할 수 있는지를 이해하기 어렵다. 그러나 이 문제를 해결하는 일은 윤리학보다 신학에 속한다. 실천적 문제는, 신이 어떤 특별한 의미에서 우리가 해야 할 일을 의욕한다고 가정할 경우, 어떻게 우리는 특수한 경우에 [신이 의욕한] 일을 확인할 수 있는가이다. 이 일은 필시 계시나 이성에 의하여, 혹은 양자의 결합에 의하여 확인될 수 있다. 어떤 외부적 계시를 기준으로 제안할 경우, 우리는 분명 우리의 연구범위를 넘어설 것이다. 그러나 우리가 신의 의지를 이성으로 확인하려고 시도할 경우, 그 개념은 어떤 일반적 형식으로 나타날 것으로 보인다. 하나의 종교적 견해는 이 형식에 따라서 그 것이 파악한 행위결정의 방법을 합리적이라고 간주할 것이다. 왜 냐하면 어떤 행위가 신의 의지와 일치하는지 알 수 없듯이, 우리 는 동일한 사고활동에 의하여 어떤 행위가 이성에 의하여 명령된 것인지 알 수 없기 때문이다. 일반적으로 신은 인간의 행복을 바 라고 그렇기에 우리는 행복의 산출에 집중해야 한다고 가정하거 나, 신은 인간의 완전성을 바라고 그것이 우리의 목적이어야 한다 고 가정된다. 혹은 신의 목적이 무엇이든(아마 우리는 그것이 무엇인 지 물을 권리가 없다), 신법은 사실상 직관주의적 도덕의 제일원칙 이고 즉각 인식할 수 있다고 가정된다. 혹은 신의 의지는 아마 우 리 자신의 구조나 우리가 살고 있는 세계의 구조를 살펴봄으로써 알 수 있다고 설명된다. 그래서 '신의 의지와의 일치'는 '자아실현' 혹은 '자연에 따르는 삶'으로 귀결되는 것처럼 보인다. 우리가 옳 다고 믿는 것을 행할 새로운 동기의 제공에 중요하더라도, 어쨌든 이 개념은—계시를 제외하고—옳음에 대한 별다른 기준을 제안 하지 않는다.

§2. 이제 '자연', '자연적', '자연과의 일치'라는 개념을 살펴보자.[3]

---

3) 〈역주〉여기서도 'nature'를 '본성'보다는 '자연'이라고 번역한다. 왜냐하면 이 것을 '본성'이라고 번역할 경우 더 많은 어색한 표현들이 만들어지기 때문이다.

나는—'자아실현'과는 별개의 원칙을 얻기 위하여[4]—우리가 일치하려는 '자연'은 각자의 개별적 자연이 아니라 각자의 환경을 제외하거나 연관시켜서 고찰한 인간의 자연일반이라고 가정한다. 또한 우리는 일정한 유형의 인간존재에서 우리가 인간의 현실적 삶에 대한 관찰에서 도출할 수 있는 옳은 행위의 기준을 발견할 수 있다고 가정한다. 어떤 의미에서 모든 합리적인 사람은 물론 "자연과 일치"해야 한다. 즉 어떤 목적을 겨냥하면서 그는 자기 존재의 특수한 신체적 · 심리적 조건에 자신의 노력을 적응시켜야 한다. 그러나 그가 이것을 넘어서 궁극적 목적이나 옳은 행위의 최고 기준의 채택에서 '자연'과 일치하려고 한다면, 그것은—엄밀한 신학적 가정에 기초한 것이 아니라면—경험적으로 알려진 세계에 드러난 설계에 대한 다소 명확한 인식에 기초해야 한다. 만약 우리가 자연에서 아무런 설계도 발견하지 못한다면, 경험을 통하여 알려진 세계의 복잡한 작용들이 질서정연하지만 목표 없는 변화의 흐름이라고 간주된다면, 이 작용들과 그것들의 법칙에 대한 지식이 확실히 합리적 존재의 목표를 한정할 수도 있지만, 내가 생각하기에 그 지

그래서 'human nature'라고 명시된 경우에만 일반적 용례를 반영하여 '인간본성'이라고 번역한다.

4) '자아실현'이라는 개념은 다음 장에서 검토하는 편이 나을 것이다. 여기서 나는 세 가지 주요 윤리학적 방법 중 하나를 나타낸다고 생각하는 '이기주의(Egoism)'라는 용어에 대한 상이한 해석들을 구별할 것이다.

식이 합리적 존재의 목적을 결정할 수도 없고 무조건적 의무규칙
의 원천일 수도 없다. 사실 '자연적'을 윤리학적 개념으로 사용하는
사람들은 흔히 인간충동의 현실적 활동이나 인간의 신체구조나 사
회관계를 관찰함으로써 그가 살도록 설계된 삶의 종류를 확실하고
완전하게 결정할 원칙을 발견할 수 있다고 가정한다. 그러나 사고
의 근본적 혼동에서 벗어나는 순간, 내가 생각하기에, 이렇게 '존
재'에서 '당위'를 끌어내려는 모든 시도는 명백히 실패할 것이다.
예컨대 인간본성을 충동들과 성향들의 체계로 간주하는 개념에
서 실천적 지침을 찾는다고 가정할 경우, 우리는 당연히 "자연적"
의 의미에 특별한 정확성을 기해야 한다. 왜냐하면 버틀러가 주목
한 것처럼 어떤 의미에서 모든 충동이 자연적이지만, 이러한 의미
의 자연을 따르라고 명령하는 것은 분명 쓸데없는 일이기 때문이
다. 또한 의무의 문제는 우리가 충동들의 충돌을 의식하고 어느 것
을 따라야 할지 알고 싶을 경우에만 발생하기 때문이다. 이성의 우
위가 자연적이라는 말도 도움이 되지 않는다. 이성은 자연과의 일
치를 명령한다는 가정에서 출발했기 때문에, 우리의 사고 궤도는
순환적인 것이 되기 때문이다. 만약 우리가 따르려는 자연이 실천
이성의 안내자가 되려면, 그것은 실천이성과 구별되어야 한다. 어
떻게 우리는—합리적 선택을 인도한다는 의미의—'자연적 충동'을
비자연적 충동과 구별할 수 있는가? 이 구별에 몰두한 사람들은
흔히 자연적인 것은 드물고 예외적인 것과 반대되는 **일반적인 것**,

혹은 나중에 발생한 것과 반대되는 **본래적인** 것을 의미한다고 해석하는 것처럼 보인다. 아니면 부정적으로 말해서, 인간의지의 결과가 아닌 것을 의미한다고 해석하는 것처럼 보인다. 그러나 나는 자연이 예외적인 것을 거부한다고 가정하거나 시간상 나중의 것보다 앞의 것을 선호한다고 명백히 가정할 근거를 발견하지 못했다. 인류사를 되돌아보면, 우리는 지식에 대한 사랑과 열렬한 박애처럼 모든 사람이 칭찬하는 충동은 모든 사람이 저급하다고 판단하는 충동보다 드물고 나중에 드러난다는 사실을 발견한다. 또한 사회제도에 의해서 생겨났든 인간의 장치와 고안물을 사용하여 생겨났든, 어떻게든 같은 인간들의 고의적 행동에서 일어난 모든 충동을 비자연적이고 신의 설계에 대립하는 것이라고 피하는 것은 당연히 부당하다. 왜냐하면 이것은 사회와 인간행동을 자연의 목적들의 영역에서 제멋대로 배제하기 때문이다. 게다가 이렇게 생겨난 충동들의 대다수는 도덕적이거나 도덕을 뒷받침하고, 달리 말해서 유익하게 보인다. 다른 충동들은 분명 유해하거나 잘못된 길로 인도하지만, 우리는 숙고를 통하여 '자연적'이라는 개념에 정확성을 가함으로써가 아니라 그 결과에만 주목함으로써 전자의 충동에서 후자의 충동을 구별할 수 있는 듯하다. 만약 우리가 우리의 자연에 대한 더 물질적인 관점으로 물러나서 우리의 신체구조가 어떤 목적을 위하여 구성되었는지 알아보려 한다면, 우리는 이러한 관찰이 결정하는 바는 별로 없다는 사실을 발견한다. 우리는 우리의 영양섭취 체계로부터 우리가 음식을 먹도록 만들어졌다는 사실을, 이와 유사하게 우리가 어떻게든 다양한 근육들과 두뇌 및 감각기관을 활용할 수 있다는 사실을 추론할 수 있다. 그러나 이 추론은 아주 무익한 길로 인도한다. 왜냐하면 실천적 문제는 거의 언제나 우리가 우리의 기관들을 사용할지 사용하지 않고 내버려 둘지가 아니라 우리가 그것들을 얼마만큼 혹은 어떤 방식으로 사용할지에 대한 물음이기 때문이다. 이 물음에 대한 답은 결코 인간 유기체와 사람들의 현실적인 신체적 삶에 대한 관찰에서 논리적 추론의 과정을 통하여 끌어낼 수 있을 것처럼 보이지 않는다.

만약 마지막으로 사람을—아버지, 아들, 이웃, 시민처럼—그의 사회관계에서 살펴보고 이러한 관계에 부여되는 "자연적" 권리와 의무를 결정하려고 시도하면, 우리는 '자연적'이라는 개념이 해결책이 아니라 문제를 일으킨다는 사실을 발견한다. 지각없는 사람에게는 사회관계에서 관습적인 것이 보통 자연적인 것으로 보인다. 그러나 지각 있는 사람은 결코 "관습과의 일치"를 근본적 도덕 원칙으로 규정하려 하지 않는다. 문제는 특정 시기의 특정 사회에서 관습에 의하여 확립된 권리와 의무에서 단순한 관습이 부여할 수 있는 힘을 초월하는 구속력을 가진 요소를 발견하는 것이다. 이 문제는 오직—행복이라고 말하든 완전성이라고 말하든—사회적 존재의 궁극적 좋음을 지시함으로써, 혹은 사회의 행복이나 완전성을 목표로 삼는 원칙이 아니라 직관적으로 알려진 사회적 의무의 원칙에 호소함으로써 해결될 수 있다.

자연에 대한 더 근대적인 견해, 즉 유기체의 세계를 고정된 유형들의 집합체가 아니라 생명의 연속적이고 점진적인 변화과정을 나타내는 것으로 간주하는 견해를 채택하는 것도 우리에게 도움이 되지 않는다. 왜냐하면 이러한 '진화'는—그 명칭이 의미하는 바대로—단순히 옛것에서 새것으로 나아가는 과정이 아니라 어떤 명확한 특징들이 적음에서 많음으로 나아가는 과정이라고 하더라도, 따라서 우리는 이 특징들을 궁극적 좋음으로 간주하고 어떤 필연적 미래의 도래를 촉진하기 위하여 모든 노력을 기울여야 한다고 주장하는 것은 분명 어리석기 때문이다. 우리 모두는 무엇이든 미래에 존재할 것은 지금 존재하는 것보다 더 좋기를 바란다. 그러나 '존재해야 할 것'을 '일반적으로 존재하는 것' 혹은 '원래 존재하는 것'에서 발견하기보다 '미래에 확실히 존재할 것'과 즉시 동일시할 이유는 없어 보인다.

내가 보기에 대체로 자연적인 것에 대하여 지금까지 제시된 어떠한 정의도 실제로 이 개념이 독립적인 윤리학적 제일원칙을 제공할 수 있다는 것을 보여주지 못한다. 게다가 '아름다운'처럼 '자연적'은 어떤 단순하고 분석할 수 없는 인상에서 도출되기 때문에 정의는 불가능하나 분명한 개념이라고 주장한 사람은 아무도 없다. 따라서 그것으로부터 행동의 옳음에 대한 명확한 실천적 기준을 뽑아낼 방법은 없다.

§3. 이전 절의 논의가 보여준 것은 옳다고 결론내린 것을 행할 궁극적 이유에 대한 상이한 견해들이 이 결론에 도달하는 실천적으로 상이한 방법들로 모두 이어지지는 않는다는 것이다. 사실 우리가 발견한 바로는, 거의 모든 방법이 모종의—종종 그럴듯한—가정에 의하여 거의 모든 궁극적 이유와 연결될 수 있다. 여기서 윤리학적 체계들의 분류와 비교의 문제가 발생한다. 왜냐하면 방법을 고려하느냐 궁극적 이유를 고려하느냐에 따라서, 그 체계들은 흔히 상이한 유사성을 가지기 때문이다. 이 주제에 대한 나의 논의에서는 방법의 차이가 가장 중요한 고려사항으로 간주된다. 바로 이러한 이유에서 나는 완전성을 궁극적 목적으로 간주하는 견해를 직관적으로 알려진 의무공리를 참조하여 옳은 행위를 결정하는 일종의 직관주의로 간주했다. 또한 나는 에피쿠로스주의 혹은 이기주의적 쾌락주의와 보편주의적 혹은 벤담식(Benthamite)[5] 쾌락주의를 최대한 뚜렷하게 구별했다.

내가 알기로는 후자의 두 방법은 흔히 밀접히 연관된 것으로 간주된다. 이렇게 생각하는 이유를 찾기는 어렵다. 우선 이 방법들은 행동을 그것과 구별되고 그것 외부에 놓인 목적을 위한 수단으로 규정한다는 점에서 일치한다. 그래서 그것들은 모두 절대적이 아니라 상대적이고 목적에 이바지하는 경우에만 타당한 규칙을 제

---

5) 이 장의 끝에 나오는 주해를 보시오.

시한다는 점에서 일치한다. 또한 양 방법들에 따르면, 궁극적 목적은 질적으로 동일한 것, 즉 쾌락이다. 혹은 더 엄밀히 말해서, 획득할 수 있는 쾌락의 최대치에서 고통을 뺀 것이다. 한쪽 원칙이 권하는 행위가 다른 쪽 원칙이 가르치는 행위와 대체로 일치한다는 점도 물론 사실이다. '잘 이해된 자기이익'은 오직 이상적 정체에서만 모든 사회적 의무의 완벽한 이행으로 이어지는 것으로 보이겠지만, 웬만큼 질서정연한 사회에서도 아주 예외적 상황을 제외하고는 대다수 사회적 의무들의 이행을 촉진할 것이다. 그러나 보편주의적 쾌락주의자는 자신의 행복은 그가 최대로 증진할 수 있기에 특별히 그에게 책임 지어진 보편적 행복의 일부라고 합당하게 주장할 수 있다. 두 체계의 실천적 혼합은 분명 그것들의 이론적 일치를 넘어설 것이다. 한 사람이 실천적으로 이기주의적 쾌락주의와 보편주의적 쾌락주 중 어느 하나를 시종일관 신봉하기보다는 둘 사이로 비스듬히 움직이는 편이 훨씬 더 쉬울 것이다. 그의 도덕이론이 무엇이든 쾌락주의적 계산에 의하여 입증되지 않은 자연적인 공감적 충동 때문에 가끔이라도 다른 사람의 행복을 증진하지 않을 만큼 철저히 이기적인 사람은 극히 적다. 그리고 다소 지나친 확신을 가지고 결코 "모든 사람의 좋음"을 자신의 좋음에서 찾으려 하지 않을 만큼 단호히 사심 없는 사람은 아마 훨씬 더 적을 것이다.

더 나아가 모든 인간은 항상 자신의 분명한 최대 행복을 목표로 삼는다는 벤담의 심리학설로부터, 당신이 어떤 사람에게 전체 행복에 도움이 되는 행위가 그 자신의 행복에도 도움이 된다는 확신을 주지 못할 경우에는 그에게 이러한 행위를 지적해주는 것은 쓸모없다는 결론이 나오는 듯하다. 따라서 이 견해에 의하면, 도덕의 실천적 논법에서 이기주의적 고려사항과 보편주의적 고려사항은 반드시 결합되어야 한다. 그렇기 때문에 벤담[6]이나 그의 신봉자들은 더 나아가 그들이 승인하고 가르치려는 보편주의적 쾌락주의를 그들이 당연하다고 인정하는 이기주의에 기초하려고 시도하리라는 것을 예상할 수 있다. 그래서 우리가 본 바로는, 존 스튜어트 밀은 벤담과 공통적으로 주장한 심리학적 원칙과 윤리학적 원칙 사이의 논리적 연결을 세우려고 시도하고, 각 사람은 자연히 자신의 행복을 추구하기 때문에 그는 다른 사람들의 행복도 추구해야 한다는 신념을 독자에게 심어주려고 시도한다.[7]

그럼에도 공리주의와 직관주의 사이의 실천적 유사성은 사실 쾌락주의의 두 형태 사이의 실천적 유사성보다 훨씬 더 크다는 것을 부정할 수 없어 보인다. 내가 이렇게 주장하는 근거는 뒤에 나올 장들에서 길게 설명될 것이다. 여기서 나는 인류의 상식이 직관

---

6) 이 장의 끝에 나오는 주해를 보시오.

7) 나중에 나올 장에서 이 논점에 대한 밀의 논증을 살펴볼 기회가 있을 것이다. 제3권 13장을 참조하시오.

적으로 선언하는 옳음과 그름의 판단이 실천적으로 타당하다고 주장해온 많은 윤리학자들도 지금까지 전체의 행복을 도덕규칙들을 최선의 수단으로 삼는 목적으로 간주했고, 이 규칙들에 대한 지식은 그 목적의 달성을 위하여 자연이 심어주거나 신이 제시한 것이라고 주장한다는 사실을 주목할 뿐이다. 이 믿음은 나는 나에게 절대적인 어떤 규칙과의 일치를 행동에서 **나의** 궁극적 기준으로 취할 수밖에 없지만 그 주어진 규칙에 대한 자연적 혹은 신적 근거는 공리주의적이라는 생각을 함축한다. 이 견해에 의하면, 공리주의적 **방법**은 확실히 거부된다. 옳은 행동과 행복 사이의 연결은 추론과정에 의하여 밝혀지지 않는다. 그러나 공리주의적 원칙이 완전히 거부된다고 말하기는 어렵다. 차라리 인간이성의 한계가 행위의 참된 원칙과 옳은 규칙들 사이의 실질적 연결을 충분히 파악할 수 없게 만든다고 가정된다. 모든 사려 깊은 사람은 대체로 이 연결을 항상 인정해왔다. 사실 대부분의 경우 일반적으로 인정받은 도덕규칙들의 준수가 인간의 삶을 평온하고 행복하게 만든다는 것은 너무 명백하여, 공리주의를 가장 강력히 반대한 (휴얼 같은) 윤리학자들조차 도덕규칙의 "필연성"을 제시하려는 시도에서 공리주의적 고려사항들을 강조했다.

근대 영국의 윤리학적 논쟁의 첫 단계에서 홉스의 대담한 이기주의 선언이 도덕의 철학적 기초에 대한 진지한 탐구를 자극한 이후, 공리주의는 직관주의와 우호적 관계에 있는 듯하다. 컴벌랜드

(Richard Cumberland: 1631-1718)가 "모든 합리적 존재의 공동선"을 도덕규칙들을 수단으로 삼는 목적이라고 선언했던 것은 홉스의 위험한 혁신에 대항하여 상식도덕을 바꾸려던 것이 아니라 그것을 뒷받침하려던 것이었다. 일반적으로 극단적 형태의 직관주의를 주장한 것으로 간주되는 클라크도 컴벌랜드의 말에 찬동하고 인용하는 것을 발견할 수 있다. 샤프츠베리(Anthony Ashley Cooper, the Third Earl of Shaftesbury: 1671-1713)도 "도덕감" 이론을 도입하면서 그것이 우리에게 전체의 좋음[8]에 분명히 도움이 되지 않는 행동을 하도록 만들 수 있다고는 꿈에도 생각하지 않은 듯하다. 그의 제자인 허치슨은 분명 도덕감의 자극을 자비심의 자극과 동일시했다. 내가 생각하기에 버틀러는 일반적으로 이해하는 덕과 "행복의 초과량을 산출할 가능성이 가장 높은 행위" 사이의 불일치를 강조한 최초의 유력한 저술가였다.[9] 흄이 공리주의를 현행 도덕을 설

---

8) 컴벌랜드와 샤프츠베리는 "좋음(실명사)"이라는 용어를 순전히 쾌락주의적 의미로만 사용하지 않는다는 점에 주목해야 한다. 그러나 샤프츠베리는 주로 이러한 의미로 사용한다. 컴벌랜드의 "좋음"은 완전성뿐만 아니라 행복도 포함한다.

9) 『자연의 구성과 방향에 대한 자연종교와 계시종교의 유비』에 부록으로 실린 논문 II, 『덕의 본성에 대하여』를 보시오. 이 중요한 논점에 대한 버틀러의 견해의 점진적 변화에 주목하는 것은 흥미로울 것이다. 『유비』보다 몇 년 전에 출판된 『설교』 제1권을 보면, 그는 양심과 선의 사이에 조화의 결핍이 있을 수 있다는 점을 샤프츠베리와 허치슨보다 더 깊이 인식하지는 못한다. 그러나 『설교』 제12권의 주석은 『설교』 제1권의 견해에서 위의 논문 II의 견해로 옮겨가는 단계

명하는 방식으로서 제시했을 때, 그것은 부분적으로 파괴적이라고 보였거나 그럴 것이라는 의심을 샀다. 페일리(William Paley: 1743-1805)와 벤담의 시대에 이르러서야 공리주의는 행위를 결정하기 위한 방법으로 제안되었고, 그 방법은 모든 전통적 수칙을 무효화하고 현재의 모든 도덕감정을 대체하는 것이었다. 이러한 궁극적 대립도 실천적 결과보다는 이론 및 방법과 관련된 것이다. 일반적 인간의 마음에서 실천적 충돌은 주로 어떻게 결정된 것이든 사회적 의무와 자기이익 사이에서 일어난다. 실천적 관점에서 보면, 사실 "최대 다수의 최대 행복"을 목표로 삼는 원칙은 얼핏 보아도 상식도덕이 이기주의와 대립하는 것보다 더 확실하게 이기주의와 대립한다. 왜냐하면 상식도덕은 한 사람이 뚜렷한 한계와 조건하에서는 자신의 행복의 추구를 허락하는 것으로 보이는 반면, 공리주의는 자기이익을 더 광범위하고 끊임없이 공동선에 종속시키도록 요구하는 것으로 보이기 때문이다. 밀이 말한 것처럼, 공리주의는 때로 정반대의 두 측면에서 공격을 당한다. 이기주의적 쾌락주의와의 혼동으로 인하여, 공리주의는 천박하고 비굴하다고 비난받는다. 또한 더 그럴듯하게 공리주의는 사심 없음의 너무 높은 기준을 세워서 인간본성에 과도한 요구를 한다고 비난받는다.

공리주의적 원칙과 방법을 아주 선명하고 명쾌하게 밝히기 위해

를 보여주는 듯하다.

서는 아직 해야 할 말이 상당히 많다. 그러나 이것은 세부사항을 탐구할 때까지 미뤄두는 편이 최선일 듯하다. 이것을 윤리학의 방법에 대한 탐구의 최종 단계로 삼는 것이 편리할 것이다. 한편 이기주의적 쾌락주의에 대한 논의가 보편주의적 쾌락주의에 대한 논의보다 먼저 나오는 편이 더 단순하기 때문이고, 다른 한편 직관적 도덕의 언명들을 공리주의적 결과의 더 불확실하고 난해한 계산결과들과 비교하기 전에 그 언명들을 최대한 정확한 형태로 확보하는 편이 바람직하게 보이기 때문이다.

제2권과 제3권에서 이기주의와 직관주의로 명명된 다른 두 방법을 충실히 고찰하기 전에, 나는 제1권 나머지 장들에서 그 방법들의 일반적 성질과 관계의 모호한 점들을 제거하려고 노력할 것이다.

〈주해〉 나는 보편적 행복을 궁극적 목적이자 옳은 행위의 기준으로 삼는 윤리학설을 벤담의 이름을 따서 명명했다. 왜냐하면 금세기 동안 영국에서 주로 이 학설을 가르친 사상가들은 그것을 그들의 스승인 벤담의 학설이라고 말해왔기 때문이다. 그리고 내가 보기에―베인은 (《마인드》, 1883년 1월, 48쪽 참조) 그것을 의심하는 것처럼 보이나―벤담은 분명 그의 의견을 형성했던 초창기에 이 학설을 아주 광범위하게 채택했다. 내가 생각하기에 그는 의식적으로 이 학설을 버리거나 제한했던 적이 없다. 1773-1774년의 비망록에서 그는 (『제러미 벤담 전집』, 보링 판, 제10권, 70쪽 참조) 헬베

티우스(Helvetius)가 "행동에 대한 올바름의 기준을 수립했다"고 적는다. 이 기준은 "한 종류의 행동은 그것이 공동체의 행복의 크기를 증가시키는 경향을 가진 경우에 옳은 종류의 행동이다"라는 것이다. 또한 우리는 그가 50년 후 (『제러미 벤담 전집』, 보링 판, 제10권, 79쪽 참조) 자신의 초기 견해에 대하여 아무 이견도 포함하지 않은 절에서 그 견해를 다음과 같이 설명하는 것을 발견한다. "프리스틀리(Joseph Priestly: 1733-1804)의 초기 소논문에 의하여 … 따뜻함에 빛이 더해졌다. '최대 다수의 최대 행복'이라는 문구에서 나는 처음으로 … **도덕 분야에서든 정치 분야에서든** 인간행위에서 무엇이 옳은지 혹은 무엇이 그른지에 대한 분명하고 참된 기준의 윤곽이 그려지는 것을 보았다."

동시에 벤담은 분명 다른 구절들에서 이기주의적 쾌락주의를 입법과 구별되는 '사적 윤리학(private ethics)'의 방법으로 채택하는 것처럼 보인다. 사후 출판된 「의무론(Deontology)」에서는, 순전히 세속적 관점에서 보더라도 전체 행복에 가장 도움이 되는 방식으로 행동하는 것이 항상 개인의 진정한 이익이라는 학설에 의하여 그 두 원칙이 절충되는 것처럼 보인다. 사실—내가 틀렸다고 생각하는—후자의 명제는 분명 그가 생시에 출판했거나 출판할 준비를 마쳤던 논문에서는 제시되지 않는다. 그러나 그가 그것을 주장했다는 것은 그의 비망록에서 추론할 수 있다(『제러미 벤담 전집』, 보링 판, 제10권, 560-561쪽을 보시오).

7장

이기주의와 자기애

§1. 이전 장들에서 나는 "이기주의"를, 그것이 가장 일반적으로 사용되는 방식대로, 개인의 행복이나 쾌락이라는 목적을 위한 수단이 되는 행동들을 규정하는 체계를 의미하는 용어로 사용했다. 이러한 체계에서 지배적 동기는 일반적으로 "자기애"라고 말한다. 양자의 용어들은 다른 해석의 여지가 있고, 더 진행하기 전에 그 해석들을 구별하여 한쪽으로 치워놓는 편이 좋을 것이다.

예컨대 홉스가 세우려 한 도덕의 토대에 "이기주의적"을 적용하는 것은 일반적이고 지당하다. 그의 주장에 따르면, 오직 이 토대 위에서만 사회질서는 굳건할 수 있고 그것을 위협하는 것처럼 보이는 미개한 양심의 변덕으로 인한 폭풍과 격변을 피할 수 있다. 그러나 홉스가 "자연의 법칙(Laws of Nature)"이라고 부른 합리적

이기주의의 수칙들 중 첫 번째, 즉 "평화를 구하고 그것의 실현을 위하여 노력하라"는 수칙을 결정한 것은 엄밀히 말해서 내가 정의한 이기주의가 아니라 "자기보존"의 목적이다. 그의 체계 전개에서, 옳은 행위의 궁극적 목적과 기준은 쾌락보다는 보존이거나 그 둘 사이의 타협이라는 사실[1]을 종종 발견한다.

또한 스피노자의 견해에 따르면, 합리적 행동의 원칙은 필시 이기주의적이고 (홉스와 마찬가지로) 자기보존의 충동이다. 스피노자가 말하기를, 다른 모든 것과 마찬가지로 개인의 마음은 그것의 존재상태를 지속할 수 있으려고 노력한다. 이러한 노력이 바로 그것의 본질이다. 그 충동의 대상이 쾌락이나 기쁨과 구별될 수 없다는 것은 사실이다. 왜냐하면 쾌락이나 기쁨은 "하나의 열정이고, 그 안에서 영혼이 더 높은 완전성으로 나아가기" 때문이다. 그럼에도 그 충동이 첫 번째 목표로 삼는 것은 쾌락이 아니라 마음의 완전성 혹은 실재다. 이제 우리가 말할 수 있듯이, 그 충동은 자아실현 혹은 자기발전을 목표로 삼는다. 스피노자에 따르면, 이것의 최상의 형태는 필연적 질서에 놓인 모든 사물을 하나의 신성한 존재의 변형들로 분명하게 이해하고 이러한 이해에서 나오는 모든 것을 기

---

[1] 따라서 홉스는 한 개인이 자연상태의 무제한적 권리를 포기하도록 만드는 목적은 (『리바이어던(Leviathan)』, 14장) "다름 아니라 현생에서 사람의 신체의 보장과 삶에 지치지 않도록 그것을 보존하는 수단의 보장"이라고 말한다.

꺼이 받아들이는 데 있다. 이러한 상태에서 마음은 정념이나 수동성과 섞이지 않고 순수하게 능동적이다. 그리하여 그것의 본질적 자연이 최대한 실현되거나 현실화된다.

우리가 알기로 이것은 철학자에 의해서뿐만 아니라 그를 위해서 정의된 자아실현 개념이다. 또한 그 개념은 활동가의 경우에는 아주 다른 무언가를 의미할 것이다—예컨대 독일의 사려 깊은 극작가는 다음과 같은 외침을 전한다.

나는 허풍선이나 도덕을 나불거리는 사람처럼, 나의 의지나 사상에 빠질 수는 없습니다. … 만약 내가 더 이상 일을 못하면 나는 곧 파멸입니다.[2]

예술가는 흔히 자신의 아름다운 작품을 자아의 실현이라고 생각한다. 이와 유사하게 일정한 견해를 가진 윤리학자는 예나 지금이나 의무를 위한 희생을 자기발전의 최상의 형태로 간주하고, 참된 자기애는 항상 우리 안에 있는—이성이든 양심이든—지배적 원칙에서 나온 명령에 복종하도록 유도한다고 주장한다. 왜냐하면 아무리 고통스럽더라도 이러한 복종 속에서 우리는 가장 진실한 자

---

2)   요한 크리스토프 프리드리히 폰 실러(Johan Christoph Friedrich von Schiller: 1759-1805)의 『발렌슈타인(*Wallenstein*)』.

아를 실현할 것이기 때문이다.

요컨대 이기주의라는 용어가 단지 행위의 제일원칙의 결정에서 자아를 언급하는 것을 의미할 경우, 그 용어는 사실상 이러한 원칙의 실체를 전혀 나타내지 못한다. 왜냐하면 고상하든 저급하든 감각적이든 도덕적이든, 우리의 모든 충동은 어느 정도 자아와 비슷하게 연관되어 있어서—둘 혹은 그 이상의 충동들이 의식적 충돌을 일으킬 때를 제외하면—우리는 충동이 일어나는 매 순간의 자아와 우리 자신을 동일시하는 경향이 있기 때문이다. 그래서 자기의식은 어떤 충동에 굴복할 때 돌출될 수 있다. 이러한 돌출을 의미하는 한에서, 이기주의는 모든 행동원칙에 적용할 수 있는 일반적 형식이다.

우리는 정확히 말해서 우리 안에서 우연히 유력해진 충동에 굴복해서가 아니라 우리의 본성을 구성하는 모든 상이한 기능과 능력과 성향을 각각 마땅한 자리에서 적절한 정도로 발휘해서 자아를 '발전시킨다'거나 '실현한다'고 말할 수 있다. 그러나 여기에는 중대한 모호함이 있다. '마땅한 비율과 적절한 정도'란 무엇을 뜻하는가? 이 용어들은 어떤 이상을 의미할 수 있다. 그 이상과 일치하기 위하여 개인의 마음은 자신의 자연적 충동을 억제하고 다른 충동을 강화하는 훈련과 열등한 기능보다 우월한 기능을 발전시키는 훈련을 받아야 한다. 아니면 이 용어들은 단지 각자가 타고난 성품에서 경향들의 고유한 조합과 비율을 가리키는 것일 수 있다. 우리는 어쩌면 우리가 스스로를 놓은 환경과 "우리 자신이기" 위하여, "우리 자신의 삶을 살기" 위하여 발휘하기로 결정한 기능을 되도록 이 성품에 맞춰야 될지도 모른다. 전자의 해석에 따르면, 합리적 자기발전이란 단지 자신을 위한 완전성의 추구를 의미하는 또 다른 용어다. 반면에 후자의 의미에서의 (분명히 구별될 경우) 자기발전은 실은 궁극적 목적으로서가 아니라 행복을 위한 하나의 수단으로서 제시된 것처럼 보인다. 왜냐하면 어떤 사람이 분명 자신의 불행을 초래할 경향들을 타고났을 경우, 누구도 그가 그것들을 고치거나 억제하는 대신 그것들을 최대한 완전하게 발달시키라고 권하지 않을 것이기 때문이다. 행복을 구하는 최선의 방법이 정말로 자기 본성을 마음껏 발휘하게 하는 것인지는 지금부터 쾌락주의를 고찰하는 과정에서 살펴볼 것이다.

전체적으로 나의 결론은 자아실현 개념은 그것의 불명확성 때문에 윤리학적 방법에 대한 논고에서는 피해야 한다는 것이다. 유사한 이유로 이기주의에 대하여 개인의 '좋음'이 그것의 궁극적 목적이라고 말하는 일반적 설명도 버려야 할 것이다. 왜냐하면 '좋음'이라는 용어는 합리적 행동의 궁극적 목적에 대한 모든 가능한 견해를 아우를 수 있기 때문이다. 사실 이러한 의미의 이기주의는 고대 그리스의 모든 윤리학적 논쟁에서 가정했던 바라고 말할 수 있다. 즉 모든 곳에서 합리적 개인[3]은 자신의 좋음의 추구를 최고의 목표로 삼는다고 가정했다. 논쟁한 물음은 이 좋음을 쾌락으로 이해하는 것이 옳은가, 덕으로 이해하는 것이 옳은가, 아니면 제3의 것으로 이해하는 것이 옳은가 하는 것이다. 아리스토텔레스를 따라서 우리의 관심을 인간의 삶에서 획득할 수 있는 좋음에 국한하고 이것을 복리(Εὐδαιμονία, 에우다이모니아)라고 부르더라도 모호함은 제거되지 않는다. 왜냐하면 여전히 스토아학파 철학자들과 더불어 쾌락이 아니라 유덕하거나 탁월한 활동이 인간의 진정한 복리를 구성하는 요소라고 논할 수 있기 때문이다. 사실 아리스토텔레스는 이 견해를 채택하여 복리의 세부항목을 결정한다. 그러나 그는 스토아학파 철학자들과 마찬가지로 덕의 추구와 쾌락의 추구를 경쟁적 대안들로 간주하지 않고, "최고의 쾌락"은 가장 탁월한 행동과 분리할 수 없는 부수물이라고 주장한다. 행복이라는 영어 명사도 유사한 모호함에서 벗어날 수 없다.[4] 그것은 흔히 벤담식으로

---

3) '좋음'을 목표로 삼을 만큼 궁극적으로 합당한 것이라고 정의할지라도, 나중에 나는 근대적 사고에서 '나 자신의 좋음이 나의 유일하게 합당하고 궁극적인 목적이다'라는 명제가 단순한 동어반복이 아니라는 생각이 어떻게 나오는지를 설명하려고 시도할 것이다. 제1권 9장과 제3권 13-14장을 참조하시오.

4) 아리스토텔레스는 그가 다른 곳에서 "인간의" 혹은 "실행가능한(Practicable)" 좋음이라고 부른 것을 나타내기 위하여 에우다이모니아(εὐδαιμονία)를 선택했다는 사실, 그리고 우리에게 에우다이모니아에 대하여 결국 "행복"이나 "지복(felicity)" 이상의 번역이 없다는 사실은 그의 체계에 대한 적잖은 오해를 불러일으켰다. 듀갈드 스튜어트(Dugald Stewart)는 (『인간의 활동적 능력과 도덕적 능력에 대한 철학(Philosophy of the Active and Moral Powers of Man)』(1851), 제2권 2장) 다음과 같이 말한다. "최고의 고대 윤리학자들 중 다수에 따르면

쾌락의 동의어로—혹은 차라리 쾌락을 구성요소로 삼는 것을 나타내는 말로—사용되는 듯하다. 나는 그것을 이러한 의미로 사용하는 것이 가장 편하다고 생각한다. 그러나 일상적 담론에서 그 용어는 때로는 특정한 종류의 유쾌한 의식을 표시하는 데 사용된다. 이 의식은 더 잔잔한 동시에 더 불명확한 것으로서—관능적 욕구나 다른 예민하고 격렬한 욕망의 만족처럼—명확한 구체적 쾌락들과 구별되고 심지어 그것들과 현저히 다르다. 우리는 이 의식을 "건강한 육체에 깃든 건강한 정신"의 정상적 활동에 동반하는 감정이라고 특징지을 수 있고, 구체적 쾌락들은 그것의 요소라기보다 자극물로 보인다. "행복" 혹은 "참된 행복"은—내가 생각하기에 일반적 용법에서 더 분명하게 벗어나지만—때로는 명확히 비쾌락주의적인 의미에서 어떠한 종류의 유쾌한 감정과도 다른 결과를 의미한다고 이해된다.[5]

… 윤리학 전체는 다음과 같은 문제로 귀결된다. … 대체로 우리의 행복에 가장 도움이 되는 것은 무엇인가?" 이때 그의 말이 아주 틀린 것은 아니더라도, 그것은 분명 독자에게 오해를 일으킬 것이다. 왜냐하면 대부분의 영국 저술가들처럼 스튜어트는 분명 "행복"을 "쾌락" 혹은 "즐거움"으로 이루어진 것이라고 생각하기 때문이다.

5) 토머스 힐 그린(T. H. Green)은 (『윤리학 서론(Prolegomena to Ethics)』(1883), 제3권 4장 228절) 다음과 같이 말한다. "만약 진정한 행복에 대한 우리의 관념이 명확한 내용을 가진다면, 그 내용을 형성하는 것은 우리가 대체로 관심을 가진 목적들의 실현이지 그것들을 실현하면서 우리가 경험할 즐거움들의 연속이 아니다." 또한 238절을 참조하시오. 존 스튜어트 밀(J. S. Mill)이 (『공리주의

§2. 우리는 분명 모든 종류의 "기쁨"이나 "즐거움"이나 "만족"을 포함하는 가장 넓은 의미의 쾌락을 자기애의 대상이자 내가 이기주의적 쾌락주의로 분류한 방법의 목적으로 열거해야 한다. 특정한 종류의 쾌락이 더 큰 쾌락과 양립할 수 없거나 필연적으로 고통을 동반하거나 고통으로 이어지기 때문에 배제될 수 있는 경우는 제외하고 말이다. 따라서 버틀러[6]와 이후의 다른 영국 윤리학자들은 자기애를 자신의 쾌락 일반에 대한 욕망과 어떤 원천에서든 획득할 수 있는 쾌락의 최대량에 대한 욕망이라고 이해한 것으로 보인다. 사실 버틀러의 체계에서 자기애에 귀속된 '권위'와 '합당함'은 바로 이러한 일반성과 포괄성에 기초한다. 왜냐하면 모든 충동의 충족에서 모종의 만족이나 쾌락이 나오기 때문이다. 그래서 상

(*Utilitarianism*)』(1863), 4장) "돈"은—"권력"이나 "명성"에 못지않게—관념들의 연합에 의하여 "행복의 일부", 즉 "개인의 행복관의 한 구성요소"가 된다고 선언한 것은 더욱 주목할 만하다. 그러나 이것은 단지 대중적 스타일을 겨냥한 논문에서 용납할 수 있는 표현상의 느슨함인 듯하다. 왜냐하면 밀은 "행복은 쾌락과 고통의 부재를 의미한다"고 분명히 말했고, 그는 결코 돈이 그것들 중 어느 하나라고 말할 리가 없기 때문이다. 사실 그는 같은 문단에서—"행복의 부분"을 대신하는 문구로서—"행복의 원천"과 "쾌락의 원천"이라는 문구를 사용한다. 그가 진정으로 의미한 바는 후자의 용어들에 의하여 더 정확히 표현된다. 즉 그가 진짜로 강조하려던 구별은 돈을 다른 것들을 사는 수단으로만 평가하는 심리상태와—구두쇠처럼—돈을 쓰는 것에 대한 관념과 무관하게 돈의 소유에 대한 단순한 의식이 쾌락을 제공하는 심리상태 사이의 구별이다.

6) 『설교』 제11권을 보시오. "… 자기애 혹은 우리 자신의 행복에 대한 일반적 욕망이라는 냉철한 원칙."

반된 충동들이 의지의 결정을 두고 경쟁할 때, 우리는 쾌락 일반에 대한 욕망에 의하여 양 충동들의 충족이 각각 동반하리라고 예견되는 쾌락들을 비교한다. 어떤 쾌락의 집합이 가장 큰지를 확인했을 때, 자기애 혹은 쾌락 일반에 대한 욕망은 그것에 부합하는 충동을 강화한다. 따라서 자기애는 충동들이 충돌할 때 작용하고, (버틀러가 논한 것처럼) 자연히 행동의 다른 원천들을 규제하고 지휘한다. 이 견해에 의하면, 자기애가 작용하는 한, 우리는 단지 쾌락 혹은 만족의 **양**을 고려한다. 벤담의 예시를 사용하면, "쾌락의 양이 같다면, 푸시핀(push-pin) 놀이는 시(詩)만큼이나 좋은 것이다."

이 입장은 많은 사람들에게 불쾌할 정도로 모순된 것처럼 보인다. 벤담의 학설을 발전시키면서, 존 스튜어트 밀은 이 입장을 포기하고 쾌락들 사이의 정도의 차이만이 아니라 질적 차이까지 고려하는 것이 바람직하다고 생각했다. 만약 여기서 '쾌락'이 부분적으로만 유쾌한 의식의 전체 상태를 (종종 그렇듯이) 의미한다면, 우리는 일부 종류의 쾌락들은 다른 종류의 쾌락들보다 질적으로 열등하다는 견해가 벤담에게서 인용한 견해와 상당히 일치한다는 것을 관찰할 수 있다. 만약 차후의 의식상태들까지 고려한다면, 훨씬 더 일치한다는 것을 관찰할 수 있다. 왜냐하면 많은 쾌락들은 그것들을 향유하는 동안에도 고통에서 자유롭지 않고, 더 많은 쾌락들은 고통스러운 결과를 가지기 때문이다. 벤담의 문구로, 이러한 쾌락들은 "불순하다(impure)". 쾌락의 평가에서 고통이 결점으로서 유발될 수밖에 없는 경우, 그 불순한 쾌락의 성질이 열등하다고 말하는 것은 쾌락의 엄밀한 양적 측정에 따른 것이다. 또한 우리는 쾌락의 강도와 감각의 강도를 혼동하지 않도록 주의해야 한다. 왜냐하면 어떤 유쾌한 감정이 강렬하고 유혹적이지만, 더 미묘하고 섬세한 다른 감정만큼 유쾌하지 않을 수 있기 때문이다. 이러한 설명과 더불어 쾌락을 합리적 행동의 유일한 궁극적 목적으로 삼는 방법이 성립하려면, 내가 보기에, 벤담의 명제를 수용해야 하고 쾌락의 모든 질적 비교는 결국 실제로는 양적 비교가 되어야 한다. 왜냐하면 모든 쾌락은 그것들이 유쾌함이라는 공통의 속성을 가지고 있고, 이러한 공통의 속성과 관련하여 쾌락이라고 불린다고 이해되기 때문이다. 만약 우리가 구하는 것이 쾌락이고 오직 쾌락뿐이라면, 필시 우리는 항상 덜 유쾌한 쾌락보다 더 유쾌한 쾌락을 선호한다. 쾌락 이외의 무언가를 목표로 삼지 않는 한, 다른 선택은 합당하지 않아 보인다. 종종 어떤 한 종류의 쾌락이 다른 한 종류의 쾌락보다 더 좋다고—(예컨대) 주고받는 애정의 쾌락이 욕구만족의 쾌락보다 질적으로 우월하다고—말할 때, 우리는 전자가 더 유쾌하다고 말하려는 것이다. 우리는 분명 다른 무언가를 말하려는 것일 수 있다. 예컨대 우리는 그것이 비록 덜 유쾌하지만 더 고귀하고 고상하다고 말하려는 것일 수 있다. 그렇다면 우리는 분명 선호의 비쾌락주의적 근거를 끌어들이려는 것이다. 이렇게 할 경우, 채택된 방법은 직관주의와 쾌락주의의 복잡한 혼합일 것이다.

요컨대 우리가 이기주의를 자아실현을 목표로 삼는 방법이라고 이해할 경우, 그것은 거의 모든 윤리학적 체계가 그것의 본질적 특징을 변형하지 않고도 포함될 수 있는 형식으로 보인다. 더 나아가 그것을 이기주의적 쾌락주의로 정의하더라도, 만약 쾌락의 질이 쾌락의 양과 별개일 뿐만 아니라 양을 압도한다고 인정하면, 그것과 직관주의의 구별은 여전히 불완전할 것이다. 그렇다면 순수한 혹은 양적인 이기주의적 쾌락주의만 남고, 그것은 널리 합리적이라고 주장되는 다른 모든 방법과 본질적으로 상이한 방법으로서 상세히 고찰할 만한 가치를 가진 듯하다. 이 방법에 따르면, 합리적 행위자는 여러 대안적 행동들 중에서 선택할 때 자신에게 결과로 일어나는 쾌락과 고통의 양만을 중요하다고 간주한다. 그는 항상 고통에 대한 쾌락의 획득가능한 최대 잔여를 추구한다—어법을 위배하지 않을 경우, 이것을 그의 '최대 행복'이라고 부를 수 있다. '이기주의' 혹은 '이기주의적'이라는 더 모호한 용어들이 아주 일반적으로 의미하는 것도 바로 이러한 견해와 마음의 태도로 보인다. 따라서 나는 이 용어들을 이렇게 더 정확한 의미로 사용할 것이다.

8장
직관주의

§1. 나는 무조건적으로 규정된 의무규칙이나 명령[1]에 대한 복종을 도덕적 행동의 실천적인 궁극적 목적으로 간주하는 윤리학적 견해를 의미하기 위하여 '직관주의적'이라는 용어를 사용했다. 그러나 현재 윤리학적 논의에서 사용되는 '직관', '직관적', 그리고 동류의 용어들에는 정반대로 상당한 모호함이 포함되어 있고, 이제 우리는 그것을 제거하려고 노력해야 한다. 우리는 행동의 옳음에 대하여 '직관적 지식'을 가지고 있다고 주장하는 저술가들은 보통

---

[1] 나는 "명령(dictates)"이라는 용어를 뒤에(§2) 언급된 견해를 포함하는 의미로 사용한다. 이 견해에서는 궁극적으로 타당한 도덕적 명령은 특수한 행위들에 관련된 것으로 생각된다.

그 행동의 장래의 결과를 고려하지 않고 단지 그것을 "바라봄"으로써 이러한 옳음이 밝혀진다고 말한다. 사실 이 견해는 의무의 전체 영역으로 확장될 수 없다. 왜냐하면 장래의 결과를 전혀 고려하지 않는 도덕은 존재한 적이 없기 때문이다. 타산이나 사전숙고는 일반적으로 덕으로 간주되었다. 근대의 모든 덕목은 다른 인간의 행복을 목표로 삼고 필연적으로 행동의 먼 결과까지 고려하는 합리적 자비심을 포함한다. 어떤 행위와 그것의 결과 사이에 경계선을 긋는 것이 어렵다는 점도 주목해야 한다. 왜냐하면 우리의 의지들 각각에서 발생한 결과들은 무한한 범위의 지속적 연쇄를 형성하고, 의지의 순간에 우리가 이 모든 결과가 일어날 것 같다고 예견하는 한에서, 우리는 그 결과들을 일으키는 것을 의식한다고 보이기 때문이다. 그러나 우리가 발견한 바로는 여러 종류의 행동들에 대한 일반적 개념에서 그 개념에 포함될 뿐만 아니라 그 행위의 부분을 형성한다고 생각되는 결말과 그 행위의 결과로 간주되는 결말 사이에 현실적으로 어떤 경계선이 그려진다. 예컨대 배심원들에게 진실을 말하면서 나는 나의 말이 다른 진술 및 지적과 함께 작용하여 필시 배심원들을 피고의 유무죄에 대한 잘못된 결론으로 인도할 것이라고 예견할 수 있지만, 나는 분명 그 말이 내가 증언하는 특정한 사실문제에 대해서는 올바른 인상을 줄 것이라고 예견한다. 전자의 예견이나 의도는 단지 어떤 결과에 관련된 반면, 우리는 일반적으로 후자의 예견이나 의도는 그 행위의 본성을 진실성의 행위로 결정짓는다고 생각할 수 있다. 우리가 이해해야 할 것은 여기서 직관주의적 견해가 수반한다고 생각되는 결과의 무시는 (진실말하기처럼) 한정된 종류의 행동들에만 관련된다는 것이다. 여기서 용어들의 일반적 용법은 어떤 사건들이 그 행위에 대한 일반적 개념에 포함될 것인지, 그리고 어떤 사건들이 그 행위의 결과로 간주될 것인지를 충분히 규정한다.

다시 생각해보자. 우리가 주목해야 할 것은, 사람들은 감성을 지닌 존재들의 감정과 관련하여 고려하지 않더라도, 머지않은 결과뿐만 아니라 먼 미래의 결과를 그 자체로 좋은 것이고 우리가 실현하려고 노력해야 할 것이라고 판단할 수 있고, 실제로 그렇게 판단한다는 사실이다. 나는 이미 이것이 행복과 별개의 것으로서 인간 사회의 전반적 완전성을 궁극적 목적으로 채택하는 사람들의 견해라고 가정했다. 이것은 도덕 외에 기술이나 지식의 증진처럼 더 특수한 결과에 노력을 집중하는 사람들 대다수의 견해로 보인다. 쾌락주의와 명확히 구분될 경우, 이 견해는 앞 문단에서 정의한 것보다 더 넓은 의미에서, 즉 문제의 결과는 추론에 의해서가 아니라 그것이 일으키는 쾌락의 경험에서 즉각 좋다고 판단된다는 의미에서, 직관주의적 견해로 마땅히 분류될 수 있다. 따라서 우리는 '무엇을 해야 하는지, 혹은 목표로 삼아야 하는지에 대한 즉각적 판단'이라는 의미를 지닌 '직관'의 더 넓은 용법을 받아들여야 한다. 그러나 '직관적' 혹은 '선험적(*a priori*)' 도덕과 '귀납적' 혹은 '후험적

(*a posteriori*)' 도덕 사이의 일반적 대조는 사고의 혼란을 수반한다
는 점을 주목해야 한다. 왜냐하면 '귀납적' 윤리학자들이 귀납을 통
하여 안다고 공언하는 것은 일반적으로 '직관적' 윤리학자들이 직
관을 통하여 안다고 공언하는 것과 같지 않기 때문이다. 전자의 경
우에 방법론적으로 규명되는 바는 일정한 종류의 행동들이 쾌락에
도움이 된다는 것이다. 후자의 경우에 방법론적으로 규명되는 바
는 그 행동들의 옳음이다. 따라서 거기에 진정한 대립이 없다. 쾌
락주의가 권위 있는 지침을 준다고 주장할 경우, 이 주장은 쾌락만
이 인간행동의 합당한 궁극적 목적이라는 원칙에 의해서만 가능하
다. 그리고 이 원칙은 경험으로부터의 귀납에 의해서는 알려질 수
없다. 경험은 기껏해야 모든 사람이 궁극적 목적으로서 항상 쾌락
을 추구한다고 말해줄 뿐이다. (그것은 내가 이미 증명하려고 시도했
던 다음과 같은 결론을 뒷받침하지 않는다.) 그것은 누구든 쾌락을 추
구해야 한다고 말할 수 없다. 개인의 행복이나 전체의 행복과 관련
하여 후자의 명제가 정당하다고 단언할 경우, 이 명제는 즉각 참이
라고 알려질 수 있든지—그래서 우리가 그것을 도덕적 직관이라고
말할 수 있든지—아니면 적어도 이러한 도덕적 직관을 포함하는
전제로부터 마침내 추론될 수 있어야 한다. 따라서 이 논고가 기본
적으로 취하는 관점에서 보면, 양 종류의 쾌락주의[2]들은 어떤 의

---

2) 3장을 끝맺는 문단에서 나는 쾌락주의적 체계에 대한 또 다른 견해를 인정할

미에서 정당하게 '직관주의적'이라고 말할 수 있다. 그러나 어떤 종류의 행동들은 장래의 결과와 무관하게 무조건적으로 규정된다는 것이 일반적인 도덕적 개인들과 도덕적 직관의 존재를 주장하는 대다수 저술가들의 지배적 견해로 보인다. 따라서 제3권에서 다루어질 윤리학의 방법에 대한 세부적 검토의 주요[3] 부분에서, 나는 이 학설을 직관주의적 방법의 특성으로 간주했다.

§2. 더 나아가 '직관적' 도덕과 '귀납적' 도덕 사이의 일반적 대조는 또 다른 방식으로도 오해를 일으킨다. 왜냐하면 어떤 윤리학자는 행동의 옳음이 그것들이 일으키는 쾌락과 별개로 인식될 수 있다고 주장할 수 있으면서, 동시에 그의 방법은 마땅히 귀납적이라고 불릴 수도 있기 때문이다. 왜냐하면 그는 자연과학의 일반화가 특수한 관찰들에 의존하는 것과 마찬가지로 윤리학에서도 일반적 진리는 특수한 행위들의 옳고 그름과 연관된 판단들이나 지각들로부터 귀납을 통해서만 얻어진다고 주장할 수 있기 때문이다.

예컨대 아리스토텔레스가 소크라테스는 귀납적 추론을 윤리학적 문제에 적용했다고 말할 때, 그가 말하는 귀납은 바로 이러한

수 있다고 설명했다.

[3] 여기에서 구별된 '직관'의 두 의미 중 더 넓은 의미는 철학적 직관주의 (Philosophical Intuitionism)를 논하는 데 필요하다. 제3권 13장을 보시오.

종류다.[4] 우리가 들은 바대로, 소크라테스는 자신과 다른 사람들의 잠재적 무지를 발견했다. 즉 사람들은 일반적 용어들을 자신만만하게 사용하지만, 그것들의 의미를 설명해보라는 요구를 받았을 때에는 막상 설명할 능력이 없다. 이러한 무지의 치료를 위한 그의 계획은 각 용어의 여러 적용사례들을 검토하고 비교함으로써 그 용어에 대한 참된 정의로 나아가는 것이었다. 그래서 정의(Justice)의 정의는 일반적으로 정의롭다고 판단되는 상이한 행동들을 비교하고 이 모든 특수한 판단과 조화하는 일반적 명제를 세움으로써 얻어질 것이다.

또한 양심에 대한 대중적 견해에는 종종 특수한 판단들이 가장 믿을 만하다는 견해가 함축되어 있는 것으로 보인다. '양심'은 도덕 판단의 기능을 의미하는 것으로 인정받은 대중적 용어로서 판단하는 사람의 행위와 동기에 적용된다. 우리는 아주 흔히 양심의 명령을 특수한 행동과 연관된 것으로 생각한다. 그래서 어떤 사람이 특수한 사례에서 '자신의 양심에 따르'는 말을 들을 경우, 그 말은 흔히 그가 일반적 규칙에 구애받지 말고 심지어 이 규칙에서 체계적 연역을 통하여 얻어진 결론에 반하더라도 이 특수한 사례를 도

---

4) 아리스토텔레스는 귀납에 의하여 얻어진 일반적 명제가 실제로 마음을 그것으로 이끄는 특수자들보다 더 확실한 것으로 (더 높은 의미의 지식으로) 간주했다는 사실을 기억해야 한다.

덕적으로 판단하는 기능을 발휘해야 한다는 말로 보인다. 종종 '결의론(Casuistry)'에 대하여 표출되는 경멸은 양심에 대한 바로 이러한 견해에 의해서 가장 쉽게 정당화될 수 있다. 왜냐하면 특수한 경우가 일반적 규칙과 무관하게 양심에 의해서 만족스럽게 해결될 수 있을 경우, 특수한 경우에 일반적 규칙을 적용하는 '결의론'은 아무래도 불필요하기 때문이다. 이러한 견해에 의하면, 우리는 일반적 규칙이나 과학적 윤리학을 실천적으로 전혀 필요로 하지 않을 것이다. 물론 우리는 특수한 양심적 판단들로부터 귀납을 통하여 일반적 명제들을 만들고 그것들을 체계적으로 배열할 수 있다. 그러나 이러한 체계가 가질 수 있는 이익은 순전히 사변적이다. 이것은 일부 양심적인 사람들이 체계적 도덕에 대하여 나타내는 무관심이나 적대감을 설명한다. 왜냐하면 그들은 여하튼 체계적 도덕 없이도 잘 지낼 수 있다고 느끼기 때문이다. 또한 그들은 체계적 도덕의 배양이 실천에 대하여 잘못된 마음의 태도를 가지게 할 수 있고, 특수한 도덕판단들에서 드러나거나 발휘되는 실천적으로 중요한 기능의 올바른 계발을 다소 저해하는 것으로 밝혀질 수 있다고 우려한다.

위에서 기술한 견해는 어떤 의미에서 '극단적 직관주의(ultra-intuitional)'라고 부를 수 있다. 왜냐하면 가장 극단적 형태에서 그것은 단순한 즉각적 직관만을 인정하고, 도덕적 결론에 이르는 모든 양식의 추론을 불필요한 것으로 처리하기 때문이다. 우리는 그것에서—만약 우리가 '방법'이라는 용어를 어떤 단일한 판단에서 완결되는 절차를 포함하는 용어로 확대할 수 있다면—직관주의적 방법의 하나의 단계 혹은 종류를 발견할 수 있다.

§3. 아마 모든 도덕적 행위자가 이러한 특수한 직관을 경험하고 그 직관이 대다수 사람들의 마음에서 일어나는 도덕적 현상의 큰 부분을 구성하지만, 엄밀히 실천적 관점에서조차 더 이상의 도덕적 지식의 필요를 느끼지 못할 정도로 그 직관에 철저히 만족하는 사람들은 비교적 소수에 불과하다. 왜냐하면 사려 깊은 사람들에게는 이 특수한 직관이 의문의 여지가 없고 반박할 수 없는 것처럼 보이지 않기 때문이다. 또한 어떤 윤리학적 물음을 아주 진지하게 자신에게 던졌을 때, 그들은 자신이 항상 그 물음에 대한 선명한 즉각적 통찰을 인식한다고 보지 않기 때문이다. 또한 어떤 사람이 상이한 순간들에 들려오는 자기양심의 소리들을 비교할 경우, 그는 종종 그 소리들을 모두 일치하도록 만들기가 어렵다고 느끼기 때문이다. 동일한 행위의 상황과 여건에 대한 우리의 지식이 실질적으로 변하지 않았는데도, 그 행위는 때에 따라서 상이한 도덕적 양상을 나타낼 것이다. 더 나아가 우리는 어느 모로 보나 동등한 판단 능력을 가진 상이한 사람들의 마음에서 일어나는 도덕적 지각들이 자주 충돌한다는 사실을 인식하게 된다. 어떤 사람은 다른 사람이 승인하는 것을 비난한다. 이렇게 각 사람의 특수한 도덕

판단의 타당성에 대하여 심각한 의혹이 일어난다. 우리는 일반적 동의에 기초하여 더 굳건하게 확립된 일반적 규칙에 호소함으로써 이러한 의혹을 해결하려고 시도하게 된다.

사실 위에서 논한 양심에 대한 견해는 아주 대중적인 언어가 제시하는 것처럼 보이는 견해지만, 그것은 기독교도들과 여타 윤리학자들이 일반적으로 제시해온 견해는 아니다. 그들은 양심의 진행과정을 법정에서 집행되는 법률적 추론의 진행과정과 유사하다고 말한다. 여기서 우리는 항상 일정한 보편적 규칙들의 체계를 가진다. 어떤 특수한 행동이 합법적인지 비합법적인지 선고할 수 있으려면, 그것은 우선 이 규칙들 중 하나에 포함되어야 한다. 그런데 실정법의 규칙들은 보통 개인의 이성으로 발견될 수 있는 것이 아니다. 개인의 이성은 자신에게 법에 복종해야 한다고 가르칠 수 있지만, 무엇이 법인가는 주로 외부적 권위로부터 그에게 통보되는 것이다. 이것은 어떤 논쟁이나 문제에 대하여 판단을 내릴 수밖에 없을 때 평범한 사람들의 양심적 추론에서도 드물지 않게 일어나는 일이다. 그들은 옳은 행위의 규칙을 따르려는 진심 어린 충동을 가지고 있지만, 난해하거나 의문스러운 경우에는 이 규칙이 무엇인가를 스스로 안다고 의식하지 않는다. 그들은 성직자나 성서, 혹은 아마 자신이 속한 사회의 일반적 의견에서 답을 구해야 한다. 이것이 사실인 한에서, 우리는 엄밀히 말해서 그들의 방법을 직관주의적이라고 말할 수 없다. 그들은 일반적으로 인정받은 규칙을 따르지만, 그 규칙은 직관적으로 파악된 것이 아니다. 그러나 다른 사람들은 (아마 모든 사람이 어느 정도는) 분명 일반적 규칙들의 전부 혹은 대다수가 참이고[5] 구속력을 가진다는 것을 스스로 아는 것처럼 보인다. 그들은 여전히 '일반적 동의'를 이 규칙의 타당성에 대한 논증으로 제시할 수 있다. 그러나 그것은 개인의 직관을 대신하거나 바꾸는 것이 아니라 그 직관을 뒷받침하는 것으로 제시될 뿐이다.

여기서 우리는 두 번째 직관주의적 방법을 얻는다. 이 방법의 근본가정은 우리는 정말로 분명하고 최종적으로 타당한 직관을 가지고 일정한 일반적 규칙을 식별할 수 있다는 것이다. 이 일반적 규칙은 평범한 사람들의 도덕적 추론에 내재하고 있고, 그들은 대부분의 실천적 목적들을 위한 일반적 규칙을 충분히 파악하고 있고, 대략 그것을 밝힐 수 있다고 생각된다. 그러나 이 규칙을 아주 정확히 진술하는 것은 추상적인 도덕적 개념을 분명하고 착실하게 관찰하는 남다른 습관을 필요로 한다. 윤리학자의 기능은 이러한 추상적 관찰과정을 수행하고, 그 결과를 최대한 체계적으로 정리하고, 올바른 정의와 설명을 통하여 모호함을 제거하고 충돌을 방지하는 것이라고 생각된다. 직관적 혹은 선험적 도덕을 말할 때 일

---

5) 엄밀히 말해서 참과 거짓이라는 속성은 규칙들이 명령법("X를 해라")에서 직설법("X를 해야 한다")으로 변환된 경우에만 형식상으로 그것들에 속할 수 있다.

반적으로 의미하는 것은 바로 이러한 체계이고, 우리는 주로 제3권에서 그것을 다룰 것이다.

§4. 철학적 정신을 가진 사람들이 (내가 감히 그렇게 불렀던) '상식도덕'의 일반적 권위를 의문시하는 성향을 가진 것은 아니지만, 아무리 정밀하고 질서 있게 만들어졌더라도 종종 그것은 하나의 체계로서 만족스럽지 못하다고 느껴진다. 인간의 평범한 생각을 반영하여 우리가 얻는 일반적 도덕규칙들은, 설령 우리가 이 생각을 공유하더라도, 과학적 제일원칙으로 받아들이기는 어렵다고 느껴진다. 이 규칙들이 서로 충돌을 일으키지 않고 서로 완벽하게 맞물리고 모든 실천적 문제에 답하면서 인간행위의 전 영역을 포괄하도록 정의될 수 있다고 인정하더라도, 여전히 그 결과로서 나오는 규율은 합리적 종합을 필요로 하는 수칙들의 우연적 집합으로 보인다. 요컨대 일반적으로 옳다고 판단되는 행위가 옳다는 것을 부정할 마음이 없더라도, 우리는 여전히 왜 그것이 옳은지에 대한 심층적 설명을 요구할 수 있다. 이러한 요구에서 세 번째 종류 혹은 단계의 직관주의가 나온다. 그것은 한편 상식도덕을 대체로 확실하다고 받아들이면서도 상식도덕이 스스로 제공하지 않는 철학적 기초를 찾으려 한다. 그것은 현행의 규칙들이 연역될 수 있는, 더 절대적이고 명백히 참되고 분명한 하나 혹은 그 이상의 원칙들을 얻으려 하고, 이 원칙들은 일반적으로 받아들여지거나 약간의 변

형이나 수정을 거쳐서 받아들여진다.[6]

　방금 기술한 직관주의의 세 단계들은 직관적 도덕의 형식적 발달의 세 단계로 간주될 수 있다. 우리는 그것들을 각각 지각적(Perceptional), 독단적(Dogmatic), 철학적(Philosophical)이라고 부를 수 있다. 나는 마지막에 언급한 것을 아주 모호하게 정의했다. 사실 나는 그것을 얼마나 많은 해결책이 시도될 수 있을지를 예견할 수 없는 하나의 문제로만 제안했다. 당장 그것을 탐구하는 것은 바람직하지 않게 보인다. 왜냐하면 상식도덕을 상세히 검토한 후에야 그것은 더 만족스럽게 연구될 수 있기 때문이다.

　이 세 단계들이 평범한 사람들의 도덕적 추론에서 날카롭게 구분된다고 생각해서는 안 된다. 그도 그럴 것이 모든 종류의 직관주의는 두 종류의 쾌락주의와도 예리하게 구별되지 않는다. 방법들의 느슨한 결합이나 혼동이 현실적인 도덕적 추론의 가장 일반적인 유형이다. 아마 도덕적인 사람들 대다수는 그들의 도덕감 혹은 본능이 어떤 경우에든 그들을 대체로 옳은 방향으로 인도할 것이라고 믿는 동시에, 상이한 부문의 행위들에서 옳은 행동을 결정하는 일반적 규칙이 있다고 믿는다. 또한 그들은 이 규칙들에 대하여 철학적 설명을 구할 수 있고, 그것에 의하여 그 규칙들이 더 적

---

6)　이 원칙들이 반드시 결과를 배제하는 좁은 의미에서가 아니라 '당위'와 관련된 자명한 원칙들이라는 넓은 의미에서 "직관주의적"이라는 점에 주목해야 한다.

은 수의 근본원칙들로부터 연역될 수 있다고 믿는다. 그럼에도 행위의 체계적 지도를 위하여 우리는 어떤 판단을 궁극적으로 타당하다고 신뢰할 수 있는지를 알 필요가 있다.

지금까지 나는 주로 궁극적으로 타당하다고 인정된 직관적 믿음들의 일반성의 차이에서 기인하는 직관주의적 방법에서의 차이들에 관심을 기울였다. 그러나 또 다른 부류의 차이들이 있고, 그것들은 도덕적 직관에서 즉각적으로 파악되는 정확한 성질에 대한 일종의 견해에서 나온다. 이 차이들을 선명하고 정확한 언어로 확정짓는 것은 특히 미묘하고 어렵기 때문에, 나는 그것들을 별도의 장에서 다루겠다.

〈주해〉 직관주의적 윤리학자들은 자신의 체계를 설명하면서 그들이 단일한 행위에 대한 도덕판단을 궁극적으로 타당하다고 간주하는지, 아니면 특수한 종류의 행위들을 명령하는 일반적 규칙을 궁극적으로 타당하다고 간주하는지, 아니면 더 보편적 근본원칙들을 궁극적으로 타당하다고 간주하는지 분명히 밝히는 것에 항상 충분한 주의를 기울이지는 않았다. 예컨대 듀갈드 스튜어트(Dugald Stewart: 1753-1828)는 "지각"을 도덕적 기능의 즉각적 작용을 의미하는 용어로 사용한다. 그리고 이렇게 지각된 것을 기술하면서 그는 항상 일반적 규칙을 염두에 두고 있는 듯하다.

그럼에도 영국의 윤리학 저술가들 가운데서 상식도덕의 정의와 정리에 몰두한 사람들과 도덕적 직관의 내용에 대하여 철학적 논의를 목표로 삼았던 사람들은 웬만큼 구별될 수 있다. 우리가 발견한 바로는, 그 구별이 대체로 시기상의 차이에 대응하고, 철학적 학파가—아마 우리가 예상하지 못했을 수 있지만—더 먼저다. 이 현상에 대한 부분적 설명은 각 시기에 직관주의적 방법이 자기주장을 세우고 발전하면서 적대감을 표했던 학설들을 참조함으로써 발견될 수 있다. 첫 번째 시기에 모든 정통적 윤리학자는 홉스의 철학을 논박하는 일에 몰두했다. 유물론과 이기주의에 기초하면서도, 이 체계는 윤리학적으로 건설적인 방향을 취했다. 일반적으로 인정된 사회도덕(social morality)의 규칙들을 대체로 받아들이면서, 그것은 그 규칙들이 평화로운 생존의 조건이고 계몽된 자기이익은 각 개인이 그것들에 복종할 것을 지시한다고 설명했다. 다만 그 규칙들을 가진 사회질서가 순전히 이상적인 것이 아니라 강력한 정부에 의해서 실현되는 한에서였다. 분명 이 견해는 의무의 이론적 기초를 매우 불안정하게 만든다. 그럼에도 웬만큼 좋은 정부를 가정하면서, 홉스의 철학은 상식도덕을 훼손한다기보다는 그것을 설명하는 동시에 확립한다고 주장할 수 있다. 따라서 (랠프 커드워스(Ralph Cudworth: 1617-1688) 같은) 몇몇 홉스 적대자들은 단지 도덕의 절대성을 재확인하는 것에 만족했지만, 더 신중한 사람들은 체계에는 체계로 설명에는 설명으로 맞서야 하고, 상식의 주장을 넘어서 논박할 수 없는 더 확실한 것을 알아내야 한다고 느꼈다. 한편 컴벌랜드는 "모든 합리적 인간의 공동선"이 궁극적 목적이라는 생각에서 이러한 심층적 토대를 발견했고, 클라크는 인정받는 규칙들 중 가장 근본적인 것들은 인간과 그들의 관계를 관찰하면서 인간의 마음이 반드시 받아들일 수밖에 없는 완벽히 자명한 공리라는 점을 보여주려 했다. 그러나 클라크의 결과는 만족스럽게 보이지 않았다. 도덕을 일군의 과학적 진리로 제시하려는 시도는 점차 평판이 나빠졌고, 도덕의식의 정서적 측면을 강조하는 경향이 우세해졌다. 그러나 윤리학적 논의가 심리학적 분석과 분류의 일부가 되었을 때, 도덕감정의 권위가 의존하는 의무의 객관성 개념은 점차 흐려졌다. 예컨대 허치슨은 왜 도덕감은 미각이 그러하듯 사람마다 다를 수 없느냐고 물으면서 이러한 편차를 옳다고 인정하는 것이 도덕을 위험에 빠뜨린다고는 전혀 생각하지 않는 모습을 보여준다. 그러나 흄의 어마어마한 명성에 의하여 이 새로운 학설이 지지받았을 때, 그 학설의 위험천만한 본성과 도덕의식의 인지적 요소를 다시 부각시킬 필요가 분명하게 드러났다. 이 작업은 흄에서 절정에 이른 경험주의에 대한 스코틀랜드학파의 대대적인 철학적 저항의 일부로 시작되었다. 그러나 이 학파는 그것 자체의 토대 위에서 경험주의에 대항하는 것이 그것의 특장점이라고 주장했고, 경험주의자가 관찰했다고 공언하는 심리학적 경험의 사실들 중에서 경험주의자 자신이 받아들이지 않는 가정들을 보여주었다. 그래서 윤리학에서 그 학파는 일반적 경험에 의지해서는

쉽게 뒷받침될 수 없는 더 심오한 원칙들을 제공하기보다는 상식
도덕을 설명하고 재확인하는 작업으로 나아갔다.

9장

좋음

§1. 지금까지 우리는 우리의 도덕적 기능에 의하여 '옳음'이라고 식별되는 행위의 성질에 대하여 이야기했다. '옳음'은 영국 윤리학자들이 일반적으로 사용하는 용어다. 우리는 이 용어와 일상적 사용에서 그것과 같은 뜻을 지닌 용어들이 이성의 명령의 존재를 함축하고, 이러한 명령은 일정한 행동을 무조건적으로 혹은 장래의 목적과 무관하게 규정한다고 간주한다.

도덕적 직관들의 타당성이 의문시되지는 않지만, 여하튼 규칙이나 명령에 대한 이러한 개념은 단지 잠재적이거나 암시적인 유덕한 행동, 즉 명령보다 더 매력적으로 보이는 도덕적 이상을 관찰할 수 있다. 우리가 도덕적으로 자극받은 행동이나 그 행동에서 드러나는 성품의 성질이 (장래의 좋음을 위한 수단으로서가 아니라) 그 자체로 '좋다'고 판단될 때, 이러한 도덕적 이상이 관찰된다고 보인다. 앞서 언급한 것처럼, 이것은 고대 그리스 도덕철학학파 일반의 근본적 윤리관이다. 스토아학파 철학자의 체계는 자연법 개념을 부각하여 고대 윤리학과 근대 윤리학 사이의 과도적 연결고리를 형성하지만, 그 체계도 이 윤리관에 포함된다. 이 역사적 실례는 언뜻 보기에 용어상의 변화일 뿐이라고 생각될 수도 있지만, 행위의 '옳음' 개념을 '좋음' 개념으로 대체함으로써 발생하는 한 가지 중요한 결과를 밝히는 데 도움이 될 수 있다. 왜냐하면 근대의 윤리학적 논쟁과 구별되는 고대의 윤리학적 논쟁의 주요 특징은 행동에 대한 일반적 도덕판단의 표현에서 특칭적 개념 대신에 총칭적 개념을 택한 것에서 찾을 수 있기 때문이다. 덕 혹은 옳은 행동은 흔히 일종의 좋음으로 간주될 뿐이다. 그래서 도덕적 직관에 대한 이러한 견해에 의하면, 우리가 행위를 체계화하려고 시도할 때 제기되는 첫 번째 물음은 이 종(種)의 좋음과 그 유(類)의 나머지 종들의 관계를 결정하는 방법이다. 고대 그리스 사상가들은 시종일관 이 물음을 논했다. 만약 우리가 근대 윤리학의 유사-법률적 (quasi-jural) 개념들을 버리려고 노력하지 않는다면, 그리고 "의무는 무엇이고 그것의 근거는 무엇인가?"가 아니라 (그들이 그랬던 것처럼) "사람들이 좋다고 생각하는 대상들 중 어느 것이 참된 좋음 혹은 최고의 좋음인가?", 혹은 도덕적 직관이 끌어들인 더 전문화된 형식의 물음으로서, "우리가 덕이라고 부르는 종류의 좋음, 즉

242

사람들이 칭찬하고 존경하는 행위와 성품의 성질과 여타 좋은 것들의 관계는 무엇인가?"라고 묻지 않는다면, 우리는 그들의 사색을 거의 이해할 수 없을 것이다.

직관적 판단의 두 형태 사이에서 주목할 첫 번째 차이점은 이것이다. 어떤 행위가 '옳다'는 인정에는 그것을 행하라는 권위적 규정이 포함된다. 그러나 어떤 행위를 좋다고 판단했을 때, 우리가 다른 모든 좋은 것들보다 이 종류의 좋음을 택해야 하는지는 분명하지 않다. 우리는 여전히 상이한 '좋은 것들'의 상대적 가치를 평가하는 기준을 구해야 한다.

나는 '좋음' 개념의 의미를 그 개념이 사용되는 전체 영역에서 검토하고자 한다. 우리는 궁극적 좋음의 구성요소들에 대한 비교기준을 필요로 하므로, 명백히 장래의 목적을 달성하기 위한 수단으로서만 좋은 것에 대해서는 직접 관여하지 않도록 하자. 사실 후자의 경우만 고찰할 경우, '좋음'은 인간의 욕망이나 선택과 무관하게 단지 어떤 결과의 산출에 '알맞은' 혹은 '적합한' 것을—타기 좋은 말, 쏘기 좋은 총 등을—의미한다고 해석하는 것이 그럴듯할 것이다. 그러나 우리는 이 개념을 궁극적 목적들에도 적용하기 때문에, 우리는 양 적용들을 포괄하는 의미를 구해야 한다.

§2. 그 용어에 대해서는—참된 해석이라고 널리 주장되는—단순한 해석이 있다. 이 해석에 따르면, 우리가 좋다고 판단하는 모

든 것은, 우리의 판단에서 쾌락이나 다른 장래의 목적을 명시적으로 언급하지 않더라도, 암암리에 쾌락을 위한 수단이라고 간주된다. 이 견해에 의하면, '좋음'과 관련하여 사물들을 비교하는 것은 사실 그것들을 쾌락의 원천으로서 비교하는 것이다. 그래서 행위와 성품에서든 다른 것들에서든, 좋음에 대한 우리의 직관들을 체계화하려는 시도는 필시 곧장 쾌락주의로 인도할 것이다. 성품과 행위의 영역 밖에서 명확히 장래의 욕망 대상을 달성하기 위한 수단이라고 간주되지 않는 것들에 대한 그 용어의 적용을 살펴볼 경우, 우리는 어떤 대상에서 얻는 쾌락의 감지와 그 대상이 그 자체로 '좋다'는 인식 사이의 밀접한 일치를 발견한다. 삶의 좋은 것들은 좋은 식사, 와인, 시, 그림, 음악처럼 감각적이든 정서적이든 쾌락을 주는 것들이다. 이것은 얼핏 보기에는 '좋음'을 '유쾌함'과 동의어로 해석하는 것을 뒷받침한다. 그러나 행위와 가장 유사한 경우에—즉 '취미[1]의 대상'이라고 부를 수 있는 것에—대한 그 용어의 적용을 숙고할 경우, 내가 생각하기에, 우리는 그 용어에 대한 이 해석이 상식으로부터 확실한 뒷받침을 받지 못한다는 사실을 발견할 것이다. 우선 어떤 대상이 그 부류 중에서 좋은 것이라

---

1) 〈역주〉책 전반에서 'taste'를 '취미'로 번역한다. '취미'는 'hobby'의 번역어로 널리 사용되지만, 국어사전에 따르면 그것은 '아름다운 대상을 감상하고 이해하는 힘'이라는 의미를 가지고 있다.

는 판단이 그것에서 나오는 쾌락의 감지와 밀접히 연결되어 있다고 인정할 경우, 우리는 좋음의 주장이 일반적으로 특정한 종류의 쾌락과 대응한다는 사실에 주목해야 한다. 만약 그 대상이 우연히 다른 종류의 쾌락을 준다면, 우리는—적어도 무조건적—그것을 좋은 것이라고 부르지 않는다. 예컨대 우리는 순전히 건강에 매우 좋다는 이유로 와인을 좋다고 말할 수 없다. 도덕적 교훈을 준다는 이유로 어떤 시를 좋다고 말할 수 없다. 따라서 행위에 적용되는 '좋음'의 의미를 고찰할 경우, 우리는 그것이 그 행위에서 나올 수 있는 **모든** 쾌락에 관계가 있거나 대응한다고 가정할 이유가 없다. 오히려 행동의 좋음이나 덕의 지각은 물질적 사물의 아름다움[2]에

---

2) 도덕적 좋음과 아름다움 사이에는 많은 유사성이 있고, 특히 그리스 사상가들은 종종 그것들을 동일시했지만, 인간의 행동에 적용될 경우에는 그것들을 구별할 필요가 있다. 행위에 대한 응시에서 일어나는 그 두 관념 자체와 그것들에 대응하는 유쾌한 정서들은 흔히 불가분하다. 어떤 고상한 행동은 어떤 경치나 그림이나 음악 선율처럼 우리에게 영향을 미친다. 인간의 덕에 대한 묘사는 예술가가 자신의 독특한 효과를 만들기 위하여 마음대로 사용하는 중요한 수단의 일부이다. 그러나 더 가까이 들여다보면, 아름답지 않거나 적어도 우리에게 감각적으로 이러한 인상을 주지 못하지만 아주 좋은 행위가 있고, 심지어 어떤 종류의 범죄와 악함은 그것들 자체의 화려함과 장엄함을 가진다는 것을 우리는 알고 있다. 예컨대 르낭(Joseph Ernest Renan: 1823-1892)이 말한 것처럼, 체사레 보르자와 같은 사람의 생애에는 "폭풍처럼, 심연처럼 아름답다." 내가 생각하기에, 모든 이러한 경우에 아름다움은 그 범죄자의 행위에서 사악함과 뒤섞인 멋진 재능과 탁월함의 발휘에 달려 있다는 것은 사실이다. 우리는 심미적 효과를 손상하지 않고 후자를 제거할 수는 없는 듯하다. 따라서 내가 느끼기

대한 지각과 유사하게 보일 것이다. 후자의 지각은 보통 '심미적'이라고 말하는 특정한 쾌락을 동반하지만, 흔히 아름답다고 식별되는 것의 일반적 유용성이나 유쾌함과는 눈에 띄는 관계가 없다. 사실 우리는 종종 사물들에서 이러한 종류의 탁월성은 해롭거나 위험하다고 인식한다.

더 나아가 심미적 쾌락과 우리가 일반적으로 좋다고 판단하는 쾌락의 원천과 관련하여, 어떤 사람들은 더 "좋은 취미"를 가지는 데 반하여 다른 사람들은 덜 "좋은 취미"를 가진다는 것이 일반적으로 받아들여진 의견이다. 즐기는 것들의 진정한 좋음에 대하여, 우리는 좋은 취미를 가진 사람들의 판단만을 타당하다고 인정한다. 우리는 각 개인이 자신의 쾌락에 대한 최종 심판자이고—적어도 그가 자신이 현실적으로 경험하는 쾌락들을 비교하는 하에서—그의 결정에 대한 항의는 결코 없을 것이라고 생각한다. 그러나 어떤 대상에서든 좋음의 주장은 보편적으로 타당한 기준의 가정을 함축하고, 우리는 좋은 취미를 가졌다고 생각되는 사람들의 판단이 대략 그 기준을 말해준다고 믿는다. '취미'에 적용될 경우, '좋음'이 '유쾌함'을 의미하지 않는다는 점은 분명해 보인다. '좋음'은 위와 같이 기술된 심미적 판단이 가정된 이상, 즉 그것에서의

에, 우리는 행위에서 아름다움에 대한 감각을 도덕적 좋음에 대한 감각으로부터 구별해야 한다.

일탈이 오류와 결함을 뜻하는 이상과 일치하는 것을 의미할 따름이다. 또한 모든 종류의 좋고 유쾌한 것에서 최대의 즐거움을 끌어내는 사람이 항상 최상의 취미를 가진 사람으로 보이지는 않는다. 와인과 그림의 감정가들은 흔히 그들이 비평하는 대상들의 장점을 평가하고, 이 대상들에서 나오는 쾌락에 대한 그들의 감수성이 상당히 무뎌지거나 고갈된 경우에도 탁월성의 척도에 따라서 그것들 각각의 순위를 결정하는 지적 능력을 가지고 있다는 사실을 우리는 잘 알고 있다. 더 일반적으로 말해서, 우리는 감정의 신선함 및 충만함이 결코 취미 및 판단과 일치하지 않는다는 사실을 알고 있다. 전자를 가진 사람은 열등한 대상에서 다른 사람이 최상의 대상에서 얻는 것보다 더 많은 쾌락을 얻을 수 있다는 사실을 알고 있다.

　요컨대 '좋은' 것이라고 말하는 대상들이 쾌락을 산출하고 사유 속에서는 전자의 성질과 후자의 성질이 분리될 수 없다는 것을 일반적으로 인정한다는 사실이, 행위의 좋음에 대한 일반적 평가는 당연히 그 행위에서 나온 쾌락의 양의 평가로 간주될 수 있다는 결론을 함축하지 않는다. 왜냐하면 (1) 우리는 유추를 통하여 취미의 대상 일반과 마찬가지로 행위의 경우에도 좋음이라는 속성은 그 행위에 의하여 일어나는 모든 쾌락이 아니라 특정한 쾌락, 즉 이 경우에는 그 행위가 사심 없는 관찰자에게 일으키는 사색적 만족감과 일치할 수 있다는 결론에 도달하기 때문이다. 또한 (2) 그 행위는 일반적으로 그것의 좋음에 비례해서가 아니라 (기껏해야) 좋은 도덕적 취미를 가진 사람들에게서만 이 특정한 쾌락을 일으킬 수 있기 때문이다. 이 사람들의 경우에도 우리는—이상적이고 객관적인 기준의 개념을 포함하는—좋음에 대한 지적 이해를 흔히 그것과 동반하는 유쾌한 정서로부터 구별할 수 있고, 의식에서 후자의 요소는 거의 무한정 줄어들 것이라고 가정할 수 있다.

마지막으로 **형용사** '좋은'으로부터 **실명사** '좋음'으로 건너가면, 인간의 쾌락 혹은 행복이 인간의 좋음 혹은 궁극적 좋음이라고—단순한 동어반복이 아니라 유의미한 명제라고—단언하는 사람들조차 '좋음'을 '쾌락' 혹은 '행복'과 동등한 것으로 이해할 수 없다는 것은 즉시 명백하다. 내가 생각하기에 일반적으로 쾌락주의자들이 이렇게 주장하지만, 이 주장은 두 용어의 지시 대상이 얼마나 밀접히 일치하든 그것들의 **의미**가 다르다는 것을 함축한다. 형용사로부터 실명사로의 문법적 변형이 의미의 근본적 차이를 함축하지는 않는 듯이 보인다.

§3. 우리는 '좋음'이라는 용어의 일반적 의미를 무엇이라고 말할 수 있는가? 우리는—홉스와 그 이후의 여러 사람들처럼—'인간이 욕망하는 대상이 무엇이든 그것은 그가 자신의 편에서 좋음이라고 말하는 것이고, 인간이 혐오하는 대상이 무엇이든 그것은 그가 자신의 편에서 악이라고 말하는 것이다'라고 말해야 하는가? 논의를

단순화하기 위하여, 우리는 어떤 사람이—장래의 결과를 위한 수단으로서가 아니라—그 자체로 욕망하는 것과—다른 사람들에 대한 호의가 아니라—자신을 위하여 욕망하는 것, 즉 그 자신의 좋음[3]과 궁극적 좋음만을 살펴볼 것이다. 우선 우리는 어떤 사람은 종종 자기에게 대체로 나쁘다는 것을 알면서도 그것을 욕망한다는 당연한 반론과 맞서야 한다. 예컨대 자신에게 확실히 독이 되는 샴페인을 마시면서 느끼는 쾌락이나, 자신에게 진정 이익이 되는 것은 화해인데도 복수심을 만족시키는 것이다. 이 반론에 대한 답은, 이러한 경우에 욕망된 결과가 욕망된 결과에 대한 욕망보다 더 강한 반감을 일으키는 다른 결과를 동반하거나 가져온다는 것이다. 그런데 이 나쁜 결과는 예견은 되지만 예감은 되지 않는다. 그 결과의 표상은 현재의 사실인 욕망의 지배적 방향을 바꾸기에 충분하지 않다. 이러한 사실을 인정하면서 동반현상과 결과를 제쳐두고 그 욕망된 결과에만 집중하더라도, 여전히 어떤 순간에 욕망된

---

3) '좋음'에 대한 일반적 견해에 따르면, 어떤 개인이 '좋음'에 대하여 자신이 만들 수 있는 가장 합리적인 개념에 따라서 전체적으로 보아서 자신의 좋음을 희생하는 것이 분명 다른 사람들을 위한 더 많은 좋음을 실현하는 경우가 있을 것이다. 실로 이러한 희생이 정말 요구되는지, 만약 그렇다면 전체적으로 보아서 그 개인이 자신의 좋음을 희생하는 것이 정말 합당한지는 윤리학의 가장 심오한 물음들이다. 나는 뒤에 나올 장들(특히 제3권 14장)에서 그 물음들을 면밀히 살펴볼 것이다. 여기서 나는 '나 자신의 좋음'에 대한 나의 정의에서 이 물음들에 대한 속단을 피하고 싶을 뿐이다.

것은 단지 외견상의 좋음(apparent good)일 뿐이고, 그것을 성취했을 때 이러한 좋음은 좋지 않은 것으로 보이거나 어쨌든 생각만큼 그렇게 좋은 것은 아닐 수 있다. 그것은 막상 먹어보면 먼지와 재뿐인 '소돔의 사과'로 밝혀질 수 있다. 더 흔한 경우로, 결실이 조금은 기대에 상응하지만 여전히 그것에 한참 모자랄 수 있다. 우리는 때로는—욕망에 굴복하는 경우에도—욕망에 동반하는 '좋음'에 대한 기대가 착각이라는 사실을 의식하고 있다. 따라서 나의 결론은—'더 적은' 좋음보다 '더 많은' 좋음을 택한다고 말할 때 우리가 그렇게 하는 것처럼—양적으로 비교할 수 있는 궁극적 좋음의 요소들을 생각할 수 있을 경우, 우리는 욕망 대상을 단순히 '좋음' 혹은 '참된 좋음'이 아니라 오직 '외견상의 좋음'과만 동일시할 수 있다는 것이다.

더 나아가 타산적인 사람은—맑은 날씨, 완벽한 건강, 거대한 부나 명성같이—자신이 자발적 행동에 의하여 얻지 못하리라고 생각하는 것에 대한 욕망을 대체로 잘 억누른다. 그러나 이러한 욕망의 현실적 강도를 줄이는 것에 성공하더라도, 이러한 성공이 그가 그 욕망 대상을 덜 '좋다'고 판단하게 만드는 효과는 없다.

'좋음' 개념을 '욕망' 개념과 관련지어 해석할 경우, 우리는 좋음을 현실적으로 **욕망된**(desired) 것이 아니라 차라리 **바람직한**(desirable) 것과 동일시해야 한다—'바람직한' 것이 반드시 '욕망되어야 할 것'을 의미하지는 않는다. '바람직한' 것은, 욕망하는 자가 그 욕망의 성취나 실현상태를 지적 혹은 정서적으로 완벽히 예측할 수 있다고 상정하는 한에서, 그 욕망이 자발적 행동에 의하여 성취될 수 있다고 판단되는 경우에 바람직함의 정도에 비례하는 힘으로 욕망하게 될 것을 의미한다.

이렇게 추구할 대상으로 정해진 특정한 좋음의 선택이 그것의 동반현상과 결과 때문에 대체로 나쁜 것일 수 있는 가능성은 여전히 남는다. 특정한 결과를 달성했을 때 그 결과가 앞선 욕망의 조건에서 상상했던 바와 달라 보이지 않더라도 말이다. 그래서 '궁극적 좋음'의 정의를 구하면서 '대체로 좋음(good on the whole)'을 의중에 두더라도, 우리는—앞 문단의 사고 방향에 따라서—대체로 좋음과 욕망의 관계를 다르게 표현해야 한다. 우선 우리는 의지에서 실제적인 것이 되는 욕망에 시야를 한정해야 한다. 왜냐하면 나는 목표로 삼기에는 대체로 경솔하다고 판단하는 결과를 바람직하다고 생각할 수 있기 때문이다. 이렇게 제한을 가하더라도, 나의 '대체로 좋음'과 나의 욕망의 관계는 매우 복잡하다. 왜냐하면 나의 '대체로 좋음'이란 그것의 추구에서 나오는 모든 결과를 예견할 수 있고 선택의 순간에 그 결과를 충분히 실현할 수 있다고 상상하는 상황에서 내가 현실적으로 욕망하고 추구하려는 것이라고 말하는 것은 전혀 충분하지 않기 때문이다. 분명 우리의 의식적 경험의 모든 순간을—적어도 그것들의 단순한 시간상의 위치 차이와 관련된 한에서는—동등하게 고려하는 것이 합리적 행위의 본질적 특징이다. 그러나 단지 어떤 사람이 어떤 행동의 결과에 대하여 나중에 그 행동을 후회하도록 만들기에 충분한 반감을 느끼지 않는다는 사실이 그가 자신의 '대체로 좋음'을 위하여 행동했다는 완벽한 증거로 받아들여질 수 없다. 우리가 생각하기에, 사실 일반적으로 어떤 종류의 행위의 최악의 결과들은 사람들의 욕망의 경향을 바꾸고 사람들이 더 큰 좋음보다 더 작은 좋음을 욕망하게 만든다. 만약 어떤 사람이 이러한 상태에서 벗어나지 못하고 더 좋은 무언가가 될 수 있었는데도 죽을 때까지 만족한 돼지의 삶을 산다면, 우리는 그것이 그에게 더욱더 나쁘다고 생각한다. 이러한 반론을 피하려면, 어떤 사람의 미래의 대체로 좋음이란 그에게 열려 있는 모든 상이한 행동방향의 모든 결과가 정확히 예견되거나 현시점에서 그 결과가 충분히 실현될 수 있다고 상상하는 상황에서 그가 지금 대체로 욕망하고 추구할 것이라고 말해야 한다.

충동적 힘들의 이러한 가상적 합성은 매우 정교하고 복잡한 개념을 포함하므로, 이것이 바로 어떤 사람의 '대체로 좋음'을 이야기할 때 우리가 일반적으로 의미하는 바라는 말은 다소 모순적이다. 그럼에도 나는 어떤 합성적 욕망의 이러한 가상적 대상이 (실명사) '좋음'과 '바람직함'에 대하여 지성적이고 수용할 만한 해석을 제공하고, 일상적 담화에서 사용될 때 그 용어들이 가지는 더 모호한 의미에 철학적 정확성을 부여한다는 사실을 부정할 수 없다. 더 모호하지만 어느 정도 이러한 방식으로 이해된 '좋음'에 대한 차분하고 포괄적인 욕망은 보통 사려 깊은 사람의 정신에서 지적 비교와 경험에 의하여 생겨난다. 이렇게 획득한 '좋음' 개념은 이상적 요소를 가진다. 그것은 인간들이 항상 실제로 욕망하거나 목표로 삼지 않는 무엇이다. 그러나 그 이상적 요소는 현실적 혹은 가상적 사실에 의하여 완전히 해석될 수 있고, 존재와 관련된 판단과 근본적으로 다른 가치판단을 끌어들이지 않는다―'이성의 명령'은 더더욱 그러하다.[4]

내가 보기에―버틀러가 그러는 것처럼―다음을 인정하는 편이 상식에 더 부합한다. 나의 '대체로 좋음'에 대한 차분한 욕망은 권위가 있고, 따라서 이 욕망은 그것과 상충하는 욕망이 반대 방향으로 의지를 몰아가는 경우에도 이 목적을 겨냥하라는 합리적 명령을 동반한다. 그럼에도 나 자신의 존재만을 고려한다고 가정하고 '나에게 대체로 궁극적인 좋음'이란 나의 욕망과 이성이 조화를 이루는 한에서 내가 실천적으로 욕망해야 하는 것을 의미한다고 해석함으로써, 우리는 '명령'이라는 개념을―'나의 좋음'과 그것과 반대되는 것에 대한 일반적 판단에서 그러하듯이―단지 암시적이고 잠재적인 상태로 남겨둘 수 있다. 이 견해에 의하면, 어떤 특정

---

4) 앞서 말한 것처럼(3장 §4) 나의 '대체로 좋음'이 행동의 목적으로 채택되는 한에서―이성의 명령을 의미하는―'당위' 개념이 그 채택된 목적의 달성을 위한 필수적 혹은 가장 적합한 수단에 적용될 수 있다.

한 주체에 한정되지 않는 "대체로 궁극적인 좋음"은 나 자신이 모든 존재에 평등한 관심을 가진다고 가정하고 합리적 존재로서 내가 욕망해야 하고 실현하려고 애써야 하는 것을 의미한다고 생각해야 한다. 행위가 그 자체로, 즉 그것의 결과와 무관하게 '좋다' 혹은 '바람직하다'고 판단될 때, 내가 생각하기에 그 판단은 후자의 관점을 취한다. 내가 말할 것처럼 이러한 판단은, 그 행위를 수행하라는 명확한 수칙을 포함하지 않는 한에서는, 그 행위가 '옳다'는 판단과 다르다. 왜냐하면 그 판단은 이 특정한 종류의 좋음이 그 상황에서 우리가 획득할 수 있는 최대의 좋음인지를 열린 물음으로 남겨두기 때문이다. 이제 우리가 관찰할 수 있는 것처럼, 좋은 혹은 탁월한 행동이 '옳은' 행동과 똑같이 엄밀한 의미로—다른 모든 좋은 것 이상으로—우리의 능력 안에 있다고 상정되지 않는 경우, 그 행위가 '좋다' 혹은 '바람직하다'는 판단은 그 행위가 '옳다'는 판단과 더욱더 다르다. 사실 우리가 적어도 직접적으로는, 그리고 그 순간에 어떠한 의지의 노력으로도 달성할 수 없는 수많은 행위의 탁월성들이 있다. 따라서 우리는 종종 다른 사람들의 행위에서 좋음의 인정이 그렇게 하라는 명백한 수칙을 동반하지 않는다고 느낀다. 그것이 동반하는 것은

모방의 의욕을 자극하는 모호한 욕망이다.[5]

이것이 사실이라면, 행위의 좋음은 장래의 어떤 목적이 되고, 그 목적의 달성은 즉각적 의지의 범위 저 너머에 있다.

§4. 그 자체로 좋다고 직관적으로 판단되는 행위나 성품의 가치[6]는 어떤 기준에 의하여 다른 좋은 것들의 가치와 조정되고 비교될 수 있는가 하는 물음을 살펴보는 일이 남았다. 나는 당장 이러한 기준을 세우려고 시도하지 않을 것이다. 하지만 조금만 숙고해보면, 그 기준을 필요로 하는 비교의 범위를 적잖이 제한할 수 있을 것이다. 왜냐하면 내가 생각하기에 인간의 성질은 아니지만 일반적으로 좋다고 판단되는 영구적 결과들을 면밀히 고찰해보면, 우리는 인간의 존재 혹은 적어도 어떤 의식이나 감정과 무관하게 이러한 좋음의 성질을 가진 것은 아무것도 없다는 사실을 발견할 것

---

5) 〈역주〉 테니슨(Alfred Tennyson: 1809-1892)의 장시 『A. H. H.를 추모하며 (*In Memoriam A. H. H.*)』(1850)에서 가져온 구절로 보인다. A. H. H.는 요절한 그의 절친이자 시인인 아서 헨리 할람(Arthur Henry Hallam: 1811-1833)을 가리킨다.

6) 성품은 행위로 표현됨으로써만 우리에게 알려진다. 내가 생각하기에 덕은 그 자체로 가치를 가진다는 우리의 공통적 인식에서, 우리는 일반적으로 성품을 행위와 구별하지 않는다. 우리는 성품이 그것이 표현된 행위를 봐서 가치를 가지는 것인가, 아니면 행위가 그것이 표현하거나 드러내는 성품을 봐서 가치를 가지는 것인가 하는 물음을 제기하지 않는다. 이러한 물음이 제기될 때 그것에 어떻게 대답해야 할지는 논의의 나중 단계에서 살펴보는 것이 더 편리할 것이다. 제3권 2장 §2와 14장 §1을 보시오.

이기 때문이다.[7]

예컨대 우리는 일반적으로 어떤 무생물 대상과 풍경 등을 아름다움을 가진 좋은 것으로, 그리고 다른 것들은 보기 흉하기 때문에 나쁜 것으로 판단한다. 그러나 인간의 관찰가능성과 무관하게 외부 자연에서 아름다움의 산출을 목표로 삼는 것이 합리적이라고 생각하는 사람은 아무도 없을 것이다. 사실 아름다움은 객관적인 것이라고 주장할 때, 일반적으로 그것이 어떤 마음과도 무관하게 아름다움으로 존재한다는 뜻은 아니다. 단지 모든 마음에 유효한 아름다움의 어떤 기준이 있다는 뜻이다.

비록 인간과 (아니면 적어도 모종의 마음과) 무관하게 존재한다고 생각하지 않지만, 우리는 아름다움과 일반적으로 좋다고 판단되는 여타 결과들이 그것들의 존재가 의존하는 인간으로부터 분리될 수 있는 목적이고, 그 목적의 실현은 생각건대 인간의 완전성이나 행복과 경쟁할 수 있다고 말할 수 있다. 그래서 아름다운 것들은 관

---

7) 분명 합리적 혹은 감성을 지닌 존재의 일정한 상태만이 아니라 전체 우주를 '아주 좋은' 것이라고 생각하는, 때로는 아주 진지하게 채택되는 관점이 있다. 예컨대 『창세기』에서 창조주는 그것을 생각하는 것처럼 묘사된다. 그러나 이러한 관점은 윤리학의 방법으로 발전될 수 없다. 실천적 목적을 위하여 우리는 적어도 우주의 어떤 부분들을 그것들이 그럴 수 있는 것보다 덜 좋은 것으로 생각하라고 요구한다. 감성이 없는 우주의 상이한 부분들을 그 자체로, 그리고 의식이나 감성을 지닌 존재와 무관하게 고려할 경우, 우리는 그 부분들을 구별할 아무 근거도 가지지 못한 것처럼 보인다.

찰의 대상일 수 없을 경우에는 생산할 가치가 없다고 생각할 수도 있지만, 어떤 사람은 관찰할 사람들을 전혀 고려하지 않고 그것들을 생산하는 일에 헌신할 수도 있다. 이와 유사하게 지식은 마음들 속에서만 존재할 수 있는 좋은 것이다. 그런데 어떤 사람은 특정한 마음에 의한 지식의 소유보다 지식의 발전에 더 많은 관심을 가질 수 있다. 그는 전자와 무관하게 후자를 궁극적 목적으로 삼을 수 있다.

대안들을 분명히 이해하자마자, 내가 생각하기에, 사람들이 외부의 모든 물질적인 것뿐만 아니라 아름다움과 지식, 그리고 여타 관념적 좋음들을 추구하는 것이 합당한 경우는 일반적으로 그것들이 인간존재의 (1) 행복이나 (2) 완전성 혹은 탁월성에 도움이 되는 경우일 뿐이라고 생각될 것이다. 내가 "인간"이라고 단언한 이유는, 대다수 공리주의자들은 열등한 동물의 쾌락을 (그리고 고통에서의 해방을) 그들이 행위의 옳고 마땅한 목적이라고 간주하는 행복에 포함된다고 생각하겠지만, 우리 인간의 목적을 위한 수단이 아닌 한에는, 혹은 적어도 우리를 위한 과학적 혹은 심미적 관찰의 대상이 아닌 한에는, 누구도 우리가 짐승들을 개량해야 한다고 주장하지 않을 것으로 보이기 때문이다. 또한 우리는 실천적 목적으로서 인간을 넘어선 존재들의 존재를 포함할 수 없다. 확실히 우리는 좋음 개념을, 그것을 신의 행위에 적용하는 것처럼, 그리고 실로 우월한 방식으로 신의 존재에도 적용한다. "우리는 모든 일을 신의 영광을 위하여 행해야 한다"고 말할 때, 이 말은 우리가 그를 찬양함으로써 그의 존재가 더 나아진다는 말처럼 들릴 수 있다. 그러나 명백히 이렇게 추론할 경우, 그 추론은 다소 불경하게 보인다. 신학자들은 일반적으로 이러한 추론에 반발하고, 신의 존재의 좋음이 늘어날 수 있다는 생각을 인간의 의무의 근거로 사용하려 하지 않는다. 그리고 신 이외에 인간을 초월한 다른 지성들에게 우리의 행동이 미치는 영향은 현재는 과학적 논의의 문제가 될 수 없다.

만약 행복 이외에 궁극적인 실천적 목적으로서 추구할 좋음이 있다면, 나는 그것이 인간존재의 좋음이거나 완전성이거나 탁월성일 뿐이라고 자신만만하게 주장할 것이다. 이 개념이 덕 외에 얼마나 더 많은 것을 포함하는지, 그것과 쾌락의 정확한 관계는 무엇인지, 그것을 근본적인 것으로 인정할 경우 우리는 논리적으로 어떤 윤리학의 방법에 도달하는지는 이 두 다른 개념, 즉 쾌락과 덕에 대하여 상세히 고찰한 후에 더 편하게 논할 수 있다. 다음 두 권에서 우리는 이러한 고찰에 착수할 것이다.

제2권
이기주의

1장
이기주의의 원칙과 방법

§1. 이 권의 목적은 합당한 행위를 결정하는 방법 중에서 이미 이기주의라는 명칭으로 개략적으로 정의한 방법을 고찰하는 것이다. 이 용어는 이기주의적 쾌락주의와 같은 뜻을 가진 것으로 간주되고, 각 개인의 최대 행복을 자기행동의 궁극적 목적으로 채택하는 방법을 의미한다. 이것이 일반적으로 인정된 "윤리학의 방법"에 포함되어야 하는가 하는 의문을 품을 수 있다. 왜냐하면 인류의 도덕의식을 만족시키는 도덕체계는 단순한 이기주의의 토대 위에 세워질 수 없다는 주장에는 강력한 근거가 있기 때문이다. 뒤에 나올 장들[1]에서 나는 이 이유들을 면밀히 논할 것이다. 당장은 어떤 사

---

1)   제2권 3장 §2와 5장을 보시오.

람이 자신의 행복에 가장 도움이 되는 방식으로 행동하는 것은 합당하다는 원칙이 널리 인정받는다는 점을 지적하는 것으로 충분할 듯하다. 우리가 발견한 바로는, 직관주의와 내가 공리주의라고 부른 보편주의적 쾌락주의의 주요 대표자들은 명백히 이 원칙을 받아들인다. 이미 언급한 것처럼, 벤담은 최대 다수의 최대 행복을 "옳고 그름의 참된 기준"으로 제시하지만, 그는 각 개인이 자신의 최대 행복을 목표로 삼는 것이 "올바르고 타당하다"고 생각한다. 버틀러도 똑같이 다음과 같은 것을 인정할 자세를 취한다. "행복과 불행에 대한 우리의 관념이 우리가 가진 모든 관념 중에서 우리에게 가장 밀접하고 중요하다. … 덕 혹은 도덕적 올바름은 실로 그 자체로 옳고도 좋은 것에 대한 애정과 추구에 있다. 그러나 냉정하게 생각해보면, 우리는 이것 혹은 여타 추구들이 우리의 행복을 위한 것이거나 적어도 우리의 행복에 반하지 않을 것이라고 확신할 때까지는 어떤 추구도 받아들일 수 없다."[2]

클라크도—단호한 말투로 "덕은 진정 그 자체로 선택될 가치가 있고 악덕은 피해야만 한다"고 주장했는데도 불구하고—"사람들이 덕에 집착하여 자신의 삶을 내주어야 한다는 것은, 그리하여 그들이 그 집착에서 이익을 얻을 모든 가능성을 영원히 빼앗길 경우에는, 진실로 합당하지 않다"고 인정한다.

---

2) 버틀러, 『설교』제11권.

일반적으로 기독교 신앙의 시대에는 덕의 실현은 본질적으로 식견과 선견지명을 가지고 행위자의 행복을 추구하는 것이라는 주장이 당연하고 자연스러웠다. 냉정하고 계산적인 기질을 가진 사람만이 이 학설을 주장한 것은 아니었다. 우리가 발견한 바로는, 버클리 주교처럼 정중하고 고상한 설교자도 이 학설을 주장했다. 분명 이것은 기독교적 견해의 한 측면 혹은 요소일 뿐이다. 자기이익의 동기에서 행한 행동은 완전히 유덕한 행동은 아니라는 정반대의 학설도 전자의 학설과 공공연히 충돌하거나 조정되는 방식으로 계속 주장되었다. 덜 세련되고 고상했지만, 전자의 학설이 더 일반적인 견해였던 것으로 보인다. 실로 상식은 행위자의 행복을 증진하는 경향을 가진 '사심 있는' 행동이 일단은 합당하다고 가정한다는 것은 결코 지나친 말이 아니다. 입증의 책임은 사심 없는 행위가 합당하다고 주장하는 사람에게 있다.

앞서 말한 것처럼 '이익', '행복' 등의 일반적 개념에는 다소 모호함이 있다. 따라서 이 용어들을 과학적 논의의 목적에 맞추려면, 우리는 그것들의 의미의 주요부를 유지하는 동시에 그 의미를 더 정확하게 만들려고 노력해야 한다. 나의 판단으로는 이러한 결과는 우리가 '가능한 최대 행복'이라는 말을 고통에 대한 쾌락의 획득 가능한 최대 잔여라고 이해하는 경우에 얻어진다. 똑같이 포괄적인 의미로 사용되는 두 용어는 각각 모든 종류의 유쾌한 감정과 모든 종류의 불쾌한 감정을 포함한다. 더 나아가 그 목적에 대한 이러한 양적 정의가 받아들여질 경우, 일관성의 요구에 따라서 쾌락은 그것의 유쾌함에 비례하여 추구되어야 한다. 따라서 덜 유쾌한 의식을 그것이 가진 다른 성질 때문에 더 유쾌한 의식보다 선호해서는 안 된다. 밀을 비롯한 여러 사람들이 역설한 질의 구분은 여전히 선호의 근거로 받아들일 수 있지만, 오직 그 구분이 양의 구분으로 환원될 수 있는 한에서다. 이것이 일반적으로 '이기주의적'이라고 불리는 실천적 추론이 따르는 유형이고, 이때 모든 모호함과 비일관성은 제거된다. 그리고 이렇게 더 정밀한 형태에서야 이러한 추론은 상세히 고찰할 가치가 있어 보인다. 따라서 우리는 이기주의자를 둘 혹은 그 이상의 행동들이 그에게 가능할 때, 각 행동에서 나올 수 있는 쾌락과 고통의 양을 최대한 정확히 확인하고, 그에게 고통에 대한 쾌락의 최대 잔여를 가져오리라고 생각되는 행동을 선택하는 사람으로 이해해야 한다.

§2. 방금 설명한 것처럼, 이기주의의 근본원칙의 채택이 반드시 자신의 쾌락이나 행복을 추구하는 일반적인 경험적 방법을 함축하지 않는다는 점을 지적해야 한다. 어떤 사람은 자신의 능력 안에서의 최대 행복을 목표로 삼으면서도, 일정한 행동이 얼마만큼의 쾌락과 고통을 동반할 수 있는지를 경험적으로 확인하려고 시도하지 않을 수도 있다. 그는 장기적으로 자신을 가장 행복하게 만들어줄 행위를 결정하는 더 확실하고 연역적인 방법을 가지고 있

다고 믿을 수 있다. 그는 실정종교(Positive Religion)를 근거로 이렇게 믿을 수 있다. 왜냐하면 신은 어떤 명확한 명령의 복종에 대한 보상으로서 행복을 약속했기 때문이다. 아니면 그는 자연종교(Natural Religion)를 근거로도 이렇게 믿을 수 있다. 왜냐하면 정의롭고 자비로운 신은 필시 장기적으로 행복이 덕에 비례하여 분배되도록 세계를 만들었을 것이기 때문이다. 페일리는 (예컨대) 이 두 논증을 결합함으로써 그가 의무를 결정하는 방법으로서 채택한 보편주의적 쾌락주의와 그가 합리적 행위의 근본원칙으로서 자명하다고 보는 이기주의를 연결한다. 혹은 어떤 사람은 순전히 윤리학적인 선험적 추론과정을 통하여 덕과 행복을 연결할 수 있다. 아리스토텔레스는 '최선'의 활동은 언제나 그것의 불가분한 부수현상으로서 최대 쾌락을 동반한다는 가정을 통하여 그것들을 연결한 듯하다. 여기서 '최선'은 도덕적 직관, 혹은 일반인들이나 품행이 바르고 교육을 잘 받은 사람들의 일반적인 도덕적 의견에 의하여 결정된다. 아니면 최대 쾌락을 특정한 종류의 행동의 결과라고 추론하는 연역이 심리학적이거나 생리학적일 수도 있다. 우리는 쾌락과 여타 육체적 혹은 심리적 사실의 연결에 대한 일반론을 가질 수 있다. 이 이론에 따라서 우리는 특정한 종류의 행위에 수반되는 쾌락의 양을 연역할 수 있다. (예컨대) 여러 육체적·정신적 능력들의 완벽하게 건강하고 조화로운 발휘는 장기적으로 쾌락에 가장 도움이 되는 삶의 방침이라고 널리 주장된다. 쾌락주의의 원칙을 거리낌 없이 받아들이는 후자의 주장의 경우에도, 우리는 개별 쾌락들을 평가하고 비교할 필요는 없지만 '완벽한 건강'과 '능력들의 조화'라는 개념을 정의해야 할 것이고, 이 목적들을 어떻게 달성할 수 있는지를 고찰해야 한다. 그런데 이러한 연역적 방법을 옹호하는 사람들은 적어도 확인이나 검증을 제공하는 것으로서 흔히 일반적 경험에 호소한다. 그들은 쾌락의 즐거움과 고통의 아픔이 그것들을 경험하는 개인에게만 직접 알려진다는 점을 인정한다. 따라서 우리는 이기주의적 쾌락주의의 명확한 방법을—여하튼—'경험적-반성적(Empirical-reflective)' 방법이라고 부를 수 있다. 내가 생각하기에 이 방법은 이기주의적 숙고에서 일반적으로 사용된다. 따라서 먼저 이 방법을 검토하는 것, 즉 그것이 포함하는 가정들을 분명히 확인하고 그것의 결과들의 정확성을 평가하는 것이 좋을 것이다.

2장

경험적 쾌락주의

§1. 이기주의적 쾌락주의의 경험적 방법뿐만 아니라 행동 목적으로서 '최대 행복' 개념 자체에도 포함된 첫 번째 가장 근본적인 가정은 쾌락들과 고통들이 동일 척도로 계량할 수 있다(commensurability)는 것이다. 이 말은 우리는 추구하는 쾌락과 피하려는 고통이 서로 명확한 양적 관계를 가진다고 가정해야 한다는 것을 의미한다. 이렇게 가정하지 않을 경우, 그것들은 우리가 최대로 만들려는 어떤 총량의 요소들이라고 생각될 수 없기 때문이다. 어떤 종류의 쾌락은 다른 종류보다 훨씬 더 유쾌하여 전자의 상상할 수 있는 가장 적은 양이 후자의 상상할 수 있는 가장 큰 양보다 더 가치 있다는 가정을 반드시 부정할 필요는 없다. 왜냐하면 이것이 사실로 밝혀질 경우, 전자의 부류의 쾌락을 포함하는 쾌락

주의석 계산은 후자의 부류의 쾌락을 거의 존재하지 않는 것으로 간주함으로써 단순해질 수 있다는 결과만이 나올 것이기 때문이다.[1] 여하튼 내가 생각하기에 모든 일반적인 타산적 추론에서 사람이 경험할 수 있는 모든 쾌락과 고통은 유쾌함과 불쾌함의 측면에서 상호 유한한 비율을 갖는다고 암묵적으로 가정된다. 이 비율이 명확해질 수 있는 한에서, 어떤 쾌락의 (혹은 고통의) 강도는 그것의 지속성과 비교될 수 있다.[2] 왜냐하면 유한한 지속성을 가진

---

1) 우리가 보는 바로는, 열렬하고 급한 성미를 가진 사람들은 때로는 매우 유쾌한 감정들이 주는 한순간의 황홀함이 열등한 종류의 유쾌한 의식을 영원히 가지는 것보다 더 낫다고 주장한다. 이러한 주장은 아마 의식적으로 과장된 것이고, 과학적 진술로 간주되기를 바란 것은 아니다. 그러나 고통의 경우, 중요한 실천적 결론들을 제시할 목적으로 한 사려 깊고 명민한 저술가는 "웬만한 고통과는 비교도 할 수 없는" 심한 "고문"은 현실적 경험의 사실이라고 주장했다 (고 에드먼드 거니(Edmund Gurney)의 『제3의 것(Tertium Quid)』이라는 제목의 논문집에 있는 "고통의 윤리학에 관한 장"을 보시오). 그러나 이 학설은 나 자신의 경험과 일치하지 않는다. 내가 보기에 인간의 상식도 그것을 뒷받침하지 않는다. 적어도 나는 조심스럽다고 알려진 사람들의 실천적 선견지명에서 아주 작은 추가적 위험을 피하기 위해서는 상상할 수 있는 최대량의 웬만한 고통은 당하는 편이 합당할 수도 있다는 식의 고통의 위험에 대한 인식을 발견하지 못한다.

2) 벤담은 쾌락주의적 계산을 위하여 중요한 것으로서 (하나씩 보면) 어떤 쾌락이나 고통의 네 성질들을 제시한다: (1) 강도, (2) 지속성, (3) 확실성, (4) 근접성. 만약 우리가 (앞서 논한 것처럼) 강도는 지속성과 동일한 기준으로 계량할 수 있어야 한다고 가정하면, 다른 성질들이 쾌락들과 고통들의 비교적 가치에 미치는 영향은 결정하기 어렵지 않다. 왜냐하면 우리는 가능성들의 가치를 수치로 산정하는 것에 익숙하므로, 이 방법으로 우리는 (불확실성의 정도가 정

어떤 쾌락의 강도가 (혹은 고통이) 명확한 비율로 다른 쾌락보다 더 크다고 생각할 경우, 이 생각에는 후자의 범위가—그것의 강도의 변화는 없이—계속 증가할 경우 그것은 일정한 지점에서 양적으로 전자와 균형을 이룰 것이라는 생각이 함축되어 있다.

만약 쾌락들이 유한한 정도로 더 크거나 작음에 따라서 차례로 배열될 수 있다면, 우리는 쾌락들의 정량(正量)을 측정할 수 있는 지점으로서 쾌락주의적 영점(零點) 혹은 완벽하게 중립적인 감정에 대한 가정에 이른다. 후자의 가정은 쾌락주의가 필연적으로 수반하는 쾌락과 고통의 비교와 저울질을 고려할 때 더 분명하게 나타난다. 왜냐하면 고통은 쾌락의 음량(陰量)으로서 대체로 행복의 산정에서 쾌락의 정량과 비교되어 그것을 감한다고 간주되기 때문이다. 따라서 우리는 적어도 관념적으로는 의식에서 쾌락의 정량으로부터 음량으로 변하는 지점이 있을 수 있다고 생각해야 한다. 이렇게 엄밀히 좋지도 나쁘지도 않은 혹은 중립적인 감정이 현실

확히 결정될 수 있는 한에서) 어떤 쾌락의 불확실성이 그것의 가치를 얼마만큼 떨어뜨리는지를 정확히 말할 수 있기 때문이다. **근접성**은 그것이 불확실성을 줄일 경우를 제외하고는 무시하는 편이 합당한 속성이다. 왜냐하면 내가 1년 후의 나의 감정들과 1분 후의 나의 감정들을 똑같이 확실하게 예상할 수 있을 때에만, 그것들은 나에게 똑같이 중요할 수 있기 때문이다. 사실 어떤 사람의 의식적 삶에 대한 이렇게 동등하고 공평한 관심은 아마 쾌락의—단순히 **충동적인** 추구와는 반대되는 것으로서—**합리적** 추구에 대한 일반적 개념에서 가장 두드러진 요소일 것이다.

적으로 일어난다고 가정할 절대적 필요는 없다. 어쨌든 경험은 이 [중립적 상태에] 매우 근접한 상태가 아주 흔한 일이라는 사실을 보여주는 듯하다. 우리는 분명 쾌락에서 고통으로, 그리고 그 반대로의 계속적 변환을 경험한다. 그래서 (이러한 모든 변환이 갑자기 일어난다고 생각하지 않는 한) 우리는 적어도 일시적으로는 이러한 중립적 상태에 존재해야 한다.

방금 말한 것에서 나는 넌지시 다음과 같은 에피쿠로스의 역설을 부정했다.[3] 무고통의 상태가 최상의 쾌락과 같고, 따라서 고통에서 완전히 해방될 경우 쾌락주의의 목표는 달성되고, 그 이후로 우리는 쾌락에 변화를 줄 수 있을 뿐이지 그것을 증가시킬 수는 없다. 이 학설은 상식과 일반적 경험에 반한다. 그러나 이 중립적 감정을—내가 쾌락주의적 영점이라고 불렀던 것을—그것에서 때로는 고통에 빠졌다가 때로는 쾌락이 솟아오르는 우리 의식의 통상적 상태로 간주하는 것은 똑같이 잘못된 것이라고 생각한다. 자연은 사람에게 이처럼 인색하지 않다. 건강이 유지되고 고통과 지루한 일이 사라지고 나면, 내 경험으로는 거의 혹은 매우 중립적인 상태들이 빠르게 교차하면서 삶의 일상적이고 습관적인 기능의 단순한 수행이 흔히 쾌락의 적당한 원천이 된다. 그래서 아리스토텔

---

3) 키케로(Marcus Tullius Cicero), 『최고선악론(*De Finibus Bonorum et Malorum*)』(기원전 45년), 제1권 11장 §38을 참조하시오.

레스 이후의 그리스 윤리학자들 대부분은 그들이 존재의 이상적 상태로 간주했던 '무정념(apathy)'을 정말로 "단 하나의 쾌락도 없고 단 하나의 고통도 없는" 상태라고 상상하지 않았고, 차라리 그것은 철학적 마음을 가진 사람들 속에서 고도의 쾌락에 쉽게 도달할 수 있는 평온한 지적 관조의 상태였다고 감히 말할 수 있다.

§2. 우리는 여전히 쾌락과 고통 개념에 양적 비교에 필요한 정확성을 제공해야 한다. 이 논점의 논의에서, 그리고 쾌락주의에 대한 나머지 논의에서, 고통은 쾌락의 음량이라고 간주할 수 있기 때문에 쾌락에 대한 진술은 당연히 문구를 바꿈으로써 즉시 고통에도 적용될 수 있다고 가정하면서, 대개 쾌락에 대해서만 이야기하는 것이 편리할 것이다. 스펜서에 따르면,[4] 쾌락과 동등한 문구는 "우리가 의식으로 가져와 거기에 보존하고 싶어 하는 감정"이다. 이와 유사하게 베인은 "현실적 혹은 실제적 경험에서 쾌락과 고통은 원동력(motive power)과 동일한 것이라고 생각해야 한다"고 말한다. 그럼에도—쾌락이 보통 욕망을 자극한다고 인정하더라도—그것의 지속에 도움이 되는 행동에 대한 의지를 자극하는 정도에 정비례하여 내가 그것을 크거나 작다고 판단하는 것은 아니라고 보인

---

4) 허버트 스펜서, 『심리학 원리(*Principles of Psychology*)』(1870-1872), 2부 9장 §125.

다. 물론 베인이나 스펜서의 주장은 모든 쾌락은 현실적으로 느껴질 때 현실적으로 모종의 힘든 수고를 하도록 자극한다는 주장으로 이해되어서는 안 된다. 왜냐하면 이 주장은 휴식이나 따뜻한 목욕 등의 쾌락에는 해당되지 않기 때문이다. 이러한 경우에 그 자극은 잠복적이고 잠재적이라고 이해되어야 한다. 그것은 오직 쾌락의 중단과 감소를 막기 위하여 행동이 필요할 경우에만 현실로 드러난다. 그래서 노동 후에 휴식을 즐기는 사람은 자신의 현재상태에 대한 강한 집착과 그 상태를 바꾸려는 충동에 저항하는 잠복적 자세를 어렴풋이 의식한다. 더 나아가 웬만한 쾌락과 고통의 자극은 습관적 억압을 통하여 느끼지 않을 수 있다. 예컨대 습관적으로 절제하는 사람의 경우에 먹거나 마심의 쾌락을 늘리려는 자극은 보통 그 쾌락이 멈추기 전에 멈춘다. 그는 물릴 정도로 먹거나 마시려는 충동을 억제할 필요를 가끔만 느낀다. 오래 끌지만 웬만한 강도의 근심할 필요가 없는 고통은—예컨대 격렬하지 않고 오래 끄는 치통은—때로는 고통이라는 성격을 잃지 않으면서도 행동에 대한 느껴질 만한 자극을 상실하는 것처럼 보인다. 여기서도 그 자극은 당연히 잠복적이라고 생각할 수 있다. 왜냐하면 그 가벼운 치통조차 없애고 싶으냐고 물을 경우, 우리는 분명 그렇다고 답할 것이기 때문이다.

  매우 분명하고 강렬한 자극의 경우만 주목하더라도, 내가 보기에 베인이 "쾌락과 고통"을 원동력과 동일시한 것은 우리의 일반적인 경험적 판단과 정확히 일치하지 않는다. 베인 자신은 "갑작스런 큰 기쁨에 의하여 일어날 수 있는 일방적인 활동력의 불균형한 힘"을 "순간의 마력(魔力)이 정당화하는 것을 제외하고 아무런 노력도 불러일으키지 않는, 기쁨 속의 마음의 올바른 틀"과 대비시킨다.[5] 또한 그는 다른 곳에서 "우리의 유쾌한 정서들은 모두" 그것들을 둘러싼 "흥분된 분위기"를 통하여 "심히 마음을 붙들고 쾌락과 고통의 산정을 넘어서 '정념'이라는 상태로" 데려가는데, 이러한 상태에서 사람은 "쾌락의 정확한 값에 의해서만 움직이는" 것이 아니고 "마음을 사로잡는 흥분의 힘"에 의해서도 움직인다고 설명한다.[6] 사실 베인은 이 경우에서 "의지의 이러한 동요와 변칙은 **결코** 현실적 감정에서 나타나기 시작하는 것이 **아니**"라고 주장하는 것처럼 보인다.[7] 그러나 내가 보기에 자극적 쾌락은 현실적으로 느껴질 때에도 분명 그것의 강도에 비해서 너무 큰 의지적 자극을 발휘한다. 베인 자신도 이 점을 인정하는 것처럼 보이는 구절에서 "격한 쾌락과 고통이 광범위한 종류의 대등한 자극보다 더 강하게 의지를 자극한다"고 말한다.[8] 또한 내가 발견한 바로는, 어떤

---

5) 알렉산더 베인, 『정서와 의지』, 제3판, 392쪽.
6) 알렉산더 베인, 『정신과학과 도덕과학(*Mental and Moral Science*)』(1868), 제4권 4장 §4.
7) 같은 책, 제4권 5장 §4.
8) 같은 책, 제3권 1장 §8.

감정은—예컨대 일반적으로 간지럽다는 감각은—그것 자체의 제거를 강하게 자극하지만 전혀 고통스럽지 않거나 아주 약간 고통스럽다. 그렇다면 측정이라는 목적을 위해서는 쾌락을 우리가 의식에 간직하려는 종류의 감정이라고 정의하는 것은 명백히 부정확하다. "쾌락"이라고 표현되는 측정가능한 성질의 감정이 있는데, 이 감정은 의지와의 관계에서 독립적이고 그것의 단순성 때문에 전혀 정의할 수 없다고 말해야 하는가?—마치 우리가 다양한 정도로 의식하고 "달콤함(sweet)"이라는 낱말로 표현하는 감정의 성질처럼 말이다. 일부 저술가들은 이러한 견해를 가진 것처럼 보인다. 그러나 나 자신의 입장에서는, 쾌락 개념을 숙고할 때—쾌락을 내가 채택한 포괄적 의미로, 즉 열등하고 확실히 감각적인 즐거움과 더불어 가장 세련되고 미묘한 지적·정서적 만족감까지 포함하는 의미로 사용할 경우—이렇게 명명한 감정들에서 발견할 수 있는 유일한 공통적 성질은, 앞서 설명한 의미의 "바람직한"이라는 일반적 용어로 표현되는, 욕망과 의지에 대한 관계처럼 보인다. 따라서 나는 쾌락을—양적 비교의 목적으로 그것의 "엄밀한 가치"를 고찰할 때—지적 존재에 의하여 경험될 때 적어도 암묵적으로 바람직하다고 감지되거나—비교의 경우에는—선호할 만하다고 감지되는 감정이라고 정의하고자 한다.

여기서 새로운 물음이 나타난다. 이전 장에서 나는 쾌락주의의 근본가정을 다음과 같이 진술했다. 쾌락을 그것의 강도에 비례하여 선호하고 단순한 질적 차이가 이러한 선호의 근거보다 더 중요하다고 인정하지 않는 편이 합당하다. 이때 내가 의미한 바는 쾌락을 양과 대립되는 질을 근거로—'더 높은' 혹은 '더 고상한' 것으로서—선호하는 것이 현실적으로 가능하다는 것이다. 사실 이러한 비쾌락주의적 선호는 자주 일어나는 일이라고 일반적으로 생각된다. 그러나 방금 제시한—우리가 바람직하거나 선호할 만한 것이라고 이해하는 종류의 감정이라는—쾌락의 정의를 받아들일 경우, 덜 유쾌한 감정을 더 유쾌한 감정보다 더 선호할 만한 것이라고 생각할 수 있다는 말은 용어상의 모순으로 보인다.

이 모순은 다음과 같이 피할 수 있다. 어떤 감정의 유쾌함은 그것을 느끼는 개인만이 그것을 느끼는 순간에 직접 인지할 수 있다는 것은 일반적으로 받아들여질 것이다. 그래서 (내가 지금 논할 것처럼) 유쾌함의 평가가 관념적으로만 표상된 감정들과의 비교를 포함할 경우에는 그 표상의 불완전함 때문에 틀릴 수도 있지만, 단지 현재의 감정의 질만을 따질 경우에는 감성을 지닌 개인의 선호를 논박할 수 있는 사람은 아무도 없다. 그러나 유쾌함과 별개로 의식상태의 어떤 ('고귀함' 혹은 '세련됨' 같은) 선호할 만한 질에 대하여 판단할 때,[9] 우리는 그 개인뿐만 아니라 다른 사람들도 적용할

---

9) 한 쾌락이 다른 쾌락보다 질에서 우월하다는 말로 우리가 의미할 수 있는 바는 그것이 단지 유쾌하다고 간주될 때에만 선호할 만하다는 것임을 이미 관찰하

수 있는 공통적 기준에 의지하는 듯하다. 따라서 내가 내릴 수 있는 결론은, 한 종류의 쾌락이 다른 종류의 쾌락보다 덜 유쾌하지만 질적으로 우월하다고 판단될 때, 우리가 선호하는 것은 사실 그 감정 자체가 아니라 그 감정이 일어나는 심리적 혹은 물리적 여건이나 관계이고, 그것들은 우리의 일반적 사고에 의하여 인식할 수 있는 대상이라는 것이다. 왜냐하면 내가 생각 속에서 어떤 감정을 그것의 모든 여건과 동반현상으로부터—그것이 그 동일한 개인이나 다른 사람들이 나중에 가질 감정에 미치는 모든 결과로부터—구별하고 그것을 단일한 주체의 일시적 감정으로만 관찰할 경우, 내가 보기에 그 감정에서 우리가 유쾌함이라고 말하는 것과 다른 선호할 만할 성질을 발견할 수 없을 것이고 유쾌함의 정도는 그 감성을 지닌 개인만이 직접 인식할 수 있다.

만약 쾌락의 이러한 정의가 받아들여진다면, 그리고 앞서 제안한 것처럼 '궁극적 좋음'이 '궁극적으로 바람직한 것'과 동의어로 이해된다면, 윤리학적 쾌락주의의 근본명제는 주로 소극적 의미를 가진다는 것을 주목해야 한다. 왜냐하면 '쾌락은 궁극적 좋음이다'라는 진술은 그저 감성을 지닌 개인이 그것을 느끼는 순간에 바람직하다고 감지하는 바람직한 감정을 제외하고는 궁극적으로 바람직한 것은 아무것도 없다는 것을 의미할 뿐이기 때문이다. 그렇기

였다. 이러한 경우에 종류의 차이는 정도의 차이로 변한다.

때문에 쾌락을 하나의 사실로 인정하면서도 그것을 전혀 궁극적으로 바람직한 것으로 인정하지 않으려는 스토아학파의 성향을 가진 윤리학자는 이러한 정의를 받아들일 수 없다고 역설할 수 있다. 그러나 내가 생각하기에 그 윤리학자는 어떤 감정이 본질적으로 바람직하다는 암묵적 판단은 그 감정이 쾌락이라는 인식과 불가분하게 연결되어 있다는 점을 인정하는 동시에, 건전한 철학은 이러한 판단이 착각이라는 점을 보여준다고 주장해야 한다. 사실 이것이 실질적으로 스토아학파의 견해였던 것으로 보인다.

이 견해가 어떠하든, 나는 순수한 쾌락주의가 궁극적으로 합리적이라고 간주하는 선호는, 그 감정이 어떤 조건과 관계에서 일어나든, 감성을 지닌 개인이 그것을 느끼는 순간에 암시적 혹은 명시적으로 내린 평가에 따라서, 단지 감정으로서 평가된 감정에 대한 선호라고 정의되어야 한다고 생각한다. 따라서 내가 양적 쾌락주의(Quantitative Hedonism)라고 부르던 것의—궁극적 목적으로서 "고통에 대한 쾌락의 최대 잔여"의 채택에 함축된—근본가정은 단지 감정으로서 평가된 모든 쾌락과 고통은 감성을 지닌 개인이 인식할 수 있는 양수나 음수 등급의 바람직함을 가진다는 것이라고 말할 수 있다. 더 나아가 우리는 쾌락주의의 경험적 방법은 바람직함의 등급이 경험에서 명확히 정해진다고 가정해야만 적용될 수 있다는 사실을 관찰한다.

근본적 성질의 가정이 한 가지 더 있다. 이 가정은 순전히 이론적이라고 생각되는 쾌락주의적 계산법의 수용에는 포함되지 않지만, 그 계산법을 옳은 행위를 결정하는 실천적 방법으로 제시하는 경우에는 확실히 포함된다. 즉 그 가정은 예측과 계산을 통해서 우리가 쾌락을 증가시키고 고통을 감소시킬 수 있다는 것이다. 그 것을 형식적으로 진술하는 것은 아마 현학적이라고 생각될 수 있다. 사실 누구도 우리가 우리의 쾌락과 고통이 의존하는 조건을 어느 정도 인지할 수 있고 통제할 수 있다는 점을 부정하지 않을 것이다. 그런데 앞으로 볼 것처럼, 쾌락주의적 관찰과 계산의 실행은 필시 우리의 쾌락들을 전체적으로 혹은 그것들 중 가장 중요한 쾌락을 감소시키는 경향을 가지고, 그래서 우리가 최대 행복을 추구하거나 여하튼 과학적 정확성을 가지고 그것을 추구하려고 노력함으로써 그것을 얻을 수 있을지 의문시된다는 주장이 있다.

〈주해〉 때때로 인간은 고통에 대한 쾌락의 잔여를 현실적으로 획득할 수 있다는 것이 쾌락주의자의 필연적 가정이라고 생각된다. 이것은 극단적 비관주의자가 부정할 명제다. 그러나 삶은 언제나 대체로 고통스럽다는 결론이, 고통을 최소화하는 것이 가능하다고 인정할 경우, 그것을 궁극적 목표로 삼는 것이 불합리하다는 것을 입증하지 못할 것이다. 이 결론에 따르면 완벽한 이기주의자에게—그가 다음 생을 기대하지 않는 한에는—유일하게 합당한 행동은 필시 즉각적 자살일 것이다.

3장
경험적 쾌락주의 (계속)

§1. 쾌락을 감성을 지닌 개인이 그것을 느끼는 순간에 암시적 혹은 명시적으로—즉 감정으로만 고려할 때, 그리고 그것의 객관적 여건이나 결과와 무관하게, 혹은 그 감성을 지닌 개인 외에도 다른 사람들의 인식과 판단의 범위 안에 직접적으로 들어오는 사실과 무관하게—바람직하다고 감지되는 감정이라고 정의하자. 그리고 감정들은 일반적으로 이러한 관점에서 실천적 목적에 맞게 충분히 명확하게 비교될 수 있고, 명확한 정도로 다소 유쾌하다는 것을 경험적으로 알 수 있다고 잠정적으로 가정하자. 그렇다면 이기주의적 쾌락주의의 경험적-반성적 방법은 육체적·심리적 원인에 대한 우리의 지식이 우리에게 열려 있는 상이한 행위의 행렬들로부터 우리가 기대하도록 만드는 상이한 감정의 연쇄들을 미리 표상

하고, 모든 개연성을 고려할 때 이렇게 표상된 연쇄들 중 어느 것이 대체로 선호할 만하게 보이는가를 판단하고, 그것에 대응하는 행위의 행렬을 채택하는 것이다. 이 계산이 실행하기에는 너무 복잡하다는 반론이 있을 수 있다. 왜냐하면 미래에 대한 완벽한 예측은 다양한 정도의 개연성을 가진 수많은 우연들을 포함하고, 이러한 감정의 가능성들 각각의 쾌락주의적 가치를 계산하는 것은 끝이 없을 것이기 때문이다. 그럼에도 명백히 경솔한 모든 행위를 제외하고 개연성과 중요성이 낮은 우연을 무시함으로써, 우리는 정확성을 크게 잃지 않고 그 계산을 감당할 만한 한계 안으로 축소할 수 있다. 용병술과 의술처럼 더 명확한 목적을 가진 몇몇 기술들에서 우리가 하는 것처럼 말이다. 왜냐하면 행군을 지시하는 장군이나 거처를 바꾸라고 권하는 의사가 그들이 추구하는 목적과 관련된 모든 상황을 고려할 경우, 그들의 계산은 실행불가능해질 것이기 때문이다. 따라서 그들은 가장 중요한 것에 집중한다. 우리는 이와 유사하게 쾌락주의적 삶의 기술을 다룰 수 있다.

쾌락주의적 방법에 대한 훨씬 더 깊은 반론들이 있다. 몇몇 저술가들은 그 방법을 완전히 거부하는 극단적 입장을 역설한다. 이 반론들에 대한 면밀한 고찰이 그 방법 자체와 그것에서 합당하게 예상할 수 있는 결과를 분명하게 볼 수 있는 가장 편리한 방법으로 보인다.

나는 이제 이기주의적 쾌락주의에 대한 **내재적** 반론이라고 부를 만한 것, 즉 이기주의적 쾌락주의가 목표로 삼는 결과를 그것에 의하여 얻을 수 있을 가능성을 반박하는 논증에만 관여한다는 점을 알려두겠다. 우리는 지금 한 개인이 자신의 행복을 자신의 궁극적 목적으로 삼는 것이 합당한지, 혹은 이 목적의 채택과 그 개인의 현실적 존재 여건에서 연역된 행동규칙이 옳은 것에 대한 현행의 의견과 얼마나 일치하는지를 고찰하는 것이 아니다. 나의 작업계획에 따르면, 이 물음들은 미래의 고려사항으로 보류된다.[1] 당장 우리의 유일한 관심사는 합리적 방법으로서 쾌락주의의 내재적 실행불가능성을 밝히는 반론들이다.

우선 우리는 타당하기만 하다면 결정적이라고 인정할 수밖에 없는 반론과 마주친다. 그린(Thomas Hill Green: 1836-1882)은 "감정으로서의 쾌락은 감정들이 아닌 그것의 조건들과 구별되어 느껴질 수 없다"고 단언했다.[2] 그렇다면 합리적 쾌락주의는 확실히 불가능할 것이다. 그러나 이 명제는 상식과 경험적 심리학자의 보편적 가정에 똑같이 반하는 듯하다. 경험적 심리학자는 쾌락과 고통의 정신적·육체적 조건들을 정교하고 체계적으로 탐구하면서 필시 쾌락과 고통은 "감정들이 아닌 그것의 조건들"로부터 사유 속에

---

1) 제2권 5장과 제3권 14장, 그리고 이 논고의 종장을 보시오.
2) 흄의 『인간본성에 관한 논고(*Treatise on Human Nature*)』(1739-1740), 제2권에 대한 그린의 서론, §7을 보시오.

서 구별될 수 있다고 가정한다. 내가 발견한 바로는, 방금 인용한 저술가 자신도 후기의 한 논고[3]에서 장황하게 쾌락을 논하는데, 그 논의는 쾌락과 그것의 조건들 사이의 구별을 철저히 파악하고 꾸준히 관찰할 경우에만 이해할 수 있다. 실로 그는 이러한 종류의 구별을 매우 섬세한 단계까지 추진한다. 그가 우리에게 요구한 바는 "의지에 이르는 모든 욕망에서 추구되는 자기만족"을 "성취된 모든 자기만족 속의 쾌락"과 구별하라는 것이다. 반면 다른 윤리학자들은 자기만족을 일종의 쾌락으로 간주한다.[4] 쾌락을 자기만족과 구별할 수는 있지만 그것을 그것의 조건들로부터 구별할 수 없다는 주장은 너무 억지스런 역설이어서 논박할 필요가 없다고 보인다. 그린은 단지 쾌락은 감정들이 아닌 조건들로부터 떨어져 존재한다고 생각할 수 없고 그것의 조건들의 변화에 따라서 필연적으로 변한다고 말하려던 것일 수 있다. 이렇게 해석할 경우, 나는 그 진술을 부정하지 않는다. 그러나 그 진술은 쾌락이 그것의 조건들과 별개로 평가될 수 있는가, 혹은 상이한 조건들 아래에서 얻은 쾌락들이 양적으로 비교될 수 있는가 하는 물음과는 전혀 관계가 없다. 비극을 보거나 어릿광대극을 보면서 쾌락을 느낄 때, 나는

---

3) 『윤리학 서론』, §158.
4) 예컨대 『설교』 제11권에서 버틀러는 "모든 사람은 자신의 행복에 대한 욕망을 가진다. … [욕망하는] 대상은 우리 자신의 행복, 즐거움, 만족이다"라고 말한다.

그 두 경우에 질적으로 매우 다른 수많은 생각과 영상의 복합을 경험하지 않을 수 없다. 그러나 이 사실이 비극과 어릿광대극 중 어느 것이 나에게 대체로 가장 큰 쾌락을 줄지를 확실히 결정하지 못하게 만들지 않는다.

"쾌락의 가능한 최대 합계"가 행동의 최고 목적이라는 쾌락주의적 개념에 대하여 동일한 저술가가 제기한 또 다른 반론으로 나아간다. (그것은 "고통에 대한 쾌락의 가능한 최대 잔여"여야 한다. 그러나 그 차이는 지금의 논증에서 중요하지 않다.) 그는 이 문구가 "내재적으로 무의미하다"고 말한다. 그러나 이 말에 대하여 그가 제시한 정당화는 상이한 논고들에서 다르게 나타난다. 처음에 그는 "유쾌한 감정들은 증가할 수 있는 양들이 아니"라고 과감히 단언한다.[5] 왜냐하면 명백히 "[유쾌한 감정들] 각각은 다른 것이 시작하기 전에 끝나기" 때문이다. 후자의 진술은 시간의 부분들에도 똑같이 해당되지만, 시·일·년이 "증가될 수 있는 양들이 아니"라는 말은 당연히 어리석은 말일 것이다. 아마 『윤리학 서론』을 저술하기 전에 그린은 이 문제를 고려했을 것이다. 여하튼 후자의 논고에서 "유쾌한 감정의" 상태들은 "사유" 속에서 증가될 수 있다는 점을 인정하면서, 그는 그 상태들이 "향락이나 향락에 대한 상상" 속에서 증가

---

5) 흄의 『인간본성에 관한 논고』, 제2권에 대한 그린의 서론, §7.

될 수 있다는 점만은 부정한다.[6] 그러나 이것은 미래의 감정의 쾌락주의적 평가에 요구되는 모든 것을 인정한다. 어떤 쾌락주의자도 자신이 극대화하려는 행복을 한꺼번에 향유할 수 있는 무언가로 가정하거나 그것을 그렇게 향유할 수 있다고 상상하려 하지 않았다. 쾌락의 덧없음이 그것의 유쾌함을 감소시키지 않는 한—내가 곧 살펴볼 논점이다—쾌락주의적 목적을 연속적 부분들로 실현할 필요성이 그 목적을 실현할 가능성에 영향을 준다고 볼 수 없다. 또 다른 구절[7]에서, 그린은 "기준이라는 용도에 맞는" 어떤 "목적"은 필시 "사람들을 그 목적으로 더 가까이 끌어당기는 행동과 그렇지 않은 행동을 구별할 수 있게 해주는" 것이라고 주장하는 것처럼 보인다. 그러나 이 주장은 필시 어떤 "목적"이 서서히 그것에 다가간 후에 우리가 단번에 도달할 수 있는 결승선이나 극점을 의미하는 경우에만 사실일 것이다. 내가 생각하기에 윤리학적 저술가 일반은 그 낱말을 이러한 의미로 이해하지 않는다. 내가 그 낱말로 의미하는 바는—연속적 부분들로 획득하든 그렇게 획득하지 않든—합리적 목표의 대상일 뿐이고, 그것은 장래의 대상을 획득하기 위한 수단이 아니라 그 자체로서 추구되는 것이다. 어떤 사람의 장래의 고통에 대한 쾌락의 잔여가 곧 일어날 행동에 의하여 어

---

6) 『윤리학 서론』, §221.
7) 같은 책, §359.

떻게든 많아지거나 적어질 경우,[8] '최대 행복'이 단번에든 어떻게든 시간의 조건과 무관하게 소유할 수 있는 '최고의 좋음'만큼 행위의 유용한 기준을 제공하지 못할 이유는 없어 보인다.

§2. 만약 쾌락의 덧없음에 대한 의식이 그 순간 그것을 덜 유쾌한 것으로 만들거나 나중에 어떤 고통을 일으키고, 쾌락의 계획적 · 체계적 추구는 이러한 의식을 강화하는 경향이 있다는 주장이 경험을 통하여 증명된다면, 그 주장은 분명 이기주의적 쾌락주의의 방법에 대한 타당한 반론이 될 것이다. 이 견해는 (어디서도 분명히 제시하지 않지만) 위에서 인용한 저술가의 심중에 있었을 것으로 보인다. 왜냐하면 그는 "쾌락의 연속에서 자기만족을 찾는 것은 불가능하다"고 단언하기 때문이다.[9] 자기만족은 오래 지속되고 "스스로를 오래 지속한다고 생각하는" 자아를 위한 만족이기 때문에, 필시 그것은 어쨌든 비교적 항구적이기 때문이다.[10] 추측건대 자신이 찾는 곳에서 자기만족을 찾지 못한 쾌락주의자의 실망은 고통

---

8) 여러 문단에서 그린은 이것을 명백히 인정하는 듯하다. 예컨대 (§332) 그는 "좋은 성품에 유리한 조건들을 제공하기 위해서 필요한" 어떤 수단은 "대체로 삶을 더 유쾌하게 만드는 경향도 가진다"고 말한다. 또 다른 곳에서는 일정한 의무의 태만에서 발생하는 "고통에 의하여 영향을 받을 수 있는 사람들에게는 고통의 초과가 일어나리라는 것을 쉽게 보여줄 수 있다"고 말한다.

9) 『윤리학 서론』, §176.

10) 같은 책, §232.

혹은 쾌락의 상실을 동반한다는 것을 의미한다.[11] 만약 이것이 그러하다면, 그리고 이렇게 얻지 못한 자기만족을 다른 행동원칙을 결연히 채택함으로써 얻을 수 있다면, 분명 쾌락의 체계적 추구는 스스로 좌절될 위험에 놓인 것처럼 보일 것이다. 따라서 이것이 정말로 얼마만큼 사실인지를 면밀히 살펴보는 것이 중요하다.

나의 경험으로는 어떤 사람이 과거만큼 미래에도 귀중한 쾌락을 얻을 것이라는 충분한 전망을 가진 경우—혹은 그 사람 앞에 놓인 삶이 상당량의 행복을 제공할 경우에도—단지 쾌락의 덧없음이 심각한 불만의 원천은 아닌 듯이 보인다. 그러나 나는 모든 혹은 대다수 사람들에게 행복의 중요한 한 요소는—부나 사회적 지위나 가족이나 친구 같은 외부적 원천이든, 지식이나 문화 혹은 상당히 성공한 개인이나 단체의 복리에 대한 강렬하고 활발한 관심 같은 내부적 원천이든—"비교적 항구적" 쾌락의 원천을 소유하고 있다는 의식에서 나온다는 점을 의심하지 않는다. 그러나 나의 의견으로는 이것은 쾌락주의에 대한 반론이 되지 않는다. 쾌락주의적 관점에서 보면, "여러 반복적 향락들을 낳는 일정한 대상들, 쾌락의 항구적 원천들, 지속적 이익의 광범위한 무리들이 있다는 점을 지

---

11) 나는 이것을 긍정적으로 말할 수 없다. 왜냐하면—내가 말했던 것처럼—그린은 자기만족을 쾌락으로부터 분명히 구별하면서도, 자기만족의 결여에 고통이 동반된다고는 분명히 단언하지 않기 때문이다.

성을 통하여 발견하자마자, 더 작은 것보다 더 큰 것을 선호하는 합리적 의지는 필시 이러한 것들의 추구에 정력을 쏟을 것"이라는 점은 명백해 보인다.[12] 만약 이러한 쾌락의 항구적 원천들을 단지 쾌락주의적 목적을 위한 수단으로만 추구한다면, 그것들은 그것들을 통하여 추구하는 행복을 주지 않을 것이라고 대답할 수도 있다. 나는 이 말에 다소 동의한다. 그러나 우리의 충동들의 통상적 복잡성을 충분히 고려할 경우, 이 말은 쾌락주의 채택에 불리하게 작용하지 않고 단지 쾌락주의자가 경계해야 할 위험을 지적하는 것으로 보일 것이라고 생각한다. 이전 장[13]에서 나는 버틀러를 좇아서 엄밀히 말해서 쾌락을 향하는 충동과 쾌락을 목표로 삼지 않는 '타자-관계적' 충동—비록 우리의 많은, 어쩌면 대부분의, 쾌락은 후자의 충동의 만족에 있기에 그 충동의 존재에 의존하더라도—사이의 차이를 강조했다. 거기서 나는 그 두 종류의 충동은 많은 경우에 너무 양립불가능한 것들이어서 그것들이 동일한 순간의 의식에서 공존하는 것이 쉽지 않다고 논했다. 그러나 나는 우리의 활동의 일반적 여건에서 그 양립불가능성은 일시적일 뿐이고, 의식 속에서 그 두 충동의 일종의 교차적 순환에 의하여 실질적 조화를 얻지

---

12)   제임스 설리(James Sully), 『비관주의: 역사와 비판(*Pessimism: A History and A Criticism*)』(1877), 11장, 282쪽.

13)   제1권 4장.

못하도록 만들지 않는다고 덧붙였다. 이러한 조화가 방해받기 쉽다는 것은 부정할 수 없어 보인다. 한편 개인은 절박한 특정 욕망의 만족을 위하여 자신의 분명한 최대 행복을 희생시킬 수 있고 실제로도 그렇게 한다. 다른 한편 자기애는 그것이 목표로 삼은 행복을 고도로 달성하기 위해서 선재해야 하는 특정 대상들을 향한 '사심 없는' 충동의 건강하고 활발한 흐름과 공존할 수 없을 정도로 마음을 모두 빼앗는다는 점도 부정할 수 없는 듯하다. 그러나 이로부터 쾌락의 추구가 필시 자멸적이고 부질없는 일이라고 추론할 수 없다. 다만 인간본성의 법칙에 대한 적당한 지식과 더불어 적용될 경우, 이기주의적 쾌락주의의 원칙은 실천적으로 스스로를 제약한다고 추론할 수 있을 뿐이다. 즉 그것이 겨냥하는 목적을 달성하는 합리적 방법은 다소 그 목적을 숨기면서 직접적 목표로 삼지 않을 것을 요구한다. 앞서 나는 이 결론을 '이기주의적 쾌락주의의 근본역설'이라고 말했다. 비록 그것이 하나의 역설로 나타나지만, 지적한 위험성을 분명히 깨닫기만 하면 그것의 실현에는 아무 어려움이 없어 보인다. 왜냐하면 무엇을 추구하기 시작하든 사람들의 노력의 원래의 대상과 목표는 더 이상 보이지 않게 되고, 이 목적을 위한 수단을 목적 자체로 생각하게 되는 일은 사람들 사이에서 아주 흔한 경험이기 때문이다. 그래서 그들은 결국 부차적·파생적으로만 바람직한 것을 달성하기 위하여 본래의 목적을 희생하기도 한다. 만약 수단 속에서 과도하게 목적을 망각하는 것이 이렇게 쉽고 흔한 일이라면, 합리적 이기주의가 규정하는 정도까지 이렇게 하는 것이 어려워야 할 이유도 없다고 생각한다. 사실 그것은 온갖 종류의 여흥과 오락의 경우에서 평범한 사람들은 빈번히 행하는 일로 보인다.

일반적으로 우리의 욕망이 의지의 노력으로 생겨날 수 없는 것처럼—비록 그것이 어느 정도 의지에 의하여 억제될 수는 있지만—우리가 쾌락에 대한 욕망 외에 아무 충동도 없이 시작할 경우, 사실 다른 무언가를 목표로 삼음으로써 쾌락을 얻는다는 실천적 역설을 실행하는 것은 어려워 보일 수도 있다. 그러나 이 가상적 경우에도 어려움은 보기보다 크지 않다. 왜냐하면 우리의 정서적 본성에 따른 우리의 활동의 반응은, 우리가 흔히 어떤 목적의 달성에 노력을 집중함으로써 그것에 관심을 가지게 될 수 있다는 것이기 때문이다. 어떤 사람이 자신의 쾌락 외에 모든 것에 대하여 절대적으로 무관심한 상태로 시작한다고 가정하더라도, 그가 다른 욕망과 충동을 가지는 편이 가능한 최대의 쾌락의 달성에 필요하다고 확신할 경우, 그는 이러한 욕망과 충동을 일으키는 것에 성공할 수도 있다. 그러나 이러한 가정은 결코 현실적으로 실현되지 않는다. 이기주의적 원칙에 의거하든 다른 원칙에 의거하든 자신의 행위를 체계화하는 작업을 시작하면서, 모든 사람은 쾌락에 대한 단순한 욕망과는 다른 특정 결과의 달성을 위하여 특정 방향으로 자신의 의지를 몰아가는 수많은 상이한 충동들과 경향들이 자신 속에 있음을 의식한다. 그래서 그는 자신을 일정한 외부적 영향들 아래에 둘 수밖에 없고, 이 욕망들과 충동들은 아무 의지의 노력 없이도 작용하기 시작한다.

때로는 덕에 대한 사랑이나 개인적 애정이나 신을 사랑하고 신에게 복종하려는 종교적 충동처럼, 자기애의 우위와 양립할 수 없는 중요한 부류의 세련되고 고상한 충동이 있다고 생각된다. 여하튼 이러한 충동에 대한 일반적 견해에서 이러한 [양립불가능성의] 문제는 인식되지 않는 것처럼 보인다. 샤프츠베리를 추종하여 엄격히 사심 없는 사회적 애정을 기르는 것이 인간의 진정한 관심사라고 주장하는 학파의 윤리학자들은 이러한 애정의 존재와 합리적 자기애의 우위 사이의 본질적 양립불가능성에 주목하지 않았다. 이와 유사하게 진정 가장 행복한 삶으로서 종교적 삶을 권하는 기독교 설교자들도 각 사람 자신의 행복이 그에게 가장 가깝고 친밀한 관심사라는 신념과 진정한 종교가 대립한다고 생각하지 않았다.

다른 사람들은 종교적 의식과 인간애의 감정을 더 세련된 단계로 높이려는 듯하다. 이 단계에서는 더 엄격한 사심 없음이 요구된다. 그들은 최선의 형태에서 그 두 종류의 감정의 본질은 절대적 자기포기와 자기희생이라고 주장한다. 확실히 이것들은 아무리 조심스럽게 스스로를 제약하더라도 자기애와 양립불가능하게 보인다. 어떤 사람이 자신의 행복을 확보하려는 동시에 기꺼이 그것을 잃기를 바랄 수는 없다. 어떻게 자신의 행복을 잃으려는 마음이 그것을 확보하는 진정한 수단일 수 있는가? 자기애는 의식에서 그 자체의 돌출을 간접적으로 줄이는 정도가 아니라 그 자체를 직접적이고 서슴없이 절멸시킬 수 있는가?

내가 보기에 이러한 정서적 곡예는 불가능하다. 따라서 나는 합리적 이기주의의 원칙을 채택한 사람은 자아의 절대적 희생과 포기에 동반하는 특별한 쾌락을 스스로 단념한다고 인정할 수밖에 없다. 이 쾌락이 얼마나 훌륭한 것이든, 그것을 얻는 데 필요한 정서적 고양과 세련의 정점은 상당히 드문 것이어서, 행복에 대한 사람들의 일반적 평가에 거의 포함되지 않는다. 따라서 내가 생각하기에 합리적 이기주의에 대한 중요 반론은 이 특수한 의식과의 양립불가능성에 기초할 수 없다. 또한 자신의 행복에 대한 욕망이 가장 중요하고 규정적이라고 인정할 경우, 내가 생각하기에, 그 결과로 행복을 고도로 달성하는 데 필요한 충동과 정서적 능력의 감소와 고갈로 인하여 그 욕망은 필시 그것 자체의 목표를 좌절시킨다는 견해는 인간의 일반적 경험을 통하여 입증되지 않는다. 비록 그 견해는 확실히 이러한 방향의 심각하고 미묘한 위험상태를 보여주지만 말이다.

§3. 쾌락주의적 비교의 지속적 실행에서 필연적으로 생기는 마음의 습관이 때로는 쾌락주의적 목적의 달성에 불리하다고 생각되는 또 다른 방식이 있다. 그것은 쾌락을 반성적으로 관찰하고 검토

하는 습관과 쾌락을 정상적으로 충만하고 강렬하게 경험하는 능력 사이에 있다고 상정되는 양립불가능성에서 나온다. 우리의 쾌락의 상이한 등급들을 관찰하려고 그것에 계속 주의를 기울이는 것이 이 감정 [즉 쾌락] 자체에 어떤 영향을 미칠 수 있을지를 고찰하는 것은 분명 중요해 보인다. 이 탐구는 언뜻 보기에 쾌락에 대한 우리의 견해에서 화해할 수 없는 모순으로 인도하는 것처럼 여겨진다. 왜냐하면 쾌락이 오직 그것이 느껴질 때에만 존재할 경우, 그것을 더 많이 의식할수록 우리는 더욱더 많은 그것을 가질 것이기 때문이다. 그리고 쾌락에 더 많은 주의를 기울일수록, 우리는 그것을 더욱더 충만하게 의식할 것으로 보인다. 반면에 "지식과 감정"은 (인식과 쾌락 혹은 고통은) 항상 "반비례한다"는 해밀턴(Sir William Hamilton: 1788-1856)의 진술은 언뜻 보기에 우리의 일반적 경험과 일치한다. 왜냐하면 의식의 순전히 인식적 요소는 유쾌하지도 고통스럽지도 않아 보이고, 따라서 우리의 의식이 더 많은 인식으로 채워질수록 감정을 위한 공간은 더 적어질 것으로 보이기 때문이다.

이 견해는 우리의 의식의 총 강도가 일정량이라는 가정에 의존한다. 그래서 의식의 한 요소가 양수로 증가할 경우, 나머지 요소들은 양수로—또한 상대적으로—감소한다. 우리의 경험은 이러한 일반적 가정을 세울 만한 타당한 근거를 제공하지 않는 것으로 보인다. 오히려 우리 삶의 어떤 순간에는 지성과 감정이 동시에 약해지는 것처럼 보인다. 그래서 동일한 정신적 자극이 양자를 동시에 강화시킬 수도 있다.

우리의 의식이 정상적으로 수용할 수 있는 최고 강도에 도달한 매우 강렬한 감정은 흔히 동시발생의 인식적 활동의 타격으로 감소한다는 것도 사실로 보인다. 따라서 인식적 관심이 강렬해지고 간절해지는 정도에 비례하여 인식된 대상이 오그라들고 축소되는 것처럼 보이는 것이 우리의 정서에 대한 정확한 관찰을 방해하는 일반적 문제다. 우리는 어떻게 이 문제를 먼저 주장했던 명제, 즉 쾌락은 우리가 그것을 의식할 때에만 존재한다는 명제와 화해시킬 수 있는가? 이 물음에 대한 답은 다음과 같아 보인다. 현재의 감정에 대한 단순한 의식은—명확한 대표적 요소들과 별개로—그것을 필수적이고 불가분한 조건으로 삼는 감정을 감소시킬 수 없다. 하지만 내성적 인식(introspective cognition)에서 우리는 현재의 감정을 넘어서 기억된 혹은 상상된 감정들과 그것을 비교하고 구별한다. 이 다른 [기억된 혹은 상상된] 감정들을 표상하고 비교하는 활동은 현실적 쾌락의 단순한 직각적 의식을 감소시키는 경향이 있다.

나의 결론은 쾌락을 관찰하거나 평가하려는 시도에 의하여 실제로 그것이 감소될 위험이 있다는 것이다. 그러나 그 위험은 매우 강렬한 쾌락의 경우에만, 그리고 이러한 시도가 현실적 향락의 순간에 이루어지는 경우에만 발생하는 것으로 보인다. 삶의 가장 즐거운 시기들 사이에는 종종 거의 중성적 감정의 막간들이 되풀이되고, 그 막간들에서 최근의 쾌락들은 별다른 손상 없이 비교되고 평가될 수 있기 때문에, 나는 이러한 위험에 근거를 둔 반론을 아주 중요하다고 생각하지 않는다.

§4. 내가 보기에 더 심각한 반론은 명확하고 신뢰할 만한 결과를 가지고 쾌락주의적 기준의 채택이 필요로 하는 고통과 쾌락의 포괄적이고 방법론적인 비교를 수행할 수 있을 가능성에 대한 반론이다. 사람들이 쾌락과 고통을 그것들의 강도라는 면에서 습관적으로 비교한다는 것은 결코 의심할 수 없다. (예컨대) 하나의 의식상태에서 다른 의식상태로 옮겨갈 때나 어떻게든 먼 과거의 의식상태를 기억해낼 때, 흔히 우리는 서슴없이 현재의 상태가 과거의 상태보다 다소 더 유쾌하다고 선언한다. 아니면 어떤 유쾌한 경험은 그것을 얻는 데 드는 수고나 그것에 따르는 고통을 감내할 '가치가 있지'만, 다른 유쾌한 경험은 그럴 '가치가 없다'고 선언한다. 이러한 선언을 인정하더라도, 여전히 다음과 같이 주장할 수 있다. (1) 이렇게 일상적으로 수행하는 비교는 우연적이면서 매우 대략적이다. 그것은 체계적 쾌락주의가 요구하는 만큼 확장될 수도 없고, 질적으로 얼마나 다르든지 모든 가능한 상태에 정확히 적용될 수도 없다. (2) 흔히 그러하듯이 그것은 결코 정확한 양을 측정할 수 없는 착각에 빠질 수 있음에도, 우리는 그것의 존재를 계속 인정할 수밖에 없다. 플라톤도 이러한 착각을 **현재**의 쾌락에 대한 의식의 명백한 증언을 의심할 근거로서 강조했다. 플라톤은 열등한 육

체적 쾌락의 외견상의 강도는 착각이라고 생각했다. 왜냐하면 이러한 의식상태가 고통 뒤에 올 경우, 그것은 사실 고통이 제거된 상태, 정확히 말해서 유쾌하지도 고통스럽지도 않은 중립적 상태일—내가 쾌락주의적 영점이라고 불렀던 것의 사례일—뿐이고, 앞선 고통과의 대조로부터 유쾌한 것처럼 보이는 것일 뿐이기 때문이다.

이 주장에 대한 응답은 쾌락의 평가에서 의식의 즉각적 판결에 불복하는 항소는 상상할 수도 없다는 것이었다. 말하자면 여기서는 현상적인 것이 실재적인 것이다—우리가 그것으로부터 구별할 수 있는 다른 실재적인 것은 없다. 현재상태에만 관여하는 한에서, 내게는 이것이 사실로 보인다. 그러나—방금 주목한 문제, 즉 어떤 쾌락을 느끼는 동안 그것을 감소시키지 않고 관찰하는 문제와는 별개로—쾌락의 강도에 대한 어떤 평가에서든 우리가 필시 그것을 다른 상태와 비교하리라는 것은 명백하다. 후자는 일반적으로 현실적 감정이 아니라 하나의 표상일 것임에 틀림없다. 왜냐하면 우리는 때때로 둘 혹은 그 이상의 쾌락을 동시에 경험할 수 있지만, 이러한 경우에 우리가 거의 그것들을 만족스럽게 비교할 수 없기 때문이다. 왜냐하면 그 두 [쾌락의] 원인이 서로 간섭하여 어느 것도 정상적 강도에 도달하지 못하기 때문이거나, 더 흔한 경우로 그 둘이 하나의 유쾌한 의식상태로 뒤섞여 그 상태의 요소들을 따로따로 평가할 수 없기 때문이다. 그러나 우리의 비교에서 어쩔 수 없이 적어도 하나의 항이 상상의 쾌락이어야 할 경우, 우리는 이러한 비교에 오류의 가능성이 있다는 사실을 발견한다. 왜냐하면 상상의 감정은 그것에 대응하는 현실적 감정의 유쾌함을 충분히 표상하지 못할 수 있기 때문이다. 그 타당성을 논하고 있는 이기주의적 비교에서 첫째로 비교할 대상들은 모두 의식에 표상된 요소들이다. 왜냐하면 우리는 둘 혹은 그 이상의 가능한 행동 가운데서 선택하고, 그 결과로 일어날 미래의 감정을 예측하길 바라고 있기 때문이다.

이러한 비교가 일상적으로 수행되는 방식을 더 자세히 검토해보자. 그러면 우리는 그것을 신뢰하지 못할 확실한 근거가 무엇인지를 알 수 있을 것이다.

실천적 목적을 위하여 우리에게 열려 있는 여러 쾌락들의 가치를 평가하면서, 우리는 흔히 장래에 대한 우리의 상상을 가장 신뢰한다. 우리는 스스로를 미래로 투사하여 가상적 조건하에서 이러이러한 쾌락이 얼마만큼이 될지를 상상한다. 의식적 간섭을 수반하는 한에서, 이 상상은 주로 과거의 쾌락에 대한 우리 자신의 경험에 의하여 결정되는 것으로 보인다. 때로는 단일한 주요 쾌락의 특수한 사례들이 우리에게 명확히 기억되는 것처럼 보이지만, 과거의 쾌락은 보통 포괄적으로 혹은 큰 집합체로 상기된다. 그러나 우리는 부분적으로 공감에 의하여 가져온 다른 사람들의 경험에 의해서도 영향을 받는다. 여기서도 우리는 확실히 때때로 개인들에 의하여 우리에게 전달된 특수한 경험에 의지하고, 때때로 인간의 공통적 경험을 표상한다고 생각되는 전통적 일반화에 의지한다.

이러한 과정이 오류에서 자유로울 수는 없어 보인다. 사실 누구도 그것이 오류에서 자유롭다고 주장하지 않는다. 사실 도덕주의자들은 사람의 쾌락 예측이 빈번히 틀린다는 점을 가장 강조해왔다. 우리 각자는 종종 자신의 실수를 인정한다. 우리 각자가 스스로 보지 못한 오류, 즉 자신의 경험에 대한 오해에서 발생하거나 다른 사람의 경험에 대한 무지나 무시에서 발생하는 오류를 다른 사람의 탓으로 돌리는 일은 훨씬 더 흔한 일이다.

어떻게 이러한 오류를 제거할 수 있는가? 당연한 대답은 방금 기술한 것과 같은 대체로 암시적인 본능적 추론을 더 과학적인 추론의 과정으로 대체해야 한다는 것이다. 즉 우리 자신과 다른 사람의 경험에 대한 충분한 수의 면밀한 관찰에 기초한 귀납적 일반화에서 일정한 상황에서 미래에 얻을 쾌락이나 고통의 개연성을 연역함으로써 이 오류를 제거할 수 있다는 말이다. 그렇다면 다음과 같이 물어야 한다. 첫째, 우리 각자는 쾌락과 고통에 대한 자신의 과거의 경험을 얼마만큼 정확히 평가할 수 있는가? 둘째, 과거[의 쾌락]에 대한 지식이 우리 각자가 미래에 얻을 수 있는 최대 행복을 얼마만큼 정확히 예측할 수 있도록 도와주는가? 셋째, 우리 각자는 이러한 예측을 위하여 다른 사람의 과거의 경험을 얼마만큼 이용할 수 있는가?

이 물음들 중 첫 번째 것과 관련하여, 일반적으로 쾌락과 고통을 이러이러한 원천에서 끌어낸다는 것을 아는 것만으로는 충분하지 않다는 점을 기억해야 한다. 우리는 각 감정의 긍정적 혹은 부정적 정도를 대략 알아야 한다. 우리가 그것에 대하여 양적 평가를 내릴 수 없을 경우—적어도 경험적 방법에 의하여—우리의 **가능한 최대** 행복을 달성하려는 시도는 쓸모없는 일이다. 따라서 각각의 쾌락이 일어날 때나 상상으로 되살려냈을 때, 우리는 그것을 다른 상상의 쾌락과 비교해야 한다. 문제는 이러한 비교가 얼마만큼 신뢰할 만하다고 간주될 수 있는가이다.

이제 나의 입장에서는, 나의 쾌락과 고통을 숙고하면서 그것들을 강도의 면에서 비교하려고 시도할 때, 각 쾌락이나 고통을 따로따로 가장 단순한 형태로 고려하더라도—그 비교가 그 쾌락들 중 하나를 경험하는 순간에 이루어지는 것이든 상상으로 되살려낸 두 의식상태 사이에서 이루어지는 것이든—내가 이 비교에서 획득할 수 있는 분명하고 확실한 결과는 매우 제한적이다. 이것은 내가 동일한 종류의 감정들을 비교할 때에도 해당된다. 감정의 종류가 달라질수록 모호함과 불확실성은 증가한다. 특히 확실하고 뚜렷하다고 생각되는 감각적 만족에서 시작해보자. 내가 훌륭한 만찬을 즐기고 있다고 가정해보자. 내가 한 종류의 요리나 와인이 다른 종류의 요리나 와인보다 나에게 더 많은 쾌락을 주는지를 자문할 경우, 때로는 결정을 내릴 수도 있지만 그러지 못하는 경우가 아주 흔할 것이다. 그래서 내가 행할 수 있는 두 방식의 육체적 활동을 숙고하는 경우, 그리고 어느 하나가 현저하게 유쾌하거나 지루한 경우, 나는 자연히 그것에 주목한다. 그 활동들의 유쾌함이나 고통스러움을 판정하면서 이보다 더 나아가는 것은 나에게 자연스럽지 않은 일이고, 이렇게 하려는 시도가 분명한 확인에 도달하지도 않는 듯이 보인다. 지적 활동과 현저히 정서적인 의식상태도 이와 유사하다. 비교되는 감정들의 원인과 성질이 유사하더라도, 쾌락주의적 비교가 확실한 결과를 얻는 것처럼 보이는 경우는 유쾌함의 차이가 큰 경우뿐이다. 그러나 상이한 종류의 쾌락들을 어떤 척도로 배열하려고 시도할 때, (예컨대) 노동과 휴식, 흥분과 평온, 지적 활동과 정서적 토로, 과학적 이해의 쾌락과 선행의 쾌락, 사회적 확장의 기쁨과 심미적 감수의 기쁨을 비교하려고 시도할 때, 나의 판단은 훨씬 더 주저하고 동요하며, 대부분의 경우 자신만만한 결정을 내릴 수 없다. 이것이 벤담이 '순수한'—즉 무고통의—쾌락이라고 부른 것에서도 사실일 경우, 이것은 쾌락 쪽이 더 무겁기는 하지만 일정량의 고통이 쾌락과 섞여 있는 훨씬 더 일반적인 의식상태에서는 더욱더 사실일 것이다. 두 상이한 만족상태 중 어느 것이 더 큰 쾌락인지 말하기 어려울 경우, 혹독하지만 기대에 부푼 긴장의 상태나 고통스러운 장애물의 성공적 극복과 평온한 만족의 상태를 비교하는 것은 더욱더 어려운 일처럼 보인다. 아마 순수한 쾌락을 순수한 고통과 비교하고, 그것들이 동시에 일어나지 않을 경우에 우리가 한 종류의 감정의 얼마만큼이 일정량의 다른 종류의 감정에 의하여 상쇄된다고 생각하는지를 말하는 것은 훨씬 더 어려운 일일 것이다. 게다가 우리가 본 것처럼 동시에 일어난 감정들의 평가는 그것들 각각의 원인들의 상호간섭 때문에 일반적으로 만족스럽지 못하다.

§5. 이러한 판단들이 분명하고 확실하지 않을 경우, 그것들의 일관성은 더욱더 적을 것이다. 지금 어떤 종류의 쾌락의 가치에 대한 한 사람의 평가가 다른 사람의 평가와 다르다는 말을 하려는 것이 아니다. 왜냐하면 감성을 지닌 각 개인이 자신의 감정의 유쾌함과 고통스러움에 대한 최종 심판자라고 가정했고, 따라서 이러한 종류의 불일치가 그 판단들의 타당성에 영향을 미치지 못하고, 누군가가 다른 사람의 경험을 이용하려고 시도하기 전까지는 아무 문제도 일으키지 않기 때문이다. 내 말은 자신의 쾌락들의 상대적 가치에 대한 각 개인의 판단은, 설령 그것이 동일한 과거의 경험에 관련된 것이더라도, 상이한 순간에 달라질 수 있다는 것이다. 그리고 이 변화는 모든 특수한 비교의 타당성을 신뢰하지 못할 정당한 근거라는 것이다.

이 변화의 원인은 부분적으로 표상된 감정의 본성에서 기인하고, 부분적으로 그 표상을 만드는 순간의 마음의 전반적 상태에서 기인하는 것으로 보인다. 전자부터 시작해보자. 우리가 발견한 바로는, 상이한 종류의 과거의 쾌락들과 고통들이 상상에서 똑같이 되살아나는 것은 아니다. 일반적으로 말해서 더 정서적이고 더 표상적인 고통이 더 감각적이고 직각적인 고통보다 더 쉽게 되살아난다. 예컨대 이 순간에 나로서는 어떤 과거의 뱃멀미보다 먼저 일어난 예상의 불쾌감을 상상하는 것이 현재의 뱃멀미의 고통을 상상하는 것보다 훨씬 더 쉬운 일이다. 비록 나는—그 순간에 내린 판단의 회상으로부터—후자에 비하면 전자의 고통은 사소한 것이었다고 추론하지만 말이다. 우리가 과거의 곤경이나 고생이나 불안을 약간 시간이 흐르고 나서 되돌아볼 경우에 그것이 종종 유쾌한 것처럼 보이는 것은 이러한 원인에서 기인하는 듯하다. 왜냐하면 그 흥분, 즉 고통스러운 투쟁에 수반하는 삶에 대한 고조된 감각은 그 자체로만 보면 유쾌한 것일 수도 있기 때문이다. 우리가 다시 떠올리는 것은 고통보다는 그 흥분이다. 쾌락의 평가에서 변화의 다른 원인은 더 눈에 띈다. 우리는 정신적 혹은 육체적 조건의 변화에 따라서 쾌락에 대한 우리의 평가에서 이따금씩 혹은 주기적으로 발생하는 변화를 의식한다. 예컨대 포만의 상태에서는 우리는 욕구의 만족을 적절히 평가할 수 없다는 것과 욕망의 상태에서는 그 만족을 과장하기 쉽다는 것은 욕구의 만족과 관련된 일반적 소견이다. (나는 앞선 욕망의 강도가 실현의 쾌락을 강화한다는 점을 부정하지 않는다. 그래서 이 쾌락은 플라톤이 생각했던 것처럼 더 크게 **보이는** 것만이 아니라 선행 욕망의 세기 덕분에 현실적으로 더 큰 것이다. 그럼에도 강렬하게 욕망한 쾌락이 종종 기대에 어긋나는 경우를 발견하는 것은 일반적인 경험이다.)

우리의 욕구가 그것에 대응하는 쾌락과 연결되듯이 일정한 고통과 연결되고 육체적 원인에 의하여 결정되는 특별한 반감의 상태는 없어 보인다. 그러나 대다수 사람들은 어떤 고통에 대한 예상에 의하여 우리가 공포라고 부르는 강렬한 반감의 상태에 빠질 수 있고, 그렇기 때문에 이 고통을 더 침착한 기분에서 판단했을 때보다 더 나쁜 것으로 평가할 수도 있다.

더 나아가 어떤 종류든 고통이나 불안을 느낄 때, 우리는 아주 다른 종류의 고통을 과소평가하는 경향을 보인다. 그래서 우리는 휴식의 가치를 평가하면서 그것의 **권태**를 무시할 위험에 빠질 수 있는 반면, 안전의 지루함은 위험과 뒤섞인 과거의 흥분을 거의 순수하게 유쾌한 것이라고 생각하게 만든다. 또한 유쾌한 특정 활동에 열중할 때, 우리는 이것과 다른 활동에 동반하는 쾌락을 비난하는 경향을 보인다. 그것은 경우에 따라서 열등하거나 천박하게 보인다. 이 현상은 어떤 쾌락을 경험하는 순간에 그것의 정확한 정도를 알아차린다는 주장에 대한 근본적 반론이 된다. 종종 유쾌한 활동의 완전한 상태를 구성하는 필수적 요소인 것처럼 보이는 간절한 욕망은 일반적으로 유사한 편향을 수반한다. 사실 단일한 결과 혹은 단일한 집합의 결과들에 우리의 생각을 집중하게 만드는 강렬한 흥분은—그것이 반감의 흥분이든, 공포의 흥분이든, 희망의 흥분이든, 긴장의 흥분이든—우리가 이질적 쾌락들과 고통들을 모두 평가할 수 없게 만든다. 더 일반적으로 말해서, 우리는 우리가 그것을 상상하는 순간에 경험할 수 없는 종류의 쾌락을, (예컨대) 피곤한 하루의 끝에 지적 혹은 육체적 활동의 쾌락을, 혹은 특별한 정서에 대한 우리의 감수성이 일시적으로 고갈된 때에 그 정서적 쾌락을, 아주 강렬한 쾌락이라고 상상할 수 없다. 그러나 종종 철학자들이 생각한 것처럼 침착하고 냉정한 상태에서 평가함으로써 오류를 예방하는 일은 쉽지 않다. 왜냐하면 많은 쾌락들은 그것들을 최고 강도로 경험하려면 선행하는 욕망뿐만 아니라 열의와 매우 강렬한 흥분을 필요로 하고, 완벽한 평온의 상태에서는 우리가 그것들을 충분히 감지할 수 없기 때문이다.

§6. 이러한 고려사항들은 이전 장에서 진술한 경험적인 양적 쾌락주의의 가정의 범위를 더 분명하게 밝혀준다. 즉 (1) 우리의 쾌락과 고통은 각각 일정한 정도를 가진다는 가정과 (2) 이 정도는 경험적으로 인지할 수 있다는 가정이다. 첫째, 만약 쾌락이 그것이 느껴질 때에만 존재한다면, 모든 쾌락과 고통은 명확한 강도의 양 혹은 정도를 가진다는 믿음은 실증적·경험적 검증이 불가능한 선험적 가정으로 남을 수밖에 없다. 왜냐하면 쾌락은 같은 종류의 다른 감정이나 다른 종류의 감정과 비교될 때에만 그 정도를 가질 수 있기 때문이다. 이러한 비교는 상상으로만 가능하기 때문에 그것을

통해서는, 일반적으로 말해서, 어떤 감정들이 그것들이 따로따로 느껴졌을 때와 똑같이 함께 느껴질 수 있을 경우에 한 감정이 다른 감정보다 일정한 비율로 더 바람직하게 보일 것이라는 가설적 결과만 얻을 수 있다. 게다가 이 상상적 결과를 실재의 타당한 표상이라고 간주할 근거가 무엇인가 하는 질문을 받을 경우, 우리는 그것의 일반적 타당성에 대한 믿음은 경험에 대한 반성에서 불가항력적으로 제시된 것이고, 어쨌든 경험에 의하여 반박되지 않는 채로 남아 있다고 말할 수밖에 없다.

둘째, 우리의 쾌락과 고통 각각이 정말로 일정 정도의 유쾌함이나 고통스러움을 가진다고 인정하더라도, 우리에게 이 정도를 정확히 측정할 수단이 있는가 하는 물음이 남는다. 마음이 항상 모든 종류의 쾌락을 상상하기 위한 완벽히 중립적이고 무색(無色)의 매개체 상태로 있다고 가정할 이유가 있는가? 경험이 확실히 보여주는 바로는, 우리가 특정한 종류의 감정을 좋아하거나 싫어하는 분명한 편향을 갖도록 만드는 기분들이 자주 발생한다. 이러한 종류의 편향이 항상 있을 것 같지 않은가? 그래서 우리는 항상 다른 쾌락과 고통보다 일정한 종류의 쾌락에 더 동조하고 일정한 종류의 고통에 더 민감할 것 같지 않은가? 내가 생각하기에, 완벽한 사심 없음의 영점으로부터 양수와 음수로 측정되는 바람직함의 척도에서 각 종류의 감정의 위치에 대한 정확한 인식은 기껏해야 하나의 이상일 뿐이고, 우리는 자신이 그 이상에 얼마나 가까이 접근하는지 결코 말할 수 없다는 점을 인정해야 한다. 그럼에도 판단의 변화와 기대의 좌절에서 우리는 대략적으로나마 그 원인을 추적하여 참작할 수 있는 오류들을 경험하고, 생각 속에서 상상의 결함들을 바로잡는다. 우리가 실천적 지침을 위하여 필요로 하는 것은 과거의 개별적 경험이 아니라 일정한 상황이나 조건하에서 얻는 어떤 종류의 쾌락이나 고통의 가치를 평가하는 것이기 때문에, 상이한 순간들과 상이한 기분들에서 수많은 관찰들과 상상적 비교들을 수행함으로써 이러한 평가의 오류가능성을 다소 줄일 수 있다. 이 [관찰들과 비교들이] 일치하는 한에서, 우리는 정당하게 그 결과에 대한 확신의 증가를 느낄 수 있다. 그것들이 맞지 않는 한에서, 그 상이한 평가들을 평균함으로써 적어도 우리의 가능한 오류들을 줄일 수 있다. 그러나 이와 같은 방법이 가정된 진리에 대한 대략적 근사치 이상을 가져다주리라고 기대할 수 없다는 점은 명백하다.

§7. 우리는 과거의 쾌락이나 고통의 쾌락주의적 가치에 대한 우리의 평가가 정확히 계산할 수 없는 상당량의 오류에 빠질 수 있다는 결론을 내려야 한다. 왜냐하면 상이한 감정들의 표상된 유쾌함은 표상하는 마음의 현실적 여건의 변화에 따라서 동요하고 무한정 달라지기 때문이다. 이제 유사한 이유로 과거의 쾌락들에 대한 우리의 비교에서 이러한 오류의 원천을 충분히 감안하여 배제할 수 있다고 가정하더라도, 그것이 과거로부터 미래를 입증하는

일에 개입할 수 있다는 점을 주목해야 한다. 왜냐하면 특수한 쾌락들을 받아들이는 우리의 능력은 우리의 계산 자료를 형성하는 경험 이후에 막 변하려던 참이었거나 실제로 변했을 수도 있기 때문이다. 우리는 우리의 체질의 보이지 않는 변화에 의하여 과거의 쾌락에 대한 포만의 지점에 도달했거나 그것에 대한 감수성을 잃었을 수도 있다. 혹은 그 쾌락과 불가피하게 연결된 고통에 대한 감수성을 증가시켰을 수도 있다. 혹은 삶의 변화된 여건이 우리 안에 새로운 욕망과 반감을 일으켰을 수도 있고, 행복의 새로운 원천에 상대적 중요성을 부여했을 수도 있다. 혹은 우리가 지금 결정하려던 행위방침이 완결되기도 전에 이러한 변화들 중 어느 하나나 모두가 일어나리라고 예상될 수도 있다. 한 소녀의 쾌락에 대한 가장 면밀한 평가도 (그 소녀가 이러한 평가에 필요한 비범한 숙고의 습관을 가지고 있다고 가정하더라도) 젊은 여성에게는 크게 도움이 되지 않을 것이다. 청년 시절의 쾌락주의적 계산은 나이를 먹으면서 변화를 필요로 한다.

이렇게 예상하면서도 자신의 경험에 철저히 의존할 수 있거나 실제로 그렇게 하는 사람은 아무도 없다고 말할 수 있다. 새로운 상황과 영향, 즉 시도해보지 않은 행위규칙과 삶의 방식이 자신의 행복에 미치는 개연적 결과를 평가하려고 시도할 때, 그는 항상 부분적으로 다른 사람들의 경험으로부터 논한다. 내가 생각하기에 이것은 일반적으로 사실이다. 그러나 다른 사람들의 경험으로부터의 추론을 포함하면서 우리는 불가피하게 새로운 오류의 가능성을 끌어들인다. 왜냐하면 이러한 추론은 사람들의 본성이 유사하다는 가정에서 출발하는데, 그 가정은 결코 정확한 진실이 아니고, 우리는 결코 그 가정이 얼마만큼 진실에 미치지 못하는지를 정확히 알 수 없기 때문이다. 그래도 우리는 유사한 원인에 의하여 상이한 사람들에게 일어나는 감정들 사이의 현저한 차이에 대한 충분한 증거를 가지고 있고, 그 증거는 위의 가정이 많은 경우에 완전히 잘못된 것임을 납득시키기에 충분하다. 이러한 근거에서 철학자의 삶이 감각주의자의 삶보다 더 많은 쾌락을 얻는다고 주장하는 플라톤의 이유는 명백히 불충분하다. 플라톤은 철학자가 감각적 종류의 쾌락과 지적 종류의 쾌락을 모두 시도하고 철학적 삶의 즐거움을 선호한다고 논한다. 따라서 감각주의자는 철학자의 결정을 신뢰하고 그를 본보기로 삼아야 한다. 그런데 그 철학자의 체질이 감각적 즐거움을 상대적으로 약화시키는 체질이 아니라고 누가 단언할 수 있는가? 다른 한편으로 그 감각주의자의 마음은 철학자의 즐거움의 옅은 그림자밖에 얻지 못할 수도 있다. 일반적으로 말해서 어떤 다른 사람의 경험의 인도를 받을 경우, 우리는 그 사람이 자신의 감각을 관찰하고 분석하고 비교함에 있어서 전반적으로 정확하다고 믿어야 할 뿐만 아니라, 문제시되는 상이한 종류의 쾌락들과 고통들에 대한 그 사람 나름의 감수성이 우리 자신의 감수성과 일치한다고 믿어야 한다. 그 사람이 내성적 관찰에 미숙할 경우, 그는 자신의 행복의 외부적 여건에 대해서도 잘못 알 수 있다. 그리하여 그의 경험의 전달이 완전한 오해를 자아낼 수 있다. 그가 자기감정의 원인을 얼마나 정확하게 분석하고 판단하든, 유사한 원인이 우리에게 유사한 결과를 낳을지는 언제나 불확실하다. 우리의 조언자가 몇몇 비교할 쾌락들이나 고통들을 먼 과거로부터 기억해내야 할 경우, 불확실성은 무한히 증가한다. 그래서 노인과 젊은이 사이에 계속되는 논쟁에서, 언뜻 보기에는 그럴 것 같지만 더 성숙한 조언자가 정말 지혜로운지는 그리 분명하지 않다. 어떤 젊은이가 윗사람으로부터 타산적 근거에서, 즉 그것 때문에 희생해야 하는 가능한 쾌락과 그것이 일으킬 미래의 고통만큼 가치가 없다는 이유로 어떤 쾌락을 자제하라는 훈계를 들을 때, 그 젊은이는 연장자가 지금 자기에게 포기하라고 요구하는 즐거움의 강렬한 황홀감을—설령 그가 한번 느꼈을지라도—얼마나 기억해낼 수 있는지를 알기 어렵다.

더 나아가 이러한 오류의 원천은 이제까지 알아왔던 것보다 더 광범위하고 미묘한 방식으로 우리를 따라다닌다. 왜냐하면 쾌락과 고통의 이질적 경험들에 대한 우리의 공감적 이해는 현실적 관찰과 다른 인간들과의 구두 소통에 의하여, 또 책이나 다른 양식의 상징적 암시를 통하여, 일생 동안 아주 다양한 방식으로 지속적으로 훈련되기 때문이다. 이 공감적 이해가 우리 자신의 경험과 뒤섞여 기억에서 표상된 경험에 무의식적으로 얼마만큼 영향을 미치고 변화시키는지는 말할 수 없다. 그래서 갑작스럽거나 현저한 기대의 좌절이 우리로 하여금 우리 자신의 경험과 다른 사람의 경험 사이의 차이를 주목하도록 만들지 않을 경우, 우리는 쾌락과 고통의 일정한 원천들의 중요성과 관련하여 이러한 차이를 쉽게 간과할 수 있다. 공감을 잘 느끼는 사람도 상당한 관심과 주의를 기울여야만 자신이 진짜로 좋아하는 것과 싫어하는 것을 동료들이 진짜로 좋아하는 것과 싫어하는 것으로부터 구별할 수 있다. 우리는 결코 이 구별이 완벽하게 실행되었는지 알 수가 없다.

과거로부터 미래의 실천적 추론은, 우리는 스스로를 변화시킬 수 있다는 사실에 의하여 더욱 복잡해진다. 왜냐하면 우리의 과거의 경험은 일정한 쾌락들, (예컨대) 예술, 학문, 근육운동, 사회, 선행 등의 쾌락들에 적절히 동조하지 못하거나, 예컨대 고생, 불안, 사치품의 절제와 같은 일정한 고통의 원천들에 충분히 단련되지 못함으로써 크게 영향을 받았을 수 있기 때문이다. 우리는 자신을 훈련하고 단련하는 과정을 이겨낼 수 있고, 그 과정은 우리의 감수성을 깊이 변화시킬 수 있다. 이러한 고려사항은 우리가 다른 사람의 경험을 이용하려고 시도할 때 아주 중요하다—동시에 아주 다루기 어렵다. 왜냐하면 그는 우리가 전혀 경험해본 적이 없을 뿐만 아니라 우리의 본성의 상당한 변화 없이는 결코 경험할 수 없는 쾌락을 높이 평가하고 있다는 사실을 발견할 수 있기 때문이다. 예컨대 종교적 삶의 쾌락, 기도와 찬양의 환희, 신을 향한 영혼의 귀의를 경험하려면, 일반적으로 개종이나 본성의 완전한 변화가 필요하다고 생각된다. 마찬가지로 의무를 위하여 감각적 경향성을 희생하는 것은 비도덕적인 사람이 처음 그것을 시도할 때에는 그에게 유쾌하지 않고, 진정 유덕한 사람에게는 깊고 강렬한 환희를 준다. 이와 유사하게 세련된 지적·정서적 쾌락을 향유하는 것은 거의 모두 훈련과 교양을 필요로 한다. 이러한 훈련이 항상 상당한 정도의 감수성을 발생시키지는 못하기 때문에, 다른 쾌락의 희생을 요구받는 사람에게 그 희생이 가치가 있을지는 항상 의문의 대상이다.

내가 생각하기에 앞에 나온 고려사항들은 내가 이기주의적 쾌락주의의 경험적-반성적 방법이라고 부른 것에 대한 신뢰를 심히 감소시킨다. 나의 결론은 우리가 그것을 완전히 거부해야 한다는 것이 아니다. 내가 역설한 온갖 문제점에도 불구하고, 나는 쾌락과 고통 사이의 비교결과에 실천적으로 의존하면서, 이러한 비교를 계속 수행하고 있다는 사실을 알고 있다. 그러나 나의 결론은, 만약 신뢰할 만한 이유가 있는 다른 방법을 찾을 수만 있다면, 이 방법의 도움을 받아 이러한 비교결과를 통제하고 보완하는 것이 행위의 체계적 지시라는 목적을 위하여 그런대로 매우 바람직하다는 것이다.

4장

객관적 쾌락주의와 상식

§1. 자신의 행복을 구하는 방법들 가운데 경험적 방법과 거리가 먼 방법을 검토하기 전에, 흔히 쾌락의 원천으로서 추구되는 상이한 대상들의 가치에 대한 현행의 의견과 일반에게 인정받은 평가에 의존함으로써, 반성적 비교의 방법이 가진 문제점과 불확실성을 얼마만큼 적절히 회피할 수 있는가를 살펴보는 것이 좋을 것이다.

적어도 자신의 삶의 주요 계획과 순서에서 행복 자체보다 행복의 객관적 여건과 원천을 추구하고 의식적으로 평가하는 것이 사람들에게는 확실히 더 자연스러운 일로 보인다. 대상들에 대한 이러한 평가에 의존함으로써 우리는 감정들을 비교하는 내성적 방법을 둘러싼 난제들을 모면할 수 있다고 그럴듯하게 말할 수 있다. 쾌락의 상이한 원천들의 가치에 대한 일반적 의견은 대대로

311

이어져 온 인류의 결합된 경험의 최종결과를 표현한다. 이 일반적 의견에서 각 개인의 경험의 한계와 상이한 평가를 낳는 상이한 색조의 기분에서 기인하는 차이들은 상쇄하고 중화되어 결국 사라졌다.

나는 우리의 행복추구에서 상식의 지침을 과소평가하고 싶지 않다. 그러나 내가 생각하기에 우리가 이러한 일반적 의견을 체계적 이기주의의 연역을 위한 전제로 간주할 경우, 그것은 다음과 같은 중대한 반론에 열려 있다는 사실을 인정해야 한다.

첫째, 상식은 평균적 혹은 전형적 인간에게만 해당되는 평가를 제공할 뿐이다. 이미 본 것처럼, 특수한 개인은 이러한 전형에서 다소 벗어날 것이다. 따라서 각 사람은 일반적 의견의 평가에서 자신의 행동을 위한 신뢰할 만한 지침을 얻기 위하여 여하튼 자신의 경험의 결과에 의하여 그 평가를 수정해야 할 것이다. 이러한 수정 과정은 필시 우리가 지금 모면하려는 모든 문제점에 포함되어 있을 것이다. 둘째, 대다수 인간의 경험은 너무 좁은 한계에 국한되어 있어서 그 결과가 현재의 탐구에 크게 쓸모가 없다. 대다수 인간은 자신의 대부분의 시간을 굶주림과 심한 육체적 불편을 피하는 데 소모한다. 음식과 수면 같은 육체적 필요를 채우고 나서 그들에게 남은 짧은 여가시간은 개연적 쾌락에 대한 신중한 평가보다는 충동과 일상과 습관에 의하여 결정된 방식으로 소모된다. 그렇다면 여기서 의존해야 하는 상식은 상대적으로 부유하고 여가시간이 많은 소수의 사람들의 상식일 수밖에 없는 것 같다.

대다수 인간이나 그 대다수의 일부가 일반적 혹은 통상적으로 앞서 주목했던 몇몇 잘못된 관찰의 원인들의 영향을 받지 않는다고 말할 수도 없다. 상식을 신뢰함으로써 "동굴의 우상"은 피하겠지만, 우리에게 "종족의 우상"을 막아주는 것은 무엇인가? 게다가 행복의 여러 원천들에 대한 일반적 평가는 쾌락주의의 경험적 방법의 정의에서 우리가 제거하려고 애썼던 관념들과 관점들의 온갖 혼란을 포함하고 있다고 본다. 우선 그 [일반적 평가는] 자연적 욕망의 대상과 경험된 쾌락의 원천을 구별하지 않는다. 그런데 우리는 (제1권 4장에서) 이 둘이 정확히 일치하지 않는다는 점을 보았다—실로 우리는 충분한 경험에 의하여 그 욕망의 만족이 쾌락보다 더 많은 고통을 수반한다는 사실을 알면서도 그 욕망을 계속 느낄 뿐만 아니라 만족시키려는 수많은 사람들의 사례를 발견한다. 따라서 추구 대상의 바람직함에 대한 일반적 평가는 단순히 쾌락과 고통에 대한 사람들의 경험을 표현하는 것으로 간주될 수 없다. 왜냐하면 대체로 행복에 도움이 된다고 밝혀지든 안 된다고 밝혀지든, 사람들은 자신이 강렬하게 욕망하는 것을 바람직하다고 생각하는 경향이 있기 때문이다. 그래서 일반적 의견은 욕망의 평균적 힘과 그 욕망을 만족시킨 결과에 대한 평균적 경험 사이의 타협점을 표현하는 경향을 가질 것이다.

우리는 상식의 평가에서 도덕적 선호와 순수한 쾌락주의적 선호가 뒤섞인다는 점도 고려해야 한다. 왜냐하면 다른 행동방침보다 자신이 선택한 행동방침에서 확실히 더 큰 행복을 기대하는 경우에도 사람들은 그 다른 행동방침을 옳거나 더 탁월하거나 더 고상한 방침이라고 생각하는 경우가 흔하기 때문이다. 다소 무의식적으로 그들은 최선의 도덕적인 행동이 행위자의 행복에도 가장 도움이 되는 행동으로 밝혀지리라는 가정을 세운다. 단순히 심미적 선호와 관련해서도—충분한 근거 없이—유사한 가정을 세우는 것처럼 보인다.

도덕적 · 심미적 관점의 도입은 다음과 같은 의문을 제시한다 —우리는 사람들이 공언하는 선호의 인도를 받는가, 아니면 그들의 행동에서 우리가 추론하는 선호의 인도를 받는가? 한편 사람들은 종종 성품의 결함 때문에 장기적으로 자신에게 가장 많은 쾌락을 가져다줄 것이라고 진심으로 믿는 바를 추구하지 못한다는 점은 의심할 수 없다. 다른 한편 유덕한 혹은 세련된 쾌락에 대한 진정한 선호는 진정한 덕 혹은 세련된 취미의 표시이기 때문에, 이러한 선호를 정말로 느끼지 않는 사람들도 무의식적으로나 의식적으로 이러한 선호에 대한 칭찬을 받으려는 욕망에 의하여 영향을 받고, 쾌락에 대한 그들의 명시적 평가도 이렇게 수정되고 영향을 받는다.

§2. 상식이 행복추구에서 최선의 안내자가 되리라는 것을 일반

적 근거에서는 의심하지 않더라도, 이 논제에 대한 상식의 발언에는 명료성과 일관성이 매우 부족하다는 사실을 발견하면서 우리는 혼란에 빠질 수 있다. 나는 단지 상식의 발언이 시대와 나라에 따라서 상이하다는—인간 삶의 일반적 여건의 편차에서 기인한다고 설명할 수 있다는—말을 하려는 것이 아니다. 우리의 시대와 나라에서 통용되는 상식만 고려하더라도 심각한 충돌과 모호함이 발견된다는 말을 하려는 것이다. 우리는 압도적으로 **일치**하는 일반적 의견이 명백히 권하는 행복의 원천들의 목록을 만들 수 있다: 건강, 부, 우정, 가족애, 명성과 사회적 지위, 권력, 흥미롭고 적성에 맞는 직업과 오락—지식에 대한 사랑의 일정한 형태의 만족, 그리고 우리가 심미적이라고 생각하는 다소 감각적이고 다소 정서적인 세련된 감수성의 일정한 형태의 만족도 포함된다.[1] 그러나 이러한 일반적 추구 대상의 상대적 가치를 탐구할 경우, 우리는 상식에서 분명한 대답을 얻지 못하는 것처럼 보인다—아마 건강이 틀림없이 다른 모든 이차적 목적보다 더 중요하다는 점에 일반적으로 동의하지 않는다면 말이다. 이 논점에 대해서도 우리는 인류의 현실적 행위에 대한 관찰에서 일반적 합의를 끌어낼 수 없을 것이다. 아니, 면밀히 고찰해보면 이러한 행복의 원천들에 대한 실증적 평가와 관련해서도, 그 추정된 **일치**는 처음 보았을 때보다 훨씬 덜

---

1) 행복의 원천으로서 도덕의 중요성에 대한 고려는 다음 장으로 미룬다.

분명하다는 사실을 발견한다. 수많은 중요 집단의 사람들이 일반적 의견에 동의하지 않는다. 게다가 바로 그 다수, 즉 이 일반적 의견을 주장하는 인간의 동일한 상식도 기묘하고도 예기치 않은 방식으로 비동의자들의 역설을 환영하고 찬성하는 것으로 밝혀진다. 사람들은 일상적 습관과 추구에서 자신을 안내하는 행복의 평가가 오류이고 착각이라는 사실을, 즉 이따금 장막이 벗겨지면 그 오류와 착각이 드러난다는 사실을 정말 놀랍도록 빠르게 인정하려는 자세를 보여준다.

왜냐하면 사람들은 우선 육체적 욕구와 필요의 충분한 만족에 큰 가치를 부여한다고 보이기 때문이다. 더 부유한 편의 사람들은 사치스러운 방식으로 이 욕구와 필요를 만족시키는 수단에 상당량의 돈과 심사숙고를 쏟아붓는다. 그들은 이러한 만족을 위하여 일부러 자주 건강을 해치려고 하지는 않는다—상식은 그것을 불합리하다고 비난한다. 그럼에도 그들은 습관적으로 과감히 이렇게 경솔한 짓을 범하려 한다고 말할 수도 있다.

바로 이 사람들이 "배고픔은 최고의 양념이다", "절제와 노동은 소박한 음식을 가장 정교한 요리보다 더 맛있게 만들어준다"는 말을 좋아한다. 종종 그들은 아주 진심으로 이러한 쾌락에 있어서는 부자가 상대적으로 가난한 사람보다 전혀 혹은 거의 유리하지 않다고 주장한다. 왜냐하면 습관은 이내 사치스러운 방식의 후천적 필요의 만족이 부자에게 주는 유쾌함을 소박한 욕구의 충족이 빈민에게 주는 유쾌함보다 더 크지 않게 만들기 때문이다. 동일한 논증은 종종 부로 살 수 있는 모든 물질적 안락으로 확대 적용된다. 다음과 같은 주장이 종종 제기된다. 습관은 [모든 물질적 안락을] 향유하는 와중에도 즉시 우리가 그것에 무관심하게 만들고, 귀찮아하면서도 그것 없이는 살 수 없게 만든다. 그래서 부자에게 단순한 동물적 삶의 쾌락은 빈민의 경우보다 더 크지 않고 오히려 더 불확실할 뿐이다. 여기서 한 발짝만 더 나아가면, 대다수 사람들이 부의 추구에 자신의 노력을 집중하고 그것의 성취에 대하여 모든 사람이 서로를 축하하지만—부를 위하여 아주 많은 사람들이 자신의 건강을 위험에 빠트리고 수명을 단축시키고 가정생활의 즐거움을 감소시키고 호기심과 예술의 더 세련된 쾌락을 희생하지만—그것은 사실 대다수의 경우 매우 불확실한 이익이라는 결론에 도달한다. 왜냐하면 그것이 일으키는 걱정과 불안이 대다수 사람들의 경우에 그것으로 구매하는 사치품의 하찮은 이익을 상쇄하기 때문이다.[2]

---

2) 『국부론(*Wealth of Nations*)』의 저자이자, 다른 무엇보다 행복의 물질적 수단을 찬양한다고 일반적으로 생각되는 정치경제학자들의 오랜 계보의 창시자가 다음과 같이 선언하는 것을 알면 놀랄 것이다: "부와 위대함은 하찮은 공리를 가진 아주 자질구레한 장신구들이다." "몸이 편안하고 마음이 평온하면, 모든 상이한 등급의 삶들은 거의 같은 수준이고, 큰길가에서 햇볕을 쬐는 거지는 왕들이 얻으려고 싸우는 안전을 소유하고 있다." 애덤 스미스(Adam Smith), 『도덕감정론(*Moral Sentiments*)』, 제1부, 1장.

이와 유사하게 다음과 같은 말에 일반적으로 찬성한다. 영국에서 사회적 신분과 지위는 열정적 추구의 대상이지만, 그것은 행복의 수단으로서 아무런 내재적 가치를 가지지 않는다. 낮은 계급에서 높은 계급으로 올라가는 과정은 아마 일반적으로 유쾌하고 높은 계급에서 낮은 계급으로 내려가는 과정은 확실히 고통스럽겠지만, 높은 지위에 항상 있는 것이 낮은 지위에 항상 있는 것보다 더 유쾌하지는 않다. 행복은 궁전에서만큼 오두막에서도 쉽게 찾을 수 있다. (확실히 오두막에서 더 쉽게 찾을 수 있지는 않더라도 말이다.)

명성과 평판에서 나오는 만족의 공허함과 무상함에 대한 문구는 훨씬 더 흔하다. 사후 명성의 경우는 앞서 주장한 일반적 명제, 즉 일반적으로 인정받는 행동 목적들의 일부는 쾌락을 지향하지 않거나 쾌락의 경험에 따르지 않는 욕망들의 평균적 힘에 의하여 결정된다는 명제의 두드러진 사례다. 왜냐하면 사후 명성은 일반적 의견에 의하여 그 개인에게 좋거나 바람직하다고 간주되는 대상들 중에서 상당히 높은 위치에 있다고 보이기 때문이다. 사후 명성 때문에 어떤 사람이 실제로 자신이 의식하리라고 전혀 기대하지 않는 결과를 위하여 다른 중요한 행복의 원천을 희생하더라도, 사후 명성의 추구는 일반적으로 타산에 반하는 것이라고 비난당하지 않는다. 그럼에도 아주 조금만 숙고해보면, 이기주의적 관점에서 사후 명성의 추구는 언뜻 보기에도 불합리하다는 점이 밝혀진다.[3] 모든 도덕주의자는 이것을 명백하고 대중적인 논제로 보았다. 현재의 명성에 대한 현실적 의식은 분명 대다수 사람들에게 매우 즐거운 일이다. 그럼에도 도덕주의자는 이러한 의식도 그것의 쾌락주의적 가치를 매우 의문스럽게 만들고 그 가치를 상쇄하는 불이익을 수반한다고 주장하는 것이 어렵지 않다고 본다.

권력의 바람직함에 대한 현재의 평가는 꽤 높은 편이고, 사람들의 현실적 동기를 더 면밀하고 분석적으로 검토해보면, 권력의 추구가 더 광범위하고 지배적으로 보일 것이다. 왜냐하면 많은 사람들은 자신을 위해서나 다른 쾌락을 위해서보다는 권력의 획득을 위한 수단으로서 부와 지식과 평판을 추구하는 것으로 보이기 때문이다. 그럼에도 권력의 추구는 명성의 추구처럼 결코 만족되지 않을 뿐만 아니라 권력에 의하여 가능한 성공 때문에 더 불안해질 뿐이라는 말을 들을 때, 사람들은 이 말에 기꺼이 동의한다. 권력의 추구와 소유에 동반하는 불안과 권력의 소유에 필연적으로 따르는 질투와 위협은 그것이 주는 쾌락보다 훨씬 더 크다.

인간의 행복에는 모종의 사교가 필요하다는 점은 누구도 부정할

---

3) 분명 이러한 추구는 그것과 동반하는 희망과 예감의 쾌락들을 강조함으로써 자기애로 정당화될 수 있다. 그러나 이것은 명백히 나중에 생각해낸 바이다. 사후 명성에 의하여 "즐거움을 경멸하고 고된 날들을 살려는" 자극을 받은 사람이 그 명성을 추구한다는 것은 본래 이러한 쾌락들을 위한 것이 아니다. 〈역주〉 인용된 부분은 존 밀턴(John Milton)의 시 『리시다스(Lycidas)』에서 나온 것이다.

수 없다. 그러나 공동체의 부유하고 여유 있는 부류가 적잖은 시간과 수고와 수단을 소모하여 추구하는 사교의 종류와 수준은 종종 아주 얄팍하고 무미건조한 쾌락을 낳는다고 주장된다.

우리가 발견한 바로는, 분명 행복의 수단으로서 가족애의 발휘의 중요성에 대하여 근대 도덕주의자들 사이에는 광범위한 의견일치가 있다. 가족애는 분명 대다수 인간의 인생계획에서 현저한 위치를 차지하는 것으로 보인다. 그럼에도 사람들이 성욕의 만족과 별개로 일반적으로 가정생활에 매우 높은 가치를 부여하는지는 충분히 의심해볼 만하다. 문명사회의 모든 부분이 사람들이 자유롭게 성욕을 만족시킬 수 있으면서도 사회적 비난을 크게 두려워하지 않고 가족에 대한 부담을 회피할 수 있는 상태에 있을 경우, 확실히 독신이 흔해질 것이다. 그것은 너무 흔해져서 입법자들을 심히 불안하게 만들 것이다. 상식은 항상 이러한 행위를 인정하지 않았지만, 그 행위는 경솔하다기보다 반사회적이라고 비난당하는 것처럼 보인다.

이리하여 우리의 고찰은 상식의 가장 확고한 판단에 있는 중대한 불안정성과 불확실성을 보여준다. 왜냐하면 내가 말한 것처럼 육체적 안락과 사치, 부, 명성, 권력, 사교는 일반적 의견이 행복의 원천으로서 가장 분명하고 자신만만하게 권하는 것으로 보이기 때문이다. 예술과 자연의 아름다움에 대한 관찰에서 나오는 쾌락, 그리고 호기심과 지성의 발휘에서 나오는 쾌락은 일반적으로 높이 칭찬받지만, 그것들과 관련된 "일반적 의견"을 공식화하기는 어렵다. 왜냐하면 종종 그것들에 부여된 높은 평가는 소수자만의 진짜 경험을 표현하는 것처럼 보이기 때문이다. 이 평가를 통하여 대다수의 인간들 혹은 그들 중 여가를 지닌 일부는 문화를 행복의 중요한 원천으로 간주해야 한다는 점을 납득했지만, 이 평가가 앞서 언급한 다른 원천, 즉 다수가 더 진심으로 좋다고 인정하는 쾌락의 원천과 비교하여 문화의 중요성에 대한 일반적으로 인정받은 의견을 제시한다고 말하기는 어렵다. 문화의 상이한 요소들의 상대적 가치에 대해서는 더욱더 그렇게 말하기 어렵다.

행복의 원천들과 관련된 **일치**가 불편부당한 성찰이 보여주는 것보다 훨씬 더 완벽하고 분명하다고 가정하더라도, 그 일치의 가치는 우리가 아직 주목하지 않은 중요한 소수자들의 불찬성에 의하여 상당히 손상될 것이다. 예컨대 많은 종교적인 사람들은 모든 세속적 쾌락을 천하고 하찮은 것으로 간주한다. 그 쾌락은 무상함과 공허함으로 가득 차서 그것에 대한 간절한 추구는 끝없이 되풀이되는 착각을 통해서만 가능하고 끝없이 반복되는 실망으로 이어진다. 아무 종교적 편향이 없는 적잖은 수의 사려 깊은 사람들도 이러한 견해를 공유한다. 최근 비관주의가 득세했다는 사실은 수많은 신봉자들을 통하여 분명히 알 수 있다. 사실 비관주의자가 아닌 많은 철학자들도 인간이 추구하는 일반적 대상의 가치에 대하여 다소 유사한 판단을 받아들였다. 의식의 사실에 대하여 신중하고 정확하게 숙고하는 것이 철학자의 특별한 임무라고 간주할 때, 우리는 철학자와 대다수 인간들 사이의 논쟁에서 우리의 결론이 단지 머릿수를 세는 것으로 결정되도록 하는 것을 주저할 것이다. 이미 관찰한 것처럼 철학자의 감수성과 감정 수용력이 인류 전체의 그것을 올바르게 표상하지는 않는다. 따라서 그가 감히 자신의 개인적 경험의 결과를 보편적 기준으로 세우려 할 경우, 그는 어떤 쾌락은 과대평가하고 다른 쾌락은 과소평가할 수 있다. 이와 관련된 가장 설득력 있는 실례는 아마 관념론적 혹은 선험적 유형의 사상가가 아니라 에피쿠로스와 홉스처럼 쾌락주의자라고 공언하는 사상가에 의하여 제공될 것이다. 무고통이 최상의 쾌락과 같다는 에피쿠로스의 주장이나, 호기심의 만족이 "모든 육감적 즐거움보다 훨씬 더 강렬하다"는 홉스의 주장이 인류의 일반적 경험에 대한 올바른 표현이라고 인정할 수 없다. 따라서 우리는 이러한 딜레마에 빠진 것처럼 보인다. 행복의 조건에 대한 보편적 권위를 가진 믿음을 얻기 위하여 우리는 자연스럽게 대다수 인간들의 일반적 의견에 주목하지만, 그들이 자신의 경험을 관찰하고 기록하는 능력이나 습관에는 결함이 있다. 보통 어떤 사람이 본성과 실천에 의하여 더 좋은 관찰자가 되는 만큼, 그가 관찰해야 할 현상도 일반적인 유형에서 더욱더 벗어나게 된다.

§3. 내가 생각하기에 쾌락주의적 방법은 행복의 원천에 대한 상

식의 판단들에 의존하기 때문에 부정확성과 불확실성에서 벗어날 수 없다는 점을 대체로 인정해야 한다. 동시에 나는 이 판단들을 실천적 지침으로서 쓸모가 없지 않은, 웬만큼 정합적인 개연적 학설로 결합하기가 어렵다는 점을 과장하지 않을 것이다. 왜냐하면 우선 이렇게 일반적으로 추천되는 행복의 원천들이 서로 경쟁하고 양자택일의 대안들로 제시되는 것은 아주 가끔 제한된 정도로만 있는 일이라는 점을 주목해야 하기 때문이다. 예컨대 부의 추구는 흔히 (부에 놓여 있는 권력 외에도) 권력으로, 그리고 평판으로 이어진다. 또한 이러한 욕망의 대상은 보통—우리가 그것을 획득할 수 있는 한에서—그 자체로 쾌락을 주는 직업에 의하여 최고로 획득될 수 있고, 그 쾌락은 보통 자신의 최고의 능력의 정력적 발휘와 동반한다. 이렇게 마음에 맞는 직업은 사회적·가정적 애정을 충분히 발휘하는 것과 양립불가능하지 않고, (정말 즐거우려면 항상 신중하게 양적으로 제한해야 하는) 세련된 유흥과도 양립불가능하지 않다. 직업이든 유흥이든 건강을 해칠 정도로 끌고 가는 것은 일반적으로 감각적 만족의 지나친 탐닉과 마찬가지로 행복의 희생을 가져온다는 것은 누구도 의심하지 않는다.

감각적 향락, 부, 권력, 명성 등이 환영이라는 철학적 혹은 유사-철학적 역설과 관련하여, 이러한 욕망의 대상들에 대한 일반적 평가에는 그 대상들을 과장하는 일반적 경향이 있고 이러한 경향이 때때로 그 대상들에 대한 반동과 똑같이 과도한 일시적 평가절하를 야기한다는 점을 인정함으로써, 우리는 이 역설이 광범위하게 받아들여지는 이유를 설명할 수 있다. 우리가 (3장에서) 본 것처럼, 사람들이 자신이 희망하고 간절히 바라지만 가지지 못한 쾌락에 매우 높은 가치를 부여하는 것은 자연스런 일이다. 예컨대 권력과 명성이 갈망하는 상상으로 표상될 때, 확실히 그것들은 예견치 못한 불안과 혐오를 수반한다. 그럼에도 그것들이 대다수 사람들에게 대체로 행복의 분명한 균형점을 가져다준다는 것은 사실이다. 사치는 빈곤과 싸우는 대다수 사람들이 생각하는 것보다 더 적은 것을 삶의 일상적 향락에 보탠다는 점도 분명해 보인다. 힘들게 얻은 식사와 드물게 돌아오는 유흥에는 특별한 즐거움이 있고, 필시 그 즐거움은 부자가 소유할 수 있는 사치스러운 쾌락과 비교될 것이다. 따라서 우리는 정당하게 행복의 증가가 부의 증가를 따라가는 것은 아니라는 결론을 내릴 수 있다. 반면에 문화, 권력, 명성, 선행의 모든 쾌락을 고려하고, 빈곤에 대한 불안과 궁핍의 고통에 비하여 부가―소유자 자신과 그가 사랑하는 사람들에게―제공해주는 안전을 더욱더 고려할 경우, 우리는 부의 증가가 평균적으로 약간의 행복의 증가를 가져온다는 점을 의심하기 어렵다. 적어도 어떤 사람이 현실의 공동체의 대다수 사람들의 소득을 넘어서는 소득에 도달할 때까지는 그러할 것이다. 그래서 행복이 "모든 계급과 직업에 평등하게 분배된다"는 것은 터무니없는 주장이지만, 행복은 우리가 사람들의 외부적 상황의 양상을 보면서 추론한 것보다는 더 평등하게 분배된다는 주장은 대체로 합당한 결론이라고 생각한다. 애정의 발휘와 동반하는 쾌락의 중요성을 고려할 경우에는 특히 그러하다. 또한 상식은 더 세련된 향락과 비교할 경우 삶의 일상적 쾌락은 정말 아주 시시하다고 느끼는 특이한 기질의 사람들이 존재한다는 사실을 분명히 인정하려는 태도를 취한다. 상식은 사람들이 일반적으로 일정 기간 몰입적 충동에 지배당할 수 있고, 그 충동이 사람들을 광범위하고 전반적으로 타당한 상식적 판단의 범위로부터 벗어나게 만든다는 사실도 인정할 태도를 취한다. 누구도 (예컨대) 어떤 연인이 사랑의 향락 이외의 것에 많은 관심을 가질 것이라고 예상하지 않는다. 누구도 어떤 열광자가 자신의 취미에 모든 것을 바치면서 행복을 희생한다고 생각하지 않는다.

사실 상식은 다소 불명확한 일반적 규칙들 이상을 제공한다고 주장하지 않지만, 분별 있는 사람이라면 누구도 아무 이유 없이 그 규칙들을 무시해서는 안 된다고 말할 수 있다. 그 [규칙들을 무시할] 이유는 자신의 본성의 특수성에 대한 지식에서, 혹은 평균적 인간보다는 자신과 더 비슷하다고 생각할 만한 다른 사람들의 경험에서 나올 수 있다. 그럼에도 우리가 본 것처럼 다른 개인들의 특별한 경험을 이렇게 이용하는 것에는 오류의 위험이 상당하다. 요컨대 이러한 종류의 과정에 의하여—다수의 일반적 의견에 의지함으로써, 혹은 교양 있는 사람들의 일반적 의견에 의지함으로써, 혹은 자신과 가장 닮았다고 판단되는 사람들의 일반적 의견에 의지함으로써—우리가 이기주의적 행위의 문제들의 정확한 혹은 확실한 해결을 기대할 수 있다고 보지는 않는다.

쾌락과 고통의 원인에 대하여 확실하고 실천적으로 적용할 수 있는 일반적 이론을 얻을 수 있는가, 그리고 이 이론의 도움으로 경험적-반성적 방법의 결점에 못지않은 일반적 혹은 편협한 의견의 모호성과 비일관성을 극복하여 철저히 과학적인 기초 위에서 쾌락주의적 삶의 기술을 정립할 수 있는가 하는 물음이 남는다. 나는 이 권의 마지막 장에서 이 물음의 고찰에 착수할 것이다. 그 고찰에 들어가기 전에 나는 행복을 획득하는 수단에 대한 일반적 믿음을 면밀히 검토하려 한다. 이 믿음은—비록 과학적 기초에 의존한다고 주장하지 않지만—그것이 지금까지 검토해온 대다수 일반적 의견들보다 더 높은 확실성을 가진다고 주장하는 사람들이 일반적으로 마음에 품은 믿음이다. 즉 사람은 일반적으로 인정되고 규정된 자기의무를 수행함으로써 자신에게 열려 있는 최대 행복을 달성한다는 믿음이다—다만 그가 보편적 좋음을 실현하거나 증진할 수 있는 행위에 대한 더 참된 개념에 부응하여 이 기준에서 벗어날 수 있는 경우는 제외된다.[4] 도덕 관련 저술가에게 가지는 특

---

4) 다음 장에서 나는 개인의 양심이 그의 시대와 나라의 일반적 도덕의식과 확실히 충돌하는 경우를 특별히 고찰하지 않았다. 왜냐하면 흔히 어떤 사람이 오류

별한 중요성 때문에, 이 의견은 별도의 장을 마련하여 논의하는 것
이 바람직할 것이다.

의 위험을 무릅쓰고라도 항상 자기양심의 명령에 복종하는 것이 그의 의무라
고 주장되지만, 일반적으로 받아들여진 도덕과 충돌할 때조차도 자신의 양심
의 명령에 따름으로써 그가 자신에게 열려 있는 최대 행복을 얻을 것이라는 주
장은 일반적 의견이라고 말하기 어렵기 때문이다.

5장

행복과 의무

§1. 행복과 의무의 연결에 대한 믿음은, 적어도 일정한 단계의 문명에 도달한 후에, 우리가 문명화된 사람들 가운데서 일반적 경향을 발견하게 되는 믿음이다. 그러나 이 믿음이 우리 자신들 사이에서 신의 직접적 계시의 내용이 아니라 경험적 일반화라고 주장될지, 아니면 완벽하게 선하고 전능한 존재가 세계를 지배한다는 믿음의 필연적 귀결이라고 주장될지는 의문스럽다. 후자의 믿음의 타당성을 철저히 검토하는 일은 인간의 이성이 시도할 수 있는 가장 중요한 작업들 중 하나다. 그러나 이 작업은 자연종교와 계시종교의 증거에 대한 철저한 탐구를 수반하기 때문에, 이 논고의 범위에 포함될 수 없다.[1] 여기서 나는 의무와 행복의 일치만을 살펴볼 것인데, 다만 이러한 일치가 경험적 논증에 의하여 뒷받침되고 우

리의 현재의 세속적 삶에서 실현된다고 가정한다. 이렇게 한정할 경우, 아마 이 일치가 "일반적으로 믿는" 바라고 말하기는 어려울 것이다. 사실 세계의 도덕적 통치를 완벽하게 드러내고 실현하기 위하여 어떤 미래의 상태에서 상벌의 필요성을 일반적으로 인정한다는 사실은 [행복과 의무의 연결에 대한] 정반대의 믿음을 함축한다고 말할 수 있다. 그러나 숙고해보면 이러한 함축은 필연적이지 않다는 것이 드러날 것이다. 왜냐하면 이 경우에도 덕은 항상 보상을 받고 악덕은 항상 처벌을 받는다고 주장하여 유덕한 행동방침을 언제나 가장 타산적인 행동방침으로 만들 수 있기 때문이다. 그러나 상벌은 우리의 정의감을 만족시키기에 충분하지 않다. 유덕한 사람은 종종 이 세상에서 불리한 상황에 놓이고, 그래서 그의 삶이 덜 유덕한 많은 사람들의 삶만큼 행복하지 않다는 점을 받아들이더라도, 겉보기와는 반대로 그는 덕을 통하여 이러한 상황에서 얻을 수 있는 최대 행복을 얻을 것이라고 주장할 수 있다. 저명한 윤리학자들은 인간의 삶에 대한 현실적 경험에 근거하여 확실히 이러한 견해를 주장해왔다. 유사한 근거에서 종종 대중적 설교자와 도덕주의자도 자신만만하게 이러한 견해를 제시하는 것처럼 보인다. 따라서 이 의견을 면밀하고 불편부당하게 고찰하는 것이 바람

---

1) 그 물음에 대하여 이 책과 같은 작업에서 바람직해 보이는 논의는 이 논고의 종장에서 발견될 것이다.

직해 보인다. 우리의 탐구의 현재 단계에서 이러한 고찰을 수행하려면, 우리는 추가적 정의나 분석 없이 의무에 대한 일반적으로 인정받은 개념들을 사용해야 할 것이다. 우리가 이제 고찰하려는 견해를 가진 사람들은 흔히 이 개념들이—그것들이 선의를 가진 평범한 사람들의 도덕의식에서 발견될 때—대체로 타당하고 신뢰할 만하다고 가정한다. 이전 장들은 쾌락주의의 일반화들은 광범위한 고려사항과 확고한 다수에 의하여 확증되어야 하고, 이러한 종류의 물음을 숙고하면서 사소한 차이들을 고려하고 상대적으로 작은 행복의 조각들을 우리의 정신적 척도로 저울질하는 것은 무익하다는 점을 충분히 보여주었을 것이다.[2]

§2. 자기-관계적 의무와 사회적 의무의 일반적 구별[3]을 받아들일 경우, 첫 번째 것과 관련하여 검토할 견해는 전혀 논쟁을 일으킬 수 없다는 점을 인정할 수 있다. 왜냐하면 '자신을 향한 의무'라는 말은 흔히 직접적 혹은 간접적으로 자신의 행복을 증진하는 경

---

2) 유사한 이유로 나는 여기서 '의무'와 '유덕한 행동'이라는 개념들을 실천적으로 일치한다고 간주할 것이다. 그 용어들의 일반적 용법에 대한 숙고가 밝혀주는 것처럼 보이는 그 둘 사이의 차이는 나중에 논할 것이다. 제3권 2장을 보시오.

3) 나중에 (제3권 2장 §1과 7장 §1을 참조하시오) 이러한 구별의 변형들이 필요해 보일지라도, 내가 생각하기에, 그것들은 이 장의 결론들을 무효화하지 않을 것이다.

향을 가진 행위를 의미하기 때문이다. 따라서 우리는 사회적 부문의 의무에만 주목하면서, 다른 사람들을 향한 일정한 방식의 행위를 규정하는 도덕규칙을 준수함으로써 항상 우리 자신의 행복의 최대 잔여를 획득할 수 있는가 하는 문제를 살펴볼 수 있다.

여기서 벤담의 전문용어를 약간 변형하여 채택하면서, 도덕규칙을 따름으로써 발생하는 쾌락과 그것을 어김으로써 발생하는 고통을 이 규칙의 '제재(sanctions)'라고 간주하는 것이 편리할 것이다. 우리는 '제재'를 외적 제재와 내적 제재로 분류할 수 있다. 전자의 부류는 '법적 제재' 혹은 통치자의 직간접적 권한에 의하여 가해지는 형벌과 '사회적 제재'를 모두 포함할 것이다. 사회적 제재는 우리의 동료들 일반의 승인과 호의로부터 기대할 수 있는 쾌락, 그리고 이러한 호의를 가졌을 뿐만 아니라 좋은 행위의 유용성을 인식한 동료들이 제공하려는 봉사, 아니면 그들의 불신과 혐오로부터 우려되는 곤혹과 손실이다. 의무의 내적 제재는—그 의무가 도덕과 동떨어진 자기이익이 명령할 행위로부터 벗어나는 한에서—유덕한 행동과 동반하는 유쾌한 정서나 양심의 가책의 부재에서 발견되거나, 더 간접적으로는 유덕한 성향과 습관을 유지함으로써 산출되어 행위자의 정신적 구조에 미치는 어떤 영향에서 생길 것이다. 이 분류는 현재의 목적에 중요하다. 그 이유는 주로 이렇게 상이한 제재들 각각이 속하는 규칙체계들이 서로 충돌할 수 있기 때문이다. 어떤 공동체든 그것의 실정도덕은 발전하면서 변화를 겪는데, 이 변화는 다수가 그것을 수용하기 전에도 소수의 양심에 영향을 미친다. 그래서 가장 강력한 사회적 제재에 의하여 지지받는 규칙도 언제든 매우 도덕적인 통찰을 지닌 공동체 구성원의 직관에는 미치지 못할 뿐만 아니라 심지어 그 직관과 충돌할 수도 있다. 이와 유사한 이유로 법과 실정도덕은 세부사항에서 일치하지 않을 수 있다. 왜냐하면 그것을 따르는 것은 나쁘다고 보편적으로 생각되는 법은 오래 존속할 수 없기 때문이다. 공동체의 다소 계몽된 분파에 의하여, 특히 자체 여론을 가진 종파나 당파에 의하여 부도덕하다고 생각되는 행위를 명령하는 법이 있을 수 있다. 어떤 개인은 공동체의 여타 구성원들보다 이러한 분파와 훨씬 더 밀접한 관계를 맺고 있어서, 그의 경우에는 사회적 제재가 실천적으로 법적 제재와 반대로 작용할 수도 있다.

현재 예견할 수 있는 제재들이 모든 경우에 합리적 이기주의자에게 사회적 의무의 수행을 결심하도록 만들기에 충분한가 하는 물음의 고찰에서, 이러한 제재들의 충돌은 매우 중요하다. 도덕적 행위에 대한 법적 제재나 사회적 제재를 강조할수록, 이 제재들이 우리가 의무라고 생각하는 것과 반대된다고 생각되는 이례적인 경우에 의무와 자기이익의 일치를 증명하는 것에서 우리가 겪을 어려움은 더욱더 커질 것이다.

이러한 [이례적인] 경우를 무시하더라도, 도덕의 외적 제재만으로 항상 부도덕한 행위가 경솔한 [타산적이지 못한] 행위라고 말하기에는 충분하지 않다는 점은 분명해 보인다. 실로 웬만큼 질서정연한 사회에서도—즉 정상적 상태에 있는 일반적인 문명화된 공동체에서도—모든 심각하고 공공연한 위법은, 그것이 폭력혁명의 성공과정에서 발생한 부수사건이 아닌 한에는, 타산에 반한다는 점을 인정해야 한다. 더 나아가 폭력혁명이 계몽된 자기애의 아주 철저한 지배를 받는 사람들의 단체행동에 의하여 발생하는 경우는 매우 드물—아마 전혀 없을—것이다. 왜냐하면 이러한 동요는 불가피하게 안전 및 행복의 여타 수단의 전체적이고 광범위한 파괴를 동반하기 때문이다. 현실의 인간이 모두 합리적 이기주의자가 아닌 한, 이러한 무질서의 순간은 일어날 수 있다. **현 상황하**에서 사람은 "평화를 구하고 그것의 실현을 위하여 노력해야" 한다는 것이 합리적 자기애의 분명하고 보편적인 수칙이라고 말할 수 없다. 왜냐하면 정치질서의 동요는 혼란을 틈타 이득을 취하는 기술을 가진 냉정하고 숙련된 사람에게는 그가 평화시기에 기대할 수 있는 것보다 훨씬 더 많은 부와 명성과 권력을 얻을 기회를 제공할 수 있기 때문이다. 요컨대 전부 합리적 이기주의자로 구성된 사회가 일단 조직되면 안정적이고 질서정연한 상태로 유지되기 쉽다고 인정할 수 있지만, 각 합리적 이기주의자가 현존하는 공동체에서 항상 질서의 편에 서리라는 결론은 나오지 않는다.[4]

---

4) 여기서 나는 진심으로 전체의 복리를 목표로 삼는 혁명주의자들의 경우는 고

여하튼 우리가 아는 가장 질서정연한 사회에서조차도 법과 정의의 집행은 결코 법적 처벌에 의하여 은밀한 범죄를 항상 어리석은 행위로 만들 정도로 완벽한 상태에 있지 않다. 왜냐하면 이 처벌이 범죄로 얻는 이득보다 아무리 더 무겁더라도, 발각될 위험이 아주 적기 때문에 냉정한 계산에 의하면 거의 확실한 이득이 처벌의 근소한 가능성을 상쇄하고도 남는 경우가 반드시 존재할 수밖에 없다. 결국 어떤 공동체의 법도 일정한 종류의 극악한 반사회적 행위가 그 법의 그물망을 빠져나가 법적 처벌을 완전히 모면하는 경우나 위법의 이익보다 더 가벼운 법적 처벌만을 받은 경우가 아예 없을 정도로 현실적으로 그렇게 완벽한 상태에 있지 않다.

§3. 다음으로 이러한 경우에 사회적 제재가 법적 제재의 결함을 얼마만큼 보완하는지 살펴보도록 하자. 분명 동료들의 칭찬과 좋아함과 봉사에 대한 기대와 이러한 것들을 잃고 대신에 반감과 도움의 거절과 사회적 배척을 받을 두려움은 충분한 법적 처벌이 없을 경우에도 종종 합리적 이기주의자가 법을 준수할 결심을 하도록 만들 만큼 중요하다. 그러나 이러한 제재도 법적 처벌이 결여되

려하지 않는다. 왜냐하면 이러한 혁명들의 도덕성은 일반적으로 매우 미덥지 못해서, 이 경우들은 여기서 논하는 물음의 어떤 측면에 대해서도 분명한 논증을 제공할 수 없기 때문이다.

어 있는 지점에서 실패하기 십상이다. 은밀한 범죄는 법적 처벌과 마찬가지로 사회적 제재도 교묘히 회피한다. 범죄적 혁명의 폭력의 경우에는 사회적 제재의 효력이 범죄자의 편에 협력하는 당파심에 의하여 심각하게 손상될 수 있다. 왜냐하면 사회적 제재의 힘은 그 힘을 부여하는 일반적 의견에 찬성하지 않는 사람들의 수에 비례하여 매우 빠르게 감소되는 것을 관찰할 수 있기 때문이다. 강렬하고도 상당히 보편적인 불승인은 아마 상상할 수 있는 모든 이득보다 더 무거운 처벌일 것이다. 왜냐하면 다른 좋은 무엇을 향유할 수 있든지 한 인간은 일부 자기 동료들의 상냥한 관심 없이는 행복하게 살 수 없어 보이기 때문이다. 그래서 자신과 가장 가까운 사람, 즉 자기 가족조차도 의심할 수밖에 없다고 그려지는 독재자에 대한 전통적 묘사를 숙고하면서, 우리는 이러한 삶이 불행의 극치를 가져올 수밖에 없다는 점을 인정하려는 마음을 느낀다. 그러나 현실의 포악한 찬탈자, 사악한 정치가, 부당한 역모에 성공한 우두머리, 일반적으로 말해서 자기 지위로 법적 처벌에서 벗어난 중대 범죄자들에 대하여 숙고할 경우, 그들이 당하는 도덕적 비난이 그들의 행위에서 나온 득실에 대한 이기주의적 계산에서 반드시 아주 중요하게 보이지 않는다. 왜냐하면 그 공동체의 일부만이 이렇게 경멸을 표현하기 때문이다. 종종 경멸의 발언은 대체로 도덕적 고려와 독립적으로 그들을 칭찬하는 군중의 큰 목소리의 칭찬 속에 묻힌다. 자신의 판단에서 이와 유사한 독립성을 드러내는 철학자와 역사가가 없지 않다.

사람들의 법적 의무에서 나오는 외적 제재가 의무와 이익의 동일시에 항상 충분하리라고 주장하는 것은 불가능하게 보인다. 이와 유사한 주장은 법의 영역에 포함되지 않는 도덕적 의무에 대해서는 더욱더 부당할 것이다. 이렇게 말함에 있어서 나는 호혜의 원칙이라고 부를 수 있는 것의 힘을 충분히 감지하고 있다. 어떤 공리주의자는 이 원칙으로 개인의 이익과 사회적 의무의 일치를 증명하려고 시도했다. 덕은 (그들이 말하기를) 다른 사람들에게 유용하거나 직접 호감을 주는 성질이다. 그래서 그것은 유덕한 사람이 제공하는 봉사의 시장가치를 증가시키고, 다른 사람들이 그것을 높은 가격으로 구매하게 만들고, 그에게 더 품위 있고 흥미로운 임무를 할당한다. 혹은 그것은 보은의 마음으로부터, 그리고 그와의 교제에서 생기는 쾌락을 향유하기 위하여 사람들이 그를 기쁘게 하려는 마음이 생기도록 만든다. 또한—사람은 모방의 동물이기 때문에—이러한 성질의 발휘는 단순한 본보기로 작용하여 그것에 대한 다른 사람들의 호혜적 표현에 의하여 보상을 받는다. 나는 이러한 이득에 대한 전망이 여러 덕들을 함양하고 많은 악덕을 피하려 할 충분한 동기라는 점을 의심하지 않는다. 이러한 이유로 합리적 이기주의자는 다른 사람들의 신뢰를 얻기 위하여 일반적으로 자신의 모든 약속을 엄격하고 착실하게 이행하고 자신의 주장에서 진실할 것이다. 그는 점차 더 중요하고 명예롭고 유리한 직업을 얻기 위하여 자기 일에 열성적이고 부지런할 것이다. 그는 자신의 능률을 저해할 수 있는 정념과 욕구를 억제할 것이고, 하인이나 부하에게도 폭력적 분노를 드러내거나 불필요하게 거친 말투를 사용하지 않을 것이다. 그는 동급자나 상급자를 대체로 예의바르고 고분고분하고 명랑하게 대할 것이고, 쾌락에 비하여 거의 비용이 들지 않는 친절을 즉시 그들에게 보여줄 것이다. 숙고해보면 이러한 방향의 추론이 권하는 행위는 사실 도덕적 의무와 일치하지 않는 것처럼 보인다. 왜냐하면 우선 한 사람이 사회적 성공을 위하여 필요로 하는 것은 그가 다른 사람들에게 **정말** 유용하기보다는 그렇게 **보여야** 한다는 것이기 때문이다. 따라서 이 동기는 한 사람이 다른 사람들에게 은밀한 해악을 가하지 못하도록, 혹은 해롭다고 지각되지 않지만 사실은 해로운 방식으로 공공연하게 행동하지 못하도록 억제하지는 못할 것이다. 또한 어떤 사람은 그의 덕에 의해서만이 아니라 때로는 그의 악덕에 의해서 다른 사람들에게 유용하다. 혹은 그의 좋고 유용한 성질과 부도덕함의 혼합에 의하여 다른 사람들에게 유용한 경우가 더 흔하다. 더 나아가 도덕은 모든 사람에게 똑같이 의무수행을 지시하고 되도록이면 누구에게도 해를 가하지 말라고 규정하지만, 호혜의 원칙에 따르면 우리는 주로 부유하고 유력한 사람들에게 우리의 유용한 성질을 보여야 하고 우리에게 보복할 수 있는 사람들에게 해를 끼치지 않아야 한다. 또한 가난하고 힘없는 사람들이 우리에게 해를 가할 수 있는 사람들의 공감을 자극할 수 없을 경우, 그리고 가난하고 힘없는 사람들에 대한 우리의 의무를 수행하지 않음으로써 물질적 이득을 볼 수 있을 경우, 우리에게는 그 의무를 행하지 않는 편이 합당할 수 있다. 게다가 (예컨대 수많은 종류의 육욕과 엄청난 사치처럼) 어떤 악덕은 장기적으로는 전체의 행복을 손상시키더라도 어떤 개인에게도 즉각적 혹은 분명한 손해를 입히지 않는다. 따라서 소수의 사람들만이 이러한 종류의 해악을 저지하거나 처벌해야 한다는 감정을 강하게 받는다.

마지막에 언급한 경우에서 공공연한 부도덕에 확실하게 부여되는 단순히 나쁜 평판도 분명 중요한 고려사항이다. 그러나 내가 생각하기에는―적어도 개인의 좋은 혹은 나쁜 평판을 대체로 좌우하는 혼탁하고 변동하는 사회적 의견의 동향을 충분히 분석하고, 그 동향에 포함된 상충하고 엇갈리는 요소들을 숙고한 사람들에 의하여―나쁜 평판이 진정 타산의 척도를 악덕에 등을 돌리도록 만들기에 충분하다고 주장되지 않을 것이다. 많은 윤리학자들은 근대 유럽에서 명예규율과 (혹은 공손한 사람들의 사회적 제재에 의하여 유지되는 더 중요한 규칙과) 사회 전체에서 공언된 도덕 사이의 불일치에 주목했다. 그러나 이 규율이 결코 일정한 지점에서 그것이 존재하는 공동체에서 일반적으로 인정받는 도덕규칙으로부터 벗어나는 특별한 규율의 유일한 사례는 아니다. 대다수 종교 분파들과 정당들, 그리고 아마 대다수 장수들과 직업들은 다소 이러한 현상을 보여준다. 내가 말하려는 것은 단지 각 직업의 구성원에게 그의 특별한 사회적 직무와 관계에 상응하는 특별한 행위규칙이 부과된다는 것이 아니다. 내가 말하려는 것은 어떤 독특한 도덕적 의견이 서서히 자라나서 일반대중의 의견과 다소 충돌할 수 있다는 것이다. 이러한 일탈의 가장 현저한 부분은 일반적으로 현행의 도덕이 승인하지 않는 관행에 대한 승인 혹은 허용에 있다. (예컨대) 군인들의 방종, 일정한 시대와 나라에서 정치인들의 뇌물수수, 설교자들과 변호사들의 다양한 정도의 거짓말, 상인들의 여러 형태의 사기들. 이 경우들에는 일반적으로 엄격한 규칙에 복종하지 않으려는 강력하고 자연스러운 유인이 있다. (사실 이 규칙의 완화는 이러한 유인의 지속적 압력에서 기인하는 것으로 보일 것이다.) 동시에 이 사회적 제재는 때로는 그것이 반대쪽의 힘보다 더 크다고 말하기 어려울 정도로 약화된다. 왜냐하면 이러한 상황하에서 엄격한 규칙을 따르려는 사람은, 현실적으로 동종 직업의 사람들로부터 경멸과 반감을 받지는 않더라도, 적어도 괴짜나 공상가라고 불릴 수 있기 때문이다. 이 규칙을 따름으로써 그가 자신뿐만 아니라 자기 친척이나 친구나 당파의 이득까지 버린다면, 더욱더 이러할 것이다. 아주 흔히 지금 이야기하는 직업적 혹은 종파적 부도덕의 허용이 일반적으로 인정받은 규칙과 충돌하는 규칙을 수립할 정도로 분명하고 명시적인 것은 아니다. 그럼에도 그것은 일반적으로 인정받은 규칙을 뒷받침하는 사회적 제재를 무한히 약화시키기에 충분하다. 이렇게 특별한 일탈과 별개로, 일반적으로 대다수 문명화된 사회들에는 두 상이한 등급의 실정도덕이 있고, 양자 모두는 어느 정도 일반적 동의에 의하여 유지된다고 말할 수 있다. 더 엄격한 규율이 공적으로 교육되고 인정되는 반면에, 더 느슨한 규칙들의 집합은 큰 효력을 지닌 사회적 제재에 의하여 뒷받침될 수 있는 유일한 규율로서 사적으로 받아들여진다. 어떤 사람이 더 엄격한 규율에 따르기를 거부함으로써 사교에서 배척당하거나, 실질적으로 출세에 방해를 받거나, 그가 자연히 가장 사귀고 싶은 사람들 중 누군가로부터 심한 혐오를 받는 것은 그리 흔한 일이 아니다. 평판의 쾌락과 고통에 특히 민감한 사람이 아닐 경우, 이러한 상황에서 평판의 적은 손실은 그리 심각한 해악으로 느껴지지 않을 것이다. 그리고 많은 사람들의 행복은, 다른 좋은 것들을 크게 희생해서라도 윤리학자의 칭찬을 사는 것이 타산적일 정도로, 윤리학자의—그리고 그 윤리학자를 지지하는 한에서 인류 전체의—승인이나 불승인에 달려 있는 것처럼 보이지 않을 것이다.

§4. 만약 개인이 속하는 공동체가 명백히 인정한 도덕이 그에게 규정한 행위와 합리적 자기애가 유발할 행위가 일치한다는 것을 보여줄 수 있다면, 필시 그 일치는 많은 경우들에 오직 혹은 주로 내적 제재 때문이라는 결론을 내려야 한다. 이 제재의 고찰에서 나는 내세의 보상과 처벌에 대한 예상에 의하여 존재하는 쾌락과 고

통은 배제할 것이다. 왜냐하면 합리적 이기주의의 계산의 수행은 현재 경험의 범위를 초월한 감정을 고려하지 않는다고 가정하므로, 이러한 감정의 유쾌하거나 고통스러운 예상도 배제하는 것이 더 일관성 있기 때문이다.

이와 같은 의무의 수행에 동반하는 만족감과 (장래의 결과를 고려하지 않고) 그 의무의 위반에 따르는 고통만을 숙고해보자. 이전 두 장의 논의에 비추어, 나는 물론 이러한 쾌락과 고통을 다른 것들과 비교하여 정확히 계량하려고 시도하지 않을 것이다. 그러나 내가 보기에 이러한 감정이 장래의 행복의 저울을 도덕의 편으로 기울게 만들 만큼 항상 충분히 강렬하다고 믿을 만한 경험적 근거는 없다. 만약 그 물음이 단일한 의무행위와 관련하여 제기된다면, 이것은 거의 부정되지 않을 것이다. 극단적이지만 확실히 경험의 한계 안에 있는 경우를 예로 들어보자. 군인이나 여타 공무원이나 박해받는 종교의 신자는 거의 혹은 전혀 평판을 잃지 않고 죽음을 피할 수 있는 상황에서도 종종 의무의 부름 때문에 확실하고 고통스러운 죽음을 맞이했다. 이러한 행위가 이기주의적 관점에서 항상 합당하다는 것을 증명하려면 다음과 같이 가정해야 한다. 즉 이러한 의무가 존재할 수 있고 인지될 수 있는 모든 경우에 그 의무의 회피에 따르는 단순한 고통[5]이 남은 삶 전체를 쾌락주의적으로 무

---

5) 나는 이 논증에서 '도덕적 고통(혹은 쾌락)'이라는 개념에 다른 사람들의 감정

가치한 것으로 만들 만큼 클 것이다. 필시 이 가정은 역설적이고 터무니없다. 어떤 사회에서든 대다수 사람들에 대하여 우리가 아는 그 무엇도 그들의 도덕적 감정이 홀로 그들의 행복의 지배적 요소를 이룬다는 결론에 이르게 하지는 않을 것이다. 더 일반적인 경우, 즉 어떤 사람이 덕을 위하여 생명이 아니라 인간행복의 일반적 원천의 상당 부분을 포기하도록 요구되는 경우에도, 이와 유사한 결론은 거부할 수 없어 보인다. 모든 혹은 대다수 사람은 양심의 만족이 이러한 희생을 확실히 보답해준다거나 희생의 거부에 따르는 양심의 가책이 그 희생에 수반되는 고통과 손해보다 확실히 더 무겁다고 느끼도록 만들어졌다고 말할 수 있는가?[6)]

에 대한 공감에 기인하는 모든 고통(혹은 쾌락)을 포함하려 한다. 이 단계의 논의에서 공감과 도덕적 감수성의 관계에 대한 본격적 논의로 들어가는 것은 적합하지 않다. 그러나 나는 다음과 같은 것들이 내게는 확실한 것처럼 보인다고 말할 수 있다. 한편 이 두 정서적 감수성은, 그것들이 원래 무엇이었든 간에, 대다수 사람들의 마음에서 실제로 구별되는 것들이다. 다른 한편 공감적 감정과 엄밀한 도덕적 감정은 일반적 도덕의식에서는 거의 풀리지 않을 정도로 뒤섞여 있다. 그래서 지금 논증의 목적을 위해서는 그것들을 구별하는 것이 근본적 중요성을 가지지 않는다. 그러나 나는 이 논고의 종장에서—공리주의자들이 특별히 강조하는 내적 제재로서—공감에 대한 심층적 고찰을 수행하는 것이 바람직하다고 생각했다. 따라서 독자는 그곳을 참조할 수 있다.

6) 이 물음에 두드러진 확답을 제공한 것은 지난 세기의 기독교 저술가들이다. 그들은 **도덕적 불신자**를 현세와 내세 모두의 행복을 포기한 바보라고 간주한다. 이 사람들은 대부분 덕의 실천에 성실히 임했지만, 이러한 실천이 그들로 하여금 일반적 상황하에서조차 덕이 배척하는 감각적 즐거움과 여타 즐거움보다

아마 이것조차도 명시적으로 주장된 적은 거의 없었다. 『국가』에서의 플라톤과 그와 같은 편의 다른 저술가들이 증명하려고 했던 바는, 특정한 순간에 의무는 그것을 맡을 수 있는 모든 사람에게 다른 행동방침보다 더 많은 행복을 산출한다는 것이 아니라, 유덕한 사람의 삶을 선택하는 것이 대체로 모든 사람의 관심사라는 것이다. 이것조차도 그럴듯하다고 말하기는 매우 어렵다. 내가 생각하기에 이것을 일반적으로 뒷받침하는 추론의 행렬을 검토해보면 그 이유가 드러날 것이다.

플라톤의 논증에서 시작해보자. 그는 유덕한 사람의 영혼을 질서정연한 충동들의 정체(polity)라고 표현한다. 여기서 모든 열정과 욕구는 이성의 정당한 주권에 당연히 복종하고, 후자가 규정한 한계 안에서만 작용한다. 그런 다음 그는 이러한 정신의 조용한 평화를 열등한 충동들의 연속이나 어떤 지배적 정념이 이성 위에 군림하는 정신적 무질서와 비교하면서, 외적 보상이나 처벌과 무관하게 어느 쪽이 더 행복한가를 묻는다. 플라톤이 주장하는 모든 것을 인정할 수도 있지만, 우리는 우리 앞에 놓인 물음에 대한 해답으로는 더 이상 다가갈 수 없을 것이다. 왜냐하면 여기서 쟁점은 이성

덕을 선택할 정도로 덕을 사랑하게 만들지는 않았다. 그렇다면 유덕한 충동들을 발전시키고 습관에 의하여 그것들을 강화시키지 않은 사람들의 경우에는 의무의 부름에 저항함으로써 나중에 일어날 수 있는 고통이 항상 쾌락의 다른 모든 원천을 무력하게 만들기에 충분하리라고 가정하는 것은 어리석어 보인다.

과 정념 사이가 아니라—버틀러의 언어로—합리적 자기애와 양심 사이에 놓여 있기 때문이다. 우리는 이기주의자가 자신의 모든 충동을 마음대로 통제할 수 있다고 가정하고, 단지 어떻게 이러한 통제를 실행할 수 있는가를 묻고 있다. 우리가 본 것처럼, 자기이익의 목적을 최고로 달성할 수 있도록 계산하여 삶을 규제하고 조직하는 것은 언뜻 보기에 의무감이 사람들에게 촉구하는 삶과 어떤 지점에서는 엇갈리는 듯하다. 플라톤의 입장을 지지하려면, 이 현상이 거짓임을 증명해야 한다. 어떤 상황에서는 우리를 고통과 손해와 죽음에 이르게 하는 자기규제의 체계가 여전히 자기이익이 요구하는 체계라는 점을 증명해야 한다. 이렇게 반이기주의적 종류의 규제만 가능한 것이 우리의 본성이라고, 즉 선택은 이러한 규제와 아무 규제가 없는 것 사이에 있다고 말하기는 어렵다. 더 큰 만족의 희생을 수반하지 않을 수 있는 한계 내에서, 각각의 정념과 충동을 엄격히 통제하는 합리적 이기주의자를 쉽게 상상할 수 있다. 우리의 경험은 적어도 정통 윤리학자의 이상에 접근하는 사람들의 수만큼 이러한 합리적 이기주의자의 유형에 접근하는 사람들의 실례를 보여주는 듯하다. 따라서 양심의 규제가 명백히 그 개인의 행복을 위한 최선의 수단일 경우, 그것은 필시 양심의 명령과 비교하여 자기애의 명령도 대체로 쾌락의 희생을 포함하기 때문이다. 이러한 경우에 그것은 도덕감정의 만족에 동반하는 특별한 정서적 쾌락 때문이거나, 그 감정의 억압과 방해에 따르는 특별한 고통이나 행복의 상실 때문으로 보일 것이다.

더 진행하기 전에, 아마 오래전에 독자에게 제시된 근본문제가 제거되어야 한다. 어떤 사람이 자신의 이익을 추구하는 것이 합당하다고 생각할 경우, 그는 이 원칙에 속하는 행위를 반대할 수 없거나 그 반대의 행위를 찬성할 수 없다는 점은 분명하다. 따라서 양심의 쾌락과 고통은 일정한 행동방침이 합리적 이기주의와 일치하는지 그렇지 않은지에 대한 계산에 들어갈 수 없다고 볼 수 있다. 왜냐하면 그 이기주의자의 마음속에 있는 양심의 쾌락과 고통은 다른 이유에서 합당하거나 부당하다고 결정되지 않은 행동방식에 부여될 수 없기 때문이다. 이것은 어느 정도 사실이다. 그러나 여기서 우리가 합당하다고 믿는 바를 행하려는 일반적 충동과 합당함과는 무관하게 특이한 종류의 행위들에 대한 호감이나 반감의 특별한 감정 사이의 (제1권 3장 §1에서 지적된) 구별로 돌아가야 한다. 평범한 사람들에게 존재하는 도덕감정에서 이 두 종류의 감정은 분간할 수 없을 정도로 뒤섞여 있다. 왜냐하면 흔히 일반적 도덕감정과 밀착된 행위규칙은 어떻게든 합당하다고 믿어지기 때문이다. 그러나 우리는 그 두 종류의 감정을 분리된 것으로 생각할 수 있다. 앞서 말한 것처럼, 어떤 사람이 어떤 사고과정을 통하여 도덕에 대하여 자신이 교육받아온 견해와는 다른 견해를 채택하게 되는 경우마다, 사실 우리는 이러한 분리를 경험한다. 왜냐하면 이러한 경우에 항상 그의 마음속에는 유사-도덕적 호감과 반감이 남는데, 이 감정들은 더 이상 옳고 그름에 대한 그의 숙고된 판단에 의하여 뒷받침되지 않기 때문이다. 그래서 이기주의적 쾌락주의의 원칙을 얼마나 단단히 받아들이든, 대다수 사람들은 여전히 자신의 사회에서 일반적으로 인정받는 사회적 의무의 수행을 자극하는 감정을 느낄 것이고, 이러한 사실은 이 감정에 의하여 유발된 행위가 합당하고 옳다는 결론과는 무관하다고 생각할 충분한 이유가 있다. 왜냐하면 이 감정은 항상 다른 사람들의 공감과 그들의 칭찬과 비난, 즉 호감과 반감의 표현에 의하여 강력하게 뒷받침될 것이기 때문이다. 보통 유덕하다고 인정받는 행위는 계몽된 자기애가 명령하는 행위와 **일반적으로** 일치한다는 점에 동의하기 때문에, 합리적 이기주의자의 행위습관은 자연히 이러한 (그에게) '유사-도덕적' 감정을 불러일으킬 것이다. 이리하여 제기되는 물음은—그 이기주의자는 이 유사-도덕적 감정을 모든 사람이 받아들일 정도까지 마음에 간직하고 충족시켜야 하는가가 아니라—그는 시종일관 이 감정을 가장 강력한 반항적 동기를 압도할 정도로 커지도록 고무할 수 있는가 하는 물음이다. 아니면, 달리 말해서 타산은 그가 이 감정에게 고삐를 주어 어디로든 그것이 향하는 곳으로 그를 데려가도록 허락할 것을 요구하는가 하는 물음이 생긴다. 우리는 이미 합리적 자기애는 그것의 의식적 작용을 제한하고 사심 없는 충동을 마음껏 발휘함으로써 그것의 목적을 가장 잘 달성할 것이라고 생각할 근거를 보았다. 우리는 합리적 자기애가 몇몇 이러한

[사심 없는] 충동에 대한 그것의 우위를 완전히 포기하는 것이 합당하다는 추가적 역설을 받아들일 수 있는가?

문제를 면밀히 고찰해보면, 내가 생각하기에, 이렇게 자기애를 포기하는 것은 자신의 행복을 자기행동의 합당하고 궁극적인 목적으로 간주하는 온전한 사람의 마음에서는 실제로 일어날 수 없다고 할 것이다. 분명 이러한 사람은 자신의 이익으로 보이는 것을 각별히 고려하지 않고 덕의 실천에 전적으로 헌신하려고 결심할 수도 있다. 그는 이 결심에 따라서 일련의 행위들을 수행할 수 있고, 이 행위들이 점차 그 사람 안에서 유사한 종류의 행위를 행하려는 강력한 습성을 형성할 수도 있다. 그러나 이러한 덕의 습관이 결코 온전하고 합당한 의지를 압도하는 통제력을 가질 정도로 강해질 것으로 보이지는 않는다. 덕이 이러한 사람에게—아무리 자신의 쾌락과 고통을 측정하는 습관이 별로 없을지라도 그 경솔함을 의식하지 않을 수 없는—어떤 극단적 희생을 요구할 경우, 그는 언제든 새로이 숙고하고 (그의 의지의 통제력이 미치는 한에서) 필시 자신의 과거 행동과 무관하게 행동할 수 있다. 합리적 이기주의에 대한 믿음을 그대로 간직하는 이기주의자는 자신의 의지를 도덕적 열정에 내맡길 수 없지만, 그럼에도 그가 신념을 바꾸어 이익보다 의무를 선호할 수 있다고 가정한다면—아니면 우리가 그를 이러한 선택을 하는 다른 사람과 비교한다고 가정한다면—우리는 행복의 증진이 대체로 이러한 선호에서 발생한다는 사실을 발견할

348

것이라고 말할 수도 있다. 이기주의의 원칙의 신봉과 양립할 수 있는 유덕한 혹은 외견상 유덕한 습관에서 발생하는 유쾌한 정서는 영혼을 전적으로, 그리고 열정적으로 덕에 굴복함에서 발생하는 환희보다 매우 열등하여, 가급적 이렇게 굴복할 수 있는 신념을 갖는 편이—현생만을 고려하더라도—정말로 그의 이익이라고 주장할 수도 있다. 비록 어떤 상황에서는 그 신념이 필시 그 자체로 보면 확실히 경솔한 방식으로 그를 행동하게 만들더라도 말이다. 이것은 분명 지지할 수 있는 명제이고, 사실 나는 이 명제가 아주 세련된 도덕적 감성을 가진 사람들에게는 참이라고 생각하고 싶다. 그러나—쾌락주의적 계산법의 결함 때문에 이 명제는 어떤 경우에도 결정적으로 논박될 수 없지만—내가 말한 것처럼 그것은 대다수 인간들에 대한 광범위한 경험의 결과와는 반대되는 것처럼 보인다. 경험은 내가 다음과 같이 가정하게 한다. 대다수 사람들은 양심과는 다른 원천, 예컨대 감각의 만족이나 권력과 명성의 소유나 강렬한 인간적 애정이나 과학과 예술의 추구에서 발생하는 쾌락을 (그리고 고통을) 훨씬 더 예민하게 느끼는 성질을 가진다. 그래서 많은 경우에 어릴 때의 훈련도 도덕적 감정에 필요한 우위를 제공하지 못할 수 있다. 확실히 이러한 훈련을 받지 못한 경우에는, 의무수행을 위하여 모든 희생을 감내하겠다는 결심이 분명히 그들의 세속적 이익이 될 정도로 윤리적 신념의 단순한 변화가 그들의 도덕적 감수성을 발달시킬 수 있는 경우는 거의 있을 법하지 않은 것처럼 보인다.

요컨대 다른 사람들에 대한 의무의 수행과 사회적 덕의 발휘는 일반적으로 개인 행복의 달성을 위한 최선의 수단으로 보이고, 덕과 행복의 일치를 수사학적으로나 대중적으로 드러내는 것은 쉬운 일이다. 그러나 유덕한 행위자에게 미치는 덕의 결과를 면밀히 분석하고 평가할 경우, 이러한 일치가 완벽하고 보편적인 경우는 있을 법하지 않아 보인다. 사람들이 지금 수학적 물음에 대하여 일치하는 만큼 도덕적 물음에 대해서도 일치하고, 법이 도덕적 의견과 완벽한 조화를 이루고, 모든 위법행위가 발각되어 적절한 처벌을 받는 유토피아에서는 그 일치가 완벽해질 것이라고 생각할 수도 있다. 아니면 모든 공동체 구성원들의 도덕감정을 강화함으로써 (그렇다면 사실상 불필요할) 아무 외부적 변화 없이도 동일한 결과를 얻을 것이라고 생각할 수 있다. 그러나 현재의 사회들과 사람들이 이러한 이상에 미치지 못하는 것에 정확히 비례하여, 이기주의적 쾌락주의의 원칙에 기초한 행위규칙은 대다수 사람들이 익히 의무와 덕에 의하여 규정된 것이라고 인식하는 행위규칙과 다를 수 있다고 판단된다.

6장

연역적 쾌락주의

§1. 이전 장에서 우리는 인정받은 의무규칙에 대한 복종이 일반적 상황에서는 행위자의 행복을 증진하는 경향을 가지지만, 의무수행을 이 목적의 달성을 위한 보편적이고 절대적으로 확실한 수단으로 간주하기에는 충분한 경험적 근거가 없다는 결론을 내릴이유를 알아보았다. 사정이 달랐더라도, 즉 이기주의자가 어떠한 희생을 치르더라도 모든 상황에서 의무를 선택하는 것이 명백히합당하더라도, 이 원칙을 실현하려는 체계적 노력이—도덕에 대한 일반적 개념에 따르면—행복추구의 옳은 방법을 결정하는 문제를 해결하거나 없애지는 못할 것이다. 왜냐하면 인정받은 도덕률은 한계 내에서 우리 자신의 행복추구를 허락하고 심지어 그것을도덕적으로 규정된 것으로 간주하는 것처럼 보이기 때문이다.[1] 또

한 그 도덕률은 우리와 다양한 방식으로 각별하게 연결된 다른 사람들의 행복을 증진할 것을 더 힘주어 가르치기 때문이다. 그래서 어느 결론에서든 앞서 살펴본 행복의 요소들의 결정과 측정에 대한 물음은 여전히 모종의 대답을 요구할 것이다.

쾌락과 고통의 원인들에 대한 과학적 탐구가 이러한 실천적 문제의 처리에서 우리에게 얼마만큼 도움을 줄 수 있는가도 물어야 한다.

두 행동방침 중 어느 것이 쾌락주의적 근거에서 선호할 만한 것인가를 결정하기 위하여, 여러 종류의 고통들과 쾌락들을 측정해야 할 뿐만 아니라 어떻게 그것들을 산출하거나 피할 수 있는지를 규명해야 한다. 대다수의 중요한 타산적 결정들에서, 우리가 즉각 일으킬 수 있는 의지와 우리의 노력의 궁극적 목적인 감정 사이에는 결과들의 복잡한 사슬이 끼어 있을 것으로 예견된다. 우리가 이 사슬의 각 연결고리를 얼마만큼 정확히 예측할지는 당연히 다양한 자연현상들 사이의 인과관계에 대한 우리의 암시적 혹은 명시적 지식에 달려 있다. 그러나 행복의 여러 요소들과 직접적 원천들이 충분히 밝혀지고 평가된다고 가정할 경우, 각 요소와 원천의 산

---

1) "우리 자신의 이익이나 행복에 대한 적당한 관심과 그것을 확보하고 증진하려는 합당한 노력은 … 덕이고, 정반대의 행위는 그릇되고 비난할 만한 것처럼 보일 수 있다." 버틀러(『유비』에 부록으로 실린 『덕의 본성에 대하여』라는 논문에서).

출조건에 대한 탐구는 윤리학의 방법에 대한 일반적 논고에 속하지 않는다. 그것은 차라리 행위의 일반적 기술의 하위에 있는 특수한 기술들 중 무언가에 속할 것이다. 이러한 하위의 기술들 중 몇몇은 다소 과학적 기초를 가지지만, 다른 것들은 단순히 경험적인 단계에 있다. 얼마만큼 건강을 추구해야 할지를 결정할 경우, 그것의 추구를 위한 상세한 계획을 제공하는 것은 생리학에 기초한 체계적 위생 기술에 속한다. 그러나 권력이나 부나 가정의 행복을 목표로 삼을 경우, 다른 사람들의 경험이 제공할 수 있는 교훈은 우리 자신의 특수한 처지에 적절한 조언이나 유사한 상황에서의 성공과 실패에 대한 이야기로부터 대개 비체계적인 형태로 주어질 것이다. 어느 경우든 이러한 특수한 기술에 대한 설명은 이 논고의 범위를 벗어난다고 생각된다. 또한 그것은 이전 장들에서 살펴보았던 쾌락과 고통을 측정하는 문제의 해결에 도움을 줄 수 없다.

쾌락과 고통의 원인들에 대한 어떤 지식은 특정한 종류의 쾌락을 얻고 특정한 종류의 고통을 피하는 수단의 결정을 넘어선다고 생각될 수도 있다. 또한 이 지식은 우리가 그 결함을 살펴본 경험적-반성적 방법을 행복의 요소들을 평가하는 연역적 방법으로 대체할 수 있도록 해준다고 생각될 수 있다.[2]

---

2) 이 견해는 허버트 스펜서(Herbert Spencer)의 진술에서―베인의 『정신과학과 도덕과학』에서 출판되었고 스펜서의 『윤리학 자료』에서 일부 재인쇄된, 존 스

행동의 유쾌하고 고통스러운 결과들에 대한 직접적 평가를 완전히 생략하는 쾌락주의적 방법은 별에 대한 관찰을 완전히 생략하는 천문학의 방법만큼이나 상상할 수 없는 것이다. 그러나 우리는 경험적 측정이 어려운 경우보다 이러한 측정이 쉬운 경우로부터의 귀납추리를 통하여 신뢰할 만한 지침을 제공하는 일반화들을 획득할 수 있다고 상상할 수 있다. 우리는 쾌락과 고통의 몇몇 일반적인 심리적·육체적 부수현상과 선행조건을 밝힐 수 있고, 이러한 경우

튜어트 밀에게 보내는 편지에서—제시된다. "생명의 법칙들과 존재의 조건들로부터 어떤 종류의 행동들이 필연적으로 행복을 낳는 경향을 가지고 어떤 종류의 행동들이 불행을 낳는 경향을 가지는지를 연역하는 것이 도덕과학의 직무다." 그리고 그것이 이렇게 했을 때, "그것의 연역들은 행위의 법칙들로 인정되어야 하고, 행복 혹은 불행의 직접적 평가와 무관하게 따라야 한다." 그러나 스펜서는 자신의 가장 최신 논고에서 그가 가능하다고 생각하는 유일하게 설득력 있는 종류의 연역들은 지금 여기에 있는 사람들이 아니라 이상적인 사회에 사는, 현실 인류의 여건들과는 아주 다르게 그들의 모든 행동이 "어디서도 고통과 섞이지 않은 쾌락을" 낳는 여건들하에서 사는 이상적인 사람들의 행위와 연관된다는 점을 분명하게 밝혔다는 점을 말해야 할 것이다. 스펜서의 견해에 따르면, 이러한 유토피아에서 행위의 법칙들은 "절대적 윤리학(Absolute Ethics)"의 주제이고, 그는 그것을 현재의 불완전한 사회적 여건들하에서 사는 불완전한 사람들의 행위에 관여하고, 그가 인정하듯이 대체로 "필시 경험적인" 방법을 취하는 "상대적 윤리학(Relative Ethics)"과 구별한다(『윤리학 자료』, §108). 스펜서가 절대적 윤리학이라고 부르는 체계가 얼마만큼 합리적으로 구성될 수 있는지, 그것의 구성이 얼마만큼 실천적으로 유용할지에 대해서는 이 논고의 뒷부분에서 내가 보편주의적 쾌락주의의 방법을 다룰 때 살펴볼 것이다. 당장 나는 연역적 윤리학이 지금 여기서 자신의 최대 행복을 추구하는 개인에게 실천적 지침을 얼마만큼 제공할 수 있는가 하는 물음에만 관여할 것이다.

에는 이 부수현상과 선행조건을 인식하고 예견하고 측정하고, 쾌락과 고통 자체보다는 그것들을 산출하거나 피하는 것이 더 쉬운 일이다. 나는 경험적 쾌락주의의 난제에서의 이러한 도피처가 항상 열려 있기를 기꺼이 희망한다. 그러나 나는 그것이 당장 이용할 수 있다고 인식할 수 없다. 내가 판단하기에, 현재로는 쾌락과 고통의 원인들에 대하여 만족할 만하게 확증된 일반적 이론은 없다. 부분적으로 참인 것이든 개연적인 것이든 어느 정도 받아들여진 이론은 여기서 우리가 요구하는 실천적 적용에 아주 적합하지는 않다.

쾌락과 고통의 원인들에 대한 보편적으로 적용할 만한 이론의 발견에서 주된 문제는 쉽게 설명된다. 쾌락과 고통은—다른 심리적 사실들과 마찬가지로—구체적으로 알려지지 않았으나 공히 그 것들과 불가분한 부수현상으로서 뇌의 일정한 신경돌기를 가진다고 가정할 수 있다. 따라서 그것들의 원천은 선행하는 육체적 사실이나 선행하는 심리적 사실에서 찾아질 수 있다. 그러나 어떤 중요한 한 집합의 경우들에서 주로 인식할 수 있는 선행조건은 전자의 종류인 반면, 다른 한 집합의 경우들에서는 그 선행조건이 명백히 후자의 종류다. 문제는 양 집합에 똑같이 적용할 수 있는 이론을 수립하는 것이거나, 명백히 입증되지 않은 가설을 세우지 않고 두 연구 방향의 결과들을 단일한 일반화로 통합하는 것이다. 감각과 연결된 쾌락과 고통의—특히 고통의—경우에서, 인식할 수 있는 가장 중요한 선행조건은 분명 육체적이다. 고통이 예견될 때 그것을 대하는 마음의 태도가 그것의 크기에 크게 영향을 미칠 수 있다는 점을 나는 부정하지 않는다. 사실 최면상태의 뇌에서는 고통이 느껴지지 않을 것이라는 선행하는 믿음에 의하여 고통의 감정이 언뜻 보기에는 완전히 일어나지 않을 수 있다. 그럼에도 일상적조건하에서는 감각적 고통이—아마 대다수 사람들의 경험에서 가장 강렬한 것들이—대체로 외부에서 침입하여 우리의 심리적 삶을 방해한다. 선행하는 심리적 사실들 가운데서 그 고통의 강도나질의 주요 원인들을 찾는 것은 쓸모없는 일이다. 이것이 가장 현저한 감각적 쾌락에 똑같이 해당되지는 않는다. 절대적 필요조건은아니더라도, 여하튼 높은 강도의 감각적 쾌락을 얻는 데에는 선행하는 욕망이 필요해 보이기 때문이다. 그런데 이러한 욕망 자체의주요 원인들은 분명 감성을 지닌 개별 유기체의—신경계만이 아닌—육체적 상태와 작용이다. 이것은 평범한 인간행복의 중대한요소이면서, 더 불명확한 종류의 쾌락에도—육체적 복리에 동반하면서 그것의 신호인 "좋은 기분(well-feeling)"에도—해당된다.

지적 활동이나 개인적 애정의 작용에 속하는 쾌락과 고통의 원인들을 탐구할 때—혹은 예술이나 자연의 아름다움의 (혹은 그 반대의) 관찰에 속하는 쾌락의 (그리고 어느 정도 고통의) 원인들을 탐구할 때—우리는 이 감정들에 동반하거나 선행하는 신경돌기에 대하여 무지하기 때문에, 어떤 생리학 이론도 우리를 그리 멀리 데려갈 수 없다.

이것이 나의 일반적 결론이고, 그 근거를 이 장에서 더 자세히 예증하고 설명하고자 한다. 그러나 쾌락과 고통의 원인들에 대한 심리학 혹은 생리학 이론에 대한 철저한 논의를 시도하는 일은 나의 한계를 상당히 넘어선 것처럼 보일 것이다. 나는 윤리학 연구자들이 특히 관심을 가지는 주요한 일반화들만 다룰 것이다. 왜냐하면 그 일반화들의 수용에 윤리적 동기가 관여했기 때문이거나, 아니면—일반적 이론으로서의 근거는 불충분하지만—그 일반화들은 실천적 지침으로서 부분적 · 제한적 가치를 가진다고 보기 때문이다.

§2. 우선—명백히 아리스토텔레스에서 유래한 것이기에[3]—적어도 오래된 것이라는 가치를 지니면서 어떤 형태로든 여전히 유행하는 심리학적 이론에 대한 고찰에서 시작해보자.[4] 해밀턴[5] 경

---

3) 아리스토텔레스의 이론은 간략히 말해서 모든 정상적 감각-지각들 혹은 합리적 활동들은 그것들에 대응하는 쾌락을 가지고 가장 완벽한 것이 가장 유쾌하다는 것이다. 어떤 기능에서든 가장 완벽한 것은 최상의 대상에 그 기능을 좋은 상태로 발휘하는 것이다. 쾌락이 그 활동에 즉각 따라오면서, 그것에 "인생의 꽃과 같은" 마무리를 제공한다. 삶을 구성하는 활동들이 가지각색인 것처럼, 쾌락도 종류가 가지각색이다. 최고의 쾌락은 철학적 삶의 쾌락이다.

4) 불리에(F. Bouillier), 『쾌락과 고통에 대하여(*Du plaisir et de la douleur*)』(1877), 3장; 뒤몽(L. Dumont), 『감성에 대한 과학적 이론(*Théorie scientifique de la sensibilité*)』(1875), 3장; 또한—내가 나중에 언급할—스타우트(G. F. Stout), 『분석 심리학(*Analytic Psychology*)』(1896), 12장을 보시오.

5) 『형이상학 강의(*Lectures on Metaphysics*)』(1860), 제2권, 42강.

은 그 이론을 다음과 같은 명제로 표현한다. "쾌락은 우리가 그 활기(energy)를 의식하는 어떤 힘의 자발적이고 막힘없는 발휘의 반영이다. 고통은 그 힘의 지나친 혹은 억압된 발휘의 반영이다." 이 문구들은 **능동적** 상태를 일반적으로 **수동적** 상태와 구별되는 것으로서 제시한다. 그러나 해밀턴의 설명에 따르면, "활기" 및 유사한 용어들은—의식 자체가 그 주체의 단순한 수동성 이상의 것을 함축한다는 근거에서—"우리가 의식하는 우리의 고등한 삶과 하등한 삶의 전 과정들을 무차별적으로 의미하는 것으로 이해되어야 한다." 그러나 내가 생각하기에 분명 그 이론은 주로 지적인 삶에 속하는 쾌락과 고통에 적합하도록 구성된 것이고, 다소 무리한 해석을 통해서만 인간의 동물적 삶에 속하는 쾌락과 고통의 중요 부류에 적용된다. 왜냐하면 해밀턴은 (a) "자발적"과 (b) "막힘없는"이라는 용어를 각각 (a) 발휘된 힘에 "강제적 억제"나 "강제적 자극"이 없음과 (b) 그 힘과 관련된 대상에 대한 저지나 방해가 없음을 의미한다고 설명하기 때문이다. 그러나 이 용어들은 보통 수동적이라고 부르는 종류의 유기체적 감각에 대한 적용에서 분명한 심리적 중요성을 가지지 않는 것으로 보인다. 예컨대 치통에 대한 의식을 만들어내는 육체적 작용에 대한 감정들과 모호한 표상들은 따뜻한 목욕에 동반하는 의식을 만들어내는 육체적 작용만큼 의식적 억압이나 자극에서 벗어나 있다. 좋든 싫든 우리는 고통을 경험하므로 그것의 단순한 현존이 제약을 수반하는 경우와 쾌락의 단순한 현존이 그 정반대의 것을 수반하는 경우를 제외한다면 말이다. 그러나 이러한 의미의 제약과 그 정반대의 것은 설명될 결과의 특성들이므로 그 결과의 원인들로 간주될 수 없다.

사실 이 이론의 윤리학적 흥미와 가치는 내가 보기에 바로 그것의 일방성에 있다. 이 이론은 일반적 쾌락추구에서 아마도 과소평가되는 부류의 쾌락의—순전히 지적인 것이든 실천적이면서 부분적으로 육체적인 것이든, 특히 정력적 활동으로 충만한 삶에 속하는 쾌락의—중요성에 깊이 주목함으로써 쾌락의 평가에서 통속적 오류를 바로잡으려 한다.[6] 동일한 방식으로 이 이론은 어떤 노동은 고통스럽고 대다수 사람들의 경험에서 노동의 고통으로부터의 해방에서 나오는 쾌락이—휴식과 놀이의 쾌락이—정력적 활동의 쾌락보다 더 부각되기 때문에 통상적으로 노동을 고통스럽다고 간주하는 대중의 실수를 효과적으로 제거한다. 동시에—지적이든 육체적이든—자발적 활동과 직접 연결된 쾌락과 고통에 한정하더라도, 내가 보기에 이 이론은 확실한 지침을 결여할 뿐만 아니라 충분한 이론적 정확성도 결여한다. 왜냐하면 그것은 우리의 능력의 발휘가 방해물의 현존 때문에 항상 덜 유쾌해진다는 주장을 함축

---

[6] 이 이론에 대한 아리스토텔레스의 해설에서—그에게 그것은 쾌락에 대한 이론일 뿐이다—철학자의 삶을 그것이 제공하는 쾌락과 관련하여 감각주의자의 삶보다 선호할 만한 것으로 제시한 윤리학적 동기는 아주 분명하다.

하는 것으로 보이기 때문이다. 그러나 이러한 주장은 주로 지적 활동에 관련해서든 주로 육체적 활동에 관련해서든 분명 사실이 아니다. 게임과 스포츠의 경우에서 드러나는 것처럼, 어떤 장애물은 그것을 극복하려는 힘과 기술을 끌어냄으로써 쾌락을 분명히 증가시킨다. 고통을 일으키는 장애를 행동을 억압하고 축소하는 방해물로만 볼지라도, 이러한 억압이 만족되지 못한 욕망의 특정한 불쾌감을 일으키는 경우를 제외하고, 나는 이 이론이 경험에 의하여 뒷받침된다고 생각하지 않는다. 예컨대 실패가 내가 중요하게 여기는 목적의 달성을 방해하지 않을 경우, 희미한 빛으로 대상을 알아보거나 낯선 언어에서 어떤 말의 의미를 알아내려는 시도에서 나는 불쾌감보다 재미를 느낀다. 더 제한적으로 적용하더라도, 통상적 인간활동의 목적론적 성격을 무시하는 것이 해밀턴 이론의 근본 결점이다.

최근의 한 저술가가 채택한 [해밀턴의] 이론의 변형은 이러한 결점을 피할 수 있다. 스타우트는 다음과 같이 말한다. "쾌락과 고통 사이의 대조는 어떤 목적을 향한 자유로운 진행과 방해받은 진행 사이의 대조와 일치한다. 방해받지 않는 진행은 정신적 흥분의 강도와 복잡성에 비례하는 정도로 유쾌하다. 방해받고 늦춰진 … 활동은 그것의 강도와 복잡성, 그리고 장애의 정도에 비례하는 정도로 고통스럽다." 스타우트는 이러한 설명 원칙을 감각의 쾌락과 고통에 적용하기 어렵다는 점을 인정한다.[7] 그리고 그는—해밀턴과 달리—"너무 오래 지속되지 않거나 너무 심하지 않은 곤경과의 싸움은 성공의 쾌락을 그 싸움 자체가 주는 고통보다 훨씬 더 크게 늘릴 수 있다"고 분명히 인정한다. 그러나 앞서 주장된 명제들의 이론적 가치가 무엇이든, 이러한 수정은 그 명제들을 우리의 현재의 실천적 관점에서 보면 중요하지 않은 것들로 만든다고 판단된다. 나 역시 자발적 활동에 동반하는 쾌락과 고통의 조건으로서 선행하는 욕망의 중요성이 더 분명하게 인식되어야 한다고 생각한다. 욕망이 강할 경우, 결실을 방해하는 곤경을 극복하려는 희망찬 노력은—현실적 성공과 무관하게—비례적으로 쾌락을 주는 경향을 가지고, 이와 유사하게 좌절이나 좌절에 대한 두려움은 고통을 주는 경향을 가진다. 그러나 욕망이 강하지 않을 경우, 방해받은 활동과 이루지 못한 기대의 충격은 그 반대일 경우보다 다소 더 유쾌할 수도 있다. 내가 이웃마을로 가면서 재미 삼아 산책을 하다가 내가 가려는 길을 가로지르는 뜻밖의 큰물을 발견한다고 가정해보자. 내가 그 마을에 도달하려는 강한 동기가 없을 경우, 그 뜻밖의 일과 그것에 따른 나의 산책 계획의 변경은 어쩌면 대체로 유쾌한 사건일 것이다.

쾌락의 조건으로서 간절한 욕망의 중요성은 윤리학적 관점에서 주목할 만하다. 왜냐하면 그것은 타산적으로 정해진 삶의 방식으

---

7) 『분석 심리학』, 12장 §2.

로는 성취할 수 없거나 그 방식과 양립할 수 없는 목적에 대한 욕
망을—사적 행복을 목적으로—억누르라는 익숙한 수칙에 대한 심
리학적 기초를 제공하기 때문이다. 그것은 합리적 선택과 동일한
방향의 행동을 유발하는 욕망을 격려하고 계발하라는 다소 덜 진
부한 준칙에 대해서도 심리학적 기초를 제공하기 때문이다.

이제—"지나친 혹은 억압된 발휘"가 고통의 조건이라는 해밀턴
의 개념을 유지하면서도—"방해받지 않는"이라는 의심스러운 용
어를 버리는 동시에 물리적 관점으로 나아가 "활동"이 어떤 **신체기
관**의 활동을 의미한다고 가정해보자. 그리하여 우리는 사실상 스
펜서의 학설, 즉 고통은 신체기관의 과도하거나 불충분한 행동의
심리적 부수현상인 반면에 쾌락은 중간적 활동의 부수현상이라는
학설에 도달한다.[8] 이 이론의 고찰에서는 고통과 쾌락을 따로 다
루는 것이 편리할 것이다. 왜냐하면 그것은 분명 일차적으로 쾌락
보다는 고통에 대한—특히 해밀턴의 이론이 명백히 적용될 수 없
다고 보이는 감각의 고통에 대한—경험에 기초하고 있기 때문이
다. 신경의 과도한 자극이 명백히 고통을 일으키는 사례는 풍부하
다. 그래서 감각할 수 있는 열, 압력, 근육활동의 강도가 점점 증가
할 때, 우리는 그 증가의 어떤 지점에서 고통을 겪는다. "귀청을 터
지게 만드는" 소리는 매우 불쾌하다. 무방비의 안구로 열대의 햇빛

---

8) 『심리학 원리』, 9장 §128.

을 정면으로 바라보는 것은 이내 고문이 될 것이다. 또한 스펜서가 지적하듯이 어떤 고통은 소화기관이 무리를 할 때처럼 정상적 활동의 경우에는 아무 고통을 일으키지 않는 신체기관의 과도한 활동에서 일어난다. 그러나 이것들 중 어느 경우에서도 문제의 신체기관의 활동 종류의 변화를—이제 막 시작하려는 어떤 분열이나 혼란을—통해서가 아니라 단지 활동 **정도**의 강화를 통해서 고통이 일어나는지는 분명하지 않아 보인다. 이러한—자극의 단순한 양이 아닌—전자의 원인은 상처나 질병에 기인하는 고통과 심지어 부적절한 양이 아니라 부적절한 종류의 음식 때문에 일어난 소화기관의 일시적 불편함에 대한 고찰에 의해서 강하게 드러난다. 내가 보기에 이와 유사한 설명이 스펜서에 따르면 "불충분한" 활동에서 생기는 고통의 경우에서도 아주 그럴듯하다. 그는 이 고통을 "불편함 혹은 갈망"이라고 말한다. 그러나 내가 앞서 지적한 것처럼,[9] 육체적 욕구와 여타 욕망은 감지할 만큼 고통스럽지 않고도 강렬하게 느껴지는 행동충동일 수 있다. 그 욕구와 욕망이 확실히 고통스러워질 때, 내 경험상 일차적으로 관련된 신체기관이나 유기체 전체에 교란을 일으킬 수 있는 장애가 있다고 가정할 수 있다. 그래서 내 경험상 배고픔은 감지할 만큼 고통스럽지 않고도 아주 격렬할 수 있다. 내가 그것을 고통스럽다고 느낄 때, 경험에 따라서 나

---

9) 제1권 4장.

는 소화기관의 혼란을 나타내는 소화흡수력의 일시적 감소를 예상
하게 된다.[10]

　여하튼 경험적 증거는 어떤 신체기관의 "과도한 활동"이 "불충분
한 활동"보다 훨씬 더 분명한 고통의 원인이라는 점을 뒷받침한다.
실로 이러한 증거에 대한 고려로부터 일부 심리학자들은 다음과
같은 일반화[11]를 채택했다. 절대적으로 유쾌하거나 불쾌한 감각의
질은 없다. 모든 종류의 감각은 그 강도가 증가할 때 일정 지점에
서 유쾌해지기 시작하여 더 나아간 일정 지점까지는 계속 그러하
다가, 그 지점을 지나면서 빠르게 무차별의 상태를 거쳐서 고통이
된다. 그러나 나 자신의 경험은 이러한 일반화를 뒷받침하지 않는
다. 나는 "수많은 맛들과 냄새들 중에서 가장 희미한 냄새와 맛이
불쾌할 수 있다"는 에드먼드 거니의 의견[12]에 동의한다. 반면에 감
각기관의 자극에서 발생한 다른 감정들은 육체적 삶의 현실적 여
건이 허락한다고 생각되는 최고도의 자극에서 매우 유쾌한 것으로

---

10)　정서적 고통과 쾌락의 경우, 각각 전자와 후자에 선행하는 뇌의 신경작용들
　　사이의 양적 차이라는 개념은 전혀 인정할 수 없는 것처럼 보인다. 수치나 좌
　　절된 야망이나 상처 입은 사랑의 고통은 쾌락과 고통 각각을 동반하는 인상
　　들이나 관념들에서의 강도 차이에 의하여 명성이나 성공이나 주고받은 애정
　　의 쾌락과 구별될 수 있을 것처럼 보이지 않는다.

11)　빌헬름 막시밀리안 분트(Wilhelm Maximilian Wundt), 『생리심리학의 원리
　　(*Grundzüge der physiologischen Psychologie*)』(1874), 10장.

12)　『소리의 힘(*Power of Sound*)』(1880), 1장 §2.

남는 듯하다.

여하튼 즉각적 결과나 부수현상으로서 고통을 일으키는 신경활동을 단순히 양적으로 과다하다고 생각하든 질적으로 부조화하거나 혼란하다고 생각하든, 어느 설명도 중요한 실천적 지침을 제공할 수 없다는 점은 분명하다. 왜냐하면 우리에게는 고통 자체에 대한 우리의 경험과 무관하게 어떤 신경활동이 과도한지 혼란한지를 확인할 일반적 수단이 없기 때문이다. 우리가 이러한 수단을 가진 경우들은 그 이론이 해결할 수 있는 실천적 문제들을 야기하지 않는다. 모든 일상적 상황 아래에서 누구도 상처와 질병을 피해야 한다는 점을 의심하지 않는다. 그것들을 여러 해악들 중 가장 하찮은 것으로 꼽을 수 있는 예외적 상황에서, 그것들이 고통을 일으키는 정확한 작용에 대한 가장 정확한 지식도 우리의 선택에 도움을 줄 수 있을 것 같지는 않다.

지금까지 고찰한 일반화는―고통에서 쾌락으로 눈을 돌리면―여하튼 쾌락의 추구에서 "과도함을 피하라"는 고대의 준칙에 심리학적 기초를 제공한다고 말할 수 있다. 이 준칙의 실천적 필요는 대체로 심리학적 일반화가 그것을 사실로 만들기 위하여 필요로 하는 제한조건들에서 기인한다는 점을 주목해야 한다. 그래서 이 준칙은 과도한 자극이 당장이 아니라 가변적 길이의 간격으로 고통을 가져오는 중요한 경우들에 특히 필요하다. 예컨대 많은 사람들에게 음주는 뇌가 더 이상 그 기능을 수행할 수 없는 과도한 지점에 이르기까지는 유쾌할 수 있다. 고통이 오는 것은 "다음날 아침"이거나, 아마도—"노련한" 술고래의 경우에는—여러 해 습관적으로 과음한 후일 것이다. 또한 지나친 활동으로 인한 과도함의 고통을 주는 신체기관이 항상 그것의 활동으로 쾌락을 주는 신체기관과 같지는 않다는 점을 주목해야 한다. 우리가 아주 많은 양을 먹고 싶어질 때, 그 유혹적 쾌락은 주로 지나치게 활동하지 않은 미각신경에서 기인한다. 고통은 소화기관에서 오고, 소화기관의 어렴풋하고 희미한 쾌락이 쾌락주의자를 폭식하게 유혹하지는 않을 것이다. 위험한 정신적 흥분의 경우, 과도함에 따른 인과응보는 보통 더욱더 간접적이다.

대체로 덕과 마찬가지로 쾌락도 [과도한 활동과 모자란 활동의] 중간 어딘가에 있다고 인정하더라도, 이 명제가 쾌락의 성취를 위한 실천적 방침을 제공하지 않는다는 점도 인정해야 한다. 첫째, 신체기관의 과도한 활동과 불충분한 활동이 모두 고통을 일으킨다고 인정하더라도, 어떤 경우에든—스펜서 자신의 말처럼—그 활동이 쾌락을 줄 수 있는 하단과 상단의 경계선을 결정하는 것은 무엇인가 하는 문제는 여전히 남는다. 곧 이 물음에 대한 스펜서의 대답을 살펴볼 것이다. 그러나 그가 주목하지 않은 또 다른 명백한 문제가 있다. 즉 어째서 의식과 대응관계를 갖는 우리 신체기관의 정상적 활동들 중에서 오직 일부만이 감지할 수 있을 정도로 유쾌하고, 대다수는 아니더라도 많은 활동들은 거의 혹은 전혀 좋지도 나쁘지도 않은 것인가. (예컨대) 맛과 냄새는 대체로 유쾌하거나 불쾌한 반면에, 대부분의 촉각과 많은 시각과 청각은 감지할 수 있을 정도로[13] 유쾌하지도 불쾌하지도 않다는 점은 부정할 수 없는 것으로 보인다. 건강한 일상에서 먹고 마시는 일은 일반적으로 유쾌하지만, 옷을 입거나 벗는 것, 걷는 것, 그리고 일반적으로 근육을 움직이는 것은 사실상 좋지도 나쁘지도 않다는 점은 부정할 수 없어 보인다.

어떤 충분한 설명을 습관의 작용에서 발견할 수 있을 것 같지는 않다.[14] 빈번하고 획일적으로 반복되는 행동은 무의식적인 것이 되어 그것의 의식적 대응물을 상실한다는 것은 의심의 여지없는 사실이고, 쾌락적 무차별은 확실히 어떤 경우에는 이러한 행동이 무의식으로 진행하는 과정에서 거치는 하나의 단계로 보인다. 낯선 마을에서는 업무상의 산책도 풍경의 새로움 때문에 일반적으로 유쾌하다. 그러나 자신이 사는 마을에서의 유사한 산책은 일반적으로 좋지도 나쁘지도 않거나 거의 그러하다. 한편 업무에 깊이 몰두하고 있을 경우, 그 산책은 대체로 무의식적으로 실행될 것이다.

---

13) 나는 "감지할 수 있을 정도"라고 말한다. 왜냐하면 엄밀히 중립적인 혹은 좋지도 나쁘지도 않은 의식의 변화들이 있는가 하는 논쟁적인 심리학적 물음은 내가 보기에 실천적 관점에서 중요하지 않기 때문이다. 제임스 설리 (James Sully), 『인간의 마음(*The Human Mind*)』(1892), 13장 §2.

14) 스타우트, 『분석 심리학』, 12장.

반면에 습관의 작용은, 예컨대 획득된 육체적 혹은 지적 취미의 경우처럼, 흔히 처음에는 좋지도 나쁘지도 않았거나 심지어 불쾌했던 활동을 유쾌하게 만드는 정반대의 결과를 가져온다. 실로 윤리학자들은 오랫동안—내가 생각하기에 아주 정당하게—이러한 경험을 귀찮은 의무수행을 격려하는 것으로 이용해왔다. 왜냐하면 의무의 귀찮음은 습관의 작용을 통하여 일시적일 것인 데 반하여, 그것의 수행으로 얻는 이익은 영구적일 것이기 때문이다. 실로 스펜서는 이러한 경험을 중요하게 여겨서 그것에 기초하여 과감히 "쾌락은 결국 사회적 조건들이 요구하는 모든 방식의 행동에 동반할 것"이라고 예언한다. 그러나 쾌락적 무차별로 이어지는 습관의 경향과 관련하여 앞서 언급한 것뿐만 아니라 처음에는 좋지도 나쁘지도 않았거나 심지어 유쾌했던 행동을 점점 귀찮게 만드는 세 번째 경향을 고려할 경우, 이 예언은 지나치게 낙관적으로 보인다. 그래서 우리의 지성은 점점 단조로운 활동에 싫증을 내고, 때로는 권태로움이 강해질 수 있다. 또한 처음에는 유쾌했던 음식 맛이 단조로움 때문에 역겨운 것으로 변할 수 있다.

통상적 활동에 동반하는 쾌락의 다양한 등급들에 대해서는 아주 새로운 설명을 찾아야 한다. 이러한 설명이 그랜트 앨런(Grant Allen: 1848-1899)이 발전시킨 스펜서의 제안,[15] 유기체의 통상적

---

15)   그랜트 앨런, 『생리학적 미학(*Physiological Aesthetics*)』(1877), 2장.

활동의 유쾌함은 그것의 **간헐성**에 달려 있고 "쾌락의 양은 대개 …" 관련 신경섬유의 "자연적 흥분 빈도와 반비례한다"는 제안에서 발견될 수 있을까? 확실히 이 이론은 일반적으로 가장 강하게 인식되는 감각적 쾌락은 상당 기간 활동하지 않은 신체기관의 활동에 동반하는 쾌락이라는 사실에서 상당한 뒷받침을 발견한다. 그러나 그것이 설명하지 못하는 사실들이 많다—예컨대 동일한 감각에 대한 상이한 자극들에 의하여 일정한 순간에 얻을 수 있는 쾌락들의 중대한 차이; "입맛은 먹을수록 생긴다"는 속담에서 표현되는 현상; 꿈을 꾸지 않은 수면 후의 시각기관의 활동은 그것이 일상적 순간에 주는 쾌락보다 감지할 만큼 더 강렬한 쾌락을 주지 않는다는 사실. 우리는 일정한 경우에서 간헐성이 가져오는 유쾌한 결과에 대하여 특별한 원인을 찾아야 할 것처럼 보인다. 단순히 오래 활동하지 않고 영양상태가 좋은 신경중추가 자극을 받았을 때 일어나는 더 큰 강도의 신경활동이 이러한 원인일 수 없다. 만약 이것이 그 설명이라면, 어째서—우리가 기계적인 종류의 작업을 싫증 내지 않고 정력적으로 한창 진행 중일 때처럼—서서히 도달한 완전한 신경활동에 대한 통상적 의식은 대체로 거의 혹은 완전히 좋지도 나쁘지도 않을 수 있겠는가?

우리 탐구의 이 지점에서 제안된 다양한 경쟁적 가설들 중에서—나는 어느 것도 전체를 포괄하는 가설로 일반적으로 받아들여지지 않는다고 믿는다—나는 특별한 윤리학적 흥미를 일으키는 하나의 가설을 택하여 논하고자 한다.

이 가설에 따르면,[16] 쾌락을 동반하는 유기체의 작용은 "동요" 후의 "평정의 회복"으로 생각될 수 있다. 그래서 보통의 활동의 경우에 감지할 만한 쾌락의 부재는 선행하는 동요의 부재로 설명된다. 이 견해는 결코 드물지는 않지만 통상적 삶에서 우연적인 부류의 쾌락에—육체적 고통이나 심한 불안의 긴장상태 후의 안도의 쾌락, 그리고 평소와 다른 지력이나 근력의 발휘 후의 휴식의 쾌락에—명백히 적용될 수 있다. 그러나 그것을 감각적 쾌락 일반에 적용하려고 시도할 경우, 살아 있는 유기체의 작용에 적용되는 "평정" 개념의 불명확성이 여실히 드러난다. 왜냐하면 우리의 육체적 삶은 짧은 간격으로 약간만 변형되어 대체로 주기적으로 반복되는 일련의 변화들로 구성되기 때문이다. 왜 우리가 이러한 통상적 작용들 중 어느 하나에 "동요"나 "평정의 회복" 같은 개념을 부여해야 하는지는 이해하기 어렵다—예컨대 왜 에너지를 소모한 상태를 방금 영양분을 섭취한 상태보다 평정에서 더 벗어난 상태로 간주해야 하는지는 이해하기 어렵다. 사실 지금 고찰하는 가설을 통상적인 감각적 쾌락에 적용할 수 있으려면, 우리는 생리학적 관점에서 심리학적 관점으로 옮겨가서 본질적으로 현재상태에서 벗어나 욕망하는 대상을 달성하려는 절실한 충동인 동시에 의식적으로

---

16)   스타우트, 『분석 심리학』 12장 §4를 보시오.

불안한 상태인 **욕망**이라는 심리적 상태에 주목해야 한다. 그렇다면 우리의 가설은 이 불안한 의식을 생리학적 관점에서 "평정의 동요"의 징후로 간주할 수 있고, 이와 유사하게 욕망 만족을 생리학적으로 평정의 회복으로 간주할 수 있다. 이 가정에 의거하여, 그 이론은 일반적으로 감각적 쾌락의 가장 두드러진 요소라고 생각되는 것을 형성하는 감각적 욕구의 만족에 확실히 적용될 수 있다.

우리는 이미 광범위한 사고의 혼란에 의하여 욕망은 흔히 고통의 일종으로 간주된다는 사실에 주목했다. 따라서 지금 고찰하는 이론은 육체적 욕구의 만족의 통속적으로 과대평가된 쾌락과 선행하는 고통 사이의 불가분한 연결을 강조함으로써 본래 이러한 쾌락을 평가절하하려는 윤리학적 동기에 의해서 일어났다. 그러나 이 쾌락의 필수 선행조건인 욕구가—비록 불안한 상태지만—상당히 고통스럽지 않을 경우, 이러한 평가절하는 실패한다.[17]

어쨌든 의식적 욕망의 육체적 대응물이 '평정의 동요' 혹은 이러한 동요의 효과와 징후라고 인정할 경우, 또 그 이론이 감각적 쾌락의 전 영역을 포괄하도록 확장될 경우, 그 이론은 분명한 반론에 노출되는 듯하다. 왜냐하면 의식적 욕망은 특별한 감각의 단순한 쾌락을 경험하기 위한 필요조건은 분명 아니기 때문이다. 보통 욕구의 감각은 결코 유쾌한 광경·소리·냄새·맛에 대한 경험이나

---

17)   제1권 4장 주해를 보시오.

더 중요한 쾌락, 즉 우리가 심미적이라고 부르는 심리적 조건에서 더 복잡한 쾌락의 경험에 선행하지 않는다. 물론 특별한 경우 선행하는 욕구가 후자의 쾌락의 의식적 욕구를 일으킬 수 있고, 이 의식적 욕구는 그 쾌락이 마침내 얻어질 때 그 쾌락의 강도를 증가시킬 수 있다. 혹은 아무런 욕구의 감정이 없더라도, 이러한 쾌락의 즐거움에 대한 기대는 그 즐거움에 대한 격렬한 욕망을 일으킬 수 있고, 그 욕망은 육체적 욕구 못지않게 "평정의 동요"라고 간주될 수 있다. 그러나 선행하는 욕망이나 욕구에 대한 의식 없이 이러한 종류의 쾌락을 경험하는 일상적 경우에도 느낄 수는 없더라도 유사한 [평정의] 동요가 있다고 가정하는 것은 전혀 정당하다고 인정할 수 없다.

쾌락과 고통의 원인에 대한 정신물리학적 숙고는 현재로서는 실천적 쾌락주의의 연역적 방법을 위한 기초를 제공하지 않는다는 나의 전반적 결론을 뒷받침하기 위하여 충분히 이야기한 듯하다. 이 논제에서 떠나기 전에, 나는 그 이론을 방해하는 문제점은 우리가 "심미적"이라고 분류하는 복잡한 쾌락의 경우에 특히 중요해 보인다는 점에 주목할 수 있다. 심미적 만족감이 높을 경우 그 만족감은 복잡한 의식상태 속에 있는 여러 요소들의 미묘한 조화에 달려 있고, 이렇게 조화로운 결합에서 발생하는 쾌락은 개별 요소들이 산출하는 단순한 쾌락의 총합보다 무한히 더 크다는 점에 누구나 동의할 것이다. 그러나 특정 예술의 경우에서 지금까지 이러한 조화의 조건들의 발견에 상당한 성공을 거두었다고 평가하는 사람들조차도 확인된 조건들과의 단순한 일치가 상당한 심미적 쾌락의 산출을 보장할 수 없다는 점을 인정할 것이다. 매우 유쾌한 예술작품에서 그 유쾌함을 결정하는 것으로 보이는 요소들의 객관적 관계를 일반적 용어로 아무리 교묘하게 진술하더라도, 분명 우리는 유사한 요소들을 가지고도 우리의 일반적 기술에는 상응하지만 전혀 기쁨을 주지 못할 작품을 만드는 것이 가능하리라고 항상 느낄 것이다. 큰 기쁨을 주는 촉감은 그 어떤 연역적 추론도 대체물을 제공할 수 없는 본능에 달려 있다. 개인들의 심미적 감수성에서 우리가 실제로 발견하는 광범위한 차이를 고려하지 않더라도, 이것은 사실이다. 자신의 최대 행복을 구하는 개인의 관점에서 심미적 쾌락의 평가에 사용가능한 유일한 방법은 주로 귀납적·경험적인 방법이라는 점은 더 말할 필요도 없다.

§3. 나는 이제 정신물리학보다는 생물학적인 것으로서 앞 절에서 논한 이론들과 구별될 수 있는 이론을 고찰할 것이다. 왜냐하면 그것은 부수현상이나 즉각적 결과로서 쾌락과 고통을 가지는 유기체의 상태나 변화의 현존하는 특징이 아니라, 그것들과 유기체의 삶 전체의 관계에 주목하기 때문이다. 내가 생각하기에, 이 이론이 "고통은 그 유기체에 유해한 행위와 상관된 것인 반면에, 쾌락은 그 유기체의 복지에 도움이 되는 행위와 상관된 것"이라고 말한다.

위의 명제는 스펜서로부터 인용한 것인데,[18] 그는 나중에 "유해한"과 "복지에 도움이 되는"이 각각 "삶의 감소나 상실을 가져오는"과 "삶의 지속이나 증가를 가져오는"을 의미한다고 설명한다. 그러나 위의 결론을 간략히 입증하는 연역에서, 그는 "유해한" 및 "유익한"을 단순히 유기체의 삶을 "파괴하는" 및 "보존하는"과 동의어로 사용한다. 우선은 그 용어들을 이렇게 더 단순한 의미로 사용하는 것이 더 편리할 것이다.

스펜서의 논증은 다음과 같다.

"만약 우리가 쾌락이라는 낱말을 같은 뜻의 문구로—우리가 의식에 일으키고 거기에 유지하려는 감정—대체하고, 고통이라는 낱말을 같은 뜻의 문구로—우리가 의식에서 제거하고 들어오지 못하게 하려는 감정—대체한다면, 즉시 다음과 같은 것을 알게 된다. 만약 어떤 생물이 유지하려고 애쓰는 의식상태가 유해한 행동과 상관된 것이라면, 그리고 그 생물이 몰아내려고 애쓰는 의식상태가 유익한 행동과 상관된 것이라면, 그 생물은 유해한 것을 지속하고 유익한 것을 피함으로써 빠르게 멸종할 것임에 틀림없다. 달리 말해서 대체로 유쾌하거나 욕망하는 감정이 삶의 유지에 도움이 되는 활동과 일치하는 동시에 불쾌하거나 습관적으로 피하려는 감정이 직접적 혹은 간접적으로 삶을 파괴하는 활동과

---

18) 『심리학 원리』, §125와 『윤리학 자료』, §33.

일치하는 종족의 존재자들만이 생존할 수 있다. 다른 조건이 같다면, 행동에 대한 감정의 이러한 적응이 아주 좋아서 유례없이 완벽하게 적응할 경향을 가진 종족이 분명 가장 다수로서 오랫동안 생존할 종족일 것이다."

나는 일정한 목적을 지닌 이 간략한 연역의 가치를 부정하려는 것은 아니다. 그러나 그 연역이 직접 겨냥하는 목적을 쾌락이 아닌 보존으로 바꿈으로써 개인의 최대 행복을 추구하는 연역적 방법을 위한 기초를 제공하기에는 불충분하다는 점은 쉽게 보여줄 수 있다. 우선 스펜서는 그 결론이 자신이 다소 모호하게 말한 것처럼 "대체로" 참이라고 주장할 뿐이다. 유해한 행위를 유쾌하다고 느끼거나 보존적 행위를 고통스럽다고 느끼는 경향은 분명 어느 종의 동물에게든 생존경쟁에서 단점일 테지만, 그 단점은—만약 제한된 정도로만 가지고 있다면—다른 장점에 의하여 상쇄될 수 있고, 그 단점을 지닌 유기체는 그 단점에도 불구하고 생존할 수 있다는 점은 명백하다. 말하자면 이것이 선험적으로 명백하다. 스펜서도 인정하듯이, 공통적 경험은 "여러 분명한 방식들로" 이것이 우리가 아는 모든 시대의 역사에서 문명화된 사람들에게 실제로 해당된다는 사실을 보여준다. 문명의 흐름에 의하여 일어난 변화 때문에, "쾌락과 유익한 행동 사이의, 그리고 고통과 유해한 행동 사이의 자연적 연결에 심층적이고 복잡한 혼란이 일어났고, [그 혼란이] 오랫동안 지속된 것은 틀림없다." 이것은 그 자체로 쾌락주의의 연역적 방법을 스펜서의 전반적 결론에 기초하려는 시도에 대한 충분한 반론으로 보인다. 실제로 문명화된 사람들이 다양한 형태의 불건전한 행위에서 쾌락을 취하고 건강 수칙에 따르는 것을 지루하다고 느낀다는 점은 주지의 사실이다. 또 그들은 삶의 보존에 실질적으로 도움이 되지 않는 행위와 작용에서 격렬한 쾌락을 느낄 수있고 사실 이러한 쾌락을 느끼기 쉽다는 점에 주목하는 것도 중요하다. 이 점을 "진화가설"에 근거하여 설명하는 것도 별로 어렵지않다. 왜냐하면 우리는 이 가설로부터, 만약 비보존적 작용에서발생하는 쾌락에 대한 강렬한 감수성이 발달된 개인의 보존이 다른 방식으로 충분히 제공될 수만 있다면, 인간 신경체계의 발달이이러한 감수성을 가져올 수 없다고 선험적으로 주장할 수 없기 때문이다. 그런데 이 후자의 [이러한 감수성을 가진 개인의 보존이 충분히 제공될 수 있다는] 가정은 문명화된 사회에서 여가를 가진 사람, 즉 의식주에 필요한 물건이 사유재산제라고 부르는 복합적인 사회적 습관을 통하여 충분히 제공되는 사람의 경우에서 명백히 실현된다. 그리고 나는 교양 있는 사람이 그가 추구하고 향유하는 강렬하고 다채로운 쾌락의 결과로 별로 유쾌하지 않은 휴식과 놀이의 시간을 가지면서 상대적으로 단조로운 일상활동을 지루하게 반복하는 사람보다 더 오래 살 것이라고 가정할 경험적 근거를 모르겠다.

§4. 그 개인이 단지 보존만을 목표로 삼음으로써 최대 쾌락을 얻을 것 같지 않을 경우, "삶의 양"이 더 나은 결과를 낳을지를 살펴보지 않을 수 없다. 그런데 신경활동이 질적으로 유쾌한 의식을 동반할 경우, 이러한 활동이 더 많아질수록 우리가 더 행복해진다는 것은 물론 사실이다. 그러나 삶이 더 강렬하고 충만할수록 "대체로" 더 행복해진다고 가정해도, 결코 우리가 단지 의식의 강도만을 목표로 삼음으로써 **최대** 쾌락을 얻을 것이라는 결론은 나오지 않는다. 왜냐하면 우리는 강렬한 쾌락보다는 강렬한 고통을 훨씬 더 확실하게 경험하고, 우리가 가장 생생하다고 여기는 "영혼의 절정"에도 어떤 비율로든 고통스러운 의식이 섞여 있을 수 있다. 더 나아가 우리는 종종 질적으로 거의 혹은 완전히 중립적인 (즉 딱히 유쾌하지도 고통스럽지도 않은) 흥분을 경험하는데, 이러한 흥분은 어려운 문제와의 힘든 싸움과 쟁점이 불확실한 복잡한 충돌의 경우에 높은 강도에 이른다.

"삶의 양"은 단순히 의식의 강도가 아니라 다수성과 다양성을—인간본성의 조화롭고 다방면에 걸친 발달을—의미하는 것으로 생각해야 한다고 대응할 수도 있다. 우리의 경험은 확실히 사람들이 자신의 어떤 기능이나 능력을 충분히 활용하지 않아서 그것이 쇠퇴하고 성장하지 못하도록 버려두어 자신에게 충분히 다양한 감정이나 활동을 허락하지 않음으로써 행복을 잃는다는 견해를 뒷받침하는 것으로 보인다. 특히 신체기관과 관련하여 전부는 아니더라도 대다수 신체기관의 적당한 활용은 유기체의 건강에 절대로 필요하다는 주장에 우리는 동의할 것이다. 더 나아가 어떤 한 기관을 건강하지 못한 방식으로 혹사하는 것보다 이러한 기능들의 균형에 의하여 유지되는 건강이 개인의 행복에 더 중요한 원천이라는 주장에도 동의할 것이다. 그럼에도 건강에 필요한 기능들의 조화는 매우 탄력적 조화이고, 자발적 통제가 가능한 기관들과 관련해서는 광범위한 변형의 여지가 허용된다고 생각할 것이다. (예컨대) 자신의 뇌만 활용하는 사람은 아마 그 결과로 몸이 안 좋을 것이다. 그러나 그는 아무 병도 일으키지 않고 자신의 뇌는 많이 활용하고 다리는 조금만 활용하거나 그 반대로 할 수도 있다. 마찬가지로 우리는 다양하고 다면적인 삶이 가장 행복한 삶이라는 명제를 연역적 쾌락주의를 위한 기초가 될 만큼 정밀하게 규정할 수 없다. 왜냐하면 어떤 기능을 지속적으로, 그리고 오랫동안 집중적으로 더 많이 활용할 경우, 이러한 활용이 지루해지거나 의식을 둔감하고 활기 없게 만들어 반쯤은 기계적인 일상이 되는 시점까지는, 우리는 그것에서 더 많은 쾌락을 얻는다는 점도 대체로 사실로 보이기 때문이다. 이 한계를 넘지 않아야 한다는 점이 우리의 행복을 위하여 분명 중요하다. 그러나 특별한 경험 없이는 특정한 경우에 이 한계를 정확히 설정할 수 없다. 특히 우리의 기능들을 충분히 활동시키고 우리의 노동에서 충분한 즐거움을 얻으려면, 거기에는 항상 견뎌내고 극복해야 할 일정량의 싫증과 지루함이 있는 것으로 보이기 때문이다. 수동적인 정서적 의식의 경우도 이와 유사하다. 만약 지나치게 단조로운 감정이 권태를 낳는다면, 지나친 다양성은 필시 얕음을 낳는다. 집중을 멈춰야 하는 지점과 소실이 시작되는 지점은 사람마다 다르고, 그 지점은 개인의 특수한 경험에 의하여 결정되어야 한다.

'사람의 본성을 자유롭게 발달시키라'는 준칙을 이해할 수 있는 또 다른 더 단순한 방식이 있다. 즉 결과의 정교한 예측에 의하여 자발적 충동을 억제하려고 애쓰는 대신 그 충동에 따르라는 의미로 이해하는 방식이다. 이 방식에 대한 과학적 정당화는 자발적 혹은 본능적 충동은 실제로 그것이 나타나는 유기체나 그 유기체의 조상에게 미친 예전의 쾌락과 고통의 경험의 결과를 표상한다는 이론에서 발견된다. 이 이론에 근거하면, 복잡한 행위의 문제에서 "지성이 각 대안의 결과로 따르는 쾌락과 고통 각각의 양을 예측할 수 없을" 경우, 경험이 이렇게 할 수 있는 "능력을 줄" 것이라고 주장된다. 경험은 "더 나아가 그 유기체가 전체적으로 가장 큰 고통을 낳는 행동을 본능적으로 피하게 만들 것이다."[19] 이 주장에 중요한 진리의 요소가 있다는 사실을 나는 부정하지 않겠다. 그러

---

19) 인용문들은 스펜서의 『사회 정학』, 4장에서 나온 것들이다. 그러나 나는 인용된 문단에서 스펜서가 이기주의적 쾌락주의의 관점에서 글을 쓰는 것이 아니라는 점을 분명히 밝혀야 할 것이다.

나 이성과 무관한 성향이 이성보다 개인의 행위에 대하여 더 나은 지침이라는 광범위한 결론은 생물학적 진화에 대하여 우리가 알고 있거나 그럴듯하게 추측할 수 있는 어떠한 것으로도 정당화되지 않는다. 왜냐하면—개인의 쾌락보다 종의 보존을 위한 충동을 유발하는 자연선택의 결과를 간과하더라도, 그리고 감성을 지닌 모든 유기체가 쾌락을 향하고 고통을 피하도록 인도하는 데 일정한 가치를 지닌 본능을 획득하는 방식으로 그것의 환경에 적응하려 한다고 인정하더라도—결코 인간 유기체에서 특정한 종류의 적응, 즉 본능의 무의식적 변화에서 시작되는 적응이 의식적 비교와 추론에 의한 다른 종류의 적응보다 더 선호되어야 한다는 결론은 나오지 않기 때문이다. 오히려 이 명제는 분명 본능적 충동에 굴복한 결과와 쾌락과 고통의 계산에 의하여 그 충동을 통제한 결과를 비교함으로써만 정당화될 수 있다. 그러나 비합리적 충동이 합리적 예측과 분명히 충돌하는 대다수 사례들에서 차후의 결과 계산이 전자를 정당화하는 것처럼 보인다고 주장하기는 어려울 것이다. 그 주장은 상식 및 인류의 공통적 경험과 명백히 충돌할 것이다. 따라서 어떤 경우에는 본능이 타산적 계산보다 대체로 더 안전한 지침이라는 주장이 아무리 사실이더라도, 여전히 우리는 이러한 경우를 경험에 대한 면밀한 반성에 의해서만 확인할 수 있다고 본다. 우리는 타산적 계산이 타산적으로 수행될 수 있는 한계를 바로 이러한 계산 자체를 통해서만 결정할 수 있다.

우리는 개인의 행복을 위한 올바른 수단의 확인에 과학적 지름 길은 없다는 결론을 내릴 수밖에 없는 듯하다. 이 목표를 향한 '최 우선적 길'을 찾으려는 모든 시도는 필시 우리를 다시 경험적 방법 으로 데려갈 것이다. 왜냐하면 보편적으로 타당한 명료한 원칙 대 신에 우리가 얻는 것은 기껏해야 모호한 일반적 규칙일 뿐이고 이 규칙은 간과할 수 없는 중요한 고려사항들에 기초하고 있지만, 그 고려사항들의 상대적 가치는 개인적 경험의 면밀한 관찰과 비교 를 통해서만 평가될 수 있기 때문이다. 어떤 불확실성이 따라다니 든, 이 과정은 필시 행복에 대한 우리의 모든 추론에 영향을 미친 다. 나는 이러한 불확실성을 과장할 마음이 없고, 그 어떤 어둠 속 을 찾아 헤매든 우리는 자신과 다른 사람들의 행복을 계속 추구해 야 한다고 느낀다. 그러나 그 불확실성을 과소평가함으로써 얻는 것도 없고, 마치 그것이 존재하지 않은 것처럼 주장하는 것은 쓸데 없는 짓이다.

제3권
직관주의

1장
직관주의

§1. 앞 권에서 우리가 착수했던 이기주의적 쾌락주의 체계에 대한 면밀하고도 매우 중립적인 고찰의 시도는, 설령 (나 자신처럼) 독자도 자기애의 '권위'나 자신의 개인적 행복추구의 '합리성'을 인정하지 않을 수 없다고 느낄지라도, 어쩌면 독자의 마음에 [이기주의적 쾌락주의의] 원칙과 방법에 대한 반감을 일으켰을 수도 있다. '계몽된 자기이익'이 행위의 체계화를 위하여 일단은 지지할 만한 원칙을 제공하는지를 살펴보면서, 나는 이러한 반감을 전혀 표현하지 않았고 과학적 불편부당함을 가지고 이 원칙의 논리적 결과를 확인하려 했다. 그러나 이기주의를 (엄밀한 경험적 기초 위에서 다루었을 때처럼) 면밀히 고찰한 다음, 우리가 신성하다고 생각하도록 길들여진 일반적 의무수칙들이 분명 이기주의자에게는 일반적

으로 말해서, 그리고 대체로는 따르는 것이 합당하지만 특수한 상황에서는 단호히 무시하고 어겨야 할 규칙임을 깨닫게 된다면, 이기주의가 관념적으로 우리의 공감적·사회적 본성에 주는 불쾌감은 가끔씩 그것과 일반적 의무 개념 사이의 우연적인 실천적 충돌에 대한 지각에 의하여 일어나는 그것에 대한 반동을 강화한다. 더나아가 우리는 도덕에서 명료하고 확고한 수칙이나 조언을 기대하는 습관이 있다. 개인의 최대 행복의 추구를 위하여 주장될 수 있는 규칙들은 이러한 성질이 부족하게 보일 수밖에 없다. 이기주의적 쾌락주의의 계산법이 제공할 수 있는 것은 어떤 천박한 목적을 위한 미심쩍은 지침처럼 보일 뿐이다. 양심이나 도덕적 기능의 명령이 가지는 우월한 확실성에 호소함으로써, 버틀러는 (앞서 인용한 문단[1]에서) 자기애의 요구들의 이론적 우선성을 인정하면서도 자기애에 대한 양심의 실천적 우위를 주장한다.[2] 그가 말하기를, 사람

---

1)   119쪽을 보시오.

2)   버틀러는 다음을 인정한다. "이익, 즉 자신의 행복은 명백한 의무이므로", 유덕한 행동이 행위자의 이익에 도움이 되지 않는 것으로 보이는 경우 그 행위자는 "두 상반된 의무들을 가지는, 즉 아무 의무도 가지지 않는" 것처럼 보일 수 있다. 그러나 그는 다음과 같이 역설한다. "이익 측면의 의무는 실제로는 남아있지 않다. 왜냐하면 반성 혹은 양심의 원칙의 자연적 권위가 가장 확실하고 이미 알고 있는 … 의무이기 때문이다. 반면에 그것과 반대되는 의무는 기껏해야 개연적인 것처럼 보일 수 있을 뿐이다. 어떤 상황에서든 어떤 사람도 악덕이 현세에서 자신의 이익인지를 확신할 수 없기 때문에, 그는 내세에 대해서는 더욱더 확신할 수 없다. 그래서 확실한 의무가 불확실한 의무를 완전히 대체하

은 자신이 무엇을 해야 하는지 확실히 알고 있다. 그러나 그는 무엇이 그의 행복으로 이어지는지는 확실히 알지 못한다.

이렇게 말함으로써, 내가 보기에, 버틀러는 그의 시대와 다르지 않은 우리 시대의 평범한 사람들의 일반적 도덕감을 잘 표현한 듯하다. 사람들이 일상적 담론에서 습관적으로 서로에게 내리는 도덕판단은, 대체로 평범한 사람은 여러 유혹적 충동 때문에 의무를 **행하기** 어려울 수도 있으나 그가 의무를 **아는** 것은 일반적으로 어려운 일이 아니라는 생각을 함축한다. '무슨 일이 있어도' 의무를 행해야 한다, 결과와 관계없이 진실을 말해야 한다, '하늘이 무너져도' 정의를 행해야 한다와 같은 준칙은 어떤 종류의 행동은 그것의 결과와 무관하게—혹은 어쩌면 좋을 수도 나쁠 수도 있다고 인정되는 다른 결과를 확실히 배제하는, 결과에 대한 단지 부분적 고려만으로—그 자체로 옳고 합당하다는 것을 분명히 알 수 있는 힘이 우리에게 있다는 주장을 함축한다.[3] 도덕적 직관의 존재를 지지하는 저술가 대다수는 인간의 마음에 그러한 힘이 있다고 주장한다. 그러므로 나는 이 주장을 내가 직관주의적이라고 분류하는 방법의 특징으로 간주하는 것이 옳다고 생각한다. 동시에 앞서 관

고 파괴할 것이다."(버틀러의 『설교』, 서문)

3) 나는 앞(제1권 8장 §1)에서 우리는 행위에 대한 일반적 개념에 부분적으로 소위 그 행위를 일으킨 의지에 의하여 발생하는 전체 변화들의 연속의 일부를 포함시킨다는 것을 관찰했다.

찰한 것처럼, '직관주의적'은 이기주의적 쾌락주의나 보편주의적 쾌락주의에 정당하게 적용될 수 있는 더 넓은 의미를 가진다. 어느 쪽 체계든 행복이 행동의 유일하게 합리적이고 궁극적인 목적이라는 것을—만약 알려진다면 분명 직관적으로 알려지는—제일원칙으로 삼는다면 말이다. 이 권의 마지막 장(13장과 14장)에서 나는 더 넓은 이 의미로 돌아가서, 쾌락주의 원칙의 직관적 성격을 더 충실하게 논의할 것이다. 그러나 더 넓은 이 의미의 채택이 어떤 별개의 윤리학적 방법에 이르지는 않을 것이므로, 내가 생각하기에 이 권의 첫 11개 장을 차지하는 직관주의에 대한 세부적 논의에서는 되도록 위에서 정의한 더 좁은 의미의 도덕적 직관에 집중하는 편이 최선이다.

§2. 여기서 어쩌면 직관주의를 이렇게 정의하면서 내가 그것의 가장 근본적 특징을 빼먹었다고 말할 수도 있다. 정확히 말해서 직관주의자는—공리주의자와 대조적으로—행동을 외부적 기준에 의하여 판단하지 않는다는 특징, 다시 말해서 직관주의자의 견해에 따르면 참된 도덕은 외부적 행동이 아니라 행위를 행하는 마음의 상태에—요컨대 "의도" 및 "동기"에—관련되어 있다는 특징을 빼먹었다고 말할 수도 있다.[4] 그러나 나는 이러한 반론이 부분

---

4) 어떤 사람은 "성품"과 "성향"을 덧붙일 것이다. 그러나 성품과 성향은 직접적

적으로 오해에서 비롯된 것이라고 생각한다. 내가 생각하기에, 모든 학파의 윤리학자들은 우리가 행동에 대하여 내리는 도덕판단이 일차적으로 의도적이라고 간주되는 행동과 관련된다는 점에 동의할 것이다. 달리 말해서 우리가—가장 엄밀한 윤리학적 의미에서—'그르다'고 판단하는 것은 행위자의 의지에 의하여 즉시 일어난 근육의 움직임의 실제 결과의 어떤 부분이 아니라 그가 그 행위를 의지하면서 예견했던 결과다. 혹은 더 엄밀히 말해서, 예견한 결과를 실현하려는 그의 의지나 선택이다.[5] 그러므로 내가 행위에 대하여 말할 때, 나는—반대되는 것을 말하지 않는다면—의도적이라고 추정되고 그렇다고 판단되는 행위를 이야기하는 것으로 이해되어야 한다. 이 점에 대해서 나는 아무런 논쟁도 일어날 필요가 없다고 생각한다.

동기는 경우가 다르고 조심스런 논의를 필요로 한다. 우선 일

으로 알 수 없을 뿐만 아니라 그것들이 나타나는 의지와 감정을 주목함으로써만 확실히 표현될 수 있으므로, 내가 보기에 그것들을 직관적 도덕판단의 일차적 대상들이라고 간주할 수 없다. 이 권의 2장 §2를 보시오.

5) 분명 우리는 어떤 사람의 행위나 부작위의 의도치 않은 나쁜 결과에 대하여, 만약 그것이 그가 일상적 주의를 기울여서 예견할 수 있었을 결과라면, 그에게 책임이 있다고 주장한다. 그럼에도 내가 앞서 말한 것처럼(60쪽), 깊이 생각해 본 결과로 우리는 이러한 부주의한 행위나 부작위에 대한 도덕적 비난은, 그 부주의가 이전에 의도적으로 의무를 무시한 결과인 한에서, 간접적으로만 적용된다는 점을 인정한다.

상 언어에서 "동기"와 "의도"의 구분은 그리 정확하지 않다. 왜냐하면 우리는 어떤 행위의 예견된 결과가 그 행위자의 욕망의 대상이라고 생각되는 경우에는 그러한 결과 혹은 그 결과에 대한 욕망에 "동기"라는 용어를 적용하고, 어떤 행위의 의도에 대하여 말할 경우에도 분명 우리는 보통 욕망된 결과를 염두에 두고 있기 때문이다. 그러나 나는 정확한 도덕적 혹은 법률적 논의를 위하여 어떤 행위의 확실하거나 개연적이라고 예견되는 모든 결과를 '의도'라는 용어에 포함시키는 편이 가장 좋다고 생각한다. 왜냐하면 우리는 그 자체로든 장래의 목적을 위한 수단으로든 우리의 행위의 예견된 나쁜 결과에 대하여 그것에 대한 아무런 욕망도 느끼지 않았다는 변명으로 책임을 회피할 수 없다는 사실을 인정하기 때문이다.[6] 자신의 의지로 욕망한 결과의 원하지 않은 부수현상도 분명 우리에 의하여 선택되거나 의지된 것이다. 그러므로 어떤 행위의 동기를 좋다고 인정해도, 그것의 의도는 그르다고 판단될 수 있다. 어떤 사람이 부모나 은인의 생명을 구하기 위하여 위증죄를 범

---

6) 내가 생각하기에, 면밀히 고찰해보면 일반적 용법은 이러한 정의를 인정할 것이라고 밝혀질 것이다. 어떤 무정부주의자가 황제와 다른 사람들이 타고 있는 열차를 폭발시킨다고 가정해보자. 단순히 그의 의도는 황제를 죽이는 것이었다고 말하는 것이 분명 정확하다고 주장될 것이다. 비록 그가 다른 사람들을 죽일 의도는 없었을 수 있고 그들의 죽음을 자신의 혁명계획의 실행에서 통탄할 만한 사건이라고 간주할 수도 있지만, 그가 그들을 죽이려고 '의도하지 않았다'고 말하는 것은 어리석다고 생각될 것이다.

하는 경우처럼 말이다. 실제로 일반적인 도덕적 담화에서 우리는 그러한 판단을 빈번히 주고받는다. 만약 어떤 행위가 의무로 규정될 만한 것일지라도 나쁜 동기에서 행한 것이라면, 그 행위는 옳은 행위일 수 없다고 말할 수 있다. 벤담이 제안한 경우를 예로 들면, 자신이 유죄라고 생각하는 사람을 악의를 갖고 기소한 사람은 실로 옳은 행위를 한 것이 아니라고 말할 수 있다. 왜냐하면 그 사람을 기소하는 일은 의무일 수 있지만, 악의를 갖고 그렇게 해서는 안 되기 때문이다. 되도록 나쁜 동기를 제거하는 것이 우리의 의무라는 것은 분명한 사실이다. 그래서 이미 나쁘다고 알고 있는 동기를 되도록 억제하지 않는다면, 그 사람의 의도는 완전히 옳은 것일 수 없다. 그러나 내가 생각하기에 누구도 우리가 항상 강렬한 정서를 완전히 억제할 수 있다고 주장하지 않는다. 그른 충동에 의하여 유발된 행위를 하려는 경우, 그러한 억제는 특히 어려울 것이다. 그럼에도 그 행위가 분명히 다른 누구도 제대로 수행할 수 없는 의무인 경우, 어떤 못마땅한 동기를 완전히 배제할 수 없다는 이유로 우리는 그것을 행하지 않아야 한다는 것은 어리석은 말이다. 때로는 우리는 자신의 의무를 행하면서 어떤 나쁜 동기를 마음에서 완전히 없애지 못할 수도 있지만, 여전히 그러한 동기에서 행동하길 거부하는 것은 가능하다고 말한다. 그러나 내가 생각하기에 이러한 거부는 옳은 동기에서 유발될 행동의 세부사항이 그른 동기에서 유발될 행동의 세부사항과 얼마간 다를 경우에만 가능하다. 틀림없이 이것은 종종 사실이다—그래서 벤담이 든 경우에서, 악의를 가진 기소자는 자신의 적의 약점을 부당하게 이용하거나 고의적 모욕행위로 적에게 불필요한 고통을 가하려는 마음을 가질 수도 있지만, 그는 분명—그리고 그의 의무는—그러한 자극에 저항할 수 있다. 그러나 똑같은 행동이 나의 의식에 현존하는 두 상이한 동기로부터 유발될 수 있다면, 나는 이 행동이 두 동기 중 다른 하나는 배제하고 특정 하나의 동기에 의하여 결정되도록 만드는 힘을 의식하지 못한다. 달리 말해서 어떤 사람은 자신의 자의적 행동의 가능한 결과라고 생각하는 어떤 결말을 목표로 삼겠다고 결심할 수 있지만, 동시에 그가 똑같은 행동에 의하여 유발될 수 있다고 생각하는 어떤 다른 결말을 목표로 삼지 **않겠다고** 결심할 수는 없다. 만약 그 다른 결말이 그의 욕망의 대상이라면, 그는 그것을 목표로 삼는 동시에 이러한 욕망에 따라 행동하길 거부할 수 없다.[7]

---

7) "의도"와 "동기"를 혼동하는 또 다른 원천은 양자를 판단할 수 있는 상이한 관점들에서 생긴다. 그래서 어떤 행위는 그 행위자가 일정한 목적의 달성을 위하여 행하려고 결심한 일련의 행위들 중 하나일 수 있고, 그것에 대한 우리의 도덕판단은 우리가 그 특정한 행위의 의도를 판단하느냐, 아니면 하나의 전체로 간주한 그 일련의 행위들의 전반적 의도를 판단하느냐에 따라서 매우 달라질 수 있다. 어느 관점이든 정당하고, 종종 양자 모두가 요구된다. 왜냐하면 우리는 흔히 어떤 사람이 (예컨대) 야심찬 목적을 달성하기 위하여 행하는 일련의 행위들 중에서 다른 행위들은 그릇된 것이지만 어떤 행위들은 옳거나 허용

전체적으로 나의 결론은 다음과 같다. (1) 많은 행동들은 흔히 어떤 동기의 현존이나 부재에 의하여 더 **좋은** 행동이 되거나 더 **나쁜** 행동이 된다고 판단되지만, **옳음**과 **그름**에 대한 우리의 판단은 엄밀히 말해서 동기와는 구별되는 의도와 관련된다.[8] (2) 행위자 자신의 감정과 성품에 영향을 미치는 의도는 어떤 외부적 결과를 산출하려는 의도 못지않게 도덕적으로 규정되지만, 후자의 의도가 우리가 일반적으로 지지하고 이해하는 주요 의무규정의—유일하지는 않지만—기본적 내용을 구성한다. 이것이 얼마만큼 사실인지는 나중에 더 분명히 밝혀질 것이다.

실제로 유력한 윤리학자들은 우리의 행위의 도덕적 가치는 우리

할 만한 것이라고 인정하기 때문이다. 반면에 그 목적을 옳은 수단에 의해서뿐만 아니라 필요하다면 그릇된 수단에 의해서 달성하려는 전반적 의도는 분명히 그릇된 의도이다. —"지위와 부를 얻으라, 가능하면 우아하게; 여의치 않으면, 어떤 수단으로든 부와 지위를 얻으라." —그래서 다시 어떤 동기가 좋은지 나쁜지를 판단함에 있어서 우리는 그 동기를 단순히 그 자체로 고려하거나, 그 것을 상쇄하고 통제하는 다른 동기들과 관련지어 고려할 수 있다—후자의 동기들은 사실상 전자의 동기와 함께 있거나, 그것들이 있어야 하는 때에 없다. 그래서 위의 경우에 우리는 흔히 부나 지위에 대한 욕망을 그 자체로 나쁘다고 생각하지 않는다. 그러나 우리는 그것이 어떤 정치인의 공인으로서의 경력의 유일한 동기일 경우에는 나쁘다고 생각한다. 이 상이한 구별들 중 어느 것인가가 의도와 동기 사이의 단순한 구별과 뒤섞여 그것을 어지럽게 만드는 경향이 있다는 점은 쉽게 알 수 있다.

8) 도덕판단이 기본적으로 혹은 아주 당연하게 동기와 관련이 있다는 견해는 제3권 12장에서 더 충실하게 논의될 것이다.

가 그들이 참으로 도덕적이라고 생각하는 하나의 동기, 즉 그 자체를 위하여 의무 혹은 덕을 실현하려는 것처럼 옳은 것을 행하려는 욕망이나 자유로운 선택[9]에 의하여 움직이는 정도에 달려 있고,[10] 완벽히 선한 행위는 순전히 이러한 동기에서 행해져야 한다고 주장해왔다. 그러나 내가 생각하기에—편의상 스토아학파의 견해라고 분류할 수 있는—위의 견해를 근대 정통 윤리학자들이 일반적으로 주장하고자 했던 신념, 즉 유덕하게 행동하는 것이 사람의 참된 이해관심이라는 신념과 결합하는 것은 어려운 일이다. 이러한 신념을 가진 사람이 반드시 이기주의자라는 말은 아니다. 그러나 내가 보기에 그가 자신의 이해관심이 자신이 기꺼이 행하려는 행위에 의하여 증진될 것이라고 생각하면서도 자신의 동기로부터 자신의 이해관심을 배제하는 것은 불가능하다. 그래서 이러한 자애심(self-regard)이 다른 상황이었다면 유덕한 행위였을 행위의 도덕적 가치를 손상시킨다고 주장하는 동시에 덕은 항상 유덕한 행위자의 이해관심에 도움이 된다고 주장한다면, 우리는 덕과 행복의

---

9) 나는 자유의지 논쟁을 피하기 위하여 이러한 대안적 용어를 사용한다.

10) 많은 종교적인 사람들은 아마 신에 대한 복종 혹은 사랑의 동기가 최고의 동기라고 말할 것이다. 그러나 이러한 견해를 취하는 사람들은 일반적으로 무한한 지혜와 선함이라는 속성을 가진 도덕적 존재로서 신은 마땅히 복종과 사랑을 받아야 한다고 말할 것이다. 그렇다면 이러한 종교적 동기들은, 비록 사람들 사이의 관계에 속하는 정서들이 더해짐으로써 변하고 복잡해지기는 하지만, 실질적으로는 의무에 대한 존중 및 덕에 대한 사랑과 동일하게 보일 것이다.

참된 관계에 대한 지식이 도덕적 완전성의 달성에서 극복할 수 없는 장애물이라는 결론을 내릴 수밖에 없는 듯하다. 나는 이러한 역설을 받아들일 수 없다. 차후의 장들에서, 나는 도덕적 좋음에 대한 스토아학파의 견해가 일반적 도덕판단에 대한 포괄적 관찰과 비교에 의하여 대체로 뒷받침되지 않는다는 점을 증명하려고 시도할 것이다. 왜냐하면 어떤 경우에는 덕에 대한 사랑이 아닌 동기에서 실행된 행위도 덕의 성질을 가진 것처럼 보이기 때문이다. 당장 나는 다음과 같은 것을 지적하고자 한다. 위에서 진술한 학설은 인간행동의 보편적 혹은 통상적 동기는 쾌락에 대한 각별한 욕망이나 고통에 대한 각별한 혐오라는 견해, 아니면 그 동기는 대체로 자신의 행복에 더 일반적으로 주목하는 것, 즉 내가 자기애라고 부르는 것이라는 견해와 정면으로 대립한다. 또한 이 학설은 덜 극단적인 학설, 즉 어느 정도 자기-관계적인 동기로부터도 의무를 올바르게 행할 수 있다는 학설을 배제한다. 명백히 직관주의 윤리학의 방법을 채택하는 저술가들은 흔히 이러한 입장을 주장했다. 예컨대 존 로크(John Locke)는 거침없이 혹은 무조건적으로 다음과 같이 말한다. "선과 악은 오직 쾌락과 고통, 혹은 우리에게 쾌락이나 고통을 일으키거나 초래하는 것일 뿐이다."[11] 그래서 "사람의 의지를 결정할 보상이나 처벌을 부가하지 않은 채 그의 자유로운

---

11) 존 로크, 『인간오성론』, 제2권 28장 5-6절.

행동에 부여할 규칙을 상상하는 것은 전혀 쓸모가 없다." 다른 한편으로 그는 다음과 같은 신념도 힘주어 말했다. "수학의 명제만큼 논란의 여지가 없이 필연적 결과에 의한 자명한 명제로부터 옳음과 그름의 척도가 파악될 수 있다."[12] 그리하여 "도덕은 증명가능한 과학들 사이에 놓일 수 있다." 이 두 학설의 결합은 우리에게 다음과 같은 견해를 제시한다. 도덕규칙은 본질적으로 신의 법이고, 사람들은 오직 혹은 주로 신의 처벌에 대한 공포나 보상에 대한 희망 때문에 이 법에 복종하게 된다. 이와 같은 것이 세련된 도덕적 감수성이 없는 보통 사람들이 널리 받아들인 견해인 듯하다.

다시 인간본성에는 의무나 덕에 대한 사심 없는 존경심이 있다고 인정하는 동시에 자기애는 여전히 옳은 행위에 대한 적절하고 정당한 동기라고 생각하는 사상가의 예로서, 버틀러와 그의 신봉자들을 언급할 수 있다. 버틀러는 "합당한 자기애"를 인간행동의 통상적 동기일 뿐만 아니라―양심 못지않게―"사람의 본성 속의 최고 혹은 상위의 원칙"으로 간주한다. 그래서 어떤 행동이 자기애의 원칙을 침해한다면, 그것은 [사람의] 본성에 "부적합한 것이 된다." 그의 가르침의 목표는 사람들이 이해관심보다 의무를 택하도록 유도하는 것이 아니라 그 둘 사이에 부정합이 없다는 것, 즉 자기애와 양심은 "하나의 동일한 삶의 방침"에 도달한다는 것을 그들

---

12)   같은 책, 제4권 3장 18절.

에게 확신시키려는 것이다.

내가 보기에 이러한 중도적 학설이 앞서 비교했던 극단적 견해들보다는 대체로 더 인간의 상식과 일치한다. 그러나 나는 세 가지 입장 중 어느 것도 직관주의적 방법의 근본가정과 모순된다고 생각하지 않는다. 인간이 사심 없이 도덕규칙을 따르리라고, 혹은 신에 의한 제재들이 주는 동기 이외의 동기로부터 그 규칙을 따르리라고 합리적으로 기대할 수 없다고 주장하는 사람들도 일반적으로 신은 최고의 이성이고 그의 법은 본질적으로 합당하다고 생각한다. 그러한 법이 '자연의 빛'에 의하여 인지될 수 있다고 생각되더라도—그리하여 로크의 말처럼 도덕이 증명적(demonstrative) 과학들 사이에 놓일 수 있더라도—그 법을 결정하는 방법은 여전히 직관주의적일 것이다. 왜냐하면 그 방법은 신은 그 법의 준수에 대해서는 보상을 줄 것이고 그 법의 위반에 대해서는 벌을 줄 것이라는 믿음과 결합되어 있기 때문이다. 그러나 의무를 의무로서 존중하는 것이 옳은 행동의 불가결한 조건이라고 주장하는 사람들은 일반적으로 옳은 행동을 하려는 순수한 욕망에서 행동하는 것만으로 옳은 행동이 적절히 정의되지 않는다는 점을 인정할 것이다. 어떤 의미에서 옳은 행동을 진심으로 욕망하고 의도하는 사람이 자신이 할 수 있는 모든 일을 행하고 의무를 완수하지만, 여전히 그 사람은 자신의 의무 항목을 잘못 판단하여 다른 의미에서 그른 행동을 할 수도 있다. 이것을 인정한다면, 의무를 완수하려는 욕망이나 결심이 옳은 행동의 본질이라는 견해를 따르더라도, 두 종류의 옳음에 대한 구분이 필요하다. 그 구분은 다음과 같이 말할 수 있다. 행위자가 자발적으로 의무를 완수하거나 의무 자체를 위하여 의무를 택하려는 순수한 욕망에 따라서 움직이는 경우 그의 행위는—이 견해에 의하면—"형식적으로(formally)"[13] 옳은 것이고, 그가 옳은 특정한 결과를 의도하는 경우 그의 행위는 "실질적으로(materially)" 옳은 것이다. 이 구분에 따른다면, 형식적 옳음에 대해서는 생각이 아주 다른 사상가들이 실질적 옳음 혹은 특정한 결과의 옳음을 결정하기 위하여 동일한 원칙과 방법을 채택하지 않을 이유가 전혀 없다는 사실이 분명해진다. 체계적 윤리학자들의 작업은 주로 실질적 옳음과 관련된다는 것도 명백하다.

§3. 위에서 사용한 '형식적 옳음'이라는 용어는 옳은 행위에 대한 어떤 **욕망**이나 선택을 함축하는 동시에, 그 행위가 옳다는 **믿음**을 함축한다. 그러나 후자의 조건은 전자 없이도 존재할 수 있다. 나는 어떤 행위가 옳다고 믿지 않으면서 의무에 대한 순수한 사랑 때

---

13) 나는 보통 철학적 설명에서 형상(Form)과 질료(Matter)라는 대구를 사용하지 않는다. 왜냐하면 내가 보기에 그것은 모호성과 모호성에 대한 비판에 열려 있기 때문이다. 지금의 경우에 우리는 "형식적 옳음"을 행동의 옳음의 보편적이고 본질적인 조건과 주관적 혹은 내적인 조건을 동시에 나타내는 것으로 해석할 수 있다.

문에 그 행위를 행할 수는 없다. 그러나 나는 그 행위가 옳다고 믿으면서도 다른 어떤 동기로부터 그것을 행할 수 있다. 직관주의적 방법을 채택하는 윤리학자들은 동기 문제보다는 [어떤 행위가 옳다는] 믿음의 도덕적 불가결성에 대하여 의견이 더 일치하는 것처럼 보인다. 내가 생각하기에, 적어도 행위자가 그르다고 믿는 행위는 그것의 외부적 양상이나 관계가 무엇이든 결코 옳을 수 없다고 보편적으로 주장될 것이다.[14] 그러한 행위는 "객관적으로"는 옳을지라도 "주관적으로"는 그른 행위라고 부를 수 있다. 그럼에도 어떤 특수한 경우에 어떤 사람이 자신의 의무라고 잘못 믿은 행위를 행하는 편이 더 나은지, 아니면—그의 잘못된 믿음과 무관하게 고려된—그 특수한 상황에서 진정 그의 의무이고 그가 그렇게 믿기만 하면 완전히 옳은 것이 될 행위를 행하는 편이 나은지를 물을 수 있다. 이 물음은 상식으로는 다소 난해하고 까다로운 물음이다. 그러므로 그것은 제한적이고 부차적으로만 실천에 적용될 수 있다는 점을 주목할 필요가 있다. 왜냐하면 어떤 특수한 경우에 자신이 해야 할 바를 숙고하면서 누구도 자신이 옳다고 믿는 바를 정말로 옳은 바로부터 구별할 수 없기 때문이다. '주관적' 옳음과 '객관적' 옳

---

14) 내가 생각하기에, 어떤 행위가 완전히 옳은 행위가 되려면 필수적으로 그 행위가 옳다는 믿음이 행위자의 마음속에 있어야 한다는 것이 일반적 주장은 아니다. 비록 그 행위자가 실제로는 결코 그 행위의 옳음이나 그름의 문제를 제기하지 않더라도, 그 행위는 완전히 옳은 행위일 수 있다. 225쪽을 보시오.

음 사이의 실천적 선택의 필요성은 우리가 영향을 미칠 수 있는 다른 사람의 행위와 관련된 경우에만 나타날 수 있다. 만약 다른 어떤 사람이 자신은 옳다고 생각하지만 우리는 그르다고 생각하는 행위를 막 행하려는 참이고, 그의 믿음을 바꿀 수는 없지만 그의 의무감을 능가하는 다른 동기로 그에게 영향을 미칠 수 있다면, 우리는 그가 자신의 신념에 반하여 우리가 객관적으로 옳다고 믿는 바를 실현하도록 유혹해야 하는지를 결정할 필요가 생긴다. 내가 생각하기에, 잘못된 도덕감으로부터 유발된 행위의 해악이 매우 심각해 보이지 않는다면, 인간의 도덕감은 그러한 유혹에 반대할 것이다—그래서 어떤 행동의 주관적 옳음이 객관적 옳음보다 더 중요하다고 간주할 것이다.[15] 그러나 어떤 도덕적 행위자가 자신이 옳다고 믿는 바를 행해야 한다는 것이 얼마나 본질적이든, 옳은 행위의 이러한 조건은 너무 단순하여 체계적 발전의 여지가 없다. 그러므로 분명 우리의 탐구의 세부사항은 주로 '객관적' 옳음과 연관되어야 한다.

---

15) 내가 생각하기에, 그 결정은 보통 행위자의 성품에 나쁜 결과와 어떤 다른 종류의 나쁜 결과를 비교 검토함으로써 이루어질 것이다. 극단적인 경우에 후자의 고려는 분명 상식의 견해에서 우세할 것이다. 그래서 우리는 일반적으로 양심적인 이유에서 반역을 일으켰던 반역 주동자의 공포나 탐욕을 알아냄으로써 위험한 반역을 진압한 정치가를 지지할 수 있다. 제4권 3장 §3을 참조하시오.

그러나 통상적으로 이해하는 옳음의 일반적 개념[16]을 숙고함으로써, 상당한 가치를 지닌 하나의 실천적 규칙을 얻을 수 있다. 앞선 장에서[17] 나는 이 개념을 '내가 오류를 범하지 않는 한, 내가 옳다고 판단하는 것이 그 문제에 대하여 진지하게 판단하는 모든 합리적 존재에 의하여 옳다고 판단되어야 한다'는 말로써 명료하게 밝히려고 노력했다. 이 진술은 한 사람이 옳다고 판단하는 것을 필시 다른 사람도 그렇게 판단해야 한다는 것을 의미하지 않는다. A와 B의 본성 및 상황과 관련된 '객관적' 사실들이 상이한 만큼, 그들 사이에서 '객관적' 옳음도 상이할 수 있다. 그러나 윤리적 객관성과 물리적 객관성 각각에 대한 우리의 개념들 사이에도 이러한 차이가 있는 것처럼 보인다. 전자의 경우에 우리는 흔히—경험이 우리에게 후자와 관련하여 받아들이도록 요구하는 것을—아무 합리적 설명을 발견할 수 없는 변형을 받아들이기를 거부한다. 공존하는 물리적 사실의 다양성 속에서 우리는 묵인할 수밖에 없는 어떤 우연적 혹은 임의적 요소를 발견하고, 그때 우리는 그 요소가

---

16) '주관적'과 '객관적'이라는 대구는 이 문단에서 고려하는 옳은 행위의 조건에 적용될 수 없다. 왜냐하면 이러한 형식적 조건은 주관적인 동시에 객관적이기 때문이다. 옳은 행위에 대한 우리의 일반적 개념에 포함될 경우, 내가 주장한 것처럼, 필시 그것은 우리에 의하여 실로 보편적으로 적용된다고 판단되어야 한다. 비록 그것은 완전히 객관적 옳음을 보장하지 않지만, 그것은 객관적 그릇에 대항하는 중요한 보호책이다.

17) 제1권 3장 §3을 참조하시오.

물리적 인과관계에 대한 우리의 지식의 확장에 의하여 제거될 수 있다고 생각할 수 없다. 예컨대 경험적으로 우리에게 알려진 공간의 어떤 부분은 왜 유사한 인접 부분보다 더 많은 물질을 포함하는지 묻는다면, 물리학은 (어떤 변화의 법칙과 더불어) 물질 조각들의 현재 위치만큼이나 설명을 필요로 하는 그것들의 이전 위치를 진술할 뿐이다. 뒤로 얼마만큼 멀리 그러한 이전 위치를 확인하든, 우리가 멈출 위치는 우리가 출발했던 위치만큼 임의적인 것처럼 보인다. 그러나 옳음과 그름에 대한 우리의 인식범위 안에서, 우리는 그처럼 설명되지 않은 변형을 허용할 수 없다는 점에 일반적으로 동의할 것이다. 만약 A와 B의 본성이나 상황에서 그들의 의무의 차이에 대한 합당한 근거로 간주할 수 있는 차이를 발견할 수 없다면, 우리는 어떤 행동이 A에게는 옳고 B에게는 그르다고 판단할 수 없다. 그래서 내가 어떤 행동을 나에게 옳다고 판단한다면, 나는 암묵적으로 그 행동이 어떤 중요한 측면에서 나와 다르지 않은 본성 및 상황을 가진 다른 어떤 사람에게도 옳다고 판단한다. 이제 이 후자의 판단을 명확히 밝힘으로써 우리는 양심에 붙어 다니는 위험, 즉 강렬한 욕망에 휘둘리고 타락하여 우리는 너무 쉽게 우리가 행하길 간절히 바라는 행위를 행해야 한다고 생각하게 될 위험으로부터 우리 자신을 보호할 수 있다. 우리가 스스로에게 우리는 유사한 상황에 있는 유사한 사람이 예상된 행동을 해야 한다고 믿는지 묻는다면, 그 물음은 종종 우리의 강렬한 경향성이 부여해온 옳음의 거짓된 모습을 퍼트릴 것이기 때문이다. 우리는 그것을 다른 사람에게는 옳은 것이라고 생각해서는 안 되고, 그러므로 그것이 우리에게도 옳을 수 없다는 사실을 안다. 사실 우리의 의지의 옳음에 대한 이러한 시험은 대체로 효과적이어서, 칸트는 모든 개별 의무규칙이 "너의 행동의 준칙이 너의 의지에 의하여 보편적 자연법칙이 되어야 하듯이 행동하라"는 하나의 근본규칙으로부터 연역될 수 있다고 주장한 것처럼 보인다.[18] 그러나 내가 보기에 이러한 주장은 형식논리학이 진리의 완전한 기준을 제공한다고 가

---

18) 『도덕 형이상학 정초(*Grundlegung zur Metaphysik der Sitten*)』(269-273쪽, Hartenstein; 토머스 킹스밀 애벗(Thomas Kingsmill Abbott) 번역[1879], 54-61쪽)를 보시오. 여기서 칸트는 우선 다음과 같이 말한다. "그러므로 정언명령은 단 하나뿐인데, 곧 이것이다: 그 준칙을 통해서 네가 그것을 동시에 **보편적인 법칙으로 삼으려고 할 수 있는** 그러한 준칙에 따라서만 행위하라. 이제 모든 의무의 명령이 그것들의 원칙으로서 이 하나의 명령에서 연역될 수 있다면 … 우리는 적어도 우리가 [의무]로 이해하는 바와 이 개념이 의미하는 바를 보여줄 수 있을 것이다." 그런 다음 그는 "여러 현실적 의무들"을 대표하는 것으로서 채택된 네 가지 경우에 대한 그 원칙의 적용을 보여준다. 그는 계속해서 다음과 같이 말한다. "만약 이제 우리가 의무를 위반하는 경우에 우리 자신에게 주목한다면, 우리는 사실 우리의 준칙이 보편적 법칙이 되기를 의지하지 않는다는 것을 발견할 것이다. 왜냐하면 그것은 우리에게 불가능하기 때문이다." 그런 다음 자신의 논증의 이 부분의 결론을 요약하면서, 그는 다음과 같이 말한다. "우리는 **모든 실천적 적용**을 위하여, 만약 이러한 원칙이 있다면, 필시 모든 의무의 원칙을 포함하는 정언명령의 내용을 분명하고 뚜렷하게 제시했다."

정하는 것과 유사한 오류다. 나는 이러한 시험[19]을 통과하지 못한 의지가 비난받으리라는 것에 동의할 수도 있다. 그러나 나는 그 시험을 통과한 의지가 결국 그른 것일 수도 있다고 생각한다. 왜냐하면 내가 생각하기에 양심적으로 행동하는 모든 (혹은 거의 모든) 사람은 그들이 진심으로 따르는 준칙이 보편적으로 채택되길 의지할 수 있지만, 동시에 우리는 어떤 일정한 모양의 상황에서 각자가 해야 할 바에 대하여 철저히 양심적으로 의견을 달리하는 사람들을 계속 발견하기 때문이다. 이러한 상황하에서, 그 모든 사람이 자신의 준칙이 칸트의 근본규칙과 일치한다는 이유로—객관적 의미에서—옳게 행동한다고 말하는 것은 주관적 옳음과 객관적 옳음의 구분을 완전히 덮어버릴 것이다. 이렇게 말하는 것은 어떤 사람이 자신의 판단이 적용되는 상황과 관련된 사실에 대하여 오류를 범하지 않은 한에는 무엇이든 자신이 옳다고 생각하는 것이 옳은 것이라고 단언하는 것과 마찬가지다. 그러나 이러한 단언은 상식과 명백히 충돌하고, 과학적 도덕률의 구성을 무산시킬 것이다. 왜냐하면 그러한 도덕률의 참된 목적은 사람들의 상이한 의견을 조정하는 기준을 제공하는 것이기 때문이다.

---

19) 내가 칸트의 근본준칙을 그가 진술한 그러한 형태로 받아들일 의사가 있다는 말은 아니다. 그러나 내가 보기에 꼭 필요한 제한조건들은 나중에 설명하는 편이 더 나을 것이다.

우리는 [직관주의적] 방법이 체계화하려는 도덕판단은 일차적으로, 그리고 대부분 행위자가 의도한 것으로 추정되는 인간의지의 특정한 종류의 외부적 결과의 옳음이나 좋음에 (혹은 반대의 것에) 대한 직관이지만, 그의 의도의 옳음이나 그름에 대한 행위자 자신의 견해와는 무관하다고 간주되는 결론을 내릴 수 있다. 그러나 의도와 다른 것으로서, 동기의 질도 고려되어야 한다.

§4. 그러나 (내가 지금까지 해온 것처럼) 그러한 직관의 존재를 당연하다고 받아들이는 것이 정당한가? 하는 물음이 제기될 수 있다. 틀림없이 심사숙고를 한다고 해도 자신의 의식적 경험 속에서 그러한 현상, 즉 어떤 행위가 장래의 목적을 달성하기 위한 옳은 혹은 적합한 수단이라는 것과는 다른 의미로 그 자체로 옳거나 좋은 행위라는 판단이나 명백한 지각을 발견할 수 있다는 주장을 신중히 부정하는 사람들이 있다. 그러나 내가 생각하기에 그러한 부정은 흔히 모순적이라고 인식되고 문명화된 사람들의 일반적 경험과 대립한다—어쨌든 그러한 도덕판단이나 도덕적 성질에 대한 명백한 지각의 **존재**에 대한 심리학적 물음이 그것의 **타당성**에 대한 윤리학적 물음과 그것의 **기원**에 대한 '정신발생학적' 물음이라고 부를 수 있는 것으로부터 주의 깊게 구별된다면 말이다. 이 물음들 중 첫째와 둘째는 "직관"이라는 용어의 사용에서 나타나는 모호함으로 인하여 때때로 혼동된다. 이 용어는 때로는 그렇게 불리는 판

단 혹은 명백한 지각이 **참**이라는 주장을 함축한다고 이해되었다. 그렇기에 나는 명백히 다음과 같이 말하고 싶다. 행동의 옳음이나 그름에 대한 주장의 타당성을 철학적으로 검토할 때, 나는 그 주장을 "직관적"이라고 말함으로써 그것의 타당성에 대한 물음을 예단하지 않을 것이다. 단지 그 단언이 참인지가 추론의 결과가 아니라 즉각 명백히 알려지는 것임을 의미할 뿐이다. 나는 그러한 "직관"이 우리가 차후의 숙고와 비교를 통하여 지적할 수 있는 오류의 요소를 가진 것으로 판명될 가능성을 인정한다. 마치 시각기관을 통한 수많은 명백한 지각이 부분적으로 착각이고 허위라고 밝혀지는 것처럼 말이다. 실로 나는 이것이 흔히 도덕적 직관이라고 불리는 것의 경우에도 상당히 해당된다고 생각한다는 사실은 뒤에서도 드러날 것이다.

그래서 도덕적 직관의 타당성에 대한 물음이 '도덕적 직관이 실제로 존재하는가' 하는 단순한 물음과 구분된다면, 후자의 물음은 각자에게 직접적 내성이나 반성에 의하여 판결될 수 있을 뿐이라는 것이 명백해진다. 그렇다면 내성은 언제나 틀릴 수 없으므로 후자의 물음에 대한 판결은 단순한 문제라고 가정해서는 안 된다. 반대로 경험에 따라서 나는 사람들이 도덕적 직관과 본질적으로 다른 정신의 상태나 행위를—일정 종류의 행동에 대한 맹목적 충동이나 모호한 선호의 감정, 혹은 신속하고 반쯤 무의식적인 추론과정에서 나온 결론, 혹은 친숙하기에 자명하다고 착각하는 일반적 의견을—도덕적 직관과 종종 혼동하기 쉽다고 생각한다. 그러나 경솔한 혹은 피상적 숙고에서 나오는 이러한 종류의 오류는 더 신중한 숙고에 의하여 치유된다. 이러한 치유는 실로 다른 사람들과의 의사소통을 통해서 많은 도움을 받을 수 있다. 또한 이러한 치유는 그 명백한 직관의 전제들에 대한 탐구를 통해서 부수적으로 도움을 받을 수 있고, 이러한 탐구는 반성적인 사람에게 그 직관에 대한 피상적 견해가 빠지기 쉬운 오류의 원천을 시사해줄 수 있다. 그럼에도 어떤 판단이 반성적인 사람에게 직관적으로 알려진 것처럼 나타나는가 하는 물음은 그것의 전제나 원인에 대한 탐구에 의하여 결정될 수 없다.[20]

여전히 도덕적 직관의 기원에 대한 탐구는 틀림없이 그것의 타당성의 판정에 결정적이라고 주장할 수 있다. 실제로 직관주의자들과 그들의 적들은 모두 흔히 다음과 같이 가정했다. 우리의 도덕적 기능이 마음이나 의식의 선재하는 다른 요소로부터 '파생'되거나 '발달'된 것임을 증명할 수 있다면, 이로써 그것을 신뢰하지 못할 이유가 제공된다. 다른 한편으로 그 능력이 애초부터 인간의 마음에 존재했음을 증명할 수 있다면, 이로써 그것의 신뢰성이 확립된다. 내가 보기에 어느 쪽 가정도 전혀 근거가 없다. 한편으로 그렇게 파생된 능력이 그 능력을 가진 개인 속에서 그것이 다른 방식

---

20) 제1권 3장, 32쪽을 보시오.

으로 존재하는 경우보다 더 오류에 빠지기 쉬울 거라고 가정할 근거가 없다.[21] 달리 말해서 명백히 자명한 일정 판단이 기지의 일정한 방법으로 생겨났다는 사실의 단순한 확인이 어떻게 그 자체로 이러한 종류의 명백한 인식을 불신할 타당한 근거일 수 있는지 모르겠다. 나는 이러한 판단의 참임을 주장하는 사람들은 그것의 원인에서 그것을 참이게 만드는 경향을 보여주어야 한다는 주장도 인정할 수 없다. 실로 내가 보기에 그러한 입증의 의무의 수용은 철학적 확신의 달성을 불가능하게 만들 것이다. 왜냐하면 요구된 증명의 전제는 생겨난 믿음들일 것이고, 생겨난 것이기에 그 믿음들도 참이라고 증명될 필요가 있을 것이고, 그렇게 무한히 진행할 것이기 때문이다. 우리가 우리의 추론의 전제들 중에서 선행원인을 가지지 않는 명백히 자명한 판단을 발견할 수 있고, 그래서 이 판단은 증명하지 않고도 타당하다고 받아들여질 수 있다고 주장하

---

21) 나는 우리의 인식 기능들 하나하나가—요컨대 전체로서의 인간 마음이—점진적인 신체적 변화의 과정을 통하여 엄밀히 말해서 인식이 일어나지 않는 하등생물에서 파생되었고 발달되었다는 점을 의심할 수 없다. 이러한 견해에 의하면, '본래적'과 '파생적'의 구별은 발달에서 '선행'과 '후행'의 구별로 바뀐다. 도덕적 기능이 진화의 과정에서 다른 기능들보다 다소 나중에 나타난다는 사실은 도덕적 직관의 타당성에 반하는 논증으로 간주될 수 없다. 특히 이 과정은 일반적으로 시종일관 상동하다고 생각되기 때문이다. 사실 이러한 방향의 추론은 자멸적일 것이다. 왜냐하면 도덕적 기능이 발달된 것이라는 인식은 분명 도덕적 인식보다 나중에 발달되는 것이고, 따라서 이러한 추론에 의하여 덜 신뢰할 만할 것이기 때문이다.

지 않는다면 말이다. 그러나 이러한 주장은 터무니없는 역설일 것이다. 모든 믿음이 동등하게 선행원인의 결과라는 입장에 있다고 인정한다면, 이러한 특성만으로 그 믿음들 중 어느 것도 무효화할 수 없다는 것은 명백한 듯하다.

그러므로 내가 생각하기에 입증의 의무는 다른 방향으로 던져져야 한다. 도덕적 혹은 여타 직관의 타당성을 그것의 파생성을 근거로 논박하는 사람들은 그것이 어떤 원인의 결과라는 것을 증명해야 할 뿐만 아니라, 이 원인이 타당하지 않은 믿음을 산출하는 성질을 가진다는 것도 증명해야 한다. 그런데 내가 생각하기에 도덕적 기능의 파생에 대한 어떤 이론도 '옳음' 혹은 '해야 하는 것', '좋음' 혹은 '바라고 추구하는 것이 합당한 것'과 같은 윤리학적 기본 개념이 부당하다는 것을, 따라서 'X는 옳다' 혹은 'X는 좋다'라는 형태의 모든 명제를 신뢰할 수 없다는 것을 증명할 수 없다. 왜냐하면 물리학이나 심리학이 다루는 것과 본질적으로 다른 문제와 연관되는 그러한 윤리학적 명제는 물리학적 혹은 심리학적 결론과 모순될 수 없기 때문이다. 그것들이 서로 모순된다는 것을 증명함으로써만 그것들이 오류를 포함하고 있음을 증명할 수 있다. 또한 이러한 증명이 우리를 윤리학적 명제는 모두 거짓이라는 포괄적 결론으로 설득력 있게 인도할 수 없다. 그러나 일부 윤리적 믿음은 전체적 혹은 부분적으로 오류일 수도 있는 방식으로 생겨났음을 증명하는 것은 가능할지도 모른다. 우리가 타당하다고 받아들이려는 윤리학적 직관이 얼마만큼 그러한 정신발달학적 근거를 통한 공격에 열려 있는가를 살펴보는 일이 장차 중요해질 것이다. 당장 나는 우리의 도덕적 기능의 파생됨 혹은 발달됨에 대한 일반적 증명이 그 능력을 불신할 충분한 이유를 제공할 수 없다는 것을 주장할 뿐이다.

그러나 우리가 우리의 도덕적 기능을—(예컨대) 동일한 개인의 도덕판단의 분명함과 일관성의 결여, 그리고 상이한 개인들의 판단들 사이의 불일치 같은—다른 근거에서 불신하게 되었다면, 내가 보기에 그러한 [도덕]판단에 대한 우리의 신념이 그 판단의 '본래성(originality)'에 대한 증명에 의하여 완전히 복구될 수 없다는 것도 분명하다. 우리의 도덕적 인지의 '본래적' 요소가 확인될 수 있다고 믿을 이유는 없다. 설령 그럴 수 있더라도, 그것이 특별히 오류로부터 자유롭다고 주장할 이유는 없다.

§5. 어떻게 우리는 우리의 도덕적 직관으로부터 오류의 제거를 기대할 수 있을까? 이 물음에 대한 한 가지 대답은 앞서 직관주의적 방법의 여러 단계들을 논의했던 장에 간략히 제시되어 있다. 거기서 특수한 경우에 대한 우리의 판단을 비교할 때 발견되는 불확실성과 불일치로부터 일어나는 의혹을 해결하기 위하여, 반성적인 사람은 자연스럽게 일반적 규칙이나 공식에 의존한다고 말했다. 직관주의 윤리학자들이 흔히 궁극적 확실성과 타당성의 출처

로 추정하는 것도 바로 그러한 일반적 공식이다. 확실히 구체적 의무와 관련된 우리의 판단에는 명백한 오류의 원천이 있는데, 이 원천은 여러 종류의 행위와 관련된 추상적 개념을 숙고할 때에는 없는 것처럼 보인다. 왜냐하면 구체적 경우에서 상황의 복잡성은 필시 판단의 난이도를 높이고, 우리의 개인적 이해관심이나 습관적 공감이 우리의 도덕적 분별의 명석함을 저해할 수 있기 때문이다. 더 나아가 우리들 대부분이 특수하고 구체적인 의무에 대한 우리의 직관을 바로잡을 뿐만 아니라 그것을 보완하기 위하여 이러한 공식을 필요하다고 느낀다는 점을 주목해야 한다. 아주 예외적으로 자신만만한 사람들은 그들이 항상 자신들 앞에 일어나는 모든 경우에 무엇을 해야 할지를 분명히 아는 것처럼 느낀다. 일반적 행위의 문제에서 얼마만큼 주저 없이 옳고 그름을 단언할 수 있든지 간에, 우리 대다수는 우리의 불합리한 판단이 우리를 실망시키는 경우와 드물지 않게 마주친다. 이러한 경우, 논쟁하는 법적 주장을 그 문제를 다루는 실정법을 언급하지 않고 해결할 수 없는 것처럼, 우리는 제기된 도덕적 논쟁을 어떤 일반적 공식에 의존하지 않고 해결할 수 없을 것이다.

이러한 공식은 발견하기 어렵지 않다. 그러한 일반적 규칙들을 모으는 일은 사람들의 도덕적 담화에 대한 약간의 숙고와 관찰을 필요로 할 뿐이다. 그 규칙들의 타당성에 대해서는 적어도 우리 시대와 문명의 도덕적인 사람들 사이에 명백한 합의가 있을 것이고,

그것들은 인간행위 전체를 거의 완전하게 포괄할 것이다. 우리는 자신이 속한 공동체의 여론에 의하여 한 개인에게 부과된 규율로 간주되는 일반적 규칙들의 집합을 그 공동체의 실정도덕이라고 부른다. 그러나 일련의 도덕적 진리라고 간주된다면, 인간의—혹은 적어도 충분한 지적 계몽과 도덕에 대한 진지한 관심을 겸비한 인간의—**합의**에 의하여 도덕적 진리라고 보증된다면, 그 집합은 더 의미심장하게 상식도덕이라고 불린다.

그러나 현재 받아들여진 원칙을 적용하려고 할 때, 우리는 그 원칙을 구성하는 개념들이 종종 분명함과 정확성에서 부족하다는 점을 발견한다. 예컨대 우리는 모두 정의와 진실성이 중요한 덕목이라는 점에 동의한다. 아마도 우리 모두는 '우리는 모든 사람에게 그 자신의 것을 주어야 한다'와 '우리는 진실을 말해야 한다'는 일반적 준칙을 받아들일 것이다. 그러나 (1) 장자 상속, 혹은 법인의 기부재산 몰수, 혹은 경쟁에 의한 서비스 가치의 결정이 정의로운지를 물을 때, (2) 변호인의 발언에서, 혹은 종교 의식에서, 혹은 적이나 도둑에게 말하는 경우에, 혹은 합법적 비밀을 보호하기 위한 경우에 거짓 진술이 허용되는지, 그리고 얼마만큼 허용되는지를 물을 때, 우리는 이러한 준칙이나 현행의 다른 어떤 준칙이 분명하고 망설임 없는 결정을 내릴 수 있게 해준다고 느끼지 않는다. 이 특수한 물음은 결국 자연스럽게 윤리학자로부터 대답을 기대하는 물음이다. 아리스토텔레스가 말한 것처럼, 우리는 실천을 위하여 윤리학을 연구하기 때문이다. 그리고 실천에서 우리는 특수한 것과 관계하기 때문이다.

그러므로 직관적 도덕의 공식이 실제로 과학적 공리의 역할을 할 수 있고, 명료하고 설득력 있는 논증에 이용될 수 있으려면, 그 공식은 우선—보통 사람은 할 수 없을 반성활동에 의하여—인류의 일반적 사고와 담화에서 가지는 것보다 더 높은 정확성을 가져야 한다. 실로 우리는 소크라테스가 시작한 시도를 이어받아 행위에 대한 찬성이나 반대를 위하여 일반적으로 사용하는 의무와 덕의 일반적 개념을 흡족하게 정의하려고 노력해야 한다. 이것이 다음 아홉 장에서 우리가 관여할 작업이다. 나는 독자에게 다음을 유념해달라고 부탁하고 싶다. 나는 이 아홉 장을 통하여 직관주의를 증명하거나 논박하려는 것이 아니라, 단지 나와 독자가 공유하고 도덕적 논쟁에서 아주 흔하게 의존하는 공통도덕을 심사숙고함으로써, 그것의 근본규칙에 대하여 되도록 명확하고 정확하고 정합적인 진술을 구하려는 것이다.

2장

덕과 의무

§1. 특수한 덕이나 의무의 분과를 정의하려고 시도하기 전에, 우리는 의무와 덕 일반에 대한 개념, 그리고 그 둘이 암암리에 인간의 상식으로부터 나올 때 우리가 밝히려고 노력할 그것들 사이의 관계를 더 깊이 검토하는 편이 좋을 것이다. 지금까지 나는 의무를 대략 옳은 행위와 같은 의미를 가진다고 간주했다. 그러나 나는 전자의 용어가—"당위"와 "도덕적 책무"처럼—적어도 그른 행위를 유발하는 동기의 **잠재적 존재**를 함축하고, 따라서 그러한 동기의 충돌을 가질 수 없는 존재에게는 적용될 수 없다는 점을 주목했다. 그래서 신은 행동에서 정의와 여타 종류의 옳음을 실현한다고 생각되지만, 그가 의무를 수행한다고 생각되지는 않는다. 비슷한 이유로 우리가 도덕과 무관한 경향성에 의하여 옳은 행동을 하게 되

고 그 행동을 실행하기 위하여 아무런 도덕적 충동도 필요하지 않다고 생각된다면, 우리는 일반적으로—아무리 필요하고 중요하더라도—그러한 행동에 '의무'라는 용어를 적용하지 않는다. 우리는 일반적으로 충분히 먹고 마시는 일을 의무라고 말하지 않는다. 종종 우리가 식욕을 잃은 병자에게는 이렇게 말하더라도 말이다. 그러므로 의무는 '적절히 완수하려면 적어도 이따금은 도덕적 충동이 필요하다고 생각되는 옳은 행동 혹은 절제'라는 정의가 아마도 어법에 가장 근접할 것이다. 그러나 이 구분선은 모호하고 항상 변하기 때문에, 나는 의무에 대한 상세한 논의에서 그 구분선에 주목할 필요가 있다고 생각하지 않을 것이다. 우리는 주로 방금 제시한 정의의 범위 안에 있는 옳은 행위에 관여할 것임을 언급하는 것만으로 충분할 듯하다.

지금까지 간과했지만, "의무"라는 용어에는 그것의 어원이—그리고 그것과 동의어인 '책무(obligation)'의 어원이—분명하게 나타내는 또 하나의 의미가 있다고 말할 수 있다. 즉 의무는 누군가에게 "마땅히 치러야 하는(due)" 혹은 "갚아야 하는(owed)" 것이다. 내가 생각하기에 여기서 그 어원이 기존의 어법을 좌우하지는 않는다. 오히려 사람들에게 갚아야 하는 의무나 "상대적(relative)" 의무는 의무의 한 종류일 뿐이고, 어떤 의무는—(예컨대) 진실말하기처럼—그러한 상대성을 가지지 않는다는 것은 일반적으로 인정된다. 틀림없이 어떤 의무든 그것의 실행에 의하여 직접 영향을 받는 사람 혹은 사람들에게 상대적이라고 볼 수 있다. 그러나—진실말하기가 거론된 사람에게 신체적으로 유해한 타격을 입히는 경우처럼—그 직접적 결과가 해로운 경우에는 보통 이렇게 보지 않는다. 이러한 경우에조차 진실을 말해야 한다는 것이 결국 사회에 좋은 것이고 공동체 혹은 인류 전체에게 "마땅히 치러야 하는" 것이라고 생각할 수도 있지만, 이러한 개념은 '결과와 무관하게 진실을 말해야 한다'는 직관주의적 견해에 전혀 속하지 않는다. 또한 종교인은 의무의 실행이 그것에 의하여 영향을 받는 인간이나 다른 살아 있는 존재가 아니라 도덕법의 창작자인 신에게 마땅히 치러야 하는 것이라고 생각할 수 있다. 나는 우리의 일반적 의무관은 필시 완벽히 합리적이라고 상정되는 보편적 의지에 대한 개인적 의지의 함축관계를 수반한다는 점을 부정하지 않을 것이다. 그러나 나는 이러한 함축관계가 필연적이라고 단언할 마음이 없고, 그것이 수반하는 문제에 대한 충분한 논의가 끌어들일 형이상학적 논쟁을 되도록 피하고 싶다. 그래서 나의 제안은 직관주의적 방법에 대한 지금의 설명에서 신의 의지에 대한 의무 일반의 이러한 관계를 빼자는 것이다. 또한 부분적으로 비슷한 이유로 직관주의자가 종종 구별하고 분류하는 "신에 대한" 특수한 "의무"를 고려하지 말자는 것이다. 내가 생각하기에 "사람에 대한"(혹은 다른 동물에 대한) 일반적 "의무"규칙에 대한 우리의 견해는—그 규칙이 도덕적 직관에 의하여 인지될 수 있다고 주장된다면—그 규칙을 최고의 합리적 의지(Supreme Rational Will)에 의하여 부과된 것으로 간주하든 않든 동일한 상태로 남을 것이다. 왜냐하면 그 규칙은 어쨌든 모든 사람이 복종하는 것이 합리적인 규칙이고, 따라서 최고의 이성이 부과할 규칙이기 때문이다. 그래서 나는 "의무"라는 용어가 어떤 보편적 부과자 혹은 의무수행에 의하여 일차적으로 영향을 받는 개인에 대한 어떤 관계를 필연적으로 함축한다고 간주하지 않을 것이다. 나는 그것을 일반적으로 옳은 행위와 동의어로 사용하는 동시에, 사실상 도덕적 충동이 어느 정도 필요하다고 생각되는 행위와 절제에 주의를 집중할 것이다.

덕 개념은 더 복잡하고 어렵다고 보이며, 그래서 여러 관점들로부터 논의될 필요가 있다. 우리는 어떤 특수한 덕은 (예컨대 관대함(Generosity)은) 결과에 대한 통찰 부족으로 인하여—주관적으로는 아니나—객관적으로는 그른 행위에서 실현될 수도 있는 것처럼 보인다는 점을 주목함으로써 시작할 수 있다. 심지어 어떤 특수한 덕은 (예컨대 용기는) 행위자도 그르다고 알고 있는 그른 행위에서 드러날 수 있다. 그러한 행위의 응시는 우리로부터 유사-도덕적 감탄을 자아내지만, 후자의 경우에 우리는 그것을 유덕하다고 말해서는 안 된다. 그 용어를 엄밀히 사용하면, 전자의 경우에도 우리가 그 행위를 유덕하다고 말해야 할지는 의문스럽다. 그래서 "덕"이라는 용어가 옳은 행위에서 드러나는 성질에 제한된다면, 어법으로부터 실질적 일탈은 일어나지 않을 것이다.[1] 차후의 논의에서 나는 이러한 제한을 채택하고자 한다.

그렇다면 우리는 의무의 영역과 (이렇게 정의된) 덕의 영역이 얼마만큼 동일한 외연을 갖는다고 생각해야 하는가? 그 영역들은 분명 그 용어들의 일반적 적용에서 상당히 동일한 외연을 갖지만 완전히 동일한 것은 아니다. 왜냐하면 일반적 사용에서 각 용어는 다른 용어로부터 배제된 무언가를 포함하는 것처럼 보이기 때문이다. 우리는 자신의 빚을 갚는 것이나, 자기 자녀에게 알맞은 교육을 제공하는 것이나, 자신의 연로한 부모를 굶주리지 않게 하는 것을—일반적 상황하에서는—유덕하다고 말할 수 없다. 이러한 행위들은 대부분 사람들이 이행하고 오직 나쁜 사람들만 무시하는 의무다. 반면에 우리가 흔히 행위자의 엄밀한 의무를 초월한다고 생각하는 높고 고결한 덕의 행위가 있다. 왜냐하면 우리는 그것의 이행을 칭찬하지만 그것의 불이행을 비난하지 않기 때문이다. 그런데 여기서 문제가 발생하는 것처럼 보인다. 왜냐하면 어떤 사람이 자신의 능력 안에서 자신이 가장 훌륭하다고 판단하는 모든 행동을 행하는 것은 어떤 의미에서 그의 엄밀한 의무라는 것을 부정

---

1) 상식도덕을 설명할 목적에서, 덕을 옳은 행위에서 드러나는 성질로 이해하는 것이 더 편리할 것이다. 왜냐하면 우리는 특수한 덕에 대한 공통적 개념들을 일반적으로 인정받은 가장 중요한 종류 혹은 양상의 옳은 행위들의 분류를 위한 항목들로 사용할 수 있기 때문이다. 내가 생각하기에 그 용어의 이러한 사용은 동일한 정확성을 가진 다른 사용만큼 통상적 용법과 일치한다.

할 수 없기 때문이다.

그러나 덕을 실현하는 것이 의무를 완수하는 것만큼 어떤 사람의 능력 안에 있다고 말할 수 있는가?[2] 분명 어느 정도는 그렇다고 말할 수 있다. 만약 주변상황이 덕을 드러낼 기회를 제공할 때, 모든 평범한 사람이 의지대로 어느 정도는 즉각 그 덕을 달성할 수 있다고 생각되지 않는다면, 행위의 어떤 성질도 결코 덕이라고 불리지 않을 것이다. 사실 덕과 행위의 다른 탁월성 사이의 경계선은 흔히 이러한 자발적 성격에 의하여 그려진다. 우리가 생각하기에 의지의 작용력에 의하여 우리가 즉시 감지할 수 있을 정도로 나타낼 수 없는 탁월성은 은혜나 은총이나 재능이라고 부르지, 정확히 말해서 덕이라고 부르지는 않는다. 이러한 경계선을 망각한 흄[3]과 같은 저술가들은 분명 상식에서 벗어난다. 그럼에도 나는 덕을 최상의 형태나 정도로 실현하는 것이 어느 순간 누군가의 능력 안에 있다고 주장하는 것은 명백히 모순적이라고 생각한다. (예컨대) 누구도 어떤 보통 사람이 기회가 왔을 때—용기가 덕이라는 의미에서—최고도의 용기를 마음대로 보여줄 수 있다고 단언하지 않을 것이다. 그러므로 우리는 유덕한 행위의 한계 너머의 것을 식별할

---

2) 제1권 5장 §3에서 나는 어떤 의미에서 결정론자들이 자유지상주의자들과 마찬가지로 어떤 사람이 자신의 의무를 행하는 것은 그의 능력 안에 있다고 주장하는지를 설명했다.

3) 데이비드 흄, 『도덕원칙에 대한 탐구』, 부록 4를 참조하시오.

수 있고, 그것은 개인의 능력을 넘어섬으로써 그의 엄밀한 의무를 초월하는 것처럼 보일 것이다.

그렇다면 이러한 한계를 초월한 것을 제외하고, 유덕한 행위는 어떤 사람의 능력 안에 있는 경우에는 그의 의무와 완전히 일치한다고 말할 수 있는가? 분명 우리는 진정 도덕적인 사람은 스스로 다음과 같이 말할 수 없다는 것에 동의할 것이다. "이것이 대체로 내가 할 수 있는 최선이지만, 내가 할 수 있더라도 이것을 행하는 것이 나의 의무는 아니다." 이것은 분명 상식적으로 비도덕적 역설처럼 들릴 것이다.[4] 그럼에도 우리는 어떤 행위와 절제를 유덕하다고 칭찬하면서도 그것을 행할 수 있는 모든 사람에게 그것을 의무로 부과하지는 않는 것처럼 보인다. 어떤 부자가 매우 검소하게 살면서 자기 소득을 공적 선행에 바치는 경우처럼.

어쩌면 '어떤 사람이 무엇을 행하거나 삼가야 하는가?' 하는 물음과 '다른 사람들은 무엇을 행하지 않거나 삼가지 않는다고 그를

---

[4] 만약 자신의 의무를 수행하려는 진실하고 뚜렷한 욕망을 가진 도덕적인 사람이 본문의 표현을 사용한다면, 내가 생각하기에 그것은 필시 다음 두 가지 중 하나의 의미로 사용되는 것이다. (1) 그것은 반쯤은 역설적으로—우리가 새로운 책을 읽는 것, 설교를 듣는 것, 문병하는 것 등이 유덕하다고 말할 때처럼—그 화자가 명시적으로 반박할 마음은 없지만 정말로는 타당하다고 받아들이지 않는 유덕한 행위의 관습적 기준을 인정한다는 의미로 사용될 수 있다. 혹은 (2) 그것은 만약 그 화자가 다른 성질을 가졌더라면 이러저러한 행위가 최선이었을 것이라고 말하기 위하여 사용될 수 있다.

비난해야 하는가?' 하는 물음을 구별함으로써, 그리고 후자의 문제를 다룸에 통상적으로 적용되는 기준은 전자의 물음을 다룸에 적합한 기준보다 더 느슨하다는 사실을 인식함으로써, 우리는 이 모순된 견해들을 조화시킬 수 있다. 그러나 이 이중적 기준은 어떻게 설명될 수 있는가? 우리는 두 경우에서 우리의 상이한 지식의 정도에 의하여 그 기준을 부분적으로 설명할 수 있다. 한 사람은 일반적으로 자신의 경우에서만 주변상황에 대한 완전한 지식을 소유하고 다른 사람들의 경우에서는 그러한 지식을 소유하지 못하는데, 우리가 그러한 지식을 소유하지 않은 한에는 반드시 행하거나 삼가야 한다고 우리가 확실히 정할 수 없는 것들이 많다. 그래서 나는 일정 병원에 기부해야 한다고 스스로를 쉽게 납득시킬 수 있다. 그러나 이웃의 소득의 세부사항이나 그가 갚아야 할 청구액에 대하여 모르기 때문에, 나는 그가 기부를 해야 하는지 판단할 수 없다. 그러나 나는 이러한 설명이 항상 적절하다고 생각하지는 않는다. 내가 생각하기에, 우리는 우리가 다른 사람의 입장에 놓일 경우 틀림없이 의무라고 생각했을 행위를 행하지 않은 것에 대하여 그 사람을 비난하는 일을 삼가는 경우가 적지 않다. 그러한 경우, 사람들이 통상적으로 행하는 바에 대한 어느 정도 의식적인 숙고에 의하여, 그리고 도덕적 찬성과 반대의 표현의 실천적 효과에 대한 사회적 본능에 의하여 그 경계선이 그려진다고 생각한다. 우리가 생각하기에, 대체로 통상적 실천의 수준을 넘어선 행위를 칭찬하고—어느 정도는 정확하고 상세하다면—이 기준보다 확실히 아래에 있는 행위만을 비판함으로써, 도덕적 진보가 가장 잘 진전될 것이다. 그러나 그렇게 결정된 기준은 아무래도 모호할 것이고, 도덕의 평균 수준이 어떤 공동체나 공동체의 구역에 따라서 다르듯이 이 기준도 다르기 십상이다. 실로 그 기준을 끊임없이 상향시키는 것이 도덕 설교자와 교사의 목적이다. 그러므로 그것을 덕과 의무의 이론적 경계선을 그리는 것에 이용하는 것은 알맞지 않다. 따라서 내가 생각하기에 그 용어들은 유덕한 행위가 의무의 수행뿐만 아니라 흔히 의무를 초월한다고 생각되는 좋은 행동도 포함할 수 있는 의미로 사용되는 편이 가장 좋다. 그러나 통상적 용도에서 덕은 후자의 경우에 가장 눈에 띄게 나타난다는 점은 인정한다.

§2. 지금까지 나는 행위에 적용되는 '유덕한'이라는 용어를 고찰하였다. 그러나 이 일반적인 용어와—"정의로운", "후한", "용감한" 등의—특수한 덕을 뜻하는 명칭들은 행위뿐만 아니라 사람에게도 적용된다. 어느 적용이 가장 적절한가 혹은 우선적인가 하는 물음이 제기될 수 있다. 여기서 숙고를 통하여, 우리는 이 속성들이 행위자와 분리되어 고찰된 행위에 속한다고 생각하지 않는다는 사실이 드러날 것이다. 그래서 덕은 그것이 드러나는 일시적 행위와 감정보다 더 항구적인 것이라고 생각되어, 일차적으로 영혼 혹은 마음의 성질로 보인다. 그렇게 생각할 때, 널리 퍼져 있는 견해

는 그것이 그 자체로 목적으로 삼을 만한 소유이고, 실로 일부 사람들이 유일한 궁극적 좋음이라고 간주하는 인간 완전성의 일부라는 것이다. 나는 이 견해를 다음에 나올 장에서 고찰할 것이다.[5] 한편 덕은 비교적 항구적인 마음의 속성으로 간주되지만, 여타 습관과 성향처럼 그것이 드러나는 특수하고 일시적인 현상을 이해함으로써만 분명한 개념을 형성할 수 있는 속성이라는 사실을 관찰할 수 있다. 유덕한 성품은 어떤 현상에서 나타나는가 하고 묻는다면, 확실한 대답은 이것이다. 그러한 성품은 의도적인 한에서 자발적 행동에서, 더 간단히 말해서 의지에서 나타난다. 많은, 아니 어쩌면 대다수 윤리학자들은 이것이 완벽한 답이라고 말할 것이다. 그들이 칸트처럼 선의지가 절대적이고 무조건적인 유일한 좋음이라고 주장할 생각이 아니라면, 그들은 어쨌든 버틀러처럼 다음과 같은 것에 동의할 것이다. "도덕적 기능의 대상은 행동이고, 그러한 명목으로 활동적 혹은 실천적 원칙을 포함한다. 그 원칙은 경우와 상황이 그들에게 능력을 준다면 사람들이 따라서 행동할 원칙이다." 그리고 자비의 덕, 즉 "이웃에 대한 사랑"의 (예컨대) 기독교적 개념은 이 원칙 이상을 포함한다고 주장한다면, 그들은 칸트처럼 이러한 사랑을 애정이 아니라 홀로 "진정한 도덕적 가치"를 지니는 자선의 결심으로 이해해야 한다고 설명할 것이다.

---

5) 제2권 14장.

그러나 나는 덕 개념으로부터 정서적 요소를 완전히 배제하는 것이 인간의 상식과 정말로 일치하리라고 생각하지 않는다. 내가 생각하기에 우리의 일반적 도덕판단에서 일정한 종류의 유덕한 행동은 어쨌든 그 유덕한 행위자가 일정한 정서를 가짐으로써 더 아름다워지고 더 좋아진다고 생각된다. 그럼에도 분명 의지의 요소가 더 중요하고 필수불가결한 것이다. 그래서 순결이나 순수의 덕은 그것의 최상의 형태에서 단지 불법적 욕정을 자제하겠다는 불변의 결심 이상을 포함하는 것처럼 보인다. 또한 우리는 아무런 애정 없이 명백히 거칠고 냉담한 방식으로 베풀어진 자선보다는 애정에서 나와서 애정 어린 마음으로 베풀어진 자선이 더 수혜자에게 기꺼운 것임을 인정한다. 그러므로 실천적이고 안정적이라면, 그 애정이 더 탁월한 행위를 초래함으로써 어떤 면에서 의지의 단순히 유익한 성향보다 더 높은 탁월성으로 보인다. 보은(Gratitude)의 경우에는 그의 완고함[6]도 풀어져, 칸트도 정서의 요소를 덕에 필수불가결하다고 인정하는 것처럼 보인다. 충성과 애국심 등의 여러 다른 개념들이 있으며, 그것들을 덕의 목록에서 제외하거나 모든 정서적 요소를 벗겨내고 받아들이는 것은—모순을 범하지 않

---

6) 칸트, 『덕론의 형이상학적 기초(*Metaphysische Anfangsgründe der Tugendlehre*)』, §33을 참조하시오: "이 덕은 자비로운 성향의 친밀함과 자비심에 대한 감성을 결합시킨다."

고는—어려운 일이다.

　마지막에 언급한 경우에 대한 숙고는 다음과 같은 결론에 도달할 것이다. 상식적 견해에서 (앞선 절에서 제기된) 행위는 의무나 덕의 존중으로부터 행해진 만큼 유덕한 것인가 하는 물음에 대한 답은 부정적이어야 한다. 왜냐하면 어떤 행위의 유력한 동기가 자연적 애정일 뿐이지 덕에 대한 사랑이 아니라고 밝혀지더라도, 그 행위가 용감하거나 충성스럽거나 애국적이라고 칭찬받을 만한 정도는 줄어들지 않는 것처럼 보이기 때문이다. 실로 어떤 경우에 우리는 흔히 의무나 덕의 존중이 전혀 의식적으로 나타나지 않는 행위에 덕이 있다고 생각하는 것이 분명하다. 무의식적인 공감의 충동에서 나온—예컨대 동료를 죽음으로부터 구하려는—용감한 영웅의 행위처럼. 그래서 어떤 사람을 "진정 겸손한" 사람이라고 칭찬할 때, 우리는 확실히 그가 겸손함으로써 어떤 의무의 완수를 의식하고 있다고—더욱이 그가 덕의 발휘를 의식하고 있다고—말하지 않는다.

　더 나아가 내가 보기에는 여러 중요한 덕들의 경우 특정한 사람들이 어떤 특수한 덕을 가지고 있다고 생각하면서 우리는 보통—정서적 충동이든 의무로서 의무를 합리적으로 선택한 것이든—행동의 궁극적 원천을 고려하지 않는다. 우리가 필수불가결하다고 생각하는 것은 일정한 종류의 외부효과를 바라는 확고한 결심뿐이다. 그래서 그렇게 하려는 동기가 무엇이든 어떤 사람의 말이 사실과 정확히 일치하는 인상을 다른 사람의 마음에 일으키려는 확고한 노력을 뚜렷이 보여준다면, 우리는 그가 진실하다고 말한다. 그의 유일하거나 주된 동기가 덕에 대한 존중이든, 거짓말의 수모에 대한 의식이든, 진실을 말함이 장기적으로 최선의 방책이라는 신념이든, 사실을 오도하는 진술이 다른 사람에게 끼칠 불편에 대하여 모든 사람이 느끼는 반감이든 말이다. 내 말은 우리가 이러한 동기들을 동등한 도덕적 가치를 가진 것으로 간주한다는 것이 아니라, 그것들 중 어느 것의 존재나 부재가 진실성의 덕에 대한 우리의 추정에 함축되어 있지 않다는 것이다. 이와 유사하게 어떤 사람이 다양한 요구들을 고량하고 그것들을 중요성에 비례하여 수행하려는 확고한 습관을 가지고 있다면, 우리는 그에게 정의가 있다고 생각한다. 그가 명시적이든 암시적이든 약속을 엄격히 지키려는 확고한 습관을 가지고 있다면, 우리는 그에게 신의가 있다고 생각한다, 등등. 분명 동기들을 고려하는 경우에도, 덕의 정도를 판단하면서 우리가 고려하는 것은 흔히 행동의 주요 원천의 특수한 성질보다는 행위자가 저항한 유혹적 동기의 힘이다. 그래서 행위자가 부정이나 허위에 대한 강한 유혹을 받았을 때, 우리는 그의 정의롭거나 정직한 행위에서 덕이 더욱 높이 드러난다고 생각한다. 마찬가지로 강한 유혹적 동기가 작용할 때, 좋은 행위로 향하는 일정한 성향이나 습관이 덕이라고 불린다. 예컨대 적당한 양을 먹고 마시는 사람에게 절제의 덕이 있다고 생각하는 이유는 그에게는 과도한 양을 먹고 마시려는 욕구도 있다고 생각하기 때문이다.

나는 부덕한 충동에 저항하려는 도덕적 노력과 덕의 관계에 대하여 우리가 다소 혼란에 빠질 수 있다는 것도 인정한다. 한편으로 사람들은, 덕이 특히 자연적 경향성과의 성공적 싸움에서 생겨나고 드러난다는 주장에 일반적으로 찬성할 것이다. 어쩌면 그들은 어떤 사람이 자기가 좋아하는 것을 행하는 것에는 아무런 덕이 없다[7]는 보다 극단적인 말에도 찬성할 것이다. 다른 한편으로 우리는 행위자가 충동들의 아무런 충돌 없는 유덕한 행동을 행할 수 없다면 덕은 불완전하다는 아리스토텔레스의 말에 분명 동의할 수 있다. 왜냐하면 자연적 충동의 잘못된 경향으로부터 최선을 행하는 것은 어려운 일이고, 우리 자신의 잘못된 경향을 치유할수록 우리의 유덕함이 점점 줄어든다는 말은 어리석게 들리기 때문이다. 어쩌면 우리는 덕에 대한 우리의 일반적인 관념이 별개의 두 요소를 포함한다는 것을 인정함으로써, 즉 하나는 인간에 대하여 우리가 그릴 수 있는 도덕적 탁월성에 대한 가장 완전한 이상이고 다른 하나는 이러한 이상을 달성하기 위한 불완전한 인간의 노력에서 나타난다는 사실을 인정함으로써 문제를 해결할 수 있다. 그래서

---

7) 혹은 아무런 "공적(merit)"이 없다. 그러나 이 후자의 개념을 정확히 적용하는 한에서, 그것은 (정의에 대한) 3권 5장에서 더 적절하게 고찰될 것이다.

어떤 사람이 특정한 종류의 좋은 행위를 좋아하고 도덕적 노력 없이도 그것을 행하게 됨으로써, 그의 행위의 유덕함이 줄어드는 것이 아니라 오히려 참된 도덕적 이상과 더욱더 일치하게 된다고 말할 수 있다. 동시에 우리는 그의 삶의 이러한 부분에서 유혹적 충동에 저항하면서 나타나는, 그리고 이상적 완전성에 가까워지려는 의지의 분투에서 나타나는 다른 종류의 덕이 드러날 여지는 줄어든다는 점을 인정할 것이다.

지금까지 나는 정서와 의지에서 덕의 표현을 고찰했고, 유덕한 행위의 지적 조건에 대해서는 분명히 언급하지 않았다. 물론 유덕한 행위에 대한 담화에는 의지는 의도된 특수한 결과에 대한 지적 표상을 동반한다는 생각이 함축되어 있다. 그러나 그러한 결과에 대한 의지에 우리가 그 결과를 옳거나 좋다고 생각해야 한다는 생각이 함축되어 있지는 않다. 나 역시 상식적 견해에서 이것이 어떤 행동의 유덕함의 필수불가결한 조건이라고 생각하지 않는다. 왜냐하면 어떤 종류의 유덕한 행위는 행위자가 그것에 대하여 아무런 도덕적 판단도 내리지 않고 전혀 숙고하지 않은 상태에서도 행해질 수 있다고 보이기 때문이다. 예컨대 갑작스런 위험에 처한 같은 인간에 대한 동정심의 충동으로 유발된 영웅적 용기의 행위가 이러한 경우일 것이다. 그러나 내가 생각하기에 그러한 행위가 막연하게라도 나쁜 행위로 생각될 수 없다는 것은 당연하다. 이미 말한 것처럼, 우리의 상식이 행위자는 좋다고 생각하지만 실제로는 나쁜 행위를 유덕하다고 판단하는 경우가 얼마나 되는지가 더 의문스럽다.[8] 하지만 그 용어를 우리가 옳다고 생각하는 행위에만 적용하는 데 동의한다면, 명백히 지적 필요조건의 결여로 인하여 어떤 일정한 순간의 어떤 일정한 사람은 덕을 실현할 능력이 없을 수도 있다.[9]

다소 복잡한 논의의 결과를 요약해보자. 나는 덕을 의무수행에서 (혹은 엄밀한 의무를 초월하는 좋은 행위에서) 나타나는 성질이라고 간주한다. 확실히 그것은 기본적으로 행위자의 마음 혹은 성품에 있다고 생각된다. 따라서 특수한 덕에 대한 우리의 개념을 정밀하게 만들려는 노력에서, 우리는 그것이 나타나는 의식상태를 검토해야 한다. 이 의식상태를 검토하면서, 우리는 의지의 요소가 제

---

8)   앞서 나는 명백히 그른 행위들이 흔히 옳은 행위에서 나타날 때 우리가—관대함, 용기, 애국심 등등—특수한 덕이라고 부르는 경향성을 상당한 정도로 보여준다고 말했다. 이것은 특히 무지에 의한 나쁜 행위들에 해당한다.

9)   내가 생각하기에, 이것이 상식이 대체로 수용하는 결론이다. 그러나 나는 그 결론의 수용에 대한 상당한 저항에 주목한다. 그 저항은 명백히 그른 행위를 행하는 사람들에게 덕을 돌림에서가 아니라, 그들의 무지를 이전의 고의적 악행에 의하여 일어난 것처럼 설명하려는 노력에서 나타난다. 우리는 스스로를 다음과 같이 설득할 수도 있다. 만약 토르케마다(Tomás de Torquemada: 1420-1498)가 이교도를 고문하는 것이 그르다는 것을 몰랐다면, 그가 고의로 계몽적 수단을 사용하지 않은 것이 아니라고 알았을지 모른다. 그러나 이러한 종류의 설명이 사실에 의하여 뒷받침되지 않는 경우들이 수없이 많고, 나는 그것을 일반적으로 참이라고 받아들일 근거를 모르겠다.

일 중요한 것이고 어떤 경우에는 거의 유일하게 중요한 것이지만, 명백히 상식에서 벗어나지 않는 한에는 정서의 요소도 완전히 버릴 수 없다는 것을 알았다. 또한 의지의 요소에 집중하면서, 우리는 우리가 대부분의 경우에 덕의 표현이라고 간주하는 것이 어떤 특수한 결과를 산출하려는 의지라는 것을 알았다. 옳기 때문에 옳은 것을 행하려는, 즉 의무 자체를 위하여 의무를 행하려는 일반적 결심은 실제로 유덕한 행동의 일반적인 필수적 원천으로서 근본적 중요성을 가진다고 생각된다. 그러나 그 결심이 어떤 특수한 경우에든 덕의 존재의 필수불가결한 조건이라고 생각되지는 않는다. 이와 유사하게 정서적 요소의 고찰에서 덕에 대한 열렬한 사랑이나 악덕에 대한 반감은 일반적으로 유덕한 행위에 대한 유용한 자극이지만, 그것이 유덕한 행위의 보편적인 필수적 조건은 아니다. 일부 행위의 경우, 다른—다정함 같은—정서의 존재는 순전히 도덕적 동기에서 행한 경우보다 그 행위를 더 나은 것으로 만든다. 그러나 그러한 정서는 마음대로 할 수 없다. 이것은 어떤 특수한 경우에 행해야 할 것에 대한 지식의 경우에도 해당된다—'유덕한'이라는 용어를 옳은 행위에 국한한다면, 행위를 완벽히 유덕한 것으로 만들기 위해서는 분명 이러한 지식이 필요하다. 이런저런 이유로 나는 덕은 자발성이라는 특성에 의하여—그것은 때가 왔을 때 어느 정도는 의지대로 실현될 수 있어야 한다—다른 탁월성들과 구별되지만, 이러한 자발성은 그것에 어떤 일정한 정도로만 부여된다고 생각한다. 자신의 의무를 아는 경우에 항상 그것을 행할 수도 있지만, 어떤 사람이 항상 덕을 최상으로 실현할 수는 없다.

그런데 덕을 즉시 마음대로 실현할 수 없을 때에도, 우리는 덕을 함양하고 그것을 발전시켜야 한다는 의무를 인정한다는 점을 주목해야 한다. 이러한 함양의 의무는 우리에게 부족해 보이는 모든 유덕한 습관이나 성향으로까지 확장된다. 각 경우에 부합하는 행위를 얼마만큼 완전히 의지대로 행할 수 있든지 간에, 이렇게 확장함으로써 우리가 미래에 그러한 행위를 하려는 경향을 높일 수 있다면 말이다. 이 후자의 종류의 행위와 관련하여, 그것이 완벽히 숙고된 것이라면 우리는 따로 유덕한 습관을 필요로 하지 않는 듯하다. 우리가 옳고 최선의 것을 행하려는 충분히 강한 바람과 함께 그것에 대한 지식을 가지고만 있다면 말이다.[10] 그러나 의무를 완수하려면, 우리는 삶의 일부 동안에는 갑작스럽고 숙고 없이 행동해야 한다. 그러한 때에는 도덕적 추론의 여유가 없고, 때로는 명백한 도덕판단의 여유조차 없다. 그래서 유덕하게 행동하려면, 우리는 특수한 덕의 이름으로 나타나는 특수한 습관과 성향을 필요로 한다. 경험에 의하여 가능하게 보이는 방식대로, 이러한 습관과 성향을 기르고 발전시키는 것이 의무다.

---

10) 이로부터 '모든 덕은 지식이다'라는 소크라테스의 학설이 유래한다. 이 학설은 합리적 존재는 필시 좋은 것을 바랄 것이라는 가정에 의존한다.

다음 장들에서 내가 진행할 특수한 덕에 대한 논의 전반에서 앞서 판정한 것과 같은 덕과 의무의 복잡한 관계를 염두에 두어야 한다. 그러나 이상과 같이 행위에서 덕의 표현의 주요 부분은 자발적 행동에 있고, 그 행동을 행하는 것은—그가 그 행동을 옳다고 인식하는 한에서—어떤 개인의 능력 안에 있고, 따라서 우리가 앞서 설정한 의무의 정의에 속한다. 그러므로 다음 논의의 대부분에서 유덕한 행위의 원칙과 의무의 원칙을 구별하는 것이 반드시 필요하지는 않다. 왜냐하면 그 둘의 정의는 일치할 것이기 때문이다.

§3. 그러나 내가—정의 등의—특수한 덕의 일반적 개념을 그 덕이 요구하는 행동을 확정하기에는 너무 모호하게 기술했다면, 여기서 앞선 장에서 말한 바를 **어느 정도는** 제한하는 설명이 필요하다. 나는 거기서 의무의 규칙은 보편적 형식의 정밀한 정의를 수용해야 한다고 가정했고, 이 가정은 자연히 도덕률과 관련된 윤리학에 대한 통상적 혹은 법률적(Jural) 견해에 속한다. 왜냐하면 우리는 어떤 사람에게 책무가 부과될 경우 그는 적어도 그 책무가 무엇인지 알아야 하고 모호하게 도출된 법은 나쁜 법임에 틀림없다는 것에 동의할 것이기 때문이다. 그러나 우리가 덕을 엄밀한 의무를 넘어선 것이고 언제든 마음대로 실현할 수 없는 것이라고 본다면, 이러한 가정은 그렇게 확실히 적절하지는 않다. 왜냐하면 이러한 관점으로부터 우리는 자연히 행위의 탁월성을 미술품의 아름다

움과 비교하기 때문이다. 우리는 흔히 미술품의 창작에서 규칙과 명확한 규정이 많은 일을 할 수도 있지만 결코 그것들이 모든 일을 할 수는 없다고 말한다. 최고의 탁월성은 항상 명확한 공식으로 환원될 수 없는 본능이나 예민한 감각에 기인한다. 아름다운 작품들이 만들어질 때, 우리는 그것들을 묘사할 수도 있고 각각에 명칭을 부여하면서 그것들의 아름다움을 어느 정도 분류할 수도 있다. 그러나 우리는 각종 아름다움을 만들어내는 어떤 일정한 방법을 규정할 수 없다. 이것은 덕의 경우에도 해당된다고 말할 수 있다. 그러므로 어떤 종류의 유덕한 행위를 산출한다고 확신할 수 있는 분명한 준칙을 진술하려는 시도는 틀림없이 실패할 것이다. 우리는 다만 덕에 대한 일반적 설명을―정의가 아니라 기술을―제공할 수 있을 뿐이고, 어떤 특수한 상황에서 덕을 최고로 실현할 행위를 찾는 것은 훈련된 통찰력에 맡겨둘 수밖에 없다. 심미적 직관주의라고 분류할 수 있는 이러한 견해에 대하여, 나는 나중에 무언가를 말할 것이다.[11] 그러나 내가 생각하기에 우리의 일차적 용건은 합리적 혹은 법률적 직관주의자들의 더 광범위한 주장을 검토하는 일이다. 그들의 주장에 따르면, 윤리학은 정밀하고 과학적인 논법을 수용하고 우리가 말해온 일반적 규칙들이나 그것들 중 가장 기본적인 것을 제일원칙으로 삼는다. 그래서 그들은 우리가 심미적

---

11)   제3권 14장 §1을 보시오.

논의에서는 묵과하지만 윤리적 믿음의 권위를 심각한 위험에 빠트 릴 수 있는 의견의 변동과 불일치를 제거할 수 있다는 희망을 제시 한다. 내가 생각하기에 윤리적 공리(公理)로 제시된 명제들을 상세 히 검토하지 않고는, 그리고 그 명제들이 얼마만큼 확실하고 분명 하다고 입증될지, 혹은 이러한 성질을 보이는 다른 명제들이 얼마 만큼 제시될 수 있을지 살펴보지 않고는, 우리는 그들의 주장의 타 당성을 결정할 수 없다. 왜냐하면 적어도 이 학파의 더 명민한 사 상가들은 사람들의 일반적인 도덕적 추론에 대한 관찰만으로 항상 그러한 공리가 적절한 정확성을 가진 형태로 발견될 수 있다고 주 장하지 않을 것이기 때문이다. 그들은 차라리 그 공리가 적어도 이 러한 추론 속에 함축되어 있고, 명확히 밝혀질 경우 그 공리의 진 위는 자명해지고 지적이고 편견 없는 사람은 필시 그것을 즉각 받 아들일 것이라고 주장할 것이다. 어떤 수학적 공리는 대중에게 알 려지지 않거나 그럴 수 없는 것처럼, 면밀히 준비된 사람의 마음만 이 그것의 확실성을 볼 수 있다―그러나 그 공리의 용어들이 적절 히 이해된다면, 그것의 절대적 진리에 대한 지각은 즉각적이고 저 항할 수 없는 것이다. 마찬가지로 정밀한 형태로 제안된 어떤 도덕 적 공리에 대하여 "지구 궤도"에 대해서처럼 명시적이고 실제적인 동의를 요구할 수는 없더라도, 그것은 전에는 사람들이 모호하게 이해했지만 이제는 서슴없이 받아들이는 진리일 수 있다.

이 탐구에서 덕을 어떤 순서로 다룰지는 그다지 중요하지 않다.

우리는 특정한 윤리학자의 체계가 아니라 (그렇게 부른 것처럼) 상식 도덕을 고찰하려 한다. 이 장에서 해온 의무와 덕의 일반적 개념에 대한 논의는 상식으로부터 특수한 의무와 덕의 분류에 대한 명쾌한 원칙을 도출하는 것이 매우 어렵다는 점을 부수적으로 보여줄 것이다. 그래서 나는 분류의 문제에 대하여 말할 바를 논의의 뒷부분으로 미뤄두고, 인간의 일반적 언어에서 표현되는 일반적 사고에서 그 문제를 발견한다면 우선은 그것을 완전히 경험적으로 탐구하는 것이 최선이라고 생각했다. 윤리학자의 체계는 흔히 이 원료에 명확한 배열을 제공하려고 시도한다. 그러나 체계적인 한에서, 내가 지금부터 밝히려는 것처럼, 일반적으로 그것은 상식을 초월하고 상식이 모호하게 남겨둔 것을 억지로 정의하려는 것처럼 보인다.

그렇다면 당장 이러한 경험적 탐구에서 덕을 다소는 그것의 중요성의 순서로 다루는 편이 최선으로 보인다. 몇몇 덕들은 특별히 포괄적인 범위를 가지고 어떤 의미로는 다른 덕 모두 혹은 대다수를 포함하기 때문에, 이것들로부터 시작하는 편이 유익할 것이다. 이것들 중에서 지혜는 어쩌면 가장 명백한 것이다. 그래서 다음 장에서 나는 지혜에 대한 우리의 일반적 개념, 그리고 같은 기원을 가지거나 연결된 몇몇 다른 덕들 혹은 탁월성들을 고찰하고자 한다.

3장

지혜와 자제

§1. 고대 그리스 철학자들은 항상 지혜를 덕의 목록에서 첫 번째로 두었으며, 어떤 의미에서는 다른 모든 덕을 포괄한다고 생각했다. 실제로 후기-아리스토텔레스학파들은 흔히 각 체계가 정한 삶의 규칙을 구체적 형태로 제시하기 위하여 현자(Sage) 혹은 완벽하게 현명한 사람(소포스, σοφός) 개념을 사용하였다. 그러나 그리스의 일반적인 용법에서 방금 언급한 용어는 실천적 지혜에 못지않게 순전한 사변적 과학에서의 탁월성을 의미했다.[1] 영어의 지혜

---

1) 아리스토텔레스는 소크라테스로부터 유래한 학파들 가운데서 '이론적' 지혜를 '실천적' 지혜로부터 예리하게 구별함에 있어서 따를 자가 없었는데, 그는 소피아(σοφία)라는 용어를 전자에 국한하고 후자를 나타내는 데에는 또 다른 낱말, 프로네시스(φρόνησις)를 사용한다.

(Wisdom)도 다소 동일한 모호함을 가지고 있다. 그러나 그것은 주로 실천과 관련하여 사용된다. 순전한 사변의 영역에 적용될 때에도, 그것은 특히 건전한 실천적 결론에 이르는 지적 재능과 습관을 암시한다. 다시 말해 견해의 포괄성, 즉 정확한 평가가 어려운 여러 다양한 고려사항을 편견 없이 주목하는 습관, 그리고 각 고려사항의 상대적 중요성에 대한 좋은 판단을 암시한다. 어쨌든 순전한 지적 탁월성과 구별되는 것으로서 우리가 흔히 덕으로 분류하는 것은 실천적 지혜뿐이다. 그렇다면 우리는 실천적 지혜를 어떻게 정의할 것인가? 그것의 의미의 가장 명확한 부분은 삶의 행위에서 인간동기의 자연적 작용이 우리로 하여금 추구하도록 하는 목적의 달성을 위한 최선의 수단을 분별하려는 경향이다. 이것은 기교(技巧), 혹은 인간행동의 한정된 특수한 부분에서 주어진 목적을 위한 최선의 수단을 선택하는 능력과는 뚜렷한 차이가 있다. 특별한 예술에서 그러한 기교는 부분적으로는 명확한 규칙에 의하여 전달될 수 있고, 부분적으로는 예민한 감각이나 본능의 문제이고, 다소는 자연적 재능과 성향에 의존하고, 크게는 훈련과 모방에 의하여 얻어진다. 이와 유사하게, 처세의 기교로 이해한다면, 실천적 지혜는 일정량의 과학적 지식, 즉 인간행동에 직접 연관된 여러 과학의 조각들과 더불어, 동일한 주제에 연관된 경험적 규칙을 포함할 것이다. 또한 방금 언급한 예민한 감각이나 훈련된 본능은 그 주제의 극한 복잡성 때문에 여기서 더욱 두드러질 것이다. 그러나 이러한

분석으로부터 왜 이 기교가 덕으로 간주되어야 하는지는 밝혀지지 않을 것이다. 숙고해보면, 우리는 보통 지혜라는 말로 어떤 목적을 위한 최선의 수단을 발견하는 능력만을 의미하지 않는다는 사실이 드러난다. 왜냐하면 가장 능숙한 사기꾼을 현명한 사람이라고 부를 수 없기 때문이다. 반면에 우리는 서슴없이 그가 영리함, 재주, 여타 순전한 지적 탁월성을 가지고 있다고 생각할 수 있다. 그래서 다시 우리는 야망의 목적을 위한 최선의 수단을 능숙하게 선택하는 사람을 "세상물정에 밝은(worldly-wise)" 사람이라고 부른다. 그러나 그 사람을 아무 단서도 없이 '현명하다'고 부를 수는 없다. 요컨대 내가 보기에 지혜는 수단뿐만 아니라 목적에 대한 옳은 판단도 함축한다.

여기서 미묘한 문제가 발생한다. 왜냐하면 이 논고는 행동의 몇몇 궁극적 목적들이 있고, 그 목적들은 모든 사람이 채택해야 할 합리적 목적이라고 주장한다는 가정에 따르기 때문이다. 그러므로 지혜가 목적에 대한 옳은 판단을 함축하는 경우, 어떤 하나의 목적을 유일하게 옳거나 합리적인 목적으로 간주하는 사람은 분명히 다른 궁극적 목적을 채택하는 사람을 현명하다고 생각하지 않을 것이다. 그렇다면 우리는 지혜라는 낱말의 일반적 용도에 다른 목적들을 배제하고 각별히 어떤 하나의 궁극적 목적이 함축되어 있다고 말할 수 있을까? 어쩌면 지금 우리가 명료하게 밝히려는 상식도덕의 견해에서는 지혜 자체가 직관적으로 옳거나 좋다고 식별되는 행위의 성질로 규정되거나 칭찬받기 때문에, 현명한 사람이 선호하는 궁극적 목적은 자신이나 다른 사람의 쾌락이나 다른 어떤 미래의 목적보다는 행위 일반에서 필시 이러한 옳음이나 좋음을 달성하는 것이라고 말할 수도 있다. 그러나 내가 생각하기에 이 개념의 경우에는 일반적인 실천적 추론을 이 논고의 계획의 근거이면서 각각 독립적 전개를 받아들이고 그러한 전개를 필요로 하는 여러 다른 방법들로 분석하는 것이 불가능하다. 왜냐하면 우리가 본 것처럼 이 상이하고 경쟁하는 방법들 사이의 일치나 조화를 가정하는 것이 상식의 특성이기 때문이다. 그러므로 대다수의 특수한 덕과 의무에 관련된 경우에 평범한 사람의 도덕판단의 실행은 얼핏 보기에 쾌락주의적 계산과 무관하고 종종 그 계산결과와 명백히 충돌하는데—그래서 상이한 절차들의 절충도 그 자체로 풀어야 할 문제로 나타난다—지혜에 대한 광범위한 개념에는 그 대립관계가 숨어 있다. 상식에 따르면, 현명한 사람은 모든 상이한 합리적 목적을 동시에 이루는 사람이고, 참된 도덕률과 완벽히 일치하는 행위로 자신뿐만 아니라 인류 전체에게 (혹은 그의 노력이 필연적으로 한정되는 일부의 인류에게) 가능한 최대 행복을 달성하는 사람인 것처럼 보인다. 그러나 이러한 조화를 달성하기가 어렵다는 것을 깨닫게 된다면—예컨대 합리적 이기주의가 인류 전체의 진정한 이익에 반하는 행위로 이르는 듯하고, 사적 이익을 추구하는 사람을 현명한 사람이라고 불러야 할지, 아니면 그러한 이익을 희생

하는 사람을 현명한 사람이라고 불러야 할지를 묻는다면—상식은
명쾌한 대답을 주지 않는다.

§2. 이제 목적에 대한 옳은 판단에서 나타나는 것으로서, 지혜는
다소는 의지대로 획득할 수 있는 것인가, 그래서 그것이 우리의 정
의에 일치하는 하나의 덕인가 하는 물음으로 돌아가 보자. 언뜻 보
기에 옳은 목적에 대한 지각이 다른 종류의 진리의 인지보다 더 자
발적인 것처럼 보이지 않을 수도 있다. 대다수의 경우 진리의 획득
은 자발적 노력을 요구하지만, 우리는 일반적으로 어떤 사람이 이
러한 노력만으로 어려운 지적 문제의 대략이나마 옳은 해답을 얻
는 것이 가능하지 않다고 생각한다. 그런데 흔히 도덕적 진리의
인지는 대체로 '가슴(heart)', 즉 우리의 욕망 및 여타 정서의 일정
한 상태에 의존한다고 말한다. 지혜를 하나의 덕으로 간주하는 것
은 바로 이러한 견해에서인 것처럼 보일 것이다. 이러한 감정상태
가 의지대로 획득될 수 있다면, 앞서 주어진 정의에 따라서 우리는
지혜를 덕이라고 인정할 수 있다. 그럼에도 더 면밀히 살펴보면 목
적 인지의 올바른 정서적 상태에 대해서는 거의 의견이 일치하지
않는 것처럼 보인다. 어떤 사람은 기도나 열망이 가장 알맞은 상태
를 낳으리라고 말하는 반면, 다른 사람은 정서적 흥분이 판단을 혼
란시킬 수 있다고 주장하면서 올바른 판단을 위해서는 차라리 감
정의 평정이 필요하다고 말할 것이다. 또 어떤 사람은 이기적 충동

의 완전한 억제가 본질적 조건이라고 주장하는 반면, 다른 사람은 이것을 터무니없고 불가능한, 가능하더라도 명백히 그릇된 방향의 시도라고 생각할 것이다. 우리는 이러한 문제들을 상식의 이름으로 판결할 수 없다. 그러나 도덕판단을 상궤에서 벗어나게 만들 수 있는 격렬한 열정과 감각적 욕구가 있고, 그것들이 어느 정도는 의지의 통제 아래에 있다는 것에는 일반적으로 동의할 것이다. 그래서 행동의 목적을 결정하길 바랄 때 그러한 열정과 욕구의 영향력을 물리치기 위하여 도덕적 노력을 기울이는 사람은 그만큼 자발적으로 현명하다고 말할 수 있다.

이것은 앞서 논의한 지혜의 다른 기능, 즉 주어진 목적의 달성을 위한 최선의 수단을 선택하는 기능에도 어느 정도 적용된다. 왜냐하면 경험에 의하여 증명된 것처럼 보이는 바에 따르면, 실천적 문제에 대한 우리의 통찰은 욕망과 두려움에 의하여 곡해될 수 있고, 이러한 곡해는 자제의 노력에 의하여 방지될 수 있기 때문이다. 여기서도 어리석음은 적어도 완전히 비자발적인 것이 아니다. 그래서 나는 싸움으로 번질 수 있는 논쟁에서 불필요하게 격분하지 않는 방식으로 나의 옳음을 주장하는 조심성과 기교를 전혀 보이지 못할 수 있고, 그만큼 그 논쟁을 지혜롭게 수행하지 못할 수 있다. 그러나 각 중요 단계를 밟기 전에 분노나 상처받은 자존심(*amour propre*)이 나의 결정에 미치는 영향을 줄이는 것은 항상 가능하고, 나는 이러한 방식으로 상당한 어리석음을 피할 수 있다. 그리고 의

442

지는 우리가 실천적 지혜와 비교했던 전문적 기술과 관련된 경우보다는 삶의 올바른 영위에 대한 통찰력을 계발하거나 보존함에 있어서, 그리고 실천적 지혜를 드러내는 추론이 그다지 분명하거나 정확하지 않고 그 결론도 확실히 더 불확실해지는 데 비례하여, 더욱더 중요한 역할을 수행하게 된다는 사실을 주목해야 한다. 왜냐하면 욕망과 두려움이 우리의 산술적 계산을 틀리게 만들기는 어렵지만, 복잡한 실천적 개연성들을 저울질함에 있어서 강력한 경향성의 영향력에 저항하는 것은 더욱 어렵기 때문이다. 그리고 우리가 지혜를 하나의 덕으로 간주하는 이유는 그러한 저항의 지속적 필요성에 대한 다소 명확한 의식으로 보일 것이다.

하나의 덕이라고 한다면, 실천적 지혜는 일반적으로 자제와 구별되는, 욕망과 두려움에 저항하려는 습관을 포함한다고 말할 수 있다. 그러나 충분한 통찰력을 가진 어떤 사람이 어떤 주어진 상황 아래에서 그가 채택해야 할 합당한 행위방침을 정했다고 가정해보자. 그럼에도 그가 확실히 그것을 채택할지에 대한 의문은 남는다. 그러나 내가 생각하기에 상식은 **인지**와 별개로 옳은 목적의 선택을 지혜에 속하는 것으로 간주하지 않는다. 그렇더라도 이성에 반한다는 것을 알면서도 일부러 그러한 행위를 선택한 사람을 현명한 사람이라고 부를 수 없을 것이다. 현대적 정신을 가진 사람은 가능하다고 받아들일지 모르나,[2] 그러한 선택 개념은 (1) 충동적 비합리성이나 (2) 좋은 것 대신 나쁜 것의 잘못된 선택에 비하여 다소 낯선 것이 사실인 듯하다. 후자의 경우에 그 잘못이 완전히 비자발적이라면, 물론 그 선택에는 아무런 주관적 그름이 없다. 그러나 그 잘못된 결론은 행위자가 희미하게 의식하고 있고 의지의 노력으로 저항하거나 제거할 수 있는 욕망이나 두려움의 비뚤어진 영향력에 의하여 일어난다. 그렇게 일어난다면, 그 잘못은 비난할 만한 어리석음의 항목에 속한다. 이 어리석음은 자신에게 나쁘다는 것을 알면서도 일부러 그러한 행위를 선택하는 사람과 같은 드문 현상에서 나타나는 것과—정도로는 아니나—종류로는 유사한 자제의 부족에서 기인한다.

충동적 악행의 경우는 다소 다르다. 옳은 일에 대한 우리의 견해에 따라서 숙고한 후에 맺어진 결심을 숙고 없이—적어도 새로이 숙고할 시간이 허락된다면—포기하거나 수정해서는 안 된다는 것은 명백하다. 그러한 포기나 수정을 자극하는 충동에 저항하는 데 필요한 자제는—아마도 우리는 그것을 굳셈(Firmness)이라고 부를 수 있다—지혜에 필수불가결한 조력자다. 그러나 삶의 다양한 필요들이 야기하는 충동의 돌풍은 때로는 빠르게 효력을 나타내어 그 순간 그것에 거스르는 결심이 실제로는 기억나지 않는다. 이러한 경우, 부당한 행동을 못하게 하는 데 필요한 자제 혹은 굳셈은

---

2) 나는 이 점과 관련된 고대적 사고와 근대적 사고 사이의 차이를 이미 언급했다. 앞의 제1권 5장 §1, 59쪽 주석을 참조하시오.

가장 필요한 순간에 뜻대로 얻을 수 없는 것처럼 보인다. 그러나 숙고의 순간에 우리의 결심을 더욱 깊이 새김으로써, 우리는 충동적 행동을 지속적으로 간섭하는 중요한 습관을 기를 수 있다.

§3. 지혜의 기능에 대한 고찰에서 여타 종속적 탁월성들이 보이게 되고, 일부는 지혜에 대한 우리의 이상적 개념에 포함되고 일부는 보조적 혹은 보충적이다. 그러나 이 탁월성들 중 일부는 누구도 정확히 덕이라고 부르지 않을 것이다. 예컨대 여러 상이한 문제들 가운데서 정말로 중요한 문제를 선택하는 총명함, 다소 숨겨져 있는 보조물이나 장애물을 찾아내는 명민함, 우리의 목적을 위한 미묘하거나 복잡한 수단을 고안해내는 교묘함, 다소 모호하게 정의되고 명명되는 다른 유사한 성질들. 연습에 의하여 더 명민하거나 교묘하거나 총명해질 수도 있지만, 우리가 원할 때마다 그렇게 될 수는 없다. 조심성이 우리의 바람과 목표에 불리한 **중요한** 주변상황을 충분히 고려하는 것을 뜻한다면, 조심성에 대해서도 같은 말을 할 수 있다. 왜냐하면 의지의 노력 없이는 어떤 환경이 중요한지 확실히 알 수 없기 때문이다. 우리는 그저 꾸준하고 폭넓게 바라볼 뿐이다. 그러나 '조심성'은 마땅히 하나의 덕으로 간주할 만한 일종의 자제, 즉 강력한 충동이 우리에게 즉각적 행동을 취하도록 재촉하더라도, 숙고가 필요하다고 판단될 경우, 그리고 그렇게 판단될 경우마다 숙고를 하려는 경향성에 정당하게 적용될 수 있는

용어다.[3]

조심성과 대조적으로, 우리는 결단력(Decision)이라고 부르는 성질을 또 하나의 부차적 덕으로 인식할 수 있다. '결단력'이 사람들이 빠지기 쉬운 비합리적 충동에 저항하는, 즉 숙고가 더 이상 상책이 아니고 행동을 취해야 한다는 것을 알았을 때에도 어느 정도 신중한 태도를 지키는 습관을 의미하는 한에서 말이다. 그러나 '결단력'은 흔히 ('조심성'처럼) 오직 혹은 주로 지적인 탁월성, 즉 최종 숙고를 위한 순간을 옳게 판단하는 경향성을 나타내는 데 사용된다.

나의 결론은 다음과 같다. 조심성과 결단력으로 분류한 성질들이 단지 지적인 탁월성만이 아니라 덕으로 인정된다면, 그것들이 사실상 자제심의 일종이기 때문이다. 즉 그것들은 정반대로 유도하는 비합리적 동기에도 불구하고 행위에 대한 합리적 판단을 자발적으로 채택하고 고수하려는 것을 포함하기 때문이다. 그런데

---

3) '조심성'이 때로는 또 다른 의미로 사용된다는 사실을 관찰할 수 있다. 우리가 어떤 목적을 달성하기 위하여 사용할 수 있는 여러 수단들 가운데, 어떤 것은 더 확실하고 어떤 것은 덜 확실하다. 어떤 수단은 위험하다—즉 우리가 추구하는 것과 반대되거나 다른 이유에서 피해야 할 결과를 가져올 가능성을 포함한다. 반면에 다른 수단들은 이러한 위험이 없다. '조심성'은 종종 더 확실하면서 덜 위험한 수단으로 기울어지는 마음의 기질을 나타내는 데 사용된다. 이러한 의미에서, 각 경우에 목적을 달성할 가능성, 다른 목적과 비교된 그 목적의 가치, 그리고 그 목적의 추구에 동반될 수 있는 손해와 비교된 그 목적의 가치가 정확히 평가될 수 있는 한에서, 조심성의 의무의 한계는 어려움 없이 명확하게 정해질 수 있다.

언뜻 보기에 완벽한 자제심과 결합된 판단은 완벽히 옳다고 가정한다면, 그 결과는 모든 부문에서 의무의 완벽한 수행일 것이라고 판단된다. 그리고 그 결과는, 마음대로 불러일으킬 수 없는 어떤 특수한 정서의 존재를 포함하는 경우를 제외한다면, 완벽한 덕의 실현일 것이라고 판단된다.[4] 분명 완벽한 현명함과 자제심을 가진 사람이 어떤 도덕규칙을 어기거나 무시하리라고 생각할 수 없다. 그러나 우리가 옳다고 보는 것을 실현하려는 진지하고 외곬수의 노력조차도 강도의 차이가 있을 수 있다는 점을 주목해야 한다. 그러한 노력에서 높은 강도를 나타내는 경향성은 그 성질이 순전히 의지적이라면 활기(Energy)라고 칭송되는 것이 마땅하고, 그 의지적 활기가 정서의 강도로 이야기되면서도 어떤 특수한 정서라기보다는 옳은 것이나 좋은 것에 대한 일반적 애정과 연관된다면 열의나 도덕적 열정 같은 다른 명칭으로 칭송되는 것이 마땅하다.

〈주해〉 이 장의 논의에서 직관주의 윤리학과 공리주의 윤리학 사이의 쟁점에는 아직 도달하지 못했다는 점을 주목해야 한다. 왜냐하면 숙고를 통하여 지혜, 조심성, 결단력 등의 항목으로 분명한 의무규칙들을 끌어낼 수 있다고 인정해도, 그 규칙들은 명백히 독립적이지 않기 때문이다. 그것들은 옳은 것 혹은 마땅히 행해야 할

---

4) 223쪽과 다음 장의 §2를 보시오.

것에 대하여 다른 방식으로 획득되거나 획득될 수 있는 지적인 판단을 전제한다.

4장

자비심

§1. 각 부문의 유덕한 행위가 필시 행동의 진정한 궁극적 목적 혹은 목적들과 그러한 목적 혹은 목적들의 달성을 위한 최선의 수단에 대한 분명한 지식과 선택으로부터 나온다면, 우리는 실천적 지혜의 덕이 다른 모든 덕을 포괄한다는 사실을 알게 되었다.[1] 이러한 관점으로부터 특별한 덕들의 명칭은 이러한 지식의 특별한 부문을 나타내는 것으로 간주될 수 있다. 이제 우리의 관심사는 이 특별한 덕들을 더 면밀히 고찰하는 것이다.

그러나 이것들을 숙고할 때, 우리는 다른 방식이기는 하지만 지혜에 못지않게 포괄적이라고 간주될 수 있는 다른 덕들이 있음을

---

[1] 이 명제가 요구하는 제한조건들은 이미 인식되었고, 계속 더 설명될 것이다.

알게 된다. 특히 현대에 독자적인 윤리학적 숙고가 부흥한 이후, 자비심은 다른 모든 덕을 포괄하고 종합하며 그것들을 규정하고 그것들의 적절한 한계와 상호관계를 결정하는 최고의 구성적 덕이라는 견해를 이러저러한 형태로 주장하는 사상가들이 항상 있었다.[2] 이렇게 널리 지지되는 우월성의 주장은 일반적으로 받아들여진 의무와 덕의 준칙에 대한 고찰에서 지혜의 바로 다음 지위를 자비심에 부여할 충분한 이유라고 생각된다.

흔히 자비심의 일반적인 준칙은 "우리는 우리와 같은 모든 인간을" 혹은 "우리와 같은 모든 동물을 사랑해야 한다"라고 말할 것이다. 그러나 이미 본 것처럼, 윤리학자들 사이에서는 "사랑"이라는 말의 정확한 의미에 대하여 약간의 의혹이 있다. 왜냐하면 칸트를 비롯한 다른 사람들의 주장에 따르면, 사랑이나 친절의 감정이 어떤 정서적 요소를 포함한다면, 도덕적으로 자비심의 의무라고 규정되는 것은 엄밀히 말해서 사랑이나 친절의 감정이 아니라 단지 다른 사람들의 좋음이나 행복을 구하려는 의지의 결정이기 때문이다. 어떤 일정한 순간에 어떤 정서를 일으키는 것이 직접적으로 의지할 수 없는 일이라면, 어떤 정서를 느끼는 것이 엄밀한 의미의

---

2) 현재 가장 유행하는 이러한 견해의 표현은 공리주의로 보일 것이고, 그것의 원칙들과 방법은 앞으로 더 본격적으로 논의될 것이다. 그러나 어떤 형태나 정도로든 간에 그것은 직관주의학파와 밀접하게 관련된 여러 사람들에 의하여 주장되었다.

의무일 수 없다는 점에 동의한다. 그럼에도 (내가 말한 것처럼) 내가 보기에 이러한 정서적 요소는 덕이라고 간주되는 자선이나 박애에 대한 우리의 일반적 개념에 포함되어 있다. 그리고 나는 이 요소가 의지의 단순한 선행의 성향을 더 높은 단계의 탁월성으로 끌어올리고 결과를 더 낫게 만든다는 점을 부정하는 것은 역설적이라고 생각한다.[3] 그렇다면 되도록 그 감정을 함양하는 것이 하나의 의무일 것이다. 실로 이것이 (좋은 일을 행하려는 영구적 성향 못지않게) 반복적인 선행의 결심과 행동의 정상적인 효과로 보일 것이다. 왜냐하면 자선은 행위자를 향한 수혜자의 사랑 못지않게 수혜자를 향한 행위자의 사랑을 자극하는 경향이 있기 때문이다. 그러나 이러한 효과는 자비로운 성향의 성과보다는 덜 확실하다는 점을 인정해야 한다. 어떤 사람은 태생적으로 다른 사람들의 관심을 끌지 못해서, 다른 사람들이 자비로운 성향을 품을 수도 있지만 그 사람에게는 아무 감정도 느끼지 못할 수 있다. 어쨌든 그 노력이 무익하다고 생각될 때까지는 혜택을 받을 사람들에 대한 친절한 감정을 함양하는 것이 일반적으로 의무로 보일 것이다. 이 감정은 단지 친절한 행동을 행하는 것만이 아니라, 경험을 통하여 감정을 일으키는 경향을 가진 것으로 밝혀진 자연적 영향력을 받음으로써 함양된다.

---

3) 이 장의 끝에 있는 주해를 보시오.

여전히 이러한 감정이나 의지의 성향이 나타나는 행동들의 본성을 더 상세히 알아봐야 한다. 그 행동들은 일반적으로 '선행(doing good)'으로 간주된다. 그런데 우리가 앞서[4] 알아본 바로는, 일상적인 사고에서 '좋음' 개념은 합리적인 행동의 궁극적인 목적에 대하여 사람들이 품고 있는 구별되지 않고, 따라서 조화되지 않는 상이한 개념들을 포함한다. 따라서 '선행'이라는 문구에도 이에 상응하는 모호함이 있다. 왜냐하면 많은 사람들은 서슴없이 그것을 행복의 증진을 뜻하는 문구로 받아들일 테지만, 다른 사람들은 행복이 아니라 완전성을 참된 궁극적 좋음이라고 생각하면서 사람들에게 '선행'을 하는 진짜 방법은 그들의 덕을 키워주거나 그들이 완전성을 향하여 나아가도록 도와주는 것이라고 일관적으로 주장하기 때문이다. 그러나 반(反)에피쿠로스주의 윤리학자들 사이에도—칸트처럼—반대 견해를 취하면서, 나의 이웃의 덕이나 완전성은 내가 돕거나 방해할 수 없는 일이고 자기의지의 자유로운 발휘에 달려있기 때문에 그의 덕이나 완전성은 나에게 목적일 수 없다고 논하는 사람들도 있다. 그러나 동일한 근거로 나는 나 자신의 덕을 **함양할 수 없고** 단지 시시각각 그것을 실행할 수 있을 뿐이라고 주장할 수도 있다. 반면에 칸트조차 우리가 우리 자신의 유덕한 성향을 함양할 수 있고, 그것도 유덕한 행위의 실행이 아닌 다른 방법으로

---

4) 제1권 7장과 9장을 참조하시오.

함양할 수 있다는 점을 부정하지 않는다. 상식은 항상 이러한 함양을 가능하다고 가정하고 그것을 하나의 의무로 규정한다. 확실히 우리가 다른 사람들의 덕을 함양할 수 있다는 것도 부정할 수 없다. 실제로 이러한 함양은 교육만이 아니라 사회적 행동의 광범위한 부분, 특히 칭찬과 비난의 표현의 분명한 대상이다. 만약 덕이 우리 자신에게 그 자체를 위하여 추구해야 할 궁극적인 목적이라면, 자비심은 필시 우리로 하여금 우리 이웃이 덕을 얻을 수 있게 하는 일을 행하도록 인도할 것이다. 실로 강렬한 개인적 감정의 경우에서 친구나 연인은 일반적으로 자기가 사랑하는 사람이 행복할 뿐만 아니라 탁월하고 칭찬할 만한 사람이기를 열망한다는 사실을 알고 있다. 어쩌면 이것은 사랑이 편애를 포함하기 때문이다. 연인은 사랑하는 사람이 실로 자신에게 편애를 받을 뿐만 아니라 진정 그러한 편애를 받을 만한 사람이기를 바란다. 그렇지 않으면 사랑과 이성 사이에 충돌이 일어나기 때문이다.

그래서 대체로 자비심이 우리로 하여금 다른 사람들을 위하여 무엇을 증진하라고 요구하는지에 대한 일반적 견해에서는, 나는 서로 다르고 어쩌면 충돌하는 좋음의 일반적인 요소들 사이에서 분명한 선택을 발견하지 못한다. 그러나 내가 생각하기에 상식적으로 자비심이라는 외적 의무가 규정한다고 간주되는 바의 주요 부분은 사실상 행복의 증진이라고 말할 수 있다. 명료함을 위하여 나머지 논의에서 이것에 주의를 집중할 것이다.[5] 우리는 행복을 단순히 다른 사람들의 현실적 욕망의 충족으로 이해할 수 없다는 점을 주목해야 한다. 왜냐하면 사람들은 너무 흔하게 장기적으로 자신들에게 불행을 초래할 것을 욕망하기 때문이다. 우리는 행복을 대체로 사람들이 얻을 수 있는 최대량의 쾌락 혹은 만족으로—요컨대 이기주의적 쾌락주의 체계에서 각 개인의 합리적 목적이라고 간주되는 행복으로—이해해야 한다. 합리적 자비심이 다른 사람들에게 제공하라고 우리에게 명하는 것이 바로 이것이다. 누군가를 사랑하는 사람이 넘치는 애정 때문에 자기가 사랑하는 사람의 열망에 동조하여 그것의 충족이 더 많은 고통스런 결과를 가져오리라고 생각하면서도 그것을 충족시켜주려 한다면, 우리는 흔히 이러한 애정을 아둔하고 어리석다고 말한다.

§2. 이러한 성향이나 애정이 누구를 향하여, 그리고 어느 정도나 지속되어야 하는가 하는 물음이 남는다. 우선 우리가 자비심을 사람에게만 품어야 하는지, 다른 동물들에게도 품어야 하는지는 그다지 분명하지 않다. 즉 우리는 모든 동물을 그들에게 불필요한 고통을 일으키지 않을 정도로 다정하게 대해야 한다는 것에는 일반

---

5) 그렇게 하는 또 다른 이유는 나중에, 즉 우리가 이 권의 주요 주제를 이루는 특수한 덕들에 대한 상세한 고찰의 결과로 덕과 행복의 일반적 관계를 관찰할 때 나타날 것이다. 나중의 제3권 14장을 참조하시오.

적으로 동의한다. 그러나 이러한 태도가 감성을 지닌 존재에게 마땅히 취해야 할 것인지, 아니면 단지 사람을 향한 상냥한 성향을 함양하기 위한 수단으로서 지시되는 것인지는 의문스럽다. 저명한 직관주의 윤리학자들은 후자의 견해를 주장했다. 내가 생각하기에 상식은 이러한 견해를 냉혹한 역설로 간주하고, 벤담처럼 본질적으로 동물의 고통도 피해야 한다고 주장하려는 경향이 있다. 같은 인간에게 자비심을 어떻게 베풀어야 하는가 하는 문제에 대한 고찰로 넘어가서, 우리는 공리주의의 견해와 비교함으로써 직관주의의 견해를 편리하게 명료화할 수 있다. 왜냐하면 공리주의는 때로는 모든 덕을 보편적이고 불편부당한 자비심으로 환원한다고 말하기 때문이다. 그러나 공리주의는 우리가 모든 사람을 똑같이 사랑해야 한다고 지시하는 것이 아니라 전체의 행복을 우리의 궁극적 목적으로 삼아야 한다고 지시하고, 따라서 이러한 총합의 구성요소로서 한 개인의 행복을 다른 한 개인의 동일한 행복과 동등하게 중요한 것으로 간주한다. 어떤 방식으로 그 결과를 얻든지 간에 우리는 이 총합이 최대가 되도록 친절을 베풀어야 한다. 물론 이러한 견해를 따르더라도, 실제로는 어떤 개인이 베푸는 봉사는 불평등할 것이다. 왜냐하면 각 사람은 분명 한정된 수의 사람들에게, 그리고 특정한 일부 사람들에게 더 많은 봉사를 베풂으로써 전체의 행복을 최대로 증진할 것이기 때문이다. 공리주의 이론에 의하면 그 불평등은 부차적이고 파생적이다. 그러나 상식은 아무런 추론도 없이 우리는 우리와 특별한 관계에 있는 사람들에게 친절해야 할 특별한 의무를 가진다는 것이 곧장 확실하다고 간주하는 것처럼 보인다. 그렇다면 문제는, 의무들에 대한 의문이나 그것들의 명백한 충돌이 발생하는 경우, 어떤 원칙에 따라서 인간들의 이러한 특수한 관계들로부터 생기는 애정과 친절한 봉사에 대한 특별한 요구의 성질과 정도를 결정할 수 있는가이다. 이러한 종류의 문제가 어떤 행동방침이 대체로 전체의 행복에 가장 도움이 되는가를 고려함으로써 해결될 수 있는가? 혹은 그러한 경우에 실천적 지침을 제공할 만큼 분명하고 정확한, 독립적이고 자명한 원칙을 발견할 수 있는가? 이러한 근본적 물음에 주어진 상이한 대답들이 직관주의적 방법과 공리주의적 방법 사이의 중요한 차이를 만든다. 자비심 많은 사람이 다른 사람에게 주길 바라고 노력하는 '좋음'이 행복이라고 생각되는 한에서 말이다.

그러나 이 물음을 탐구할 때, 우리는 그 주제의 배열에서 난제를 만난다. 이 난제는 대다수 분류의 문제들처럼 세심히 고찰할 가치가 있다. 왜냐하면 그 배열은 배열되어야 할 내용의 중요한 특징들에 의존하기 때문이다. 좁은 의미에서의 자비심은 드물지 않게 정의와 구별된다―심지어 그것과 대조된다. 우리는 물론 동일한 사람에게 양자 모두를 실행할 수 있다. 그러나 우리는 흔히 자비심의 특별한 기능은 정의가 끝나는 곳에서 시작된다고 생각한다. 애정에 대한 요구와 통상 애정에서 비롯되는 친절한 봉사에 대한 요구를 고찰하면서 우리가 관심을 가지는 바는 차라리 이 특별한 기능이다. 동시에 우리가 엄밀히 말해서 이러한 봉사를 일정한 관계에 있는 사람들에게서 기인하는 것으로 간주한다면, 이러한 의무를 우리에게 제시하는 도덕적 개념은 정의 개념과 쉽게 구별될 수 없다. 이러한 의무는 가장 좁은 의미의 자비심의 영역으로부터 배제될 수 없다. 때로는 정의가 지시하는 봉사는 그것의 수혜자가 하나의 권리로서 요구할 수 있는 것이지만, 자비심은 본질적으로 강제되지 않는다는 것이 정의와 자비심 사이의 차이로 여겨진다. 그러나 우리는 분명 (예컨대) 부모는 효심과 그것으로부터 자연스럽게 나오는 봉사에 대한 권리를 가지고 있다고 생각한다. 더 나아가 애정의 의무는 본질적으로 불명확하지만, 정의라는 항목으로 분류되는 의무는 정밀하게 정의된다고 말한다. 한 아들이 그의 부모에게 얼마만큼의 의무를 갖는지는 정확하게 말하기 어렵다고 느낄 뿐만 아니라, 이러한 문제를 탐구하는 것조차도 꺼린다.[6] 우리는 그 아들이 자신의 의무를 딱 맞게 수행할 수 있도록 그 의무의 정밀한 기준을 필요로 한다고 생각하지 않는다. 반면에 정의의 큰 부분은 정해진 협정과 정밀한 규칙의 준수에 있다. 그럼에도 이러한 차이

---

6) 이러한 꺼림은 의무에 대한 이렇게 정밀한 기준이 가장 빈번하게 요구되는 경우는 의무와 자기이익 사이에 쟁점이 놓여 있는 경우라는 사실에서 기인하는 것으로 보인다.

가 분류의 근거라고 주장하기는 어렵다. 왜냐하면 애정의 의무들은 분명 서로 간에, 그리고 다른 의무들과 경합을 벌일 수 있기 때문이다. 이러한 의무들 사이에 명백한 충돌이 발생할 때, 우리는 분명 우리에게 주어진 대안적 행위들 중에서 합당한 선택을 내리기 위하여 상충하는 책무들에 대해 최대한 정밀한 정의를 필요로 한다. 따라서 나는 다음 장(§2)에서 어떻게 이러한 요구들 사이의 경합이 우리의 일반적인 정의 개념을 다른 의무들에 못지않게 이러한 의무들에도 적용될 수 있도록 만드는지를 밝힐 것이다. 한편 보통은 애정을 나타내고 그것을 함양해야 하고 그것의 부재를 비난하지는 않더라도 유감스럽게 생각하는 관계로부터 발생하는 모든 의무를 여기서는 개별적으로 다루는 편이 적절하다고 본다. 왜냐하면 법으로 부과되거나 일정한 계약에 의하여 발생하는 책무를 넘어서, 불이행이 비난의 근거가 되는 의무들이 있고, 모든 사람은 이러한 의무들이 다른 항목에 속한다는 것에 동의하기 때문이다.

또한 이러한 의무들을 넘어서, 수행된 봉사를 채무라고 정당하게 주장할 수도 없고 불이행을 마땅히 비난해야 한다고 느껴지지도 않는 의무수행의 영역이 있다. 이 영역에 대해서도—분명 정의와 뚜렷한 차이를 보이는 자비심에 속한다—상식도덕의 견해를 말하기가 다소 어렵다. 두 가지 물음을 검토해야 한다. 첫째로 우리는 엄밀한 의무의 요구라고 생각되는 바를 넘어서 애정으로부터 제공된 봉사를 유덕하다고 간주해야 하는가를 물어야 한다. 둘째로 애정 자체가 도덕적 탁월성으로서 칭찬할 가치가 있다고 생각해야 하는가, 따라서 우리가 도달하려고 노력해야 하는 정신상태인가를 물어야 한다. 내가 생각하기에, 상식은 분명 모든 사람에게 실질적인 긍정적 봉사를 제공하고 그들의 복리를 증진하는 성향을—이러한 성향이 모든 인간을 향한 자연적 친절의 감정으로부터 생긴 것이든, 아니면 단지 도덕적 노력과 결심의 결과이든—유덕하다고 간주한다. 그 성향이 충분한 지적 계몽을 동반한다면 말이다.[7] 사람들이 자신이 속한 공동체의 복리를 증진하려는 덜 포괄적인 애정에 대해서, 그리고 다른 공동체들에서 통상 합법적 규칙이나 지도부의 승인에 따르려는 경향의 애정에 대해서도 같은 말을 할 수 있다. 어떤 시대와 나라에서는 애국심과 충성이 거의 최고의 덕으로 간주되었다. 지금도 상식은 그것들에 높은 지위를 부여한다.

그러나 보다 제한적이고 보통은 보다 강렬한 애정, 즉 친족과 친

---

7) 자비로운 충동이 대안들로서 제시될 수 있는 상이한 행동방침들의 복잡한 결과를 숙고하고 그 행동방침들 각각으로부터 다른 사람들에게 발생하는 행복의 양들을 비교하는 습관과 더 긴밀하게 결합될수록, 다른 사정이 같을 경우 이러한 충동에 의해서 대체로 더 많은 좋음이 생길 것이라는 점을 인정해야 한다. 이러한 계산 및 비교의 습관과 친절한 충동의 자생적 열정 사이에 자연적 양립불가능성이 있다고 보이는 한에서, 상식은 어느 쪽을 선호해야 할지 다소 어리둥절해하고, 이러한 양립불가능성을 초월하고 둘 모두를 포함하는 이상으로 도피한다.

구에게 느끼는 애정의 예로 넘어가면, 그것이 도덕적 탁월성으로 간주되어야 하는지, 그리고 그러한 것으로서 함양되어야 하는지를 판정하기는 더욱 어려워진다.

혼동을 피하기 위하여, 우선 사랑은 사랑하는 대상에게 항상 선행을 하려는 욕망을 포함하지만 단지 그러한 욕망은 아니라는 점을 주목해야 한다. 그것은 기본적으로 다른 사람과의 결합과 연관된 어떤 감각에 의존하는 것으로 보이는 유쾌한 정서이고, 그것은 자비로운 충동 외에도 사랑하는 사람과의 교제에 대한 욕망을 포함한다. 이러한 요소가 전자를 압도할 수 있고 심지어 그것과 충돌할 수 있으며, 그래서 사랑하는 사람의 진정한 이익이 희생될 수도 있다. 우리는 이러한 경우의 애정을 이기적이라고 말하고 그것을 칭찬하기보다 비난한다. 그런데 어떤 개인에 대한 강렬한 사랑을 단지 자비로운 충동이라고 간주할 경우, 그러한 사랑 자체가 도덕적 탁월성인가 하고 묻는다면, 상식으로부터 아주 확실한 대답을 끌어내는 것은 어려운 일이다. 나는 상식의 대답이 대체로 부정적일 것이라고 생각한다. 분명 우리는 일반적으로 확연히 '이타적인' 성질의 행위와 범위가 아무리 제한적일지라도 강렬한 형태의 사랑을 칭찬하는 경향을 보인다. 그러나 그렇게 개별화된 자비로운 정서에 대한 감수성이 여타 도덕적 탁월성처럼 우리가 실현하려고 노력하고 함양해야 하는 도덕적 완전성의 본질적 요소로 간주되는 것처럼 보이지 않는다. 사실 우리는 그러한 노력이 이 경우에, 적어도 일반적으로 인정된 의무의 실행을 위하여 그 애정을 필요로 한다고 생각되는 지점을 넘어서까지, 바람직한가에 대해서는 의문을 품는 것처럼 보인다. 또한 우리는―일반적으로 말해서 각 사람은 소수의 사람들에게만 강력한 애정을 느끼기 때문에―다른 사람들의 복리를 직접적으로 증진하려는 노력에서 그가 대체로 그렇게 한정된 애정의 자극만을 따른다는 것을 자연적이고 바람직하다고 여긴다. 그러나 우리는 그가 특별한 개인들에게 자신이 행해야 할 것보다 더 많은 봉사를 행해야 하고, 그렇게 행하는 것이 표출할 만한 애정이 없는 경우에도 간절하고 충만한 애정의 자연적 표출이라고 충고하려고 하지는 않는다. 앞서 말한 것처럼, 어떤 친밀한 관계에서는 의무의 한계를 아주 정확히 측정하는 것을 찬성하지 않더라도 말이다.

대체로 나의 결론은―한편 우리는 열성적인 자비심과 애국심을 칭찬하고 존경하며, 무의식적이고 아낌없는 보은과 우정과 가족애에 감동하고 매혹되지만―봉사와 친절한 행위의 베풂을 도덕적 책무로 간주할 경우, 현재의 항목에서 윤리학자로서 우리의 주된 관심사는 봉사와 친절한 행위를 베풂에 대한 올바른 규칙을 확인하는 것이다. 왜냐하면 어떤 사람이 이러한 의무들을 수행할 경우(그리고 일반적으로 인정된 여타 도덕규칙들을 준수할 경우), 상식은 그가 박애나 사적 애정의 요청을 들어주기 위하여 다른 고귀하고 가치 있는 목표를―예컨대 지식이나 예술의 함양을―희생하는 것이 얼마만큼 옳거나 좋은지를 말해줄 수 없기 때문이다. 그러한 대안들 사이의 선택을 위하여 일반적으로 받아들여지는 '직관주의적' 원칙은 없는 것처럼 보인다.[8]

§3. 우리가 같은 인간에게 다해야 할 의무들은 무엇인가?―그것들이 자비심보다 당연히 정의라는 항목에 속한다고 보이지 않는 한에서 말이다. 단순히 그 의무들을 나열하는 일은 어쩌면 어렵지 않다. 우리 각자는 부모와 배우자와 자녀에게, 정도는 덜하지만 여타 혈족에게, 우리에게 봉사를 제공한 사람이나 친교를 허락할 수 있고 친구라고 부를 수 있는 사람에게, 다른 사람보다 이웃이나 같은 나라 사람에게, 어쩌면 흑인종이나 황인종보다 같은 인종의 사람에게, 일반적으로 우리 자신과의 친근함에 비례하여 인류 전체에게 친절함을 보여야 한다는 주장에 우리는 모두 동의할 수 있다. 그리고 우리는 필요할 경우에는 하나의 통일된 전체로서 우리의 나라에 가장 큰 희생을 치러야 한다고 믿는다(그러나 낮은 단계의 문명에서는 이러한 채무를 왕이나 지배자에게 치러야 한다고 생각한다). 다소 제한적이고 정도는 덜하지만, 우리가 속한 단체에 대해서도 유사한 책무가 인정된다. 우리는 우리와 관계를 맺을 수 있는 모든 사람에게 우리가 불편 없이 제공할 수 있는 가벼운 봉사를 제공

---

8) 이 물음은 제3권의 마지막 장(14장)에서 더 깊이 논의될 것이다.

할 의무가 있다고 생각된다. 그러나 고통을 당하고 있거나 도움이 절실한 사람들은 우리에게 특별한 친절을 요구할 수도 있다. 이것은 일반적으로 인정된 요구다. 그러나 그 요구의 정도나 상대적 책무를 확정하려고 시도할 때, 우리는 상당한 난관과 의견차를 발견한다. 이러한 요구와 관련하여 현재 우리에게 존재하는 관습과 공통 견해를 다른 시대와 나라의 그것들과 비교하면, 의견차는 무한히 커진다. 예컨대 이전 시대의 사회에서는 대접 관계에 특별한 신성함이 부여되었고 이로부터 나오는 요구들을 특별히 엄중하게 생각했다. 그러나 문명의 진보와 함께 접대는 필수가 아니라 사치로 변하면서 이러한 생각은 변했다. 우리는 어떤 사람에게 함께 저녁 식사를 하자고 말했다는 이유로 그에게 많은 것을 빚지고 있다고 생각하지 않는다. 혹은 그러한 변화가 어쩌면 실제로 진행되고 있는 사례를―유산과 관련된 친족의 요구―들 수도 있다. 이제 우리는 일반적으로 한 사람이 자기 재산을 보통 자기 자녀에게 남겨주어야 한다고 생각한다. 그러나 그에게 자녀가 없을 경우, 그의 형제나 자매 중 누군가가 가난하여 동정심이 혈족의 순간적 요청과 뒤섞이고 그 요청을 높여준다고 보이지 않는 한, 우리는 그가 자기 유산을 자기 좋을 대로 처분할 수 있다고 생각한다. 그러나 그리 멀지 않은 과거에는 자녀가 없는 사람은 자기 돈을 방계 친족에게 남길 도덕적 의무가 있다고 생각되었다. 자연스럽게 멀지 않은 미래에는 자녀에 대한 이와 유사한 책무가―그들이 가난하거나 교육을 마치지 못한 경우를 제외하고는—사람들의 마음에서 사라질 수도 있다고 짐작된다. 이와 유사한 변화는 부모에 대한 자녀의 일반적으로 인정된 의무에서도 발견될 수 있다.

그러나 이러한 관습의 변화는 의무의 정의에 장애물이 아니라고 주장할 수도 있다. 왜냐하면 관습과 법은 시시각각 변할 수 있지만, 우리는 법과 마찬가지로 사회의 관습은 그것이 인정받는 동안에는 따라야 하는 것이라고 규정할 수 있기 때문이다. 분명 기정의 관습을 따르는 것은 일반적으로 편리하다. 그럼에도 숙고해 보면 우리는 그것을 절대적 의무로 규정할 수 없다는 것을 알게 된다. 왜냐하면 관습의 경우와 법의 경우는 유사하지 않기 때문이다. 모든 진보하는 공동체에는 나쁘다고 밝혀진 법을 폐지하는 규칙적이고 일정한 방법이 있다. 그러나 관습은 그렇게 공식적으로 폐지될 수 없고, 그것은 오직 개인들이 따르기를 거부함으로써만 제거된다. 흔히 고대의 낯선 공동체들의 관습이 그렇다고 판단되듯이, 어떤 관습이 성가시고 유해하다면, 때로는 그것을 제거하는 것이 분명 옳을 것이다. 만약 우리가 일반적으로는 관습을 따라야 하지만 그것이 일정한 정도의 불편함을 가져올 경우에는 따르지 않을 수 있다고 말한다면, 우리의 방법은 결국 공리주의로 환원되는 것처럼 보인다. 왜냐하면 어떤 원칙에 기초하여 일반적인 책무를 정해놓고 그 책무의 한계와 예외를 다른 원칙에 기초하여 정하는 것은 합당하지 않기 때문이다. 위에서 열거한 의무들이 독립적이고 자명한 원칙들이라고 말할 수 있다면, 각 의무의 한계는 그 원칙을 밝히는 직관에서 함축적으로 제시되어야 한다.

§4. 우리가 그러한 원칙들을 얼마만큼 가지고 있는가를 알아보기 위하여, 이 의무들과 관련하여 상식이 긍정하는 것처럼 보이는 바를 더 상세히 살펴보자.

그 의무들은 다음 네 가지 항목으로 분류되는 듯하다. (1) 예컨대 혈연, 그리고 대개의 경우 시민권이나 이웃관계처럼, 자발적으로 선택한 것은 아니지만 비교적 영구적인 관계에서 발생하는 의무. (2) 예컨대 교우관계처럼 자발적으로 맺어진 위와 유사한 관계에서 발생하는 의무. (3) 내가 받은 특별한 봉사에서 발생하는 의무 혹은 보은의 의무. (4) 특별한 필요에서 기인하는 것처럼 보이는 의무 혹은 동정의 의무. 나는 이러한 분류가 논의에 편리할 것이라고 생각한다. 그러나 그것이 교차되는 구분들을 분명하고 완벽하게 회피한다고 주장할 수는 없다. 예컨대 보은의 의무는 흔히 자녀가 부모에게 지는 의무에 대한 **이론적 근거**를 제공하는 것으로 요청되기 때문이다. 그러나 우리는 여기서 이 종류의 의무준칙의 결정에서 중대한 의견불일치 및 난제와 마주친다. 자녀는 일반적으로 부모에게 존경과 친절을 다해야 하고, 노쇠하거나 어떤 특별한 필요가 있을 경우에는 도움을 드려야 할 의무를 진다는 것에 동의할 것이다. 그러나 그 관계에서 이러한 의무를 얼마만큼 수행하는 것이 적절한지, 혹은 부모가 유년기에 제공한 봉사에 대해서는 얼마만큼 수행하는 것이 적절한지, 그리고 가혹하거나 소홀한 부모에게는 얼마만큼 수행하는 것이 적절한지에 대한 상식의 주장은 확실하지 않은 것처럼 보인다. 이 경우에서나 다른 경우에서나 아마 대다수 사람들은 단지 가까운 혈통이라는 사실이 어떤 요구권리를 성립한다고 말할 것이다. 그러나 그들은 그 요구권리의 정확한 효력에 대해서는 의견일치가 어렵다는 것을 깨달을 것이다.[9]

이와 별개로 자신의 의무를 다한 부모에게 자녀가 갚아야 하는 것은 무엇인가에 대해서도 큰 의견차가 있는 듯하다. 예컨대 더 이상 부모의 보호 아래 있지 않거나 생활비를 의존하지 않는 자녀는 부모에게 얼마만큼 복종하는 것이 마땅한가—(예컨대) 아들이나 딸은 결혼이나 직업선택에서 부모의 바람에 반항하지 않아야 하는가? 실제로 유언에 의하여 자녀를 유복하게 만들 수 있는 사람들의 경우, 부모의 통제가 더 강하다는 사실을 발견한다. 그럼에도 자식의 의무에 대한 이상을 결정하면서, 이러한 사실을 고려할 수는 없다. 왜냐하면 자녀는 무엇이든 절대적으로 이 의무를 다해야 한다고 생각되고, 미래의 수혜에 대하여 보상으로 그것을 행하는

---

9) 자녀는 그 존재의 창조자에게 보은의 의무를 가진다고 말할 수 있다. 그러나 삶을 행복하게 만들기 위한 여건 제공과 별개로 삶 자체만은 모호한 가치를 가진 은혜이고, 그것이 수혜자에 대한 존중에서 주어진 것이 아닐 경우에는 보은의 마음을 자아낼 수 없는 은혜이다.

것이 아니기 때문이다. 의무 위반에 대하여 벌을 주려는 경우를 제외하고, 많은 사람들은 부모가 자녀의 상속권을 박탈할 도덕적 권리는 없다고 주장할 것이다.

이 주장은 다음에 고찰할 것, 즉 자녀에 대한 부모의 의무로 이어진다. 우리는 이 의무도 다른 항목, 즉 특별한 필요로부터 발생하는 의무라는 항목으로 분류할 수 있다. 왜냐하면 어린이는 분명 그들의 무력함 때문에 그들의 부모 외에도 다른 사람들에게 자연히 동정의 대상이기 때문이다. 그러나 그 다른 사람들에게 그들은 마땅한 형벌의 방편이 아니라면 다른 인간에게 직접적으로나 간접적으로나 고통이나 해악을 가하지 말라는 보편적으로 인정된 의무에서 발생하는 다른 종류의 요구권리를 가진다. 왜냐하면 자녀를 무력한 상태로 만드는 부모는 방치될 경우 그들에게 닥칠 고통과 죽음의 간접적 원인일 것이기 때문이다. 그럼에도 상식에 의하여 인정된 것처럼, 이것은 부모의 의무에 대한 충분한 설명으로 보이지 않는다. 왜냐하면 스스로 일하여 먹고살 수 있을 때까지 자녀가 먹고 배우는 데 충분한 여건을 제공할지라도, 우리는 흔히 자기 자녀의 보살핌을 다른 사람에게 완전히 내맡기는 부모를 비난하기 때문이다. 우리는 부모가 자녀에게 애정뿐만 아니라 (이것을 의무라고 말할 수 있다면) 그 애정에서 자연스럽게 나오는 상냥하고 세심한 보살핌, 그리고 최소한의 음식과 의복과 교육보다는 좀 더 많은 것을 주어야 한다고 생각한다. 그럼에도 부모가 이 최소한을 넘어서 얼마나 더 많은 것을 주어야 하는지는 분명하지 않아 보인다. 대략 그가 자신의 힘이 닿는 모든 수단을 동원하여 자녀의 행복을 증진해야 한다고 말하는 것은 쉽다. 분명 좋은 부모는 자녀의 행복 속에서 자신의 행복을 발견하는 것이 자연스러운 일이다. 우리는 자녀의 행복보다 확실하게 자신의 행복을 택하는 부모를 비난하는 경향을 가진다. 그럼에도 부모가 자신의 행복을 크게 희생하여 자녀의 작은 행복을 증진해야 한다는 것은 부당하게 보인다. 게다가 이것과 경합할 수 있는 (실로 경합하는) 다른 훌륭하고 고상한 목적들이 있다. 현실적 사례를 들어보자. 어떤 부모가 자녀에게 조금 더 많은 부를 남겨주려고 다른 누구도 할 수 없거나 하지 않을 어떤 중요하고 가치 있는 일을 포기하게 된다. 또 어떤 부모는 발명품을 완성하거나 과학연구를 수행하려고 자녀를 굶어죽을 지경으로 만든다. 우리는 양쪽 모두를 극단적이라고 비난할 것이다. 그러나 정확한 중용을 결정하기 위한 어떤 명백하고 일반에게 인정된 원칙을 말할 수 있을까?

또한 우리가 본 것처럼 어떤 사람은 자녀가 불효하지 않은 한에는 부모가 자녀에게 유산을 남기지 않을 권리가 없다고 생각한다. 심지어 어떤 국가에서는 이것이 법으로 금지되어 있다. 그러나 다른 사람은 부모의 재산을 자녀가 요구할 권리가 없다고 주장한다. 다만 자녀가 재산을 상속받는다는 암묵적 합의가 있는 경우나, 그 자녀가 상속받을 재산 없이는 힘들고 고통스러울 생활습관과 사회관계 속에서 길러진 경우가 아니라면 말이다.

모든 촌수의 친족을 일일이 살펴보는 일은 지루할 것이다. 왜냐하면 친족 서로 간의 의무에 대한 우리의 개념은 혈연관계가 멀어질수록 더 희미해진다는 것이 분명하기 때문이다. 한 부모 아래서 함께 자란 자녀들 사이에는 일반적으로 다소 강렬하고 자연적인 애정이 생긴다. 그래서 우리는 자기 형제자매에게 혐오감이나 도덕적 경멸감을 가지고 아무런 애정도 느끼지 않는 사람을 다소 매정하다고 생각한다. 어떤 경우든 자기 형제자매에게는 애정으로부터 자연스럽게 나오는 봉사와 친절한 행위를 행해야 하지만, 그 정도는 매우 확실치 않다고 생각한다. 그리고 좋은 성향을 가진 사람에게서는 먼 친족에 대해서도 친절한 감정의 흐름이 혈족관계의 표현을 동반할 것이라고 생각한다. 그럼에도 어떤 사람은 실로 더 가까운 상속인이 없을 경우에는 사촌이 그 사람의 유산을 요구할, 또한 필요한 경우에는 도움을 요구할 도덕적 권리를 가진다고 생각한다. 그러나 다른 조건이 같다면 사촌은 기껏해야 보조금 수혜자로 선택될 권리를 가질 수 있을 뿐이고, 일반적으로 장래가 없는 사촌보다는 장래가 유망한 이방인이 선택되어야 한다고 생각하는 듯하다.

§5. 나는 친족과 더불어 이웃관계를 상호봉사의 요구권리가 발생한다고 생각되는 관계들에 포함시켰다. 아마 누구도 단순한 공

간적 병렬이 그 자체로 의무의 근거라고 말하지 않을 것이다. 공통 인간성의 유대는 단순한 이웃관계에 (협력이나 우정 없이도) 수반하는 접속과 상호교제에 의하여 강화되기 때문에, 이웃들은 자연히 이방인보다 서로 간에 더 많은 공감을 느낀다. 이러한 효과가 발생하지 않는 사람은 다소 비인간적이라고 생각된다. 그래서 이러한 상호공감이 자연적으로 발생하지 않는 거대한 마을에서는 (왜냐하면 어떤 의미로는 모든 마을사람이 이웃들이고, 우리는 다중(多衆) 속의 한 개인과 쉽게 공감할 수 없기 때문이다) 이웃관계의 결합이 느슨하다고 느껴지고, 한 이웃이 가장 가까운 사람으로서 다른 이웃에게 요구하는 바는 그저 한 사람이 또 한 사람에게 요구할 수 있는 정도다. 왜냐하면 어떤 봉사는 평소에는 사소하지만 아주 위급한 경우에는 중대한 것일 수 있고, 어떤 사람이든 다른 사람에게 이러한 봉사를 요구할 권리가 있다고 생각되기 때문이다. 그래서 비교적 사소한 부대상황이 이러한 일반적 요구에 특별한 방향을 줄 수 있고, 그 요구가 다른 사람보다는 특정한 사람에게 요구되는 것이 합당하게 보이도록 만든다. 어떤 촌수의 친족관계든 이러한 효과를 가진 것처럼 보인다(왜냐하면 친족관계의 표현은 화합의 감정과 그로부터 귀결되는 공감을 일으키는 경향을 가지기 때문이다). 같은 지방 출신이라는 사실, 그래서 태생이 같을 미미한 개연성조차도 이러한 효과를 가진 것처럼 보인다. 또 다양한 종류의 유사성들도 이러한 효과를 가진 것처럼 보인다. 한 사람은 자신과 비슷한 사람들과 더 쉽게 공감하고, 그렇기에 곤란에 처했을 때 자연히 같은 나이나 성별이나 지위나 직업을 가진 사람에게 도움을 구한다. 따라서 이웃관계의 의무는 일반적 자비심이나 인간애의 의무의 특수한 응용일 뿐인 것처럼 보인다. 같은 나라 사람들의 요구권리도 같은 성질을 가진다. 즉 그들이 개인들로서 고려된다면 말이다. 왜냐하면 한 사람과 그의 나라 전체 사이의 관계는 다른 성질의 관계이고, 훨씬 더 엄중한 책무를 수반한다고 생각되기 때문이다.

여전히 애국심의 의무는 공식화하기가 어렵다. 왜냐하면 한 나라의 모든 주민에게 도덕적으로 요구되는 법에 대한 전적인 복종은 다른 항목에 속한다고 보기 때문이다. 외국인도 똑같이 이러한 복종의 의무를 가진다. 사람들이 떠맡는 대부분의 사회적 기능들의 경우에서, 애국심은 두드러진 동기도 아니고 필수불가결한 동기도 아니다. 왜냐하면 사람들이 그 기능들을 떠맡은 것은 보수 때문이다. 그 기능들을 떠맡았다면, 정의와 신의로 사람들은 그것들을 적절히 수행할 의무를 가진다. 그러나 정부의 기능들에 대해서는 보수를 지급하지 않는다면, 우리가 생각하기에 그 기능들을 수행하면서 사람들은 애국심을 보여준다. 그들이 사회적 영예라는 보수를 받는다는 말도 그럴듯하지만, 숙고해보면 이 견해는 별로 적합해 보이지 않는다. 왜냐하면 사회적 영예는 명예와 존경의 감정을 표현하려는 것이고, 우리는 이러한 감정을 거래조건의 일부가 아니라 모종의 덕이나 탁월성에 대한 칭찬의 표시로만 제공할 수 있기 때문이다. 그러나 어떤 개인이 그 기능들을 얼마만큼 떠맡을 의무를 갖는지는 그리 분명하지 않다. 그 문제는 일반적으로 편의의 고려에 의하여 결정되는 것처럼 보인다―일반적으로 다소 그러하듯이, 이러한 성질의 의무들이 법률이나 헌법으로 자유 국가의 모든 시민에게 주어지는 경우를 제외한다면 말이다. 이 의무들 가운데 적국(敵國)과 싸울 의무는 여러 나라들에서 두드러진다. 이 기능이 봉급을 받고 자발적으로 택하는 직업일지라도, 그것은 특별한 의미에서 '자기 나라에 대한 봉사'라고 느껴진다. 우리는 그것이 애국심에 의하여 수행되는 것이 적어도 바람직하거나 최선이라고 생각한다. 왜냐하면 사람이 돈을 받고 같은 인간을 학살하는 것은 다소 비열하고 역겨운 일이라고 느껴지기 때문이다. 국가의 존재가 큰 위기를 겪을 때 애국심은 자연히 강화된다. 평소에도 우리는 시민의 일반적 의무를 초월하여 자기 나라에 봉사하는 사람을 칭찬한다. 그러나 한 시민이 어느 순간에든 법률이나 헌법으로 정해진 의무를 초월한 일을 행해야 하는지는 분명하지 않은 것처럼 보인다. 자발적 국적포기(expatriation)[10]에 의하여 그는 자신이

---

10) 1868년 미국 의회에서 통과된 법안에 의하여 "국적이탈의 권리는 모든 사람의 자연적·생득적 권리"로 확인되었다. 나는 이 법안이 사람은 언제든 자기에게 유리하다고 느낄 때 자기 나라를 버릴 도덕적 권리를 가진다는 생각을 얼마만큼 함축하는지 모르겠다―애국심의 요구 외에 다른 어떤 요구도 그를 거기에 묶어두지 않는다면 말이다. 만약 그 법안이 이러한 생각을 함축하려

태어난 공동체에 대한 일체의 도덕적 의무로부터 정당하게 해방될
수 있는가에 대해서도 전반적인 의견일치는 없다.

마지막으로 각 사람이 같은 인간에게 어떤 의무를 갖는지에 대
해서도 아무런 합의가 없어 보인다. 공리주의 학설이란, 우리가 본
것처럼, 이론적으로는 각 사람은 다른 사람의 행복을 자신의 행복
과 동등하게 중요하다고 생각해야 하고, 그리고 실천적으로는 다
른 사람의 행복을 더 잘 실현할 수 있는 한에서 그는 다른 사람의
행복을 자신의 행복보다 덜 중요하다고 생각해야 한다는 학설이
다. 내가 보기에, 이것이 인간의 상식에서 인정되는 일반적 자비
심의 원칙이 아니라고 단호히 말하기는 어렵다. 그러나 우리는 같
은 인간 전체에게 반드시 제공해야 할 봉사에 대하여 낮고 좁은 판
단도 통용되고 있다는 점을 인식해야 한다. 이 낮은 쪽의 견해는
(1)—앞서 주목했던 것처럼—당연한 처벌의 방편인 경우를 제외하
고는 누구도 같은 인간에게 고통이나 해악을 끼치지 않아야 한다
는 소극적 의무를 인정하는 것처럼 보인다. 직접적 추론의 결과로
서, 이러한 의무에 우리가 그들에게 행했을지 모를 어떤 해악에 대
해서든 보상해야 한다는 의무를 추가할 수도 있다.[11] 또한 그 견해

했다면, 내가 생각하기에 그 진술은 중요한 제한조건 없이는 유럽에서 받아
들여지지 않을 것이다. 그러나 나는 이러한 제한조건이 분명하게 추론될 수
있는 일반적으로 인정받은 원칙을 진술할 수 없다.

11)   그 해악이 비자발적인 것이고 우리의 입장에서 통상적 관심에 의하여 방지

는 (2) 기회가 있다면 우리 자신에게 아무런 희생도 요구하지 않거나 적어도 우리가 제공하는 봉사보다 훨씬 덜 무거운 희생을 요구하는 봉사를 그들에게 제공해야 한다는 적극적 의무를 인정하는 것처럼 보인다. 더 나아가 모종의 체계적 노동을 통하여 '사회에 쓸모가 있어야' 한다는 일반적 책무도 희미하게 인정된다. 그래서 대다수 사려 깊은 사람들은 명백한 게으름뱅이 부자들을 다소 비난한다. 이러한 일반적 책무를 넘어서는 다소 불명확한 의무의 한계는 자비심의 덕을 무제한으로 확대한다. 왜냐하면 우리가 명백한 의무를 무시하도록 만들지 않는 한에서 다른 사람에 대한 선행이나 그것을 행하려는 성향에서 지나침은 있을 수 없다고 생각되기 때문이다.

　방금 정의한 자비심 개념은 온화함, 공손함, 예의바름 등의 부차적 규칙들을 포함할 수 있다. 그 규칙들이 일반적 선의의 표현을, 그리고 대화나 사회적 품행에서 다른 사람에게 고통을 일으킬 수 있는 일체의 행위를 자제할 것을 지시하는 한에서 말이다. 그러나 공손함의 중요한 일부, 즉 경의(Reverence)를 받을 만한 사람에게 경의를 표해야 할 의무는 별도로 논하는 편이 좋을 것이다.

___

될 수 없었을 것일 때에는, 우리가 얼마만큼 보상해야 하는지는 분명하지 않다. 그러나 이 문제에 대한 고찰은 다음 장(§5)까지 미뤄두는 편이 편리할 것이다. 왜냐하면 이 부문의 의무 전체는 일반적으로 정의라는 항목에 놓이기 때문이다.

경의란 다른 사람의 우월성 혹은 가치의 인정에 동반하는 감정이라고 정의될 수 있다. 흔히 어느 정도의 사랑을 동반하지만, 그것이 반드시 그 자체로 자비로운 애정은 아닌 것으로 보인다. 그러나 그것의 윤리적 특징은 자비로운 애정의 그것과 유사한 것으로 보인다. 그것이 의지의 직접적 지배를 받는 감정은 아니지만, 우리는 일정한 상황에서 그것을 기대하고, 그것의 부재를 도덕적으로 싫어하고, 그 감정 자체가 없을지라도 어쩌면 일반적으로 그것을 표현하는 것이 때로는 의무라고 생각한다.

그런데 이 후자의 의무에 대해서는 의견차가 큰 듯하다. 왜냐하면 그 감정은 모든 종류의 우월성에—도덕적 탁월성과 지적 탁월성만이 아니라 신분과 지위의 우월성에—의하여 자연스럽게 발생하는 것처럼 보이기 때문이다. 실제로 사람들이 일상적 행동에서 더욱 규칙적이고 공식적으로 경의를 표하는 것은 후자의 우월성이다. 그럼에도 일반적으로 더욱 진실하고 본질적인 전자의 우월성에 대하여 경의를 표하는 것이 더 마땅하다고 말한다. 많은 사람들은 높은 신분과 지위를 가진 사람에게 경의를 표하는 것은 비굴하고 불명예스럽다고 생각한다. 심지어 어떤 사람은 관직의 상하관계에서 마땅히 표해야 할 것은 법적으로 규정된 복종뿐이라고 말하면서, 대다수 나라에서 관직의 상사가 부하에게 요구하는 존경의 표시를 혐오한다.

충성심을 얼마만큼 함양하는 것이 의무인가를 숙고할 때, 다소 유사한 종류의 더 심각한 문제가 발생한다. 충성이라는—다양한 의미로 사용되는—용어는 마음씨 착한 하인이나 관직의 부하가 좋은 주인이나 관직의 상사에게 평소에 느끼는 애정을 의미한다. 한편 이러한 관계에 해당하는 복종의 의무는 가족관계의 의무에 못지않은 애정이 그 동기로 관여할 경우 더욱 잘 수행되리라고 생각된다. 그러나 전자의 경우에는 개인적 애정이 없더라도—법에 대한 자발적 복종과 계약의 자발적 이행처럼—순종과 신의의 습관만으로도 대체로 충분하리라는 견해가 지지할 만한 견해인 듯하다. 다른 한편 명령을 내릴 법적 혹은 계약상의 권한을 넘어서까지 상사에게 복종하는 성향은 상사의 마음씨가 나쁜 경우에는 자칫 유해한 결과를 초래할 수 있다. 현명하고 선한 상사에게는 부하들이 이러한 권한을 넘어서까지 복종하는 성향을 가지는 편이 실로 유익하다. 따라서 상사의 선함과 지혜에 대한 직감에서 자발적으로 발생하는 정도를 넘어서까지 이러한 복종의 성향을 함양하는 것이 의무일 수 있는지는 분명하지 않다. 내가 생각하기에, 이 문제와 관련하여 의무의 결정적 선언은 상식으로부터 도출될 수 없다.

§6. 다음으로 자발적으로 떠맡은 관계에서 발생하는 애정의 의무를 고찰해야 한다. 이 관계들 중 가장 중요한 것은 부부관계이다. 여기서 우리는 이 관계를 맺는 것이 인간 일반의 의무인가 하는 물음으로부터 시작할 수 있다. 분명 그렇게 하는 것이 통상적

인 일이고, 대다수 사람들은 강한 욕망에 의하여 그렇게 하려는 자극을 받는다. 그러나 그것이 상식에 의하여 의무로 규정된다고 말할 수 있다면, 그것은 하나의 독립적 의무가 아니라 타산과 자비심이라는 일반적 준칙들에서 파생된, 그리고 그 준칙들에 종속된 의무로 보인다.[12] 현대의 모든 문명화된 사회에서 법과 관습은 부부의 결합을 완전히 선택적인 것으로 남겨둔다. 그러나 그 결합을 맺을 수 있는 조건과 어느 정도는 그 결합에서 발생하는 서로에 대한 의무와 권리는 세심하게 법으로 정해진다. 다른 부문보다 이 부문의 법은 독립적 도덕원칙에 의하여 결정되어야 하고, 도덕이 규정하는 종류의 관계를 말하자면 외부장벽으로 보호해야 한다는 것이 일반적인 생각이다. 그 원칙들이 무엇이냐고 묻는다면, 상식이—현대 유럽의 공동체에서—제시하는 답은, 결혼은 (1) 반드시 일부일처여야 하고, (2) 적어도 영구적이라고 생각되어야 하고, (3) 일정 촌수의 친족관계 안에서는 불가한 것으로 보인다. 그러나 내가 생각하기에, 숙고해보면 이 명제들 중 어느 것도 자명하다고 주장될 수 없다. 우리는 근친상간에 대해서조차 선명한 직관보다는

---

12) 내가 이 물음을 제기하는 이유는 '자연'이라는 용어의 일상적 의미에서 '자연에 따르는 삶'이라는 규칙이 정말로 제일원칙으로 채택될 경우에는 부부관계를 맺는 것이 확실히 모든 보통 인간의 의무로 보일 것이기 때문이다. 그러나 바로 이 사례는 그 원칙이 상식에 의하여 받아들여지는 것은 아니라는 점을 보여주는 듯하다. 제1권 4장 §2를 보시오.

강렬한 감정을 가지고 있다고 생각한다. 일반적으로 일부일처 외의 모든 결합을 금지하는 것은 공리주의적 근거에서만 합리적으로 주장될 수 있다고 인정한다.[13] 혼인서약의 영속성과 관련하여, 분명 모든 사람은 충실(fidelity)이 모든 애정관계, 특히 부부처럼 매우 친밀한 관계에서는 칭찬할 만하다는 생각에 동의할 것이다. 그러나 우리는 모든 경우에 사랑의 소실을 막는 것이 어느 정도나 가능한지를 선험적으로 말할 수 없다. 사랑이 끝났을 때에도 부부관계는 유지되어야 한다는 주장은 결코 자명하지 않다. 당사자들이 상호 동의에 의하여 갈라선다면, 그들이 새로운 결합을 맺는 것을 금지해야 한다는 주장도 결코 자명하지 않다. 이러한 의무의 규정이 옳다고 확신한다면, 내가 생각하기에 그 확신은 항상 그 규정이 느슨해질 경우에 발생할 일반적으로 유해한 결과에 대한 고려에서 나온다.

더 나아가 반대편의 해악을 살펴보면서 우리는 이 관계에 도덕적으로 필수불가결한 성질의 감정에 대하여 도덕적인 사람들 가운

---

13) 일부다처를 금지할 도덕적 필요성은 때로는 양성(兩性)의 수적 동등성으로 부터의 직접적 추론으로서 제시된다. 그러나 이 논증은 모든 남자와 여자가 결혼해야 한다는 가정을 요구하는 것 같다. 누구도 명백하게 이 가정을 긍정하지 않을 것이다. 현실적으로 상당수는 미혼인 채로 남는다. 게다가 일부다처가 허용된 나라에서는 공급의 결핍이 남자가 배우자를 찾는 일을 실제로 어렵게 만들었을 것이라고 생각할 이유가 없다.

데서도 적잖은 의견차가 있다는 사실을 알게 된다. 왜냐하면 어떤 사람은 강렬하고 배타적인 애정이 없는 결혼은 법으로 허락되더라도 비열하다고 말하는 반면, 다른 사람은 거기에 서로 간의 기만이 없다면 이 결혼을 단순한 기호나 적어도 타산의 문제로 간주할 것이기 때문이다. 우리는 이 두 견해 사이에 여러 상이한 색조의 의견들을 끼워 넣을 수 있다.

그 관계에서 발생하는 외부적 의무에 대해서도 의견은 일치하지 않는다. 왜냐하면 모든 사람은 부부간의 충실과 (남녀 사이의 관례적 노동 분담에 따라서—이 분담이 상호합의에 의하여 변형될 수 없는 한에는) 상호협조를 주장할 것이기 때문이다. 그러나 이것을 넘어서면 우리는 차이를 발견한다. 왜냐하면 어떤 사람은 "결혼서약은 개인적 만족과 관련된 경우 언제나 각 당사자가 자신의 행복보다 다른 당사자의 행복을 선택하도록 구속한다"고[14] 말하는 반면, 다른 사람은 이 정도로 사욕이 없다는 것은 확실히 칭찬할 만한 일이지만 각자가 다른 사람의 행복을 그 (혹은 그녀) 자신의 행복과 동등하게 고려하는 것만으로도 의무의 내용으로 충분하다고 말할 것이기 때문이다. 아내에게 허용해야 할 권한과 자유, 그리고 남편에 대한 아내의 마땅한 복종에 대해서는, 현재(1874년) 아무런 도덕적 의견

---

14)   프랜시스 웨일랜드(Francis Wayland: 1796-1865), 『도덕과학의 요소(*Elements of Moral Science*)』(1835), 제2권 2부 2강 §2를 참조하시오.

일치가 없다는 점을 증명하기 위해서 공간을 낭비할 필요는 없다.

§7. 부부관계는 근원적으로 자유로운 선택이지만, 그 관계가 일단 맺어지면 그것에서 발생하는 애정의 의무는 일반적으로 친족관계에서 발생하는 의무와 유사하다고 생각된다. 그러므로 부부관계는 친족관계와 사람들이 평등하게 자유롭게 맺고 끊을 수 있는 평범한 교우 · 협력 · 연합관계 사이의 중간에 위치한다. 그런데 사람들이 맺는 대부분의 연합은 명시적 계약이나 암묵적 합의로 정해진 어떤 명확한 목적을 갖는다. 따라서 그것에서 발생하는 의무는 그 계약이나 합의에 대한 충실의 의무일 뿐이고, 이 의무는 나중에 정의와 신의라는 항목에서 살펴볼 것이다. 그러나 엄밀한 의미에서 이것이 교우관계라고 부르는 것에는 해당되지 않는 듯하다.[15] 왜냐하면 우정은 종종 상이한 목적들을 위하여 연합한 사람들 가운데서 발생하지만, 그 관계는 항상 그 자체로 그것의 목적을 가지고, 근본적으로 친구들 서로 간의 애정의 발전과 그 애정에 동반하는 쾌락을 위하여 맺어진 관계라고 생각되기 때문이다. 그럼에도 그러한 애정이 일단 형성되면, 그 관계는 이전에는 존재하지 않았

---

15) 여기서 나는 이 용어를 어떤 도덕적인 사람이 사업을 통해서든 다른 무엇으로든 지속적인 사회적 관계를 맺은 모든 사람에 대하여 느끼길 바라는 상냥한 감정보다 더 강렬한 서로 간의 애정을 의미하는 말로 사용한다.

던 서로 간의 의무를 창출한다고 생각된다. 그래서 우리는 이것이 얼마만큼 사실인지, 그리고 이 의무가 어떤 원칙 위에서 결정될 수 있는지를 물어야 한다.

이제 여기서 상식을 명확하게 밝히려는 시도에서 우리가 이미 발견했던 문제들에 새로운 종류의 문제가 추가된다. 왜냐하면 서로 간의 상냥한 감정과 그것에서 발생하는 봉사는 무의식적이고 강제적이지 않은 것이어야 하는 것처럼, 우리는 그 감정이나 봉사도 의무로 부과해서는 안 된다고 말하는 사람을 발견하기 때문이다. 요컨대 도덕적 수칙이 삶의 이러한 부문에 침투하는 것을 막아야 하고, 이 부문은 자연적 본능의 자유로운 활동에 맡겨야 한다는 것이다. 아마도 모든 사람이 이 학설을 어느 정도 수용할 것이다. 실제로 우리가 가족관계에서도 더욱 깊은 감정의 흐름과 더욱 세련된 표현과 관련하여 그 학설을 받아들인 것처럼 말이다. 왜냐하면 이 감정의 규칙을 정하거나 심지어 (우리는 자연히 강렬하고 진심에서 우러난 애정의 모든 보기 흉하지 않은 표현을 존경하고 칭찬하지만) 모든 사람이 목표로 삼을 만한 탁월성의 이상을 기술하는 것은 현학적이고 무익하다고 보였기 때문이다. 그럼에도 부모와 자식의 관계 등에서—아무리 정의하기 어렵더라도—엄밀한 의무의 중요한 영역이 있고, 교우관계의 경우에도 그러한 영역을 인정하지 않는 것은 상식에 반한다고 생각된다. 왜냐하면 한 친구가 다른 친구에게 그릇된 행동을 했다고 판단하는 일이나, 그 관계에서는 분명히 인지할 수 있는 행위규칙이 있는 것처럼 말하는 일은 우리에게 드물지 않게 일어나기 때문이다.

어쩌면 우리는 친구를 향한 명백히 그른 행위의 경우는 합의 위반의 일반적 공식에 속한다고 말할 수도 있다. 친구들은 드물지 않게 확실한 봉사의 약속을 맺지만, 우리가 이러한 약속을 고려할 필요는 없다. 왜냐하면 그것의 위반은 다른 분명한 도덕규칙에 의하여 금지되는 일이기 때문이다. 더 나아가 모든 사랑은 그 대상의 행복에 대한 욕망을 포함한다[16]고 이해되는 것처럼, 교우관계의 공언은 어떤 사람에게 그 공언에 비례하는 만큼 이러한 행복을 추구할 의무를 부여한다고 생각된다. 그런데 일반적인 자비심은 (앞의 §5를 참조) 적어도 우리는 다른 사람에게 우리가 아무런 희생 없이 제공할 수 있거나 제공될 봉사에 비하여 아주 사소한 희생만으로 제공할 수 있는 봉사를 제공해야 한다고 규정한다. 교우관계의 공언은—비록 그것이 다양한 정도의 애정들을 포함하는 용어로 사용되지만—분명 모든 사람의 행복보다는 한 사람의 친구의 행복에 더 큰 관심을 가짐을 의미하기 때문에, 그것은 기회가 온다면 그 친구를 위하여 다소 상당한 희생을 치르겠다는 의향을 나타내는 것이다. 그러한 희생을 거부한다면, 우리는 자연스럽고 정당한 기

---

16) 이것이 우리가 사랑이라고 부르는 전체적인 정서적 상태의—항상 가장 두드러진 요소도 아닌—한 요소일 뿐이라는 점은 앞서 관찰하였다.

대를 충족하지 못함으로써 잘못을 범하게 된다. 지금까지는 교우관계라는 용어가 함축하는 의미들의 광범위함에서 불가피하게 발생하는 불명확성을 제외하고는 다른 문제의 원천은 없는 듯하다. 그러나 인간본성에서 발생하기 쉬운 감정변화로 말미암아 더 심각한 문제가 생긴다. 첫째, 그러한 변화에 최대한 저항하는 것이 우리의 의무인가. 둘째, 이러한 노력이 실패하여 사랑이 줄어들거나 없어지더라도, 우리는 과거의 애정에 상응하는 봉사를 제공하려는 성향을 유지해야 하는가. 이 사안들에 대해서는 도덕적이고 교양 있는 사람들 사이에서도 의견이 불일치하는 것처럼 보인다. 왜냐하면 한편 교우관계에서의 충실과 애정의 부동성을 칭찬하는 것이 우리에게 자연스러운 일이고, 우리는 흔히 이것을 가장 중요한 성품의 탁월성으로 간주하기 때문이다. 만약 우리가 다른 모든 탁월성만큼 이것을 목표로 삼지 않는다면, 그것은 이상하게 보일 것이다. 왜냐하면 어떤 탁월성도 우리에게 이것보다 더 자연스럽게 모방을 자극하지 않기 때문이다. 그러므로 많은 사람들은 친구가 악행을 범하지 않는 한에는 우리는 한 번 주었던 애정을 물려서는 안 된다고 주장하려 한다. 동시에 어떤 사람은 심지어 친구가 악행을 범한 경우에도 그 범죄가 매우 중대하지 않은 한에는 교우관계를 깨뜨려서는 안 된다고 말할 것이다. 그러나 다른 한편 우리는 계획적 의지의 노력으로 생겨난 애정이 자연발생적 애정을 대체하기에는 불충분하다고 느끼고, 가장 세련된 사람들은 그러한 [전자의] 친절함을 거부할 것이다. 또한 감정변화를 숨기는 것은 불성실하고 위선적이라고 생각한다.

그러나 세련된 사람은 더 이상 자신을 사랑하지 않는 친구로부터의 봉사를 받아들이지 않을 것이다. 극단적 곤경에 처한 경우가 아니라면, 즉 공통의 인간애가 각 사람에게 부여한 이미 강력한 요구권리에 의하여 모종의 유대관계가 활성화되는 경우가 아니라면 말이다. 그러므로 그 곤경이 극단적이지 않은 경우에는, 아마 어떤 경우든 그러한 봉사를 제공하는 것이 의무일 수 없다. 그러나 이 추론은 그다지 분명하지 않다. 왜냐하면 애정관계에서 우리는 흔히 한쪽 당사자가 봉사를 제공하는 것에 대해서는 칭찬하면서도 다른 쪽 당사자가 그것을 받아들이는 것에 대해서는 비판하는 경우가 있기 때문이다. 그러나 이러한 종류의 민감한 물음은 엄밀한 의미의 도덕보다는 좋은 취미나 세련된 감정의 표준에 속한다고 보는 편이 더 자연스럽다. 아니면 다른 탁월성들처럼 좋은 취미와 세련된 감정을 함양할 일반적 의무가 있는 경우에만, 그 물음은 도덕의 영역에 포함되는 것으로 보인다.

그렇다면 우리는 교우관계의 도덕적 책무의 결정에서 주된 문제는 (1) 그 관계가 포함하는 암묵적 합의의 불명확성과 (2) 어느 정도까지의 충실이 적극적 의무인가 하는 물음에 대하여 우리가 발견한 의견불일치에서 발생한다고 말할 수 있다. 후자의 문제는 특히 아직 결혼하지 않고 그것을 준비하는 다른 성별의 사람들 사이의

484

친교와 관련하여 두드러진다는 사실을 관찰할 수 있다.

§8. 이제 세 번째 항목인 보은으로 넘어간다. 부모에 대한 자녀의 책무는 때로는 이 항목에 기초한다는 점을 이미 관찰하였다. 다른 애정관계들에서, 보은은 흔히 그 관계 자체에서 발생한다고 생각되는 요구권리들과 융합되고 그것들을 크게 강화한다. 그러나 앞서 논의했던 의무들 중 어느 것도 온전히 보은에 속할 수 있는 것은 없어 보인다. 당연한 보은의 경우, 그 책무는 특히 분명하고 단순하다. 실로 은혜를 갚을 의무는 도덕의 힘이 미치는 어디에서든 인정되는 것처럼 생각된다. 직관주의자는 이러한 인정을 진정 보편적인 직관의 한 예로서 옳게 지적한다. 그런데 그 책무의 일반적 영향력은 의심의 여지가 없지만(여기서 다룰 수 없는 광범위하고 추상적인 성질의 것을 제외하면), 그것의 본성과 범위도 똑같이 분명하지는 않다.

우선 봉사를 되갚을 의무만 있는 것인지, 아니면 보은이라고 부르는 특별한 애정을 표해야 하는 것인지를 물을 수 있다. 이 애정은 일반적으로 상냥한 감정과 보답을 하려는 열망을 우월성에 대한 모종의 정서적 인정과 결합하는 것처럼 보인다. 왜냐하면 은혜를 베푼 사람이 받는 사람보다 우월한 위치에 있기 때문이다. 한편 어떤 애정이 어떻게든 하나의 의무가 될 수 있다면, 우리는 은혜를 베푼 사람을 향한 상냥한 감정이 의무여야 한다고 생각하는 것처럼 보인다. 그러나 민감한 감수성을 지닌 사람은 열등한 위치에 대한 혐오 때문에 흔히 이러한 감정을 가지기가 특히 어렵다. 또한 우리는 이러한 혐오를 어느 정도 옳은 감정으로 간주하고, 그것을 '독립성' 혹은 '적당한 자존심'이라고 부른다. 그러나 이러한 감정과 보은의 표현은 쉽사리 결합되지 않고, 윤리학자도 그 둘의 적절한 조합을 권하기가 어렵다는 사실을 발견한다. 아마도 애정을 기울여 봉사를 행하는지가 큰 차이를 만들 것이다. 왜냐하면 이러한 경우 애정적 반응이 전혀 없다는 것은 비인간적이라고 여겨지기 때문이다. 반면에 은혜를 냉랭하게 베푼다면, 은혜를 갚아야 한다는 책무와 그렇게 하려는 일정한 성향의 인정만으로도 충분할 것이다. '독립성'만으로도 책무의 부담에서 벗어나기 위하여 어떤 사람이 은혜를 갚도록 유도할 수 있다. 그러나 이것이 유일한 동기일 경우, 어쨌든 우리가 이것에 도덕적으로 만족할지는 의문스러워 보인다.

어떤 사람이 보답으로서 자신이 받은 것보다 더 많은 것을 주길 원하는 것은 부분적으로 책무수행에 대한 조급함 때문이다. 그렇게 하지 않으면, 그에게 은혜를 베푼 사람은 솔선수범을 했다는 우월성을 그대로 지니기 때문이다. 더 훌륭한 애정의 동기도 우리를 같은 경향으로 몰아간다. 다른 애정적 봉사에서처럼 여기서도 우리는 의무의 너무 정확한 척도를 좋아하지 않는다. 우리는 과도하지 않은 약간의 초과는 존경하고 칭찬하는 듯하다. 그러나 요구들의 충돌로 정확성이 필요할 경우, 우리가 생각하기에 보은의 의무가 요구하는 바는 아마도 동등한 보답이거나 그러한 보답을 하려는 의향이다. 만약 동등한 보답이 요구되고, 이전 요구들을 무시하지 않고도 우리가 그러한 보답을 할 수 있다면 말이다. 왜냐하면 봉사에 대한 보답이 우리에게 가능하더라도 은혜를 베푼 사람이 충분한 행복의 수단을 가진 것으로 보일 경우, 우리는 봉사에 보답하는 것이 모든 경우에 의무라고 생각하지 않기 때문이다. 그가 보답을 요구하거나 명백히 그것을 필요로 할 경우, 우리는 동등한 보답을 하지 않는 것은 은혜를 모르는 짓이라고 생각한다. 그러나 우리가 '동등한 보답'이라는 개념을 정의하려고 시도할 때, 불명확성과 의견차가 나타난다. 왜냐하면 (같은 종류의 보답을 할 수 없을 경우, 상이한 종류의 봉사들을 비교하는 문제와는 별개로) 은혜를 베푼 사람이 기울인 노력을 고려하느냐 수혜자에게 제공된 봉사를 고려하느냐에 따라서, 동등성은 두 가지 상이한 의미를 가지기 때문이다. 노력이든 봉사든 그것이 대단한 것이라면, 아마도 보은의 마음은 당연히 강하다. 왜냐하면 다른 사람한테서 우리에게 봉사하려는 깊은 열망을 감지하게 되면, 우리한테서도 그 열망에 상응하는 애정적 반응이 일어나는 경향이 있기 때문이다. 대단한 쾌락을 주거나 대단한 고통에서 구해주는 것은, 자발적으로 이렇게 해준 사람의 노력이 아무리 사소한 것일지라도, 자연히 그에게 상응하는 감사의 정서를 일으킨다. 그러므로 보답의 균형을 맞추면서 위의 두 고려사항 중 어느 쪽이 더 높은 견적을 제시하든, 우리는 그 쪽을 택해야 한다고 제안한다. 그러나 이것은 상식과 일치하지 않아 보인다. 왜냐하면 그 은혜가 전혀 받아들일 만한 것이 아닐 수도 있고, 의도는 좋았지만 서투른 봉사의 노력에 대하여 최대한으로 보답할 의무를 우리에게 부과하는 것은 어려운 일이기 때문이다. 비록 우리는 막연하게 이러한 봉사에 대해서도 어느 정도 보답을 해야 한다고 느끼더라도 말이다. 받은 봉사에 대해서는 은혜를 베푼 사람이 바친 희생의 양을 가늠하지 않고 보답해야 한다는 말이 더 그럴듯하다. 그럼에도 극단적인 경우에서는 그 규칙이 타당하지 않은 것처럼 보인다. 예컨대 어떤 빈민이 어떤 부자가 물에 빠진 것을 보고 그를 물에서 끌어낸 경우, 우리는 그 부자가 보답으로서 그가 자신의 목숨을 위하여 기꺼이 바칠 만한 무언가를 그 빈민에게 주어야 한다고 생각하지는 않는다. 만약 그가 자기 생명을 구해준 사람에게 반 크라운만 주었다면, 우리는 그가 인색하다고 생각할 수 있다. 그러나 그것이 수고비 명목으로는 후한 보답일지도 모른다. 그 둘 사이의 무언가가 우리의 도덕적 취미에 일치한 듯이 보인다. 그러나 나는 그 액수를 결정할 분명하고 일반적으로 인정된 원칙을 찾지는 못했다.

마지막으로 살펴볼 요구권리는 특별한 필요에 대한 요구권리다. 일반적 자비심이나 공통적 인간애의 책무에 대한 탐구에서 이 요구권리는 이미 충분히 정해졌다. 왜냐하면 우리는 제공된 봉사에 비하여 작은 희생이나 노력으로 제공될 수 있는 봉사를 모든 사람에게 제공할 의무를 가지고 있다고 말했기 때문이다. 그러므로 다른 사람의 필요가 긴급하게 보이는 정도에 비례하여, 우리는 남아도는 재산으로 그를 구제해야 한다는 의무를 인정한다. 그러나 내가 생각하기에 이 의무는 별도로 다뤄지는 편이 옳다고 생각한다. 왜냐하면 우리는 흔히 불쌍히 여김이나 동정심이라는 특수한 정서에 의하여 이 의무를 수행하게 되기 때문이다. 여기서 이러한—도와주는 것이 옳다고 판단될 때마다 필요한 순간에 신속한 도움과 구조를 제공하는 실천적 습관과는 다른 것으로서—정서를 함양하고 고무하는 것이 얼마나 좋은 일인지도 의문스럽게 보인다. 한편 정서적 충동은 행위자에게 빈곤을 덜어주는 행동을 더 쉽고 품위 있고 유쾌하게 만들어주는 경향이 있다. 다른 한편 잘못된 동정은—잘못된 보은처럼—우리를 타락시킬 수 있다고 일반적으로 인식된다. 왜냐하면 그것은 사회질서의 유지에 필요한 형벌의 부과나 경제적 복리에 필요한 근면과 검소의 동기의 작용을 위험할 정도로 저해할 수 있기 때문이다.

그리고—마지막에 언급한 위험에 대비하기 위하여—빈곤을 덜어줄 외부적 의무를 정의하려고 시도할 때, 우리는 단순한 탁상공론의 문제가 아니라 오늘날 대다수의 도덕적인 사람들에게 심각한 실천적 혼란을 주는 문제와 직면했다는 사실을 발견한다. 왜냐하면 많은 사람들은 우리 주변에 존재하는 불행과 빈곤이 돈으로 제거될 수 있다면 그것을 제거할 때까지 여분의 모든 즐거움을 억제하는 것이 우리의 의무가 아닌가를 묻기 때문이다. 이 물음의 답을 찾으면서, 우리의 상식은 필시 공동체의 모든 가난한 구성원에게 충분한 소득을 제공하려는—과세와 공공지출에 의하여 혹은 사인들의 자발적인 증여에 의하여—시도의 경제적 결과를 고려하는 것으로 보인다. 그리하여 상식은 점차 이러한 종류의 문제를 다루는 직관주의적 방법을 공리주의적 방법과 많이 유사한 다른 절차로 대체하게 된다.[17]

결론적으로 우리는 이러한 의무의 부문에서 서슴없이 상식에 의하여 정해진 광범위하고도 다소 불명확한 여러 규칙들을 발견하는 동시에, 설령 받아들여지더라도 그 규칙들로부터 모든 경우에 그 의무의 범위를 결정할 수 있는 분명하고 정확한 원칙을 도출하기가 어렵거나 불가능하다는 사실을 인정해야 한다. 그럼에도 우리가 본 것처럼 이론적 완성뿐만 아니라 실천의 완전성을 위하여 선의가 자극하는 봉사의 분배를 위한 특수한 원칙들이 요구된다고 생각한다. 우리가 고찰하는 의무들이 서로 명백히 충돌하고 도덕률의 다른 지시들과 명백히 충돌할 수 있다면 말이다.

어쩌면 이에 대한 응답으로서, 의무의 결정에서 정확성을 구하고 있었다면 우리는 부적당한 개념의 검토에서 시작했다고 주장할

---

17)　제4권 3장 §3을 보시오.

수도 있다. 요컨대 자비심이 아니라 정의를 검토했어야 한다는 주장이다. 단지 자연적 애정이 사람들에게 자극하는 의무의 일반적 개념을 고찰해서는, 우리는 때로는 실천적으로 요구되는 만큼의 정확성을 발견할 수 없다고 인정할 수 있다. 그럼에도 우리는 어쨌든 정의라는 항목에서 그러한 정확성이 충분히 제공될 수 있다고 주장할 수 있다. 나는 다음 장에서 이 주장을 검토할 것이다.

〈주해〉 이 장과 다음 여섯 장들에서 진행될 논의 전체에 걸쳐서 우선적으로 규명하려는 것은 진정한 도덕이 아니라 상식도덕이라는 점을 염두에 두어야 한다. 그래서 어떤 도덕명제가 모순적이라고 인정한다면, 이러한 인정은—필연적으로 거짓이기 때문이 아니라 상식의 주장이 아니기 때문에—그 명제를 배제한다.

5장
정의

§1. 직관적으로 인정하는 대로 의무의 윤곽을 그리면서, 우리는 일반적인 용어들에 명확하고 정확한 의미를 부여해야 한다는 사실을 깨달았다. 이러한 정의과정은 항상 상당한 숙고와 주의를 요구하고, 때로는 상당히 힘든 과정이다. 그러나 정의(正義)를 정의하려고 시도할 때가 가장 어렵고 그 결과도 가장 의문스럽다.

그러한 정의를 시도하기 전에, 우리가 해야 할 일이 무엇인가를 독자에게 상기시켜주는 편이 좋을 것이다. 정의 개념의 유래를 탐구할 필요는 없다. 왜냐하면 우리는 지금 윤리적 사고의 역사가 아니라 현재상태를 연구하는 것이기 때문이다. 게다가 우리는 그 용어의 일반적 용법의 모든 부분에 대응하는 정의를 제공한다고 주장할 수도 없다. 왜냐하면 많은 사람들은 분명 널리 통용되는 도덕

적 개념을 모호하거나 느슨하게 사용하기 때문이다. 그런데 직관
주의적 방법[1]의 가정은 다음과 같다. '정의'는 사람들의 행위와 사
회관계에서 실현해야 할 궁극적으로 바람직한 성질을 의미한다.
그리고 모든 유능한 판사조차 그 용어로 아마도 함축적이고 모호
하게 의미했던 바를 분명하고 명확한 형태로 나타내준다고 인정될
만한 정의가 그 용어에 주어질 수 있다. 이러한 정의를 구하면서,
우리는 일반적 용법의 비유컨대 울퉁불퉁한 가장자리를 깎고 다듬
을 순 있지만 그것의 중요한 부분을 잘라내선 안 된다.[2]

아마 우리의 정의 개념을 숙고할 때 주의를 끄는 첫 번째 논점
은 그것과 법의 관계다. 정의로운 행위는 대체로 법에 의하여 정해
지고, 어떤 적용에서는 두 용어가 필시 교환가능하다. 그래서 우리

---

1) 정의라는 독립된 원칙이 공리주의적 방법에 대하여 얼마만큼 필요한지는 앞으
로 고찰될 것이다(제4권 1장).

2) 우리말의 정의(Justice)에 대응하는 디카오시네(Δικαιοσύνη)를 설명하면서,
아리스토텔레스는 그 낱말이 두 의미를 갖는다는 점을 알아챈다. 넓은 의미에
서 그것은 어떤 의미로는 모든 덕을, 혹은 어쨌든 덕 전체의 사회적 측면이나
양상을 포함한다. '정의'라는 낱말은 영어에서는 (신약(新約)에 사용된 그리스
어 낱말의 영향으로 인하여 때때로 종교적 저술에서 사용된 경우를 제외하면)
이렇게 포괄적 방식으로 사용되지 않는 듯하다. 비록 '정당화하다'라는 동사는
이렇게 넓은 의미를 지닌 듯이 보이지만 말이다. 왜냐하면 내가 어떤 사람이
이러저러하게 행동함에 있어서 "정당화된다"고 말할 때, 나는 단지 이러한 행
위가 그에게는 옳다는 것을 의미할 뿐이기 때문이다. 현재의 논의에서는 어쨌
든 나는 이 용어의 더 정밀한 의미에 집중할 것이다.

는 '법정(Law Courts)'과 '재판소(Courts of Justice)'를 아무 구별 없이 사용하고, 한 일반 시민이 정의 혹은 자신의 정당한 권리를 요구할 때 그는 일반적으로 법이 실행될 것을 요구하는 것이다. 그러나 숙고해보면 우리는 정의로 단지 법에 따르는 것만을 의미하지 않는다. 첫째로 우리는 법 위반자 모두를 부정의한 자라고 부르지 않고, 일부 법의 위반자만을 그렇게 부르기 때문이다. 예컨대 결투자나 도박사를 부정의한 자라고 부르지 않는다. 둘째로 우리는 흔히 실정법이 정의를 완전히 실현하지 못한다고 판단한다. 우리의 정의 개념은 우리가 현행법과 비교하여 그 법을 정의롭거나 부정의하다고 단언할 기준을 제공한다. 셋째로 어떤 정의로운 행위는 있어야 하는 법(Law as it ought to be)의 영역 바깥에 있다. 예컨대 우리는 법이 어떤 아버지에게 맡겨둔 (맡겨두어야 할) 문제에서는 그가 자기 자녀에게 정의롭거나 부정의할 수 있다고 생각한다.

우리는 질서 혹은 준법의 덕 혹은 의무라고 부르는 것과 정의를 구별해야 한다. 아마 방금 언급한 차이점을 검토한다면, 우리는 정의의 참된 정의에 도달할 것이다.

우선 어떤 종류의 법의 준수가 일반적으로 정의의 실현이라고 생각되는지 물어보자. 대체로 그것은 특정가능한 개인의 이익을 규정하고 보호하는 법이라고 말할 수 있다. 그러나 이러한 기술은 완전하지 않다. 왜냐하면 정의는 분명 각 위법 행위자에게 적절한 형벌의 할당에 관여하기 때문이다. 비록 어떤 사람이 자신의 형벌의 적절성에 관심을 가지고 있었다고 말할 수는 없지만 말이다. 그러니까 정의를 실현하고 실현해야 하는 법은 개인에게 욕망 대상과 자유와 특권을, 혹은 부담과 구속을, 혹은 고통을 분배하고 할당하는 법이다. 그러나 후자의 것은 [즉 부담과 구속과 고통은] 법에 의하여 다른 법을 위반한 사람에게 할당된다. 모든 법이 형벌에 의하여 집행될 때, 우리는 이러한 정의의 정의에 따른다면 어떻게 법일반의 집행이 정의의 집행이라고 보일 수 있는지 깨닫게 된다. 그 이유는 모든 법이 그것의 일차적 목적에서 근본적으로 분배적이기 때문이 아니라, 법 일반의 집행이 그것을 위반한 사람에게 고통과 손해와 구속을 적절히 할당하기 때문이다. 더 정확히 말해서 우리는 이러한 합법적 분배가 정의를 실현해야 한다고 말할 수 있다. 왜냐하면 우리는 그것이 그렇게 하지 못할 수 있다는 것을 보았기 때문이다. 그러므로 우리는 이번에는 다음과 같이 물어야 한다. 법이 그것의 분배결과에서 정의로우려면 어떤 조건을 충족시켜야 하는가?

여기서 우리는 윤리학과 정치학의 경계를 넘는 것처럼 보일 수 있다. 왜냐하면 윤리학은 기본적으로 개인의 사적 행위를 지배하는 규칙에 관여하기 때문이다. 일반적으로 사인은 자신이 부정의하다고 생각하더라도 합법적 권위에 의하여 제정된 법도 따라야 한다고 생각된다. 이러한 생각은 (예컨대) 혁명 이전의 미국의 도망노예법(Fugitive Slave law)처럼 극히 부정의한 것처럼 보이는 법의 경우에는 의문시된다. 어쨌든 여기서 정치적 논의로 다소 빗나가 보는 것도 바람직해 보인다. 이는 부분적으로 양쪽 영역에서 본질적으로 동일하게 보이는 정의 개념을 설명하기 위해서이고, 부분적으로 개인들이 살고 있는 사회의 법과 확립된 질서가 정의로운지 부정의한지 아는 것이 준법의 범위를 넘어선 사적 행위의 규제에서 그 개인들에게 매우 중대한 실천적 중요성을 가지기 때문이다.

아마 정의로운 법의 가장 당연하고 일반적으로 인정된 특징은 그것이 평등하다(Equal)는 것이다. 적어도 입법의 어떤 부문에서는 평등 개념이 공통적 정의 개념을 완전히 표현하는 것처럼 보인다. 예컨대 어떤 과세체계가 모든 사람에게 정확히 평등한 부담을 부과한다면, 일반적으로 그것은 완벽히 정의로운 체계라고 생각된다.[3] '평등한 부담' 개념을 실천적 적용에 필요한 만큼 정확히 정의

---

3) 내 견해로는 이러한 생각이 개인들이 정부로부터 받은 봉사에 대한 지불과는 구별되는 좁은 의미의 세금에만 적용된다고 말할 것이다. 내가 생각하기에 후자의 경우에서 정의란 개인들이 받은 봉사의 양에 알맞게 비례하는 지불에 놓여 있다. 어떤 사람들은 정부에 대한 모든 지불은 이러한 원칙에 의하여 결정되어야 한다고 주장한다. 내가 보기에 이 견해는 지금 검토할 정치적 질서에 대한 개인주의적 이상과 일치한다. 그러나 내가 다른 곳(『정치경제의 원칙(*Principles of Political Economy*)』(1883), 제3권 8장)에서 보여주려 했던 것처럼, 정부 지출의 한 중요한 부문에는 이 원칙이 적용될 수 없는 것처럼 생각된다.

하기는 다소 어렵지만, 여기서 정의는 일종의 평등으로 환원된다고 말할 수 있다. 그러나 우리는 일반적으로 모든 법이 모든 사람에게 똑같은 영향을 미쳐야 한다고 단언할 수 없다. 왜냐하면 이것은 공동체의 특별한 계층에게 특권과 특별한 부담을 할당하는 법의 여지를 남겨두지 않을 것이기 때문이다. 우리는 그러한 법이 모두 필연적으로 부정의하다고 생각하지 않는다. 예컨대 우리는 일정한 방식으로 임명된 사람만이 입법에 참여할 수 있다는 것, 여자를 제외하고 남자에게는 나라를 위해 싸우도록 강요할 수 있다는 것을 부정의하지 않다고 생각한다. 그러므로 어떤 사람은 정의가 법의 평등을 요구한다는 말의 진짜 의미는 법의 집행이 법에 명시된 계층에 속하는 모든 개인에게 똑같은 영향을 미쳐야 한다는 것이라고 말한다. 분명 이러한 규칙은 매우 현실적인 종류의 부정의를 제거한다. 판사와 행정관은 '사람에 대한 존경'을 표하기 위해서라도 절대 돈이나 다른 방법으로 설득당해서는 안 된다는 것이 최고로 중요하다. 그러나 일반적인 용어로 표현하면, 얼마만큼의 평등이 바로 법 개념에 포함되어 있다. 분명 법은 평등하게 집행되더라도 부정의할 수 있다. 예컨대 모든 빨간 머리 남자에게 엄격히 불편부당하게 적용되더라도, 빨간 머리 남자에게만 군복무를 강요하는 법은 부정하다고 간주할 수 있다. 그래서 우리는 그 법의 집행에서와 마찬가지로 그것의 입법에서 독단적으로 보이고 충분한 이유도 전혀 제시할 수 없으면서 개인의 이익에 영향을 미치는 모든 불평등[4]은 부정의하다고 간주된다는 결론을 내려야 한다. 그러나 우리는 이렇게 물어야 한다. 정의는 어떤 종류의 부정의의 논거들을 인정하는가, 그리고 모든 그러한 논거가 어떤 일반적 원칙(혹은 원칙들)으로부터 연역될 수 있는가?

§2. 법의 영역을 넘어서 사적 행위의 부분에 적용되는 정의 개념을 검토할 경우, 우리는 이 물음에 답하는 것이 더 쉽다고 느낄 것이다. 여기서 다시 정의 개념은 항상 이익이나 불이익이라고 간주되는 무언가의 할당과 연관되어 있다는 점을 관찰할 수 있다. 그것이 돈이든 행복의 여타 물질적 수단이든, 혹은 칭찬이나 애정이나 다른 비물질적 좋음이든, 혹은 어떤 가치 있는 고통이나 손실이든 말이다. 그러므로 나는 정의와 자비심의 항목에서 논의된 의무의 분류와 관련하여 이전 장(§3)에서 제기된 물음에 대하여, 애정의 의

---

4) 앞서 말한 것처럼, 일반적 용어들로 표현된 법에 대한 단순한 관념에 함축된 그 적용의 평등이 부정의하다고 느껴지는 경우에 주목하는 것이 좋을 것이다. 이것은 부주의하게 작성되었기 때문이거나 가장 정확한 전문용어조차 어쩔 수 없이 가지는 결함 때문에 어떤 법규의 낱말들이 그 법의 진정한 의도와 목적에 분명 포함되지 않은 (혹은 그것에서 배제된) 사람들과 상황들을 포함하는 (혹은 배제하는) 경우다. 이러한 경우에는 일반적으로 정의롭다고 생각되는 법을 엄격히 따르는 특수한 판결이 극단적 부정의를 일으킬 수 있다. 그래서 현실적 법과 정의 사이의 차이가 날카롭게 드러난다. 그럼에도 우리는 이러한 방식으로는 법들의 정의(正義)를 전체적으로 판단할 원칙들을 획득할 수 없다.

무의 수행은 그 자체로 보면 정의를 예시하지 않는다고 답할 수 있다. 그러나 상이한 애정관계들에서 발생하는 의무를 비교하고 사랑과 친절한 봉사의 옳은 할당을 숙고할 경우, 정의 개념이 적용가능하게 된다. 이 할당을 올바르게 정하려면, 우리는 정의로운 것이 무엇인가를 탐구해야 한다. 그렇다면 준법과 무관한 문제에서 정의로운 사람이란 무엇을 의미하는가? 불편부당한 사람, 즉 타당하다고 생각하는 모든 요구를 동등한 관심을 갖고 만족시키려 하고 개인적 선호가 자신에게 지나친 영향을 미치지 못하도록 하려는 사람을 의미한다는 것이 자연스러운 대답이다. 우리가 정의의 덕을 단지 주관적이라고, 그리고 행동에서 객관적 정의의 실현을 위하여 요구되는 지적 통찰과는 무관하다고 생각하는 한에서는, 이 대답이 정의의 덕에 대한 적당한 설명으로 보인다. 만약 우리가 스스로 합당하다고 간주하는 어떤 요구를 충분히 고려하지 않는다면, 우리의 행동은 그 의도에서 정의로울 수 없다. 이러한 정의(定義)는 고의적 부정의를 제거하는 데 충분하다. 그러나 독단적 불평등의 부재가 정의로운 법의 충분한 기준이라고 생각되지 않는 것처럼, 이 정의는 정의로운 행위의 충분한 기준을 제공하지 않는다.[5] 우리는 합당한 요구들이란 무엇인가를 알려고 한다.

---

5) 우리는 개인들의 사적 행위를 다루면서 심지어 모든 임의적 불평등이 부정의한 것으로 인정된다고도 말할 수 없다는 점을 주목해야 한다. 아무리 불합당하

이 요구들 중에서—앞 장에서 논의한 요구와는 별개로—가장 중요한 것은 계약에서 발생하는 요구로 보인다. 이 요구는 어느 정도 법으로 집행된다. 그러나 우리가 보기에 정의로운 사람은 계약 위반에 부과되는 법적 처벌이 없을지 모를 경우에도 분명 대체로 약속을 지킬 사람이다. 이 의무의 정확한 정의와 그것의 일반적으로 인정되는 제한조건은 다음 장에서 논의될 것이다. 상식은 그것의 전반적 구속력을 전혀 의심하지 않는다.

더 나아가 우리는 구속력 있는 약속이라는 개념에 구두상의 약속만이 아니라 '묵시적 계약' 혹은 '무언의 합의'라는 것을 포함시킨다. 그러나 후자의 용어는 정밀한 상태로 유지하기 어려운 용어다. 실제로 그 용어는 흔히 A가 어떤 방식으로든 B에게 적극적으로 서약을 암시한 경우만이 아니라, B가 어떤 기대를 갖고 있고 A가 그것을 알고 있는 경우를 포함하는 말로 사용된다. 그런데 여기서 책무는 그다지 분명하지 않다. 왜냐하면 어떤 사람이 자신의 행위와 관련하여 생겨날지 모를 모든 잘못된 기대를 충족시킬 각오를 하고도 그 기대들을 일소시킬 의무가 있다고 말하기는 어렵기 때문이다. 그럼에도 그 기대가 대다수 사람들이 그 상황에서 가질 만한

고 변덕스러운 선택으로 보일지라도, 가까운 친척이 전혀 없는 부유한 독신남자가 가난한 빨간 머리 남자들에게만 연금을 제공하기 위하여 자기 재산의 대부분을 남기는 것은 일반적으로 부정의하게 생각되지 않을 것이다.

것이고 다른 의무들과 충돌하지만 않는다면, 그것을 충족시킬 모종의 도덕적 책무가 있는 것처럼 보인다. 그 책무가 계약에서 발생하는 책무보다 덜 명확하고 엄중하게 보일지라도 말이다. 실로 내가 생각하기에 정의는 다소 모호하지만 우리가 다른 인간에게 일반적으로 가지는 자발적 혹은 비자발적 관계에서 자연적이고 통상적으로 발생하는 (봉사 등에 대한) 모든 기대의 충족을 지시한다고 말할 수 있다. 그러나 앞 장의 논의는 불분명한 형태지만 확실하고 논란의 여지가 없는 것처럼 보였던 이러한 종류의 의무들조차 정의하기가 어렵다는 사실을 보여주었다. 다른 의무들도 숙고해보면 임의적인 것처럼 보이는 관습에 의해서만 정의된다. 이러한 관습이 존재하는 동안에는 그것에서 생긴 기대들은 어떤 의미로는 자연적인 것이고 정의로운 사람은 그것들을 충족시킬 일종의 책무를 갖는 것처럼 보이지만, 이 책무는 바로 앞 장에서 제시한 두 가지 이유 때문에 분명하거나 완전하다고 생각될 수 없다. 첫째, 관습은 지속적으로 변하고, 어떤 사람이 성장하거나 쇠약해지는 변화의 상태에 있다면 관습의 요구의 타당성은 분명 의문스럽기 때문이다. 둘째, 비합리적이고 불편한 관습이 영원히 지속된다는 것은 옳지 않게 보이고, 그것은 오직 그것의 "준수보다 위반에서 더 많은 칭찬을 받음"으로써 철폐될 수 있기 때문이다.

이러한 종류의 숙고는 우리를 지금 검토하는 부문의 의무와 관련된 실질적 혼란에 빠트렸다. 정의는 본질적으로 우리가 완벽히 확실한 결정을 내릴 수 있다고 생각되는 무엇이다. 우리가 생각하기에, 철저히 정의로운 사람이란 자신의 행위에서 매우 정확하고 꼼꼼한 사람임에 틀림없다. 그러나 계약과 무관하게 발생하는 자연적·관습적 요구를 만족시키는 부문의 정의를 살펴보면, 이 요구를 정확히 평가하는 것은 불가능해 보인다. 정의의 영역을 정하려는 시도는 일종의 가장자리 혹은 희미한 경계지역을 드러낸다. 거기에는 사실상 요구들이 아닌, 그리고 정의가 그것들의 충족을 요구하는지 않는지에 대하여 우리가 확신하지 못하는 기대들이 들어차 있다. 왜냐하면 사람들의 일상적 행동은 미래도 과거와 유사할 것이라는 기대에서 일어나기 때문이다. 그러므로 각 사람은 유사한 상황에서 다른 사람이 하는 대로 행동할 것이고, 나아가 그것이 무엇이든 자신이 지금까지 해왔던 습관대로 행동하리라고 기대하는 것이 자연스러운 것처럼 보인다. 따라서 그의 동료들은 그가 갑자기 관례적 혹은 습관적 행위를 하지 않아 그들에게 손해나 불편을 끼칠 경우, 그가 자신들에게 해를 끼쳤다고 생각하는 경향을 보인다.[6] 그러나 어떤 사람이 어떤 관례나 습관을 지키겠다고 약속하지 않았다면, 그가 다른 사람들의 부당한 기대에 구속될 수 있

---

6) 때로는 이러한 식으로 발생한 권리주장들이 법적 타당성을 가진다는 점을 관찰할 수 있다. 통행권은 지주의 명시적 허락이 없더라도 단지 그의 지속적 방관에 의해서 성립된다.

다고 말하기는 어려워 보인다. 이러한 혼란 속에서, 상식은 흔히 변절로 발생하는 실망의 양을 제외하고는 모든 측면에서 유사한 경우들을 상이하게 판정하는 것처럼 보인다. 예컨대 어떤 빈민이 한 상인이 퀘이커교도가 되었다는 이유로 그를 떠나 다른 상인과 거래한다면, 얼마만큼 부당하다고 생각하든 그것을 부정의한 행위라고 말하기는 어렵다. 그러나 어떤 부유한 시골 신사가 가난한 이웃에게 이와 유사한 행위를 한다면, 많은 사람들은 그 행위를 부정의한 박해라고 말할 것이다.

방금 지적한 문제는 앞 장에서 논의한 친절의 의무에도—심지어 가족애와 보은이라는 특히 엄중하고 신성시되는 의무에도—동일하게 적용된다. 우리는 '정의는 우리에게 무엇을 요구하는가'라고 물음으로써 그 의무들 사이에서 발생할 수 있는 충돌을 해결할 새로운 원칙을 얻을 수 없다. 정의 개념의 적용은 단지 문제를 새로운 방향으로—친절한 봉사의 옳은 분배에 대한 물음으로—바라보게 할 뿐이지 문제의 해결에 도움을 주지는 않는다. (예컨대) 자녀에 대한 부모의 요구, 부모에 대한 자녀의 요구, 수혜자에 대한 시혜자의 요구를 정할 수 있는 분명하고 정밀한 직관적 원칙을 가졌다면, 우리는 이 요구들 중 어느 하나의 만족을 다른 요구 혹은 다른 종류의 훌륭한 목표의 만족을 위하여 어느 지점까지 혹은 어느 정도로 미루는 것이 정당할지 정확히 말할 수 있을 것이다. 그러나 암묵적 공리주의의 방법도 임의적 독단주의의 방법도 아니고 상식에 의하여 뒷받침되는 방법도 아니라면, 나는 이러한 종류의 문제를 해결할 방법이 무엇인지 모른다.

§3. 이제 우리가 벗어났던 정치적 문제로 되돌아가면, 우리는 앞선 논의로부터 우리가 찾고 있던 법적 정의의 기준들 중 하나를 얻었다는 사실을 깨닫게 된다—즉 그 기준들은 자연적이고 통상적인 기대와의 충돌을 피해야 한다. 동시에 우리는 사적 행위에 적용될 때는 그 기준이 명확할 수 없다는 점을 알게 되고, 입법에 적용한 경우에도 동일한 불명확성과 그 결과로 발생하는 문제가 있다는 것을 쉽게 밝힐 수 있다. 왜냐하면 법 자체가 자연적 기대의 주요 원천이기 때문이다. 평소 법의 변경은 변경되지 않는 양에 비하여 매우 적기 때문에, 항상 현행법이 유지되리라는 자연적 기대가 있다. 물론 이것은 합법적 권위에 의하여 법이 지속적으로 변경되는 우리 사회와 같은 사회에서는 불분명하고 불확실한 기대지만, 자신의 관심사를 조정하고 돈을 투자하고 거주지와 거래와 직업 등을 선택하는 데에서 국민 일반은 그 기대에 충분히 의존할 수 있다. 그러므로 그러한 기대가 법의 변경으로 좌절될 경우 실망한 사람들은 부정의하다고 불평하고, 정의는 그렇게 발생된 손해에 대하여 그들이 보상받아야 한다고 요구한다는 점을 어느 정도 인정한다. 그러나 그 기대는 수많은 등급의 명확성과 중요성을 가지고, 흔히 연못에 던진 돌로 만들어진 파문처럼 가치는 줄어들면서 더

널리 퍼진다. 그래서 그 기대를 모두 보상하는 것은 실천적으로 불가능하다. 동시에 나는 타당한 요구를 부당한 요구로부터 구별하고 단순한 곤란으로부터 부정의를 구별할 수 있는 직관적 원칙을 알지 못한다.[7]

이러한 문제를 극복하더라도, 내가 생각하기에 더 깊이 숙고해 보면 위에서 주어진 기준은 불충분하거나 불완전하게 진술되었다는 점이 밝혀질 것이다. 그렇지 않다면 어떤 옛 법도 결코 부정의할 수 없게 보일 것이다. 왜냐하면 오랜 시간 존재해온 법은 필시 상응하는 기대를 만들어낼 것이기 때문이다. 이것은 상식과 반대된다. 왜냐하면 우리는 끊임없이 옛 법을 (예컨대 노예제를 확립한 법을) 부정의하다고 확신하게 되기 때문이다. 사실 이렇게 되풀이되는 확신이 진보적 사회의 법에서 변화의 중요 원천들 중 하나로 보인다.

우리는 법과 무관하고, 그래서 어쩌면 법과 충돌하는, 사회질서의 다른 요소들로부터 발생하는 자연적 기대가 있다고 말할 수도

---

7) 내가 말하는 것처럼, 이것은 심지어 법들이 합법적으로 변경될 경우에도 사실이다. 정치적 질서의 파괴가 발생한 예외적 위기 후에는 더욱더 사실이다. 왜냐하면 이렇게 무질서에 뿌리를 둔 새로운 질서로부터 발생한 법적 권리주장들은 이전에 인정받은 권리주장들과 전혀 이론적 해결책을 수용할 수 없는 방식으로 충돌하기 때문이다. 그것은 고된 실천적 타협에 의해서만 해결된다. 6장 §3을 보시오.

있다. 우리는 이 기대에 반하는 규칙을 부정의하다고 말한다. 많은 사람들에게 예컨대 장자상속제는 부정의하게 보인다. 지주의 모든 자녀는 똑같이 사치스런 습관을 가지고 자라고 부모의 관심과 지출을 똑같이 공유한다. 그래서 유산의 불평등은 모순적이고 가혹하게 보일 것이기 때문이다. 그럼에도 모든 경우를 이렇게 설명할 수는 없다. 예컨대 노예제가 부정의하다는 확신은 노예소유 사회의 기존질서 속에서 출처를 찾기 어려울 것이고, 그 확신은 어떤 다른 방식으로 발생하는 것으로 보인다.

사실 '자연적 기대'에 대한 이러한 개념은 훨씬 더 불분명하다. 그 용어의 불명료함은 개념들의 근본적 충돌을 감춘다. 이 충돌은 더 깊이 고찰할수록 그 결과에서 더 깊고 멀리까지 영향을 미치는 것으로 나타난다. 왜냐하면 이 맥락에서 사용되는 '자연적'이라는 말은 현실과 이상—있는 것과 있어야 하는 것—사이의 깊은 틈을 감추기 때문이다. 앞서 주목한 것처럼,[8] 일상적으로 사용될 때, 그 용어는 (1) 예외적인 것과는 대립하는 공통적인 것, 그리고 (2) 나중에 나온 협정과 제도의 결과와는 대조되는 최초의 혹은 본원적인 것이라는 상이한 개념들을 포함하는 것으로 보인다. 또 그것은 이 의미들 중 하나와의 다소 불분명한 조합으로 '이상적 상태의 사회에 존재할 것'을 의미하는 데 사용된다. 이 상이한 의미들이 어떻

---

8) 제1권 6장 §2를 보시오.

게 뒤섞여 혼동되었는가는 쉽게 알 수 있다. 현실적으로 존재하는 사태보다 더 나은 사태를 상상할 때 사람들은 '자연'이라는 말로 실제로는 신, 혹은 어떤 특수한 견지에서 바라본 신을—경험에서 우리에게 알려진 신이라고 말할 수도 있다—의미했다. 그래서 그들은 이 이상적 사태가 현실보다는 실지로 신의 목적을 드러낼 뿐만 아니라, 그래서 훨씬 더 '자연적인' 것이라고 간주했다. 더 나아가 사람들은 다소 분명하게 이 이상적 사태가 필시 신이 원래 창조했던 것이고, 현존하는 것에서 인지할 수 있는 결함들은 필시 사람들의 타락한 행동에 기인한다고 가정했다. 후자의 견해를 역사적 증거로 뒷받침되지 않는 것으로 배제한다면, 우리는 '자연적'의 다른 두 의미의 현저한 차이와 충돌, 그리고 이에 상응하여 정의에 대한 일반적 개념의 두 요소의 차이를 더 솔직하게 인정할 것이다. 왜냐하면 어떤 관점에서 우리는 부담과 고통만이 아니라 권리와 재화와 특권의 **관습적** 분배는 자연적이고 정의로우며 이것은 평소처럼 법으로 유지되어야 한다고 생각하는 경향을 가지는 반면, 또 다른 관점에서 우리는 존재해야 하지만 지금껏 존재하지 않았던 분배규칙의 이상적 체계를 인정하는 것처럼 보이며 법은 이 이상에 일치하는 만큼 정의롭다고 생각하기 때문이다. 정치적 정의의 주요 문제는 이 두 견해 사이의 조화다.[9]

---

9) 이 두 관점이 구별되지 않는 것은 진보적이지 않은 사회의 특징이다. 법률적

그렇다면 그 이상은 어떤 원칙에 의거하여 정해지는가? 이것은 사실 이 장의 시작부터 주로 숙고했던 문제다. 그러나 일반적으로 생각되는 정의의 두 요소를—하나는 법과 관습에 대한 보수적 요소이고 다른 하나는 그것들을 개혁하려는 경향을 가진 요소다—구별할 때까지, 우리는 이 문제를 만족스럽게 논의할 수 없었다. 이제 우리가 관심을 집중할 것은 바로 후자다.

그러나 이 이상을 고찰할 때 그것은 상이한 시대와 나라의 상이한 사람들의 마음속에 나타난다고 판단되기에, 그것의 다양한 형태들을 관찰하고 그 형태들을 구별하는 것이 중요하다.

우선 사회의 이상적 구조는 그 사회를 구성하는 개인들 사이에서 좋음과 해악의 옳은 분배 외에도 여러 목적들, (예컨대) 전쟁에서의 정복과 성공이나 산업과 상업의 발전이나 예술과 과학의 최고도의 배양을 고려하여 고안되고 추구될 수 있다는 점을 주목해야 한다. 그러나 이러한 정치적 이상은 현재 고찰의 범위를 넘어선다. 왜냐하면 그것은 정의에 대한 우리의 공통적 개념을 기반으로 세워진 것이 아니기 때문이다. 우리의 당면 문제는 이것이다. 우리가 인간들 사이에서 권리와 특권, 그리고 부담과 고통의 이상적으로 정의로운 분배를 산출할 수 있는 어떤 분명한 원칙이 있는가?

이상은 관습적인 것과 무조건 일치하고, 사회의 완전성은 전통적 규칙체계의 완전한 준수에 있다고 생각된다.

널리 퍼져 있는 견해는 사회를 정의롭게 만들려면 모든 공동체 구성원에게 일정한 자연권(Natural Rights)을 부여해야 하고, 다른 어떤 규정을 포함하든 실정법은 적어도 이 권리를 구현하고 보호해야 한다는 것이다. 그러나 상식에서 자연권의 목록에 대한 명확한 합의를 발견하기는 어렵고, 그 권리를 체계적으로 연역할 수 있는 분명한 원칙을 발견하기는 더욱더 어렵다.

§4. 유력한 사상가들은 이 권리를 체계화하고 하나의 원칙으로 설명할 수 있는 하나의 방식을 지지해왔다. 지금은 어쩌면 다소 구식이지만, 그 방식은 여전히 면밀한 검토를 요할 만큼 충분히 널리 유행하고 있다. 애초부터, 그리고 계약과 무관하게 인간들이 서로에게 다해야 할 의무를 가졌다고 말할 수 있는 것은 오직 간섭으로부터의 자유라고 주장되어왔다. 여하튼 (자유계약의 실행을 비롯하여) 이러한 자유의 보호는 법, 즉 정부의 권위로 부과된 형벌로 유지되는 서로 간의 행위에 대한 규칙의 유일하고 타당한 목표라고 주장되어왔다. 이 견해에 따르면, 모든 자연권은 자유에 대한 권리로 압축될 수 있다. 그래서 이 권리의 완전하고 보편적 확립은 정의의 완전한 실현일 것이다—정의의 목표라고 간주되는 평등은 자유의 평등이라고 해석된다.

이것을 추상적 공식이라고 본다면, 나는 이것이 자명하게 이상적 법의 참된 근본원칙이라고 말할 수는 없지만 나의 마음을 끈다는 사실은 인정한다. 어쩌면 내가 이것의 자명성을 보지 못하는 이유는 나의 도덕적 직관력의 부족 때문이라고 납득할 수도 있다. 그러나 이것을 인간사회의 실제 상황에 더 밀접하게 연결하려 시도할 때, 이것은 곧 다른 모습을 띠게 된다.

첫째, 분명 자유에 대한 권리의 적용범위는 제한될 필요가 있다고 생각한다. 왜냐하면 그것은 그 자신의 좋음을 위한 것이라도 누구에게도 강요할 수 없다는 부정적 원칙을 포함하기 때문이다. 이 원칙이 어린이나 백치나 정신이상자에게까지 적용되어야 한다고 진지하게 주장하는 사람은 없을 것이다. 그렇다면 우리는 이 원칙이 모든 건전한 성인에게 적용되어야 한다는 것을 선험적으로 알 수 있는가? 예컨대 앞서 언급한 예외, 즉 어린이나 백치나 정신이상자의 경우는 다른 사람들이 그들에게 최선일 것이라고 생각하는 대로 행동하고 자제하도록 강요당한다면 분명 더 잘살 수 있으리라는 이유로 정당화되기 때문이다. 그런데 동일한 논변이 지적 진보의 현 상태에 있는 대다수 인간에게 적용되지 않는지는 적어도 직관적으로 확실하지 않다. 실로 이 원칙을 옹호하는 사람은 흔히 그것이 낮은 문명화 상태의 성인에게도 적용되지 않는다고 인정한다. 그렇다면 인간이 다른 사람이 제공할 원칙보다 더 나은 원칙을 스스로 마련할 만큼 충분히 지적인 경우에도 그에게 이 원칙이 적용되어야 하는 경우를 제외하면, 이 원칙의 적용에 어떤 기준이 제시될 수 있겠는가? 그래서 이 원칙은 절대적인 것이 아니라, 단지 인류 전체의 행복이나 복리를 목표로 삼는 더 광범위한 원칙의 부차적 적용으로 보일 것이다.

그러나 자유라는 용어도 모호하다. 만약 우리가 그 용어를 엄밀히 행동의 자유만을 의미하는 것으로 해석하면, 이 원칙은 서로 간의 강제를 제외하고는 서로 간의 불쾌감은 얼마든지 허용하는 것처럼 보인다. 분명 누구도 이러한 자유에 만족하지 않을 것이다. 그러나 우리가 그 개념에 다른 사람에 의한 고통이나 불쾌감의 부재를 포함시킨다면, 행동의 자유를 용납할 수 없을 정도로 억제하지 않고는 그 모든 불쾌감을 막을 수 없다는 것이 즉각 명백해진다. 왜냐하면 한 사람의 자연적 충동의 만족은 다른 사람에게 어느 정도의 불쾌감을 주지 않을 수 없기 때문이다. 그러므로 서로 간의 허용될 불쾌감과 금지될 불쾌감을 구별하면서, 우리는 강제의 해악을 다른 종류의 고통 및 손해와 저울질할 수밖에 없다고 생각한다. 동시에 우리가 어느 정도 공리주의적 기준을 수용한다면, 개인에 대한 불쾌감은 결코 긍정적인 좋은 결과를 얻기 위해서가 아니라 더 심각한 불쾌감을 막기 위해서만 허용될 수 있다고 주장하기 어렵다.

셋째, 이러한 기초 위에서 가능한 사회구조를 만들려면, 우리는 자유에 대한 권리가 계약에 의하여 한 사람의 자유를 제한할 권리를 포함한다고 가정해야 한다. 만약 그러한 계약이 진정 자발적이고 사기나 강압으로 이뤄진 것이 아니고 다른 사람의 자유를 침해하지 않는다면, 우리는 그것이 법적 처벌에 의하여 집행될 수 있다고 가정해야 한다. 그러나 엄밀히 말해서 계약의 집행이 자유의 실현이라는 개념에 포함된다고 볼 수는 없다. 왜냐하면 사람은 자신의 의지들 중 하나가 어떤 다른 의지의 **외부적** 강제를 일으키는 결과를 허용하지 않을 때 가장 완전하게 자유로워 보이기 때문이다. 만약 자유를 제한하는 권리 자체가 무제한적이라면, 어떤 사람은 자신을 자유로부터 노예상태로 만드는 계약을 자유로이 맺을 수도 있다. 그래서 자유의 원칙은 자멸적인 것으로 드러난다. 그럼에도 계약에 의하여 자유를 제한하는 한정된 권리를 이 원칙으로부터 연역하는 것은 분명 불가능해 보인다.[10]

그러나 자유를 단지 개인적 인간관계에서 실현해야 할 이상으로 정의하기 어렵다면, 그 문제는 삶과 행복의 물질적 수단에 대한 사람들의 관계를 고찰할 때 더욱 커질 것이다.

왜냐하면 일반적으로 개인의 자유에 대한 권리는 물질적인 것을 전유할 권리를 포함한다고 생각되기 때문이다. 그러나 자유를 엄밀히 이해한다면, 내가 보기에 그것은 한 사람이 당장 사용할 수 있는 것을 실제로 사용하면서 간섭받지 않을 권리 이상을 함축하

---

10) 우리는 이 물음을, 즉 자유 개념은 자유계약에 의하여 자유를 제한하는 무제한적 권리를 얼마만큼 포함하는가 하는 물음을 법에 대한 복종이라는 일반적 의무를 고찰하는 다음 장에서 다시 만날 것이다.

지 않는다. 한 개인이 한때 움켜쥔 무언가를 미래에 다른 사람이 사용하지 못하게 막을 권리는 엄밀히 말해서 그 전유자의 자유의 보호에 필요한 것을 초월하여 다른 사람의 자유로운 행동을 간섭하는 것으로 보인다. 어쩌면 특정한 사물을 전유하면서 한 사람은 다른 사람들의 자유를 간섭하지 않는다고 말할 수 있다. 왜냐하면 세계의 나머지는 여전히 그들에게 열려 있기 때문이다. 그러나 다른 사람들이 원하는 것이 바로 그가 전유한 것일 수 있다. 그들은 그것만큼 좋은 것을 전혀 찾지 못하거나 적어도 많은 노동과 탐색 없이는 찾지 못할 수 있다. 왜냐하면 편안한 생활을 위한 도구와 재료 대다수는 양적으로 한정되어 있기 때문이다. 이 논증은 특히 토지소유에 적용된다. 이 경우에 더 어려운 문제는 '최초의 점유'라는 명분으로 어떤 사람에게 얼마만큼의 전유를 허락해야 할지를 판정하는 데 있다는 것을 주목해야 한다. 만약 어떤 사람은 자신이 사용할 수 있는 것을 점유한다고 이해될 수 있다면, 그 문제에 대한 답은 명백히 한 개인에 의한 토지사용은 넓이에서는 거의 무한정 이를 수 있는 동시에 강도에서는 비례적으로 줄어든다는 것이다. 예컨대 한 개인이 자신의 수렵대가 다다를 수 있는 토지에서 다른 사람이 양을 방목하지 못하게 할 권리를 가졌다고 주장하는 것은 분명 자유의 원칙으로부터의 불합리한 연역일 것이다.[11] 그렇다면 양치는 사람이 그 토지를 경작하려는 사람에 맞서 이러한 권리를 가진다는 것이 명백할 수 있는가? 아니면 그 토지의 표면을 이용하려는 사람이 광부가 되려는 사람을 들어오지 못하게 할 권리가 있다는 것은 명백할 수 있는가? 나는 그 연역이 어떻게 이해될지 모르겠다. 그렇게 도출된 재산권이 사후에 어떤 사람의 소유물의 처분을 좌우할 권리를 포함하는지도 논쟁을 일으킬 수 있다. 왜냐하면 많은 사람들에게 이것은 자연히 소유권과 밀접히 연관되어 있는 것으로 보이기 때문이다. 그럼에도 어떤 사람이 생전에 소유했던 것에 대하여 그의 사후에 우리가 행할 수 있는 무언가로 우리가 그의 행동의 자유를 방해한다고 말하는 것은 역설적이다. 법학자들은 종종 이러한 권리를 순전히 관행적인 것으로 간주하고, 따라서 그것을 '자연법'에 포함시키지 않는다.

다른 어려운 문제도 제기될 수 있지만, 우리가 그것을 쫓아다닐 필요는 없다. 만약 자유란 한 사람의 행동이 다른 사람들에 의하여 가급적 적은 제약을 받아야 한다는 것만을 의미한다고 이해한다면, 그것은 분명 전유가 없을 경우에 더 완전하게 실현되기 때문이다. 만약 자유가 욕망 만족의 편의와 보장까지 포함한다면, 그리고 평등하게 분배되어야 한다고 생각되는 것이 이러한 의미의 자유라면, 거의 모든 물질적인 것이 거의 전유되어 있는 사회에서는 이

---

11) 사냥꾼 부족들이 실은 그들이 사냥하는 땅에 대하여 도덕적 소유권을 가지지 않는다는 것은 흔히 야만인들한테 새 식민지 땅을 빼앗는 것을 정당화하기 위하여 주장된 것이었다.

러한 성질의 자유는 평등하게 분배되지 않고 그렇게 될 수도 없다고 답할 수 있다. 상속재산 없이 이러한 사회에 태어난 사람은 유산자보다 훨씬 덜 자유로울 뿐만 아니라, 그는 아무런 전유가 없었을 때보다 덜 자유롭다. 계약의 자유가 있으니 그는 자신이 원하는 바를 충족시킬 수단을 얻는 대가로 봉사를 제공할 것이고, 이러한 교환은 필시 그가 세상에 홀로 놓였을 경우에 얻을 수 있는 것보다 더 많은 것을 그에게 줄 것이라고 말할 수 있다.[12] 사실 모든 인간 사회는 언제나 그것이 존재하는 지구의 일부가 그 사회의 각 구성원과 나중에 태어난 구성원에게 더 많은 욕망 만족을 제공할 수 있도록 만든다. 그러나 일반적 규칙으로서 어디까지 사실이든, 분명 이것이 모든 경우에 해당되는 것은 아니다. 왜냐하면 사람들은 때로는 자신의 봉사를 전혀 팔 수 없고, 흔히 봉사의 대가로 불충분한 생존수단만을 얻을 수 있기 때문이다. 설령 이것이 사실이더라도, 이것이 사회가 전유에 의하여 가난한 구성원들의 자연적 자유를 간섭하지 않는다는 것을 보여주지는 않는다. 이것은 사회가 그러한 간섭에 대하여 그들[가난한 구성원들]에게 보상하고 그 보상이 충분하다는 것만을 증명한다. 만약 자유의 침해에 대하여 물질적 생필품 형태의 보상이 공정하게 제공될 수 있다면, 자유의 실현이

---

12) 이것이 프레더릭 바스티아(Frédéric Bastiat: 1801-1850)와 같은 낙관주의적 정치경제학자들이 사용한 논증이다.

분배적 정의의 유일한 궁극적 목적일 수 없다는 것은 분명하다.

§5. 자유는 강렬하고 일반적인 욕망의 대상이면서, 그것이 허락하는 자연적 충동의 만족으로 인하여 그 자체로 동시에 간접적으로 행복의 중요한 원천이지만, 그것을 이론적 법학의 기본개념으로 만들려는 시도는 극복하기 힘든 문제를 수반하는 것처럼 보인다. 심지어 그것이 포괄한다고 주장하는 자연권들도 매우 강제적이고 독단적 방식이 아니면 그것에 포함될 수 없다.[13] 설령 그렇지 않더라도, 자유의 평등한 분배는 우리의 정의 개념도 자세히 규명하지 않는 것처럼 보인다. 일반적으로 상상하듯이, 이상적 정의는 자유만이 아니라 여타 모든 이익과 부담이 평등하게는 아니라도 여하튼 정의롭게 분배되어야 한다고 요구하는 것처럼 보인다—분배정의는 평등과 동일한 것이 아니라 단지 임의적 불평등을 배제한다고 간주된다.

어떻게 우리는 이 최고의 가장 포괄적인 이상의 원칙을 발견할 것인가?

내가 생각하기에 바로 앞 장에서 주목했던 봉사를 제공할 의무의 근거들 중 하나, 즉 보은의 요구에 다시 주목함으로써 우리는

---

[13] 우리가 다음 장에서 전념할 정치적 자유에 대한 더 깊은 고찰은 그 개념에 포함된 문제들에 대한 추가적 실례들을 제공할 것이다.

그 원칙에 도달할 것이다. 거기서 보였던 바로는, 우리는 은혜를 갚으려는 자연적 충동을 가졌을 뿐만 아니라, 그 보답이 하나의 의무이고 보답하지 않는 것은 적어도 어느 정도 비난받을 만한 일이라는 확신을 가지고 있다. 말하자면 이러한 충동과 확신을 **보편화**할 때, 우리는 정의에 대한 일반적 견해에서 지금 정의하려고 시도하는 요소를 획득한다. 왜냐하면 '어떤 개인에게 행한 좋음은 그로부터 보답을 받아야 한다'는 명제를 채택하고 그 명제의 어느 용어에서든 그 개인과의 관계를 제거하면, 우리는 '좋은 행위는 보답을 받아야 한다'는 더 일반적인 진술의 참임에 대하여 동등하게 강한 확신을 가진 것처럼 보이기 때문이다.[14] 그리고 사회가 의존하는 온갖 상이한 종류와 등급의 봉사의 상호교환을 고려하면, 우리는 '사람은 자신의 응분에 비례하여 보상을 받아야 한다'는 명제를 얻는다. 이 명제는, 그것의 효력을 수정할 계약이나 관습에서 발생하는 요구가 없는 경우, 흔히 분배의 참되고 단순한 원칙으로 여겨질 것이다.

---

14) 만약 본문에서 주어진 견해가 논리적으로 옳다면, 그것은 자연적 본능과 도덕적 직관 사이의 차이를 매우 뚜렷하게 예증한다. 왜냐하면 봉사에 보답하려는 충동은 정서적 측면에서 우리가 우리의 노동의 결실 혹은 "정당한 하루의 노동에 대한 정당한 하루의 임금"을 요구하도록 자극하는 충동과는 상당히 다르기 때문이다. 그럼에도 보은의 의무에 대한 우리의 판단은 '반드시 응분(desert)의 보답을 받아야 한다'는 더 일반적인 직관에 포함될 수 있는 것으로 보인다.

예컨대 어떤 작업이나 기업의 이익은—사전 협정이 없을 경우—그것의 성공에 기여한 사람들에게 그들의 봉사의 가치에 비례하여 분배되어야 한다는 것을 인정할 것이다. 일부 사상가들은 앞 절에서 논한 명제는—법은 각 개인의 최대한의 자유의 보장을 목표로 삼아야 한다—절대적이고 자명한 명제가 아니라 공적은 보상을 받아야 한다는 원칙에서 파생된 명제라고 주장하는 것을 관찰할 수 있다. 그 사상가들이 이렇게 주장하는 이유는 응분의 보상을 제공하는 최선의 방법은 사람들이 자신의 욕망 만족을 위하여 노력하여 각자 자신의 보상을 받을 수 있도록 가급적 자유롭게 내버려 두는 것이기 때문이다. 실로 이것이, 소유권이 '모든 사람은 자기 노동의 산물에 대한 배타적 권리를 가진다'는 명제로 정당화될 때, 그 권리가 의존하는 원칙으로 보인다. 숙고해보면 모든 노동은 실제로는 어떤 물질적인 것을 '산출하는' 것이 아니라 그것의 가치를 늘릴 뿐이라는 사실을 알게 되기 때문이다. 우리는 어떤 사람이 다른 사람의 소유인 어떤 물질적 사물에 자신의 노동을 들임으로써—설령 그가 **진실로** 그 사물을 자기 소유라고 믿으면서 그렇게 했더라도—그 사물에 대한 권리를 획득하는 것이 아니라 그의 노동에 대한 적당한 **보상**에 대한 권리만을 획득한다고 생각한다. 그러므로 이것이 필시 방금 인용한 명제가 의미하는 바다. 실로 그 원칙은 때로는 최초 발견자에 의하여 어떤 의미에서 '산출된' (즉 발견된) 재료에 대한 원래의 소유권을 설명하는 데에도 적용된다.[15] 여기서 숙고해보면, 상식은 이 소유권을 (도덕적 권리로서) 절대적으로 인정하는 것이 아니라, 발견자의 수고에 딱 적당한 보상으로 보이는 한에서만 그것을 인정한다는 것을 알게 된다. 예컨대 우리는 사람이 살지 않는 거대한 지역의 최초 발견자가 그 지역 전체를 전유할 도덕적 권리를 가진다고 생각할 수 없다. 그러므로 소유권의 이러한 정당화는 궁극적으로 '모든 사람은 자신의 노동에 대하여 적절한 보답을 받아야 한다'는 원칙을 주목하게 한다. 그래서 신은 세계를 정의롭게 다스린다고 말할 때 우리가 의미하는 바는, 인간존재에 대한 모든 것을 알 수 있다면 우리는 사람들에게 그들의 응분에 맞게 행복이 분배된다고 느낄 수 있어야 한다는 것이다. 신의 정의는 인간사회의 여건이 허락하는 한도까지 인간의 정의가 모방해야 할 본보기라고 간주된다.

앞서 말한 것처럼, 이러한 성질의 정의는 보편화된 보은과 비슷해 보인다. 형벌에 적용된 동일한 원칙은 이와 유사하게 보편화된 분노로 간주될 수 있다. 우리의 도덕적 개념들의 현 상태를 고려

---

15) '최초 발견자의 권리'를 '한 사람의 노동의 산물에 대한 권리'라는 개념에 포함시키는 것은 확실히 상당한 확대해석을 필요로 한다. 따라서 로크 및 다른 사람들은 전자의 권리에 대한 궁극적 정당화로서, 이전에 전유되지 않았던 모든 사물은 최초 전유자에게 속할 것이라는 인류 전체의 '암묵적 동의'를 가정하는 것이 필요하다고 느꼈다. 그러나 이 가정이 다소 무모한 윤리-정치적 해석의 장치라는 점을 인정해야 한다. 왜냐하면 그것은 실정법 속의 거의 모든 임의성의 정당화에 엄청 편리하게 사용될 수 있기 때문이다.

하면, 그 유사성은 불완전하지만 말이다. 역사가 우리에게 보여주는 바로는, 은혜에 보답하는 것만큼 손해를 보상하는 것이 자연스러울 뿐만 아니라 확실히 옳은 일이고, 의무로 부여된다고 생각하던 시대가 있었다. 그러나 유럽에서 도덕적 성찰이 발전하면서, 이러한 개념은 거부되었다. 플라톤은 한 사람이 우리에게 얼마만큼 해악을 끼칠 수 있든지 간에 그에게 해악을 가하는 것은 결코 옳을 수 없다고 가르쳤다. 이것은 기독교 사회에서 사적 잘못에 대한 개인의 보상과 관련하여 일반적으로 받아들여진 학설이다. 그 오랜 신념은 보편화된 형태로 형사사법(Criminal Justice)에 대한 대중적 견해에 아직도 남아 있다. 설령 잘못을 범한 사람에게 고통을 가하는 것이 그 사람에게나 다른 사람에게 아무 이익이 되지 않더라도, 정의는 그에게 고통을 가할 것을 요구한다는 주장이 여전히 널리 퍼져 있다. 개인적으로 나는 이러한 견해를 주장하기보다는 오히려 그것에 본능적이고 강렬한 도덕적 반감을 가지고 있다. 나는 그 주장이 상식에 속한다고 생각하고 싶지 않다. 왜냐하면 나는 그것이 가장 진보한 공동체에 사는 교육받은 사람들의 도덕의식에서 점점 사라지고 있다고 생각하기 때문이다. 그러나 나는 여전히 그것이 더 일반적인 견해라고 생각한다.

그것은 아리스토텔레스가 시정적 정의(Corrective Justice)라고 부른 요소이고 형사법에서 구현된다. 우리는 그것을 손해에 대한 법적 판정의 기초인 배상(Reparation)의 원칙과 혼동해서는 안 된다.

우리는 이미 이것이 같은 인간에게 해악을 끼치는 것을 금하는 일반적 자비심의 준칙으로부터의 단순한 연역에 의한 결론임을 알고 있다. 왜냐하면 그들에게 해악을 끼치더라도 그것을 보상해줌으로써 우리는 그 준칙에 거의 복종할 수 있기 때문이다. 하지만 여기서 별로 비난할 점이 없이 발생한 해악에도 배상을 해야 하는가 하는 물음이 발생하고, 그 물음에 확실하게 답하는 것은 쉬운 일이 아니다.[16] 대체로 나는 다른 사람에게 끼친 심각한 손해에 대하여 어느 정도 배상하지 않는 사람을 비난해야 한다고 생각한다—설령 그 손해가 전혀 비자발적이고 아무 부주의 없이 일어난 것이라도 말이다. 아마 우리는 이것을 엄밀한 정의의 의무가 아니라—각자가 다른 사람에게 가져야 할 일반적 공감에서 발생하고, 이 특별한 이유로 강렬해지는—자비심의 의무라고 간주할 것이다. 그러나 우

---

16) 독자는 이 논점과 관련하여 올리버 웬델 홈스 2세(Oliver Wendell Holmes, Junior: 1841-1935)의 『보통법(*The Common Law*)』(1881), 3장에서 상식의 혼란에 대한 흥미로운 실례를 발견할 것이다. 여기서 저자는 영국법의 (민사소송으로 이어질 수 있는) 불법행위에 대한 학설의 발전에서 다음의 두 대립하는 견해 사이의 다툼에 대한 통찰력 있는 논의를 제공한다. (1) "어떤 사람의 행위의 위험성은 모종의 도덕적 결함의 결과로서 그 사람에게 달려 있다." (2) "어떤 사람은 항상 위험을 무릅쓰고, 그 문제에 대한 그의 의식상태와 완전히 무관하게 행동한다." 전자는 주로 영국법에서 널리 유행했던 견해. 내가 보기에 이것은 법적 책임과 관련된 한에서 인간의 상식과 확실히 일치한다. 그러나 나는 그 경우가 도덕적 책무와 관련해서도 마찬가지로 분명하다고 생각하지는 않는다.

리가 엄밀한 정의라는 명목의 배상요구를 배상할 해악이 다소 비난할 만한 행위나 부작위(不作爲)에서 기인한 경우로 한정한다면, 비난할 만함(culpability)에 대한 도덕적 견해와 사회보장이 요구하는 견해 사이의 차이에서 문제가 발생한다. 곧 이 문제에 대하여 이야기할 것이다.[17] 어떤 경우든 지금[18]은 배상적(Reparative) 정의의 원칙과 보복적(Retributive) 정의의 원칙 사이의 혼동이나 충돌의 위험은 없다. 왜냐하면 하나는 분명 손해를 당한 당사자의 요구와 관련된 것이고, 후자는 악행자의 응분과 관련된 것이기 때문이다. 하지만 법의 현실적 실행에서 잘못을 배상할 책무는 때로 그 악행자에 대한 충분한 형벌로 간주될 수 있다.

다시 봉사에 대한 보상과 연관되어 있는 보복적 정의의 다른 부문에 주목할 때 내가 적합성(Fitness)이라고 부를 또 다른 개념을 발견하게 되는데, 이 개념은 흔히 응분과 분간할 수 없을 정도로[19] 뒤

---

[17] 뒤의 292-293쪽을 참조하시오. 마땅한 보상의 양을 밝힘에 있어서 흔히 더 어려운 문제가 있다는 점을 덧붙일 수 있다. 왜냐하면 이것은 종종 본질적으로 상이한 사물들의 비교를 동반하고, 보상이 불가능하게 보이는 성질의 해악이 있기 때문이다.

[18] 앞에 나온 문단에서 언급했던 도덕적 발전의 초기 단계에서는 악행자에게 가해지는 보복이 손해를 당한 사람에 대한 통상적 배상 방식이라고 간주되었다. 그러나 이 견해는 기독교 사회의 도덕적 상식에 반대된다.

[19] 내가 생각하기에 우리가 "공적에 의한 승진"에 대하여 이야기할 때처럼 "공적"이라는 개념은 흔히 그 두 개념을 뒤섞는다. 그러나 윤리학자들은 일반적으로 "공적"을 내가 "응분"이라고 부른 것과 정확히 같은 뜻을 가진 말로 사용한다.

섞여 사용되므로 그것으로부터 조심스럽게 구별될 필요가 있다. 이렇게 구별했을 때, 우리는 그 둘이 충돌하기 쉽다는 사실을 알게 된다. 나는 '적합성에 따른 분배'의 원칙이 엄밀히 말해서 정의의 일반적 개념의 분석에서 발견되리라고 확신하지 않는다. 그러나 그 원칙은 분명 행복의 도구와 능력뿐만 아니라 (적어도 어느 정도) 행복의 다른 원천의 분배와 관련된, 이상적인 혹은 완벽하게 합리적인 사회질서에 대한 우리의 일반적 개념에 들어온다. 우리가 생각하기에, 도구는 분명 그것을 가장 잘 사용할 수 있는 사람에게 주어져야 하고, 능력은 그것을 수행할 충분한 자격을 가진 사람에게 할당되는 것이 합당하다. 그러나 이 사람은 과거에 가장 큰 봉사를 제공한 사람이 아닐 수 있다. 또한 우리는 즐거움의 특수한 물질적 수단이 각 종류의 쾌락에 민감한 사람들의 무리의 몫이 되는 것이 합당하다고 생각한다. 왜냐하면 누구도 맹인에게 그림을 주거나 미각이 없는 사람에게 진기한 와인을 주려고 생각하지 않기 때문이다. 예술가가 더 많이 받을 만한 자격을 가진 것은 결코 아니지만, 우리는 아마 부의 사회적 분배에서 예술가가 기계공보다 더 큰 몫을 가지는 것이 합당하다고 생각할 수 있다. 그래서 응분 개념과 적합성 개념은 적어도 이따금씩 충돌하는 것으로 보인다. 아마 내가 제안했던 것처럼, 적합성은 진정한 정의의 해석의 일부라기보다는 추상적 정의의 실현을 불가피하게 제한하는 공리주의적 분배원칙으로 간주될 수 있다. 우리가 지금 관심을 가진 것

524

은 전자다. 어쨌든 이상적 정의의 주된 요소가 단순한 평등과 불편부당 이상의 무언가를 의미한다면, 이 요소를 구성하는 것은 응분의 보답이다. 그렇다면 응분은 어디에 놓여 있는가를 더 면밀히 고찰해보자. 가장 근본적이고 영구적 중요성을 가진 것으로서, 좋은 응분(Good Desert) 혹은 공적에서 시작할 것이다. 왜냐하면 범죄와 그것의 처벌은 세계가 향상됨에 따라서 줄어들고 점점 사라지리라고 예상할 수 있지만, 복리의 수단의 옳은 혹은 최선의 분배는 우리가 항상 실현하려고 애써야 할 대상이기 때문이다.

§6. 우선 보은의 정의에서 우리가 고찰해야 했던 물음이 다시 제기된다. 즉 우리는 들인 노력에 보상을 할당해야 하는가, 아니면 획득된 결과에 보상을 할당해야 하는가. 왜냐하면 어떤 봉사의 실제적 공리는 행위자의 응분에서 기인한 것이 아니라 필시 유리한 상황과 행운의 사건에 상당히 의존하는 것이라고 말할 수 있기 때문이다. 혹은 그것은 타고난 것이거나 유리한 삶의 조건이나 좋은 교육에 의하여 발달된 능력과 기술에서 기인한 것일 수 있다. 왜 우리가 이러한 것에 대하여 그에게 보상을 해야 하는가? (마지막에 언급한 것과 관련하여 우리는 차라리 그를 교육한 사람에게 보상을 해야 한다.) 분명 **도덕적 탁월성**은 인간의 성취에서 드러나는 한에서만 신에게 상을 받을 만한 것이라고 생각된다. 그러나 우리는 이러한 경계선을 그린다고 해서 그 문제를 제거할 수 없다. 왜냐하면 여전

히 좋은 행동은 전체적으로 혹은 대체로 좋은 성향과 습관에서 기인하는 것이고, 이러한 성향과 습관은 부분적으로 유전된 것이거나 부분적으로 부모와 선생님의 보살핌에서 기인한 것이라고 말할 수 있기 때문이다. 그래서 이러한 성향과 습관에 대하여 보상하는 것은 자연적 · 우연적 이점의 결과에 대하여 보상하는 것이다. 이것들을 다른 것들, 즉 기술과 지식으로부터 구별하면서, 하나에 대해서는 보상하고 다른 하나에 대해서는 보상하지 않는 것을 이상적으로 정의로운 것이라고 말하는 것은 부당하다. 그렇다면 보상은 좋은 목적을 위한 자발적 노력의 양에 비례해야 한다고 말할 것인가? 그러나 결정론자는 이것조차도 궁극적으로 그 사람의 자아와 무관한 원인의 결과라고 말할 것이다. 결정론자의 견해에 따르면, 모든 사람이 동일한 양의 행복을 향유할 수 있는 것이 (만약 무언가가 그러하다면) 이상적으로 정의로워 보일 것이다. 왜냐하면 A 자신이 통제할 수 없는 주변상황이 맨 먼저 그를 더 나은 상태로 만들었다는 이유로 A를 B보다 더 행복하게 만드는 것에는 아무런 정의가 없어 보이기 때문이다. 왜 우리는 '모든 사람' 대신 '감성을 지닌 모든 존재'라고 말할 수 없는가? 왜 사람은 다른 동물보다 더 행복해야 하는가? 그래서 이상적 정의의 추구는, 상식은 아마 이러한 정의를 단념할 것이라는 모순의 절벽으로 우리를 인도하는 것처럼 보인다. 어쨌든 응분의 일반적 개념은 이렇게 완전히 자취를 감추었다.[20] 그리하여 내가 제1권 5장에서 예상했던 결론에 이르게 된다. 즉 우리의 도덕의식의 이 부문에서 자유의지 개념은 특별한 방식으로 상식의 도덕적 개념과 연관되는 것처럼 보인다. 만약 그 개념이 제거된다면, 응분 혹은 공적과 정의라는 중요 개념에 대한 실질적 수정이 필요할 것이기 때문이다.[21] 동시에 결정론의 정의와 자유지상주의의 정의 사이의 차이는 아무런 실천적 의미를 가질 수 없다. 왜냐하면 어떤 경우에도 한 사람의 성취 가운데 엄밀히 그의 자유로운 선택에서 기인한 부분을 본성적으로 타고난

---

20) 내 의견으로는 응분에 대하여 유일하게 지지할 수 있는 결정론적 견해는 공리주의적 견해다. 그것에 따르면 어떤 사람이 사회에 대한 봉사에 대하여 보상을 받을 만하다고 말할 때, 이 말의 의미는 그 사람과 다른 사람들이 유사한 보상을 기대하면서 유사한 봉사를 제공하도록 유도할 수 있으려면 그에게 보상하는 것이 상책이라는 것이다. 뒤의 제4권 3장 §4를 보시오.

21) 아마 우리는 응분 개념이 때로는 유토피아적 사회 건설의 이상에서는 사라지고 '행복의 평등'만이 유일한 목적으로 보인다는 점을 부분적으로 위에서 논한 문제들 탓으로 돌릴 수도 있다. 행복이 다른 사람들의 행동에 의존하는 한, 정의는 단지 각자가 평등한 몫의 행복을 가질 것을 규정한다고 생각되었다. 그러나 이것의 실현에는 많은 어려움이 있다. 왜냐하면 (위에서 언급한 적합성의 고려와는 별개로) 평등한 행복은 욕망 대상들의 평등한 분배를 통하여 달성될 수 없기 때문이다. 왜냐하면 평등하게 행복하기 위하여 어떤 사람들은 더 많은 것을 요구하고 어떤 사람들은 적은 것을 요구하기 때문이다. 따라서 우리는 **필요**(needs)의 차이를 고려해야 한다고 생각한다. 그러나 단지 정신적 필요가 포함될 경우 (합당하게 보이기 때문에) 우리는 유쾌하고 만족하고 자기희생적인 사람보다는 태생적으로 우울하고 까다로운 사람에게 더 많은 것을 주어야 할 수도 있다. 전자는 적은 것으로도 행복해질 수 있기 때문이다. 이것은 상식에 권하기에는 너무 모순적이다.

재능과 유리한 상황에서 기인한 부분으로부터 구별하는 일은 실제로는 가능하지 않게 보이기 때문이다.[22] 그래서 우리는 필연적으로 우리가 정의의 이론적 이상이라고 생각하는 것은 섭리에 맡겨두고, 자발적 행동에 의하여 의도적으로 행한 봉사의 가치에 비례하여 그 행동에 보상하려는 시도에 만족해야 한다.

인간사회에서 실제로 이상적 정의를 목표로 삼을 수 있을 경우, 자발적 봉사에 대하여 그 가치에 비례하여 보상하는 것을 이상적 정의의 원칙으로 간주한다면, 어떤 원칙 혹은 원칙들에 의거하여 상이한 봉사의 상대적 가치를 합리적으로 평가할 수 있는가 하는 문제가 남는다. 분명 우리는 흔히 이러한 평가가 가능하다고 가정한다. 왜냐하면 우리는 항상 모종의 봉사에 대하여 '공정한' 혹은 '적절한' 가격을 일반적으로 알고 있는 무언가인 것처럼 이야기하고, 이보다 더 많이 요구하는 것은 터무니없다고 비난하기 때문이다. 이러한 판단에서 우리가 통상 사용하는 공정(Fairness) 혹은

---

22) 모든 계층이 최선의 교육을 받고, 그래서 모든 어린이가 그들이 적합하다고 보이는 직무에 대하여 선택받고 훈련받을 수 있음으로써, 주변상황에서 기인하는 불평등을 어느 정도 제거하는 것은 분명 가능할 것이다. 임의적 불평등을 제거하거나 완화하는 한에서, 이것은 이상적 정의에 의하여 규정되는 것으로 보인다. 따라서 우리가 사람들의 추상적 정의 개념들이 나타나리라고 예상할 수 있는 이상적 사회의 재건에서, 일반적으로 이러한 제도가 자리를 잡을 것이다. 그럼에도 우리가 제거할 수 없거나 측정할 수조차 없는 자연적 불평등이 많을 것이다.

형평(Equity) 개념은 정의 개념과 구별된다고 말할 수 있다. 형평은 실로 엄밀한 정의와 흔히 대조를 이루고 충돌할 수 있다고 생각된다. 이것은 부분적으로 사실이다. 그러나 나는 정의라는 용어의 더 광범위하고 통상적인 의미는 형평 혹은 공정 개념을 포함하고, 이러한 의미가 윤리학적 논고에서 편하게 채택할 수 있는 유일한 의미라고 생각한다. 어쨌든 형평이 엄밀한 정의와 충돌하는 경우, 그것의 명령이 더 높은 의미의 정의로운 것이고 숙고 중인 사례에서—어쩌면 법의 집행에 의해서는 아닐지라도—궁극적으로 수행되어야 할 것이라고 생각되기 때문이다. 그러므로 나는 형평을 일종의 정의로 간주한다. 그러나 법이나 계약에서 일반적으로 발생하는 정당한 요구의 경우보다는 확실성의 달성이 다소 떨어진다고 인정되는 경우에는, 전자의 용어가 더 일반적으로 사용된다는 점에 주목한다. 그렇다면 봉사에 대한 "공정한" 혹은 "형평성 있는" 가격을 어떤 원칙에 준하여 정할 수 있는가? 이러한 판단이 발생하는 실제적 사람들의 일반적 판단을 검토해보면, 내가 생각하기에, 우리는 이 경우에 '공정한' 것은 유추와 관습으로 확인되고, 어떤 봉사든 평소 이러한 종류의 봉사에 주어왔던 것을 '당당히 받을 가치를 가진다'고 생각된다는 점을 알게 된다. 그러므로 정의 개념의 이 요소는 결국 §2에서 논한 개념으로 귀착된다고 생각할 수 있다. 어떤 상태의 사회에서는 확실히 봉사에 대한 보수는 다른 관습적 의무처럼 관례로 완전히 고정된 것처럼 보인다. 이러한 관례에서 벗어나는 것은 통상적 기대에 분명 어긋나는 일로 보인다. 그러나 현대의 문명화된 공동체에서는 아마 누구도 봉사의 정의로운 가격과 통상적 가격의 일치를 전폭적으로 주장하지 않을 것이다. 실제 사람들의 판단이 이러한 일치를 함축하는 듯이 보인다면, 내가 생각하기에, 그것은 피상적이거나 무심코 내린 판단일 뿐이고, 그리고 그것이 생산자와 상인의 자유로운 경쟁에 의하여 상품의 시장가격을 정하는 기존 방식을 무시한다는 사실을 인정해야 한다. 왜냐하면 이러한 경쟁이 작동할 경우, 시장가치는 오르내리고 상이한 시간과 장소에서 상이할 것이기 때문이다. 그래서 잘 교육받은 사람이라면 누구도 그 가치의 고정불변을 기대하거나 단지 그 가치의 변동 때문에 부정의하다고 불평할 수 없다.

그렇다면 '시장가치'는 (자유로운 경쟁에 의하여 결정되는 것으로서) 이상적 정의에 대한 우리의 개념에 상응한다고 말할 수 있는가?

이것은 상당히 흥미로운 물음이다. 왜냐하면 이것은 확실히 앞서 논한 원칙에 의거하여 건설된 사회에서 봉사에 대한 보편적 보수를 결정하는 방식이고 공동체의 모든 구성원에게 최대한의 자유를 보장하는 방식이기 때문이다. 개인주의적 이상(Individualistic Ideal)이라고 부를 수 있는 이것은 현대의 문명화된 공동체들이 최근까지 근접하려고 노력해온 유형이라는 점을 주목해야 한다. 그러므로 이것이 도덕의 요구를 완전히 만족하는 유형인지를 아는 것이 매우 중요하다. 그리고 절대적 목적 혹은 추상적 정의의 제일

원칙은 아니더라도, 자유가 여전히 응분에 대한 일반적 보답에 의하여 정의로운 사회질서를 실현하기 위한 최선의 수단으로서 요구되는지를 아는 것이 매우 중요하다.

언뜻 생각하기에 '시장가치'는 인류가 무언가에 붙인 추정치를 표현하고, 따라서 우리가 지금 찾으려 하는 가치에 대한 '상식' 판단을 우리에게 제공한다는 주장은 그럴듯한 것처럼 보인다. 그러나 검토해보면 대다수 사람들은 정확히 말해서 여러 중요한 종류의 봉사들의 성질과 결과에 대한 불완전한 지식 때문에 그것들의 가치를 결정할 자격이 없어 보일지도 모른다. 이 봉사들에 대한 참된 판단은 시장에서 표현되지 않을 것이다. 어떤 사람이 일반적으로 산정할 수 있는 사물의 경우에도, 어떤 특수한 경우에 그는 자신이 교환하는 것의 진정한 공리에 대하여 무지하다는 사실이 명백하게 드러날 수 있다. 이러한 경우, '자유'계약은 공정하게 보이지 않는다. 그러나 무지가 다른 교환 당사자에 의하여 발생한 일이 아니라면, 우리의 상식은 후자가 그 무지를 이용한 것에 대하여 부정의하다고 비난하는 태도를 취하지 않는다. 예컨대 어떤 사람이 지리학적 지식과 기술을 정당하게 사용하여 타인이 소유한 토지에 아마 귀중한 광산이 있다는 것을 발견한다면, 합리적인 사람들은 그가 광산을 시장가격으로 사들일 때까지 자신의 발견을 숨긴 것에 대하여 비난하지 않을 것이다. 그럼에도 판매자가 그것의 진정한 값을 받았다고 말할 수는 없다. 실로 이러한 논점에 대한 상식은 다소 혼란하다. 내가 생각하기에 그것이 도달하는 결론의 이론적 근거는 경제학적 숙고에서 찾아져야 하고, 이 숙고는 정의의 일반적 개념에 대한 분석을 완전히 넘어선다.[23]

또한 매우 중요하다고 인정하지만, 그것들의 실제적 공리의 간접성과 불확실성 때문에 어떤 시장가격도 가지지 않는 사회적 봉사가 있다. 예컨대 과학적 발견과 같은 것이다. 어떤 발견이 얼마만큼 산업용 발명에 도움이 될지는 매우 불확실하여, 설령 그 발견에 대한 비밀이 편리하게 지켜질 수 있더라도, 그것을 사들이는 것은 보통 이익이 되지 않을 것이다.

일반적으로 시장에서 팔 수 있는 생산품과 봉사, 그리고 양 당사자 모두가 충분히 이해하는 거래에만 집중하더라도, '자유로운' 교환 개념과 '공정한' 교환 개념을 동일시하는 방식에는 여전히 심각한 문제가 있다. 한 개인이나 개인들의 연합이 일정한 종류의 봉사에 대한 독점권을 가질 경우, 그 봉사의 집합의 시장가격은 일정한 조건 아래서 그것의 총량의 감소에 따라서 증가할 것이다. 그러나 그 봉사를 제공하는 사람들의 사회적 응분도 따라서 증가할 것이라는 말은 어리석게 들릴 것이다. 평범한 사람도 그렇게 도달한 가격이 공정한지에 대하여 진지한 의문을 가질 것이다. 위급상황에 생긴 일시적 독점권을 이용하는 것은 훨씬 덜 공정하다고 생각된

---

23) 뒤의 제4권 3장 §4를 참조하시오.

다. 예컨대 내가 크리서스(Croesus: 기원전 595-547)가 물에 빠져 죽어가는데 주변에 아무도 없다는 사실을 알고 그의 재산의 절반을 내놓지 않으면 구해주지 않겠다고 하는 것은 공정하다고 생각되지 않을 것이다. 그렇다면 한 계층의 사람들이 자신과 거래하는 다른 계층의 불리한 경제적 입장을 이용하여 경쟁적으로 이익을 취하는 것은 공정할 수 있는가? 그것이 불공정하다고 인정한다면, 우리는 어디에 경계선을 그을 수 있는가? 왜냐하면 한 계층의 수적 증가는 거래에서 그 계층의 입장을 더 불리하게 만들기 때문이다. 그이유는 상이한 봉사들의 시장가격은 부분적으로 그것들을 얻기 쉬운지 어려운지에—정치경제학자가 말하는 것처럼, '봉사의 공급과 그것에 대한 수요 사이의 관계에'—달려 있기 때문이고, 한 개인의 사회적 응분이 단지 동일한 봉사를 제공하는 사람들의 수와 자발성의 증가에 따라서 줄어들 수 있다고 보지 않기 때문이다. 실로 사회적 응분이 그 개인 자신의 자발성에 따라서 줄어들 수 있다고 생각되지도 않는다. 왜냐하면 어떤 사람이 열과 성의를 다하여 자기 기능을 수행한다는 이유로 그에게 보상을 덜 주어야 한다는 것은 이상하게 들리기 때문이다. 그러나 거래에서는 덜 자발적인 사람이 이익을 얻는다. 마지막으로 어떤 사람의 봉사의 사회적 가치는 후하게 지불할 수 있는 사람에게 봉사를 제공한다고 해서 필연적으로 증가된다고 생각하지 않는다. 물론 그의 보수는 분명 이러한 이유로 더 커질 수 있다.

이러한 고려들을 통하여 일부 정치사상가들은 정의가 지금처럼 자유경쟁에 의하여 봉사에 대한 보수를 지불하는 방식과는 전혀 다른 방식을 요구하고, 모든 노동자는 계몽된 유능한 판사가 산정한 그들의 노동의 본질적 가치에 걸맞은 보수를 받아야 한다고 주장하였다. 만약—우리가 경우에 따라서 그렇게 부를 수 있는—사회주의적 이상(Socialistic Ideal)이 상반된 해악 없이 실현될 수 있다면, 그것은 분명 현 상태의 사회가 제공하는 것보다 우리가 성스러운 정의로 생각하는 바에 더 가까운 것을 제공하는 것처럼 보일 것이다. 그것은 우리가 가치를 정하는 합리적 방법을 발견했다고 가정한다. 하지만 아직 그 방법을 찾지 못했다. 이 판사는 어떤 봉사의 가치를 그것에서 생긴 행복의 양에 비례한다고 간주해야 하는가? 그렇다면 그 계산은 물론 제2권에서 논한 쾌락주의적 방법의 모든 문제에 노출된다. 이 문제들이 해결될 수 있다고 가정하더라도, 행복한 삶의 산출을 위하여 반드시 결합되어야 할 여러 봉사들의 가치를 비교할 방법을 말하는 것은 여전히 어려운 일이다. 예컨대 필수품과 사치품 각각의 가치를 어떻게 비교할 것인가? 왜냐하면 우리는 후자에서 나온 즐거움에 더 민감할 수도 있지만, 전자 없이는 이러한 즐거움을 전혀 가지지 못할 것이기 때문이다. 또한 상이한 종류의 노동들이 동일한 생산에서 협력할 때, 우리는 그 노동들의 상대적 가치를 어떻게 산정할 수 있는가? 모든 비숙련 노동이 어떤 공통적 기준으로 귀결될 수 있더라도, 상이한 종류의 기술들의 경우에는 이렇게 하는 것이 불가능해 보이기 때문이다. 우리는 설계의 노동을 성취의 노동과 어떻게 비교할 것인가? 혹은 전체의 감독을 세부의 실행과 어떻게 비교할 것인가? 혹은 실제로 생산하는 노동을 생산자를 교육하는 노동과 어떻게 비교할 것인가? 혹은 새로운 원칙을 발견하는 학자의 봉사를 그것을 이용하는 발명가의 봉사와 어떻게 비교할 것인가?

내가 보기에 이 물음들 혹은 이전 문단에서 주목한 문제들은 정의의 일반적 개념에 대한 분석으로 해결될 수 없다. 나는 그 문제들을 만족스럽게 대처하려면 전혀 다른 방향의 추론을 채택해야 한다고 생각한다. 어떤 종류의 봉사가 본질적 가치를 가지는가가 아니라, 이러한 봉사를 획득할 수 있는 보상은 무엇인가와 사회의 다른 사람들이 그 봉사로 등가의 보상 이상의 이익을 얻는가를 물어야 한다. 요컨대 모든 봉사가 그것들의 내재적 가치에 정비례하는 보상을 받는 이상적으로 정의로운 사회질서의 건설을 실행불가능한 것[24]으로 보고 포기해야 한다. 비슷한 이유로, 우리는 더 일반적으로 말해서 좋은 응분의 상이한 양들을 정확히 결정하는 합리적 방법의 분명한 전제를 얻는 것도 불가능하다는 결론을 내려야 한다고 생각한다. 아마 상식도 이러한 방법이 실로 가능하다고

---

24) 여기서 내가 이러한 이상적 체계를 실현하려는 모든 시도를 방해하는 실천적 장애물들에 대하여 상술해야 할 필요는 아마 없을 것이다.

주장하지 않을 것이다. 상식은 이상적 정의가 응분의 보상을 주는 것에 있다고 생각하지만, 행복의 수단의 사회적 분배에서 이러한 이상을 실현하려는 일체의 일반적 시도를 유토피아적이라고 간주하기 때문이다. 현 상태의 사회에서 좋은 응분에 보상하려는 노력은 매우 제한된 범위 안에서만 이루어진다. 부모는 그 자녀를 상대하면서 이것을 어느 정도 시도하고, 국가는 정치가와 군인 등이 제공한 훌륭한 공공봉사에 대한 보상에서 이것을 시도한다. 그러나 이 경우들에 대한 숙고는 합당한 양의 결정에 사용되는 기준이 얼마나 대략적이고 불완전한가를 보여줄 것이다. 통상 우리가 실현하려고 시도하는 유일한 종류의 정의는 계약과 명확한 기대의 충족에 놓여 있는 정의이고, 거래를 통한 분배의 일반적 공정성은 자연히 해결되도록 내버려 둔다.

§7. 형사사법의 경우에 대한 고찰로 넘어가면, 우리는 우선 이미 주목했던 것에 상응하는 문제들을 만난다. 먼저 법 개념과 정의 개념의 유사한 함축과 부분적 혼동을 만난다. 앞서 말한 것처럼 우리는 '어떤 사람을 정의의 심판을 받게 한다'는 말로 흔히 그에게 '법적 처벌을 가한다'는 것을 의미하기 때문이다. 법적 처벌의 척도가 부정의하다고 생각할 수 있을지라도, 우리는 더도 덜도 말고 법으로 규정된 처벌을 집행하는 것이 옳다고 생각한다. 동시에 민사사법(Civil Justice)의 경우에서 발생하는 법의 변화에 대해서는 이러

한 혼란이 전혀 없다. 어떤 사람이 자유와 특권의 불평등한 분배에 연관되었다고 생각되는 경우, 우리는 그가 관습적으로 시효소멸에 의한 아주 관대한 처벌을 받을 권리를 얻을 수 있다고 생각하지 않기 때문이다. 이제 직관적으로 확정된 것으로서 형사사법의 이상을 탐구할 경우, 우리는 단지 예방적이라고 생각되지 않는 경우[25] 에는 분명 처벌이 죄의 무게에 비례해야 한다는 일반적 생각을 발견한다.[26] 그럼에도 처벌의 할당 방법을 완벽하게 합리적이고 정밀하게 만들려 할 때, 적어도 좋은 응분의 경우만큼 문제가 많은 것처럼 보인다. 우선 자유의지의 가정이 필시 여기에도 들어오는 것처럼 보이기 때문이다. 어떤 사람의 나쁜 행위가 순전히 본성과 주변상황에 의하여 발생한 경우, 로버트 오언(Robert Owen: 1771-1858)이 역설한 것처럼, 그는 분명 그 행위에 대하여 벌을 받아 마땅하게 보이지 않기 때문이다. 차라리 정의는 그의 행동여건을 변

---

25) 나는 이미 형벌에 대한 이러한 공리주의적 견해가 점점 더 널리 보급되는 경향이 있다는 견해를 표현했다. 그러나 나는 아직 그것이 우세하다고 생각하지는 않는다.

26) 물론 정의의 본질은 어떤 공동체의 구성원들 가운데서 외적 자유를 보장하는 것에 있고 형벌은 오직 이러한 목적을 위한 수단으로서 정당화된다고 주장하는 사람들은 자연히 형벌을 내림에 있어서 우리는 이러한 수단으로서 그것의 효력만을 고려해야 한다고 생각한다. 그러나 이것이 정당한 형벌(Just Punishment)의 일반적 개념에 대한 하나의 해석으로서 제시될 수는 없다.

화시키려고 애쓰라고 요구할 것처럼 보인다. 실제로 우리는 충동적 위법행위보다는 악의 더 자유로운 선택을 의미하는 고의적 위법행위에 더 큰 벌을 내린다. 또한 우리는 도덕적 양성을 전혀 받지 못했거나 비뚤어진 양성을 받은 사람들이 범한 위법행위는 실로 죄가 덜하다고 생각하는 동시에, 이러한 이유로 사람들이 감형할 수 없다는 생각에 일반적으로 동의한다. 또한 범죄의─도덕적 관점에서 볼 때의─무게는 어떤 사람이 법적 처벌을 교묘히 피하는 범죄를 저지른 악인을 죽이거나 자기 나라의 좋음을 위하여 불가피한 반란을 지휘한 경우처럼 그 동기가 칭찬할 만할 경우에는 적어도 크게 줄어드는 것처럼 보인다. 그럼에도 이에 비례하여 감형해야 한다고 주장하는 것은 역설일 것이다. 상식은─신이 무엇을 할 수 있든지─일반적으로 말해서 법으로 금지된 심히 유해한 행위를 의도적으로 행한 경우에는 엄한 처벌을 내려야 한다고 주장할 것이다. 설령 그 행위가 좋은 동기에 의하여 유발되었더라도 말이다.

설령 동기를 무시하고 의도만 고려해도, 범죄의 무게를 결정하는 분명한 원칙을 말하기는 쉽지 않다. 애국적 반역의 경우처럼, 때로는 범죄자의 의도가 옳고 좋은 일을 행하려는 것이기 때문이다. 많은 경우 그는 자신이 잘못을 저지르고 있다는 것을 알지만 감성을 지닌 존재에게 실로 해악을 끼치려고 의도하지 않는다. 어떤 도둑이 자신이 생각하기에 없어져도 그만일 만한 것을 훔쳐가

538

는 경우처럼 말이다. 또한 우리는 일반적으로 완벽하게 숨겼다고 해서 어떤 범죄가 덜 무거워진다고 생각하지 않는다. 그럼에도 범죄의 해악의 대부분은 그것이 일으킨 놀람과 불안이라는 (벤담이 명명한 것처럼) '이차적 해악(secondary evil)'이다. 이 부분은 완전한 비밀유지에 의하여 차단된다. 후자의 문제는 실제적 문제가 아니라고 응답할 수도 있다. 왜냐하면 어떤 범죄가 발각되고 나서 이차적 해악이 발생하고 이전의 비밀유지 때문에 그 해악이 더 커질 때까지, 우리는 그것의 처벌을 요구받지 않기 때문이다. 그러나 그 범죄는 발각될 계획이 아니었다는 것은 여전히 사실이다. 그래서 그 범죄에 의한 이차적 해악은 범죄자가 의도한 바가 아니었다. 만약 그 범죄의 악질성이 일반적으로 그러한 행위를 처벌하지 않고 내버려 둘 경우에 발생하는 행복의 상실에 있고, 범죄자도 이 점을 알고 있다고 가정해야 한다고 말한다면, 우리는 법적 허구(legal fiction)를 이용하여 공리주의 이론을 직관주의적 형식으로 밀어 넣으려는 것처럼 보인다.

지금까지 의도적 악행에 대하여 이야기했다. 그러나 실정법은 경솔함이나 부주의에서 기인한 해악에도 형벌을 부과한다. 이에 대한 정당화는 우리를 더 깊은 문제에 휘말리게 한다. 일부 법학자들은 경솔함과 부주의를 적극적 심리상태로 간주하는 것처럼 보인다. 이러한 상태에서 행위자는 주의나 숙고를 기울여야 한다는 것을 알면서도 의식적으로 주의나 숙고를 기울이지 않는다. 분명 이러한 종류의 고의적 무모는 종종 일어나고, 마치 그 결과로 발생한 해악이 적극적으로 의도되었던 것처럼 제대로 처벌해야 한다고 보인다. 그러나 실제로 시행되는 법은 이것이 그 행위자의 심리상태였다는 증거를 요구하지 않고(사실 대부분의 경우에 이러한 증거를 제공하는 것은 불가능할 것이다), 평균적인 사람이 그 상황에서 기울였을 만큼의 주의를 기울였다면 그 해악이 발생하지 않았을지 모른다는 증명에 만족한다. 우리는 아주 흔히 '부주의'라는 말로 순전히 심리적인 사실, 즉 행위자가 일정한 관찰 내지 숙고과정을 수행하지 않았다는 사실만을 의미한다. 그래서 그것은 그 순간 엄밀히 비자발적인 것이고, 나쁜 응보를 포함한다고 생각되지 않는다. 아마 현재의 부주의는 비난할 만한 것이 아니지만 과거에 주의하는 습관의 배양에 태만한 것은 비난할 만하다고 말할 수도 있다. 그러나 우리는 많은 개별 사례에서 이러한 과거의 태만조차 정당하게 추론할 수 없다. 형벌을 미래의 유사한 해로운 행위를 예방할 수단으로서 간주하는 공리주의적 형벌 이론만이 이러한 경우에 적용가능한 것으로 보인다. 앞서 암시한 것처럼(원문 282쪽), 마땅한 배상의 한계의 결정에서 우리의 근육활동에서 생긴 모든 해악이 아니라 경솔이나 부주의로 인한—의도적이지는 않더라도—해악에 대해서만 보상하는 것이 우리의 의무라는 견해에서도 유사한 문제들이 발생한다.

정의에 대한 이러한 검토의 결과는 다음과 같이 요약될 수 있다.

540

통상적으로 생각하는 정의에서 두드러진 요소는 일종의 평등이다. 즉 개인들에게 좋음이나 해악을 할당하는 일반적 규칙의 준수나 집행의 불편부당이다. 그러나 이 요소를 분명하게 구별할 때, 우리는 실천적 지침으로서 요구되는 덕의 정의가 명백히 불완전한 상태로 남아 있다는 점을 깨닫게 된다. 더 나아가 분배의 옳은 일반적 원칙을 탐구하면서, 우리는 정의의 일반적 개념이—손해에 대한 배상의 원칙 이외에도—매우 독특하고 상이한 두 요소를 포함한다는 점을 발견한다. 한 가지는 보수적 정의(Conservative Justice)라고 부를 수 있는 요소로서 (1) 법과 계약의 준수 및 명확한 이해와 이것들의 위반에 대한 법적으로 정해지고 공표된 처벌의 집행으로 실현되고, (2) 자연적·통상적 기대의 충족으로 실현된다. 이후자의 책무는 다소 명확한 성질을 가진다. 그러나 이상적 정의라고 불렀던 다른 한 가지는 훨씬 더 정의하기 어렵다. 왜냐하면 그것에 대하여 매우 상이한 두 개념, 즉 우리가 정치공동체의 개인주의적 이상과 사회주의적 이상이라고 부른 것에서 각각 구체적으로 표현되는 개념들이 있다고 보이기 때문이다. 이 개념들 중 전자는 자유의 실현을 궁극적 목적이자 옳은 사회관계의 기준으로 간주한다. 그러나 더 면밀히 검토해보니, 우리는 자유 개념이 어떤 임의적[27] 정의나 한계 없이 사회구성에 가용한 기초를 제공하지 못한

---

27) 나는 '임의적'이라는 말로 원칙의 자명성을 파괴하는, 면밀히 고찰해보면 그

다는 점을 발견한다. 이러한 정의와 한계를 받아들이더라도, 실현 가능한 한계까지 자유를 실현하는 사회는 우리의 정의감과 완전히 일치하지 않는다. 언뜻 보기에 우리의 정의감은 응분의 보상원칙에 기초하는, 분배에 대한 사회주의적 이상에 의하여 더 만족된다. 그러나 이 원칙을 정밀하게 만들려고 시도할 때, 우리는 다시 심각한 문제에 말려든다는 것을 알게 된다. 이 원칙에 의거한 형사사법의 규칙을 산출하는 것에도 유사한 혼란이 따라다닌다.

원칙을 종속적이라고 생각하도록 만드는 정의와 한계를 의미한다.

6장
법과 약속

§1. 정의에 대한 논의에는 법에 대한 복종과 계약의 준수라는 도덕적 책무가 포함되었고, 이 책무가 일반적으로 그 용어에 포함되는 사적 의무들의 복잡한 체계에서 실로 가장 명확한 부분처럼 보였다. 동시에 우리가 본 것처럼 어떤 법은 그것의 위반이 다른 사람의 권리를 간섭하지 않고, 따라서 부정의한 행위의 특성을 가지지 않는다. 그러나 약속에 대한 충실의 의무도 약속을 위반함으로써 약속받은 사람에게 끼칠 수 있는 손해와는 무관하다고 생각된다. (예컨대) 사람들은 통상적으로 죽은 사람에 대한 약속도 그것이 손해를 끼치지 않더라도 지켜져야 한다고 판단하기 때문이다. 실로 어떤 사람은 그 약속을 살아 있는 사람에게 한 약속보다 더 신성하다고까지 생각할 것이다. 그러므로 '법에 복종해야 한다'와 '약

543

속을 지켜야 한다'는 명제들을 독립적 원칙들로 간주하면서 검토하는 것이 바람직해 보인다.

전자부터 시작해보자. 일반적으로 생각하듯이 우리가 복종해야 할 도덕적 의무를 가진 법이 무엇인지를 어떻게 밝힐 수 있는가? 이전 장[1]에서 다룰 기회가 있었던 것처럼, 여기서 우리는 규칙에 부가된 제재를 고려함으로써 법적 규칙을 다른 규칙들로부터 구별할 수 없다는 점은 명백하다. 왜냐하면 반역자와 찬탈자가 내린 명령이 법률적 처벌에 의하여 집행될 수도 있지만, 그것은 전혀 일반적 구속력을 가진다고 생각되지 않기 때문이다. 그러한 명령에 복종하는 것이 우리의 의무라고 한다면, 이것은 단지 우리의 불복종으로 인하여 우리 자신과 다른 사람에게 일어날지 모를 더 큰 해악을 피하기 위한 것일 뿐이고, 이러한 의무의 범위는 필시 형편을 고려하여 결정된다는 점에 일반적으로 동의할 것이다. 또한 적법한 통치자라도 그의 모든 명령이 '법에 복종해야 한다'는 명제에서 법이라는 말이 가지는 의미의 법으로 간주될 수 있다고 말할 수 없다. 왜냐하면 정당한 통치자가 자기 백성에게 그른 일을 행하라고 명령할 수도 있지만, 그에게 불복종하는 것이 그들의 의무라는 것을 모두가 인정하기 때문이다. 그러므로 현재 논의의 목적을 위하여 우리는 법을 어떤 정당한 권위가 그 권위의 한계 안에서 명령한

---

1) 앞의 제2권 5장 §2를 참조하시오.

행위규칙이라고 정의해야 한다고 생각한다.

법에 복종해야 한다는 명제가 실천적 지침을 제공할 수 있으려면, 다음 두 문제를 해결해야 한다. (1) 정당한 입법자를—개인이든 단체든—어떻게 식별할 수 있는가. (2) 이러한 입법자의 권한의한계를 어떻게 밝힐 수 있는가. 이 물음들은 구별되어야 한다. 우리가 알게 될 것처럼, 그것들은 오직 부분적으로 구별될 뿐이다.첫 번째 물음에서 시작하면, 우리는 법을 만들 권한은 현존하는 한사람 혹은 여러 사람들에게 있다고 가정할 수 있다. 분명 어떤 사회에서는 그 사회의 일정한 발전단계에서 습관적으로 준수하거나적어도 구속력을 가진다고 인정하는 법규의 전체 혹은 일부가 신성한 혹은 반쯤 신성한 제도라고 생각되거나, 어쩌면 단지 오래된것이라는 이유로 현존하는 어떤 권위보다 더 우월하고 정당하게변경할 수 없는 신성함을 가진다고 생각된다. 그러나 지금 숙고하는 문명화된 유럽의 상식에서는 이러한 견해가 발견되지 않는다.우리는 적어도 우리 사회의 실정법의 명확한 명령들 가운데 그 기원 때문에 현존하는 권위에 의하여 변경될 수 없는 부분이 있다고생각하지 않는다.

그렇다면 이러한 권위는 어디서 찾을 수 있는가?

이 물음에 제시된 일반적 대답들에서는 정의에 대한 정의의 탐구에서 우리를 혼란스럽게 만들었던 이상적인 것과 전통적 혹은관습적인 것 사이의 충돌이 훨씬 더 복잡한 형태로 우리와 다시 마주친다. 왜냐하면 어떤 사람은 어느 나라에서든 전통적으로 적법한 권위에 항상 복종해야 한다고 말하는데, 다른 사람은 어떤 추상적 원칙에 따라서 수립된 권위는 본질적으로 적법하고 국민은 내란이나 유혈사태를 무릅쓰고라도 이러한 권위를 수립할 것을 요구할 권리를 가진다고 주장하기 때문이다. 따라서 우리는 권위에 대한 세 가지 요구들을 구별해야 하고, 각 요구는 다른 두 요구 중 하나와 충돌할 수도 있다. (1) 이상적으로나 추상적으로 옳고, 수립되어야 한다고 생각되는 정부에 대한 요구. (2) 어떤 나라든 그 나라의 입헌 전통에 따르는 법률상의(de jure) 정부에 대한 요구. (3) 사실상의(de facto) 정부에 대한 요구.

§2. 이상적인 것의 고찰로부터 시작해보자. 여기서는 최고 권위의 옳은 정체에 대하여 사변적 사상가들이 제시했던 모든 견해를 살펴보자고 제안하는 것이 아니다. 언뜻 보기에 이 논제에 대한 인간의 상식을 표현한다고 주장하는 견해만을 살펴보자고 제안하는 것이다. 이 견해들 가운데 가장 중요하고 가장 널리 주장되고 받아들여진 것은 공동체의 통치자는 백성의 동의에 의해서만 정당하게 임명될 수 있다는 원칙이다. 이전 장에서 주목했던 것처럼, 이 원칙은 정치질서의 궁극적 목적으로서 자유의 채택에 포함되어 있다. 누구도 애초부터 다른 사람에 대한 불간섭 이외의 다른 의무를 가지지 않는다면, 그는 분명 자신의 동의에 의해서만 통치자와 복

종관계에 놓일 수 있다. 그래서 자유에 대한 본래적 권리를 법 준수에 대한 현실적 의무와 조화시키려면, 어떤 사회계약의 가정이 필요해 보인다. 이리하여 법에 대한 복종은 계약을 지킬 의무의 한 특별한 용례에 불과한 것이 된다.

이 기초적 계약의 조건은 어떤 식으로 알려질 수 있는가? 지금은 '자연'상태로부터 '정치'상태로의 이행이 어떤 특정 형태의 사회 조직에 영구적 정당성을 부여하는 "원초적 계약(original contract)"에 의하여 실제로 일어난다는 낡은 견해를 누구도 주장하지 않는다. 그렇다면 어떤 공동체의 구성원으로 남음으로써 한 사람은 그 공동체에서 일반적으로 합법적이라고 인정되는 권위에 의하여 부과된 법과 기타 명령에 복종한다는 '암묵적 합의'에 들어간다고 말할 수 있는가? 그러나 이러한 식으로 이상적인 것은 부지불식간에 관습적인 것이 된다. 만약 인정된 것이고 전통적인 것이라면, 가장 무제약적인 전제정치가 다른 모든 형태의 정부에 못지않게 자유로운 동의에 기초하고 있다고 주장할 수 있다. 그래서 추상적 자유의 원칙은 가장 무제약적인 현실적 폭정과 노예상태로 이어질 것이다. 이렇게 우리의 이론은 사람들의 자유를 높인답시고 결국 그들의 사슬을 더 단단히 조일 것이다. 이러한 결과를 피하기 위하여 어떤 '자연권들'은 양도할 수 없고—혹은 암묵적 계약으로 암묵적으로 확보되어 있고—어떤 사람에게 이것들을 박탈하는 법은 엄밀히 말해서 정당하지 않다고 가정하면, 우리는 다시 일반적으로 인정된 명료한 원칙으로부터 이 양도할 수 없는 권리들을 연역해야 하는 문제에 봉착한다. 예컨대 앞서 본 것처럼 널리 받아들여진 의견은 이러한 모든 권리가 자유 개념으로 요약된다는 것이다. 그러나 우리가 본 바로는 이 원칙은 모호하고, 특히 일반적으로 인정되는 사유재산권이 그것으로부터 분명하게 연역될 수 없다. 그렇다면 정부가 통치받는 개인들의 자유를 간섭하지 못하도록 하는 원칙을 수행하는 명령을 제외하고 어떤 명령에 대해서도 정당하게 복종을 요구할 수 없다는 주장은 분명 매우 모순적일 것이다. 정부의 최고 기관을 구성하고 그것이 정한 법이 그 법에 복종하도록 요구되는 모든 사람이 개인적으로 혹은 자신의 대표자들을 통하여 항상 동의할 법이 되도록 함으로써, 이 문제를 피할 수 있다는 생각이 있었다. 이렇게 구성된 정부에서는—루소(Jean-Jacques Rousseau: 1712-1778)의 문구를 인용하면—모든 사람이 '자신에게만 복종하고', 정부는 자유와 질서를 완벽히 조화시킬 것이라고 생각했다. 그러나 어떻게 이러한 결과를 성취할 수 있는가? 루소는 이러한 결과가 순전한 직접 민주주의, 즉 각 개인이 자신의 사적 의지(private will)를 모든 사람을 동등한 구성원으로 삼는 주권적 국민의 "일반의지(general will)"에 복종시킴으로써 성취될 수 있다고 주장했다. 그러나 이 "일반의지"는 실제로는 다수의 의지여야 한다. 의견을 달리하는 소수자의 자유와 자연권이 억압자가 피억압자보다 수적으로 더 많아야 한다는 조건을 세움으로써 효과적으로 보호될 수 있다고 주장하는 것은 모순적이다. 또한 이 원칙이 절대적이라면, 그것은 모든 인간에게 똑같이 적용되어야 한다. 만약 이러한 불합리를 피하기 위하여 어린이를 배제하면, 필시 임의의 경계선이 그려질 것이다. 참정권이 자연권이라고 생각하는 사람들조차 일반적으로 주장하는 여성의 배제는 전혀 변호할 여지가 없다고 본다. '자기 자신에게만 복종한다'는 이상이—일부 사람들이 이미 했던 것처럼—대의민주주의에 의하여 대략 실현될 수 있다는 가정은 훨씬 더 명백하게 어리석다. 왜냐하면 의회는 통상 국민의 일부에 의해서만 선택되고, 각 법률은 의회의 일부에 의해서만 승인되기 때문이다. 어떤 사람이 그가 투표한 의원에 반대하여 의회의 간신히 과반수가 통과시킨 법에 찬성한다고 말하는 것은 우스운 일일 것이다.

공동체의 법들이 구성원들의 의지를 표현해야 한다는 것을 절대적 원칙으로 규정하는 것은 소크라테스와 그의 가장 유명한 제자들이 강력히 주장했던 견해, 즉 법은 입법을 이해하는 사람들에 의하여 만들어져야 한다는 견해와 양립하지 않는 것처럼 보인다. 어떤 특수한 시기의 어떤 특수한 나라에서 의회의 다수는 달리 선택된 전문가 집단보다 그 나라를 위한 법을 만들기에 더 적합할 수도 있지만, 이것이 확실히 보편적 사실일지는 자명하지 않다. 그러나 소크라테스의 명제는 (이 명제는 이전 장의 후반부에서 주목했던 원칙, 즉 '가장 적합한 자에게 기능이 할당되어야 한다'는 원칙의 특별한 적용일 뿐이다) 분명 우리가 논의한 원칙만큼 근원적인 직관으로 간주될 권리가 있다. 실로 오랜 세월에 걸친 귀족정과 민주주의 사이의 논쟁은 결국 위의 두 원칙 사이의 충돌로 환원될 수 있다고 생각된다. 그 논쟁이 선험적 영역에 남아 있는 한, 이 충돌에 대한 해결책을 찾는 것은 불가능하다.

§3. 이 충돌을 철저히 논하는 것은 윤리학 본연의 영역을 너무 멀리 넘어선다. 아마 우리는 이상적 정체를 건설할 수 있는 원칙에 대한 명백하고 확실한 직관을 상식으로부터 끌어내는 것은 불가능하다는 결론을 내릴 수도 있다. 공동체의 전통적이고 확립된 질서를 침해하면서까지 이러한 정체를 도입하는 것의 본질적 합법성에 대해서도 마찬가지로 의견일치가 없다. 어떤 사람은 국민은 이상적인 것에 대략 부합하는 정부를 요구할 자연권을 가지고, 이 권리는 최후의 수단으로서 힘에 의하여 뒷받침될 수 있다고 생각한다. 그러나 다른 사람은 이상적 정체를 정당하게 제안하고 추천할 수 있고 어떤 나라에 세워진 정부가 허용하는 모든 수단을 이 정체의 실현을 위하여 사용할 수 있지만, 여전히 이 목적만으로 결코 반란이 정당화될 수 없다고 주장한다. 또 다른 사람은—아마 다수는—무질서의 해악과 개선의 이익을 저울질하면서 편의를 근거로 그 문제를 해결할 것이다.

나아가 앞서 본 것처럼 확립된 정부가 무엇인가를 말하는 것은 그렇게 쉽지 않다. 때로는 법에 의하여 불법적이라고 선언된 권위가 법령을 발포하고 법의 집행을 좌우하기 때문이다. 그렇다면 이러한 권위에 얼마만큼 복종하는 것이 마땅한가 하는 문제가 발생한다. 모든 사람은 권력찬탈에 저항해야 한다는 것에 동의한다. 그러나 성공적 권력찬탈로 생긴 어떤 확립된 정부를 향한 옳은 행동에 대해서는 중대한 의견차가 있다. 어떤 사람은 그 정부가 일단 견고하게 확립되면 합법적이라고 간주해야 한다고 생각한다. 다른 사람은 호기가 오면 충돌을 재개할 목적으로 반항하면서 당장은 그것에 복종해야 한다고 생각한다. 또 다른 사람은 처음에는 후자가 옳은 태도지만 견고하게 확립되면 권력을 찬탈한 정부가 점차 그것의 불법성을 벗게 되고, 한참 후에는 그 정부의 수립이 그랬던 것처럼 그 정부에 반항하는 것이 범죄가 된다고 생각한다. 대체로 마지막 것이 상식의 견해로 보인다. 그러나 이러한 변모가 일어난다고 생각되는 시점은 편의를 고려하는 방법으로만 결정될 수 없다.

그러나 권위의 정당성의 규명과 관련된 근본문제가 방금 논한 것처럼 단순한 종류인 경우는 관습적 복종이 하나 혹은 여러 사람들에게 무조건적으로 주어지는 절대적 정부의 경우뿐이다. 헌법으로 통치되는 국가에서는 여러 다른 도덕적 의견불일치들이 발생한다. 왜냐하면 한편 이러한 국가에서는 통치자도 헌법을 준수할 도덕적 의무가 있다고 주장되지만,[2] 백성의 복종의무가 통치자의 이러한 헌법준수에 달려 있다고 생각하는 것이 마땅한지, 그리고 백성은 (1) 위헌적 명령에 복종을 거부하고 (2) 심지어 헌법을 위반한다면 통치자에게 반란의 처벌을 내릴 도덕적 권리를 가지는지에 대해서는 여전히 논란의 여지가 있기 때문이다. 또한 헌법상의 책무가 실로 무엇인가를 결정하면서, 역사적 관련 사실의 정확한 확인뿐만 아니라 이 사실에 대한 논의에서 의거해야 할 원칙에 대해서도 많은 혼란과 의견불일치가 발견된다. 왜냐하면 헌법에 포함된 통치자의 권한의 여러 제한들은 종종 예전에는 절대적이던 통치자를 겁박하여 억지로 받아낸 양보들이기 때문이다. 이 양보들이 그것들을 억지로 내준 통치자에게 얼마만큼 도덕적 구속력을 가지는지는 의문스럽고, 그것들이 다음 통치자에게는 얼마만큼 구

---

2) 아마 내가 여기서 오스틴이 수정한 형태로 부활된 홉스의 학설, 즉 "통치자의 권력은 [법적으로] 제한할 수 없다"는 학설을 언급할 필요는 없을 것이다. 왜냐하면 지금은 누구도 순수한 홉스주의를 주장하지 않기 때문이다. 오스틴은 통치자의 합의 위반이 백성들의 반란을 도덕적으로 옳은 것으로 만드는, 전자와 후자 사이의 명시적 혹은 암묵적 합의는 있을 수 없다고 말하는 것과는 거리가 멀다. 사실 홉스의 학설은 그가 이용한 것처럼 다소 중요치 않은 명제, 즉 통치자는 그가 통치자로 남아 있는 한에는 자신의 재판기관을 통하여 위헌적 행동에 대한 처벌을 받지 않을 것이라는 명제로 환원된다. 나는 이것을 법에 대한 오스틴의 정의는 명백히 우리의 현재 목적에 적합하지 않다는 사실을 관찰할 기회로 간주할 수도 있다. 왜냐하면 그의 견해에 따르면 하나의 법은 복종해야 할 명령이 아니라 그것의 위반에 대하여 우리가 특정한 종류의 형벌을 예상할 수 있는 명령이기 때문이다.

속력을 가지는지는 더욱더 의문스럽다. 혹은 정반대로 어떤 국민은 한때 누렸던 자유를 누리지 못하게 되는 것을 받아들일 수 있다. 그 국민이 그 자유를 다시 요구할 권리를 가지고 있는지는 의문스럽다. 일반적으로 헌법의 규칙이 선례들의 비교로부터 도출되어야 한다면, 한쪽 당사자의 어떤 특수한 행위가 헌법의 선례로 간주되어야 할지 불법적 침해로 간주되어야 할지는 논란의 여지가 있다. 그래서 우리는 입헌국가들에서 자신들의 헌법이 전통적으로 무엇인가에 대한 사람들의 견해는 흔히 헌법은 이상적으로 어떠해야 하는가에 대한 그들의 견해에 의하여 크게 영향을 받는다는 사실을 발견한다. 사실 이 두 물음이 완전히 구별되는 경우는 매우 드물다.

§4. 마땅히 복종을 받을 만한 권위는 무엇인가를 분명하게 규명할 수 있는 경우에도, 이러한 복종의 한계를 규정하려고 시도할 때, 더 어려운 문제들이 발생한다. 왜냐하면 앞서 본 것처럼 현대 사회에서는 모든 사람이 비도덕적 행위를 명령하는 권위에 대해서는 불복종해야 한다는 것을 인정하기 때문이다. 그러나 이것은 통속적 도덕에서는 너무 흔한 동어반복 명제들 중 하나이고, 그 명제는 아무 실질적 정보를 전달하지 않는다. 문제는 정당한 권위에 의하여 명령된 경우에도 여전히 비도덕적인 행위는 어떤 행위인가이다. 이러한 행위를 결정할 수 있는 분명한 원칙은 없어 보인다. 때

로는 법이 명확한 의무에 우선할 수 없다고 말한다. 그러나 계약에 대한 충실의 책무는 유독 명확함에도 불구하고 어떤 계약의 체결과 관련하여 나중에 제정된 법이 그 계약의 이행을 금한다면, 우리는 그 계약의 이행을 옳다고 생각하지 않는다. 사실 우리는 상충하는 편의들을 저울질하여 이 문제를 해결하려는 공리주의적 방법을 의식적으로 받아들이지 않은 사람들 사이에서는 이 문제에 대한 실천적 합의를 발견하지 못한다. 왜냐하면 어떤 사람은 가족관계의 의무가 법 준수의 의무에 굴복해야 하고 (예컨대) 아들은 범죄의 처벌에서 달아나려는 부모를 능동적이든 수동적이든 도와서는 안 된다고 말하는 반면, 다른 사람은 이러한 규칙의 주장을 너무 비인간적이라고 생각하고, 또 다른 사람은 도와줌과 못 본 척함을 구분하려 할 것이기 때문이다. 이와 유사하게 정당하게 수립된 정부가 부정의하고 다른 사람을 압박하는 행위를 명령할 때, 상식은 이러한 명령에는 불복종해야 한다고 말하거나 모든 명령에 불복종해야 한다고 말하는 것에서 주춤할 것이다. 그러나—공리주의적 고려사항과는 별개로—나는 합법적 정부의 부정의한 명령들 가운데 복종해야 하는 것과 복종해서는 안 되는 것을 구별하는 분명하고 인정된 원칙을 발견할 수 없다. 또한 어떤 법학자는 법이 의무가 아닌 것을 명령하거나 죄가 아닌 것을 금하는 경우에는 그 법에 복종할 엄밀한 의무는 없다고 주장한다. 왜냐하면 실정법으로만 규정된 의무의 경우에는 그 처벌을 따르거나 감수한다는 대안들이 우리에게 도덕적으로 열려 있기 때문이다.[3] 그러나 다른 사람은 이 원칙이 너무 느슨하다고 생각한다. 분명 어떤 특정 법의 경우에는 복종하기보다 처벌받기를 널리 선택한다고 밝혀진다면, 문제의 입법이 실패했다고 생각될 것이다. 다른 한편 어떤 사람이 부정의한 처벌을 감수해야 하는지에 대해서도 전혀 합의가 없어 보인다.

이 모든 논점에 대하여 너무나 많은 의견차가 있어 보이므로, 인간의 공통적 이성과 양심에 의하여 직관적으로 참으로 보이는, 어떤 분명하고 정밀한 명령의 공리(公理) 혹은 제일원칙이 있다고 주장하는 것은 태만하게 보인다. 문명화된 사회의 보편적 합의를 분명하게 주장할 수 있는 법에 (나쁜 법일지라도) 대해서는 분명 막연한 일반적 복종의 습관이 있다. 그러나 이 일반적 습관에 대응하는 명시적 원칙을 진술하려고 시도할 때, 그 합의는 우리를 버리고 떠나는 것처럼 보인다. 그리고 우리는 필시 공리주의적 방법이 제공

---

3) 윌리엄 블랙스톤(William Blackstone: 1723-1780), 『영국 법률에 대한 논평(*Commentaries on the Laws of England*)』(1766), 서론, §2를 참조하시오. "적극적 의무만을 명령하고 본래적 범죄(*mala in se*)가 아니라 도덕적 죄책감과는 아무 상관없는 금지적 범죄(*mala prohibita*)만을 금지하고 불복종에 대하여 처벌을 부과하는 법과 관련하여, 내가 이해하기로는 그 법을 위반한 경우 양심은 처벌을 따르라고 명령할 뿐이다. … '이것을 자제하거나 아니면 그러한 처벌에 따르라'는 대안이 모든 사람에게 주어진다." 〈역주〉 본래적 범죄(*malum in se*)는 살인, 강간, 절도처럼 그 자체로 해로운 범죄를 지칭하고, 금지적 범죄(*malum prohibitum*)는 정부의 행정적 목적을 달성하기 위해서 금지된 것으로 비도덕적 범죄는 아니다.

되는 해결책 외에 다른 해결책을 용납하지 않는 것처럼 보이는 논쟁에 빠지게 된다.[4]

§5. 우리는 다음으로 신의 혹은 약속에 대한 충실을 다루어야 한다. 그것을 여기서 고찰하는 것은 당연하다. 앞서 본 것처럼 어떤 사상가는 법 준수의 의무가 계약이행의 사전 의무에 기초한다고 보기 때문이다. 그러나 앞서 검토한 것처럼 사회계약은 기껏해야 편리한 허구(fiction), 즉 문명화된 공동체의 구성원들 사이의 법률상의 관계를 적절히 표현할 수 있는 논리적 책략일 뿐이다. 상식의 윤리학적 원칙을 진술하면서 이러한 허구는 적절하지 않게 보일 것이다. 그러나 법 준수의 의무와 신의의 의무 사이에는 종종 밀접한 역사적 연관이 있다는 점을 인정해야 한다. 우선 어느 시대와 나라에서든 적어도 헌법의 상당량은 공동체의 여러 구역들 사이의 명시적 계약에 의하여 제정되거나 승인되었다. 그 구역들은 미래에는 정부가 일정한 규칙에 따라야 한다는 것에 동의한다. 그래서 이 규칙을 준수할 의무는 계약에 대한 충실의 의무로 나타난다. 문제가 어떤 법이 아니라 입법자를 받아들이는 문제일 때, 더욱더 그러하다. 입법자의 권위는 백성 일반이나 그들의 대표자로부터 충

---

4) 나는 국제법의 고유한 윤리학적 문제들에 개입하는 것은 시간을 들일 만한 가치가 있다고 생각하지 않았다.

성맹세를 요구함으로써 강화된다. 이러한 경우에도 대부분의 시민들이 사실은 그들 중 소수가 채택한 약속에 구속된다고 생각할 수 있는 것은 명백한 허구에 의해서일 뿐이다.

일부 윤리학자들은 약속이행의 의무를 진실성으로 분류하거나 심지어 그것과 동일시한다는 사실에 주목함으로써, 그 의무에 대한 우리의 고찰을 시작할 수 있다. 하나의 관점에서 보면, 분명 그 둘 사이에 유사성이 있어 보인다. 왜냐하면 우리는 말과 사실 사이의 일치를 성취함으로써―전자의 경우 사실이 말에 일치하게 만들고, 후자의 경우 진술이 사실에 일치하게 만들어―진실성과 신의의 책무를 이행하기 때문이다. 그러나 이 유사성은 분명 피상적이고 불완전하다. 왜냐하면 우리는 우리의 행동이 우리의 언설 일반이 아니라 우리의 약속과 일치하게 만들 의무만 가지기 때문이다. 만약 내가 일 년 동안 술을 마시지 않겠다는 의도를 피력하고도 일주일 후에 술을 조금 마신다면, 나는 (아무리 나빠도) 일관성 없다는 조롱을 당할 뿐이다. 그러나 술을 마시지 않겠다고 맹세했다면, 나는 신뢰할 수 없다는 비난을 당할 것이다. 신의의 의무의 본질적 요소는 나 자신의 말과의 일치가 아니라 내가 다른 사람에게 고의로 발생시킨 기대와의 일치로 보인다.

이러한 견해에 따르면, 어떤 약속이 약속자가 의도하지 않은 의미로 이해된 경우에도 그는 자신이 자발적으로 만들지 않은 기대를 만족시켜야 하는가 하는 의문이 발생한다. 만약 그 기대가 자연스러운 것이고 이러한 상황에서 대다수 사람들이 가질 만한 것이라면, 내가 생각하기에 어떤 경우에는 그는 그 기대를 만족시켜야 한다는 것이 상식적으로 분명하다. 그러나 이것은 정의의 다소 불명확한 의무들 중 하나지, 정확히 말해서 신의의 의무들 중 하나는 아니라고 본다. 왜냐하면 엄밀히 말해서 거기에는 아무런 약속이 없었기 때문이다. 언어의 통상적 효과는 화자의 의미를 청자에게 (여기서는 약속자의 의미를 수약자에게) 전달하는 것이다. 우리는 어떤 약속을 말할 때 항상 이 효과가 일어난다고 가정한다. 어떤 우연으로 이 통상적 효과가 일어나지 않는다면, 우리는 아무런 약속이 없다거나 완전한 약속이 아니라고 말할 수 있다.

그렇다면 약속에 대한 도덕적 책무는 양 당사자가 그것을 같은 의미로 이해할 때 완전하게 성립된다. 우리는 '약속'이라는 용어에 말뿐만 아니라 모든 신호, 그리고 어떤 식으로도 분명히 표현되지 않은 암묵적 합의까지 포함한다. 그러한 것들이 약속의 일부를 이룬다면 말이다. 약속자는 자신과 수약자 모두가 약속했다고 이해하는 것을 수행해야 한다.

§6. 이러한 책무가 직관적으로 독립적이고 확실한 것으로 보이는가?

이 책무는 흔히 그렇다고 이야기된다. 우리는 그것이 무분별한 상식으로는 그렇게 보인다고 말할 수도 있다. 그러나 숙고해보면 그 원칙에 상당히 많은 제약들이 있다는 사실이 드러나는 것처럼 보인다. 어떤 제약은 분명하고 정확하지만, 다른 제약은 다소 불명확하다.

첫째, 사려 깊은 사람들은 일반적으로 약속에 대한 책무는 수약자와 관련되어 있고, 그에 의하여 무효화될 수 있다고 인정할 것이다. 따라서 수약자가 죽거나 접근할 수 없고 면제를 승인해줄 수 없을 경우, 책무의 해제가 다소 어려운 예외적 경우가 있다.[5]

둘째, 비도덕적 행위를 하겠다는 약속은 구속력이 없다고 생각된다. 왜냐하면 그 행위를 하지 않아야 한다는 사전 책무가 가장 중요하기 때문이다. 어떤 사람이 법적으로 마음대로 행할 수 없는 것을 행하라는 계약은 법적으로 부당한 것처럼 말이다. 혹은 우리는 그 명백히 어리석은 계약을 이행하지 않겠다고 약속함으로써 도덕적 책무를 면할 수 있다.[6] 물론 동일한 원칙이 비도덕적인 부작위 혹은 행위보류에 적용될 수 있다. 그러나 여기서 의무성의 상이한 종류들 혹은 등급들을 구별할 필요로부터 문제가 발생한다.

---

5) 신에 대한 맹세는 또 하나의 예외가 된다. 많은 사람들은 이러한 맹세가 구속력을 가질 경우 신이 그것의 면제를 허락했다고 추측할 만한 방법이 있어야 한다고 생각한다. 그러나 이것은 내가 논할 범위를 넘어선다.

6) 만약 약속이 맺어진 후에 그 행위가 비도덕적인 것이 된다면, 그 경우는 다소 다르다. 그러나 여기서도 그 행위를 하지 않아야 한다는 선행 의무가 보편적으로 우세하다고 생각될 것이다.

왜냐하면 어떤 약속은 사정이 달랐다면 수행하는 것이 의무였을 행위를 수행하지 않는 것을 때로는 의무로 만들 수 있기 때문이다. 그래서 받을 만한 자격이 없는 친구에게 내게 가용한 모든 돈을 빌려주기로 약속했다면, 그 돈을 공로가 많은 병원에 기부하지 않는 것이 나의 의무가 된다. 그 약속과 별개로 친구보다 병원을 택하는 쪽이 나의 의무였을지 모른다. 그러나 우리가 보았듯이 여러 경우들에서 엄밀한 의무의 한계를 규정하는 일은 어렵다. (예컨대) 친구를 돕겠다는 약속이 자기 자녀에게 좋은 교육을 제공해야 할 의무에 얼마만큼 우선하는가에 의문을 품을 수 있다. 그러므로 약속에 대한 책무가 선행 의무에 어느 정도 우선하는가는 실천적으로 다소 모호하다.

§7. 약속에 대한 충실의 의무의 추가적 제약에 대한 고찰은 더 많은 문제와 논쟁에 휘말리고, 약속이 맺어진 상황과 그것을 수행한 결과를 더 면밀히 고찰할 때 그 제약이 드러난다. 첫째, '사기나 무력'으로 얻은 약속이 얼마만큼 구속력을 가지는가에 대하여 많은 논쟁이 있다. 사기와 관련하여 약속이 거짓으로 밝혀진 어떤 진술을 참이라고 전제한다고 생각된다면, 내가 애초에 설정한 원칙에 따라서 물론 이 약속은 구속력을 가지지 않는다. 그런데 이러한 사기 진술의 결과로 맺어진 것이라도 어떤 약속은 아주 무조건적으로 맺어질 수 있다. 설령 그렇다 해도, 그 약속이 그 거짓 진술

만 아니었다면 맺어지지 않았을 것으로 추측된다면,[7] 아마 대다수 사람들은 그것이 구속력을 가지지 않는다고 생각할 것이다. 그러나 그 거짓 진술은 다른 고려사항들 중 하나에 불과할 수 있고, 그것이 어느 정도의 무게를 가지는가는 가늠하기 어렵다. 하나의 거짓 진술이 약속을 맺게 만든 유인의 일부였다는 이유로, 우리가 약속을 어기면서 정당하다고 느낄 수 있을지는 의문스러워 보인다. 만약 아무 명시적 주장이 없었고 단지 거짓인 것에 대한 암시만 있었다면, 혹은 거짓을 전혀 진술하거나 암시하지 않았고 단지 중요한 상황을 감췄을 뿐이라면, 이러한 이유로 우리가 약속을 어기면서 정당하다고 느낄 수 있을지는 더욱더 의문스러워 보인다. 우리는 일정한 종류의 은폐는 우리의 법에서 정당하다고 간주된다는 사실을 관찰할 수 있다. 예컨대 대다수 판매계약에서 법은 '구매자 위험부담(caveat emptor)' 원칙을 채택한다. 판매자가 말이나 행위로 물품에 결함이 없다는 믿음을 일으키지 않은 한, 법은 그가 판매된 물품의 결함을 털어놓지 않았다는 이유로 계약의 집행을 불허하지 않는다. 그러나 이 원칙이 약속을 받아내려고 중대한 사실을 은폐했다는 것이 밝혀진 경우 그 약속은 얼마만큼 구속력을 가지는가 하는 도덕적 물음을 해결하지는 않는다. 어떤 잘못된 인상

---

7) 여기서 하나의 '진술'에 대하여 말한 바는 거짓 인상을 일으키는 모든 방식에도 해당될 수 있다.

이 고의로 만들어진 것은 아니지만 수약자가 이러한 인상을 공유했거나 그것이 어떤 식으로 비의도적으로 만들어진 경우도 고려해야 한다. 아마 이 마지막 경우에서 대다수 사람들은 명백히 조건부 약속이 아니었다면 그 약속의 구속력은 영향을 받지 않는다고 말할 것이다. 그러나 모든 논점과 관련하여 상식은 확신하지 못하는 것처럼 보인다. 부분적으로 다소의 불법 폭력과 암시로 받아낸 약속에 대한 책무를 규정하려고 시도할 때, 어느 정도 유사한 문제가 나타난다.

§8. 둘째, 매우 자유롭고 공정하게 맺어진 약속일지라도 그것을 이행할 순간이 오기 전에 상황이 크게 변할 수 있고, 그래서 약속을 지킨 결과가 그것을 맺는 순간에 예상했던 결과와 크게 다를 수 있다. 이러한 경우에는 아마 모든 사람이 수약자가 약속자를 면제해주어야 한다는 생각에 동의할 것이다. 그러나 수약자가 이것을 거부한다면, 약속자는 얼마만큼의 의무를 가지는가를 정하는 것은 어려워 보인다. 어떤 사람은 그 약속자가 모든 경우에 의무를 가진다고 말할 것이다. 반면에 다른 사람은 적잖은 상황의 변화는 그 책무를 없앤다고 생각할 것이다—아마 모든 약속은 중대한 상황이 대체로 동일한 경우에만 구속력을 가진다는 일반적 견해를 가정하면서 맺어진다고 이해되어야 한다고 덧붙일 것이다. 그러나 이러한 원칙은 그 의무의 이론적 명확성을 크게 손상시킨다.

앞서 주목한 경우, 즉 지금은 죽었거나 일시적으로 연락을 할 수 없는 상태에 있는 사람과 맺은 약속의 경우를 숙고할 때, 이 문제는 새로운 양상을 띤다. 왜냐하면 약속을 면제받을 방법은 없는 동시에, 그것의 실행이 실제로는 양 당사자의 바람을—혹은 바람이었을 것을—거스를 수 있기 때문이다. 이 문제는 때로는 약속의 '의도'를 수행하는 것이 우리의 의무라는 말로 감춰진다. 왜냐하면 이렇게 사용될 때 의도라는 낱말은 흔한 말로 모호하기 때문이다. 그것은 채택된 낱말들에 수약자가 부여한 의미를 뜻할 수도 있고, 그 의미가 그 낱말들의 일반적 용법으로 인정할 수 있는 다른 의미들과 분명히 다를 수도 있다. 혹은 그것은 약속을 요구하면서 수약자가 품었던, 그 약속의 이행이 가져올 장래의 결과를 포함할 수도 있다. 그런데 우리는 일반적으로 생각하기에 약속자는 후자에 관심을 가지지 않는다. 확실히 약속자는 수약자가 품었던 목적을 위한 어떤 특수한 수단에 관여할 뿐이지 그 목적 전반을 이루려고 노력하겠다고 맹세하지는 않는다. 이러한 수단이 목적에 도움이 되지 않는다고 생각하더라도, 일반적 상황에서 그는 약속으로부터 면제되지 않는다. 그러나 위에서 가정한 경우, 즉 상황이 현저하게 변하고 약속의 수정은 허용하지 않는 경우, 아마 대다수 사람들은 우리가 수약자의 마음속의 바람을 고려해야 하고 그의 의도였을 것이라고 진심으로 믿는 바를 수행해야 한다고 말할 것이다. 이리하여 그 책무는 아주 모호해진다. 왜냐하면 상황의 어떤 한 조합

속에서 어떤 사람이 가진 바람과 이 상황과 복잡한 방식으로 달라진 상황에서 그가 바랐을 것을 구별하는 것은 어렵기 때문이다. 실로 약속의 책무에 대한 이러한 견해는 흔히 중대한 의견차로 이어진다. 그래서 어떤 사람은 이러한 경우에도 책무를 엄격하게 해석해야 한다고 주장하는 반면에, 다른 사람은 정반대로 책무가 완전히 끝난다고 주장하는 것은 놀랄 일도 아니다.

다시 어떤 약속은 선행 책무를 파기할 수 없다고 말했다. 이 규칙의 특수한 용례로서, 어떤 약속도 누군가에게 해악을 끼치는 것을 정당화할 수 없다는 점에 일반적으로 동의할 것이다. 그런데 더 깊이 숙고해보면, 약속을 주고받은 사람들이 얼마만큼 이러한 제한 영역에 포함되는지는 의문스러워 보인다. 첫째, 한 사람이 다른 사람에게 해악을 끼치지 않아야 하는 것만큼 자신에게 해악을 끼치지 않아야 하는 엄밀한 의무를 가진다는 주장이 일반적 주장은 아니라고 보이기 때문이다. 그래서 어리석은 약속이었고 수약자에게 주어질 좋음에 비하여 지나친 고통이나 부담을 약속자에게 안길 것이라는 이유로, 그 약속이 구속력을 가지지 않는다고 생각되지 않는다. 그럼에도 희생과 이득이 매우 불균형한 극단적 경우를 예로 든다면, 대다수 양심적인 사람들은 약속을 지키기보다 어겨야 한다고 생각할 것이다. 둘째, 약속의 이행에 의하여 수약자에게 해악을 끼칠 가능성을 고려할 경우, 다른 문제가 발생한다. 왜냐하면 어떤 사람에게 해악을 끼치는 것은 그르다고 말할 때, 우리는 흔히 그 사람이 해악이라고 생각하는 것만이 아니라 그가 그것을 이익이라고 생각하더라도 실제로 해악인 것도 의미하기 때문이다. 설령 그가 고집스럽게 건강에 좋은 음식이라고 확신해도 내가 독약이라고 아는 것을 어떤 사람에게 주는 것은 분명 범죄로 보이기 때문이다. 이제 내가 A에게 무언가를 해주기로 약속했는데, 약속을 이행하기 전에 내가 그것이 그에게 해악을 끼칠 수 있다고 생각할 이유를 발견한 경우를 가정해보자. 상황은 정확히 같고, 그 상황에 대한 나의 견해만 달라졌다. 만약 A가 나와 다른 견해를 취하고 내게 약속을 이행하라고 요구한다면, 그의 요구에 따르는 것이 옳은가? 독약의 경우처럼 극단적인 경우에는 분명 이렇게 말할 사람은 아무도 없을 것이다. 그러나 이 규칙이 어떤 극단적 경우에는 유효하지 않다면, 우리는 어디에 그 경계선을 그릴 수 있는가? 나 자신의 확신이 약화되지 않는다면, 어떤 지점에서 나는 판단을 A에게 넘겨야 하는가? 상식은 분명한 답을 제공하지 않는 것처럼 보인다.

§9. 나는 약속은 양 당사자가 그것을 유사하게 이해한 경우에만 구속력을 가진다고 단언했다. 명시적 낱말이나 신호의 파악에 관련된 경우, 이러한 이해는 보통 충분히 분명하게 얻어진다. 그런데 여기서조차 때로는 불명료성과 오해가 발생한다. 암묵적 합의의 경우에 약속은 흔히 복잡해지고 명확한 동의의 결여가 있음직

하다. 그래서 앞서 제기한 문제의 해결이 실천적 중요성을 가지게 된다. 자신이 일으킬 의도가 없었던 기대의 만족에 대하여 약속자는 어떤 의무를 가지는가? 나는 이것을 신의의 의무보다는 통상적 기대의 충족을 명령하는 정의의 의무라고 말했다. 그렇다면 우리는 이러한 기대를 어떻게 정할 것인가? 일반적으로 그것을 확인하는 방법은 다음과 같아 보인다. 우리는 평균적 혹은 표준적 사람에 대한 개념을 형성하고 그가 그 상황에서 어떤 기대를 품을 것인가를 숙고하는데, 유사한 상황에서 사람들이 일반적으로 품는 믿음과 기대로부터 이것을 추론한다. 그러므로 우리는 약속자와 수약자가 놓인 특수한 관계에서 사람들 사이에서 통용되는 관습적인 암묵적 합의와 언어의 관습적인 용법을 참조한다. 물론 이러한 관습적 해석과 이해가 약속을 맺으려는 사람들에게 의무로 주어지는 것은 아니다. 그러나 우리가 생각하기에 그것들은 모든 사람이 알고 있고 명확한 거부의 경우를 제외하면 모든 사람이 받아들인다고 가정할 수 있는 기준을 구성한다. 만약 약속의 당사자 중 하나가 명시적으로 고지하지 않고 이러한 일반적 기준에서 벗어난다면, 우리는 그가 오해로부터 발생할 수 있는 모든 손실을 감수하는 것이 옳다고 생각한다. 그렇다면 이러한 기준은 일반적으로 적용가능하다. 그러나 관습이 모호하거나 변하기 쉽다면, 그것은 적용될 수 없다. 그렇다면 당사자들의 정당한 요구는 아주 막연하지는 않더라도 매우 해결하기 어려운 문제가 된다.

지금까지 우리는 약속자는 자신의 낱말을 선택할 수 있지만 수약자가 그것을 모호하다고 느낀다면 그는 그것을 수정하거나 (결국 마찬가지로) 설명할 수도 있다고 가정했다. 이제 어떤 직책이나 보수를 얻는 조건으로서 공동체에게 약속을 하는 경우에는, 그 약속이 맺어지려면 어떤 불변적 형태의 말이 사용되어야 한다는 점을 주목해야 한다. 여기서 도덕적 해석의 문제가 크게 늘어난다. 실로 약속은 공동체가 그 용어들을 이해하는 의미대로 해석되어야 한다고 말할 수 있다. 그 용어들의 용법이 획일적이고 모호하지 않을 경우, 분명 이러한 해석의 규칙도 충분히 명백하고 단순할 것이다. 그러나 낱말은 흔히 같은 사회의 상이한 구성원들에 의하여 상이한 방식으로, 특히 상이한 정도의 엄격함과 느슨함을 가지고 사용되기 때문에, 공동체와의 약속에서는 엄밀히 말해서 그것이 한 가지 의미로 이해된다고 말할 수 없는 경우가 자주 일어난다. 따라서 약속자는 그 약속의 가장 일반적 해석의 의미대로 그것을 지켜야 할 의무가 있는가, 혹은 그 약속의 가능한 의미들 중 무엇이든 선택할 수 있는가 하는 문제가 생긴다. 더 나아가 정해진 문구가 다소 오래된 문구일 경우, 그 약속은 그것의 낱말들이 현재 일반적으로 가지는 의미로 해석되어야 하는가, 혹은 약속을 맺을 당시에 그 낱말들이 가졌던 의미로 해석되어야 하는가, 혹은 그 낱말들이 당시에 모호했다면 약속을 강요한 정부가 그 낱말들에 부여했다고 보이는 의미로 해석되어야 하는가 하는 추가적 문제가 생긴다.

이 모든 문제에 대하여 상식에서 분명한 견해를 끌어내는 것은 어렵다. 보통 이러한 형식적 약속을 맺으려는 강력한 동기들이 있고, 이 동기들은 웬만큼 양심적인 사람들조차 그 약속을 억지로 꾸민 부자연한 의미로 생각하게 만든다는 사실에 의하여 문제는 늘어난다. 많은 사람들이 계속 이렇게 행할 경우, 그 약속의 의미에 대하여 새로운 일반적 이해가 생긴다. 때로는 그 약속을 '단순한 형식'으로 간주하거나, 이렇게까지 변질되지 않더라도 적어도 그것은 원래 의미와 아주 다른 의미로 이해된다. 그렇다면 이렇게 점진적이고 변칙적인 완화 혹은 곡해의 과정은 철저히 양심적인 사람이 그 약속에 대하여 가지는 도덕적 책무를 얼마만큼 변화시킬 수 있는가 하는 문제가 생긴다. 이 과정이 완료되면, 신의의 새로운 이해가 용어의 자연적 의미와 명백히 충돌하더라도, 이 새로운 이해를 채택하는 것이 분명 옳아 보인다. 이러한 경우에는 약속의 형태도 그 변화된 내용과 일치하도록 변하는 것이 항상 바람직하더라도 말이다. 그러나 이 과정이 완료되지 않으면, 보통 그러하듯이, 공동체의 일부는 그 약속을 엄밀한 원래의 의미로 이해하기 때문에 책무를 결정하기 어렵고 그것에 대한 양심적인 사람들의 판단도 상이하고 혼란스럽다.

논의결과를 요약해보자. 분명한 **합의**를 주장할 수 있는 것은 명시적이든 암묵적이든 약속은 여러 조건들을 충족한 경우에 구속력을 가진다는 원칙뿐이라고 생각된다. 즉 수약자가 이해한 약속의 의미에 대하여 약속자가 확신을 가지고 있는 경우, 수약자가 약속의 면제를 허락할 수 있는 입장에 있지만 여전히 그러기를 원하지 않는 경우, 약속이 무력이나 사기로 얻어지지 않는 경우, 약속이 확실한 선행 책무와 충돌하지 않는 경우, 약속의 이행이 수약자에게 유해하거나 약속자에게 불균등한 희생을 과할 것이라고 생각하지 않는 경우, 약속을 맺은 이후 상황이 현저하게 변하지 않는 경우 등이다. 이 조건들 가운데 어느 것이든 충족되지 않는다면, 합의는 사라지는 것처럼 보이고 사려 깊은 사람들의 일반적인 도덕적 인식은 불명료와 불일치에 빠지게 된다.

7장

의무의 분류 — 진실성

§1. 자비심, 정의, 법과 계약의 준수를 논할 때 우리는 분명 사회적 의무의 전 영역을 우리의 견해에 포함시켰고, 우리가 상식적으로 받아들였다고 느끼는 다른 준칙들이 무엇이든, 그것들은 틀림없이 우리가 정의하려 했던 원칙에 종속된다고 생각될 것이다.

왜냐하면 특정한 계약과 실정법의 준수 외에 우리가 분명히 같은 인간에게 다해야 할 의무가 무엇이든, 그 의무는 자연히 —적어도 일반적 용법을 약간 확장함으로써— 정의에 포함되는 것으로 보이기 때문이다. 동시에 이것보다는 불분명하지만 우리가 인정하는 다른 책무들은, 특정한 관계와 상황에 적합한 더 강한 애정과 더불어, 우리가 인간 가족의 모든 구성원 사이에 존재해야 한다고 생각하는 선의에 대응하는 것처럼 보인다. 그러므로 이 주제를 논하는 최상의 방법은 의무 전반을 사회적(Social) 의무와 자기-관계적(Self-regarding) 의무로 나누고, 다시 전자의 부문을 내가 하나씩 논했던 항목들로 세분하고, 나중에 특정한 명칭과 확실한 인정을 받은 의무의 세부항목들을 덧붙이는 것이라고 생각할 수 있다. 이곳이 아마 내가 이러한 방침을 택하지 않은 이유를 설명하기에 적절한 장소로 보인다. 의무를 사회적 의무와 자기-관계적 의무로 나누는 것은 대강의 조건부 분류로서 명료하고 수용할 만한 것이지만, 면밀히 검토해보면 그것은 엄밀히 말해서 직관주의적 방법에 적절해 보인다. 왜냐하면 이 표제들은 자연히 행위자나 다른 사람의 행복이나 복리가 항상 옳은 행동의 목적이자 최종결정자라고 암시하는 반면에, 직관주의 학설은 적어도 일정한 종류의 행위는 그것의 장래의 결과와 무관하게 절대적으로 명령된다는 것이기 때문이다. 용어들에 보다 일반적인 의미를 부여하여, 사회적 의무는 다른 사람에게 일정한 결과를 산출하라는 의무로 이해하는 동시에 자기-관계적 의무에서는 자신에게 일정한 결과를 산출하는 것을 목표로 삼더라도, 그 분류는 여전히 부적절한 분류다. 왜냐하면 이러한 결과들은 일반적 도덕규칙의 선언에서 분명히 인식되지 않기 때문이다. 많은 경우에 우리는 자신과 다른 사람 모두에게 뚜렷한 결과를 산출하지만, (상식의 견해로는) 어느 것이 더 중요한지를 말하기가 쉽지 않기 때문이다. 또한 이러한 분류 원칙은 때로는 어떤 공통적 개념 아래에서 지시되는 의무들을 둘로 나누는 것을 필요하게 만들 것이다. 왜냐하면 동일한 규칙이 사회적 행위와 독자적 행위 모두를 지배할 수 있기 때문이다. 용기라는 항목 아래에서 도덕적으로 지시되는 행위를 예로 들어보자. 인간 공동체들이 계속 자신의 존재와 복리를 위하여 싸워야 하는 한, 역사적 도덕체계에서 이 덕의 현저함은 필시 그것에 항상 부여되는 커다란 사회적 중요성에서 기인하는 것으로 보인다. 그러나 이기적 목적을 위하여 드러나든 사회적 목적을 위하여 드러나든, 용기라는 자질은 본질적으로는 동일하다.

정의를 목적으로 일반적으로 인정하는 덕들의 목록에서 권하거나 지시하는 행위의 종류를 검토할 때, 우리 대부분은 우리가 얻는 준칙이 확실히 절대적이고 독립적인 준칙이 아님을 발견한다는 것은 분명한 사실이다. 우리의 용어가 나타내는 성질은 그것이 명백히 개인이나 전체의 복지를 증진하는 경우에만 칭찬할 만하고, 이 목적에 불리하게 작용할 경우에는—다른 측면에서는 같더라도—그 성질이 비난할 만하다는 것은 분명한 사실이다. 한두 가지 사례에서 이미 이러한 결과를 인식했고, 그 결과는 앞으로 나올 장들에서 길게 설명될 것이다. 이것이 대체로 사실이더라도, 현재 목적을 위하여 이 규칙의—실재상의 혹은 외견상의—예외에 주목하는 것은 특히 중요하다. 왜냐하면 이 예외는 우리가 직관주의라고 부르는 방법에 특징적이기 때문이다.

이러한 예외들 중 가장 중요한 하나는 진실성이다. 어떤 측면에서는 이 의무와 신의 혹은 약속에 대한 충실 의무는—근본적 차이에도 불구하고—유사하기 때문에, 둘을 연달아 살펴보는 것이 편하다. 둘은 모두 말과 사실 사이의 일치를 지시한다. 그러므로 그 준칙을 정확하게 만들려고 시도할 때 발생하는 문제는 둘 모두의 경우에 다소 유사하다. 예컨대 신의의 의무는 어떤 말의 용납할 만한 의미가 아니라 수약자가 그 말에 부여했다는 사실을 우리가 알고 있었던 의미에 우리의 행위를 일치시키는 것이다. 마찬가지로 진실말하기의 의무는 일반적 용법에 따라서 다른 사람의 마음에 우리가 가진 믿음과 일치하는 믿음을 일으킬 수 있는 말이 아니라, 우리가 말하고 있는 사람에게 이러한 효과를 가지리라고 믿는 말을 발언하는 것이다. 이것은 보통 매우 단순한 문제다. 왜냐하면 언어의 본래적 효과는 우리의 믿음을 다른 사람에게 전달하는 것이고, 우리는 흔히 우리가 이렇게 하고 있는지 않는지 아주 잘 알고 있다. 약속의 경우처럼, 법이나 관습이 부과하는 정해진 형식의 사용에서 문제가 발생한다. 앞 장의 유사한 문제에 대한 논의의 대부분이 쉽게 수정되어 이 문제에 적용될 수 있다. 법이 부과하는 형식의 경우에는—(예컨대) 신앙의 선언처럼—우리가 그 용어들을 그것들이 일반적으로 가지는 의미대로 이해할 수 있는지, 아니면 그것들을 부과한 입법부가 의도한 의미대로 받아들여야 하는지는 의문스럽다. 문제는 그 용어들의 일반적 수용을 위하여 제시되는 강력한 유인들로 인한 그것들의 의미의 변질이나 곡해에 의해서도 발생한다. 왜냐하면 그것들은 일정한 문구의 의미에 대하여 새로운 일반적 이해가 점점 성장한다고 보일 때까지 계속 왜곡되고 확대해석되기 때문이다. 우리가 그 문구를 이러한 새로운 의미로 진실되게 사용할 수 있는지는 계속 의문시된다. 이와 유사한 과정이 교양 있는 사회에서 통용되는 관용표현의 의미를 계속 변화시킨다. 어떤 사람이 귀찮은 초대를 '기쁜 마음으로 수락한다'고 표명하거나 자신이 열등하다고 간주하는 사람에게 '근배(謹拜)'라고 표명할 때, 필시 그는 일단 기만적 문구를 사용한다. 만약 그것들이 더 이상 기만적 문구가 아니라면, 상식은 그것들의 사용이 관례인 곳에서 그것들을 사용하지 않으려는 것은 너무 세심하다고 비난한다. 그러나 변질과정이 완료되지 않은 경우, 상식은 의문스럽고 혼란스러운 것처럼 보인다. 어떤 사람이 고향에서 온 불편한 손님에게 자신이 '지금 집에 없다'고 대답하는 경우처럼, 여전히 기만을 당하는 사람이 있을 수 있다.

관용문구의 사용과 별개로, '진실을 말하라'는 규칙은 일반적으로 행위에 적용하기 어렵지 않다. 많은 윤리학자들은 단순성과 명확성 때문에 이 규칙을 거의 예외가 없는 윤리학적 공리의 사례로 간주했다. 그러나 내가 생각하기에 참을성 있게 숙고해보면 이 견해는 실제로는 인간의 상식에 의하여 확인되지 않는다는 사실이 밝혀질 것이다.

§2. 우선 진실성이 절대적이고 독립적인 의무인지, 아니면 어떤 상위의 원칙의 특수한 적용인지에 대하여 분명한 의견일치는 없어 보인다. 칸트는 (예컨대) 진실을 말하는 것을 자기 자신에 대한 의무로 간주한다는 점을 알 수 있다. 왜냐하면 '거짓말은 사람의 존엄성의 포기 혹은 말하자면 소멸이기' 때문이다. 이것은 거짓말을 하는 것이 명예에 관한 불문율로 금지된다는 견해로 보인다. (명예를 존중하는 사람은) 모든 거짓말이 사람의 존엄성을 손상한다고 생각하는 것이 아니라, 특히 공포를 느끼는 상태에서 이기적 목적으로 거짓말을 하는 것만이 천하고 비열하다고 생각한다는 점을 제외하면 말이다. 사실 명예에 관한 불문율이 거짓말을 하도록 지시하는 상황도 있다고 생각된다. 여기서 그것은 상식도덕에서 명백히 벗어난다고 말할 수 있다. 그럼에도 상식도덕은 진실말하기가 추가적 정당화를 필요로 하지 않는 절대적 의무인지, 혹은 동료들이 진실을 말하도록 하는 것이 어떤 상황에서는 상실 혹은 정지될 수 있는 각 사람의 일반적 권리인지를 분명하게 결정하지 않는 것처럼 보인다. 각 사람은 자신의 안전 전반에 대해서는 자연적 권리를 갖는다고 생각되지만, 그가 다른 사람의 생명과 재산을 손상하려고 시도할 경우에는 그렇게 생각되지 않는다. 만약 이처럼 우리가 자신과 다른 사람을 보호하려고 살인까지 할 수 있다면, 거짓말이 우리의 권리의 명백한 침해를 더 잘 막아줄 수 있을 경우에도 우리가 거짓말을 해서는 안 된다는 말은 이상하게 들릴 것이다. 상

식은 이러한 거짓말을 단호히 금지하지 않는 것처럼 보인다. 전쟁이라고 부르는 질서정연하고 체계적인 대량학살은 고통스럽고 혐오할 만하지만 어떤 상황에서는 완벽히 옳다고 생각된다. 이처럼 법정의 설전에서 일반적으로 변호사는 엄격한 규칙과 한계 내에서는 거짓말을 하는 것에 대하여 정당화된다고 생각된다. 왜냐하면 지시를 받았는데도 불구하고 자신이 거짓으로 알고 있는 것을 말하지 않으려는 변호사는 너무 세심하다고 생각되기 때문이다.[1] 또한 속임을 당하는 사람에게 이익을 주는 속임수의 경우, 상식은 그 속임수가 때로는 옳을 수도 있다고 인정하는 것처럼 보인다. 예컨대 위험한 충격을 일으킬지 모르는 사실을 숨길 유일한 방법이 거짓말이라고 판단되는 경우, 대다수 사람들은 병자에게 거짓말하는 것을 주저하지 않을 것이다. 또한 내가 인식하기로는 어린이가 진실을 알아서는 안 된다고 생각되는 문제에 대해서는 누구도 어린이에게 허구를 이야기하는 것을 주저하지 않는다. 어떤 경우든 자비로운 거짓말의 정당성이 인정된다면, 나는 편의를 고려하는 방법, 즉 특정한 기만의 이득을 진실성 위배에 수반하는 상호신뢰의 손실위험과 비교하는 방법 외에는 거짓말이 언제 얼마만큼 용납될

---

1)   그 변호사가 단순히 다른 사람들의 거짓 증언들을 보고한다고 말할 수 없다. 왜냐하면 그의 변론의 모든 설득력은 그 증언들을 받아들여 적어도 그 순간에 그가 그 사례에 대하여 주장하고 있는 견해로 그것들을 끌어올리는 작업에 달려 있기 때문이다.

수 있는지를 결정할 방법이 없다고 본다.

여기서 종교적 기만('종교를 빙자한 사기')에 대하여 많이 논의된 문제가 자연히 생각날 것이다. 상식은 이제 종교를 위한 거짓말은 정당할 수도 있다는 대강의 규칙에 분명 반대하는 것으로 보인다. 그러나 더 미묘한 형태로 도덕적인 사람들은 여전히 이 같은 원칙을 지지하고 있다. 때로는 종교의 가장 중요한 진리는 말하자면 허구의 껍질로 감싸지 않고는 평범한 사람의 마음에 전달될 수 없다고 말한다. 이러한 허구를 마치 사실인 것처럼 이야기함으로써, 우리는 사실 실질적인 진실성의 행위를 수행하는 것이다.[2] 이 논증을 숙고해보면, 진실성이 어디에 놓여 있는가는 결국 분명하지 않다는 것을 알게 된다. 왜냐하면 어떤 일련의 주장들에 의하여 직접 전달된 믿음들로부터 결론들이 자연스럽게 도출되고, 우리는 그 결론들의 도출을 분명히 예견할 수 있기 때문이다. 흔히 우리는 직접 전달된 믿음들과 그것들에서 도출된 결론들이 모두 참이어야 한다고 생각하고, 항상 이것을 목표로 삼는 사람을 솔직하고 진실한 사람이라고 칭찬한다. 그러나 우리는 적어도 상당 부분의 의견들이 두 상이한 방식으로 이러한 의도를 지시하는 규칙의 완화를

---

2) 예컨대 종교적인 사람들은 신이 6일 동안 세상을 만드시고 7일째 날에 쉬셨고, 1 대 6은 신이 명령한 휴식과 노동의 비율이라는 믿음을 엄숙히 인정하는 것이 옳다고 주장한다—혹은 1873년에 그렇게 주장했다.

요구하는 것을 발견한다. 첫째, 방금 관찰한 것처럼 어떤 결론이 참이고 중요하지만 충분히 전달될 수 없을 경우, 우리는 때로 허구적 전제를 이용하여 청자의 마음을 그 결론으로 인도할 수 있다는 주장이 있다. 그러나 이것과 정반대의 것, 즉 우리의 실제 주장을 참으로 만드는 것만이 절대적 의무라는 것이 아마 더 일반적인 견해일 것이다. 왜냐하면 인간 담화의 이상적 조건은 완벽한 진실성과 솔직함을 포함하고 우리는 되도록 이러한 덕의 표출에서 기쁨을 느껴야 하지만, 현실세계에서는 여전히 사회복리를 위하여 가끔은 은폐가 필요하고 이러한 은폐는 정말로 거짓말하는 것 외에 어떤 방법으로든 정당하게 수행될 수 있다고 말하기 때문이다. 그래서 종종 이렇게 말한다. 어떤 비밀을 지키려고 우리가 정말로 **거짓말을 할 수는 없다.**[3] 즉 사실과 반대되는 믿음을 직접 일으킬 수는 없지만, "질문을 비껴갈 수" 있다. 즉 우리의 대답에서 나오는 자연적 결론으로 소극적인 거짓 믿음을 간접적으로 일으키거나, 아니면 "질문자의 추적을 피할 수는 있다", 즉 적극적인 거짓 믿음을 이와 유사하게 일으킬 수 있다. 이 두 가지 은폐 방법은 각각 진실의 은폐(*suppressio veri*)와 허위의 암시(*suggestio falsi*)라고 알려져 있다. 많은 사람들은 어떤 상황에서는 그것들이 정당하다고 생각할 수 있다. 동시에 다른 사람들은 기만을 행할 경우 그것을 행하는 어

---

3) 윌리엄 휴얼, 『도덕의 요소』, 제2권 15장 §299.

떤 특정한 방식을 더 크게 반대하는 것은 형식주의일 뿐이라고 말한다.

대체로 우리의 성찰은 일반적으로 인정받는 진실성 규칙이 명확한 도덕적 공리로 승진될 수 없다는 점을 보여주는 듯하다. 얼마만큼 다른 사람에게 진실한 믿음을 전해야 하는지에 대하여 실제적 합의가 없기 때문이다. 또한 모든 상황에서 절대적 정직을 요구하는 것은 상식에 반하는 동시에, 우리는 그것을 요구할 수 없는 순간을 분명히 규정짓는 자명한 이차적 원칙을 찾을 수 없기 때문이다.

§3. 절대적 진실 의무를 선험적으로 드러내는 한 가지 방법이 있고, 우리는 이 방법을 간과할 수 없다. 만약 이 방법이 타당하다면, 상식은 앞서 언급한 예외와 제한조건을 오직 부주의하고 피상적인 사고로 인하여 받아들이는 것으로 보일 것이기 때문이다.

일반적으로 어떤 상황에서는 거짓말이 정당화될 수 있다고 생각될 경우, 아무도 믿지 않을 것이기 때문에 그 거짓말은 즉시 아무 쓸모도 없어질 것이라고 한다. 또한 윤리학자들이 일반적으로 수용될 경우에는 자멸적 결과를 가져올 규칙을 설정할 리가 없다고 한다. 이 말에 대하여 세 가지 응답이 있다고 생각한다. 첫째, 서로의 주장에 대한 사람들의 신뢰가 **어떤 특별한 상황**에서는 손상되거나 파괴될 수 있다는 것이 반드시 해악은 아니다. 심지어 이러한 상황은 간절히 일어나길 바랄지 모를 결과일 수 있다. 예컨대 질문할 권리가 없는 것을 질문하는 사람은 필시 거짓말을 들을 것이라고 생각하거나 예상하는 것은 분명 정당한 비밀을 지키는 가장 효과적인 보호책이다. 악한이 지금 정직한 사람의 진실성에서 끌어내려는 보안조치의 손상에 대한 두려움 때문에라도, 우리는 속임수를 속임수로 맞서는 것이 정당하다고 말하지 않을 수 없다. 분명이 상황에서 일반적 비진실성의 최종결과는 더 이상 이러한 거짓말을 말할 수 없는 상태일 것이다. 그러나 이러한 최종결과가 바람직하지 않은 것이 아닌 한, 그 결과에 대한 전망이 유용한데도 불구하고 거짓말을 해서는 안 되는 이유가 되지는 않는다. 둘째, 대개 사람들의 믿음은 순전히 합리적 근거에서 만들어지는 것이 아니기 때문에, 경험에 따르면 일반적으로 정당하다고 생각되는 상황에서는 비진실성이 부분적으로 유효한 상태로 오랫동안 남아 있을 수 있다. 우리는 이것을 법정의 경우에서 볼 수 있다. 왜냐하면 자신이 변호하는 범인의 편에서 자신이 말해야 하는 바를 최대한 그럴듯하게 진술하는 것이 변호인의 의무로 간주된다는 점을 배심원도 잘 알고 있지만, 능숙한 변호인은 종종 진심으로 자기 의뢰인이 무고하다고 믿는다는 인상을 줄 수 있기 때문이다. 이러한 종류의 위선이 얼마만큼 정당화될 수 있는가는 결의론(casuistry)의 문제로 남는다. 마지막으로, 보편적으로 적용될 경우에는 필시 해악을 끼칠 준칙에 따라서 행동하는 것은 확실히 옳지 않다고 가정할 수 없다. 이 가정은 앞서 윤리학적 공리로 인정했던 바, 즉 나에게 옳은 것은 '유사한 상황에 놓인 모든 사람에게도 옳다'는 공리에 함축되어 있는 것으로 보일 것이다.[4] 그런데 숙고해보면 이 공리의 범위에는 그것의 적용이 필시 스스로 제한되고 그것이 명백히 제안하는 실천적 보편성을 인정하지 않는 특수한 경우가 있다. 즉 행위자의 상황이 (1) 그의 준칙이 보편적으로 받아들여진 것이 아니라는 인식과 (2) 그의 행위가 그 준칙을 어떤 정도로도 받아들여지도록 만들 수 없다는 심사숙고한 확신을 포함하는 경우다. 왜냐하면 이러한 경우에 그 공리의 실천적 의미는, 모든 사람이 그 행위자의 행위가 널리 모방되지 않을 것이라고 진심으로 확신한다면, 그 행위자가 행하는 것처럼 행하는 것이 옳다는 것뿐이기 때문이다. 만약 그 행위가 널리 모방된다면, 이러한 확신은 필시 사라질 것이다. 이러한 [행위자의] 상황이 불가능하다고 말하기 어렵다. 만약 그것이 불가능하다면, 우리가 논하는 공리는 그것의 현재 적용에서 우리가 비진실성의 중대한 위험을 주목하게 하는 데 도움이 될 뿐이고, 이것은 진실을 말해야 하는—형식적으로 결정적이지는 않지만—강력한 공리주의적 근거가 된다.[5]

〈주해〉 레슬리 스티븐은 (『윤리 과학』, 5장 §33) 진실말하기 규칙

---

4) 제3권 1장 §3을 참조하시오.
5) 이 공리에 대한 추가적 논의로는, 제4권 5장 §3을 보시오.

의 예외를 다음과 같이 설명한다.

"'거짓말하지 말라'는 규칙은 외적인 규칙이고, '신뢰할 수 있는 사람이 돼라(Be trustworthy)'는 내적인 규칙에 대략 상응한다. 이 규칙들이 갈라지는 경우가 발생하고, 그 경우에 도덕적으로 승인되는 것은 내적인 규칙이다. 진실함이 규칙이다. 왜냐하면 대다수 경우에 우리는 진실을 말하는 한에서 어떤 사람을 신뢰하기 때문이다. 예외적인 경우에는 거짓말이 아니라 진실을 말할 경우에 상호신뢰가 침해될 것이다."

내가 보기에 이 설명은 여러 가지 이유로 불충분하게 보인다. (1) 때때로 다른 사람의 생명이나 비밀을 보호하려고 거짓말을 할 수 있다면, 우리가 자신의 생명이나 비밀을 보호하려고 그렇게 할 수 없다고 말하는 것은 불합리하다. 그러나 자기방어를 위한 거짓말은 "신뢰할 수 있는 사람이 돼라"는 준칙의 적용으로서 정당화될 수 없다. (2) 거짓말이 다른 사람을 공격으로부터 보호하는 정당한 방어수단일지라도, 우리는 무조건 그 거짓말을 한 사람이 "신뢰할 만함"을 보여준다고 말할 수 없다. 왜냐하면 속은 공격자는 그 사람의 진실성을 신뢰했고, 그러지 않았다면 공격자는 속지 않았을 것이기 때문이다. 따라서 문제는 어떤 상황에서 내가 진실을 말할 것이라는 A의 확신이 내가 생명과 명예를 지켜줄 것이라는 B의 확신을 실망시키지 않기 위하여 정당하게 좌절될 수 있는가 하는 문제다. 스티븐의 설명은 이 물음에 대한 대답에 아무런 도움을 주지 않는다.

"이렇게 하라"는 형식으로 표현되는 외적인 규칙과 대조적으로, "이렇게 돼라"는 형식으로 표현되는 "내적인 규칙"의 가치에 대하여, 스티븐이 제기한 일반적 물음은 뒤에 나올 내용(14장 §1)에서 다루어질 것이다.

8장
다른 사회적 의무와 덕

§1. 상식에 의하여 인정된 부차적인 사회적 의무와 덕이 고찰을 통하여 얼마만큼 4장에서 논한—일반적 혹은 개별적—자비심의 특수한 용례 이상의 무언가로 보일지를 물을 때, 가장 현저하게 우리의 주의를 요구하는 의무의 부문은 자비로움과 반대되는 감정의 존재를 다루고 그것의 정당성을 결정하는 부문이다.

왜냐하면 악의적 감정은 자비로운 애정만큼 인간에게 자연적인 것처럼 보이기 때문이다. 사실 같은 의미에서 자연적인 것은 아니다—사랑하거나 싫어하게 만드는 특별한 원인이 없을 경우, 사람은 보통 같은 인간에게 상냥한 감정을 가지는 경향이 있다(이러한 경향성은 사회발전의 낮은 단계에서는 낯선 부족들과 인종들 사이의 습관적 적대행위에 의하여 가려진다). 그럼에도 악의적 감정을 일으키는 특수한 원인들이 지속적으로 발생하고, 대체로 그것들은 자비로운 애정의 발달을 설명하는 것과 유사한 심리학적 법칙을 예증한다. 왜냐하면 우리는 자발적 시혜든 다른 무엇이든 우리에게 기쁨을 주는 사람을 사랑하는 경향이 있듯이, 엄밀한 유추에 따라서 어떤 사람이 우리가 간절히 원하는 목적의 달성에 걸림돌이 되는 경우처럼 우리는 악의나 단순한 이기심에서 의식적으로든 무의식적으로든 우리에게 해를 끼치는 사람을 자연히 싫어하기 때문이다. 따라서 우리는 자연히 우리로부터 경합 대상을 빼앗아간 경쟁자에게 악의를 느낀다. 높은 지위에 대한 욕망이 강한 사람에게는 자신보다 성공한 혹은 부유한 사람에 대한 반감이 쉽게 일어난다. 우리의 도덕감으로 볼 때 그것이 얼마만큼 역겨운 것이든, 이러한 질투는 다른 모든 악의적 정서만큼 자연적으로 보인다. 우리가 분석할 수 있는 악의적 감정의 요소 각각은 자비로운 애정의 분석에서 그것의 정확한 대응요소를 발견한다는 점을 주목해야 한다. 왜냐하면 전자의 감정은 그것의 대상의 존재에 대한 혐오, 그 대상에게 고통을 가하려는 욕망, 그리고 이렇게 가해진 고통으로부터 쾌락을 얻는 능력을 포함하기 때문이다.[1]

---

[1] 내가 악의의 감정으로 분류하는 특별한 정서가 없이도, 사람들은 다양한 방식들로 다른 사람의 고통과 손실에서 쾌락을 얻는다는 점을 주목해야 한다. (1) 발휘된 힘에 대한 감각에서—그것은 남학생들과 전제군주들의 무자비한 잔인함을 설명한다, 혹은 (2) 다른 사람의 실패 및 분투와 대조되는 그들 자신의 우

만약 지금 악의적 정서의 만족이 얼마만큼 옳고 타당한가를 묻는다면, 상식의 대답을 명확하게 말하는 것은 쉽지 않다. 왜냐하면 어떤 사람은 명백히 그 정서를 완전히 혹은 최대한 억눌러야 한다고 말할 것이기 때문이다. 분명 우리는 모든 질투를 비난한다. (그러나 그것을 완전히 없애는 것은 때로는 우리가 칭찬하는 도량(度量)을 요구한다.) 우리는 다른 사람이 가한 사소한 성가심 때문에―분노(resentment)까지는 아니더라도―크게 고통을 느끼지 않을 수 있는 **쾌활함**, 이보다 심한 상처에도 화내지 않는 **온순함**, 그 상처에 대한 보복을 자제하는 **부드러움과 점잖음**, 쉽고 빠르게 용서해주는 **관용**을 덕 혹은 자연적 탁월성으로 간주한다. 우리는 당연한 처벌까지 면하게 해주는 **자비**조차 습관적으로 칭송한다. 왜냐하면 당연한 처벌의 부과를 엄밀히 반대하지 않고 그것을 부과하는 것이 일반적으로 정부의―또한 어떤 경우에는 사적 개인의―의무라고 생각하면서도, 우리는 이러한 의무가 예외를 전혀 인정하지 않는다고 생각하지 않기 때문이다. 우리는 예외적 경우에는 정의의 문제와 엄밀히 결부되지 않은 고려사항이 처벌을 면제해줄 정당한 이유로

월 혹은 안전에 대한 감각에서, 혹은 (3) 심지어 다른 사람의 강력한 감정표현이나 표상에 공감하여 발생한 흥분에서 쾌락을 얻는다. 현실의 비극은 가상의 비극과 동일한 방식으로 흥미를 끈다. 그러나 이 사실들이 심리학적으로는 흥미롭지만 중요한 윤리학적 문제를 일으키지는 않는다. 왜냐하면 이러한 동기로 고통을 가해서는 안 된다는 것을 누구도 의심하지 않기 때문이다.

간주될 수 있다고 생각하고, 이 정당한 면제 사유를 열심히 활용하는 공감적 본성을 칭찬한다.

그러나 상식은 그른 것에 대한 본능적 분노가 정당하고 올바르다고 인정한다. 지속적이고 계획적인 악의조차도 일반적으로 유덕한 의분(indignation)으로 승인될 수 있다. 문제는 이렇게 다양한 승인들을 조화시키는 방법이다. 심지어 외적 의무와 관련해서도 상당한 문제가 있다. 질서정연한 사회에서 성인에 대한 처벌은 일반적으로 정부에 의하여 가해져야 하고, 사적 개인이 "법을 제멋대로 주무르려" 하지 않아야 한다는 것은 상식적으로 명백하다—그럼에도 모든 사회에서 개인에 대한 상해에는 법이 전혀 혹은 충분히 처벌하지 않고 종종 적법성의 한계를 넘지 않고도 효과적으로 징벌할 수 있는 것들이 있다. 그런데 이러한 것들을 다루는 올바른 방식에 대해서는 분명한 합의가 없어 보인다. 왜냐하면 기독교의 규칙은 이러한 위법행위에 대하여 완전하고 절대적인 용서를 널리 명령한다고 생각되고, 많은 기독교인들은 그 위법행위에 대한 생각을 최대한 멀리함으로써, 아니면 적어도 그 위법행위에 대한 기억이 그들의 외면적 행위에 전혀 영향을 미치지 않게 함으로써, 이 규칙을 수행하려고 노력했기 때문이다. 그러나 범죄자가 나에게 저지른 악행이 그가 장차 나나 다른 사람에게 끼칠 해악을 예상할 근거를 제공한다면, 합리적 존재로서 나는 이러한 미래의 해악을 마땅히 경계해야 할 의무가 있음을 부정할 사람은 거의 없을 것이다. 처벌되지 않음이 처벌되지 않은 위법행위를 되풀이하려는 위험천만한 유혹을 일으킬 경우, 아마 대다수 사람들은 우리가 다루고 있는 사례에서 미래의 해악에 대한 경계가 과거의 해악에 대한 처벌의 부과를 포함한다고 인정할 것이다. 그래서 용서는 실로 어디까지 가능한가 하고 묻는다면, 그 대답은 분명 다음 두 고려사항에 달려 있다고 본다. (1) 분노에 의하여 유발되는 처벌은 사회의 이익을 위하여 실로 얼마만큼 요구되는가, (2) 악행을 당한 사람이 처벌을 가하지 않으려 할 경우, 처벌은 얼마만큼 적절히 가해질 것인가? 그러나 위의 물음을 이러한 고려사항들로 해결하려 한다면, 우리는 분명 공리주의적 방법과 구별하기 힘든 방법을 도입할 것이다.

우리는 악의적 감정의 정당성에 대한 논의에서도 유사한 결과에 도달한다고 생각된다. 여기서도 우리는 사람들 사이에서 많은 의견불일치를 발견한다. 왜냐하면 많은 사람들은 분노의 정서가 정당하면서도 그것은 행위자가 아니라 항상 그른 행위를 향해야 한다고 말할 것이기 때문이다. 왜냐하면 우리가 정당한 분노로 그를 처벌하려는 경우에도 그 처벌이 결코 그에 대한 우리의 친절한 감정을 압도해서는 안 되기 때문이다. 만약 이러한 심리상태가 가능하다면, 확실히 그것은 자비심의 일반적 준칙과 처벌 부과의 인정된 의무를 조화시키는 가장 단순한 방법으로 보인다. 그러나 어떤 사람에게 고통을 가함으로써 그의 행위에 대한 강한 반감의 충동을 해소하더라도 그에 대한 진심으로 친절한 감정을 그대로 간직하라는 것은 평범한 사람에게 의무로 규정하기에는 너무 미묘하고 복잡한 정서를 요구한다. 그래서 우리는 처벌을 받을 때까지는 악행자에 대한 자비심을 잠시 거두는 것이 올바르고 마땅하다고 생각해야 한다는 주장이 그럴듯하다. 또한 어떤 사람들은 본능적 분노와 신중한 분노(Deliberate Resentment)를 구분한다. 그러면서 그들은 전자는 개인들의 자기방어와 상호 간의 폭력 억제를 위하여 요구되는 한에서 정당하지만, 신중한 분노는 이와 유사한 방식으로 필요한 것은 아니라고 말한다. 왜냐하면 신중히 행동한다면 우리는 더 나은 동기에서 행동할 수 있기 때문이다. 다른 사람들은 악행자를 처벌하려는 지속적이고 신중한 욕망은 사회의 이익을 위하여 필요하다고 생각한다. 왜냐하면 정의실현의 단순한 욕망은 실제로 위법행위를 억제할 만큼 강력하지 못할 것이기 때문이다. 그래서 그들은 자연적 분노를 정의에 대한 욕망으로 대체하려는 시도는 먹고 마시는 것에 대한 자연적 욕구를 타산으로 대체하거나 효심을 단순한 의무감으로 대체하려는 시도만큼 심각한 실수라고 생각한다. [2]

---

2) 버틀러(『설교』 제8권, 『분노에 대하여』)는 신중한 분노는 "사실상 세상사에 좋은 영향을 미친다"고 인정한다. 그러나 "사람들이 더 나은 원칙에 따라서 행동하리라는 것은 너무 큰 바람이었다."

또한 고통을 가하려는 충동과 이러한 고통을 가함에서 행위자가 얻을 비위에 거슬리는 쾌락에 대한 욕망은 구분될 수 있다. 그래서 우리는 일정한 상황에서 전자는 승인하면서도 후자는 전혀 승인할 수 없는 것으로 간주할 수 있다. 그러나 강한 분노의 정념에 휩싸인 사람은 그 정념이 만족될 순간에 그가 느낄 쾌락에 대한 예감을 마음에서 완전히 몰아낼 수 없고, 그래서 그는 이러한 만족에 대한 욕망을 완전히 몰아낼 수 없게 보일 것이다. 만약 사람들이 극악범죄자의 처벌로부터 강렬한 만족을 얻는다는 것이 사회복리에 중요하다면, 아마 이러한 만족에 대한 욕망을 무조건 금하는 것은 지나친 처사일 것이다. 그러나 사람이 이러한 욕망을 품고 쾌락을 예상하면서 혼자 히죽거려서는 안 된다고 말할 수 있다.

대체로 다음과 같은 말로 요약할 수 있다. 문제에 대한 피상적 견해는 자비심의 일반적 의무에 반한다는 이유로 모든 악의적 감정과 그것에서 유발되는 행위를 비난하게 만든다. 그러나 사려 깊은 사람들의 상식은 사회의 이익을 위하여 이 규칙을 완화할 필요성을 인정한다. 이 규칙의 완화는 편의의 고려로 결정되는 경향이 있지만, 그것의 한계나 원칙은 분명하지 않다.

§2. 분명하고 각별한 여타 사회적 덕들이 독립적 준칙을 가지지 않는다는 점은 쉽게 알 수 있다. 그것들 각각을 실현하는 행위는 단지 특수한 상황에서 앞서 논의한 규칙들의 수행일 뿐이다. 그

렇다면 이 부차적 덕들에 대하여 철저한 검토를 시작할 필요는 없다—왜냐하면 우리의 목적은 윤리학적 용어에 대한 완전한 용어풀이를 작성하는 것이 아니기 때문이다. 그러나 실례를 제공하기 위하여 그것들 중 한두 개를 논하는 것은 나쁘지 않을 것이다. 나는 후함 및 그것과 같은 성질의 개념을 택하여 검토할 것인데, 그것을 택한 이유는 부분적으로 그것이 이전 시대의 사상에서 두드러졌기 때문이고, 부분적으로 보통 그것을 바라보면서 복잡한 감정을 가지기 때문이다. 하나의 덕으로 볼 경우, 후함은 일반적으로 인정하는 엄밀한 의무의 한계를 넘는 돈을 제공하는 특별한 봉사에서 드러나는 자비심이라고 생각된다—만약 후함을 의무라고 부를 수 있다면, 그 이유는 4장에서 나열된 다소 불명확한 의무의 실행에서 우리는 정확성을 추구하지 않기 때문이다. 의무를 잘 수행하려면, 약간의 과도함은 필요하다. 아마 빈민의 경우에는 이렇게 우아한 과도함은 타산적으로 받아들여지지 않는다. 왜냐하면 빈민은 작은 선물을 하려고 큰 희생을 치를 수도 있지만, 우리는 이것을 관대하다고 말하지 후하다고 말하지는 않기 때문이다. 후함은 선물에서 자기희생적 성향보다 표면적 양의 많음을 요구하는 것으로 보인다. 그래서 그것은 부유한 사람에게만 가능해 보인다. 내가 제안한 것처럼, 그것에 부여되는 칭찬에는 도덕적 요소보다는 심미적 요소가 섞여 있는 듯하다. 왜냐하면 우리는 모두 힘에 대하여 경탄하는 경향을 가지고 있고, 다른 사람을 행복하게 만드는 것이 목적이라면 다소 경솔하다 싶을 정도로 풍부하고 우아하게 표출된 부의 잠재적 힘을 인정하기 때문이다. 사실 세속적인 사람들은 이기적 사치에서 표출되는 경솔함에도 경탄한다.

일반적으로 후함의 영역은 자비심의 불명확한 의무들의 실행에 있다. 그러나 정의와 자비심 사이에는 어떤 경계지역이 있고, 거기서 후함은 특히 잘 드러난다. 즉 그것은 불명확하거나 불확실할지라도 모든 관습적 기대의 완전한 만족에서 잘 드러난다. 예컨대 봉사에 대한 보수가 관습적으로 결정될 경우, 그 보수에서 잘 드러난다. 봉사에 대한 보수가 완전히 자유계약에 맡겨지고 (일반적 시장 가치처럼) 옥신각신하고 흥정을 함으로써 자연히 결정되는 경우에도, 이러한 옥신각신을 피하고, 상대방이 받아내려는 것보다 조금 더 높은 보수를 주고, 이와 유사하게 자신의 봉사에 대해서는 다른 사람에게 받아낼 수 있는 것보다 조금 더 낮은 보수를 받는 것이 후한 사람의 특징이다. 또한 법과 약속과 특히 암묵적 합의는 때로는 의문스럽고 모호하기 때문에, 이러한 경우에 후한 사람은 주저 없이 자신에게 가장 적은 이익을 주는 해석을 택할 것이고, 공정한 사람의 생각에 그가 지불해야 한다고 말할 수 있는 대부분을 지불할 것이고, 그가 마땅히 받아야 한다고 합리적으로 생각할 수 있는 최소치를 요구할 것이다. 말하자면 그 차액이 그의 재원에 비하여 그다지 크지 않다면 말이다.[3] 이 모든 것을 반대로 행하는 사람의 속성은 인색함(Meanness)이다. 이것은 후함과 대조되는 악덕이다.

여기서도 문제가 되는 액수가 클 경우, 이 특수한 악덕이 존재할 수 없다고 생각된다. 왜냐하면 우리는 자신의 권리를 최대한 요구하는 것을 인색하다고 생각하지 않고, 다른 사람에게 그가 마땅히 받아야 할 것을 주려 하지 않는 것을 인색한 것보다 더 나쁘다고 생각하기 때문이다. 사실 이러한 경우에 우리는 권리의 모든 불명확성이 판사나 중재인의 결정으로 실천적으로 제거될 수 있다고 생각한다. 그러면 인색함의 악덕은 부정의에 의하여 악덕의 편에 접한다고 말할 수 있다. 인색한 사람은 정의를 위반해서가 아니라 다른 사람의 실망을 피하기보다 자신의 하찮은 이득을 택하기 때문에 비난받는다. 여기서도 인색함에 대한 일반적 비난에는 엄밀히 도덕적이지 않은 요소가 포함된다는 점을 주목해야 한다. 왜냐하면 앞서 본 것처럼 다소 경솔하게 돈을 쓰는 것은 힘과 우월의 표시로 칭찬받고, 그 반대의 습관은 열등의 표상이기 때문이다. 그렇다면 인색한 사람은 동료의 존경보다 작은 이득을 택하고 쓸데없이 이러한 열등의 표상을 보이는 나쁜 취미를 가진 사람이라고 경멸당하기 십상이다.

그러나 인색함은 후함보다 더 넓은 범위를 가지고, 돈을 빼앗거

---

3) 만약 문제의 액수가 정말 희생이랄 수 있을 만큼 크다면, 그 행위는 후한 것을 넘어서는 것으로 보이고 (돈을 함부로 쓴다고 비난받지 않는다면) 차라리 관대하거나 고결하다는 칭찬을 받을 것이다.

나 주지 않는 것만이 아니라 일반적으로 기회를 틈타 이득을 얻는 것을 가리킨다. 이렇게 넓은 의미에서 그것과 반대의 덕이 관대함이다.

관대함의 범위가 후함의 범위와 일치하는 경우, 전자는 부분적으로 후자를 넘어서고, 부분적으로 외면적 행위보다 감정을 가리키고, 이기적 충동에 대한 비이기적 충동의 더 완전한 승리를 의미한다고 생각된다. 넓은 의미의 관대함은 모든 종류의 충돌과 경쟁에서 현저히 드러난다. 여기서 그것은 때로는 기사도(Chivalry)라고 불린다. 숙고해보면 이 아름다운 덕의 본질은 매우 힘들고, 따라서 매우 경탄할 만한 상황에서 자비심을 실현하는 것임을 알게 된다. 왜냐하면 적이나 경쟁자를 향한 관대함 혹은 기사도는 다툼의 목적 및 상황과 양립할 수 있는 만큼 그 적과 경쟁자의 복리에 큰 친절과 관심을 표하는 것에 있다고 보기 때문이다. 이것의 한 두드러진 형태는 단지 그 다툼을 지배하는 모든 규칙과 암묵적 합의를 준수할 뿐만 아니라 우연적 이점조차 포기함으로써 이러한 상황에서 이상적 정의를 실현하려는 노력이다. 그러나 이러한 포기가 엄밀한 의무라고 생각되지는 않는다. 그것이 얼마만큼 옳고 유덕한가에 대해서도 일치된 견해가 없다. 왜냐하면 어떤 사람은 칭찬하고 찬성하는 것을 다른 사람은 돈키호테같이 엉뚱하다고 생각할 것이기 때문이다.

요컨대 엄밀히 윤리적이라면, 후함과 관대함은 특별한 상황에서 특별한 방식으로 드러나는 (아마 어느 정도 정의를 포함하는) 자비심의 덕을 나타낸다. 그리고 여타 부차적인 사회적 덕들에 대한 검토는 필시 유사한 일반적 결과로 이어질 것이다. 그러나 그것들의 정의에 대한 의견일치가 항상 쉬운 일은 아닐 것이다.

9장
자기-관계적 덕

§1. 내가 생각하기에 상식도덕은 (1) 자기이익과 (2) 덕 사이의 궁극적 조화를 당연시하거나 전제로 한다. 그래서 의무의 수행과 덕의 함양은 일반적으로 "자신에 대한 의무"라고, 즉 행위자의 참된 이익과 복리에 항상 도움이 된다고 간주될 수 있다. 더 나아가 삶의 전망이 쾌락보다 고통이 더 클지라도, (근대 유럽에서) 상식은 자기 생명의 보존이 엄밀한 의무라고 받아들인다. 어떤 엄밀한 의무를 수행하면서, 혹은 다른 사람의 생명을 보존하기 위하여, 혹은 사회에 매우 중요한 이익을 위하여 어쩔 수 없이 죽음을 맞는 것은 실로 옳고 칭찬할 만한 일이라고 생각된다. 그저 행위자에게 다가오는 고통을 피하기 위하여 죽음을 맞는 것은 그렇게 생각되지 않는다. 동시에 이것과 여타 의무들에 의하여 정해진 한계 내에서,

내가 생각하기에[1] 상식은 우리 자신의 행복을 추구하는 것을 의무로 간주한다. 우리 자신의 행복을 희생하여 다른 사람들의 복지를 증진할 수 있는 경우를 제외하면 말이다. "우리 자신의 이익 혹은 행복에 대한 마땅한 관심"은 타산의 의무라고 말할 수 있다. 그러나—사람들이 자신의 최대 좋음을 충분히 욕망하지 않는다는 것은 그들이 이러한 좋음을 얻기 위하여 제대로 노력하고 있지 않다는 것보다 덜 분명하기 때문에—타산을 덕이나 탁월성으로 이해하면서 흔히 그것의 지적 측면에만 관심이 집중된다는 점을 주목해야 한다. 그렇게 간주할 경우, 타산은 자기이익을 유일한 궁극적 목적으로 받아들임에 의하여 더 명확해지는 지혜일 뿐이라고 말할 수 있다: 자기이익을 달성하기 위한 가장 좋은 수단을 면밀히 계산하고, 우리의 계산을 교란하거나 계산에 따른 행동을 방해하는 모든 비합리적 충동에 저항하는 습관이다.

---

1) 칸트는 (『덕론의 형이상학적 기초』, Th. Ⅰ, §4) 모든 사람이 자신의 행복을 증진할 수단을 "필연적으로 의지하기" 때문에 이것을 의무라고 간주할 수는 없다고 주장한다. 그러나 내가 앞서 역설한 것처럼(제1권 4장 §1), 사람은 "필연적으로" 자기가 생각하기에 자신의 **최대** 행복에 가장 도움이 될 것을 행하려고 "의지하지"는 않는다.

본문의 견해는 버틀러의 (논문 『덕의 본성에 대하여』) 것이다. 그는 "자연은 경솔함과 어리석음에 대해서는 거짓말과 부정의와 잔인함에 대해서처럼 감지할 만한 반대의견을 우리에게 제공하지 않았다"는 것을 인정한다. 그는 이렇게 감지할 만한 반대의견이 전자의 경우에는 여러 이유들로 덜 필요하다고 지적한다.

§2. 자기-관계적이라고 말할 수 있는 특수한 덕들에 대한 현재의 개념들이 있지만, 그것들이 단지 타산의 특수한 용례들인지, 아니면 독립적 준칙들인지는 그리 분명하지 않다. 이것들 가운데 옛날에는 4주덕(主德) 중 하나로 인정받았던 절제는 가장 두드러지게 보인다. 일상적 용법에서 절제는 주요 욕구를 (혹은 직접적인 육체적 원인을 가진 욕망을) 억제하는 습관이다. 상식은 우리의 욕망 일반을 가라앉히고 억제하는 습관을 유용하고 바람직하다고 인정하지만, 덜 명확하고 덜 두드러지게 인정한다.

모든 사람이 우리의 욕구를 억제할 필요가 있다는 것에 동의한다. 그러나 절제의 준칙을 수립하려면, 우리는 어떤 한계 내에서, 어떤 원칙에 따라서, 어떤 목적을 위하여 욕구를 억제해야 하는가를 결정해야 한다. 음식·음료·잠·자극 등에 대한 욕구의 경우에는 신체적 건강과 활기가 그 욕구의 만족으로 자연히 촉진되는 목적이고, 그 욕구의 만족이 (정신적 기능의 가장 완벽한 상태가 신체의 일반적 상태에 의존한다고 보인다면, 건강 개념에 이러한 상태를 포함하여) 이러한 목적에 어긋날 경우에는 그것을 억제해야 한다는 것을 아무도 의심하지 않는다. 더 나아가 신체적 욕구의 탐닉은 그것이 어떤 종류든 더 큰 만족의 상실을 동반할 경우에는 분명히 경솔하다. 그렇지 않더라도 의무의 수행을 방해할 경우에는, 그것은 그른 것이다. 그러나 후자의 탐닉이 일반적으로 얼마만큼 '무절제'라는 비난을 받을지는 확실치 않다.

일부 사람들은 신체적 건강의 유지가 욕구의 주된 자연적 목적이라는 당연한 진리로부터 더 엄격한 억제의 규칙, 즉 타산을 초월하는 규칙을 끌어낸다. 그들은 이 목적이 탐닉의 소극적 한계뿐만 아니라 적극적 한계도 정해야 한다고 말한다. 욕구의 만족에서 나오는 쾌락은 (그것이 건강을 해치거나 의무를 방해하지 않더라도, 혹은 어떤 다른 종류의 더 큰 쾌락을 가져오더라도) 절대 그 자체로가 아니라 이러한 만족이 건강에 적극적으로 도움이 되는 경우에만 추구해야 한다. 이 원칙이 도덕적 부자들의 평소 습관과 얼마나 현저히 다를지를 생각해보면, 우리는 그것이 분명히 상식과 일치하지 않는다고 말하고 싶을지 모른다. 그러나 그것은 종종 구두상의 찬성을 받는다.

욕구의 만족을 그 자체로 추구해서는 안 된다는 원칙을 받아들이면서도, 단순히 건강과 체력의 유지 외의 다른 목적을—예컨대 "쾌활함과 사회적 감정의 함양"[2]을—정당하다고 인정하는 제3의 중간적 견해가 있다. 많은 사람들이 다소 의식적으로 이러한 원칙을 주장하는 것처럼 보인다. 그래서 우리는 흔히 음식의 쾌락에 홀로 탐닉하는 모습을 도덕적 반감과 같은 무언가를 가지고 바라본다. 막연히 도덕적인 사람들이 즐기는 연회는 다 함께 감각적 욕구에 탐닉하는 것이 아니라 흥겨운 기분과 대화를 통한 여흥의 증

---

2) 윌리엄 휴얼의 『도덕의 요소』, 제2권 10장.

진을 목적으로 삼는다고 생각된다. 왜냐하면 일반적으로 호사스런 식사를 함께 즐기는 것은 사회적 정서를 발달시키고, 대개 재치와 유머와 활기찬 대화의 기능을 북돋는다고 생각되기 때문이다. 세련된 사람들은 이러한 연회와 대화의 만족감을 분명한 목적으로 삼지 않는 잔치는 비난하는 것처럼 보인다. 그럼에도 더 고상한 종류의 쾌락을 적극적으로 증진하지 않을 경우에는 결코 감각적 쾌락을 추구해서는 안 된다는 것을 상식적으로 입증된 준칙이라고 말하는 것은 너무 지나친 일일 것이다.

§3. 바로 앞 절에서 우리는 주로 음식과 음료에 대한 욕구에 대하여 이야기했다. 그러나 성교에 대한 욕구의 경우에는 아주 분명하고 확실하게 도덕적으로 명령되는 규정이 단순한 타산의 규정을 초월한다. 이 규정은 순수 혹은 순결이라는 특별한 개념으로 나타난다.[3]

언뜻 보기에는 표준 도덕률에 의하여 정해진 성적 욕구의 규제는 단지 그 욕구의 만족을 법으로 허락된 혼인이라는 한계 안으로 한정하는 것처럼 비칠 수 있다. 이러한 경우를 제외하고, 그 자연적 충동은 매우 강력하고 쉽게 자극되기 때문에 간접적으로라도

---

[3] 순결 개념은 순수 개념과 거의 같은 뜻이고, 단지 다소 더 형식적이고 표면적일 뿐이다.

이 한계를 넘으려는 내적 혹은 외적인 모든 행위를 금지할 필요가 있다고 생각될 수 있다. 이것은 대체로 사실이다. 그러나 숙고해보면 내가 생각하기에 순수에 대한 우리의 일반적 개념은 법과 무관한 기준을 포함하는 것으로 보일 것이다. 첫째로 법에 따르는 것이 반드시 순수를 보증하지 않고, 둘째로 모든 비합법적 성교가 불순하다고 생각되지 않고,[4] 두 개념이 때로는 부주의에 의해서만 혼동되기 때문이다. 그러나 이 기준이 무엇인지는 그다지 분명하지 않다. 왜냐하면 인간의 도덕의식을 조사해보면, 앞서 주목했던 절제의 두 해석과 비슷한 두 견해, 즉 더 엄격한 견해와 더 느슨한 견해가 발견되기 때문이다. 성적 욕구는 감각적 만족만을 위해서가 아니라 고상한 목적을 위한 수단으로서 만족되어야 한다는 점에는 의견이 일치한다. 어떤 사람은 종의 번식이 분명 기본적인 자연적 목적이므로 그것이 유일하게 정당한 목적이라고 말한다. 반면에 다른 사람은 영구적인 것으로 계획된 혼인에서 상호 간의 애정 성장은 완벽히 허용할 수 있고 옳은 목적이라고 간주한다. 두 견해 사이의 실천적 차이가 상당하다는 것은 지적할 필요가 없다. 그래서 이것은 반드시 제기되고 해결되어야 할 문제다. 그러나 이 문

---

4) 순전한 불법 혼인이 타산과 자비심의 고려들로부터가 아니라 직접적이고 특별하게 금지된다고 생각되는 한에서, 그것은 순수보다는 질서 위반으로 간주된다.

제에 대하여 상세하고 정밀한 규칙을 정하려는 모든 시도는 상식적으로 순수의 목적에 어긋날 수밖에 없다는 점을 관찰할 수 있다. 이렇게 세밀한 도덕적 입법은 일반적으로 사람들을 실제로 위험한 정도로 이 문제를 걱정하게 만들기 때문이다.[5]

　순수의 덕은 분명 자기-관계적인 것만이 아니기 때문에, 나는 그것이 이 장에 딱 어울리지 않는다는 점을 지적해야 할 것이다. 그러나 그것을 절제와 더불어 이야기하는 것이 편리하여, 나는 그것을 본래의 순서 밖으로 끌어냈다. 어떤 사람은 더 나아가 그것을 명백한 사회적 덕으로 간주해야 한다고 말할 것이다. 왜냐하면 아이를 낳고 기르는 것은 가장 중요한 사회적 관심사들 중 하나이기 때문이다. 어떤 사람들은 순수가 이 중요한 기능의 올바른 수행을 보장하기 위하여 필요하다고 생각하는 규칙을 뒷받침하면서, 이 기능을 보호하는 감정을 내포한다고 주장할 것이다. 그러나 상식은 분명 순수라는 감정의 이러한 경향이 인류의 존속을 위한 최선의 조항을 보존해준다고 인정하면서도, 그 경향을 이 의무규칙의 정의에 본질적인 사항이면서 어떤 행동이 이 규칙을 위반하는지를 결정하는 유일한 기준으로 간주하지 않는다는 점은 확실해 보인다.

---

5) 중세 결의론의 평판이 나빠진 이유는 부분적으로 순수 자체가 순수의 준수를 위한 너무 상세한 규칙체계를 불가능하게 한다는 점을 인식하지 못한 심각한 잘못 때문이다.

대부분의 다른 욕망과 관련해서는 이와 유사한 특별한 문제가 없어 보인다. 우리는 분명 자제라는 일반적 의무를 인정한다. 그러나 이것은 단지 (합리적 행동을 어떻게 해석하든) 합리적으로 행동하려는 목적을 위한 수단일 뿐이다. 그것은 단지 우리가 숙고하여 받아들인 목적이나 규칙에 반하는 행동을 하도록 자극하는 충동에 굴복해서는 안 된다는 지시를 내린다. 더 나아가 도덕적인 사람들 사이에는 단순한 감각적 충동의 만족은 그 자체로 다소 반대할 만하다는 금욕주의적 견해로 기울어지는 경향이 분명히 있다. 그러나 상식은 개별적 경우에 이러한 견해를 취하지는 않는 것으로 보인다. 우리는 일반적으로 (예컨대) 근육운동이나 온기나 목욕의 아주 강렬한 즐거움을 나무라지 않는다. 위에서 논한 욕구 외에, 타산과 자비심의 명령을 초월하여 우리 시대와 나라의 상식이 자연적 충동의 억제를 옳거나 훌륭하다고 간주하는 것처럼 보이는 유일한 경우는 고통과 공포의 자극이다. 이러한 경우의 한 중요한 사례는 어떤 사람의 남은 삶이 비참할 뿐만 아니라 다른 사람에게 무거운 짐이 될 개연성이 아주 높은데도 불구하고 앞서 언급한 것처럼 자살을 절대 금하는 규칙에서 발견될 수 있다. 그러나 다른 경우에도 행복에 도움이 되는 것을 초월하여 고통과 위험을 감내하는 것에는 분명 칭찬이 주어진다. 우리는 다음 장에서 이러한 경우를 관찰할 기회를 가질 것이다.

10장

용기, 겸손 등등

§1. 앞 장에서 논하는 것이 편리하다고 보았던 순수의 덕 외에, 확실히 개인의 행복이나 전체의 행복과 관련하여 일반적으로 칭찬을 받는 것도 아니고 가르쳐지는 것도 아닌, 한두 가지의 현저한 성격적 탁월성이 남아 있다. 그것들은 대부분의 경우에 분명 이 목적들 중 어느 것에는 도움이 되지만, 때로는 그것들과 상충하는 행위를 하도록 영향을 미치는 듯하다.

예컨대 그것을 자기방어에서 보였든 다른 사람을 돕는 데서 보였든, 우리가 그것의 특수한 발휘에서 아무 이득을 발견하지 못하는 경우에도, 용기는 일반적으로 칭찬을 자아내는 성질이다. 또한 어떤 사람이 자기 능력을 과소평가함으로써 확실히 발생할지 모를 손실에도 불구하고, 기독교 사회에서 겸손은 (만약 진심이라고 믿는다면) 종종 기탄없는 칭찬을 받는다. 그러므로 우리는 두 경우에 이 개념들 각각에 의하여 칭찬받는 행위를 규정하는 명백하고 독립적인 준칙을 어느 정도까지 끌어낼 수 있는지를 검토하는 것이 좋을 것이다.

용기부터 시작해보자. 일반적으로 이 용어는 움츠러들지 않고 모든 종류의 위험에 맞서려는 성향을 의미한다. 우리는 때로는 움츠리지 않고 고통을 견디는 사람을 용감하다고 말한다. 그러나 이러한 성격적 자질을 인내(Fortitude)로 분류하는 것이 더 일반적이다. 그런데 용기나 인내라는 항목으로 일반적으로 인정받는 **엄밀한 의무**의 정의를 찾으려고 한다면, 우리는 분명 다른 준칙과 목적을 언급하지 않는 정의를 발견할 수 없다. 왜냐하면 의무의 수행과정에서 맞닥뜨리는 경우를 제외하면, 누구도 피할 수 있는 고통을 인내하는 것이나 위험에 맞서는 것을 **의무**라고 말하지 않을 것이기 때문이다.[1] 심지어 이것은 추가적 제한을 필요로 한다. (예컨대) 일반적 자비심과 같은 의무와 관련하여, 실제로 의무의 범위를 결정하면서 행위자의 고통과 위험을 고려하는 것은 일반적으로 받아들여지기 때문이다. 분명히 더 큰 고통이 다른 사람에게 가해지는 상

---

[1] 피할 수 없는 고통의 경우, 우리는 인내가 고함소리와 통곡을 억누를 것이라고 생각한다. 그러나 이러한 고함소리와 통곡이 다른 사람을 괴롭히지 않고 고통당하는 자의 고통을 덜어줄 경우, 인내의 의무는 의심스럽게 보인다.

황을 막거나 더 많은 양의 적극적 좋음을 획득하려는 경우를 제외하고는, 우리는 어떠한 고통도 참을 의무가 없다고 생각될 것이다. 또한 우리가 위험을 무릅쓸 수밖에 없을 경우에 다른 사람이 획득할 추가적 이익의 기회가 우리의 비용이나 손해의 기회보다 더 크지 않다면, 우리는 이러한 위험을 무릅쓸 필요가 없다고 생각될 것이다. 과연 자비심의 의무에 대한 일반적 의견이 이와 같다고 말할 수 있을지는 의문스럽다.[2]

그러나 용기를 의무보다 탁월성이라고 간주한다면, 그것은 우리의 도덕적 평가에서 더욱 독립적인 지위를 차지한다고 생각된다. 이 견해가 다른 견해보다 더 완벽하게 그 개념의 일반적 적용에 부합한다. 많은 용감한 행위는 의지로 완전히 통제할 수 없으며, 따라서 엄밀한 의무라고 간주될 수 없다. 왜냐하면 (1) 위험은 때로는 갑작스럽게 다가오고, 깊이 생각하지 않고 대처할 필요가 있고, 따라서 우리가 그것에 대처하는 방식은 반(半)만 자발적이기 때문이다. (2) 만약 깊이 생각할 시간이 주어진다면 천성적으로 소심한 사람들은, 그들이 화나 욕구를 억제할 수 있는 것처럼, 아마 애써 공포를 억제할 수 있고, 공포가 의무의 방기를 일으키지 않게 할 수 있다. 그럼에도 이러한 결과가 평소보다 더 많은 행동력을 필요로 하는 용감한 행위의 수행에 요구되는 모든 것은 아니다. 왜냐하

---

2) 제3권 4장 §5를 참조하시오.

면 소심하면서도 유덕한 사람의 행동력은 자신의 공포를 억제하려는 노력에서 고갈되기 십상이기 때문이다. 예컨대 전투에서 그는 아마 용감한 사람처럼 자리를 지키다가 죽을 수도 있지만, 똑같이 맹렬하게 돌격하거나 똑같이 힘차고 정확하게 공격을 가할 수는 없다.[3]

용기가 완전히 자발적이지 않은 한, 우리는 용기를 보여야 할 엄밀한 의무가 있는가보다는 그것이 바람직한 자질인가를 고찰해야 한다. 분명 우리는 일반적으로 그것이 이바지하는 목적과 무관하게, 그리고 그것을 불러일으키는 위험이 의무를 방기하지 않고도 피할 수 있는 위험인 경우에는, 그것을 도덕적으로 훌륭하다고 느끼는 것처럼 보인다. 동시에 우리는 어느 정도를 넘어서 불필요하게 위험에 뛰어드는 사람을 무모하다고 말한다. 그렇다면 그 경계선은 어디에 정해지는가? 공리주의적 원칙에 따라서, 우리는 모든 경우에 초래되는 위험의 총합과 실천을 통하여 중요한 의무의 적당한 수행에 필요한 습관을 양성하고 계발하는 것의 개연적 이익 사이에서 최대한 정확히 균형을 유지하려고 노력해야 한다. 이것은 분명 상이한 상태의 사회와 상이한 소명 및 직업에 대하여 상이

---

3) 위의 설명은 적게나마 "도덕적 용기"에 적용된다. 이것에 의하여 사람들은 그들이 의무라고 믿는 바를 수행하면서 사회적 비난의 고통과 위험에 맞선다. 왜냐하면 이러한 행위의 적절한 수행은 어떤 일정한 순간에든 의지의 통제가 미치지 않는 성질들에 덜 의존하기 때문이다.

한 결과를 제시할 것이다. 이 때문에 문명화된 사회의 대다수 사람들은 반쯤 야만적 사회에서보다는 이러한 본능적 용기를 덜 필요로 하고, 일반인은 군인보다 그것을 덜 필요로 한다. 아마 대담한 행위에 대한 인간의 본능적 칭찬은 이러한 경계선을 철저히 따르지 않을 것이다. 그러나 내가 생각하기에 인간이 숙고를 통하여 스스로를 정당화하려 한다면, 그것은 일반적으로 이러한 방식이라고 말할 수 있다. 상식도 어떤 다른 원칙에 의존하는 경계선을 가리키지 않는다고 생각된다.

§2. 용기의 덕이 이교도의 윤리에서, 그리고 도덕에 대한 이교도의 견해의 유물로 간주될 수 있는 명예규율에서 현저한 것처럼, 겸손은 특히 기독교가 인류에게 제시한 이상에 해당한다. 그러나 후자의 덕에 대한 일반적 설명은 다소 모순적이다. 왜냐하면 일반적으로 겸손은 우리 자신의 장점을 낮게 평가하도록 지시한다고 말하기 때문이다. 우리의 장점이 상대적으로 높을 경우, 우리더러 그것을 낮게 평가하라고 지시하는 것은 이상하게 보일 것이다. 평범한 사람의 장점과 비교하면 우리의 장점이 높을 수도 있지만 언제든 더 우월한 사람을 발견할 수도 있고, 우리는 자신을 이 사람과 비교할 수도 있고, 극단적인 경우에는 어떤 사람도 한참 미치지 못하는 이상적 탁월성과 비교할 수도 있다고 답할 수 있다. 우리는 다름 아닌 바로 이러한 종류의 비교를 해야 하고, 우리의 장점

이 아니라—우리가 분명 충분히 알 수 있는—우리의 결점을 관찰해야 한다고 답할 수 있다. 그러나 인간의 삶에서 생기는 가장 중요한 숙고에서, 즉 우리는 어떤 종류의 일을 맡을 것이고 어떤 사회적 기능을 열망할 것인지를 결정하면서, 옳은 결정을 내리려면 우리는 자신의 능력을 평균적인 사람의 능력과 세심하게 비교해야 한다. 자신을 과소평가하는 것은 자신을 과대평가하는 것만큼 비합리적으로 보일 것이다. 대다수 사람들은 후자의 잘못을 더 쉽게 범하지만, 분명 전자의 잘못을 범하기 쉬운 사람도 있다.

겸손 개념을 사용하는 일반적 판단에 대하여 깊이 숙고해보면, 내가 생각하기에, 우리는 (항상 찬사로만 사용되지 않는) 이 명칭으로 일반적으로 **칭찬받는** 자질이 우리가 스스로에 대하여 품는 의견을 완전히 규제하지는 못하지만—다른 의견에서처럼 여기서도 우리는 오직 진실을 목표로 삼아야 하므로—상이한 두 가지 유혹적 정서, 즉 순전히 자기-관계적인 정서와 다른 사람과 관련되고 사회적 행위에서 부분적으로 효력을 나타내는 정서의 억제에 도움이 된다는 사실을 발견할 것이다. 겸손의 덕은 부분적으로 자화자찬(self-admiration)의 정서를 억제하는 것에서 나타난다. 이 정서는 자신의 장점에 대한 숙고에서 자연스럽게 발생하고, 그것이 대단히 기분을 좋게 하는 경우에는 이러한 숙고를 자극한다. 이렇게 스스로를 찬미하는 자아도취는 일반적으로 비난받는다. 그러나 내가 생각하기에 궁극적이라고 주장하는 어떤 직관이 이 정서를 비난하는 것은 아니다. 왜냐하면 정당한 근거가 있더라도 자화자찬은 일반적으로 더 높은 덕을 향한 우리의 진보를 방해할 수 있다는 이유에서, 그 비난은 정당화되기 때문이다. 이러한 감탄을 느낀다는 단순한 사실은 우리가 스스로를 우리의 이상과 충분히 비교하지 않았거나 우리의 이상이 충분히 높지 않다는 것을 증언한다고 생각된다. 우리가 어떤 높은 이상을 가져야 하고 계속 그것을 숙고해야한다는 것은 도덕적 진보에 필수불가결하다고 생각된다. 동시에우리는 당연히 이 준칙의 적용에서 다소 주의할 필요가 있다. 왜냐하면 누구나 자존심을 옳은 행위의 중요한 조력자라고 인정하기 때문이다. 윤리학자들은 양심의 만족을 하느님이 덕에 부여한 자연적 보상의 일부라고 지적한다. 하지만 유덕한 행동의 수행에 수반하는 자기승인(self-approbation)의 만족감과 겸손이 배척하는 것처럼 보이는 자아도취적 자기의식을 구별하는 것은 어려운 일이다. 아마 우리는 자기승인의 감정 자체는 자연적인 것이고 정당한쾌락이지만, 그것이 길어지고 자란다면 자칫 도덕적 진보를 방해한다고 말할 수 있다. 겸손이 지시하는 바는 대체로 이 목적에 도움이 되도록 자기만족을 억제하라는 것이다. 이 견해에 의하면, 겸손의 준칙은 분명 의존적 준칙이다. 그것이 종속되는 목적은 덕 일반의 진보다. 우리 자신의 행위와 그 결과가 아니라 외적이고 우연적인 장점에 근거한 자만심과 자기만족은 진정한 장점의 본성에대한 거짓되고 어리석은 견해를 수반한다는 비난을 받는다.

그러나 우리는 우리 자신의 존중과 칭찬에서 쾌락을 얻을 뿐만 아니라, 일반적으로 말해서 다른 사람의 존중과 칭찬에서 훨씬 더 많은 쾌락을 얻는다. 또한 후자에 대한 욕망은 어느 정도 정당하고 심지어 도덕에 유익한 보조자라고 생각된다. 그러나 그 욕망은 위험할 정도로 유혹적인 충동이고 종종 의무에 반하는 작용을 하기 때문에, 그것은 각별히 자제를 필요로 한다고 생각된다. 그러나 겸손은 이 욕망을 통제하는 것보다 이 욕망의 만족을 위하여 우리가 다른 사람에게 자연히 제기하고 싶은 요구를 억제하는 것에 있다. 우리는 다른 사람들로부터 '존경의 표시', 즉 인간의 계층구조에서 우리의 높은 지위에 대한 그들의 인정을 나타내는 표면적 상징을 요구하고 싶은 마음을 가지고, 우리의 요구를 들어주지 않으면 불평한다. 겸손은 우리가 이러한 주장과 요구를 억눌러야 한다고 말한다. 많은 경우에 다른 사람이 마땅히 표해야 할 존경의 표현조차 요구하지 않는 것이 우리의 의무라고 생각된다. 여기서도 상식의 견해에 따르면, 행위의 이러한 성질이 결점이 되는 경계선이 있다. 왜냐하면 존경의 표시의 생략[4]은 일반적으로 정당하다고, 심지어 유덕하다고 간주되는 충동들에 (존엄성, 자존감, 긍지 등등에) 의하

---

4) 나는 그 표시를 행하지 않는 것이 기존질서의 위반이 되는, 공직자에 대한 관습적 존경의 표시를 언급하는 것이 아니다. 왜냐하면 이것을 요구하는 특별한 정치적 이유는 명백히 겸손의 덕의 적용범위를 넘어선 문제를 다루기 때문이다.

여 우리가 불쾌감을 느끼게 되는 모욕행위이기 때문이다. 그러나 내가 생각하기에 이러한 경계선을 결정하는 공식에 대하여 합의를 요구할 수 없다.

11장

상식도덕의 재검토

§1. 이제 우리는 제3권의 1장에서 정한 계획에 따라서 바람직하다고 보았던 바대로 상식도덕에 대한 세부적 고찰을 마쳤다. 우리는 우리의 공통적 도덕 어휘표의 모든 용어를 논하지는 않았다. 그러나 내가 믿기로는 그 자체로 혹은 현재 탐구와 관련하여 중요한 용어는 빼먹지 않았다. 왜냐하면 우리가 다루지 않은 용어들에 대해서는, 그것들은 분명 독립적 준칙을 제공하지 않을 것이라고 자신 있게 말할 수 있기 때문이다. 숙고해보면, 그것들이 지시하는 행위는 이미 논한 의무들의 수행을 위한 수단으로서만 지시되는 행위라는 점이 드러날 것이다. 혹은 그 행위는, 어떤 특별한 측면에서 바라보거나 어쩌면 어떤 고유의 상황이나 조건을 더하여 한정한다면, 실제로는 이미 논한 몇몇 의무들의 전부나 일부와 동일

하다는 점이 드러날 것이다.

이제 멈춰서 우리가 작업해온 과정과 끌어낸 결과를 잠시 대충 살펴보자.

우리는 윤리학자들이 흔히 증명하려고 노력했던 바, 즉 명백히 독립적인 도덕적 직관의 존재를 인정하는 것에서 출발했다. 사람들은 어떤 행위를, 그것이 행위자나 다른 사람에게 행복을 일으키는 경향이 있는가를 고려하지 않고, 사실 그 행위에 대한 일반적 개념에 포함되는 경우를 제외하고는 결과를 고려하지 않고, 그 자체로 옳거나 그르다고 판단한다는 점은 부정할 수 없다고 보았다. 그러나 우리는 이러한 판단이 특수한 경우에 승인된다면 그것은 그 경우를 (적어도 더 반성적인 부류의 사람들에게는) 어떤 일반적 의무규칙과 연관시키는 것처럼 보인다는 점을 알게 되었다. 어떤 행동의 옳음에 대한 판단들이 충돌하거나 그 판단들에 대하여 의문을 갖는 흔한 경우들에서, 도덕적 인식의 궁극적으로 타당한 원칙으로서 흔히 의존하는 것은 바로 이러한 규칙 혹은 준칙이다. 그러므로 상식도덕을 과학적 형태로 만들려면, 이렇게 일반적으로 인정된 원칙에 대하여 최대한 정확한 진술을 얻을 필요가 있다고 본다. 나는 일반적 도덕의 비과학적 성격에 근거하여 개략적인 일반적 논증을 제시한다고 해서 내가 이 임무로부터 벗어날 수 있다고 생각하지 않았다. 평범한 사람의 도덕적 의견은 틀림없이 여러 문제에서 엉성하거나 가변적이거나 상호모순적이다. 그러나 이렇게 유동적인 일단의 의견들로부터 보편적으로 수용할 만한 일단의 분명하고 정밀한 원칙을 얻을 수 없다고 말할 수는 없다. 내가 보기에 이렇게 할 수 있느냐 없느냐 문제는 공정한 실험을 치르지 않고 선험적으로 결정할 수 없는 문제였다. 앞의 여덟 장에서 수행한 관찰은 부분적으로 이러한 실험을 위한 재료를 마련하기 위한 것이다. 나는 우리의 일반적인 도덕적 담화에 대한 단순한 숙고를 통하여 상이한 종류의 행위들을 삶의 상이한 부문에서 옳고 합당하다고 판단하는 일반적 원칙 혹은 준칙이 무엇인가를 공정하게 규명하려고 노력했다. 나의 견해가 어쨌든 나에게 고유한 견해라고 의식할 경우에는 결코 나 자신의 견해를 끌어들이지 않았다는 사실을 특히 주목해주길 바란다. 나의 유일한 목적은 우리의 일반적인 도덕적 추론의 암묵적 전제를 밝히는 것이었다. 이제 나는 이러한 일반적 공식이 자명한 진리와 단순한 의견을 구별하는 특징을 가지고 있는가를 판결하기 위하여 이러한 관찰의 결과를 마지막으로 검토해보려고 한다.

§2. 명백히 자명하고 획득할 수 있는 최고도의 확실성을 가진 중대한 명제를 입증하려면, 완벽히 충족해야 할 네 가지 조건이 있다고 생각한다. 이 조건은, 우리의 추론이 신뢰할 만한 결론으로 타당하게 인도할 경우, 모든 탐구에서 우리의 추론의 전제들에 의하여 대략 실현되는 것임에 틀림없다.

I. 명제의 용어는 분명하고 정확해야 한다. 근대적 방법론의 경쟁적 창시자인 데카르트와 베이컨은 서로 다투어 이 점을 강조한다. 일상적 사고의 "잘못 한정된 개념(*notiones male terminatæ*)"에 대한 베이컨의 경고는 윤리학적 논의에서 특히 필요하다. 사실 이전 조사에서 나의 주된 관심사는 윤리학의 일반적 용어가 최대한 이 점에 대한 비판에서 벗어나게 하려는 것이었다.

 II. 명제의 자명성은 면밀한 숙고를 통하여 확인되어야 한다. 이 점은 강조할 필요가 있다. 왜냐하면 한편 대다수 사람들은 면밀히 관찰해보면 이성의 명령이라고 주장하는 것처럼 보이지 않는 단순한 인상이나 충동을 직관과 혼동하기 쉽고, 다른 한편 세심히 숙고해보면 사라지지만 자주 듣고 반복하여 생긴 친숙함 때문에 종종 자명하다고 오인하는 단순한 의견을 직관과 혼동하기 쉽기 때문이다. 이러한 경우에는 우리 스스로가 우리의 추론의 궁극적 전제를 분명하고 뚜렷하게 참이라고 이해하는지를 물음으로써 그 전제를 시험하는 데카르트적 방법이 실용적일 수 있다. 그러나 그 방법은 데카르트가 상정했던 것만큼 오류에 대한 완벽한 방어책을 제공하지 않는다. 우리의 전제의 자명성에 대한 준엄한 요구는 우리 자신의 비이성적 충동이 우리의 판단에 미치는 악영향에 대항하는 유용한 방어책이다. 그 요구는 권위와 전통이라는 단순한 외적 뒷받침을 부적당하다고 규정할 뿐만 아니라, 우리의 정신이 일반적이기는 하지만 근거 없는 가정을 고분고분하고 의심 없이 받아들이

618

게 만드는 권위와 전통의 더 미묘하고 숨겨진 영향을 제거한다.

우리는 이 시험의 적용이 윤리학에서 특히 필요하다는 점을 관찰할 수 있다. 왜냐하면 한편으로 얼마나 순전히 주관적이든 어떤 강렬한 감정은 직관과 유사한 것으로 변형될 수 있다는 점을 부정할 수 없기 때문이다. 그 착각의 감지는 면밀한 숙고를 필요로 한다. 우리가 무엇을 욕망하든, 우리는 그것을 바람직한 것이라고 단언하기 쉽다. 어떤 행위든 우리는 자신에게 강렬한 쾌락을 주는 행위를 찬성하고픈 강한 유혹을 느낀다.[1] 다른 한편으로 우리가 관습적으로 따르는 행위규칙들 중에는 숙고해보면 실제로는 어떤 외적 권위에서 나왔다는 사실을 알 수 있는 규칙이 많다. 그래서 그 규칙에 따를 책무를 의심할 수 없을지라도, 그것이 직관적으로 확증될 수는 없다. 이는 우리가 속한 공동체의 실정법에서도 마찬가지다. 우리가—적어도 일반적으로 말해서—이 실정법에 따라야 한다는 점에는 의심의 여지가 없다. 그러나 추상적 반성의 과정에 의해서뿐만 아니라 판례집과 법령집을 참고하더라도, 우리는 그것이 무엇인지 확인할 수 없다. 여기서 지식의 원천은 확실하고 똑똑히 보이므로, 우리가 그 원천에 대한 학습을 통하여 얻은 지식과 추상적 숙고의 결과를 혼동할 위험은 없다. 모든 사회에 존재하면

---

[1] 그래서 칸트는 옳음에 대한 형식적 시험의 실천적 중요성을 강조한다. 앞의 제 3권 1장 §3을 참조하시오.

서 엄격한 의미의 법의 규제 작용을 보완하는 전통적·관습적 행위규칙의 경우는 다소 다르다. 여기서 도덕적인 사람이 직관적으로 아는 원칙을 적용하여 스스로 정해야 하는 규칙과 그 개인 바깥의 어떤 권위가 최종 심판자로 인식되는 규칙을 구별하는 것은 훨씬 더 어렵다.[2]

우리는 이것을 앞서[3] 도덕과 비교했던 두 규칙체계, 즉 명예의 법칙과 사교계의 법칙 혹은 에티켓을 언급함으로써 설명할 수 있다. 나는 '명예로운'과 '불명예스러운'이라는 일반적 용어들에 모호함이 있다는 점을 지적했다. 분명 그것들은 때때로 윤리학적 용어같이 어떤 절대적 기준을 함축하는 것처럼 사용된다. 그럼에도 명예규율에 대하여 이야기할 때, 우리는 결국에는 예의 바른 사람의 일반적 의견에 의존하여 그 정확한 성질을 결정할 수 있는 규칙을 말하는 것처럼 보인다. 어떤 사람의 행위를 흠잡을 데가 없다거나 심지어 본질적으로 칭찬할 만하다고 생각하더라도 이 일반적 의견이 그 사람을 비난한다면, 우리는 어떤 의미에서 그의 '명예가 더럽혀졌다'고 인식한다.[4] 이와 유사하게 이성의 관점에서 사교계의

---

2) 즉 그 규칙이 무엇인가 하는 물음에 대한 최종 심판자다. 물론 어떤 외부의 권위에 의하여 정해진 규칙을 따를 도덕적 책무는 그 개인의 이성이 적용할 모종의 원칙에 의존하는 것임에 틀림없다.

3) 제1권 3장 §2를 참조하시오.

4) 같은 곳을 참조하시오.

규칙이나 에티켓을 고려할 때, 어떤 것은 유용하거나 훌륭하게 보일 수 있고, 어떤 것은 중요치 않거나 제멋대로 보일 수 있고, 어쩌면 어떤 것은 어리석거나 부담스럽게 보일 수 있다. 그럼에도 우리는 에티켓의 문제에 대한 최종적 권위는 예의 바른 사회의 관습이라는 사실을 인정한다. 이 사회는 그것의 규칙을 합리적 원칙으로 변형할 책무가 있다고 전혀 느끼지 않는다. 그러나 어떤 사회에서든 각 개인은 보통 명예의 규칙과 에티켓에 대하여 전혀 불충분하지 않은 지식을 자신 안에서 발견하고, 그것들을 따를 추가적 이유를 필요로 하지 않고도 그것들을 따르려는 충동을 자신 안에서 발견한다는 점을 주목해야 한다. 각자는 대체로 무엇이 옳은가를 아는 것만큼 분명하게 무엇이 명예롭고 예의바른 것인가를 한눈에 아는 것처럼 보인다. 무엇이 명예롭고 예의바른 것인가의 경우, 관습과 의견이 항의할 여지가 없는 최종적 권위라는 사실을 발견하는 것은 약간의 숙고를 필요로 한다. 명백히 도덕적이라고 간주되는 규칙의 경우에도, 우리가 다른 사람들의 도덕을 관찰할 때 방금 언급한 규율만큼 명백히 관습적으로 보이는 요소를 우리 시대와 나라에서도 발견한다. 따라서 우리는 우리 자신의 도덕률에도 비슷한 요소가 있지 않을까 하고 합당하게 의심할 수 있고, 어떤 규칙이든 우리가 습관적으로 복종하려는 충동을 가졌다고 생각되는 규칙을 엄격히 시험하는 것, 즉 그 규칙이 진정 옳음에 대한 분명한 직관을 표현하는지 혹은 이러한 직관과 관련될 수 있는지를 아는 것이 매우 중요하다는 사실을 인정해야 한다.

III. 자명하다고 인정된 명제들은 상호모순되지 않아야 한다. 여기서도 두 직관 사이의 충돌은 명백히 그것들 중 어느 하나나 둘 모두에 오류가 있다는 증거다. 그런데 우리가 보기에, 윤리학 저술가들은 종종 이 점을 너무 가볍게 여긴다. 그들은 궁극적 규칙들의 충돌을 그 충돌하는 공식들의 과학적 지위를 깎아내리지 않고도 무시할 수 있거나 훗날에 해결하도록 미뤄둘 수 있는 문제로 간주하는 것처럼 보인다. 그러나 이러한 충돌은 적어도 그 공식들 중 하나가 수정을 필요로 한다는 확실한 증거다. 그것은 옳게 한정된 명제가 더 단순하기는 하지만 부적절한 명제와 동일한 자명성을 가지는가 하는 의문, 그리고 우리가 실제로는 파생적·종속적인 공리를 궁극적·독립적인 공리로 오인한 것은 아닌가 하는 의문을 제기한다.

IV. 진리 개념 자체는 모든 인간의 정신에 본질적으로 동일함을 함축하고 있기 때문에, 내가 긍정한 명제를 다른 사람이 부정한다는 사실은 그 명제의 타당성에 대한 나의 확신을 손상하는 경향이 있다. 사실 '보편적' 혹은 '일반적' 동의는 종종 그 자체로 가장 중요한 믿음의 진실성에 대한 충분한 증거가 되고, 현실적으로 대다수 인간들이 의존할 수 있는 유일한 증거라고 생각된다. 물론 이러한 근거만으로 참이라고 받아들여진 명제는 자명하지도 않고 그렇게 그 명제를 받아들인 사람의 마음에 명시적 증거를 주지도 않는다.

그럼에도 우리가 흔히 경험과학의 일반화들을 안심하고 받아들이는 것은—심지어 전문가들의 경우에도—대체로 다른 전문가들이 이 일반화들에 대한 증거를 직접 보았고 그 증거의 충분함에 대하여 크게 의견이 다르지 않다는 믿음에 의존한다. 이렇게 의견불일치가 없다는 것은 우리의 믿음의 확실성에 필수불가결한 소극적 조건이어야 한다는 것은 쉽게 알 수 있다. 왜냐하면 내가 직관적이든 추론적이든 나의 판단들 중 어떤 것이 다른 사람의 판단과 정면 충돌한다는 것을 발견할 경우, 틀림없이 어딘가에 오류가 있기 때문이다. 나보다는 다른 사람이 오류를 범했을 것이라고 의심할 이유가 없을 경우, 두 판단에 대한 반성적 비교는 필시 나를 잠시 중립적 상태로 몰아넣을 것이다. 내 마음속의 전체적 결론이 반드시 판단의 중단이 아니라 하나의 생각 행위에 의한 적극적 긍정과 다른 생각 행위의 결과인 중립성이 충돌하고 번갈아 일어나는 것일지라도, 그것은 분명 과학적 확신과 매우 다른 것이다.

만약 앞의 장들에서 제시한 상식도덕의 설명이 대체로 정확하다면, 일반적으로 말해서 그것의 준칙은 분명 방금 설정한 조건을 충족시키지 못한다고 생각된다. 일상적 대화에서 그 준칙과 마주칠 때 그것이 다소 모호한 일반론의 상태로 남아 있는 한, 우리는 그것에 의문 없이 동의하려 한다. 그리고 이러한 동의가—모든 이의의 표현은 상궤를 벗어난 것이고 역설적인 것이라는 의미에서—거의 보편적이라고 정당하게 주장할 수 있다. 그러나 그 준칙에 과학에서 요구되는 명확성을 제공하려고 시도하자마자, 우리는 그것의 보편적 수용을 포기하지 않고는 이렇게 할 수 없다는 사실을 알게 된다. 어떤 경우에는 필시 우리가 결정하는 것이지 상식이 결정한다고 주장할 수 없는 선택지들이 나타나고, 종종 이 선택지들은 동등하게 혹은 거의 동등하게 그럴듯하게 보인다는 점을 발견하게 된다. 또 어떤 경우에는 도덕적 개념이 상식에서 명확한 규칙을 뽑아내려는 온갖 노력에 저항하는 것처럼 보인다. 또 어떤 경우에는 그것이 공리주의적—혹은 이와 유사한—방법을 적용하지 않고는 어떤 일반적 기준으로 변형될 방법이 없는 요소를 포함하는 것처럼 보인다. 정의과정에서 발생한 물음에 대한 다소 분명한 답을 상식에서 끌어낼 수 있다고 생각되는 경우에도, 결과로서 생긴 원칙은 매우 복잡한 방식으로 한정되기 때문에 그 원칙의 자명성은 의심스러워지거나 완전히 사라진다. 그래서 각 경우에 언뜻 직관처럼 보였던 것이 규제와 제한을 필요로 하는 모호한 충동의 단순한 표현일 뿐이고, 그것 자체로는 이러한 규제와 제한을 제공할 수 없고 반드시 어떤 다른 원천에서 끌어내야 한다는 사실이 드러난다. 아니면 그것은 현재의 여론일 뿐이고, 그 여론의 합당함도 어떤 다른 원칙에 준거하여 밝혀져야 한다는 사실이 드러난다.

이러한 결론을 충분히 드러내려면, 나는 독자에게 이전 장들에서 상식으로부터 도출된 일련의 원칙들을 되돌아보고 그것들을 약간 다른 관점에서 검토해볼 것을 부탁해야 한다. 이전에 우리의 일차적 목표는 상식의 의견이 실제로 무엇인가를 편견 없이 확인하는 것이었다. 이제 우리는 이 언명이 얼마만큼 직관적 진리로 간주될 수 있는가를 물어야 한다.

독자가 주목해야 할 것은 이러한 검토의 전반에 걸쳐서 그는 다음 두 가지에 이중적으로 의존한다는 점이다. 하나는 그의 개인적 도덕의식이고, 다른 하나는 도덕판단에서 그가 기꺼이 의존하려는 집단의 사람들이 일반적으로 표현하는 인간의 상식이다. 나는 그에게 두 가지를 묻고자 한다. (1) 각 항목에 속하는 행위를 판단하기 위하여 그가 기꺼이 따르려는 분명하고 정확하고 자명한 제일 원칙을 진술할 수 있는가. (2) 만약 그렇다면, 이 원칙은 정말 그가 상식을 표상한다고 간주하는 사람들이 실천에서 일반적으로 적용하는 원칙인가.[5]

---

[5] 나는 상식의 결정들을 매우 느슨하고 불명확한 상태로 남겨둘 것이라고 분명하게 말했다. 만약 내가 이러한 검토에서 더 긍정적인 결과를 가져오려고 노력했다면, 확실히 나는 더 나아가서 어떻게 이러한 주제에서든 다른 어떤 주제에서든 우리가 그들의 '합의'에 의존할 수 있는 '전문가들'을 알아볼 수 있는가 하는 문제를 논했어야 한다. 그러나 나의 과학적 결론은 너무 부정적이어서, 나는 이러한 논의를 시작하는 것이 필요하다고 생각하지 않았다. 나는 상식의 미덥지 못함과 비일관성을 과장하지 않으려고 주의했다. 만약 그것이 내가 말한 것보다 더 의문스럽고 일관성이 없다고 밝혀진다면, 나의 논증이 강화될 뿐이다.

§3. 3장에서 논했던 현명하게 행동할 의무에 대한 고찰에서 시작한다면, 우리는 아마 틀림없는 자명성을 가진 공리(axiom)를 스스로에게 제시해야 할 것이다. 왜냐하면 현명하게 행동하는 것은 최선의 목적을 위한 올바른 수단을 취하는 것, 말하자면 이성이 지시한 목적을 위하여 이성이 가리키는 수단을 취하는 것을 의미하기 때문이다. 그리고 이성적으로 행동하는 것이 옳다는 것은 명백하다. 이 원칙 혹은 그것의 부정적 측면으로부터의 직접적 추론, 즉 합리적 판단에 반대되는 행위를 하는 것은 그르다는 것도 똑같이 부인할 수 없다. 이성과 충돌하는 우리 마음속의 충동에 관련된 경험적 사실과 연결하여 생각해보면, 이것은—또 하나의 자명한 원칙으로서—아주 넓은 의미의 절제 혹은 자제의 준칙, 즉 '이성은 결코 욕구나 정념에 지지 않는다'는 준칙을 제공한다.[6] 이 원칙들은 정말 진지하게 윤리학의 근본 물음에 대답하고 실천적 학설의 기초 혹은 개요를 제공한다고 이야기된다.

그러나 이러한 원칙들의 진술은 윤리학적 숙고의 과정에서 귀찮을 정도로 자주 발생하는 단계들 중 하나로 밝혀지고, 실천적 지침과 관련된 한에서 이 단계들은 우리를 우리가 출발했던 지점으

---

6) 9장에서 절제는 도덕화된 타산 혹은 자기애에 종속되거나 그것의 특별한 적용으로 간주되었다. 왜냐하면 이것이 대체로 앞선 장들에서 끌어낸 원칙들을 진술하거나 그것들을 설명하기 위해서 내가 되도록 엄밀히 따르려고 노력했던 상식의 견해로 보이기 때문이다.

로 되돌려보내는 아주 짧은 회로들이다. 아니, 오해를 막기 위하여 좀 더 정확히 말하자면, 방금 이야기한 준칙들은 다음 두 가지 의미로 이해될 수 있다는 사실에 주목해야 한다. 한 가지 의미로, 그것들은 확실히 자명하면서도 사소하다. 또 한 가지 의미로, 그것들은 다소 분명히 중요한 실천적 의무의 지시를 포함하지만, 그렇게 이해한다면 그것들의 자명성을 상실한다. 왜냐하면 지혜와 자제의 규칙이 (1) 우리는 항상 우리가 합당하다고 보는 것을 행해야 한다는 것과 (2) 우리는 [우리가 합당하다고 보는 것과] 반대 방향으로 우리를 유도하는 충동에 굴복해서는 안 된다는 것을 의미할 경우, 그 규칙은 단지 (1) 일반적으로, 그리고 (2) 특별한 유혹 아래에서 우리의 의무라고 판단하는 것을 행하는 것이 우리의 의무라는 점을 긍정할 뿐이고,[7] 의무를 결정하는 방법이나 원칙에 대해서는 아무런 정보를 전달하지 않기 때문이다.

만약 이 규칙이 더 나아가 (그것이 때때로 그렇게 이해되는 것처럼) 합리적으로 행동하는, 즉 각 행위를 본능적 충동에 따라서 결정되게 내버려 두지 않고 확실히 이해한 원칙과 목적에 따르는 습관을

---

7) 이 준칙들이 자명함을 인정하는 것은 앞서 확인한 "주관적" 옳음과 "객관적" 옳음 사이의 구별에 종속된다고 이해되어야 한다. 나는 내가 그르다고 판단하는 것을 행해서는 안 된다는 것은 내가 옳게 행동함의 필요조건이다. 그러나 나의 판단이 잘못된 것일 경우, 그것에 따른 나의 행동은 "객관적으로" 옳은 것이 아닐 것이다.

배양하라는 명령이라고 이해된다면, 내가 보기에 이것이 보편적·절대적 의무규칙이라는 주장은 자명하게 참일 수 없다. 왜냐하면 이성을 당장 실제로 명령을 내리는 것이라기보다 미래에 더 충만하게 실현되어야 할 목적이라고 간주할 경우, 그것의 통치권을 판단하는 관점이 완전히 바뀔 것이기 때문이다. 문제는 더 이상 이성의 명령에 항상 복종해야 하는가가 아니라, 이성의 명령이 항상 좋은 것인가이다. 즉 어느 정도든 단순한 충동에 대한 이성의 우월성이 양자 모두로 구성된 의식적 자아의 완전성에 필히 이바지할 것인가이다. 이러한 [이성의] 우월성이 도가 지나칠 수 없다는 것은 확실히 자명하지 않다. 그리고 이성이 어느 정도 스스로를 제한하지 않는다는 것도 확실히 자명하지 않다. 왜냐하면 합리적 목적은 때로는 그것을 합리적인 것으로서 직접 겨냥하지 않는 사람들에 의하여 더 잘 달성된다는 것을 알기 때문이다. 확실히 상식은 많은 문제들에서 본능이 이성보다 더 나은 행동의 원천이라고 주장하려는 경향을 보인다. 그래서 종종 건강한 식욕은 의사의 처방전보다 더 나은 식이요법이라고 말한다. 또한 결혼은 차분하고 신중한 계획의 실행보다는 사랑에 빠진 결과로 시작된다고 말한다. 앞서 (4장) 우리는 순수한 의무감에서 행한 유사한 행위에는 없지만 자발적 애정에서 나온 봉사에는 모종의 탁월성이 있다는 점을 관찰했다. 마찬가지로 경험에 따르면, 이성의 명령에 대한 의식적 복종이 아니라 다른 동기에서 행할 경우, 민첩함과 활기를 요하는 많은 행위들이 더 강력하고 효과적일 수 있고, 기지와 섬세함을 요하는 많은 행위들이 더 우아하고 다른 사람에게 유쾌할 수 있는 것처럼 보인다. 이 견해가 얼마만큼 사실인지를 여기서 결정할 필요는 없다. 그것이 어느 정도는 사실이 아니라는 것을 직관적으로 알지 못한다고 말하는 것으로 충분하다. 우리는―플라톤의 비유를 사용하면―국가에서와 마찬가지로 개인의 영혼에서도 **지나친 통제**(over-government)라는 것이 있을 수 없는지를 알지 못한다. 그렇다면 지금까지 얻은 분명한 직관의 잔여물은 우리가 우리의 의무라고 판단하는 것을 행하는 것이 우리의 의무라는 사소한 명제다.

§4. 이제 내가 애정의 의무라고 부른 것, 즉 어느 정도 사랑 자체를 지시하거나 사랑을 기대하거나 바라는 관계에서 사랑으로부터 자연히 발생하는 봉사를 지시하는 규칙으로 넘어가자. 여기서 우선 우리가 애정을 느끼지 않을 때에도 얼마만큼 이러한 봉사를 제공할 의무를 가지는가 하는 물음에 대하여 많은 경우에 상이한 사람들이 상이하게 대답한다. 그 한계에 대한 어떤 결정도 자명하지 않게 보인다. 애정 자체가 의무인가 하고 물을 경우에도 이와 유사하다. 왜냐하면 한편으로 그것은 아주 부분적으로만 의지의 통제 안에 있고, 그것이 자발적 노력으로 생길 수 있다면 그 결과는 만족스럽지 못하고 매력적이지 않을 것이라고 생각되기 때문이고, 다른 한편으로 일정한 관계에서는 그것이 흔히 하나의 의무로 간

주되는 것처럼 보이기 때문이다. 이러한 문제에 대하여 상식의 학설은 분명하고 보편적으로 받아들여진 원칙으로부터 연역될 수 있는 것이 아니라 차라리 충돌하는 사고방식들 사이의 대략적 절충이다. 상식이 애정에 의하여 자연히 발생하는 봉사를 제공할 광범위한 도덕적 의무를 분명하게 인정하는 특별한 관계에 국한하더라도, 이러한 관계에서 인정된 외적 의무규칙들은 첫째로 명확성과 정확성을 결여할 것이다. 엄밀하게 검토해보면, 둘째로 그 규칙들은 그 의무의 **특수성**과 관련된 독립적 직관처럼 혹은 그러한 직관을 지시할 수 있는 것처럼 보이지 않는다. 자녀에 대한 부모의 의무를 예로 들어보자. 우리는 이 의무가 현재 사회질서의 일부라는 점을 전혀 의심하지 않는다. 이 의무에 의하여 자라나는 세대에게 필요한 성장과 훈련이 성인들에게 할당된다. 그러나 이 제도 자체를 숙고해보면, 우리는 그것이 최선이라는 것을 **직관적으로** 알 수 없다. 국세로 유지되는 거대 시설에서 의사와 철학자의 감독하에 길러질 경우, 아이들은 육체적·정신적으로 더 좋은 훈련을 받을 것이라는 주장이 그럴듯할 수도 있다. 우리는 이러한 대안들 중 어느 것이 더 선호할 만한 것인지를 선험적으로 결정할 수 없다. 우리는 현실사회에서 인간본성에 대한 경험적 연구에 의하여 획득된 심리학적·사회학적인 일반화들을 참조해야 한다. 그러나 이러한 사회질서와 무관하게 부모의 의무만을 고려하더라도, 우리는 우리의 노력에 따라서 똑같이 행복해질 수 있는 다른 사람의 자녀보다 우리 자신의 자녀에게 더 많은 의무를 가진다는 것은 확실히 자명하지 않다. 문제를 분명하게 이해하기 위해서, 내가 나의 가족과 함께 무인도에 떨어졌는데 거기서 버려진 고아를 발견한다고 가정해보자. 나의 능력이 닿는 한에서 내가 이 버려진 아이에게 생존수단을 제공할 의무가 내가 나의 자녀에게 생존수단을 제공할 의무보다 더 적다는 것은 자명하지 않은가? 어떤 사람에 따르면, 후자에 대한 나의 특별한 의무는 내가 그들을 낳았다는 사실로부터 생긴다. 만약 그렇다면, 이 원칙에 따라서 그들의 행복의 양을 마이너스로 바꾸지 않는 한에는 나는 그들의 행복을 줄일 수 있는 권리를 가지는 것처럼 보일 것이다. 왜냐하면 그들은 내가 없었다면 애당초 존재하지도 않았을 것이기 때문에, 그들은 나의 자녀로서 행복이라는 면에서 대체로 영(zero) 이상인 존재보다 더 많은 것을 나에게 요구할 권리를 가질 수 없기 때문이다. 만약 (이 특별한 요구와 관련하여) 자녀의 존재의 어떤 시점에서든 그 시점까지만 그들의 삶이 살 만한 가치를 가진다면, 우리는 부모에게 그들을 고통 없이 죽일 수 있는 권리가 있다고 추론할 수도 있다. 내가 없었다면 생명을 가지지도 못했을 사람이 그에게 일정한 양 이상을 주지 않는다고 불평하는 것이 정당할 수 있는가?[8] 나는 상식이 암시적으로

---

8) 신과 인간의 관계에서 부모자식과 유사한 관계로 말미암아, 신이 인간에게 공정하게 행해야 할 의무는 무엇인가를 고찰하면서 이와 매우 유사한 견해가 종

라도 이러한 학설을 담고 있다고 주장하려는 것은 아니다. 단지 다른 곳에서처럼 여기서도 어떤 반박할 수 없는 직관의 추구는 무의식적으로 우리를 일련의 역설들로 인도할 수 있다는 점을 보여주려는 것이다.

그렇다면 결국 자녀에 대한 부모의 특별한 의무는 그 자체로만 고려한다면 분명한 자명성을 가진다고 말할 수 없는 것처럼 보인다. 상식에 의하여 인정된 그것의 한계가 불확정적이라는 점도 (4장 참조) 쉽게 보여줄 수 있다.

우리가 부모에 대한 자녀의 의무를 지시하는 규칙에 붙들릴 필요는 없다. 왜냐하면 상식적으로 분명 이 의무가 단지 보은의 한 특수한 경우가 아닌지는 의문스럽기 때문이다. 우리는 분명 보은을 받을 자격이 없는 부모가 마땅히 받을 만한 것이 무엇인지에 대하여 분명한 직관을 가지고 있지 않다. 남편과 부인의 도덕적 관계도 주로는 계약과 명확한 합의에 의존하는 것으로 보인다. 분명 보통은 법뿐만 아니라 도덕도 모든 부부관계의 계약에 대한 일정한 조건을 규정한다고 생각된다. 우리 시대와 나라에서 그 조건은 (1) 일부일처제여야 하고 (2) 영구적이어야 한다고 주장된다. 그러나 이 의견들 중 어느 것도 근본적 직관이라고 주장되지 않는다는 것은 분명해 보인다. 우리는 곧 남녀의 결합에 대한 이러한 혹은 다

종 주장된다는 사실을 알 수 있다.

른 법적 규정이 순수라는 직관적 원칙으로부터 연역될 수 있는가를 살펴볼 것이다. 그러나 법으로 규정되지 않은 부부간의 의무와 관련하여, 아마 오늘날 누구도 이 의무가 무엇인가에 대한 일반적 동의가 있고, 그 동의가 이러한 의무를 선험적으로 알 수 있다는 이론을 뒷받침하리라고 주장하지 않을 것이다.[9]

만약 이러한—흔히 애정의 의무가 강제적이고 중요하다고 인정되는—가족관계에서 우리가 그 의무를 결정하는 진정 독립적이고 자명한 원칙을 발견할 수 없다면, 나는 아마 우리와 타인을 엮어주는 덜 친밀한 (친척, 이웃 등의) 유대관계와 관련해서도 사정은 마찬가지라는 점을 보여주려고 시간을 허비할 필요는 없다고 본다. 사실 이 점은 이러한 다른 의무에 대한 앞선 논의에서 충분히 명백하게 밝혀졌다.

분명 인간 전체에 대한 일정한 의무가 있고, 이 의무는 대체로 의심의 여지가 없다. 예컨대 당연한 처벌의 방편인 경우를 제외하고는 (이것이 정의라는 항목에 속하든 자비심이라는 항목에 속하든) 다른 사람에게 그의 의지에 반하는 고통을 일으키지 않아야 하고, 우리가 일으켰을지 모를 모든 고통에 대하여 보상해야 한다는 소극

---

9) 일단 전통과 관습의 족쇄에서 풀려났을 때 사려 깊은 사람들이 도달하게 되는 결혼에 대한 더 좋은 규정들에 대한 제안들이 매우 다르다는 점을 주목하는 것은 관련성이 없지 않다.

적 의무이다. 그럼에도 이 의무의 범위를 숙고하고 그것의 한계를 정의하려고 시도할 때—우리 자신이나 제삼자의 행복을 달성하기 위해서거나 고통받은 사람 자신에게 더 큰 좋음을 주기 위해서라도, 그 고통이 그의 의지에 반하는 것일 경우 우리는 다른 사람에게 (혹은 다른 감성을 지닌 존재에게) 얼마만큼 정당하게 고통을 일으킬 수 있는가를 묻는다면—만약 공리주의적 공식을 받아들이지 않는다면 우리는 이 문제를 해결할 분명하고 일반적으로 받아들여진 원칙을 얻을 수 없다고 본다. 배상과 관련해서도, 우리가 본 것처럼 비자발적으로 일어난 해악에 대해서는 이것이 얼마만큼 합당한가에 대하여 근본적 의문이 있다.

마찬가지로 모든 사람은 우리가 같은 사람에게, 특히 이례적 어려움에 처한 사람에게 봉사를 제공할 일반적 의무가 있고, 우리가 제공하는 이익이 우리의 손실보다 아주 확실히 크다면 우리는 그를 위해서 희생할 의무를 가진다는 점을 인정한다. 그러나 우리가 동료의 행복을 증진하기 위하여 얼마만큼 자신의 행복을 포기할 의무가 있는가 하고 묻는다면, 상식이 뚜렷하게 공리주의적 원칙을 받아들인다고 말할 수도 없지만 그것이 어떤 다른 원칙을 명확히 긍정하지도 않는다.

보은의 일반적 원칙도, 그것의 설득력은 즉각적이고 보편적으로 느껴지지만, 여전히 본질적으로 불확실해 보인다. 왜냐하면 이익에 대한 보답이 시혜자의 부담에 비례해야 하는지, 아니면 그 이익이 수혜자에게 가진 가치에 비례해야 하는지의 문제는 해결되지 않았기 때문이다.

§5. 보편화된 보은의 형태로 나타났던 정의의 요소를 살펴볼 때, 동일한 문제가 더 복잡한 형태로 다시 일어난다. 여기서도 우리는 좋은 응분에 대한 보답은 제공된 이익에 비례해야 하는지, 아니면 그 이익을 제공하려고 기울인 노력에 비례해야 하는지를 물어야 한다. 보복적 정의에 대한 일반적인 도덕적 개념을 면밀히 살펴보면, 엄밀히 말해서 그것은 자유의지에 대한 형이상학적 학설을 함축한다고 생각된다. 왜냐하면 이 개념에 따르면 공적에 대한 보상이 합당한지는 공적을 격려하지 않을 경우에 예상되는 미래의 나쁜 결과와 무관하게, 오직 과거의 결과와 관련해서만 검토되기 때문이다. 만약 어떤 사람의 행동이나 성과의 모든 탁월성이 궁극적으로 그 자신이 아닌 다른 원인에서 기인한다고 본다면, 이러한 관점에서 보답에 대한 그의 요구권리는 사라진다고 본다. 다른 한편으로 응분의 평가에서 유전과 교육에 기인한 도덕적 탁월성을 제외하는 것은 명백히 모순적이다. 지적 탁월성을 제외하는 것도 그러하다. 왜냐하면 선견지명 없이 좋은 의도는 일반적으로 매우 불완전한 공적이 된다고 생각되기 때문이다. 진정한 응분에 대한 궁극적 보상을 신의 재판에 맡김으로써 이 사변적 문제를 돌파하더라도, 우리는 여전히 공적을 저울질할 수 있는 분명한 원칙을 발견

할 수 없다고 본다. 필요한 부분만 약간 수정하면, 형사사법이 요구하는 것과 같은 과실의 척도에 대해서도 거의 같은 말을 할 수 있다.

이 문제들을 극복하더라도, 우리는 여전히 자명한 원칙에 의거한 정의의 실천적 결정에 수반되는 난국의 시작점에 있을 뿐이다. 왜냐하면 5장에서 수행한 이 개념의 내용에 대한 고찰은 하나의 명확한 원칙이 아니라 한 무더기의 원칙들을 우리에게 제공했고, 그 원칙들은 불행히도 서로 충돌하기 쉽기 때문이다. 그 원칙들 가운데 개별적으로 숙고해보면 자명한 진리처럼 보이는 것들조차 확실히 그것들 상호 간의 경계와 관계를 직관적으로 확인할 수 있는 정의를 가지고 있지 않다. 그래서 예컨대 행복을 위한 수단의 이상적으로 완벽한 분배를 고안하면서, 종종 응분과 혼동되지만 그것과는 본질적으로 다른 (내가 명명한 것처럼) 적합성이라는 개념을 고려할 필요가 있다고 본다. 왜냐하면 사회적 '분배대상(distribuend)'은 유쾌한 수동적 감정을 얻는 수단만이 아니라, 행복의 중요한 원천이 되는 기능과 도구도 포함하고, 그 기능을 수행할 수 있고 도구를 사용할 수 있는 사람에게 그것들을 제공하는 것이 명백히 합당하기 때문이다. 안락과 사치의 물질적 수단과—요컨대 부와—관련해서도, 우리는 모든 경우에 동일한 양이 동일한 결과의 행복을 산출한다고 생각하지 않는다. 세련되고 다채로운 쾌락의 수단은 그것을 향유할 상당한 능력을 가진 사람에게 할당되는

636

것이 합당하다고 본다.[10] 그럼에도 이 사람이 그 수단을 가장 가질 만한 자격을 지닌 사람이 아닐 수도 있으므로, 이 원칙은 분명 응분에 보답하라는 원칙과 충돌할 수 있다.

둘 중 어느 원칙이든, 우리가 본 것처럼, 법의 올바른 궁극적 목적은 공동체의 모든 성원에게 가능한 최대의 행동의 자유를 보장해주는 것이고, 엄밀히 말해서 어떤 개인이 자유계약에 의하여 묶여 있지 않은 한에는 그가 다른 개인에게 다해야 할 의무는 불간섭뿐이라는 널리 인정된 학설과 충돌할 수 있다. 더 나아가 이번에는 이 원칙을 고찰해보면, 사회구성을 위한 실천적 기초를 제공할 수 있으려면 그것이 제한과 조건을 필요로 하고, 이러한 제한과 조건은 그것을 공리주의의 "중간 공리(middle axiom)"보다 덜 독립적인 원칙으로 보이게 만든다. 그리고 그것은 매우 뚜렷한 변형 없이는 실정법이 보장하는 가장 중요한 권리를 포함할 수 없다. 예컨대 영구적 전유(專有)의 정당화는 엄밀히 말해서 그것이 자유를 실현한다는 것보다는 분명 그것이 노동에 유일하게 충분한 동기를 제공한다는 것이다. 재산권의 한계를 결정하면서 일어나는—예컨대 그것이 유증권을 포함하는가와 같은—물음은 이 가정된 근본원

---

10) 많은 사람들은 교양 있는 사람들이 부유하게 되고 교양 없는 사람들은 가까스로 생존수단만을 가졌을 때 대략적으로 말해서 부가 옳게 분배되었다고 생각하는 것처럼 보인다. 왜냐하면 전자가 후자보다 부에서 훨씬 더 많은 행복을 끌어낼 수 있기 때문이다.

칙에서 연역된 결론으로 해결될 수 없다. 계약의 집행조차도 자유의 실현이라고 당당히 말할 수 없다. 왜냐하면 사람은 엄밀히 말해서 그의 의지들 중 어느 하나가 다른 의지에 외적 통제를 가할 수 없을 때 더 자유로워 보이기 때문이다. 이것을 역설적 미묘함이라고 무시할 경우, 우리는 반대편에서 다음과 같은 난관과 마주친다. 만약 추상적 자유가 미래의 봉사에 대한 약속과 양립한다면, 동일한 근거에서 그것은 영구적·무조건적 봉사에 대한 약속과도 양립하고 심지어 현실적 노예제와도 양립해야 한다. 이 문제가 특히 중요해지는 순간은 많은 사람들이 각 개인과 그의 공동체의 다른 개인들 사이의 '암묵적 계약' 혹은 합의를 가정함으로써 실정법에 복종할 의무와 자유라는 추상적 권리를 화해시켰다는 사실을 고려할 때다. 그러나 숙고해보면 이러한 계약은 도덕적 의무의 기초로 제시하기에는 너무나 분명한 허구다. 그것이 허구라는 것은 여러 사상가들이 '합의되었다'고 가정한 '합의'의 무한히 다양한 조건과 단서로부터 더 분명해진다. 그래서 '자유의 생득권'을 주장하는 많은 사람들은 추상적으로 정당화할 수 있는 유일한 사회질서는 복종할 사람의 **명시적** 동의 없이는 아무런 법도 부과되지 않는 사회질서라고 생각한다. 그러나 우리는 실제로 이러한 기초 위에 사회를 구축하는 것은 불가능하다는 것을 깨달았다. 현재 수립된 대의정부들은 광범위한 제한과 명백한 허구를 이용하여 이 이념을 실현하는 것처럼 보일 뿐이다. 또한 헌법상의 자유라고 부를 수 있는 것의 최대치는—즉 정부의 활동과 백성 대다수의 바람 사이의 가장 완벽한 일치는—결코 그렇게 통치되는 사회의 시민적 자유의 최대치를 실현할 필요가 없다는 것이 명백하다.

그러나 이상적 정부형태를 비롯하여 이상적 사회질서를 만족할 정도로 기술할 수 있더라도, 우리는 여전히 이러한 사회질서를 실현할 의무와 현실 사회질서에 대한 적당한 복종을 화해시켜야 한다. 왜냐하면 우리는 일반적으로 말해서 실정법을 따라야 한다는 강한 확신을 가지고 있기 때문이다. 또한 우리의 정의 개념은 관습과 선례로부터 생긴 기대를 만족시킬 일반적 의무를 포함하는 것으로 보였기 때문이다. 그럼에도 현실 사회질서가 우리가 생각하기에 존재해야 할 사회질서로부터 너무 멀리 벗어날 경우, 그 사회질서에 따를 의무는 불분명해지고 의심스러워 보인다. 이와 별개로 우리는 상식이 법을 따라야 한다는 것을 공리로 간주한다고 말할 수 없다. 실로 모든 사람은 법이 그른 것을 명령할 경우에는 그것을 따르지 않아야 한다는 점에 동의한다. 비록 우리는 통치자가 명령했더라도 여전히 그르다고 말할 수밖에 없는 것이 무엇인지에 대하여 분명한 일반적 견해를 끌어낼 수 없다고 보지만 말이다. 또한 반드시 따라야 할 실정법은 (도덕적으로) 정당한 권위에 의하여 공표된 명령이어야 한다. 비록 이 명령은 통상 법적으로 강제되는 명령과 일치하겠지만, 우리는 이것이 항상 그렇다고 말할 수는 없다. 왜냐하면 법관이 일시적으로 찬탈자를 섬길 수 있기 때문이다.

혹은 지금까지 습관적으로 복종해왔던 통치자에게 반항하는 것이 옳은 일이 될 수도 있다(왜냐하면 이것이 때로는 옳다는 것이 일반적으로 인정되기 때문이다). 그렇다면 찬탈이 정당한 것인 때와 반란이 정당한 것인 때를 결정하는 원칙이 필요하다. 그런데 우리는 이러한 원칙을 상식에서 끌어낼 수 없다고 본다—이 모든 문제에 대하여 상식이 사적 도덕의 문제에서 그런 것보다 더 공리주의적 방법으로 기운다고 당당히 말할 수 있는 경우를 제외한다면 말이다.

더구나 우리는 '자연적 기대'를—즉 일정한 상황에서 평균적인 사람들이 가질 기대를—만족시킬 일반적 의무를 분명하고 정밀한 도덕적 공리의 형태로 진술할 수 없다. 분명 정의로운 사람은 관습적 요구권리를 일반적으로 만족시킬 것이다. 그러나 단지 어떤 관습의 존재가 아직 그것에 따르겠다고 약속하지 않은 사람조차 그것에 따라야 한다는 것을 명백한 의무로 만든다고 주장할 수 없다. 특히 나쁜 관습은 과감히 그것을 무시하려는 개인들에 의하여 철폐될 수 있기 때문이다.

§6. 우리는 아직 (정의의 한 부문으로든 별개의 항목으로든) 명시적 약속과 명확한 합의를 이행할 의무를 고찰해야 한다. 윤리학자들이 이 원칙에 대하여 일반적으로 느끼는 유별난 확신은 방금 주목할 기회를 가졌던 그것의 영역을 확장하려는 노력을 통해서 분명하게 설명된다. 그 원칙은 분명 단순성·확실성·명확성에 있어서

지금까지 논한 도덕규칙들을 능가하는 것처럼 보인다. 그래서 여기서 우리는 우리가 찾던 윤리학적 공리 중 하나를 발견할 수 있을 것이다. 그런데 우리는 약속 개념을 명확하게 만들려면 일반적으로 주목받지 못한 여러 제한사항들을 필요로 한다는 사실을 보았다. 이러한 사실이 어떤 준칙, 즉 똑똑히 선언하고 이해한다면 자명한 것으로서 당연히 보편적 수용을 주장할 수 있는 준칙의 수립에서 그 개념이 알맞게 사용되지 못할 이유는 절대 아니다. 왜냐하면 무지한 대다수 사람들은 원을 모든 점이 중심으로부터 등거리에 있는 하나의 선으로 둘러싸인 도형이라고 정의할 수 없지만, 그 정의를 그들에게 설명해주면 그들은 그것을 그들이 오랫동안 마음에 품고 있던 완벽한 유형의 원형 개념을 표현하는 정의로 받아들일 것이기 때문이다. 내가 생각하기에, 인간의 상식이 구속력을 갖는다고 인정하는 약속은 그것을 맺는 순간 약속자(promiser)와 수약자(promisee)가 동일한 의미로 이해한 약속이어야 한다는 명제, 약속은 수약자와 관계 있고 그에 의하여 무효화될 수 있다는 명제, 그리고 약속은 확정된[11] 사전 의무에 우선할 수 없다는 명제의 수용에 대해서도 동일한 잠재적 보편성을 정당하게 주장할 수 있다.

그러나 우리가 논의해야 했던 다른 제한에 대해서는 사정이 다

---

[11] 나는 엄격히 확정되지 않은 사전 의무들과 관련하여 아직 주목하지 못한 문제들에 대해서는 나중에 언급할 것이다(360쪽).

르다. 일단 이러한 제한을 끌어들이는 문제가 제기될 경우, 우리는 그 대답에 대하여 상식이 확실히 갈라진다는 사실을 알게 된다. (예컨대) 다음과 같은 경우에 우리의 약속은 얼마만큼 구속력을 갖는가를 묻는다고 가정해보자. 잘못된 진술 때문에 조건이 있음을 알지 못한 채로 약속을 맺은 경우, 혹은 중요한 주변상황이 감춰져 있었거나 어쨌든 약속준수의 결과가 실제로 드러난 결과와 다를 것이라고 생각하게 된 경우, 혹은 약속이 강제로 맺어진 경우, 혹은 약속을 맺은 후에 주변상황이 크게 변했거나 약속이행의 결과가 약속을 맺을 당시에 예견했던 결과와 다르리라는 것을 알게 된 경우; 심지어 변한 것은 결과에 대한 지식뿐이고 이제 우리는 약속이행이 수약자의 이익보다 더 큰 희생을 우리에게 가져다주리라는 것을 아는 경우, 혹은 수약자는 그렇게 생각하지 않을 수도 있지만 약속이행이 그에게 유해하리라는 것을 아는 경우. 상이한 양심적인 사람들은 이 물음들과 여타 물음들[12]에 대하여 (일반적으로, 그리고 특수한 경우에) 상이하게 대답할 것이다. 우리는 아마 이 제한들 중 몇몇에 대해서는 확고하게 찬성하면서 다른 몇몇에 대해서는 확고하게 반대하는 다수의 사람들을 확보할 수도 있지만, 여하튼 어떤 식으로도 분명한 합의는 없을 것이다. 이 논점들에 대한 논의

---

12) 나는 사망자 혹은 부재자와 맺은 약속이나 말의 형식이 규정된 경우와 연관된 특별한 문제들은 덜 중요하다고 간주하여 생략했다.

만으로도 "소박한 양심"이 거리낌 없이 단언하는 확신, "약속은 지켜야 한다"는 확신은 부주의에서 기인하는 것이고, 우리가 언급했던 조건을 올바르게 숙고한다면 분명 이 확신은 필시 망설임과 혼란으로 변할 것이다. 덧붙여 이 조건들 중 몇몇은 이 특수한 규칙이 자연히 종속하는 원칙으로서 더 포괄적인 공리주의 원칙에 대한 언급을 제안할 것이다.

또한 도덕적 책무의 분류체계에서 이 의무의 위치에 대한 숙고는 그것과 관련된 상식의 일반적 발언에 대한 우리의 불신을 확인해준다. 왜냐하면 앞서 본 것처럼 약속에 대한 충실은 아주 흔히 진실성과 나란히 서기 때문이다. 마치 나는 어떤 일을 할 것이라고 말했다는 단순한 사실이 내가 그 일을 행할 의무의 근거인 것처럼 말이다. 그러나 숙고해보면 우리는 그 의무가 나의 주장에 대한 다른 사람의 신뢰에 달려 있다고 생각되어야 한다고, 사실 의무의 위반은 자발적으로 일어난 기대의 좌절로 만들어진다고 이해한다. 이 사실을 알게 되면, 우리는 그 의무가 절대적이라고 주장하지 않게 된다. 그것은 이제 기대의 좌절로 일어난 해악의 양에 달려 있는 것처럼 보인다. 만약 약속의 준수가 확실히 이것을 능가하는 것으로 보이는 양의 해악을 동반한다면, 우리는 약속은 반드시 지켜야 한다는 말을 꺼릴 것이다.

진실성의 경우는 좀 더 간단하게 일축할 수 있다. 여기서처럼 진실말하기라는 무제약적 의무에 대한 일반적 선언은 충분한 숙고

없이 이루어진 것이고, 반성적 정신을 가진 사람이 그것을 절대적 제일원칙으로 인정할 수 없다는 점은 훨씬 더 쉽게 보여줄 수 있다. 첫째로 우리는 그 의무의 근본 성질이나 정확한 범위에 대한 분명한 합의를 발견하지 못했기 때문이다. 즉 우리가 (최대한) 사실과 부합하도록 만들어야 할 것은 듣는 자가 들어서 알고 있는 우리의 실제 주장인지, 아니면 그가 이 주장이나 사실과 주장 모두로부터 끌어낼 만하다고 우리가 예견하는 모든 추측인지에 대하여 분명한 합의를 발견하지 못했기 때문이다. 완벽한 정직과 성실을 실현하려면, 우리는 양자 모두를 겨냥해야 한다. 분명 우리는 이러한 덕들의 표현을 칭찬한다. 그러나 그것들이 모든 상황에서 표현되어야 한다고 주장할 사람은 드물다. 둘째로, 비록 모호하게 마지못해 하는 것이지만, 상식은 어떻게 정의되든 그 원칙이 보편적으로 적용되지 않는다는 점을 인정하는 것으로 보인다. 여하튼 어린이나 미친 사람이나 병자에게 거짓말을 하거나 변호사가 거짓말을 하거나 적이나 도둑에게 거짓말을 하거나, 심지어 (만약 단순한 대답 거절이 실제로 중요한 비밀을 드러낸다면) 질문할 권리가 없는 것을 질문하는 사람에게 거짓말을 하는 것이 명백히 그릇된 일이라고 생각되지 않는다. 일반적으로 인정된 제한들을 살펴본다면, 그것들은 흔히 암시적 혹은 명시적인 공리주의적 추론에 의하여 정해진다는 것이 바로 전의 경우에서보다 훨씬 더 분명해 보인다.

§7. 만약 상식에 의하여 규정된 정의, 신의, 진실의 명령이 과학적 윤리학의 제일원칙이 될 수 없어 보인다면, 이러한 공리들이 후함의 준칙이나 악의적 감정을 억제하는 규칙처럼 사회적 행위의 부차적 준칙으로부터, 아니면 사회적 덕인지 자기-관계적 덕인지 분간하기 어렵다고 느꼈던 용기나 겸손 같은 덕으로부터 도출될 수 있는지를 탐구하는 것은 불필요해 보인다. 분노의 적절한 규제와 관련하여 상식은 '사회의 이익'을 궁극적 기준으로 채택함으로써 모순이나 절망적 모호함을 면할 수 있다는 점은 8장에서 확실히 명백해졌다. 마찬가지로 대담한 행위가 행위자나 다른 사람의 복리를 증진하는 경향을 가졌는지를 참조하지 않고는, 혹은 어떤 다른 개념으로 규정된 명확한 의무규칙을 참조하지 않고는, 용기와 무모를 명확히 구분할 수 없다.

우리는 흔히 "자기에 대한 의무"라고 부르는 것들 중에서—적어도 한 사람의 생명의 희생이 다른 사람들의 생명의 보존을 위해서, 혹은 사회적으로 매우 중요하다고 생각되는 결과의 달성을 위해서 절박하게 요구되지 않는 한에는—겉보기에는 절대적 명령처럼 보이는 자기보존의 의무를 발견한다. 그러나 비참할 뿐만 아니라 다른 사람에게 부담이 되리라고 예견할 수 있는 생명을—예컨대 어떠한 종류의 일도 할 수 없는 치명적 질병에 시달리는 사람의 생명을 죽도록 고통스런 그에게 남은 몇 주 혹은 몇 달 동안—보존하는 문제와 직면했을 때, 내가 생각하기에, 이러한 상황에서도 상식은 자살의 정당성을 부정하겠지만 그렇게 부정하는 이유를 찾을 필요성은 인정할 것이다. 이러한 인정은 자살의 보편적 그름이 어쨌든 자명하지 않다는 점을 함축할 것이다. 내가 생각하기에 우리가 발견할 이유는—그것이 마침내 계시신학에서 나온 전제에 의존하지 않은 한에는—넓은 의미에서 공리주의적이라고 밝혀질 것이다. 자살금지의 규칙에 예외를 인정하면, 실은 나약하고 비겁하게 사회적 의무를 방기하려는 경우에도 자살충동을 위험하게 조장할 것이라는 주장이 제기될 것이다. 어쩌면 자살의 묵인은 은밀한 살인을 쉽게 만들 것이라는 주장도 제기될 것이다. 면밀히 검토해보면, 요컨대 다른 경우와 마찬가지로 이 경우에도 우리가 찾는 독립적 공리는 사라진다고 본다.

그래서 절제와 자제, 그리고 여타 같은 성질의 덕들은 그것들이 (일반적으로 그러하듯이) 타산에, 아니면 자비심이나 확실한 사회적 의무규칙에, 아니면—'도덕적 진보의 촉진'[13]처럼—이미 확정적이라고 생각하는 의무 개념을 포함하는 목적 개념에 종속되는 경우에만 분명하고 확실하다는 점이 숙고를 통하여 다시 드러나는 것으로 보인다. 확실히 상식은 음식과 음료에 대한 육체적 욕구에 대해서조차 그렇게 종속적이지 않은 제한을 당당히 주장할 권위가

---

13) 바로 이 개념이 순전히 내적 의무로 간주되는 겸손의 참된 기준 제공으로 보였다.

없다.

성욕의 경우, 순수 혹은 순결이라는 개념에 속하는 어떤 독립적 원칙에 의거하여 특별한 규제가 명령되는 것처럼 보인다. 이 개념을 검토했던 제3권 9장에서, 상식은 이 주제에 대하여 명시적이지 않을 뿐만 아니라 사실은 명시적이기를 거부하는 것처럼 보였다. 이전 장들에서 나의 목표가 우선 상식도덕에 대한 충실한 설명을 제공하는 것이었기 때문에, 나는 이렇게 (겉보기에) 분명히 인식할 수 있는 감정이 나의 탐구를 저지하도록 내버려 두었다. 그러나 일반적으로 인정받는 도덕원칙의 직관적 증거를 시험하는 것이 우리의 일차적 목적이라면, 이러한 반감을 극복할 필요가 있어 보인다. 왜냐하면 윤리학의 다른 주요 개념을 우리가 하려고 했던 만큼 면밀히 조사해보지 않고는, 우리는 이 개념뿐만 아니라 이 개념과 반대되는 개념이 허용하고 금지하는 행위에 대한 합리적 신념을 얻을 수 있을지를 확인할 수 없기 때문이다. 여기서는 이러한 조사에 대한 아주 간단한 설명만으로도 충분할 것이다. 나는 이렇게 간단한 설명조차 좋은 도덕적 습관을 익힌 사람의 기분을 상하게 만들수밖에 없다는 점을 알고 있다. 그러나 나는 건강한 정신을 가진 사람이라면 자연히 생각하고 싶지 않은 대상으로 학생의 주의를 끌어야 하는 생리학자에게 일반적으로 허락해주는 것과 같은 관대함을 요구할 수 있다고 믿는다.

§8. 순수가 금하는 행위란 무엇인가(그 원칙은 그것의 부정적 측면에서 더 쉽게 논의되기 때문이다)? 성교의 정상적이고 명백한 목적은 종의 번식이므로, 어떤 사람은 이 목적의 수단인 경우를 제외하고는 모든 욕구의 탐닉이 금지되어야 한다고 생각했다. 이 학설은 상식에 비추어 너무 심하게 부부간의 성교를 제한할 것이다. 그렇다면 순수는 법으로 규정한 혼인상태에 있지 않은 경우에는 이러한 탐닉을 금한다고 말할 것인가? 더 깊이 숙고해보면 이 대답도 불만족스럽게 보인다. 첫째로 어떤 혼인 당사자들이 의도적으로 법적 조건을 충족시키지 않고 법이 집행을 거부하는 계약을 맺었다는 이유만으로, 우리는 그 혼인을 불순하다고 말할 수 없다. 우리는 그들의 행위를 비난할 수도 있지만, [순수] 개념을 그 행위에 적용할 수 없다. 둘째로 우리는 실정법이 순수와 어울리지 않을 수 있고, 정의와 마찬가지로 사실 순수는 법이 보존해야 하지만 항상 그렇게 하지는 못하는 무언가라고 느낀다. 그렇다면 법과 관습의 지지를 받든 못 받든, 어떤 종류의 성적 관계는 본질적으로 불순하다고 말해야 하는가? 이 물음에 답할 수 있고 일반적 동의를 끌어내고 자명성을 주장할 수 있는 뚜렷한 원칙은 나타나지 않는다. 어떤 혼인을 근친상간으로 만드는 남편과 부인 사이의 촌수를 결정하는 원칙조차 진술하기 어렵다. 하지만 이러한 혼인에 대한 반감은 특히 강렬한 도덕감정이고, 금지된 촌수의 이론적 근거를 숙고할 때 문제는 무한정 커진다. 또한 일부다처법이 제정된 사회의 상

태와 그 법에 대하여 반대할 수 있을지라도, 합법적 일부다처 관계를 불순하다고 비난할 사람은 아마 극소수일 것이다. 만약 합법적 일부다처가 불순하지 않다면, 합법적이고 관습적일 경우—열등한 인종들 사이에서 드물지 않게 보이는 것처럼—일처다부도 그렇게 보아야 하는가? 그렇지 않다면, 어떤 합리적 원칙에 의거하여 그 개념이 제도와 행위에 적용될 수 있는가? 또한 상호합의로 이혼하고 나서 재혼하는 것이 합법화될 경우, 우리는 이것을 순수를 위반하는 행위라고 말하지 않는다. 일단 자유로운 교체의 원칙이 받아들여지면, 교체의 속도가 느리다는 것만 가지고 순수와 불순을 구별하는 것은 불합리하게 보인다.[14] 그리고 '자유연애'를 단순히 방종한 육욕이 아니라 진심으로 남녀 사이의 더 완전한 감정적 조화를 위한 수단이라고 주장할 경우, 그것을 불순하다고 비난하는 것도 불합리해 보인다.

그렇다면 우리는 (단순한 욕구와 구별되는) 상호 간의 애정의 존재가 순수한 성관계의 본질을 구성한다는 견해로 물러나야 하는가? 이것도 하나의 관점에서는 너무 느슨하지만 다른 관점에서는 상식에 비추어 너무 엄격하게 보인다. 왜냐하면 우리는 애정 없는 결혼

---

14) 나는 정확한 양적 판단을 요구하는 것이 아니라 우리가 정말 그 판단이 이러한 종류의 숙고에 달려 있다고 생각할 수 있는지를 묻고 있다는 점을 알아야 한다.

이 불행을 낳는다고 반대하면서도 이러한 결혼을 불순하다고 비난하지 않기 때문이다. 사실 이러한 결혼은 때로는 "합법화된 매춘"이라는 비난을 받지만, 그 문구는 너무 지나치고 역설적이라고 느껴진다. 우리가 모든 상황에서, (예컨대) 왕족 간의 결혼의 경우에도, 이러한 결혼을 반대하는지 의문스럽다.

또한 여자와 어린이를 공동체에 받아들이면서도 성적 탐닉을 엄격히 사회적 목적에 맞도록 규제하는 플라톤의 공화국의 그것과 같은 제도를 우리는 어떻게 평가할 것인가? 우리의 습관적 기준은 이렇게 이상한 상황에 적용될 수 없어 보인다.

현재의 성도덕에 대한 숙고는 우리에게 그것에 대한 두 상이한 근거를 밝혀주는 것이 사실인 듯하다. 첫째로 가장 중요한 것은 인간 종족의 지속적 번영에 가장 이롭다고 생각되는 일정한 사회질서의 유지다. 둘째는 일반적으로 개인들의 완전성 혹은 행복에 가장 중요하다고 생각되는 그들의 감정 습성의 보호다. 우리는 일반적으로 이러한 목적들이 모두 동일한 규제에 의하여 달성될 수 있다고 생각한다. 이상적 상태의 사회에서는 어쩌면 이것이 사실일 것이다. 그러나 현실적 삶에서는 이 목적들 사이에 부분적 분리와 불일치가 있다. 더 나아가 성적 자유의 억압이 단지 이 목적들의 수단으로서 지시된다면, 우리는 이러한 억압이 어느 경우에든 항상 필수적 수단임이 자명하다고 단언할 수 없을 것이다. 도리어 이러한 단언은 경험적 확인과는 별개로 분명 신뢰할 수 없는 것이다.

사회학적 관찰을 통한 귀납추리 없이는, 우리는 일정량의 성적 자유가 충분한 수와 좋은 상태의 인구 유지와 양립할 수 없다는 점을 합리적으로 확신할 수 없다. 이 문제를 개인의 완전성과 관련하여 살펴보면, 그의 성관계가 관능적 성질만을 가질 경우, 그가 자신의 정서적 본성을 가장 높고 가장 좋게 발전시키지 못하리라는 것은 매우 분명하다. 그러나 이러한 저급한 종류의 관계가 고상한 종류의 관계의 발전을 방해하리라는 것을 선험적으로 알 방법은 없다. (사실 경험도 이것이 보편적 사실임을 보여주지는 못하는 것으로 보인다.) 이러한 후자의 논증 방향은 추가적 문제를 가진다. 왜냐하면 우리가 정당화해야 하는 일반적 의견은 단지 고상한 종류의 발전과 비교해서가 아니라 어느 것과도 비교하지 않고 저급한 종류의 발전을 비난하기 때문이다. 우리는 어떤 남자가 독신으로 남는 것을 적극적으로 비난하지는 않기 때문에 (독신이 고상한 목적을 위한 수단으로서 택한 것이 아닐 경우, 아마 그를 약간 얕보기는 하겠지만), 단지 관능적 관계로 생긴—그 개인의 정서적 완전성과 관련하여—불완전한 발전을 비난해야 하는 이유를 밝히는 것은 어려운 일이다.

§9. 순수 혹은 순결의 규칙을 정의하려는 시도가 우리에게 가져다준 혼란들을 드러내기 위해서 훨씬 더 많은 것을 이야기할 수도 있다. 그러나 나는 논증에 필요한 것 이상으로 논의를 확장하고 싶지는 않다. 내가 보기에 이 장의 2절에서 전한 결론은 이제 충분히

정당화된 것처럼 보인다. 우리는 얼핏 보기에 독립적이고 자명한 도덕규칙을 제공한다는 주장과 함께 나타난 도덕적 개념들을 검토했다. 각 경우에 공정하게 관찰했을 때, 우리는 인간의 상식이 확실히 지지하는 행위규제로부터는 과학적 공리의 성격을 가진 것처럼 보이는 명제를 끌어낼 수 없다는 사실을 발견했다. 그래서 상식이 이러한 원칙들의 조정을 위하여 제공하는 방법에 대한 체계적 검토로 나아갈 필요는 없다. 사실 이 문제는 이미 유익할 만큼 논의된 것처럼 보인다. 왜냐하면 각 원칙을 하나씩 정의하려는 시도는 불가피하게 원칙들 상호 간의 관계에 대한 고찰로 이어졌다. 우리는 두 도덕원칙이 충돌하는 경우에서 각 원칙의 경계가 상식에 의하여 모호하고 일관성 없이 정해지는 것을 아주 똑똑히 보았다. 예컨대 아주 엄중한 도덕적 책무와 어떤 사람 자신의 행위에 의하여 바뀔 수 있는 느슨한 의무 사이의 구분. 우리가 본 것처럼, 그것은 새로운 책무를 만드는 약속의 효과에 대한 상식적 견해의 형성에 확실히 필요한 구분이다. 그러나 우리는 그것을 실제로는 정확히 적용할 수 없다. 왜냐하면 흔히 최고도로 엄중하다고 생각되는 의무들에 대한 일반적 개념에서 우리는 최고도의 불확정성을 발견하기 때문이다.

이제 남은 일은 나의 논증이 의도했던 바나 정확히 제공할 수 있었던 바를 넘어서 그것을 무차별적 의미로 이해하지 않도록 경계하는 것뿐이다. 내가 지금까지 했던 어떠한 말도 다른 모든 충동보다 우월한 권위를 요구하고 적어도 우리 시대와 나라의 교육받은 사람들이 대체로 동의하는 종류의 행위를 명령하거나 금지하는 명백한 도덕적 충동이 우리에게 없다는 것을 증명하려는 것이 아니다. 다만 이러한 충동의 대상이 상식에 대한 반성적 분석에 의하여 과학적으로 결정되지 않는다고 주장할 뿐이다. 자비심, 정의, 신의, 진실성, 순수 등의 개념들에 대한 정확한 정의가 불가능하다는 것을 알았다고 해서, 그것들이 우리에게 전혀 의미가 없는 것은 아니다. 각 개념에서 지시된 행위의 본체는 충분히 분명하다. 각 경우에 행위의 한계가 모호하고 복잡하다고 해서, 혹은 검토해보면 행위를 지시하는 일반적 규칙이 절대적이고 독립적이라고 보이지 않는다고 해서, 그 규칙이 반드시 힘을 잃는 것은 아니다. 요컨대 상식도덕은 여전히 일반적 상황에서 일반적인 사람들에게 실천적 지침을 주기에 아주 적합할 수 있다. 그러나 그것을 직관주의 윤리학의 체계로 고양시키려는 시도는 그것의 필연적 불완전성을 없애도록 돕기는커녕 그 불완전성을 뚜렷이 드러나게 만든다.[15]

---

15)   공리주의와 관련하여 상식도덕에 대한 더 긍정적인 논의는 제4권 3장에서 진행할 것이고, 그것은 방금 완료된 부정적 비판에 대한 필수적 보충으로서 의도된 것이라는 점을 알아야 한다.

12장

도덕판단의 주제로 생각되는 행동의 동기 혹은 원천

§1. 제3권 1장에서 나는 의도뿐만 아니라 동기가 우리의 일반적 도덕판단의 주제의 일부를 형성한다는 점을 조심스럽게 지적했다. 실제로 동기에 대하여 반성하고 그것을 좋거나 나쁘다고 판단하는 습관은 '양심적임'에 대한 우리의 개념에서 두드러진 요소다. 그렇다면 직관주의적 방법에 대한 검토를 완료하기 위해서, 이러한 동기들의 비교를 살펴보고, 얼마만큼 그것이 체계화될 수 있는지, 그리고 과학적 가치를 지닌 결론으로 이어질지를 확인할 필요가 있다. 여기가 그 주제의 이러한 부분을 다루기에 편리한 장소로 보인다. 왜냐하면 영국의 한 유명한 윤리학파는 행위보다 욕망과 애정이 윤리적 판단의 올바른 주제라고 주장해왔고, 상식도덕에 대한 체계적 숙고가 외적 행위의 옳음과 그름에 대한 정확하고 만족할

만한 판정을 얻는 것은 어렵다는 점을 우리에게 보여주었을 때에는 이러한 견해에 기대는 것이 자연스럽기 때문이다.

혼란을 피하기 위하여, '동기'라는 말은 일반적으로 두 가지 방식으로 사용된다는 점을 주목해야 한다. 그것은 때로는 어떤 행위의 예견된 결과들 중에서 행위자가 자발적으로 욕망했던 것에 적용된다. 때로는 욕망 혹은 의식적 충동 자체에 적용된다. 이 두 가지 의미는 다소 일치한다. 왜냐하면 충동들이 상이할 경우, 그것들 각각의 대상에는 항상 모종의 차이가 있기 때문이다. 그러나 현재의 목적을 위해서는, 후자의 의미를 취하는 편이 더 편리하다. 왜냐하면 상이한 충동들을 통제하거나 저항하거나 만족시키는 방식으로 우리가 실제로 다루어야 하는 것은 바로 우리 자신의 충동적 본성이고, 그래서 우리가 일차적으로 평가하려는 것은 이 충동들의 윤리적 가치이기 때문이다. 우리는 심리적 목록에서 서로 아주 멀리 떨어져 있는 두 충동이 각 경우에 상이한 관점에서 고려되지만 실질적으로 동일한 목적을 향하는 것을 종종 발견한다. (예컨대) 욕구와 합리적 자기애는 어떤 사람이 특수한 감각적 만족을 구하도록 재촉할 수 있는 것처럼 말이다. 그러나 후자의 경우 그 만족은 쾌락에 대한 일반적 개념에서, 그리고 행복이라고 말하는 어떤 총합의 일부를 형성하는 것으로서 주목받는다. 그렇다면 이 장에서 나는 동기를 우리의 자발적 행위의 결과로 달성될 수 있다고 생각되는 특수한 결과에 대한 욕망을 뜻하는 말로 사용할 것이고, 그 욕망에

의하여 우리는 그 행위를 하겠다는 자극을 받는다. [1]

동기들의 광범위한 비교의 윤리학적 결론을 살펴보면서 주목해야 할 첫 번째 사항은 내적 충돌을 일으키는 논쟁은 확실히 좋은

---

[1] 그린의 『윤리학 서론』 제2권 1장과 2장에서, "도덕적 혹은 인간적 행동의 특성을 결정하는 종류의 동기들"에 대한 독특한 견해가 나온다. 그린은 이러한 동기들이 "어떤 사람이 의식하는 단순한 유혹들"이라는 의미의 욕망들과는 구별되어야 한다고 주장한다. 이러한 동기들은 "이 욕망들에 대한 그 사람 자신의 반응에 의하여, 그리고 그가 그것들 중 하나와 자신을 동일시함으로써 만들어진다." 내가 의지의 작용이라고 부를 수 있는, "어떤 목적의 실현에 대한 자의식적 자아의 지향"은 사실상 그린이 "책임을 물을 수 있는 인간행동의 원칙이자 개념이라는 의미에서 욕망"이라는 용어를 적용했을 현상이다.
내가 보기에 여기서 제안된 용어들의 용법은 불편하게 보이고, 그 안에 포함된 심리학적 분석도 대체로 잘못된 것이다. 나는 제안된 대안들 각각이 명확한 욕망에 의하여 유발되는 단순한 선택의 경우에는 이러한 욕망에 의하여 자극받은 행위를 행하려고 의지하는 행위자는 "자신을 그 욕망과 동일시한다"는 말이 심리학적으로 부정확하지 않다는 점을 인정한다. 그러나 더 복잡한 경우에는 내가 보기에 그 문구는 부정확하고, 일반적으로 편리하게 "욕망"과 의지로 구별되는 두 종류의 심적 현상들 사이의 중대한 차이들을 감춘다. 첫째, 내가 앞서 지적한 것처럼(제3권 1장 §2), 예견된 것으로서 분명 그 행위자가 의지한 것이면서—어떤 의미에서—그가 선택한 의지의 일정한 예견된 결과들이 전혀 그의 욕망의 대상이 아니라 반감의—물론 동일한 행위의 다른 결과들에 대한 그의 욕망에 의하여 압도된 반감의—대상일 수도 있는 경우가 종종 발생한다. 둘째, 어떤 숙고된 행위의 예견된 복잡한 결과들에 의하여 우리에게 일어나는 다양한 욕망들이나 반감들 중에는 종종 우리가 자신과 동일시하지 않고 심지어 되도록 억누르려는 충동들이 있다는 사실에 주목하는 것이 윤리학적 관점에서 아주 중요하다. 하지만 그것들을 완전히 억누르는 것은—특히 우리가 그것들이 유발하는 행위를 한다면—불가능하기 때문에, 우리는 그것들이 동기로서 작용하지 않는다고 말할 수 없다.

동기와 확실히 나쁜 동기 사이가 아니라 더 좋은 동기와 덜 좋은 동기, 즉 어느 정도 존중할 만하거나 고상한 동기들 사이의 논쟁이라는 점이다. (만약 있다면) 일반적으로 그것이 작용하는 상황과 무관하게 **본질적으로** 나쁘다고 판단되는 유일한 종류의 동기는 악의적 감정, 즉 어떻게 일어났든 감성을 지닌 다른 존재에게 고통이나 해악을 가하려는 욕망이다. 상식은 (제3권 8장에서 본 것처럼) 이러한 종류의 충동조차 절대적으로 나쁘다고 단언하지 않는다는 점이 숙고를 통하여 드러난다. 왜냐하면 우리는 일반적으로 '정당한 분노'와 '올바른 의분'의 존재를 인정하기 때문이다. 윤리학자들은 '행위에 대한' 분노와 '행위자에 대한' 분노, 그리고 고통을 가하려는 충동과 이렇게 고통을 가하여 행위자가 얻을 반감적(antipathetic) 쾌락에 대한 욕망을 구분하려고 시도한다. 그러나 실천에서 이러한 구분을 유지하는 것이 평범한 인간본성의 능력 안에 있는 일인지는 당연히 의심할 수 있다. 어쨌든 상식이 절대적으로 나쁘다고 비난하는 동기는 고의적 악의뿐이다. 일반적으로 '비난의' 말로 이야기되는 다른 동기는 나쁜 동기보다는 (벤담의 용어로) '유혹적(Seductive)' 동기라고 부르는 편이 가장 적당해 보인다. 즉 그것은 분명한 힘과 빈도로 금지된 행위를 자극한다. 그러나 그것을 면밀하게 살펴보면, 우리는 얼마나 좁든지 간에 그것이 정당하게 작용하는 어떤 경계가 있다는 점을 발견한다.

문제는 깊이 생각해보면 상이한 종류의 동기들의 상대적 좋음에 대한 우리의 일반적 판단이 함축하는 것처럼 보이는 직관적 지식이 이전 장에서 설정한 조건을 얼마만큼 만족시키는 것으로 보이는가이다. 앞서[2] 나는 **동기들**의 이러한 비교를 우리의 일반적 도덕판단의 통상적 형태로 간주하는 것은 옳지 않고, 그것을 본래의 형태라고 주장할 근거를 발견하지 못했다고 주장했다. 내가 생각하기에, 개인에서나 인간 종족에서나 사람의 도덕의식의 정상적 발달에서 도덕판단은 우선 외적 행위를 판정하고, 동기는 나중까지 명확히 고려되지 않는다. 이는 물질적 대상에 대한 외적 지각이 내성(introspection)에 선행하는 것과 마찬가지다. 그렇다고 내 견해로는 동기들의 비교가 도덕판단의 최종적이고 가장 완전한 형태는 아니라는 결론은 나오지 않는다. 그 비교는 여러 사상가들이 독자적으로 연구했을 때 그것이 도달한 결론들의 체계적 명료성과 상호 일관성에 의하여, 그리고 직관주의적 방법의 다른 전개들이 노출되어 있다고 보이는 수수께끼와 난제로부터 벗어남으로써, [도덕판단의 최종적이고 가장 완전한 형태]라고 보일 수도 있다.

그러나 검토해보면 한편으로 일반적으로 인정받는 행위원칙에 대한 앞선 논의에서 나타난 문제들 (모두는 아니더라도) 대다수는 우리가 동기들을 탁월성 순위로 배열하려고 시도할 때 다른 형태로 다시 발생하는 것처럼 보인다. 다른 한편으로 이러한 배열의 구성

---

2)   앞의 제3권 1장 §2를 참조하시오.

은 그 자체로 독특한 문제를 일으키고, 이 문제를 해결하려는 시도
는 외적 행위의 옳음보다는 동기의 순위와 관련하여 우리가 직관
주의 윤리학자들 사이에서 발견한 더 크고 더 근본적인 차이를 드
러내는 것처럼 보인다.

§2. 우선 우리는 도덕감정들, 아니면 예컨대 솔직함, 진실함, 인
내와 같은 특수한 종류의 유덕한 행위를 향한 충동들을 우리의 동
기 목록에 포함시킬지를 결정해야 한다. 이러한 감정들은 대다수
잘 단련된 정신을 가진 사람들에게서 뚜렷하고 독자적인 충동들로
서 관찰될 수 있기에, 그것들을 배제하는 것은 정당하다고 인정할
수 없어 보인다. 어떤 사람에 대하여 '열렬히 용감하다'든가 '아주
진실하다'든가 '정의에 대한 열정을 가졌다'고 말할 때처럼, 우리는
때때로 상당한 강도로 그 감정들의 존재를 인정한다. 동시에 그것
들의 인정은 우리를 다음과 같은 딜레마에 빠트린다. 한편으로 이
러한 충동들의 대상은 지금까지 검토해온 개념들에 의하여 표현
된다―이러한 경우, 어떤 충동이 그것과 경쟁하는 충동보다 더 낮
다고 판정하고 나서 우리가 그 판정에 따라 행동할 수 있기도 전
에, 이전 장들에서 제기된 모든 난관이 다시 일어날 것이다. 만약
우리가 어떤 일을 행하는 것이 정의로운가를 알지 못한다면, 정의
를 행하려는 충동의 우월성을 인정하는 것이 무슨 소용이 있겠는
가?―다른 한편으로 여하튼 도덕감정이 실현하도록 유도하는 대

상이 상식에 대한 완전한 숙고가 인정하도록 요구한 조건들 없이 더 단순하게 이해된다면, 이전 탐구가 보여주는 것처럼 우리는 필시 이 충동과 다른 충동들의 관계에 대한 일치된 견해를 발견하지 못할 것이다. 예컨대 진실을 말하려는 충동을 따라야 할지 따르지 말아야 할지에 대한 논쟁은 진실성이 전체의 좋음이나 어떤 특수한 사람의 이익에 반하는 것으로 보일 때, 즉 그것이 '특수한' 혹은 '보편적' 자비심과 충돌할 때, 반드시 일어날 것이다. 허치슨은 명백히 후자의 충동을 "솔직함, 진실성, 인내"보다 더 높은 서열에 두고, "가장 광범위한 자비심" 혹은 "모든 사람에 대한 침착하고 안정적이고 보편적인 선의"에 최고의 도덕적 칭찬을 부여한다.[3] 그러나 대다수 직관주의 윤리학자들은 실천적으로 공리주의와 일치하는 이러한 견해를 분명 논박할 것이다. 또한 이러한 윤리학자들 중 일부는 (칸트처럼) 의무에 대한 순수한 존경에서 행하지 않았거나 옳기 때문에 옳은 것을 택하여 행하지 않은 모든 행동을 나쁘다고—혹은 좋지 않다고—간주한다. 직관주의적 윤리학의 정반대를 표상하는 허치슨도 덕에 대한 사랑을 독특한 충동으로 분류하지만, 즉각 그것을 보편적 자비심과 서열에서 동등하고 결과에서도 일치하는 것으로 다룬다.

---

3)   프랜시스 허치슨, 『도덕철학의 체계(*A System of Moral Philosophy*)』(1755), 제1권 4장 §10.

그래서 윤리학자들은 자기애의 윤리적 가치의 평가에서 다시 크게 갈라진다. 왜냐하면 버틀러는 자기애를 양심과 더불어 우월하고 자연적인 권위를 가지는 두 충동 중 하나로 간주하기 때문이다. 뿐만 아니라 앞서 인용한 부분에서, 그는 그 둘이 여하튼 충돌할 수 있을 경우에는 양심이 자기애에 굴복하는 것이 합당할 것이라고까지 용인한다. 다른 윤리학자들은 (그리고 버틀러는 다른 곳에서)[4] 자기애를 타산이라는 이름에 속하는 유덕한 충동들 가운데 두는 것처럼 보인다. 그러나 그들은 흔히 자기애를 이 충동들 가운데서 다소 낮은 서열에 두고, 충돌할 경우에는 그것을 더 고상한 덕에 굴복하도록 한다. 또 다른 윤리학자들은 그것을 덕으로부터 완전히 제외한다. 예컨대 칸트는 자신의 논고들 중 하나[5]에서 자기애의 목적, 즉 자기 자신의 행복은 도덕적 이성의 목적일 수 없고, 덕이 놓여 있는 합리적 의지는 항상 자연적인 이기적 충동에 대한 저항에서 그 힘을 드러낸다고 말한다.

내가 지금 검토하는 토대 위에 자신의 체계를 세운 제임스 마티노(James Martineau, 1805-1900) 박사는 동기들이 충돌하는 "각 경우에 행동의 경쟁적 원천들 중 우월한 것에 대한 선호"를 제외하고

---

4) 『유비』의 부록 『덕의 본성에 대하여』를 보시오.

5) 『덕론의 형이상학적 기초』. 그러나 『순수이성비판(*Kritik der reinen Vernunft*)』
(1781)에서 간략하게 설명된 윤리학적 견해는 버틀러의 윤리학적 견해와 훨씬
더 많은 유사성을 가진 것처럼 보인다는 점을 주목해야 한다.

는 유덕한 충동의 존재를 인정하지 않음으로써 방금 지적한 문제들 중 일부를 피하려고 시도한다. 그는 이렇게 말한다. "나는 덕에 대한—솔직함, 진실성, 인내에 대한—사랑이나 덕 자체를 인정할 수 없다. 왜냐하면 그것은 그것을 위에 있는 여러 부가적 충동들의 충돌에서 만들어지기 때문이다. 내가 깐깐한 사람이 아닌 한에는 … 나는 솔직해지기 위해서 나의 잘못을 고백하지는 않는다. 나는 결코 솔직함을 나의 속성이나 나의 속성이라고 단정할 수 있는 것으로 생각하지 않는다."[6] 나는 마티노 박사가 정말 솔직함이나 인내의 이상을 실현하려는 의식적 욕망으로부터 행동하는 사람의 존재를 부정하려는 것인지, 아니면 단지 이러한 사람들에 대한 불만을 표현하려는 것인지 확실히 모르겠다. 내가 보기에, 전자의 의미에서 그의 진술은 일반적 경험과 충돌하는 심리학적 역설처럼 들린다. 후자의 의미에서 그의 진술은 윤리학적 역설처럼 들리고, 내가 지금 관심을 끌고자 하는 동기들의 서열에 대한 판단의 다양성을 두드러지게 보여주는 사례다.

§3. 도덕감정과 자기애를 무시하더라도, 가치 순으로 배열하여 교양 있고 사려 깊은 사람들의 분명히 동의를 주장할 수 있는 동기

---

6) 제임스 마티노, 『윤리학 이론의 유형(*Types of Ethical Theory*)』(1885), 제2권, 284쪽, 제2판.

들의 척도를 만드는 일은 거의 불가능하다. 한두 항목에 대해서는 실제로 우리는 대체로 의견이 일치하는 것처럼 보인다. 예컨대 육체적 욕구는 자비로운 애정과 지적 욕망보다 열등하다. 아마 일차적으로 개인의 복리에 도움이 되는 충동은 우리가 타자-관계적 혹은 사욕이 없는 것으로 분류하는 충동보다 서열이 낮다. 그러나 이러한 종류의 몇몇 모호한 진술을 넘어서 더 나아가는 것은 매우 어려운 일이다. 예컨대 개인적 애정을 지식 혹은 아름다움에 대한 사랑이나 어떤 형태든 이상에 대한 열정과 비교할 때, 많은 의문과 의견차가 나타나게 된다. 사실 우리는 자비로운 애정들 자체의 상대적 서열에 대해서조차 합의하기 어려울 것이다. 왜냐하면 어떤 사람은 범위는 좁더라도 더 강렬한 애정을 선호하는 반면, 다른 사람은 잔잔하지만 더 광범위한 감정을 최고 서열에 둘 것이기 때문이다. 아니면 우리가 본 것처럼[7] 사랑은 복잡한 정서이고 사랑받는 사람의 좋음이나 행복에 대한 욕망 외에도 흔히 모종의 합일이나 친교에 대한 욕망을 포함하기 때문에, 어떤 사람은 어떤 애정을 전자의 요소가 지배적인 정도에 비례하여 더 고상한 애정이라고 생각하는 반면, 다른 사람은 후자의 요소가 최상의 종류의 애정에 똑같이 본질적인 요소라고 간주할 것이다.

또한 우리는 명성에 대한 사랑이 하나의 중대하고 광범위하게

---

7) 위의 제3권 4장 §2를 참조하시오.

작동하는 동기이고, 상이한 사람들은 그것을 아주 상이한 서열에 둔다는 점에 주목할 수 있다. 왜냐하면 어떤 사람은 "깨끗한 정신이 일으키는" 전자의 "자극"을 도덕감정에 따르는 가장 고상한 충동들 가운데 두겠지만, 다른 사람은 자신의 행복을 위해서 대중의 호의의 조그만 징조에 의존하는 것은 품위가 없다고 생각할 것이기 때문이다.

더 나아가 우리가 의지에 선행하는 실제 자극들을 더 깊이 관찰해보면, 적어도 배운 사람들의 경우에는 동기의 복잡성이 예외가 아니라 규칙이라는 것을 발견하게 되는 듯하다. 충동들의 이렇게 복잡한 구성에서 우리의 결정이 의존하는 원칙들의 근본적 혼란이 일어나고, 심지어 우리는 기본적 충동들의 상대적 가치에 대한 분명한 견해를 가지고 있다고 가정하게 된다. 그 혼합은 일반적으로 고상한 요소와 열등한 요소를 포함할 것이며, 우리는 후자를 제거할 수 없다. 왜냐하면—내가 앞서 말한 것처럼—우리는 종종 어떤 동기에 단호히 저항하여 그것을 억누르고 물리칠 수도 있지만, 그것이 유도하는 행위를 할 경우에는 그것의 제거가 불가능하게 보이기 때문이다. 그렇다면 고상한 동기와 저급한 동기의 결합으로 일정한 방향으로 나아가게 되고, 그 척도의 두 등급 사이에 위치하는 충동으로 다른 방향으로 나아가게 된다고 가정해보자. 우리는 어떤 방향을 따를지를 어떻게 결정할 것인가? 이러한 경우는 결코 드물지 않다. 예컨대 상처를 입은 사람은 자신에게 상처를 입힌 사람을 용서해주려는 동정의 충동으로 움직일 수도 있지만, 정의에 대한 존경과 결합된 복수의 욕망은 그가 처벌을 가하게 만든다. 혹은 자유주의적 견해를 가진 유대인은 자기 친구의 감정에 충격을 주지 않으려는 바람으로 돼지고기를 먹지 않으려 할 수도 있고, 돼지고기의 선호와 결합된 진정한 종교적 자유를 지키려는 바람으로 그것을 먹으려 할 수도 있다. 우리는 이러한 경우를 어떻게 다루어야 하는가? 왜냐하면 우리는 상이한 동기들의 상대적 비율을 계산하고 거기에 따라서 결정해야 한다고 제안하기는 어려울 것이기 때문이다—우리의 동기들에 대한 질적 분석은 어느 정도 가능하지만, 이것이 필요로 하는 양적 분석은 우리의 능력 밖이다.

동기들의 복잡성에서 일어나는 문제를 무시하더라도, 내가 생각하기에, 각종 동기가 일어나는 특수한 상황, 그것이 요구하는 만족의 정도, 그리고 특수한 경우에 이러한 만족이 끌어낼 결과를 참조하지 않고 그것에 명확하고 일정한 윤리적 가치를 부여하는 것은 불가능하다. 나는 이것을 가치 순으로 배열된 행동의 원천들에 대하여 마티노 박사가 그린 도표[8]를 참고하여 편리하게 설명할 수 있다.

---

8) 『윤리학 이론의 유형』, 제2권, 266쪽. 마티노 박사는 주요 합성 원천들은 그것들에 근접한 위치에 들어갔고, 그 구성에 의하여 그것들에게 영향을 주는 변형들에 지배를 받는다고 설명한다.

최하

1. 이차적 정념—비판적임, 원한을 품음, 의심을 품음

2. 이차적 유기체의 경향—편안함과 감각적 쾌락에 대한 사랑

3. 일차적 유기체의 경향—욕구들

4. 일차적 동물의 경향—자동적인 활동(선택적인 것이 아닌)

5. 이득에 대한 사랑(욕구로부터의 반사적 파생물)

6. 이차적 애정(공감적 감정들의 정감적 만족)

7. 일차적 정념—반감, 두려움, 분노

8. 인과적 활동력—권력에 대한 사랑 혹은 야망, 자유에 대한 사랑

9. 이차적 감정—문화에 대한 사랑

10. 경탄과 존경에 대한 일차적 감정

11. (대략) 관대함 및 보은과 더불어 오는 부모와 사회에 대한 일
    차적 애정

12. 일차적 동정심

13. 일차적 존경심

최상

내가 보기에 이 척도는 심리학적 관점뿐만 아니라 윤리학적 관점에서도 많은 비판을 받을 것처럼 보인다.[9] 그러나 그것이 상이

---

9) 그리하여 우리는 왜 "정념들"의 집합이 이렇게 이상하게 한정되어 있는지, 왜

한 동기들의 상이한 위상에 대하여 사람들이 일반적으로 인정하는 판단과 대체로 일치한다고 인정할 경우, 내가 보기에 상황과 결과를 고려하지 않고 동기들의 각 집합이 그것 아래에 있는 집합보다 항상 더 선호할 만하다고 정하는 것은 극도로 모순적으로 보인다. "양심은 모든 사람에게 '당신이 배가 고플 때까지는 먹지 말고 당신이 더 이상 배가 고프지 않을 때에는 먹는 것을 멈추라'고 말한다"는 것이 사실이라면, 나는 감히 그것이 "일차적·본능적 필요에는 이차적 필요에 비하여 더 분명하게 규제적 권리가 주어지기" 때문이 아니라, 경험을 통해서 배를 채우는 것과 무관하게 미각의 만족을 구하는 것은 일반적으로 신체적 복리에 위험하다는 것을 알고 있기 때문이라고 생각한다. 양심은 바로 이러한 위험성을 고려해서 작용한다. 만약 우리가 "바람 불어가는 쪽의 해안에서 떨어진 안개 속에 갇혀 있는데도 게으름과 편안함에 대한 사랑 때문에 속도도 줄이지 않고 조심히 수심도 재지 않고 기적도 울리지 않은 선장"을 비난한다면, 그것은 우리가 직관적으로 공포를 편안함에 대한 사랑보다 고상한 동기로 인식하기 때문이 아니라, 무시한 결과가 얻은 만족보다 무한히 더 크다고 판단되기 때문이다. 만약 공포

[그 집합에] 부부간의 애정은 없는지, 경이가 마땅히 하나의 명확한 동기로 간주될 수 있는지, "비판적임"이 마땅히 "최하의 정념들" 중 하나로서 "원한을 품음"과 같은 서열에 놓이는지 등을 물을 수 있다.

가 이렇게 타산에 의하여 뒷받침되지 않는 경우를 예로 든다면, 우리의 판단은 분명 달라질 것이다.

대다수 자연적 충동은 그것의 고유한 영역을 가진다는 것이 상식의 견해로 보인다. 그 영역 안에서 그 충동은 정상적으로 작용하고, 따라서 어떤 경우에든 고상한 동기가 저급한 동기에 굴복해야 하는가 하는 물음은 마티노 박사가 답한 일반적 방식으로 확답할 수 없는 물음이다. 그 대답은 충돌의 특수한 조건과 상황에 의존해야 한다. 우리는 일반적으로 높은 서열에 두는 동기가 낮은 서열에 두는 동기의 고유한 영역에 잘못 침입할 가능성을 인정한다. 마치 저급한 동기가 고상한 동기를 침입할 수 있는 것처럼 말이다. 단지 전자가 침입할 위험성은 매우 낮기 때문에, 그것은 윤리학적 논의와 실천적 목적의 권고에서 자연히 뒤로 빠진다. 도덕적 행위자의 성품이 더 좋아질 때 우리가 "고상하다"고 평가하는 동기들이 발휘되는 경향이 있기에, 그것들의 통상적 작용영역이 저급한 동기들을 잃어가며 더 넓어진다는 추가적 고찰을 통해서, 문제는 복잡해진다. 그러므로 도덕적 규제와 문화에는 동기와 관련된 두 가지 상이한 목표가 있다. (1) "저급한" 동기를 그것의 작용이 정당하고 대체로 좋다고 생각되는 한계 안에 가두어놓는 것. 우리가 그것을 어떤 고상한 동기의 동등하게 효과적인 작용으로 대체할 수 없는 한에서 말이다. 동시에 (2) 위험하지 않은 한에서 "저급한" 동기를 "고상한" 동기로 서서히 교체하는 것—확정할 수 없지만 대체로 저급한 동기를 완전히 배제하기에는 확실히 부족하다고 생각되는 한계까지 말이다.

나는 전에 이야기한 분노의 정념을 참조하여 이것을 설명할 수 있다. 내가 생각하기에, 엄밀히 악에 대한 분노이고 정의를 위하여 작용하는 한에서, 그리하여 나타난 악의적 충동은 실제로 존재하는 인간의 사회생활에서 정당한 작용영역을 가진다는 것이 숙고된 상식의 견해다. 사실 이 충동을 억압하는 것은 심히 유해할 것이다. 동시에 우리가 정의 혹은 사회적 복리에 대한 평범한 사람들의 존경심을 강화하여 범죄의 처벌을 유발하는 동기의 총력이 줄어들지 않는다면 말이다. 버틀러가 말한 것처럼, 사람들이 격렬한 분노보다는 이렇게 고상한 동기로 악을 억누르는 것이 분명 "좋겠다고 여겨지는" 바다. 그러나 느리고 점진적인 성품 향상의 과정을 거치지 않고 인류에게 이러한 변화가 일어나리라고 기대할 수 없다. 그러므로 마티노 박사의 척도에서 두 번째로 가장 높은 서열에 있는 "동정심"과 그가 대략 중간 서열에 놓은 "분노" 사이에 충돌이 발생한다면, 결코 동정심이 이겨야 한다는 것을 일반적 규칙으로 정할 수 없다. 우리는 차라리—버틀러와 더불어—분노를 "동정심의 무력함을 상쇄하는" 유익한 것으로 간주해야 한다. 분노를 배제할 경우, 이러한 무력함은 정의의 집행을 방해할 수 있을 것이다.

마찬가지로 마티노 박사의 척도에서 (철저히 비난받지 않는 충동들 가운데) 최하위에 놓인 충동을—즉 "편안함과 감각적 쾌락에 대한 사랑"을—예로 들 수 있다. 분명 이러한 충동 혹은 충동들의 집합은 계속적으로 사람들이 자신의 엄밀한 의무를 회피하거나 등한시하도록 유도하거나, 혹은 덜 확실한 방식으로 그들이 행위에 대한 자신의 이념에 미치지 못하도록 유도한다. 그러므로 설교자나 실천적 윤리학자가 그 충동에 대하여 습관적으로 견지하는 태도는 억압의 태도다. 그럼에도 상식은 이 충동조차도 마티노 박사의 척도에서 그것보다 위에 있는 충동보다 우세한 경우가 있다는 점을 확실히 인정한다. 우리는 종종 사람들이—예컨대 "이득에 대한 사랑"에 의하여—자신의 오락 시간을 과도하게 줄이려는 충동을 받는다는 사실을 발견한다. 이러한 상황에서 동기들이 충돌할 경우, 우리는 "편안함과 쾌락에 대한 사랑" 편이 이겨야 하고 "이득에 대한 사랑"에 저항하는 편이 최상이라고 판단할 수 있다.

나는 이 사례들 중 어느 것에서도 방금 묘사한 것과 같은 동기들의 충돌이 남아 있으리라고 생각하지 않는다. 내가 생각하기에, 싸움은 분노와 동정심 사이 혹은 편안함에 대한 사랑과 이득에 대한 사랑 사이의 결투처럼 시작할지 모르나, 그 싸움이 그렇게 끌어낸 목록들에서 해결되지는 않을 것이다. 왜냐하면 충돌이 진행되면서 분노 편에는 정의와 사회복지의 고려, 그리고 편안함에 대한 사랑 편에는 건강과 최종 작업효율의 고려와 같은 고상한 동기들이 필시 참여할 것이기 때문이다. 그 싸움이 올바르게 해결되고 우리가 승인할 수 있는 한에서, 그것을 해결할 것은 이 고상한 동기들의 간섭일 것이다. 이것이 확실히 나 자신의 경우에 일어날 일이다. 상상된 충돌이 아주 심각했고 그것의 해결이 신중했다면 말이다. 이것이 바로 내가 도덕적 서열에 따라서 배열된 동기들에 대하여 마티노 박사가 작성한 척도는 아주 종속적인 윤리적 중요성을 가진다고 주장하는 결정적 이유다. 나는 그 척도가 일반적으로 가장 격려하고 충족해야 할 종류의 욕망들을, 보통 그것들과 경쟁하고 충돌하는 다른 종류의 욕망들과 비교하여, 대략적이고 일반적인 방식으로 나타내는 데 도움이 될 수 있다고 인정한다. 그리하여 우리는 필요, 습관, 이익의 다양하고 복잡한 작용과 그것들에 동반하는 정서들이 우리의 일상생활에서 계속 일으키는 동기들의 비교적 사소한 충돌들 중 일부를 즉시 해결할 수도 있다. 그러나 심각한 행위 문제가 발생할 경우, 나는 최상위 아래의 동기들을 비교하여 그 문제를 도덕적으로 해결할 수 있다고 상상할 수 없다. 내가 보기에, 그 문제의 해결은 필시 우리가 최상의 규제력을 가졌다고 간주하는 동기의 법정으로 옮겨질 수밖에 없다. 그래서 최후의 결정을 위한 비교는 근본적으로 충돌하는 저급한 동기들 사이의 비교가 아니라, 우리가 합당한 행동의 궁극적 목적으로 간주하는 것과 연관하여 고찰할 경우, 이 저급한 동기들 각각이 자극하는 상이한 행동방향의 결과들 사이의 비교다. 내가 상상하건대, 이것은 공리주의자뿐만 아니라 우리의 정념과 경향이 자연히 하나의 "체계 혹은 구성"을 형성한다고 간주하는 버틀러를 따르는 모든 사람의 도덕적 숙고가 취할 방향이다. 이러한 체계 혹은 구성 안에서 저급한 충동의 목적들은 일정한 지배적 동기의 목적들의 수단으로서 종속되거나, 아니면 이 거대한 목적들의 부분으로 이해된다.

13장
철학적 직관주의

§1. 우리의 일반적인 도덕적 사고에 대한 더 심오하고 차별적인 고찰을 통하여 진정한 윤리학적 공리에—진정한 명료함과 확실성을 지닌 직관적 명제에—도달할 가능성은 없는가?

이 물음은 철학적 직관주의라고 불렸던 직관적 방법의 세 번째 국면에 대한 고찰로 이어진다.[1] 왜냐하면 우리는 인간의 일반적인 도덕적 의견을 나타내고 공식화하는 작업 이상을 수행하는 것이 철학자의 목표라고 생각하기 때문이다. 그의 기능은 사람들이 생각하는 것보다는 그들이 생각해야 하는 것을 그들에게 말해주는 것이다. 그는 자신의 전제들에서 상식을 뛰어넘을 것이라고 기

---

1) 앞의 제1권 8장 §4를 참조하시오.

대되고, 그의 결론도 어느 정도 상식에서 벗어날 것이라고 생각된다. 사실 이러한 일탈의 한계는 무한정이지만 단단히 결정되어 있다. 철학자의 전제가 참인지는 항상 그의 결론의 수용성에 의하여 시험될 것이다. 어떤 중요한 사항에서든 그가 일반적 의견과 크게 충돌한다고 생각될 경우, 그의 방법은 부당하다고 선언될 수 있다. 그는 적어도 일반적으로 인정받는 도덕규칙들의 중요 부분을 확립하고 연결시킨다고 기대되지만, 반드시 그 규칙들을 자신의 체계를 구성하는 토대로 삼아야 하는 것은 아니다. 오히려 우리는 도덕철학의 역사가—적어도 정통파 사상가라고 부르는 사람들이 관련된 경우—이성의 근본적 직관들을 충분히 넓고 분명하게 밝히려는 시도의 역사이고, 이 직관들의 과학적 적용을 통하여 인간의 일반적인 도덕적 사고를 당장 체계화하고 교정할 수 있다고 생각할 수 있다.

이것은 다소 사실이다. 그러나 도덕철학 혹은 도덕에 적용된 철학은 그것을 차지하는 다른 임무를 가지고 있고, 그 임무는 근본적 의무원칙과 관련된 임무보다 훨씬 더 어렵다. 특히 근대에 들어와서 그것은 의무와 이해관심의 조화, 즉 의무와 각 경우에 의무를 부여받은 행위자의 행복이나 복지의 조화를 증명할 필요성을 받아들였다. 그것은 또한 옳음 혹은 좋음 일반과 실존하는 세계의 관계를 결정하는 임무, 악의 존재에 대한 충분한 설명 없이는 결코 만족스럽게 달성될 수 없는 임무에 착수했다. 더 나아가 그것은 우리의 의무 개념의 '본유성(innateness)'과 그 개념을 제공하는 기능의 발단에 대한, 내 견해로는 윤리학적 중요성보다는 심리학적 중요성을 가진 물음에 미혹되어 있다. 각자 근본적인 도덕적 직관에 대한 논의와 여러 방식들로 뒤섞인 이렇게 어려운 주제에 집중하면서, 철학자들은 상식도덕의 결함은 무시한 채 너무 쉽게 암묵적으로 상식도덕 전부를 수용한 윤리학적 공식에 스스로 만족하면서, 단지 이 도덕과 개인의 정신 혹은 실존하는 세계의 관계에 대한 견해를 표명하게 되었다. 또한 그들은 그들 자신과 자기 독자에게 과학적 정확성을 지닌 너무 엄밀한 기준을 제시할 경우 어쩌면 '일반적 동의'로 주어지는 지지를 잃을지도 모른다는 (우리가 본 것처럼 근거가 없지 않은) 두려움 때문에 방해를 받았다. 그러나 우리가 느끼기에 철학자들은 온갖 장애에도 불구하고 확실하고 자명한 명제로 제시된 상당수의 포괄적인 도덕적 명제들을 우리에게 제공했고, 그 명제들은 언뜻 보기에 과학적 도덕의 제일원칙이 되기에 매우 적합하게 보일 수 있다.

§2. 여기서 경고 한마디가 필요해 보인다. 그것은 이전 장들에서 다소 예상된 바지만 이 지점에서 특히 강조할 필요가 있다. 그것은 실천적 규칙들의 철학적 종합을 열심히 추구하는 사람들에게 나타나고 명백한 자명성이라는 유혹적 겉모습으로 경솔한 사람들을 아주 쉽게 미혹시키는 가짜 공리들(sham-axioms)의 집합에 대한 경고

다. 이것들은 사실 동어반복적이기 때문에 확실하고 자명한 것처럼 보이는 원칙들이다. 검토해보면, 그 원칙들은 그저—일정한 상황과 조건 아래에서 삶의 일정한 부문에서—옳은 일을 행하는 것이 옳다고 확인하는 것에 불과한 것처럼 보이기 때문이다. 도덕철학의 역사가 가르쳐주는 하나의 중요한 교훈은 이 분야의 유력한 지식인들조차 이러한 종류의 동어반복을 묵인하기 쉽다는 점이다. 때로는 순환논리로 전개되고 때로는 불명료한 개념의 깊숙한 곳에 숨어 있지만, 가끔 표면 가까이에 있어서 일단 노출되고 나면 대체 어떻게 그것들을 중요하다고 볼 수 있었는지 이해하기 어렵다.

설명을 위하여 유서 깊은 주요 덕들에 의지해보자. 만약 우리가 지혜와 절제의 명령들은 분명하고 확실한 원칙들로 요약될 수 있고, 이 원칙들은 각각 다음과 같다는 말을 듣는다면,

(1) 합리적으로 행동하는 것이 옳다.

(2) 우리 본성의 저급한 부분은 고상한 부분에 의하여 지배되는 것이 옳다.

우리는 처음에는 유용한 정보를 얻지 못하고 있다고 느끼지 않는다. 그러나 (앞의 11장 §3을 참조) "합리적으로 행동하는 것"은 그저 "우리가 옳다고 보는 바를 행하는 것"을 뜻하는 또 다른 문구일 뿐이고, 우리 본성의 나머지 부분들이 복종해야 할 "고상한 부분"은 이성이라고 설명되고, 그래서 "절제 있게 행동하는 것"은 그저 특별한 비이성적 충동에 저항할 필요가 있는 상황에서 "합리적

으로 행동하는 것"일 뿐임을 깨달을 때, 우리의 "원칙들"의 동어반복성은 명백하다. 마찬가지로 "우리는 모든 사람에게 그 자신의 것을 주어야 한다"는 것을 정의의 원칙으로 받아들이도록 요구받을 때, 그 정의는 그럴듯하게 들린다—우리가 "그 자신의 것"을 "그가 마땅히 가져야 하는 것"과 같은 뜻으로 정의할 수밖에 없는 한에서 말이다.

인용된 정의들은 현대 저술가들에게서 발견될 수 있다. 그러나 고대 그리스의 윤리학적 사색 전반에 걸쳐서[2] 덕 혹은 좋은 행위와 관련하여 우리에게 제시된 이러한 보편적 주장들은 거의 언제나 동어반복이라는 비난을 피할 수 있는 명제들로 보인다는 점은 주목할 가치가 있을 것이다. 만약 그 명제들이 해결해야 할 문제의 해결을 위한 시도가 아니라 그 문제에 대한 정의로 이해된다면 말이다. 예컨대 플라톤과 아리스토텔레스는 건설적 윤리학자들로서 소크라테스가 없다고 공언한 윤리학적 문제에 대한 과학적 지식, 즉 인간의 삶에서 좋은 것과 나쁜 것에 대한 지식을 제공하는 것으로 보인다. 그들은 인간들과 공동체들의 구체적 삶에서 실현될 수

---

[2] 나는 고대 그리스의 윤리학적 사고의 고유한 중요성과 가치에 대하여 충분히 알고 있다. 사실 현재 작업의 대부분에 걸쳐서 이 주제에 대한 나의 논법에 미친 플라톤과 아리스토텔레스의 영향은 여느 현대 저술가들의 영향보다 더 크다. 그러나 여기서 나는 고대의 체계들이 제공한다고 주장하는, 당위를 결정하기 위한 일반적 원칙들의 가치만을 고찰하고 있다.

있는 좋은 것은 주로 덕이라는—혹은 (아리스토텔레스가 더 정확하게 말한 것처럼) 덕의 **발휘**라는—점에 동의하는 것으로 보인다. 그래서 윤리과학의 실천적 부분은 필시 주로 덕에 대한 지식에 있다. 그러나 당연히 유덕하다고 말할 수 있는 종류의 행위를 어떻게 확인할 수 있는가 하고 물을 경우, 각각의 덕에 대하여 플라톤이 우리에게 말해줄 수 있는 것은, 각각의 덕은 (1) 일정한 상황과의 관계에서 무엇이 좋은 것인가에 대한 지식과 (2) 인간의 욕구적 본성의 상이한 요소들의 조화, 즉 그것들에서 일어나는 충동이 이러한 지식과 항상 부합할 수 있다는 것에 놓여 있다는 것뿐이라고 생각된다. 그러나 우리가 그에게 기대하는 것은 이러한 지식(혹은 적어도 그것의 원칙과 방법)뿐이다. 그러나 이러한 지식을 필요로 하는 다른 절박한 사정에 대한 설명에서 그는 결코 우리의 기대를 만족시키지 못한다. 행위에서 좋은 것은 상이한 종류의 나쁜 것들 사이의 어딘가에서 발견될 수 있다는 말만으로는, 아리스토텔레스 역시 우리에게 이러한 지식을 전달하지 못한다. 이것은 기껏해야 덕의 **소재**를 가리킬 뿐이다. 이러한 말은 덕을 발견할 방법을 제공하지 못한다.

제논(Zenon: 기원전 335?-263?)과 크리시포스(Chrysippus: 기원전 280?-209?)에 의하여 구축된 스토아학파의 체계에 대하여,[3] 플

---

3) 다음에 나오는 소견들은 후기 스토아철학에는—특히 우리가 세네카(Lucius Annaeus Seneca: 기원전 4-기원후 65)와 마르쿠스 아우렐리우스(Marcus

루타르코스(Plutarch) 같은 대항자와 키케로(Cicero), 디오게네스 라에르티오스(Diogenes Laertius), 스토바이우스(Stobæus)같이 어중간한 지성을 가진 해설자가 제공한 설명으로 단호한 선고를 내리는 것은 아마 공정하지 않을 것이다. 그러나 우리가 그것을 심판할 수 있는 한에서, 우리는 그것의 일반적 원칙들의 설명은 순환논법의 복잡한 사슬이라는 선고를 내려야 한다. 이 복잡한 사슬로 인하여 탐구자는 실천적 결론으로의 명백한 접근으로 계속 착각하고 자신이 출발했던 지점으로 계속 되돌아가게 된다.

스토아철학의 가장 특징적 공식은 '자연에 따르는 삶'이 행동의 궁극적 목적이라는 선언으로 보인다. 이러한 삶을 떠받치는 활동의 원천은 식물에서는 단순하고 감정 없는 충동이다. 동물에서 그것은 감각에 동반하는 충동이다. 사람에서 그것은 이성의 지시이고, 이러한 지시는 단순히 맹목적인 모든 비합리적 충동보다 자연히 우위에 있다. 그렇다면 이성은 무엇을 지시하는가? '자연에 따르는 삶을 살라'는 것이 하나의 대답이다. 그래서 우리는 윤리학적 학설에 대한 가장 단순한 형태의 순환적 설명을 얻는다. 그러나 때로 우리는 '덕에 따르는 삶'이라는 대답을 듣기도 한다. 이것은 플

Aurelius: 121-180)의 저술을 통해서 직접적으로 알고 있는 로마 스토아철학에는—별로 적용되지 않는다. 로마 스토아철학에서는 개인과 인류 전체의 관계가 이전 형태의 스토아학파의 체계에서보다 더 두드러지게 나타난다.

라톤-아리스토텔레스 철학에서 이미 주목했던 순환논법으로 인도한다. 왜냐하면 스토아학파 철학자들 역시 덕을 상이한 상황들이나 관계들에서 좋음과 나쁨에 대한 지식이라고 정의하기 때문이다. 사실 이 후자의 순환논법은 스토아학파 철학자들에 의하여 더 순수하고 완벽한 형태로 제시된다. 왜냐하면 플라톤과 아리스토텔레스에게 덕은 인간의 삶에 적용되는 좋음 개념의 **유일한** 내용이 아니라 단지 **주요한** 내용이었을 뿐이지만, 스토아철학의 견해에서 두 개념은 무조건 일치하기 때문이다. 그렇다면 덕은 좋은 것과 추구하거나 선택해야 하는 것에 대한 지식인 동시에 나쁜 것과 피하거나 거부해야 하는 것에 대한 지식이라는 것이 결론이다. 동시에 덕을 제외하고 좋은 것 혹은 당연히 선택할 만한 가치가 있는 것은 아무것도 없고, 악덕을 제외하고는 나쁜 것 혹은 진실로 두려운 것은 아무것도 없다. 그러나 덕을 그 자체를 제외하고 아무런 대상도 가지지 않는 과학이라고 선언할 경우, 그 개념은 필시 실천적 내용을 완전히 결여할 것이다. 그러므로 이러한 결과를 피하고 그들의 체계를 상식과 일치시키기 위하여, 스토아학파 철학자들은 인간의 삶에는 엄밀한 의미의 좋은 것은 아니나 어느 정도 선호할 만한 다른 것들이 있고, 이것들의 집합에는 인간의 통상적 충동의 일차적 대상들이 포함된다고 설명했다. 그렇다면 우리의 충동들이 충돌하거나 모호할 때, 우리는 어떤 원칙에 의거하여 이 대상들을 선택할 수 있는가? 만약 이 물음에 대한 답을 얻을 수 있다면, 우리는 마침내 무언가 실천적인 것에 도달할 것이다. 그러나 여기서도 스토아학파 철학자들은 우리는 합당한 것을 선택해야 한다거나 자연에 따라서 행동해야 한다는 것 외에 다른 일반적 대답을 발견할 수 없었다. 이러한 대답은 분명 우리를 다른 각도에서 원래의 순환논법으로 돌아가게 만든다.[4]

버틀러가 스토아학파의 공식을 사용한 방식에서, 이러한 순환논법은 피할 수 있는 것처럼 보인다. 그러나 옳은 행위의 본질적 합당함을 무시하거나 감출 경우에만 그렇게 할 수 있다. 버틀러는 그의 적들과 더불어 자연에 따라서 사는 것이 합당하다고 가정하고, 양심 혹은 도덕규칙을 부과하는 기능이 인간에게 자연히 가장 중요하다고 주장한다. 따라서 양심에 복종하는 것은 합당하다. 그러나 우리는 양심이 정한 규칙을 그 자체로 합당한 것이 아니라 임의적 권위의 명령으로 이해하지 않는가? 이것은 개인의 어쩌면 계몽

---

4) 외적 의무의 항목들을 결정하면서 스토아학파 철학자들은 '자연' 개념을 약간 다른 방식으로 사용했다는 점을 관찰해야 한다. 그들은 유기체의 세계에서 드러나는 목적-수단의 복잡한 적응구조에서 지침을 끌어내려고 시도했다. 그러나 그들의 견해에 따르면, 우주의 전체적 흐름은 완벽한 동시에 철저히 예정되어 있기 때문에, 현실적 존재의 관찰에서 여러 대안적 행위들을 선택하거나 거부하기 위한 분명하고 일관적인 원칙을 얻는 것은 불가능했다. 사실 그들의 가장 특징적인 실천적 수칙들은 관습적인 것을 '자연적인' 것으로 받아들이려는 경향과 임의적으로 보이는 것을 부당한 것으로 거부하려는 경향 사이의 흥미로운 충돌을 보여준다.

되지 않은 양심에 확실히 위험한 절대적 권위를 부여할 것이다. 버틀러는 너무 조심스러워서 이렇게 하지 않는다. 실제로 『유비』의 여러 문단들[5]에서 그는 참된 도덕규칙은 본질적으로 합리적이라는 클라크의 학설을 명백히 채택한다. 만약 양심이 결국 실천에 적용된 이성이라면, 버틀러의 논증은 '자연에 따라서 사는 것이 합리적이고, 이성에 따라서 사는 것이 자연적이다'라는 오래된 순환논법에 빠지는 것처럼 보인다.

나는 다음 장에서 특수한 덕을 설명하면서 행위자의 것이든 다른 사람들의 것이든 좋음 혹은 완전성을 언급할 경우, 그리고 좋음 혹은 완전성을 설명하면서 (일반적으로 양자의 중요한 요소로 간주되는) 덕에 대한 일반적 개념을 사용할 경우, 우리가 부지불식간에 빠지기 쉬운 또 하나의 논리적 순환논법에 주목할 것이다. 한편 나는 이미 윤리학 연구자를 따라다니는 가장 중대한 위험들 중 하나에 대하여 아마도 충분한 실례를 제공했다. 현재의 도덕적 의견의 미심쩍음과 불확실성과 명백한 임의성에서 벗어나려는 건전한 시도에서, 그는 논쟁의 여지는 없지만 동어반복적이고 무의미한 원칙들로 도피하기 쉽다.

§3. 우리는 윤리학적 탐구의 이러한 진퇴양난의 상황에서 한편

---

5) 『유비』, 제2부 1장과 8장을 참조하시오.

으로 온갖 결함을 지닌 일반적 의견으로 돌아가게 만드는 학설을 피하고 다른 한편으로 순환논법으로 인도하는 학설을 피하면서 진정한 중요성을 가진 자명한 도덕원칙을 획득할 방법을 발견할 수 있는가? 이러한 원칙의 존재를 보여주려는 상식의 강렬한 본능과 그 원칙을 선언했던 수많은 윤리학자들의 숙고된 신념을 순전히 착각이라고 간주하는 것은 낙담스러울 것이다. 동시에 인간과 그의 환경에 대한 지식이 확장될수록, 우리는 상이한 시대와 나라에 존재했던 인간의 성질과 상황의 엄청난 다양성을 인식하게 되고, 모든 인간에게 예외 없이 적용할 수 있는 일정한 절대적 규칙이 있다고 믿는 경향은 줄어든다. 내가 생각하기에 우리는 진실이 이 두 결론 사이에 놓여 있다는 점을 발견할 것이다. 어떤 절대적인 실천적 원칙이 있다. 명확히 진술한다면, 그 원칙의 참됨은 분명하게 드러날 것이다. 그러나 그 원칙은 본질적으로 너무 추상적이고 너무 광범위해서, 우리는 그것을 직접 적용하여 어떤 특수한 경우에 우리가 무엇을 해야 하는지를 확인할 수 없다. 특수한 의무는 여전히 어떤 다른 방법으로 결정되어야 한다.

이러한 원칙들 중 하나가 제3권 1장 §3에서 제시되었다. 거기서 나는 어떤 행동이든 우리 중 누군가가 그것을 자신에게 옳다고 판단한다면, 그는 은연중에 그 행동을 유사한 상황에 놓인 모든 유사한 사람에게도 옳다고 판단한다는 점을 지적했다. 아니면 우리는 그것을 다음과 같이 다른 방식으로 표현할 수 있다. '만약 나에게 옳은 (혹은 그른) 어떤 종류의 행위가 다른 사람에게 옳지 (혹은 그르지) 않다면, 그것은 나와 그가 상이한 사람이라는 사실 때문이 아니라 분명 두 경우 사이에 어떤 차이가 있기 때문이다.' 상이한 개인들에게—그들에 의해서가 아니라—무엇을 행해야 하는가에 대하여 동등한 참됨을 지닌 대응명제를 진술할 수 있다. 이 원칙들은 그것들의 가장 추상적이고 보편적인 형태에서가 아니라 서로 유사하게 연관된 두 (혹은 그 이상의) 개인들의 상황에 대한 그것들의 독특한 적용에서 가장 널리 인정받는다. 이렇게 적용될 경우, 그것들은 '네가 다른 사람들에게 대우받고자 하는 대로 그들을 대우하라'는, 대중에게 황금률이라고 알려진 것에서 나타난다. 이 공식은 명백히 부정확하게 진술되고 있다. 왜냐하면 어떤 사람은 죄악에서 다른 사람의 협력을 바라고 그것을 기꺼이 주고받기 때문이다. 다른 사람들이 우리를 대우하는 올바른 방식이라고 생각하는 방식으로만 우리가 그들을 대우해야 한다고 말하는 것도 참은 아니다. 왜냐하면 누구도 두 개인들, 즉 A와 B의 상황이—심지어 그들의 본성이—서로 달라서, B가 A를 대할 때에는 옳은 방식이 A가 B를 대할 때에는 그른 방식일 수 있다는 점을 부정하지 않을 것이기 때문이다. 요컨대 엄밀하게 진술된 자명한 원칙은 다음과 같이 부정적 형태를 가져야 한다. 'A와 B의 본성이나 상황 사이에 상이한 대우의 합당한 근거라고 말할 수 있는 차이가 없는데도 불구하고 단지 그들이 상이한 두 개인들이라는 이유로, B가 A를 대할 때에는 그른 방식이 A가 B를 대할 때에는 옳은 것일 수 없다.' 명백히 이 원칙은 완벽한 지침을 제공하지 않는다—사실 엄밀히 말해서 이 원칙의 효과는 자신에게 적용되면 불평할 대우 방식으로 다른 사람을 대하려는 사람에게 명확한 증명의 책임을 제기하는 것뿐이다. 그러나 상식은 그 준칙의 실천적 중요성을 충분히 인정하였고, 내가 보기에 그것의 참됨은 어느 정도 자명하다.

동일한 원칙의 다소 다른 적용으로서, 유사한 상황에 있는 개인들은 유사하게 다루어져야 한다는 원칙은 법 혹은 (어떤 의미로는) '정의'의 일반적 집행에서 그것의 영역을 발견한다. 따라서 제3권 5장 §1에서 나는 정의의 일반적 개념의 중요한 요소로서 '일반적 규칙의 적용에서 불편부당성'을 주목했다. 사실 완벽히 명확하고 확실히 직관적으로 알 수 있는 다른 요소는 결국 전혀 없어 보였다. 여기서도 이러한 불편부당성 수칙은 분명 정의로운 행위를 완전히 결정하는 데에는 불충분하다. 왜냐하면 그것은 어떤 종류의 규칙을 불편부당하게 적용해야 하는가를 결정하는 데 도움을 주지 못하기 때문이다. 누구나 정부와 인간의 행위 일반에서 모든 의식적 편파성과 '개인들의 존중'을 배제하는 것이 중요하다고 인정하더라도 말이다.

방금 논한 원칙은 '공정' 혹은 '형평'의 일반적 개념에 다소 분명히 함축된 것으로 보이고, 논리적 전체 혹은 유개념(Genus)을 형성하는 개인들의 유사성에 대한 고찰을 통하여 얻어진다. 이에 못지않게 중요한 다른 원칙이 수학적 혹은 양적 전체의 유사한 부분들에 대한 고찰에서 나타난다. 이러한 전체는 개별 인간의 좋음에—혹은 때로는 소위 '대체로 좋음'에—대한 일반적 개념에서 나타난다. '사람은 자신의 좋음을 목표로 삼아야 한다'는 명제는 때로는 합리적 자기애 혹은 타산의 준칙으로 제시된다. 그러나 이렇게 진술될 경우, 그 명제는 동어반복성을 확실히 피하지 못한다. 왜냐하면 우리는 '좋음'을 '사람이 목표로 삼아야 하는 것'으로 정의할 수 있기 때문이다. 그러나 '사람의 대체로 좋음'이라고 말할 경우, 그 추가사항은 분명이 진술된다면 어쨌든 동어반복이 아닌 원칙을 제시한다. 나는 이미 이 원칙[6]을 '우리의 의식적 삶의 모든 부분에 대한 불편부당한 관심의' 원칙이라고 말했다. 이 원칙은 '보통 말하는 미래는 현재와 똑같은 것으로 간주되어야 한다'는 말로 간결하게 표현될 수 있다. 물론 더 확실하다는 이유로 현재의 좋음이 합리적으로 미래의 좋음보다 더 선호할 수 없다는 말은 아니다. 행복을 위한 우리의 수단이나 능력이 증가하기 때문에 지금부터 10년 후의 일주일이 당장의 일주일보다 더 중요할 수 없다는 말도 아니다. 그 원칙이 주장하는 바는 단순한 시간상의 선후 차이가 한순간의 의식을 다른 순간의 의식보다 더 중요시할 합당한 근거는 아니라는 것뿐이다. 그 원칙이 실제로 대다수 사람들에게 나타나는

---

6) 앞의 124쪽의 각주를 참조하시오.

형태는 (확실성의 차이를 고려하더라도) '더 작은 현재의 좋음이 더 큰 미래의 좋음보다 더 선호되어서는 안 된다'는 것이다. 왜냐하면 타산은 일반적으로 현재의 욕망의 (우리는 일반적으로 그것의 만족이나 대상을 그 정도까지는 '하나의 좋은 것'으로 간주한다) 만족이 가져올 더 먼 장래의 결과에 근거하여 그 욕망을 억누르는 것에서 발휘되기 때문이다. 분명 이 원칙에 대한 가장 일반적인 견해는 현재의 **쾌락**이나 **행복**은 미래의 더 큰 쾌락이나 행복을 얻기 위하여 합리적으로 포기될 수 있다는 것이다. 그러나 이 원칙이 쾌락주의적 적용에 국한될 필요는 없다. 그것은 '자신의 좋음'에 대한 다른 해석에도 똑같이 적용될 수 있고, 이러한 해석에서 좋음은 하나의 수학적 전체로 이해되어 그 전체를 구성하는 부분들이 일생의 여러 부분들 혹은 순간들에 실현된다. 그래서 아마 여기서도 그것을 그것과 논리적 연관성이 없어 보이는 '쾌락은 유일한 궁극적 좋음이다'라는 원칙과 구별하는 편이 나을 듯하다.

지금까지 우리는 한 개인의 '대체로 좋음'만을 고려했다. 그러나 이 개념이 우리의 일련의 의식상태들에서 잇달아 일어나는 상이한 '좋음들'의 비교와 통합을 통하여 구성되는 것처럼, 이렇게 우리는 모든 개별적 인간—혹은 감성을 지닌—존재들의 좋음들의 비교와 통합을 통하여 보편적 좋음 개념을 만든다. 여기서도 전자의 경우처럼, 전체에 대한, 그리고 서로에 대한 구성 부분들의 관계를 고찰함으로써 나는 한 개인의 좋음은 (굳이 말하자면) 우주적 관점에서 볼 때 다른 개인의 좋음보다 더 중요하지는 않다는 자명한 원칙을 얻는다. 후자보다 전자의 경우에 더 많은 좋음이 실현될 수 있다고 믿을 특별한 근거가 없다면 말이다. 내가 보기에 합리적 존재로서 나는 좋음의 특수한 부분만이 아니라—나의 노력으로 얻을 수 있는 한에서—좋음 일반을 목표로 삼아야 한다는 것은 명백하다.

이 두 합리적 직관에서 우리는 다음과 같은 추상적 형태의 자비심의 준칙을 필연적 결론으로서 연역할 수 있다. 불편부당하게 보았을 경우 다른 개인의 좋음이 자신의 좋음보다 더 적거나 확실히 알 수 없거나 획득할 수 없다고 판단되는 경우를 제외하고, 각 사람은 다른 개인의 좋음을 자신의 좋음만큼 존중해야 할 도덕적 의무를 가진다. 앞서 나는 상식이 인정하는 자비심의 의무는 이러한 준칙에 다소 미치지 못한다는 사실을 관찰했다. 그러나 내가 생각하기에 이 준칙에 대한 설명에서 **실천적으로** 보편적 좋음을 위하는 사람조차 대개는 제한된 수의 인간들의 좋음을 증진하는 일에 관심을 가져야 하고, 그것도 그들과 자신의 관계의 밀접성에 비례해야 한다고 정당하게 주장할 수 있다. 만약 문명화된 근대사회의 '평범한 사람'의 양심이 다른 인간의 더 큰 행복을 희생하더라도—다른 어느 누구에게도 그 희생을 상쇄하는 이득을 주지 않고—자신의 행복을 추구하는 것이 도덕적으로 옳은가 하는 가설적 물음을 공정하게 숙고하게 된다면, 내가 생각하기에 그는 망설임 없이 부정적으로 답할 것이다.

나는 어떻게 일반적으로 인정받는 정의, 타산, 합리적 자비심의 원칙에 추상적 직관을 통하여 직접 인식할 수 있는 자명한 요소가 있는가를 보여주려고 시도했다. 이러한 시도에서 나는 각 경우에 개인들과 그들의 특수한 목적들이 부분들로서 그것들의 전체와 맺고 있는 관계와 이 전체의 다른 부분들과 맺고 있는 관계에 매달렸다. 나는 이 추상적 진리에 대한 다소 명확한 이해가 도덕의 근본 수칙들은 본질적으로 합리적이라는 일반적 신념의 영구적 토대라고 생각한다. 아마 이 원칙들은 종종 관습과 일반적 합의에 의하여 자명하다고 착각하는 모양새를 지닌 다른 수칙들과 나란히 놓이기도 한다. 그러나 내가 보기에 그 두 종류의 준칙 사이의 차이는 단지 그것들에 대한 숙고를 통하여 명백해질 것이다. 나는 직접적 숙고에 의하여 '나는 진실을 말해야 한다', '나는 약속을 지켜야 한다'와 같은 명제들이—그것들이 얼마만큼 진실하든지—나에게 자명하지 않다는 점을 알게 된다. 이 명제들은 모종의 합리적 정당화를 필요로 하는 명제들로 나타난다. 그러나 '나는 미래의 더 큰 좋음보다 현재의 더 작은 좋음을 선호해서는 안 된다'와 '나는 다른 사람의 더 큰 좋음보다 나 자신의 더 작은 좋음을 선호해서는 안 된다'와 같은 명제들[7]은 (예컨대) '같은 것들에 같은 것들을 더하면,

---

7) 오해를 피하기 위하여 나는 이 명제들에서 현재의 좋음과 미래의 좋음의 확실성의 상이한 정도와 자신의 좋음과 다른 사람들의 좋음의 확실성의 상이한 정

그 합들도 같다'는 수학적 공리만큼 자명하게 보인다.

내가 탐구의 시작부터 결국 명백한 도덕적 직관의 발단에 대한 심리학적 물음에 빠지지 않으려 했던 이유는 위에서 도출된 구분, 즉 (1) 숙고를 통하여 궁극적 타당성을 가지지 못한 것으로 드러난 도덕준칙과 (2) 진정한 윤리학적 공리거나 이러한 공리를 포함하는 도덕준칙 사이의 구분이 나의 견해로는 근본적이고 명백한 중요성을 가지고 있기 때문이다. 왜냐하면 지금까지 나온 어떠한 심리학적 이론도 내가 진정 자명한 공리라고 생각하는 명제를 산출한 원인이 그 명제를 거짓으로 만드는 경향을 가졌다는 점을 증명하여 그 명제를 믿을 수 없다고 주장하지 않았기 때문이다. 그런데 전자의 부류의 준칙과 관련하여 절대적·무조건적 참이라고 받아들일 경우 그 준칙은 신뢰할 수 없다는 심리학적 증명은 내가 보기에 불필요하다. 왜냐하면 나는 직접적 숙고를 통하여 그 준칙이 그렇게 받아들여질 권리가 없다는 점을 알 수 있기 때문이다. 그러나 심리학적 이론이 도덕규칙을 광범위하고 일반적으로 말해서 개인과 사회의 좋음이나 복리라는 목적의 수단이라고 말할 경우, 그 이론은 분명 이전 논의가 다른 방법으로 우리에게 가져다준 결론에 전반적 뒷받침을 제공할 수 있다. 왜냐하면 그것은 우리가 다른 도덕규

도 각각에 대한 고려가 미래의 좋음이나 이방인의 좋음을 더 크다고 판단하기 전에 충분히 고려된다고 가정한다는 점을 말해두어야 할 것이다.

칙들을 타산이나 자비심의 원칙에 종속되는 것으로 생각하게 만들기 때문이다.[8]

§4. 만약 내가 보기에 앞 절에서 제시된 결론이 일반적으로 인정받는 도덕규칙들 가운데서 실천이성의 진정한 직관을 열심히 찾아온 윤리학자들의 학설과—표면적 차이에도 불구하고—실질적으로 일치하지 않는다면, 나는 그 결론을 지나치게 확신하고 의존할 수 없다. 내가 이미 지적했듯이, 영국 윤리학의 역사에서 초기의 직관주의학파는 이러한 점에서 흄에 대한 반동이 유행시켰던 것보다 대체로 더 철학적인 사고의 전환을 보여준다.[9] 이 학파의 저술가들 중 진정 자명한 원칙을 가장 성실하게 통찰하려고 노력한 사람이 클라크다.[10] 따라서 내가 발견한 바로는, 클라크는 같은 인간

---

8) 상식도덕의 이러한 양상을 드러내면서 심리학적 이론은 우리로 하여금 도덕의 증명가능한 자연적 경향에 의하여 산출되는 결과라고 간주되는 '좋음' 혹은 '복리'의 일반적 개념을 특정한 방식으로 정의하도록 만든다고 생각할 수 있다. 이 문제는 나중에 고찰될 것이다(제3권 14장 §1과 제4권 4장).

9) 앞의 제1권 8장의 주해, 103-104쪽을 참조하시오.

10) 클라크의 체계에 주목하면서, 나는 아마도 (그 이전에 로크가 주장했던) 윤리학적 진리와 수학적 진리 사이의 평행을 보여주려던 그의 열망이 그의 전반적 용어법을 부적절하게 만들고, 때로는 그를 아주 터무니없는 생각에 빠트린다고 말할 수밖에 없다. 예컨대 "고의로 정의에 반하는 행위를 하는 사람은 사물들을 그것들이 아닌 것과 그것들이 될 수 없는 것이 되게 만들려고 한다"고 말하는 것은 분명 어리석다. "관계와 비례" 혹은 "사물들의 적합성과

에 대한 우리의 행동과 관련하여 두 근본적 "올바름의 규칙들"을 설정한다.[11] 그는 이 중에서 첫 번째를 형평(Equity), 두 번째를 사랑 혹은 자비심이라고 명명한다. 그는 형평의 규칙을 다음과 같이 진술한다. "무엇이든 다른 사람이 나에게 행할 수 있는 것을 나는 합당하거나 부당하다고 판단한다. 동일한 판단에 의하여 나는 유사한 경우에 내가 그에게 행할 수 있는 것을 합당하거나 부당하다고 밝힌다."[12]—이것은 물론 정확히 '황금률'이 말하는 바다. 그는 "보편적 사랑 혹은 자비심"에 대한 의무를 다음과 같이 표현한다.

"만약 좋음과 악 사이에 자연적·필연적 차이가 있다면, 좋은 것은 행하기에 알맞고 합당한 것이고 악한 것은 행하기에 부당한 것이다. 최고로 좋은 것은 선택하기에 항상 가장 알맞고 합당한 것이다. 그렇다면 … 모든 합리적 피조물은 자신의 영역과 위치에서 각자의 힘과 능력에 따라서 동료 피조물에게 그것이 할 수 있는 모든

부적합성"은 도덕적 직관의 문제에 아주 적합한 명칭들은 아니다. 그러나 현재의 목적을 위하여 이 결함들을 길게 논할 이유는 없다.

11) 나는 "우리 자신과 관련된 올바름의 규칙"에 대한 클라크의 진술을 무시할 것이다. 왜냐하면 그가 진술한 것처럼, 그 규칙은 파생적이고 종속적인 규칙이기 때문이다. 그 규칙은 우리는 **의무**를 수행하기 위해서 우리의 존재를 보존해야 하고 절제해야 하고 근면해야 한다는 것이다. 이것은 물론 의무가 (즉 궁극적·절대적 의무규칙들이) 이미 정해져 있다고 가정한다. 나는 앞서 (120쪽) 인용했던 문단에서 클라크가 타산이나 자기애의 합당함을 오직 간접적으로만 인정한다고 말할 수 있다.

12) 『보일 강의(*Boyle Lectures*)』(1705), 86-87쪽.

좋은 것을 행해야 한다. 이러한 목적을 위하여 보편적 사랑과 자비심은 분명 가장 확실하고 직접적이고 효과적인 수단이다."[13]

여기서 합리적 행위자는 보편적 좋음을 목표로 삼아야 한다는 단순한 진술은 동어반복이라는 비판에 열려 있다. 왜냐하면 클라크는 '좋음'을 '행하기에 알맞고 합당한 것'이라고 정의하기 때문이다. 그러나 그는 분명 각개의 '합리적 피조물'은 다소라도 좋음을 받을 수 있고, 이러한 좋음이 보편적 좋음을 구성하는 부분이라고 주장한다. 이 주장은 사실 그가 사용한 '자신의 동료 피조물에게 좋음을 행하는 것' 혹은 그의 표현처럼 '그 피조물의 복지와 행복을 증진하는 것'이라는 일반적 개념에 함축되어 있다. 그래서 그의 원칙은 암묵적으로 앞서 진술한 것, 즉 어떤 한 개인의 좋음이나 복지는 다른 합리적 개인에게 그 자신의 유사한 좋음이나 복지에 못지않은 합리적 목표의 대상이어야 한다는 것이다.

(그러나 보편적 자비심이 보편적 좋음의 달성을 위한 옳은 수단이라는 명제는 그다지 자명하지 않다는 점을 주목해야 한다. 왜냐하면 그 목적은 직접적으로 그것을 겨냥함으로써 항상 최고로 달성되지는 않을 수 있기 때문이다. 그래서 합리적 자기애와 마찬가지로 합리적 자비심은 스스로를 제한할 수 있다. 즉 그것은 다른 충동을 위하여 그것 자체를 부분적으로 억제하라고 지시할 수 있다.)

---

13)   같은 책, 92쪽.

이후의 윤리학자들 중에서, 특히 칸트는 도덕률의 순수한 합리적 요소를 엄밀히 분리한 점에서 주목을 받는다. 내가 보기에 그의 윤리학적 견해도 완전히는 아니더라도 앞 절에서 제시된 견해와 상당히 일치한다. 나는 이미 그의 근본적 의무원칙이 "우리가 보편적 법칙이 되기를 의지할 수 있는 준칙에 따라서 행동하라"는 '형식적' 규칙이라는 점을 주목했다. 적당하게 제한된다면,[14] 이 규칙은 내가 먼저 앞 절에서 주목했던 원칙에서 즉각 도출되는 당연한 실천적 결과다. 유덕한 행동이 목표로 삼는 목적을 고찰하면서 그가 주장한 유일하고 진정 궁극적인 목적은 일반적으로 생각하는 합리적 자비심의 대상이라는—즉 다른 사람들의 행복이라는—점을 우리는 알게 된다.[15] 그는 합리적 행위자로서 각 사람은 다른 사람들의 행복을 목표로 삼아야 한다는 것이 선험적으로 명백하다고 생각한다. 사실 그의 견해에 따르면, 내가 나 자신의 행복을 추구하는 것은 내가 나의 행복을 인류 전체의 행복의 일부로 간주하

---

14)　내가 생각하기에 칸트는 이 공리(公理)를 적용하면서 일정한 제한적 고려사항들을 제대로 고려하지 않는다. 제3권 7장 §3과 제4권 5장 §3을 참조하시오.

15)　칸트는 분명 행위자 자신의 완전성을 또 하나의 절대적 목적으로 제시한다. 그러나 그의 완전성 개념을 고찰할 때, 우리는 우리가 스스로를 완성하기 위하여 성취해야 할 이성의 다른 목적들에 대한 진술 없이는 그 개념이 사실상 명확하지 않다는 점을 알게 된다. 『덕론의 형이상학적 기초』, Th. Ⅰ, §5를 보시오. "사람 일반에 속하는 완전성은 … 의무 일반의 요구사항을 만족시킬 수 있는 우리의 능력과 의지의 함양일 뿐이다."

는 한에서만 하나의 의무라고 말할 수 있다. 나는 이 진술의 부정적 측면에 반대한다. 왜냐하면 버틀러와 마찬가지로 나는 다른 사람들과의 관계와 무관하게 "자신의 행복은 하나의 명백한 책무"라고 생각하기 때문이다. 그러나 이 진술의 긍정적 측면에 주목할 경우, 칸트의 결론은 합리적 자비심의 의무에 대하여 내가 제시한 견해와 상당히 일치하는 것으로 보인다. 그러나 나는 칸트가 자신의 결론에 도달하는 데 사용한 논증들에 전부 동의하지는 않는다.[16]

§5. 이제 나는 §3에서 제시한 자명한 원칙들은 방법들의 분명한 구분을 위해서 탐구의 시작에서 내가 그 용어에 부여한 제한된 의미의 직관주의에만 속하지 않는다는 점을—만약 독자에게 이 점이 오랫동안 분명하지 않았다면—지적해야 한다. 내가 보여준 것처럼, 타산의 공리는 일반적으로 받아들여진 합리적 이기주의에 함축된 자명한 원칙이다.[17] 또한 위에서 진술된 정의 혹은 형평의 공리는—'유사한 경우들은 유사하게 다루어져야 한다'—모든 적용에서 흔히 직관주의적이라고 부르는 체계에 속하는 만큼 공리주의에도 속한다. 내 견해로는 합리적 자비심의 공리는 공리주의적 체계

---

16) 이 장의 끝에 나오는 주해를 보시오.
17) 합리적 이기주의와 합리적 자비심의 관계에 대한—나는 그것을 윤리학의 가장 심오한 문제라고 생각한다—나의 최종적 견해는 이 논고의 종장에서 제시된다.

를 위한 합리적 토대로서 요구된다.

따라서 나는 진정 분명하고 확실한 윤리적 직관에 대한 탐구에서 내가 공리주의의 근본원칙에 도달한 것을 알게 된다. 그러나 최근 후자의 체계를 가르친 사상가들은 대체로 위에서 제시한 절차에 따라서 그들의 제일원칙의 참됨을 명시적으로 증명하려고 시도하지 않았다는 점을 인정해야 한다. 영국의 공리주의 설명자들 가운데 가장 설득력 있고 아마 가장 영향력 있는 사람이—즉 존 스튜어트 밀이—제시한 "공리의 원칙"의 "증명"을 검토할 때, 나는 이 논증을 아주 알기 쉽고 명백하게 완성하기 위하여 이러한 절차가 필요하다고 느낀다.

밀은 "궁극적 목적에 대한 물음들은" "일반적·대중적 의미의 증명"에 의하여 "분석할 수 없지만" 그 물음들을 분석할 수 있는 "증명이란 낱말에는 더 넓은 의미"가 있다는 설명으로 시작한다.[18] 그가 말하기를, "그 주제는 합리적 기능의 인식범위 안에 있고 … 지식인이 공리주의적 공식을" 받아들일 "결심을 하게 만들 수 있는 고려사항들이 제시될 수 있다." 이어서 그는 "공리주의적 공식의 수용"은 "인간행동의" 궁극적 "목적"이자 "도덕의 기준"으로서 행위자 자신의 최대 행복이 아니라 "전체 행복의 최대량"을 받아들이는 것을 의미하고, 공리주의의 견해에서는 그 최대량의 증진이 "인

---

18)   존 스튜어트 밀, 『공리주의』, 1장, 6-7쪽과 2장, 16-17쪽.

간의 행위를 지배하는" 최상위 "규칙"이라는 점을 분명히 밝힌다. 그런 다음 이 규칙 혹은 공식에 대하여—앞서 설명한 더 넓은 의미의—"증명"을 제시할 때, 그는 다음과 같은 논증을 제공한다. "무언가가 바람직하다는 것을 증명하기 위하여 제시할 수 있는 유일한 증거는 사람들이 실제로 그것을 바란다는 것이다. … 자신이 그것을 얻을 수 있다고 믿는 한에서 각자는 자신의 행복을 바란다는 것 외에, 왜 전체 행복이 바람직한가를 설명할 수 있는 이유는 아무것도 없다. 그러나 이것이 사실이라면, 우리는 행복은 좋은 것이고, 각 사람의 행복은 그 사람에게 좋은 것이고, 따라서 전체의 행복은 모든 사람에게 좋은 것이라는 주장에 대하여 이 경우를 통하여 얻을 수 있을 뿐만 아니라 요구할 수 있는 모든 증명을 얻는다."[19] 더 나아가 그는 쾌락, 오직 쾌락만이 모든 사람이 실제로 바라는 것이라고 주장한다.

우리가 본 것처럼, 밀은 공리주의 원칙을 "옳고 그름의 기준" 혹은 "행위의 지배적 규칙"으로서 제안한다. 따라서 이 원칙을 "전체 행복은 **바람직하다**"라고 진술할 때, 그는 전체 행복이 각 개인이 바라야 **하는** 것, 혹은 적어도—'당위'의 더 엄밀한 의미에서—각 개인이 행동에서 실현하려고 노력해야 하는 것이라고 말하려 했다고 이해해야 한다(그의 논고 전체는 그가 이렇게 말하려 했다는 사실을

---

19)   같은 책, 4장, 52-53쪽.

보여준다).[20] 그러나 이 명제는 밀의 추론을 통하여 성립되지 않는다. 실제로 [사람들이] 바라는 것이 이러한 의미로 바람직한 것이라고 정당하게 추론할 수 있다고 인정하더라도 말이다. 왜냐하면 각각 전체 행복의 상이한 부분을 향하고 있는 실제적 욕망들의 집합이 어떤 개인으로 하여금 전체 행복에 대한 실제적 욕망을 가지도록 만들지는 않기 때문이다. 밀은 분명 어떤 개인에게도 존재하지 않는 욕망이 개인들의 집합체에 존재할 수 있다고 주장하지는 않을 것이다. 그래서—지금까지의 추론에 따르면—전체 행복에 대한 실제적 욕망이 없다면, 전체 행복은 바람직하다는 명제는 이러한 방식으로 성립되지 않는다. 표현된 논증에는 빈틈이 있고, 내가 생각하기에 이 빈틈은 위에서 내가 합리적 자비심의 직관이라고 말하려 했던 것과 같은 명제들로 메워질 수 있다.

진정 자명한 제일원칙에 대한 요구를 끝까지 밀어붙일 경우, 공리주의는 직관주의가 도달하게 되는 최종적 형태로 나타난다. 이러한 이행을 논리적으로 완전하게 만들기 위하여, 우리는 '보편적 좋음'을 '보편적 행복'으로 해석할 필요가 있다. 내 견해로는 이러

---

20) 밀의 마음속의 어떤 혼동, '바람직한(desirable)'이라는 용어의 두 가능한 의미, 즉 (1) 바랄 수 있는 것과 (2) 바라야 하는 것 사이의 혼동을 내가 간과했다는 주장이 제기되었다. 나는 이 문단의 처음 두 문장에서 내가 이러한 혼동을 의식하고 있다는 점을 보여주려 했다. 그러나 나는 나의 현재 목적을 위해서는 그것을 논하는 것이 불필요하다고 생각했다.

한 해석은, 밀이 그랬던 것처럼 행복은 사람들이 실제로 욕망하는 유일한 대상이라는 심리학적 사실로부터 그것만이 바람직하거나 좋다는 윤리학적 결론으로 나아가는 논증에 의해서는 정당화될 수 없다. 왜냐하면 이 논고의 제1권 4장에서 나는 행복 혹은 쾌락은 각 개인이 실제로 욕망하는 유일한 대상은 아니라는 점을 밝히려고 시도했기 때문이다. 내가 생각하기에 궁극적 좋음과 행복의 동일시는 마땅히 더 간접적인 추론방식에 의하여 도달해야 한다. 나는 다음 장에서 이러한 추론방식을 설명하려고 노력할 것이다.

〈주해〉 현재 칸트의 가르침이 발휘하는 중대한 영향력은 그가 다른 사람들의 행복을 증진할 의무를 수립하기 위하여 사용한 논증과 내가 이 논증을 설득력 있다고 생각할 수 없는 이유를 간략히 진술할 이유를 제공한다. 칸트는 몇몇 절들에서, 생명이 위급한 사태가 (그가 가정하는 것처럼) 모든 사람에게 야기하는 다른 사람의 친절한 봉사에 대한 욕망과 결합하여 고려했을 때, 이 의무는—"네가 보편적 법칙이 되기를 의지할 수 있는 준칙에 따라서 행동하라"는—그의 기본공식으로부터 직접 연역되는 결론이라는 점을 보여주려고 시도한다. 그가 말하기를, 우리는 "각자는 도움이나 간섭을 받지 않고 스스로를 돌봐야 한다"는 준칙이 실로 보편적 법칙으로 존재한다고 **상정**할 수 있다. 그러나 우리가 그것이 보편적 법칙이 되기를 **의지하는** 것은 불가능할 것이다. "이렇게 결심한 의지는 스스로와 모순될 것이다. 왜냐하면 이렇게 의지하는 개인이 다른 사람의 자비와 동정을 필요로 하는 여러 경우가 일어날 수 있기 때문이다."(『도덕 형이상학 정초』, 50쪽 [Rosenkrantz]) 이와 유사하게 다른 곳에서(『덕론의 형이상학적 기초』, 서론 §8과 §30) 그는 모든 사람에게 존재하는 자기애는 필시 다른 사람들에게 사랑받고 절박한 경우에는 그들로부터 도움을 받으려는 욕망을 포함한다는 점을 좀 더 길게 설명한다. 이러한 식으로 우리는 필시 스스로를 다른 사람들의 목적이 되도록 하고, 그들이 우리의 행복에 기여할 것을 요구한다. 그래서 칸트의 근본원칙에 따르면, 우리는 **그들의** 행복을 **우리의** 목적으로 삼을 의무를 인정해야 한다.

나는 이러한 추론이 엄밀히 말해서 설득력 있다고 생각할 수 없다. 우선 어려움에 처한 모든 사람이 다른 사람들의 도움을 바란다는 것은 칸트가 선험적으로 알 수 없는 경험적 명제다. 분명 책무를 지는 것을 싫어하는 마음과 독립정신이 강하여 다른 사람에게 도움을 받느니 궁핍을 견디려는 사람을 상상할 수 있다. 실제로 고통받는 순간에는 모든 사람이 필시 다른 사람들의 도움을 원한다고 인정하더라도, 여전히 어떤 굳센 사람은 인생의 기회들을 저울질한 후에 일반적으로 이기주의적 준칙을 택함으로써 얻을 것이 대체로 더 많을 것이고, 자비심은 이득보다 더 많은 수고를 가져올 것이라고 쉽게 생각할 수 있다.

다른 문단들에서 칸트는 명백히 다른 방향의 논증을 통하여 동일한 결론에 도달한다. 그가 주장하기를, 합리적 존재의 모든 행동이 어떤 목적을 위하여 행해지는 것처럼, 앞서 주어진 절대적 규칙에 대응하면서 우리의 준칙에 보편적 법칙의 형식을 부과하는 절대적 목적이 있어야 한다. 모든 합리적 존재에게 이성에 의하여 필연적·선험적으로 지시되는 절대적 목적은 이성 자체 혹은 합리적 존재들의 우주일 뿐이다. 왜냐하면 그 규칙이 가르치는 바는 사실 우리는 합리적 존재들의 우주에 있는 합리적 구성단위로서 (따라서 보편적으로 적용가능하다고 상정되고 인정받은 원칙에 따라서) 행동해야 한다는 것이다. 아니면 우리는 동일한 결과에 부정적으로 도달할 수도 있다. 왜냐하면 사람들이 겨냥하는 모든 특수한 목적은 특수한 대상들을 향하는 충동들의 존재로 구성되기 때문이다. 그런데 이 특별한 충동들 중 어느 하나가 모든 사람의 구조의 일부를 형성한다고 선험적으로 말할 수 없다. 따라서 우리는 이러한 특별한 대상을 겨냥해야 한다는 것이 이성의 절대적 명령이라고 주장할 수 없다. 만약 우리가 모든 특수한 경험적 목적을 배제한다면, "모든 합리적 존재는 각자에게 목적이다", 혹은 때때로 칸트가 말한 것처럼 "인간성은 목적 자체로서 존재한다"는 원칙만 남는다.

칸트가 말하기를, 만약 내가 단지 다른 사람들에 대한 불간섭에 대해서만 스스로를 제한한다면, 나는 인류를 적극적으로 나의 목적으로 삼지 않을 것이다. 나의 목표들은 다른 사람들에 대한 불간섭이라는 조건에 의하여 제한받으면서도 이기적인 것으로 남는다.

따라서 나의 행동은 진정 유덕한 것이 아니다. 왜냐하면 덕은 단순한 이기적 충동에 반하여 이성의 목적을 실현하려는 노력에서 드러나고 그 노력에 놓여 있기 때문이다. 따라서 "스스로 하나의 목적인 주체의 목적들은, 만약 인류는 목적 자체라는 표상이 나에게 충분한 중요성을 가지고" 나의 행동이 진정 합리적이고 유덕하다면, 필시 나의 목적들이어야 한다."(『도덕 형이상학 정초』, 59쪽)

여기서도 나는 칸트의 논증 형식을 받아들일 수 없다. "목적 자체로서의 인류"라는 개념은 당혹스럽다. 왜냐하면 목적이라는 말로 우리는 일반적으로 실현해야 할 무언가를 뜻하지만, 칸트가 말하는 "인류"는 "자립적(self-subsistent) 목적"이기 때문이다. 게다가 이 개념으로 자비심의 원칙을 연역하는 것에는 일종의 오류가 있는 듯하다. 왜냐하면 칸트가 그 자체로 목적이라고 주장하는 인류는 합리적인 한에서의 사람(혹은 사람들의 집합)이기 때문이다. 그러나 자비심이 우리로 하여금 우리 자신의 목적으로 삼으라고 지시하는 다른 사람들의 주관적 목적은, 칸트 자신의 견해에 따르면, 그들의 비합리적 충동에—그들의 경험적 욕망과 반감에—의지하고 대응하는 것처럼 보일 것이다. 만약 사람이 합리적 존재로서 다른 합리적 존재들에게 절대적 목적이라면, 왜 그들이 그의 비합리적 충동에 의하여 결정된 그의 주관적 목표를 받아들여야 하는지 이해하기 어렵다.

14장
궁극적 좋음

§1. 이 논고의 시작[1]에서 나는 윤리학적 탐구의 대상을 숙고하는 두 가지 형태가 있다는 점에 주목했다. 그것은 때로는 행위의 규칙 혹은 규칙들로서 '옳음'이라고 간주되고, 때로는 행위의 목적 혹은 목적들로서 '좋음'이라고 간주된다. 나는 근대 유럽의 도덕의식에서 이 두 개념이 일단 구별된다고 지적했다. 왜냐하면 일반적으로 도덕규칙들에 복종할 책무는 절대적이라고 생각되는 반면, 일반적으로 사람의 모든 좋음이 이러한 복종에 있다고 주장하지는 않기 때문이다. 이러한 견해는—막연하고 공손하지만 명백히—스토아 학파의 역설로서 거부될 것이라고 말할 수 있다. 사람의 궁극적 좋

---

1) 제1권 1장 §2를 보시오.

음이나 복리는 차라리 장래의 결과라고 간주되고, 그 결과와 그의 옳은 행위의 연관은 사실 일반적으로 확실하다고 생각되지만, 그 연관은 종종 초자연적이고, 따라서 혼자만의 윤리학적 사색의 범위를 초월하는 것으로 생각된다. 이제 앞선 절들의 결론을 신뢰할 수 있을 경우, 옳은 행위의 실천적 결정은 궁극적 좋음의 결정에 의존하는 것으로 보일 것이다. 왜냐하면 우리는 다음과 같은 사실을 보았기 때문이다. (a) 일반적으로 인정받은 의무준칙들을—심지어 언뜻 보기에 절대적이고 독립적이라고 보이는 의무준칙들을—면밀히 검토했을 때, 그것들 중 대부분은 타산과 자비심이라는 더 일반적인 원칙들에 암묵적으로 종속되어 있는 것으로 밝혀진다. (b) 이 원칙들과 정의 혹은 형평의 형식적 원칙 외에 어떤 원칙도 즉시 직관적으로 분명하고 확실하다고 받아들여질 수 없다. 동시에 이 원칙들 자체도, 만약 그것들이 자명하다면, (1) 특수한 좋은 것들에 대한 과도한 선호를 유발하는 모든 유혹적 충동을 억눌러 전체적으로 자신에게 좋은 것을 추구하고, (2) 다른 개인보다 한 개인에 대한 과도한 선호를 억눌러 자신에게 좋은 것에 못지 않게 다른 사람에게 좋은 것도 추구하라는 수칙으로 진술될 수 있다. 그래서 우리는 유럽의 윤리학적 사색의 출발점인 오래된 물음, 즉 '사람에게 궁극적으로 좋은 것이란 무엇인가?'—그 물음이 제기된 이기주의적 형태로는 아니지만—라는 물음으로 돌아간다. 그러나 이 물음이 최초에 일으킨 논쟁들을 검토해보면, 우리는 이 물음으로 돌아가게 만든 탐구가 초기의 도덕적 숙고가 제공하려 했던 대답들 중 하나를 확실히 배제한다는 사실을 알게 된다. 왜냐하면 '일반적 좋음'은 오로지 일반적 덕에 있다고 말하는 것은—만약 덕이라는 말이 상식도덕의 주요 부분을 형성하는 명령과 금지에 따르는 것을 의미한다면—명백히 우리를 논리적 순환에 빠트릴 것이기 때문이다. 또 우리는 이러한 명령과 금지의 정확한 결정은 이러한 일반적 좋음의 정의에 의존한다는 사실을 보았기 때문이다.

내가 생각하기에, 이 논증은 내가 '심미적 직관주의'라고 부르는 견해를 채택함으로써, 그리고 그것의 본성을 명확한 공식으로 진술할 수 없더라도 덕을 훈련된 통찰을 통하여 분명히 식별할 수 있는 행위의 탁월성으로 간주함으로써, 얼버무려질 수 없다. 왜냐하면 특수한 덕에 대한 우리의 개념들은 더 불명확한 것이 됨으로써 더 독립적인 것이 되지는 않기 때문이다. 그 개념들은 어쩌면 더 은밀하겠지만 궁극적 기준으로서 '좋음' 혹은 '복리'를 동일하게 참조한다. 이것은 어떤 덕을 동일한 기원의 악덕과—혹은 적어도 덕이 아닌 것과—연결하여 살펴볼 경우에 분명하게 드러난다. 한쪽 극단으로 밀어붙이거나 부적절한 상황에서 드러낼 경우, 덕은 악덕으로 변하는 경향이 있다. 예컨대 상식은 후함, 검소, 용기, 온화 등을 본질적으로 바람직하다고 간주하는 것처럼 보일 것이다. 그러나 그것들 각각과 낭비, 인색, 무모, 연약의 관계를 살펴볼 경우, 우리가 보기에 상식은 각 경우에 직접적 직관에 의해서가 아니라 명확한 의무준칙이나 '좋음' 혹은 복리에 대한 일반적 개념을 참조하여 경계선을 긋는다. 솔직함, 관대, 겸손은 어떤 지점에서 '과도한' 것이 됨으로써 더 이상 덕이 아니게 되는가를 묻는 경우에도 사정은 비슷하다. 예컨대 활력, 열정, 자제, 사려 깊음과 같이 일반적으로 칭찬받는 다른 성질들도 그것들이 좋은 목적을 향할 때에는 당연히 덕으로 간주된다. 요컨대 본질적으로 항상 덕이라고 생각되고 과도해질 수 없는 유일한 덕은 지혜와 보편적 자비심과 (어떤 의미에서) 정의와 같은 성질들이다. 이것들에 대한 개념은 이미 명확하다고 상정한 이러한 좋음 개념을 분명히 포함한다. 지혜는 좋음과 좋음을 위한 수단에 대한 통찰이다. 자비심은 "선행"이라고 부르는 목적적 행동에서 드러난다. 정의는 (본질적으로 항상 덕이라고 생각되는 경우) 좋음을 (혹은 악을) 옳은 규칙에 따라서 불편부당하게 분배하는 것이다. 만약 알아야 하고 다른 사람에게 베풀어야 하고 불편부당하게 분배해야 하는 좋음이 무엇인가 하는 질문을 받는다면, 그것이 그저 이러한 지식이나 이러한 유익한 목적이나 이러한 불편부당한 분배라고 답하는 것은 당연히 어리석을 것이다.

또한 내가 이해하기로는, 이 문제는 덕을 "행위"가 아니라 "성품"의 성질로 간주하고 도덕법을 "이렇게 하라" 대신에 "이렇게 되어라" 하는 형태로 표현함으로써 어떻게든 해결될 수 없다.[2] 실천적 관점에서, 사실 나는 사람들이 어떤 이상적 성품을 목표로 삼아야 하고 행동이 성품에 미치는 영향을 살펴보아야 한다는 주장의 중요성을 충분히 인정한다. 그러나 이 주장으로부터 성품과 그것의 요소들이—어떤 종류든 능력이나 습관이나 성향이—궁극적 좋음의 구성요소라고 추론할 수 없다. 내가 보기에 능력이나 성향의 개념에는 정반대 의미가 함축되어 있다. 그것은 오로지 일정한 조건에서 일정한 방식으로 행동하거나 느끼는 경향이라고 정의될 수 있다. 내가 보기에 이러한 경향은 분명 그 자체로 가치를 가지는 것이 아니라 그것이 일으키는 행위와 감정으로 인하여, 혹은 이 행위와 감정의 장래의 결과로 인하여 가치를 가진다—어떤 결과든 단지 능력과 성향 등의 변형일 뿐이라고 간주되는 한에는, 그것이 궁극적 좋음이라고 간주될 수 없다. 따라서 내가 성품에 미치는 영향이 중요하다고 말할 때, 우리의 심리구조의 법칙들에 의하여 현재의 행위나 감정이 불명확한 미래에 우리가 가질 행위와 감정을 크게 변화시킬 수 있는 원인이라는 사실을 줄여서 말한 것이다. 마음이나 영혼에서 일어난 것으로 생각되는 상대적으로 지속적인 결과는 수많은 개별 행위와 감정 속에서 나타날 경향이고, 그 결과는 궁극적 목적과 관련하여 단일한 순간의 단일한 행위나 일시적 감정보다는 확실히 더 중요할 수도 있다. 그러나 내가 보기에 그것의 상대적 지속성이 그것을 궁극적 좋음의 구성요소로 간주할 근거는

---

2) 레슬리 스티븐, 『윤리과학』, 4장 §16을 참조하시오.

아니다.

§2. 지금까지 나는 객관적으로 옳다고 판단되는 행위에서 드러나는 특수한 덕들에 대해서만 이야기했다. 이것은 궁극적 좋음을 구성한다고 주장하는 덕에 대하여 너무 표면적 견해라는 주장이 있을 수 있다. 만약 우리가 특수한 덕들을 넘어서 덕 일반의 뿌리와 본질로—무엇이든 옳다고 판단하는 것을 행하고 무엇이든 최선이라고 판단하는 것을 실현하려는 의지의 결단으로—파고들어 가면, 내가 강조했던 문제는 사라진다고 말할 수도 있다. 왜냐하면 의지의 이러한 주관적 옳음 혹은 좋음은 객관적으로 옳거나 좋은 것에 대한 지식과 무관하고, 그리고 좋음은 이미 알려져 있고 결정되어 있다는, 즉 외부적 행위에서 나타나는 덕에 대한 일반적 개념에 함축되어 있다는 가정과 무관하기 때문이다. 의지의 주관적 옳음이나 좋음이 궁극적 좋음이라고 주장할 경우, 나는 그 주장이 내가 강조했던 논리적 문제를 반드시 수반하지 않는다는 점을 인정한다. 그럼에도 그 주장은 상식과 근본적으로 대립한다. 왜냐하면 의지의 주관적 옳음이나 좋음 개념 자체는 그것이 우리에게 찾으라고 명령하면서도 우리에게 제공한다고 공언하지는 못하는 어떤 객관적 기준을 함축하고 있기 때문이다. 옳음을 추구하려는 마음을 가진 사람 앞에 이러한 옳음의 추구 자체 말고는 다른 목적을 내놓지 못하고, 자신의 것이든 다른 사람의 것이든 미래의 의지의

주관적 옳음 외에는 옳은 의지의 어떠한 결과도 그 자체로 좋은 것일 수 없다고 부정하면서 이러한 옳음의 추구가 유일한 궁극적 좋음이라고 주장하는 것은 분명 극단적 역설일 것이다. 모든 합리적 개인은 어떤 규칙을 자신이 옳다고 판단한 것을 행하는 규칙보다 더 높은 권위를 가진다고 인정할 수 없다는 것은 사실이다. 왜냐하면 나 자신의 직접적 행동을 목적으로 숙고하면서 나는 객관적으로 옳은 것을 행하는 것과 옳음에 대한 나 자신의 주관적 생각을 실현하는 것을 구분할 수 없기 때문이다. 그러나 우리는 다른 사람의 행동에 대해서는 계속 이렇게 구분하고, 어떤 행위는 주관적으로 옳더라도 객관적으로 그른 행위일 수 있다고 판단하도록 강요받는다. 우리는 계속 다른 사람에게 고통과 손해를 일으키는 경향을 가진다는 이유로—그들의 의지의 주관적인 옳음에 미치는 영향과는 별개로—그 행위가 객관적으로 그르다고 판단한다. 이렇게 판단하기 때문에, 우리는 일반적으로 광신의 해악과 위험성을 인정한다—광신자란 자신의 옳음 개념이 명백히 틀린 경우에도 그것을 단호하게 흔들리지 않고 수행하는 사람을 뜻한다.

광신 개념에 함축된 것처럼, 의지의 주관적 옳음과 객관적 옳음 사이의 명백한 결별을 가정하지 않더라도, 동일한 결과에 도달할 수 있다. 이미 지적했던 것처럼,[3] 항상 '이성의 명령'을 따르더라

---

3) 11장 §3. 또한 12장 §3을 보시오.

도 '이성의 명령을 따르는 것'이—비도덕적 동기에 대한 의식적인 도덕적 동기의 우위가—무한정 증진되리라는 결론은 나오지 않는다. 사실 우리의 상식은 어떤 일은 실천이성이나 양심에의 의식적 복종이 아닌 다른 동기에서 수행될 경우에 더 잘 수행될 수 있다고 주장하는 것처럼 보인다. 그래서 이성의 명령을 따르는 것, 즉 인간의 삶에서 도덕적 선택과 도덕적 노력의 우위가 우리가 얼마만큼 노력해야 할 결과인가는 실천적 문제가 된다. 이 문제를 인정한다는 것은 의지의 의식적 옳음이 유일한 궁극적 좋음은 아니라는 사실을 함축한다. 대체로 우리는 (1) 의지의 객관적 옳음이나 좋음과 구별되는 의지의 주관적 옳음이나 좋음도, (2) 유덕한 행위에서 드러나거나 실현되는 경우를 제외하면, 유덕한 성품도 궁극적 좋음을 구성하는 것으로 간주할 수 없다는 결론을 내릴 수 있다. 우리는 궁극적 좋음을 유덕한 행위와 동일시할 수도 없다. 왜냐하면 특수한 덕의 명칭들이 나타내는 상이한 항목이나 양상의 유덕한 행위에 대한 우리의 개념들은 좋음—유덕한 행위가 일으키거나 증진하거나 옳게 분배한다고 생각되는 좋음—개념의 사전 결정을 전제하는 것으로 보이기 때문이다.

내가 보기에, 덕에 대하여 지금까지 이야기한 바는 인간의 탁월성 혹은 완전성에 대한 일반적 개념을 형성하는 다른 재주와 재능과 매력에 훨씬 더 분명하게 적용된다. 이러한 재능과 기술의 탁월한 성질이 얼마나 즉각적인 인정과 존경을 받든지 간에, 숙고를 통하여 그것들은 오직 그것들이 실현되거나 실현될, 혹은 그것들의 발휘로 증진될 좋은 혹은 바람직한 의식적 삶 때문에 값어치를 가진다는 점이 밝혀진다.

§3. 우리는—유덕한 행동은 그것의 한 요소지만 유일한 구성요소는 아닌—궁극적 좋음은 의식 혹은 감성을 지닌 존재의 좋은 혹은 바람직한 삶이라고 말해야 하는가? 이것은 상식과 일치하는 것으로 보인다. 특수한 덕과 재주와 재능이 대체로 장래의 좋음을 위한 수단으로서 평가된다는 사실이 반드시 그것들의 발휘를 궁극적 좋음의 요소라고 생각하지 못하게 만들지는 않는다. 이것은 적당히 균형 잡힌 물리적 행동과 영양섭취와 휴식이 우리의 동물적 삶의 유지를 위한 수단이라는 사실이 그것들이 이러한 삶의 필수불가결한 요소라고 생각하지 못하게 만들지는 않는다는 것과 같다. 그럼에도 정확히 동일한 관점에서, 그리고 정확히 동일한 성질과 관련하여, 모종의 활동이나 과정을 수단인 동시에 목적이라고 생각하는 것은 어려워 보인다. 앞서 언급한 두 경우에서, 내가 생각하기에, 문제의 활동이나 과정이 수단으로 간주될 수 있는 양상과 그것들이 그 자체로 좋은 혹은 바람직한 것으로 간주될 수 있는 양상을 구별하는 것은 쉬운 일이다. 우선 이것을 물리적 과정의 경우에서 검토해보자. 육체적 변화의 복잡한 과정처럼 문제의 과정들은 그것들의 순전히 물리적 양상에서 생명유지의 수단이다. 그러

나—그것들을 단지 조직된 물질의 어떤 미립자들의 복잡한 운동들로만 간주하면서—그 과정들의 육체적 양상에만 주목할 경우, 그 자체로 보았을 때 이 운동들에 좋음 혹은 나쁨이란 속성을 부여하는 것은 불가능해 보인다. 나는 이 복잡한 운동들을 특정한 종류로 만든다거나 그것들을 더 오래 지속되도록 만드는 것이 합리적 행동의 궁극적 목적이라고 생각할 수 없다. 요컨대 인간의 삶의 어떤 성질이 궁극적으로 바람직한 성질이라면, 그것은 분명 심적(psychical) 측면, 혹은 간단히 말해서 의식과 관련된 인간의 삶에 속한다.

다시 생각해보자. 우리는 심적 측면과 관련된 모든 삶을 궁극적으로 바람직하다고 판단할 수는 없다. 왜냐하면 우리가 알고 있는 것처럼 심적 삶은 쾌락뿐만 아니라 고통을 포함하고, 고통스런 것은 바람직한 것이 아니기 때문이다. 그러므로 나는 인간의 복리 혹은 복지에 대하여—다른 생명체들의 복리 혹은 복지에 대해서처럼—오늘날의 동물학적 개념이 제시하고 유력한 저술가들도 다소 명확히 주장하는 견해를 받아들일 수 없다. 그 견해에 따르면, 어떤 살아 있는 유기체의 존재 방식에 좋음이나 나쁨이라는 속성을 부여할 때, 우리는 (1) 자기보존 혹은 (2) 그것이 속하는 공동체 혹은 종족의 보존에 대한 경향성을 그것에게 부여하는 것이라고 이해해야 한다—그래서 "복리"가 단순한 "존재"에 더해주는 것은 바로 미래의 존재에 대한 약속뿐이다. 내가 보기에, 명료하게 관찰해보면 이러한 학설은 거부될 수 있다. 만약 모든 삶이 나 자신의 경험과 (내가 생각하기에) 모든 혹은 대다수 사람들의 경험에서 삶의 어떤 부분들이 그러한 것처럼 거의 바람직하지 않다면, 나는 그것을 보존하려는 모든 경향성이 지독히 나쁜 것이라고 판단할 수 있다. 현실적으로 지금 살고 있는 인간의 삶이 대체로 행복의 균형 상태에 있다고 생각하기 때문에, 우리는 필시 삶의 보존을 일반적으로 좋은 것이라고 간주하고 삶의 파괴를 나쁜 것이라고 간주한다. 나는 도덕의 기능의 가장 본질적으로 중요한 부분은 삶의 현실적 조건에서 인간사회의 모든 구성원의 지속적 존재에 필요한 습관 및 감정을 유지하는 것에 있다는 점을 분명히 인정한다. 그러나 이것은 영원히 살더라도 인간 유기체의 단순한 존재가 어쨌든 바람직하게 보이기 때문은 아니다. 그렇게 추측하는 이유는 그 단순한 존재가 대체로 바람직한 의식을 수반한다고 가정하기 때문이다. 그러므로 우리가 궁극적 좋음이라고 간주해야 할 것은 이 바람직한 의식이다.

마찬가지로 유덕한 활동이 궁극적 좋음의 일부라고 판단할 경우, 내가 생각하기에, 그렇게 판단하는 이유는 그 활동과 동반하는 의식이 유덕한 행위자에게 그 자체로 바람직하다고 판단되기 때문이다. 그러나 이러한 고려가 인간복리에 대한 덕의 중요성을 충분히 표현하지는 못한다. 왜냐하면 우리는 그것의 목적으로서의 가치뿐만 아니라 수단으로서의 가치도 고려해야 하기 때문이다. 유덕한 삶이 극도의 고통과 결합되어 있다고 가정하더라도, 이러한 삶이 유덕한 행위자에게 대체로 좋은 것인지 살펴봄으로써 그 구분을 더 명확하게 만들 수 있다. 고대 그리스의 철학적 논의는 이 물음에 대한 긍정적 대답을 강력히 뒷받침했다. 그러나 그것은 근대 사상가가 꺼리는 역설이다. 근대 사상가는 감히 순교자가 고문을 당하면서 보낸 삶의 부분이 그 자체로 바람직하다고 주장하지 않을 것이다―다른 사람의 좋음을 위하여 고통을 당하는 것이 그 순교자의 의무일지라도, 아니면 그 자신의 궁극적 행복을 위하여 그 고통을 당하려는 것일지라도 말이다.

§4. 만약 궁극적 좋음이 결국―그것의 일부로서 오직 일부로서만 덕에 대한 의식을 포함하는―바람직한 의식이라고 생각된다면, 우리는 이 개념을 행복 혹은 쾌락과 동일시하고 공리주의자처럼 전체의 좋음은 전체의 행복이라고 말할 수 있는가? 많은 사람들은 이 지점에서 이러한 결론을 피할 수 없다고 생각할 것이다. 좋다고 말하는 다른 모든 것은 의식적 삶을 더 낫게 혹은 더 바람직하게 만들려는 목적을 위한 수단일 뿐이라는 말은 그 사람들에게는 그것들이 행복이라는 목적을 위한 수단이라는 말과 같게 보인다. 그러나 살펴볼 매우 중요한 구분들이 남아 있다. 이전 장[4]에서

---

4) 제2권 2장.

살펴본 견해에 따르면, 궁극적 좋음은 행복 혹은 쾌락이라는 주장에서 우리는 다음과 같은 것을 의미한다. (1) 바람직한 감정들 외에 아무것도 바람직하지 않고, (2) 각 감정의 바람직함은 그것을 느끼는 순간에 감성을 지닌 개인에 의해서만 직접 인식될 수 있고, 그래서 감성을 지닌 개인의 이 특수한 판단은 감정의 각 요소가 얼마만큼 궁극적 좋음의 성질을 가지는가 하는 문제에 대한 최종적[5] 판단으로 간주되어야 한다. 내가 생각하기에, 이제 누구도 단지 감정으로만 고려되는 감정의 바람직함을 다른 방식으로 평가하지 않을 것이다. 우리의 의식적 경험은 감정들 외에 인식과 의지를 포함하기 때문에 이것들의 바람직함도 고려해야 하고, 이것들의 바람직함은 위에서 말한 기준으로 평가될 수 없다고 주장할 수 있다. 그러나 내가 생각하기에 한 개인의 심적 경험의 일시적 사실로서 어떤 인식에 대하여 숙고할 때—한편으로 그것을 통상적으로 그것과 동반하는 감정과 구별하고, 다른 한편으로 그것을 "참된 인식" 혹은 "타당한 인식"이라는 말[6]에 함축된 인식하는 마음과 인식된 대

---

5) 즉 현재의 감정의 성질에 관한 한에서는 최종적이다. 나는 어떤 감정의 바람직함이나 유쾌함의 평가가 오직 관념으로 표상된 감정들과의 비교를 포함할 경우 그 표상의 불완전함 때문에 그 평가도 잘못될 수 있다고 지적했다.

6) 별다른 제한이 없을 경우 "인식"이란 용어는 흔히 "참된" 혹은 "타당한"이 의미하는 바를 함축한다. 그러나 현재의 목적을 위해서 이러한 함축을 무시할 필요가 있다.

상의 관계로부터 구별하면서—그것은 바람직함에 대해서는 완전히 중립적인 의식의 요소로 보인다. 의지와 동반하는 감정들, 어떤 객관적 혹은 이상적 규범과 의지의 관계, 그리고 의지의 모든 결과를 제거할 때, 의지에 대해서도 같은 말을 할 수 있다. 일반적 사고에서 어떤 의식상태는—예컨대 진리의 인식, 아름다움의 관찰, 자유나 덕을 실현하려는 의지 등은—때로는 그것의 유쾌함과 별개의 근거에서 선호할 만하다고 판단된다는 것은 분명한 사실이다. 그러나 이것에 대한 일반적 설명은 (제2권 2장 §3에서 제시한 것처럼) 다음과 같아 보인다. 이러한 경우에 우리가 정말로 선호하는 것은 현재 의식 자체가 아니라, 다소 뚜렷이 예견되는 미래의 의식에 미치는 효과거나 아니면 엄밀히 말해서 의식적 존재의 현재의 의식에 들어 있지 않지만 그 존재의 객관적 관계들 속에 있는 무엇이다.

이 대안들 중 두 번째는 아마 몇몇 실례를 통하여 더 분명해질 수 있다. 어떤 사람은 진리를 파악하려는 심리상태가 일반적으로 믿는 허구에 반쯤 의존하는 심리상태[7]보다 더 고통스러울 것이라고 인식하면서도, 두 상태가 차후 그의 의식에 미치리라고 예상되는 효과와 무관하게, 후자의 상태보다 전자의 상태를 더 선호할 수 있다. 여기서 내 견해로는 실제 선호의 대상은 그저 의식으로만 보

---

7) 레키, 『유럽 도덕의 역사—아우구스투스에서 샤를마뉴까지』, 52쪽 이하를 참고하시오.

면 진리를 알고 있는 의식이—이 의식과 동반하는 고통이 쾌락 혹은 만족의 요소보다 훨씬 더 크다면—아니라, 마음과 다른 무엇 사이의 관계. 다른 무엇이란 바로 '진리' 개념이 함축하는 것처럼 우리의 인식과 독립된, 내가 객체(objective)라고 부르는 것이다. 이 것은 우리가 진리로 간주했던 것이 실제로는 진리가 아니라는 사실을 나중에 알게 된 경우를 상상해보면 더 분명해질 것이다. 왜냐하면 이 경우에 우리는 분명 우리의 선호가 틀렸다는 것을 느낄 수 있기 때문이다. 반면에 우리의 선택이 실제로는 일시적 의식의 두 요소 사이의 선택이었을 경우, 그 선택의 합당함은 차후의 발견에 의하여 영향을 받지 않을 것이다.

이와 유사하게 어떤 사람은 자유롭다는 유쾌한 의식이 다른 삶이 제공할 모든 안락과 안전보다 더 중요하기 때문이 아니라, 우리가 노예라고 부르는 다른 사람의 의지와 그의 의지 사이의 관계에 대하여 뚜렷한 반감을 가지고 있기 때문에 호사스러운 노예의 삶보다는 자유와 빈곤을 선호할 수도 있다. 혹은 어떤 철학자는 그저 일시적 감정으로만 본다면 욕구만족이 더 바람직하다고 인정하면서도 욕구만족보다 그가 '내적 자유'라고 생각하는 것을—의지의 일관된 자기결정을—선택할 수 있다. 어느 경우든 나중에 자유나 자기결정에 대한 자신의 생각이 착각이었다고, 우리는 모두 환경과 운명의 노예라고 믿게 된다면, 그는 자신의 선호가 틀렸다고 생각하게 될 것이다.

또한 더 유쾌하다고 인식되는 의식의 상태보다 덕을 따르거나 아름다움을 관조하는 것을 선호하는 것은 덕이나 아름다움에 대한 우리 자신의 개념이 모든 사람의 마음에 객관적이고 타당한 이상에 어느 정도 일치한다는 확신에 의존하는 것으로 보인다. 미래의 결과에 대한 고려와 무관하게, 우리는 일반적으로 덕이나 아름다움에 대한 잘못된 개념 때문에 행복을 포기한 사람은 잘못된 선택을 내린 것이라는 점에 동의할 수 있다.

그럼에도 이것은 단지 정의의 문제라고 말할 수 있다. 우리는 '의식적인 삶'을 덕, 진리, 아름다움, 자유에 대한 우리의 개념에 함축된 의식적 존재의 객관적 관계들을 포함하는 넓은 의미로 이해할 수 있다고 말할 수 있다. 이러한 관점에서 우리는 진리의 인식, 아름다움의 관조, 자유로운 혹은 유덕한 행동을 쾌락이나 행복보다 다소 더 선호할 만한 대안이라고 생각할 수 있다—설령 행복은 틀림없이 궁극적 좋음의 일부로 포함된다는 점을 인정하더라도 말이다. 이러한 경우 바로 앞 장에서 실천이성의 명백한 직관이라고 말한 합리적 자비심의 원칙은 인류 전체에게 궁극적으로 바람직한 목적으로서 보편적 행복의 추구만이 아니라 이러한 "이상적 좋음들"의 추구를 우리에게 지시할 것이다.

§5. 내가 생각하기에 이러한 견해는 사려 깊은 사람들의 건전한 판단에 좋은 인상을 주지 못할 것이다. 이 점을 증명하기 위하

여, 나는 일반적인 도덕적 수칙들의 절대적이고 독립적인 타당성을 고찰하면서 독자들이 이용해보길 바랐던 이중적 절차를 이용해 보라고 요청해야 할 것이다. 나는 첫째로 물음에 대한 충분한 사전 고찰을 통한 그의 직관적 판단에 의존하고, 둘째로 인간의 일반적 판단들의 포괄적 비교에 의존할 것이다. 첫 번째 논증과 관련하여, 적어도 내가 보기에는, 숙고해보면 의식적 주체의 이러한 객관적 관계들은 그것들과 동반하여 발생하는 의식과 구별될 때에는 궁극적이고 본질적으로 바람직하지는 않다는 점이 명백하다. 의식적 존재와의 관계를 떠나서 본다면, 그것들은 물질적 대상이나 다른 대상보다 더 바람직하지 않다. 방금 기술한 것과 같은 선호들을 실제로 경험하고 이러한 선호들의 궁극적 대상이 단지 어떤 의식은 아니라고 인정하더라도, 내가 보기에 (버틀러의 문구를 사용하여) "냉정하게 생각해서" 이러한 대상이 감성을 지닌 존재의 행복에 어떤 식으로 도움이 되는가를 숙고함으로써 우리가 이 대상에 부여한 중요성을 스스로 정당화할 뿐이다.

인간의 상식에 주목하는 두 번째 논증은 분명 완전한 설득력을 가질 수 없다. 왜냐하면 앞서 말한 것처럼 몇몇 교양 있는 사람들은 습관적으로—덕은 말할 것도 없고—지식 및 예술 등은 그것들에서 얻는 쾌락과 무관한 목적이라고 판단하기 때문이다. 그러나 우리는 이러한 "이상적 좋음"의 모든 요소는 여러 가지 방식으로 쾌락을 낳을 뿐만 아니라, 대략 이러한 생산성에 비례하여 상식의 칭찬을 받는 것 같다고 주장할 수 있다. 이러한 주장은 분명 아름다움에 대해서는 맞는 말로 보이고, 어떤 종류든 사회적 이상과 관련해서는 부정하기 어려울 것이다. 어느 정도든 자유나 어떤 형태든 사회적 질서는 전체의 행복을 증진하는 경향을 가지지 않더라도 여전히 일반적으로 바람직하다고 생각될 것이라는 주장은 역설적이다. 지식의 경우는 다소 복잡하지만, 지식의 '생산성'이 증명된다면 상식은 분명 그것의 가치에 크게 공감할 것이다. 종종 우리의 경험은 어떻게 오랫동안 생산성이 없었던 지식이 돌연 생산성을 가질 수 있는지, 그리고 어떻게 분명히 먼 다른 분야의 지식이 어떤 분야의 지식에 빛을 비춰줄 수 있는지를 보여준다는 사실을 알고 있다. 특정 부문의 과학적 탐구는 이러한 간접적 공리조차 없는 것으로 밝혀질 수 있지만, 그것은 여전히 공리주의적 근거에서 약간의 존중을 받을 자격이 있을 것이다. 그것은 탐구자에게 세련되고 순수한 호기심의 쾌락을 제공할 뿐만 아니라, 그것이 드러내고 격려하는 지적 성향은 대체로 생산성 있는 지식을 낳을 수 있기 때문이다. 이 마지막 것에 근접하는 경우에도, 상식은 소중한 노력의 잘못된 방향성에 대하여 불평하려 한다. 그래서 일반적으로 과학에 부여되는 명예의 포상은 아마 무의식적이겠지만 어지간히 정확한 공리주의적 척도로 등급이 매겨지는 듯하다. 최근 생체해부의 경우처럼, 분명 어떤 부문의 과학적 탐구의 합법성이 심각하게 논의되는 순간, 일반적으로 양측의 논쟁은 공공연히 공리주의적 토대 위에서 수행된다.

덕의 경우는 특히 숙고를 필요로 한다. 왜냐하면 유덕한 충동과 성향을 서로 고무하도록 하는 것이 사람들의 일반적인 도덕적 담론의 주된 목적이기 때문이다. 그래서 이러한 고무가 너무 지나칠 수 있는가 하는 물음을 제기하는 것은 모순적 모양새를 띤다. 그럼에도 우리의 경험에는 덕의 함양에 노력을 집중하는 것이 도덕적 광신에 이를 정도로 강화되어 행복의 다른 조건을 무시함으로써 전체의 행복에 반하는 결과를 낳는다고 보이는 드물고 예외적인 경우도 있다. 덕의 함양의 이렇게 '불행을 낳는' 결과를 실제로 일어나거나 일어날 수 있다고 인정할 경우, 내가 생각하기에, 우리는 그 가정된 경우에 전체의 행복에 이로움이 덕의 함양을 어디까지 수행해야 하는지를 결정하는 기준일 수 있다는 점도 일반적으로 인정할 것이다.

동시에 우리는 상식에서 (쾌락의 총합으로 설명된 경우) 행복을 유일한 궁극적 목적이자 옳은 행위의 기준으로 받아들이지 않으려는 반감을 발견한다는 사실을 인정해야 한다. 내가 생각하기에 이 사실은 다음의 고려사항들로 충분히 설명될 수 있다.

I. 쾌락이라는 용어는 일반적으로 우리가 유지하거나 재현하려는 **모든** 종류의 의식을 포함하는 용도로 사용되지 않는다. 일반적 용법에서 그것은 아주 현저하게 보다 열등하고 보다 공통적인 종류의 감정들을 나타낸다. 그 용어를 과학적으로 사용하려는 사

람들에게도 그것이 일반적 용법이 연상시키는 것과 동떨어진, 어떤 종류든 바람직한 의식이나 감정만을 뜻하기는 어렵다. 또한 인간의 삶에 대한 우리의 지식은 부수현상이나 결과로서 불가피하게 더 큰 고통이나 더 중대한 쾌락의 손실을 수반하는 쾌락의 사례들을 우리에게 끊임없이 제시할 것이다. 자연히 우리는 가설로라도 이러한—벤담의 문구로—"불순한(impure)" 쾌락을 궁극적 좋음의 개념에 포함시키길 꺼린다. 왜냐하면 우리는 많은 경우에 이러한 쾌락에 반대하여 우리에게 경고를 주는 도덕적 혹은 심미적 본능을 가지고 있기 때문이다.

II. 우리는 많은 중요한 쾌락들이 우리가 쾌락이 아닌 것에 대한 욕망을 경험하는 상황에서만 느껴질 수 있다는 점을 알았다.[8] 그래서 쾌락을 행위의 궁극적 목적으로 수용한다는 것은 쾌락이 항상 의식적 목적이 될 수는 없다는 실천적 규칙을 포함한다. 따라서 어떤 사람의 행위가 다른 사람에게 미치는 모든 영향을 배제하고 단지 그 사람의 좋음만 고려하더라도, 상식이 쾌락을 궁극적으로 바람직한 유일한 것으로 간주하지 않으려는 것은 개인적 행복에 대한 욕망에만 빠져 있을 경우 인간은 덜 행복해진다는 이유로 정당화될 수 있다. 예컨대 (앞서 밝힌 것처럼) 다른 사람에게 행복을 주려는 (사실 '자비로운 애정'이라는 개념에 함축된) 진정 사심 없는 충

---

8) 제1권 4장; 제2권 3장을 참조하시오.

동을 경험하지 못할 경우, 우리는 자비로운 애정의 발휘에 동반하는 귀중한 쾌락을 놓칠 것이다.

III. 이전 장에서 설명한 것처럼 나는 사심 없는 자비심은 일반적으로 합리적 자기애와 조화될 뿐만 아니라, 또 다른 의미에서 그 자체로 합리적이라고 생각한다. 즉 이성은 나의 행복이 바람직하고 좋은 것이라면 분명 다른 어떤 사람의 동등한 행복도 똑같이 바람직하다는 점을 나에게 보여준다. 그런데 행복이 인간의 유일한 궁극적 좋음이라고 말할 때, 가장 일반적으로 떠오르는 관념은 각 개인은 (필요하다면) 다른 사람의 행복을 희생하거나 적어도 그것을 무시하고 자신의 행복을 추구해야 한다는 것이다. 이러한 관념은 다른 사람의 행복에 대한 우리의 공감적이고 합리적인 존경심을 해친다. 그것은 사실상 보편주의적 쾌락주의가 아니라 오히려 상식이 반감을 느끼는 이기주의적 쾌락주의의 목적이다. 확실히 한 사람의 개인적 행복은, 그것만을 추구하는 것과 합리적 혹은 공감적 자비심이 일으킬 수 있는 직접적 충돌과 별개로, 여러 측면에서 그 사람 자신의 지상목표로는 불충분한 대상이다. 아리스토텔레스가 말한 것처럼, 그것은 우리가 궁극적 좋음에 속한다고 "점치는" 특징을 가지고 있지 않다. 그것은 (적어도 그것이 경험적으로 예견될 수 있는 한에는) 매우 협소하고 제한적이고, 필시 매우 짧은 시간만 존속하고, 그것이 존속하는 동안에도 매우 변하기 쉽고 불안정하다. 그러나 현재와 미래에 존재할 감성을 지닌 수많은 존재들의 바람직한 의식 혹은 감정으로서 보편적 행복은 그것의 광범위함에 의하여 우리의 상상력을 만족시키고 그것의 상대적 안정성에 의하여 우리의 결심을 뒷받침해주는 목적으로 보인다.

그렇게 하는 것이 합당하다는 이유로 다른 사람의 더 큰 행복을 위하여 어떤 개인에게 자신의 행복을 희생하라고 요구할 경우, 사실 우리는 그 개인에게 감성을 지닌 존재들의 우주를 위한 궁극적 좋음이라고 주장한 것과는 다른 궁극적 목적을 부여하는 셈이다. 왜냐하면 우리는 그에게 우주에 대해서는 행복을, 그 자신에 대해서는 이성에의 복종을 궁극적 목적으로 간주하라고 명령하는 것이기 때문이다. 이성의 "명령에 복종하는 것"과 이성의 "명령에 따름을 증진하는 것" 사이의 구분을 모호하게 만드는 말은 피해야겠지만, 나는 이 진술이 실로 참이라고 인정한다. 그러나 추정된 차이를 인정하더라도, 내가 보기에 그 차이가 지금까지 주장한 견해에 반하는 논증을 구성하지 않는다. 왜냐하면 개인은 본질적이고 기본적으로 그 자신을 일부로 의식하는 더 큰 전체와—감성을 지닌 존재들의 우주와—다르기 때문이다. 왜냐하면 전체 자체는 이러한 관계를 가지지 않지만, 그는 동일한 전체의 유사한 부분들과 기지의 관계를 가지기 때문이다. 따라서 감성을 지닌 존재들의 집합체는 그것이 집단적으로 행동할 수 있을 경우, 내가 보기로는 유일한 궁극적 목적으로서 그것 자체의 행복을 겨냥하는 것이 합당할 것이고—어떤 개인이 우주에서 감정을 지닌 유일한 존재라면 그도 똑같이 행동하는 것이 합당할 것이고—동시에 어떤 개인이 다른 사람의 더 큰 행복을 위하여 자신의 좋음 혹은 행복을 희생하는 것이 현실적으로 합당할 수 있다는 주장에는 아무 부정합성이 없다.[9]

또한 나는 그리스 철학으로 대표되는 윤리학적 사고의 초창기에는 사람들이 때로는 어떤 행위의 결과가 대체로 행위자에게 고통스러울지라도 그것이 그에게 '좋은' 것이라고 판단했다는 사실을 인정한다—(예컨대) 어떤 영웅이 행복 가득한 삶을 의무의 요청에 응하느라 고통스런 죽음과 맞바꾼 것처럼 말이다. 내가 생각하기에 이것은 부분적으로 자기 자신의 존재만을 고려할 때 한 개인이 합당하게 욕망할 수 있는 것과 더 큰 전체의 관점을 취할 때 그가 욕망해야 한다고 합당하게 인식하는 것 사이의 생각의 혼란에서 기인한다. 또한 내가 생각하기에 이것이 부분적으로 인간의 도덕의식에 깊이 박힌 신념, 즉 두 종류의 합당함 사이에 사실 결국은 아무 충돌이 있을 수 없다는 신념에서 기인한다.[10] 그러나 버틀러와

---

9) 나는 동시에 어떤 개인이 자신의 행복을 그의 궁극적 목적으로 취하는 것도 똑같이 합당하다고 생각한다는 말을 덧붙여야 할 것이다. 이러한 "실천이성의 이중성"은 이 논고의 종장에서 더 깊이 논의될 것이다.

10) 우리는 이러한 이중적 설명을 플라톤의 몇몇 대화편, 예컨대 『고르기아스(Gorgias)』처럼 윤리학적 논증이 마음에 매우 엇갈리는 영향을 미치는 대화편을 참조함으로써 예증할 수 있다. 부분적으로 그것은 좋음에 대한 일반적 개념에 잠재하고 있는 사고의 혼란을 이용하는 다소 교묘한 궤변처럼 보이기도 하고, 부분적으로는 심오한 도덕적 신념의 고상하고 감동적인 표현처

그의 추종자들이 구별한 것처럼, '합당한 자기애'가 양심과 분명히 구별될 때, 우리가 알기로 그것은 자연히 자신의 행복에 대한 욕망을 뜻하는 것으로 이해된다. 그래서 사실 가장 정통적인 근대 윤리학자들 일부가 '한 사람 자신의 좋음'에 대한 고대인의 생각에서 키레네학파와 에피쿠로스학파의 이단적 학설 특유의 해석을 채택한다. 사실 이들에게는 이 개념이 종종 다른 해석을 가질 수 있다는 생각이 일어나지 않은 듯하다.[11] 가정컨대 어떤 사람이 자기 자신에게만 관심을 집중할 때 좋음은 거의 당연하게 쾌락이라고 생각될 경우, 우리가 합당하게 내릴 수 있는 결론은 어떤 수의 비슷한 존재들의 좋음은 그들 상호 간의 관계가 어떠하든 본질적으로 질적인 차이가 있을 수 없다는 것이다.

IV. 마지막으로 개인의 관점에서 볼 때와 마찬가지로 보편적 관점에서 볼 때, 행복은 우리가 그것을 의식적 목표로 삼는 정도를 신중히 제한할 때에 더 잘 획득될 수 있다는 것이 사실로 보인다. 이것은 우리의 노력을 일시적으로 제한된 목적의 실현에 집중할 경우에 행동이 더 효과적일 수 있기 때문만이 아니라—이것도 분명 중요한 이유지만—각 개인의 행복한 삶을 최고로 발달시키려면

럼 보이기도 한다.

11) 듀갈드 스튜어트, 『인간의 활동적 능력과 도덕적 능력에 대한 철학』, 제2권 1장을 참조하시오.

그가 다른 의식적 존재의 행복 외에 다른 외적 관심의 대상을 가질 필요가 있다고 보기 때문이다. 그래서 앞서 언급한 이상적 대상, 즉 덕, 진리, 자유, 아름다움 등을 그 자체로 추구하는 것은 비록 일차적이고 절대적인 것은 아니나 간접적이고 이차적으로 합리적이라는 결론을 내릴 수 있다. 그것들의 획득에서 발생할 행복 때문만이 아니라, 그것들의 사심 없는 추구에서 발생할 행복 때문이다. 그럼에도 사람들이 열정적으로 추구하는 상이한 대상들의 상대적 가치와 인간이 각 대상에 합당하게 기울일 수 있는 관심의 한계의 최종적 기준을 묻는다면, 우리는 그 기준이 그 대상들 각각이 행복에 도움이 되는 정도에 달려 있다고 생각할 것이다.

이러한 견해를 거부할 경우, 우리가 궁극적 좋음에 대한 어떤 다른 정합적 설명을 만들 수 있는가 하는 물음을 고찰하는 일이 남는다. 만약 우리가 보편적 행복을 인간활동의 공통 목적으로 간주함으로써 인간활동을 체계화할 수 없다면, 우리는 다른 어떤 원칙들에 준거하여 그 활동을 체계화할 수 있는가? 이 원칙들은 우리가 그것들 안에서 지금까지 고려한 여러 비쾌락주의적 목적들의 가치를 비교할 수 있도록 해줘야 할 뿐만 아니라, 이 목적들과 행복의 가치를 비교하기 위한 공통기준을 제공해야 한다는 점을 알아야 한다. 우리가 행복을 절대적으로 무가치하다고 거부하는 모순적 입장을 취하려는 것이 아니라면 말이다. 왜냐하면 우리는 아름다움보다 진리를 추구해야 할지, 혹은 아름다움이나 진리보다 자유나 어떤 이상적 사회구조를 추구해야 할지, 혹은 예배와 종교적 명상의 삶을 위하여 어쩌면 이 모든 것을 포기해야 할지를 결정해야 할 뿐만 아니라, 이러한 노력의 방향들 중 어느 하나의 결과에서 인간이나 감성을 지닌 다른 존재들의 고통이나 다른 방향을 선택했더라면 그들이 누렸을지 모를 쾌락의 상실을 예견하는 경우, 우리는 그 방향을 얼마만큼 따라가야 할지를 결정해야 할 실천적 필요가 있기 때문이다.[12]

나는 깊이 숙고할 가치가 있어 보이는 이 물음에 대하여 어떠한 체계적 대답을 발견하지 못했다—이러한 대답을 만들어낼 수도 없다. 그리하여 나는 결국 직관주의적 방법은 그것을 엄격히 적용할 경우 그것의 최종적 결과로서 순수한 보편주의적 쾌락주의 학설을[13]—공리주의라는 한 낱말로 표현하는 편이 편리하다—산출

---

12) 내가 방금 언급했던 생체해부에 대한 논쟁은 내가 지적하고 있는 그 필요에 대한 좋은 실례를 제공한다. 내가 본 바로는, 이 논쟁에서 누구도 감히 감성을 지닌 존재들의 고통은 본질적으로 피해야 할 것이 아니라는 역설을 말하지 못했다.

13) 나는 앞(제2권 3장, 134쪽)에서 행복이 궁극적 좋음이라는 견해에 대하여 일부 저술가들이 취한 형이상학적 반론에 주목했다. 그 반론은 행복(=쾌락의 총합)은 연속적 부분들로만 실현될 수 있는 반면에 "최고의 좋음(Chief Good)"은 "어떤 존재가 소유한다고 생각될 수 있는 어떤 것"이어야—즉 그가 한꺼번에 가질 수 있는 어떤 것이어야—한다는 이유에 의거한다. 이 반론을 고찰해보니, 내가 보기에 그것이 그럴듯한 경우에도 그것의 그럴듯함은 아마도 행복에 정확히 적용되기에는 부적절한 형태의 '최고의 좋음' (혹은 '최

한다는 (바로 앞 장 끝에서는 시기상조라고 보였던) 결론에 도달한다.

<hr />

고선') 개념에 의존하는 것으로 보인다. 따라서 나는 이 장에서 '궁극적 좋음' 개념을 사용했다. 나는 더 나아간 어떤 목적을 위한 수단이 아니라 본질적으로 좋은 것 혹은 바람직한 것은 반드시 한꺼번에 소유할 수 있어야 한다는 주장에서 이성의 어떠한 어두운 그늘도 발견할 수 없다. 나는 사람이 후자의 종류의 좋음을 열망할 수 있다는 점을 이해할 수 있다. 그러나 시간이 인간 존재의 필연적 형식인 만큼, 인간의 좋음은 연속적 부분들로 실현된다는 조건에 종속된다는 것은 놀랄 일이 아니다.

제4권
공리주의

1장

공리주의의 의미

§1. 공리주의라는 용어는 오늘날 흔히 사용되고 있고, 우리에게 아주 친숙한 학설 혹은 방법을 가리킨다고 생각된다. 더 면밀히 검토해보면, 그 용어는 서로 아무 필연적 연관도 없고 심지어 동일한 주제에 관여하지도 않는 여러 상이한 이론들에 적용되는 것처럼 보인다. 그래서 이 책에서는 그 용어가 의미하는 학설을 되도록 신중하게 정의하는 편이 좋을 것이다. 또한 이 학설과 관례상 그 명칭이 적용될 수 있었던 다른 학설들을 구별하고, 필요하다고 판단되면 그것과 이 다른 학설들의 관계를 지적할 것이다.

여기서 공리주의는 어떤 주어진 상황에서든 객관적으로 옳은 행위는 전체적으로, 즉 그 행위로 그들의 행복에 영향을 받는 모든 사람을 고려하여, 최대량의 행복을 산출할 행위라고 말하는 윤리학적 이론을 의미한다. 이 원칙과 그것에 기초한 방법을 "보편주의적 쾌락주의"라고 부른다면, 그 윤리학적 이론은 명쾌해질 것이다. 그래서 성가심에도 불구하고, 나는 때때로 감히 이 용어를 사용해 왔다.

이 학설과 구별할 필요가 있어 보이는 첫 번째 학설은 이 논고의 제2권에서 해설하고 논의한 이기주의적 쾌락주의다. 그러나 (1) 각자는 자신의 행복을 추구해야 한다는 명제와 (2) 각자는 모든 사람의 행복을 추구해야 한다는 명제 사이의 차이는 매우 명백하고 또렷하다. 그래서 우리는 그 차이에 대하여 숙고하기보다는 어떻게 그 둘을 혼동하게 되었는가, 혹은 어째서 하나의 개념 아래에 포함하게 되었는가를 설명하라는 요구를 받는 것처럼 보인다. 이 물음과 그 두 학설 사이의 일반적 관계는 이전 장에서 간략히 논의했다.[1] 다른 요점들 가운데서도 거기서는 이 두 윤리이론 사이의 혼동은 자발적 행동에서 모든 행위자는 보편적이고 통상적으로 자신의 개인적 행복이나 쾌락을 추구한다는 심리학적 이론과 그 두 윤리이론의 혼동에 의하여 조장된다는 점에 주목했다. 이 심리학적 명제와 윤리이론 사이에는 아무런 필연적 연관도 없어 보인다. 그

---

[1] 제1권 6장. 공리주의에 대한 밀의 유명한 논고에서 이러한 혼동은 명백히 비난을 받지만 그 주제에 대한 저자의 논법이 다소 이러한 혼동을 조장한다는 사실을 알아둘 가치가 있다.

러나 심리학적 쾌락주의로부터 윤리학적 쾌락주의로 나아가는 자연적 경향이 있는 만큼, 그 전이는—적어도 일차적으로—틀림없이 후자의 이기주의적 국면으로 나아간다. 왜냐하면 우리는 분명 모든 사람은 실제로 자신의 행복을 추구한다는 사실로부터 직접적이고 명백한 추론으로서 그는 다른 사람의 행복을 추구해야 한다는 결론을 내릴 수 없기 때문이다.[2]

윤리학설로서 공리주의는, 도덕감정이 "관념들의 연합"이나 다른 방법에 의하여 상이한 종류의 행위로부터 행위자나 다른 사람들에게 일어나는 도덕과 무관한 쾌락과 고통의 경험에서 나온다는 심리학적 이론과 반드시 연결되지는 않는다. 과학적으로 증명될 수 있는 한에서, 직관주의자는 이러한 이론을 받아들일 수도 있다. 그럼에도 그는 우리의 현재 의식에서 독립적 충동들로서 발견되는 이러한 도덕감정들이 그것들의 원천인 근원적 욕망과 반감보다 더 우위에 있는 것처럼 보이는 권위를 가져야 한다고 주장할 수도 있다. 다른 한편 이기주의자는 파생된 도덕감정들의 이타주의적 요소를 완전히 인정하면서도 이 감정들뿐만 아니라 (보편적 자비심조차 포함하는) 여타 모든 충동은 마땅히 합리적 자기애의 규칙 아래에 있다고 주장할 수도 있다. 그 충동들의 만족에서 우리의 사적

---

[2] 나는 이미 이러한 추론을 제시하기 위해 시도한 밀의 방식을 비판했다(제3권 13장).

행복을 발견할 수 있다고 예상되는 한에서, 그것들을 만족시키는 것이 실로 유일하게 합당한 일이라고 주장할 수 있다. 요컨대 종종 도덕감정의 기원에 대한 소위 "공리주의적" 이론은 그것만으로 내가 이 논고에서 공리주의라는 용어를 제한적으로 적용하는 윤리학설을 증명할 수 없다. 그러나 나는 지금부터 이 심리학적 이론이 윤리학적 공리주의(Ethical Utilitarianism)의 확립에서 비록 부차적이지만 중요한 위치를 차지하고 있다는 점을 보여주려고 시도할 것이다.[3]

마지막으로 보편적 행복이 궁극적 기준이라는 학설이 보편적 자비심은 유일하게 옳은 혹은 항상 최선의 행동동기라는 것을 의미한다고 이해하면 안 된다. 앞서 관찰한 것처럼, 옳음의 기준을 제공하는 목적이 항상 우리가 의식적으로 겨냥하는 목적일 필요는 없기 때문이다. 경험을 통하여 사람들이 종종 순수한 보편적 인간애와는 다른 동기로부터 행동할 경우에 전체의 행복이 더 만족스럽게 획득된다고 밝혀진다면, 공리주의적 원칙에 근거하여 이 다른 동기를 택하는 것이 분명 합당하다.

§2. 이제 그 원칙 자체를 조금 더 면밀히 검토해보자. 나는 이미 최대 행복 개념을 되도록 분명하고 확실하게 표현하려고 (제2권 1

---

3) 뒤의 제4권 4장을 참조하시오.

장) 시도했다. 물론 거기서 얻은 결과는 보편주의적 쾌락주의와 마찬가지로 이기주의적 쾌락주의에 적용될 수 있다. 고통이 동일한 양의 쾌락에 의하여 상쇄된다고 가정한다면, 우리는 최대 행복을 고통에 대한 쾌락의 최대 잔여를 의미한다고 이해할 것이다. 그래서 윤리학적 계산을 위하여 그 둘의 대비되는 양들은 서로를 상쇄시킨다. 물론 앞에서처럼 여기서도 다음과 같은 가정이 포함된다. 우리의 계산에 포함된 온갖 쾌락들은 서로, 그리고 온갖 고통들과 양적으로 비교될 수 있다. 이러한 모든 감정은 그것의 바람직함과 관련하여 양수든 음수든 (혹은 어쩌면 영이든) 일정한 강도의 양을 가지고, 이 양은 어느 정도 알려질 수 있다. 그래서 각각의 감정은 대략적으로라도 이상적 척도에 의하여 다른 것과 비교하여 계량할 수 있다. 이 가정은 바로 최대 행복 개념에 함축되어 있다. 양적으로 통약할 수 없는 요소들의 총합을 '최대로' 만들려는 시도는 수학적으로 어리석은 일이기 때문이다. 따라서 이 가정에 대항하는 반론에 부여되는 무게는 (제2권 3장에서 논의되었다) 틀림없이 현재의 방법에 불리할 것이다.

다음으로 우리는 그들의 행복을 고려해야 할 "모두"가 누구인가를 숙고해야 한다. 우리는 우리의 행위에 의하여 감정에 영향을 받는, 쾌락과 고통을 느낄 수 있는 모든 존재들에게까지 관심을 확장해야 하는가? 아니면 우리는 시각을 인간의 행복에 국한시켜야 하는가? 전자의 견해는 벤담과 밀, 그리고 (내가 믿기에는) 공리주의

학파 일반이 채택한 견해다. 그리고 그것은 명백히 그들의 원칙의 특징인 보편성과 가장 일치한다. '행복' 혹은 '쾌락'이라고 해석하고 정의할 경우, 공리주의자가 자신의 의무로 간주하면서 겨냥해야 하는 것은 **보편적 좋음**이다. 이렇게 생각한다면, 그 목적에서 어떤 쾌락이든 감성을 지닌 존재의 쾌락을 제외하는 것은 임의적이고 부당하게 보인다.

그 개념을 이렇게 확장함으로써 (제2권 3장에서) 이미 지적했던 쾌락주의적 비교의 과학적 문제가 상당히 증가한다고 말할 수 있다. 만약 다른 사람의 쾌락과 고통을 우리 자신의 것과 정확히 비교하는 것이 어렵다면, 우리나 그들의 쾌락과 고통을 짐승의 그것과 비교하는 것은 분명 훨씬 더 불확실하기 때문이다. 그럼에도 공리주의자의 문제가 적어도 짐승의 쾌락과 고통을 완전히 무시하는 역설로부터 뒷걸음치는 다른 윤리학자의 문제보다 더 큰 것은 아니다. 관심을 인간에 한정하더라도, 행복의 주체의 범위는 아직 완전히 결정된 것이 아니다. 우선 이렇게 물을 수 있다. 후손의 이익이 현존하는 인간의 이익과 충돌하는 것으로 보일 경우, 우리는 후손의 이익을 얼마만큼 고려해야 하는가? 한 사람이 존재하는 시간은 보편적 관점에서 볼 때 그의 행복의 가치에 영향을 미칠 수 없어 보인다. 그의 행동이 후손에게 미칠 영향이—영향받을 인간의 존재조차—필시 더 불확실한 경우를 제외하고는, 공리주의자는 동시대 사람의 이익만큼 후손의 이익에 관심을 가져야 한다. 그러나 우리가 어느 정도 미래 인간의 (혹은 감성을 지닌 존재의) 수에 영향을 미칠 수 있다고 생각할 때, 더 어려운 문제가 발생한다. 우리는 공리주의적 원칙에 의거하여 이 영향력이 어떻게 발휘되어야 하는가를 물어야 한다. 여기서 나는 인간 일반에게 삶은 대체로 고통보다 많은 쾌락의 잔여를 산출한다고 가정할 것이다. 사려 깊은 사람들은 이 가정을 부정해왔다. 그러나 이러한 부정은 내가 보기에 인간의 일반적으로 인정받은 행동원칙들에서 표현되는 인간의 일반적 경험과 반대된다. 인간의 삶을 살아가는 대다수 상황에서 대다수 사람들은 그들 자신에게나 그들이 사랑하는 사람들에게나 죽음이 확실히 가장 나쁜 해악들 중 하나인 것처럼 행동한다. 형사사법의 집행은 이와 유사한 가정 위에서 처리된다.[4]

---

4) 반대의견을 주장하는 사람들은 일반적으로 일상적 인간행동의 주요 동기인 욕구와 욕망은 그 자체로 고통스럽다고 가정하는 것처럼 보인다. 이것은 나 자신의 경험뿐만 아니라 내가 믿기에 인간의 공통적 경험과 완전히 반대되는 견해다. 제1권 4장 §2를 보시오. 그들의 논증이 이러한 심리학적 오류의 결과가 아닌 한에서, 내가 보기에 그 논증은 필시 정상적 인간의 삶에서 흔히 발생하는 곤혹과 실망, 그리고 소수 인종들이나 삶의 짧은 기간들 동안 대부분 사람들이 겪는 이례적 고통을 일방적으로 강조함으로써 그럴듯해지는 것처럼 보인다. 사려 깊고 도발적인 저술가가 진지하게 계산한 비관적 공리주의의 역설적 결과를 알고 싶은 독자는 맥밀런(Michael Macmillan) 교수의 책 『전체 행복의 증진(*Promotion of General Happiness*)』(Swan Sonnenschein and Co., 1890)을 참조할 수 있다. 저자는 "철학의 세계는 낙관론자들과 비관론자들로 아주 똑같이 나뉘어져 있다"고 생각한다. 두 학파 사이에 쟁점이 되는 물음에 대한 그 자신의 판단은 미정 상태로 보인다.

인간의 평균적 행복은 양수의 양이라고 가정할 경우, 그리고 향유하는 평균적 행복이 줄어들지 않는다고 가정할 경우, 공리주의는 우리가 [평균적 행복을] 향유하는 존재의 수를 최대로 늘릴 것을 명령한다는 것은 분명해 보인다. 그러나 우리가 [그러한 존재의] 수의 증가가 평균적 행복의 감소를 동반하거나 그 반대일 수 있다는 것을 예견한다면, 많은 공리주의자들이 지금까지 정식으로 주목하지 않았을 뿐만 아니라 사실상 무시해왔다고 보이는 문제가 발생한다. 왜냐하면 우리가 생각하기에 공리주의는 전체의 한 요소로 생각되는 경우를 제외하고는 어떤 개인의 행복이 아니라 전체의 행복을 행동의 궁극적 목적으로서 규정한다면, 다음과 같은 결론이 따라올 것이기 때문이다. 만약 늘어난 인구가 대체로 양수의 행복을 향유한다면, 우리는 나머지 사람들이 잃는 행복의 양과 비교하여 늘어난 수의 사람들이 얻는 행복의 양을 계량해야 한다. 그래서 공리주의적 원칙에 의거하여 인구의 증가를 조장해야 할 한계점은 엄밀히 생각해보면 평균적 행복이 최대가 되는 지점이 아니라—맬서스학파의 정치경제학자들이 종종 가정하는 것처럼—평균적 행복의 양으로 살고 있는 사람들의 수를 늘려서 만들어진 성과가 최대치에 도달하는 지점이다.

여기서 공리주의적 논의에서 널리 적용되는 소견을 말하는 편이 좋을 듯하다. 방금 내려진 결론은 상식적 견해로는 다소 어리석은 모양을 띤다. 왜냐하면 그 결론의 표면적 정확성은 현실적 실천에서 이 모든 계산의 불가피한 부정확성에 대한 우리의 의식과 터무니없이 불일치하기 때문이다. 그러나 우리의 실천적인 공리주의적 추론은 필시 대략적일 수밖에 없다는 사실이 사정이 허락하는 만큼 정확히 계산하지 않을 이유는 아니다. 만약 우리가 모든 관련 고려사항을 수학적으로 정확하게 평가할 수 있을 경우에 우리가 수행해야 할 엄밀한 계산 형태를 최대한 명확하게 마음에 떠올린다면, 우리가 이러한 계산에 성공할 가능성은 더 커질 것이다.

주목할 요지가 하나 더 있다. 동일한 양의 행복을 동일한 수의 사람들에게 분배하는 방법에는 분명 여러 가지가 있을 수 있다. 따라서 옳은 행위의 공리주의적 기준이 최대한 완전해지려면, 우리는 이 방법들 중 어느 것을 택해야 할지를 알아야 한다. 이 물음은 종종 공리주의에 대한 설명에서 무시된다. 순전히 추상적·이론적이어서 난해한 것만 제시하고 실천적 예시를 전혀 가질 수 없는 것은 아마 다소 무익하게 보였을 것이다. 만약 행동의 모든 결과가 수학적으로 정확하게 평가되고 합계될 수 있다면, 아마 경쟁하는 두 개의 행위 중에서 택일해야 하는 경우, 우리는 필시 고통에 대한 쾌락의 잔여가 정확히 같은 경우를 발견할 수 없을 것이다. 그러나 제2권에서 충분히 보여준 모든 쾌락주의적 계산의 불명확성은 결코 결과의 두 집합 각각에 포함된 행복의 양 사이에 인식할 만한 차이가 없는 상황을 불가능하게 만들지 않는다. 우리의 평가가 필연적으로 대략적일수록, 우리가 외관상으로 균등한 두 대안 사이에서 분명한 결정을 내릴 가능성은 더욱 줄어든다. 따라서 이러한 모든 경우에서 일정한 양의 행복에 대한 어떤 방식의 분배가 다른 방식보다 더 나은가 하는 물음이 실천적으로 중요해진다. 그런데 공리주의적 공식은 이 물음에 아무 대답도 제공하지 못하는 것처럼 보인다. 우리는 적어도 전체의 최대 행복을 추구하는 원칙에 이 행복의 정의로운 혹은 올바른 분배의 원칙을 보충해야 한다. 대다수 공리주의자들이 암묵적으로나 명시적으로 채택한 원칙은—"각자 모두가 하나로 간주되고 누구도 하나 이상으로 간주되지 않는다"는 벤담의 공식에서 제시된 것과 같은—순수한 평등의 원칙이다. 이 원칙은 특별한 정당화를 필요로 하지 않는 유일한 원칙으로 보인다. 왜냐하면 우리가 본 것처럼 어떤 사람을 다르게 대우할 명백한 이유가 없다면, 그를 다른 사람과 동일한 방식으로 대하는 것이 필시 합당하기 때문이다.[5]

---

5) 여기서 물음은 **행복의 수단**이 아니라 **행복의 분배**에 대한 것이라는 점을 알아야 한다. A보다는 B에게 동일한 행복의 수단을 제공함으로써 전체적으로 더 많은 행복이 산출될 경우, 이것이 행복의 수단의 분배에서 어떠한 불평등을 수반할지라도 그 수단이 B에게 주어져야 한다는 것은 공리주의 원칙에서 연역되는 명백하고 틀림없는 결론이다.

2장
공리주의의 증명

    이기주의적 쾌락주의의 방법을 논한 제2권에서, 우리는 그것의 제일원칙의 증명을 검토할 기회는 가지지 못했다. 보편주의적 쾌락주의의 경우에도 우리의 일차적 관심은 그것의 원칙이 그것을 수용하지 않는 사람에게 어떻게 증명될 수 있는가가 아니라, 그것의 수용에서 어떤 결과가 논리적으로 수반되는가이다. 동시에 보편적 행복을 겨냥하는 원칙은 더 일반적으로 어떤 증명을 요구하거나, 적어도 (밀이 말한 것처럼) 자신의 행복을 겨냥하는 원칙보다는 "그것을 마음이 받아들일 만한 이유들"을 요구한다고 느껴진다는 점을 주목하는 것이 중요하다. 사실 추상적 철학의 관점에서 볼 때, 이기주의적 원칙이 보편주의적 원칙보다 더 의심 없이 받아들여질 이유를 모르겠다. 타산의 공리가 현존하는 경향과 충돌할 경우, 이기주의자가 합리적 자비심의 공리를 받아들이지 않는 것과 비슷한 이유로, 왜 타산의 공리에 이의를 제기할 수 없는지 모르겠다. 만약 공리주의자가 '내가 왜 다른 사람의 더 큰 행복을 위하여 나 자신의 행복을 희생해야 하는가?' 하는 물음에 답해야 한다면, 이기주의자에게 '내가 왜 미래의 더 큰 쾌락을 위하여 현재의 쾌락을 희생해야 하는가? 내가 왜 다른 사람의 감정보다 나 자신의 미래의 감정에 더 관심을 가져야 하는가?' 하고 묻는 것도 분명 용납될 수 있어야 한다. 상식적으로 한 사람이 대체로 자신의 행복을 추구해야 하는 이유를 묻는 것은 모순적이다. 그러나 심리학자들 가운데 극단적 경험주의 학파의 견해를 채택하는 사람들이 어떻게 그 요구를 어리석다고 받아들이지 않을 수 있는지 모르겠다. 그 견해가 일반적으로 이기주의적 쾌락주의와 밀접한 연관이 있다고 가정되지만 말이다. 자아는 정합적 현상들의 체계일 뿐이라는 것, 즉 흄과 그의 추종자들이 주장한 것처럼 영구적 동일자 '나'는 사실이 아니라 허구라고 가정해보자. 그렇다면 왜 자아를 구성하는 감정들의 연쇄의 일부가 다른 연쇄보다 동일한 연쇄의 다른 일부에 더 많은 관심을 가져야 하는가?

나는 지금 이 문제를 강조하지 않을 것이다. 왜냐하면 상식은 자기이익을 추구할 이유를 개인에게 제공하는 것을 쓸모 있다고 생각하지 않는다는 점을 인정하기 때문이다.[1] 자기의무를 행할 이유는—일반적으로 인정받은 의무의 기준에 따르면—그렇게 불필요하다고 생각되지 않는다. 사실 우리는 일반적으로 인정된 도덕규칙들 중 어느 것인가에는 공리주의적 이유들이 계속 부여된다는 점을 발견한다. 일정한 규칙들이 일반적으로 구속력을 가진 것으로 받아들여진다는 사실이 그것들의 자명성을 입증하지는 않지만, 그럼에도 이 사실은 그것들을 수용한 상식에게 그것들의 권위를 증명하는 것을 대체로 불필요한 일로 만든다. 마찬가지 이유로 이 규칙들을 더 높은 원칙으로 대체할 것을 주장하는 공리주의자는 자연히 이기주의자와 마찬가지로 직관주의자로부터 그의 주장의 정당성을 증명하라는 도전을 받는다. 이러한 도전에 대하여, 어떤 공리주의자는 제일원칙을 "증명하는" 일은 불가능하다고 응답할 것이다. 물론 이것은 사실이다. 우리가 말하는 증명이 문제의 원칙이 그것의 확실성을 위하여 의존하는 전제들로부터 나온 결론이라는 것을 보여주는 과정이라면 말이다. 그렇다면 이 전제들로부터 나온 결론이 아니라 이 전제들이 진짜 제일원칙들일 것이기 때문이다. 아니, 만약 공리주의가—그가 진실, 정의, 권위에의 복종, 순수 등의 원칙을 궁극적이라고 간주하는 직관주의 윤리학자든, 자신의 이익을 자기행동의 궁극적으로 합당한 목적이라고 간주하는 이기주의자든—이미 어떤 다른 도덕원칙을 주장하는 사람에게 증

---

1) 이기주의적 쾌락주의와 보편주의적 쾌락주의의 관계는 종장에서 더 깊이 고찰된다.

명될 수 있다면, 그 과정은 그것의 출발점인 전제들보다 실제로 우월한 타당성을 지닌 결론을 입증하는 과정일 것이다. 왜냐하면 공리주의적 의무규정들은 언뜻 보기에도 일정한 지점과 일정한 상황에서 직관주의자가 자명하다고 생각하는 규칙뿐만 아니라 합리적 이기주의의 명령과 충돌하기 때문이다. 어떻게든 받아들여지기만 한다면, 공리주의는 필시 직관주의와 이기주의를 압도하는 것으로 받아들여져야 한다. 동시에 그 다른 원칙들이 모든 점에서 타당하다고 생각되지 않는다면, 소위 증명은 직관주의자나 이기주의자에게 전혀 전달되지 않는 것으로 보인다. 어떻게 이 딜레마를 처리해야 하는가? 어떻게 이러한—분명 일반적 증명과는 다른—과정이 가능하거나 있을 법한가? 그럼에도 확실히 이러한 증명에 대한 일반적 요구가 있어 보인다. 아마 필요한 것은 한편 이미 인정받은 준칙들의 타당성을 어느 정도 인정하면서, 다른 한편 그 준칙들은 절대적으로 타당한 것이 아니라 더 포괄적인 원칙에 의하여 통제되고 완결될 필요가 있다는 점을 보여주는 방향의 논증이라고 말할 수 있다.

이기주의에 보낼 이러한 방향의 논증은 앞의 권 13장에서 제시되었다. 이 논증의 적용가능성은 이기주의의 제일원칙이 공식화된 방식에 의존한다는 점을 주목해야 한다. 만약 이기주의자가 순전히 자신의 행복이나 쾌락을 자신의 궁극적 목적으로 삼아야 한다는 그의 신념을 진술할 뿐이라면, 그를 제일원칙으로서 보편주의적 쾌락주의로 유인할 추론의 여지는 전혀 없어 보인다.[2] 자신의 행복과 다른 사람의 행복 사이의 차이가 그에게 지극히 중요한 일이 아니라고 증명할 방법은 없다. 이러한 경우 공리주의자가 할 수 있는 일이라고는 이기주의자에게 보편주의적 원칙에서 연역된 규칙들의 제재를 설명하여—즉 이러한 각각의 규칙의 준수와 위반 때문에 그 이기주의자 자신에게 일어나리라고 예상할 수 있는 쾌락과 고통을 지적하여—최대한 두 원칙을 조정(reconciliation)하는 것이다. 분명 이러한 설명은 그에게 최대 다수의 최대 행복을 그의 궁극적 목적이 아니라 단지 자신의 행복이라는 목적의 수단으로서 받아들이게 만드는 경향을 가진다. 따라서 그것은 보편주의적 쾌락주의의 (위에서 설명한) 증명과는 완전히 다르다. 그러나 그 이기주의자가 암시적으로나 명시적으로 자신의 행복 혹은 쾌락은 그뿐만 아니라 우주의 관점에서—(예컨대) '자연은 그를 자신의 행복을 추구하도록 설계했'고 말함으로써—좋은 것이라고 주장할 때, 그에게 보편적으로 생각해보면 그의 행복이 다른 사람의 동등한 행복보다 더 중대한 좋음의 일부일 수 없다는 점을 지적해주는 것이 의미를 가진다. 이리하여 그는 자신의 원칙에서 출발하여 보편

---

2) 그는 논증이 아닌 다른 방법으로, 즉 그의 공감들이나 그의 도덕적 혹은 유사-도덕적 감정들에 호소함으로써 보편주의적 쾌락주의에 이를 수 있다는 점을 주목해야 한다.

적 행복이나 쾌락을 절대적이고 무조건적으로 좋은 혹은 바람직한 것으로, 따라서 합당한 행위자의 행동이 지향해야 할 목적으로 받아들일 수 있다.

이것이 바로 합리적 자비심의 원칙이 엄격한 비판의 시험을 견뎌낸 소수의 직관들 중 하나라는 점을 보이면서 제3권 13장에서 내가 사용했던 추론이라는 사실이 기억날 것이다.[3] 그러나 직관주의자에게 말했을 때, 이 추론은 공리주의의 제일원칙이 하나의 도덕적 공리임을 보여줄 뿐이라는 것을 주목해야 한다. 그것은 공리주의의 제일원칙이 유일하거나 최상의 원칙이라는 것을 증명하지 않는다. 직관주의자가 출발점으로 삼는 전제들은 일반적으로 독립적이고 자명하다고 생각되는 다른 공식들을 포함한다. 따라서 공리주의는 분명 이러한 공식들에 대하여 앞서 기술한 것처럼 부정적인 동시에 긍정적인, 이중적 관계로 나타난다. 공리주의자는 우선 직관주의자에게 진실, 정의 등의 원칙이 의존적·종속적인 타당성만 가진다는 점을 증명해야 한다. 진실의 경우처럼, 공리주의자는 그 원칙이 사실 상식적으로 예외와 제한을 허용하는 일반적 규칙으로서 지지될 뿐이고 이러한 예외와 제한을 체계화하려면 어

---

3) 나는 행복이 궁극적이고 본질적으로 좋은 혹은 바람직한 유일한 것이라는 점을 인정할 경우 13장의 논증은 공리주의의 제일원칙으로 이어진다는 사실을 독자에게 상기시켜주어야 할 것이다. 그 후에 나는 상식이 이 사실을 인정하도록 만들려고 시도했다.

떤 상위의 원칙을 필요로 한다고 주장하거나, 혹은 정의의 경우처럼 그 근본개념이 모호하고 추가적 한정(限定)을 필요로 한다고 주장해야 한다.[4] 더 나아가 공리주의자는 상이한 규칙들이 서로 충돌할 수 있고, 거기서 발생하는 쟁점을 해결하려면 어떤 상위의 원칙을 필요로 하고, 규칙들은 상이한 사람들에 의하여 상이하게 공식화되고, 이러한 차이들은 직관주의적 해법을 받아들이지 않는 동시에 직관주의자가 호소하는 일반적 도덕개념들의 모호함과 애매함을 보여준다고 주장해야 한다.

제3권에서 나는 아마 이 부분의 논증을 충분히 전개했을 것이다. 남은 일은 이러한 방향의 추론을 공리주의와 상식도덕 사이의 긍정적 관계를 전개함으로써 보완하는 일이다. 즉 공리주의가 어떻게 현행의 도덕판단들의 일반적 타당성을 뒷받침하고 반성을 통하여 그 판단들의 엄중함의 직관적 인식에서 발견하게 되는 결점을 보완하는지를 보여주는 일이다. 동시에 공리주의가 어떻게 종합(synthesis)의 원칙만이 아니라, 연결되지 않고 이따금 충돌하는 일반적인 도덕적 추론의 원칙들을 완전하고 조화로운 체계로 묶는 방법을 제공하는지를 보여주는 일이다. 만약 상식도덕에 대한 체계적 반성이 상식도덕의 체계의 추가적 발전이 필요하다는 점

---

4) 즉 우리가 정의라는 말로 임의적 불평등의 단순한 반대 이상의 무언가를 의미한다면 말이다.

을 증명하고, 같은 반성을 통하여 공리주의 원칙이 [상식도덕의] 체계의 발전을 위하여 상식도덕이 자연히 의존하게 되는 원칙으로서 제시된다면, 공리주의의 증명은 최고로 완전해진다고 생각된다. 더 나아가—증명 문제와는 별개로—공리주의의 방법을 숙고하면서 그것과 일반적으로 인정받은 도덕규칙들의 관계를 정확히 결정하는 것이 중요하기 때문에, 이 관계를 다음 장에서 다소 길게 검토하는 것이 마땅할 것이다.

3장
공리주의와 상식도덕의 관계

§1. 앞서 (제1권 4장에서) 공리주의와 상식도덕의 이중적 관계의 두 측면이 각각 영국 윤리사상사의 상이한 시기에 현저하게 나타났다는 점을 주목했다. 벤담 이후로 우리는 주로 공리주의 학설의 부정적 혹은 공격적 양상에 친숙해졌다. 그러나 홉스에 대응하면서 일반적으로 인정받은 도덕규칙들은 "모든 합리적 존재의 공동선"[1]을 증진하는 일반적 경향을 가진다고 주장했을 때, 컴벌랜드

---

1) 컴벌랜드는 좋음에 대한 쾌락주의적 해석을 채택하지 않는다는 점을 알아야 한다. 그럼에도 그를 영국 공리주의의 창시자로 간주하는 것에서는 헨리 할람 (Henry Hallam: 1777-1859)의 견해를 따른다. 왜냐하면 '좋음'이 명확히 쾌락주의적 의미를 가지게 된 것은 점진적이고 반쯤 무의식적인 과정에 의한 것이기 때문이다. 좋음은 샤프츠베리의 체계에서는 암시적으로, 그리고 흄의 체계

의 목적은 단지 전통적인 것이었을 뿐이다. 그는 결코 일반적으로 공식화된 규칙들이 여하튼 불완전한 것인지, 일반적인 도덕적 의견과 합리적 자비심의 결론 사이에 어떤 불일치가 있는가를 고려하지 않는다. 그래서 샤프츠베리의 체계에서 "도덕감" 혹은 "반성감(Reflex Sense)"은 항상 전체의 좋음 혹은 행복에 이로운 감정들의 "균형"에 의하여 만족되고 이 균형과 반대되는 것에 의하여 만족되지 않는다고 가정된다. 흄의 논고에서는 이러한 일치가 더 자세하게 다음과 같이 더 명확한 주장과 함께 길게 이야기된다. 공리의 (혹은 그 반대의) 지각[2]은 각각의 경우 도덕적 호감의 (혹은 반감의) 원천이고, 이러한 호감은 (혹은 반감은) 인간의 성품과 행위의 상이한 성질들에 의하여 우리 안에서 일어난다. 흄의 동시대 비판가들 가운데 가장 날카로웠던 애덤 스미스는 옳음 혹은 승인됨(Approvedness)과 공리의 객관적 일치를 거리낌 없이 인정한다는 사실을 관찰할 수 있다. 그러나 그는 흄과 반대로 "우리의 승인이

에서는 명시적으로 이러한 의미를 가진다.

[2] 흄은 '공리'를 벤담이 그 말에 부여한 것보다 더 좁은 의미로, 그리고 일상 언어의 용법과 더 일치하는 의미로 사용한다는 점을 지적할 수 있다. 그는 '유용한(useful)'과 '즉각적으로 유쾌한'을 구별한다. 그래서 그는 "공리"가 더 중요한 덕들에 대한 우리의 도덕적 승인의 주된 근거라고 인정하면서도, 개인적 공적에는 다른 요소들이 있고 우리는 그것들이 그것들을 가진 사람에게나 다른 사람에게 "즉각적으로 유쾌하기" 때문에 승인한다고 주장한다. 그러나 그 낱말을 벤담 이후에 유행한 더 넓은 의미로 사용하는 것이 더 편리해 보인다.

나 불승인의 제일 혹은 주된 원천이 이러한 공리나 해로움의 관찰은 아니"라고 주장한다. 스미스는 "자기 자신이나 다른 사람에게 유용하거나 유쾌한 성질 외에 어떠한 마음의 성질도 유덕하다고 인정되지 않으며, 이와 반대의 경향을 가지는 성질 외에 어떠한 마음의 성질도 악덕하다고 비난당하지 않는다"는 흄의 이론을 진술한 후, 다음과 같은 소견을 말한다. "사실 자연은 다행히도 우리의 승인과 불승인의 감정을 개인과 사회 모두의 편의에 맞게 아주 적절히 조정한 것처럼 보인다. 아주 엄밀히 검토해보면, 내가 생각하기에, 이것이 보편적 사실이라고 드러날 것이다."

적어도 이것, 즉 직접적으로나 간접적으로 우리나 다른 사람에게 쾌락을 일으킬 수 있는 성품과 행위 성질의 목록을 작성할 수 있다면 그 목록은 일반적으로 덕이라고 알려진 모든 것을 포함할 것이라는 확신 없이는, 누구도 흄의 『도덕 제일원칙에 대한 탐구(*Inquiry into the First Principles of Morals*)』를 읽을 수 없다. 도덕적 좋음 혹은 탁월성에 대한 우리의 개념의 기원이 무엇이든, "공리"는 필시 우리가 그 개념을 적용하는 성향들의 일반적 특징이다. 그런 만큼 상식도덕은 적어도 무의식적으로는 공리주의적이라고 말하는 것이 올바를 수 있다. 그럼에도 이러한 일치는 단지 일반적이고 질적일 뿐이고, 벤담이 논의에 도입한 양적 정확성을 가지고 자세히 말하려고 시도할 때 이러한 일치는 허물어진다는 반론이 제기될 수 있다. 분명 덕은 항상 행복을 산출한다는 주장과 옳은 행동은 모든 상황에서 전체의 최대 행복을 산출하는 행동이라는 주장 사이에는 커다란 차이가 있다. 그러나 공리주의는 결과에서 직관주의적 방법과 공리주의적 방법의 절대적 일치를 증명하는 일에 관심이 없다는 점을 염두에 두어야 한다. 공리주의가 이만큼을 증명하는 데 성공할 수 있더라도, 사실 그것의 성공은 그것의 실천적 주장들에 거의 치명적일 것이다. 그러면 공리주의적 원칙의 채택은 완전히 사소한 문제가 될 것이기 때문이다. 공리주의자는 오히려 특수한 실천적 부문에서 훈련된 본능과 경험적 규칙으로부터 과학의 결론을 구체화하고 적용하는 기술적 방법으로의 이행과 다소 유사하게, 상식도덕으로부터 공리주의로의 자연적 이행을 보여줄 필요가 있다. 그리하여 공리주의는 인류역사의 전 과정에 걸쳐서 실질적으로 항상 같은 방향을 향하는, 과학적으로 완전하고 체계적으로 숙고된 형태의 행위규제로 제시될 수 있다. 이러한 목적을 위하여 현재의 도덕규칙들이 다른 어떤 것보다 더 전체의 행복에 도움이 된다는 점을 증명할 필요는 없다. 오직 각 경우에 그 규칙들이 분명히 행복을 낳는 경향을 가지고 있다는 점을 지적할 필요가 있을 뿐이다.

흄의 논문은 부수적으로 우리가 일반적으로 행동과 함께 주목하는 도덕감정들과 그것들의 예견된 유쾌하거나 고통스런 결과들 사이의 단순하고 일반적인 조화보다 훨씬 더 많은 것을 제시한다. 사실 공리주의자의 논증은 우리가 공리주의와 상식 사이의 복잡한 성격의 일치로부터 그 논증이 끌어내는 축적된 위력을 충분히 고려하지 않는다면 공정하게 판단될 수 없다.

내가 생각하기에, 결과에 대한 공리주의적 평가는 대체로 현행 도덕규칙들을 광범위하게 뒷받침할 뿐만 아니라 그 규칙들의 일반적으로 인정된 한계와 제한을 확증한다는 점을 알 수 있다. 또한 그 평가는 상식도덕의 변칙적인 것들, 즉 다른 관점에서 보면 사려 깊은 지식인에게는 필시 불만족스럽게 보일 것들을 설명한다. 게다가 현행의 공식이 행위지침이 되기에 충분히 정밀하지 않은 동시에 그 공식의 정밀성을 늘리려는 시도에서 어렵고 당혹스런 문제가 발생할 경우, 공리주의적 방법은 일반적으로 상식의 모호한 본능에 따라서 이 어렵고 당혹스런 문제를 해결하고, 일상적인 도덕적 논의는 이러한 해결을 위하여 자연히 그 방법에 의존하게 된다. 더 나아가 공리주의적 방법은 상이한 의무들의 상대적 중요성에 대한 일반적으로 인정받은 견해를 뒷받침할 뿐만 아니라, 일반적으로 동등하다고 생각되는 규칙들이 충돌할 경우에 자연히 중재자로서 요청된다는 사실을 알 수 있다. 상이한 사람들이 동일한 규칙을 다소 다르게 해석할 경우, 그 규칙이 자명하고 선험적으로 알 수 있다고 아무리 강하게 주장하더라도, 각자는 자연히 공리를 강조하여 자기 견해를 뒷받침한다. 동시대의 같은 나라에서 어떤 문제에 대하여 아주 다양한 도덕적 의견들과 마주칠 경우, 우리는 일반적으로 양측의 명백하고 인상적인 공리주의적 이유들을 찾는다.

결국 상이한 시대와 나라의 도덕률들을 비교하면서 발견하는 주목할 만한 대다수의 차이들은 행동이 행복에 미치는 영향이나 이러한 영향에 대한 사람들의 예견과 관심에서의 차이와 뚜렷하게 연관되어 있다. 다소 우연적이고 미완성적 방법에 의해서지만, 흄은 이러한 요점들의 대부분은 알고 있다. 그 요점들 중 여럿은 제3권에서 전념했던 상식도덕의 검토과정에서 부수적으로 설명되었다. 그러나 현재 물음의 중요성을 고려할 경우, 앞서 제시한 결과를 다소 반복하더라도 방금 요약한 중복적 논증을 체계적으로 상세하게 제시하는 편이 좋을 것이다.

§2. 우리는 공리주의에 대항하여 자주 제기된 반론에 대한 응답으로 시작할 수 있다. 만약 행동의 도덕적 좋음이나 나쁨의 참된 근거가 그 행동의 공리 혹은 그 반대에 있다면, 우리는 '상식적으로 인정된 우리의 본성의 도덕적 부분과 여타 부분들 사이의 명료한 구분을 어떻게 설명할 수 있는가?'라는 물음이 제기된다. 왜 덕의 탁월성은 기계나 기름진 벌판의 탁월성만이 아니라 인간의 육체적 아름다움 및 소질, 그리고 지적 재능 및 적성과는 종류가 다르다고 느껴지는가? 나는—이전 장(제3권 2장)에서 논했던 것처럼—다음과 같이 답할 수 있다. 가장 엄격한 의미에서 유덕한 성질이란 항상 어느 정도의 자발적 노력으로 직접 실현할 수 있다고 생각되는 성질이다. 그래서 유덕한 행동의 중대한 장애물은 적절

한 동기의 결여다. 따라서 우리는 행위자 자신이나 다른 사람이 인정하는 도덕적 좋음이나 나쁨의 판단들은—덕의 편에서 그 판단들이 제공하는 새로운 동기에 의하여—행동을 적어도 외적으로 유덕하게 만드는 데 직접적인 실천적 영향을 미칠 것이라고 예상한다. 이러한 영향의 습관적 의식은 우리가 인간을 초월하거나 비자발적인 공리와 반공리에 대한 숙고에서 얻는 쾌락 및 고통과 도덕감정들 사이의 거의 모든 정도차를 설명할 것이다. 이에 대하여 엄밀히 자발적인 행동에 대한 경향들 중에는 일반적으로 유덕하다고 간주되지 않지만 단지 유용한 것이 아니라 대체로 다른 덕들보다 더 유용한 경향이 많다는 응답이 있다. "사람들이 재산을 축적하게 만드는 이기적 본능은 결국 사람들이 베풀게 만드는 관대한 본능보다 더 많은 이익을 세계에 베푼다. … 자신의 재능을 의심하고 충돌을 피하려고 겸손하게 물러나는 얌전하고 조심스런 내향적 본성은 온갖 싸움에 관여하고 모든 능력을 계발하려는 대담하고 거만한 본성의 과시보다 더 적은 이익을 세계에 베푼다. 보은은 필시 삶의 교류를 부드럽고 유쾌하게 만드는 데 많은 역할을 해왔지만, 이에 대응하는 복수심은 수 세기 동안 사회적 무질서에 대항하는 보루였고, 지금은 심지어 범죄의 주요 억제수단들 중 하나다. 공적 생활의 거대한 무대 위에서 특히 열정들이 격하게 일어난 엄청난 격동기에 세상에 가장 큰 이익을 가져다준 것은 섬세한 꼼꼼함과 진실한 공평함을 지닌 사람도 아니었고 감추거나 지체할 줄 모르는 외골수의 광신도도 아니었다. 그것은 차라리 자신의 목적에는 성실하지만 그 수단에 대해서는 부도덕한 동시에 양심의 구속과 열정의 맹목으로부터 자유로운 교활한 정치가다. 그는 부분적으로 자기 시대의 열망과 선입견에 굴복하기 때문에 지배적이다. 그러나 … 이러한 경우들에서 공리를 손상시키는 섬세한 양심이 악덕이 된다는 주장은 아직까지 없었다."[3]

이러한 반론들이 강력히 제기된다. 그러나 현재의 논증은 공리주의적 추론과 상식적 직관 사이의 정확한 일치를 증명하려는 것이 아니라 후자는 불확정적이고 불완전하게 공리주의적이라고 말하려 한다는 점을 항상 염두에 둔다면, 내가 보기에 이 반론들에 답하기는 매우 어렵다.

첫째, 우리는 성향의 좋음에 대한 인식과 행위의 옳음에 대한 인식을 면밀히 구별해야 한다. 공리주의자가 좋음보다 더 많은 해악을 끼칠 가능성이 있다고 비난해야 할 행위는 대체로 해악보다 더 많은 좋음을 산출하는 성향 혹은 경향을 나타낼 수도 있다. 세심하게 양심적인 행위가 특히 이러한 경우다. 계몽되지 않은 양심은 사람들을 광신적 잔인함과 잘못된 금욕주의와 여타 불행을 낳는 행위에 빠지게 만든다는 주장이 아무리 사실일지라도, 내가 생각하

---

3) 레키, 『유럽 도덕의 역사―아우구스투스에서 샤를마뉴까지』, 1장, 37쪽과 40쪽 이하(제13쇄).

기에 어떤 직관주의자도 인정받은 도덕규칙들을 꼼꼼히 따르는 것이 대체로 행복을 증진하는 경향을 가지지 않는다고 주장하지 않을 것이다. 그러나 일반적으로 행복을 산출하는 어떤 성향이 특수한 경우에는 행복을 거스르는 결과를 낳는다는 것을 지각할 때, 우리는 흔히 이러한 성향에 비난하는 용어를 붙인다는 것을 알 수 있다. 그래서 우리는 위에서 주목한 경우에 대하여 '지나친 세심함' 혹은 '광신'이라고 말한다. 그러나 동일한 성향이 일반적으로 좋은 결과를 낳는다는 것을 지각한다면, 그 특수한 경우를 배제하고 그 성향을 좋은 성품의 요소로 간주하는 것이 모순된 것은 아니다. 둘째, 공리주의자의 견해로는 유용한 것만이 칭찬할 만하지만, 그것이 반드시 유용성의 정도에 비례하여 칭찬할 만하다고 주장할 필요는 없다. 공리주의적 관점에서 보면, 앞서 말한 것처럼, 어떤 성질을 '칭찬받을 만하다'고 말함으로써 우리가 필시 의미하는 바는 그 성질이 미래에 산출할 것을 위하여 그것을 칭찬하는 편이 유리하다는 것이다. 따라서 공리주의적 원칙에 따르면, 인간의 성질들을 칭찬하면서 우리는 일차적으로 그 성질의 유용성이 아니라 칭찬의 유용성을 고려해야 한다. 부족하기보다는 과하다고 보일 수 있는 성질을 칭찬으로 고무하는 것이 명백히 유리한 것은 아니다. (예컨대) 자기애나 분노가 사회에 얼마나 필요하든 간에, 합리적으로 그것들이 항상 충분한 강도로 작용할 것이라고 생각될 경우, 상식이 그것들을 덕으로 인정해서는 안 된다는 주장은 공리주의와 매우 일치한다. 그러나 자기애가 대체로 유해해 보이는 충동들과 충돌할 경우, 그것은 타산이라고 칭찬받는다. 어떤 사람에게 명백히 분노가 부족하게 보이는 경우, 그는 비굴하다는 비난을 받는다. 그러나 악의적 충동은 명백히 쾌락보다 훨씬 더 많은 고통을 낳기 때문에, 그것의 우연적 공리를 다소 무시할 수 있다는 주장은 부자연스럽지 않다. 겸손과 망설임의 경우도 다소 유사한 방식으로 다루어질 수 있다. 우리가 본 것처럼,[4] 상식이 자신의 능력을 과소평가하는 경향을 칭찬하는 것은 우연한 일일 뿐이다. 숙고해보면 이 문제에 대해서든 다른 문제에 대해서든 오류를 범하는 것이 좋은 것일 수 없다는 점은 일반적으로 인정된다. 그러나 대다수 사람들에게 우월과 존경에 대한 욕망은 매우 강하여, 오만과 과시가 반대의 결점보다 더 흔한 일인 동시에 다른 사람들에게 아주 불쾌한 결점이다. 그래서 겸손은 우리에게 의외의 유쾌함을 주고, 상식은 지나친 자기불신의 잠재적이고 사소한 나쁜 결과를 쉽사리 무시하게 된다.

더 나아가 우리가 공리주의적 관점을 채택할 경우, 도덕적 탁월성과 도덕적 노력의 관계에 관련하여 상식도덕에서 발견하게 되는 당혹스런 문제가 만족할 만하게 설명되고 제거된다는 사실을 관찰할 수 있다. 한편으로 어떻게 일정한 행위가—예컨대 친절한 봉사

---

4) 제3권 10장.

가—별로 힘들이지 않고 의무의 존중과는 다른 동기로부터 수행될 때에 더 많은 행복을 가져올 수 있는가를 쉽게 알 수 있다. 다른 한편으로 이와 유사한 행위를 하면서 강한 유혹적 경향성을 극복하고 의무를 완수한 사람은 더 일반적인 방식으로 행복을 가져다준다고, 즉 우리가 모든 부문에서 의무의 일반적 수행에 도움이 된다고 인정하는 성품을 드러낸다. 그래서 내가 주목했던 또 다른 문제, 즉 주관적 옳음과 객관적 옳음이 유일한 선택지들로 제시될 수 있는 예외적 경우에서—예컨대 우리가 다른 어떤 사람이 무엇이 옳은가에 대한 자신의 신념에 반하는 행위를 하도록 만들어야 할 것인가 하는 물음을 숙고할 때—둘 사이의 선택에 관련된 단순하고 명백한 공리주의적 해결책이 있다. 공리주의자는 특정한 옳은 행위가 가져올 결과적 행복을 다른 동기에 의하여 양심적 신념이 짓눌린 사람의 도덕적 타락 때문에 장차 우려되는 결과적 불행과 비교하여 계량함으로써 그 문제를 해결할 것이다. 전자의 결과가 매우 중대하지 않다면, 그는 마땅히 성품에 영향을 주는 위협을 더 중대하다고 간주할 것이다. 그러나 그 다른 사람의 잘못된 의무감이 심각한 재난을 일으킬 우려가 있다면, 공리주의자는 서슴없이 그가 적용할 수 있는 어떤 동기로든 그 잘못된 의무감을 억압할 것이다. 실천에서는 내가 생각하기에 인간의 상식은 더 모호하고 반쯤만 의식적이지만 동일한 종류의 추론에 의하여 [공리주의자와] 유사한 결론에 도달할 것이다.

공리주의가 상식과 일치하거나 불일치하는 정도를 정확히 측정하려면, 덕과 의무에 대한 우리의 일반적 개념들에 의하여 표현되는 특수한 항목들에서 행위의 옳고 그름에 대한 더 명확한 판단을 검토해보는 편이 가장 좋아 보인다. 이 [일반적] 개념들에 대한 적절히 정확한 정의가 암시적으로나 명시적으로 이미 명확하다고 상정된 '좋음' 혹은 '옳음' 개념을 포함한 것으로 보이는 경우, 나는 그 개념들이 이 근본개념들에 대한 공리주의적 해석을 반대할 근거를 전혀 제공할 수 없다는 점을 다시 한 번 지적하는 일에서부터 시작할 수 있다. 예컨대 우리는 이 점이 제3권 3장에서 논한 지적 탁월성의 주요부와 관련하여 사실임을 알고 있다. 일반적으로 생각하는 지혜는 정확히 말해서 보편적 행복이라는 목적을 위한 올바른 수단을 선택하는 능력이 아니다. 우리가 본 것처럼, 오히려 그것에 대한 개념은 이 논고에서 구별하여 따로따로 고찰한 상이한 목적들과 원칙들의 무비판적 종합을 함축한다. 설령 그것의 의미가 명백히 공리주의적인 것이 아니더라도, 그것이 공리주의적인 것과 별개의 다른 무언가도 아니다. 그것을 옳거나 최선의 목적을 위한 옳거나 최선의 수단을 선택하는 능력이나 습관이라고만 정의한다면, 바로 이러한 이유에서 우리의 정의는 '좋음'과 '옳음' 개념에 공리주의적 의미를 부여할 가능성을 상당히 열어놓는다.

§3. 우선 자비심이라는 항목에서 제3권 4장에서 논한 덕과 의무

의 무리를 고찰해보자. 일반적 의무 개념과 관련하여, 내가 생각하기에, 직관주의적 체계와 공리주의적 체계 사이에 우리의 고찰을 필요로 하는 차이는 없다. 왜냐하면 자비심은 아마 같은 인간들의 (명확히 공리주의자가 이해하는 방식의) 행복보다는 그들의 좋음을 증진하려는 성향이라고 정의하는 편이 더 일반적이지만, (행복 이외의) 좋음에 대한 일반적 개념에서는 도덕적 좋음이나 덕이 주된 요소이기 때문에,[5] 다른 모든 덕이—광범위하게 말해서—행위자 자신이나 다른 사람의 행복에 이바지하는 성질이라는 점을 증명할 수 있을 경우, 우리가 다른 사람의 덕을 증진하도록 고무하든 그의 행복을 증진하도록 고무하든, 자비심은 직접적으로나 간접적으로 공리주의적 목적을 겨냥할 것이기 때문이다.[6]

더 나아가 감성을 지닌 모든 존재의 최대 행복을 자신의 궁극적 목적이라고 말하면서 공리주의자가 자비심에 부여하는 포괄적 범위는 사실 상식에 반대되는 것으로 보이지도 않는다. 어떤 직관주의 윤리학자가 자비심의 직접적 의무의 범위를 인간에게 국한시키고 짐승에 대한 우리의 의무는 단지 간접적이고 "자기수양의 의무에서" 나온다고 간주할 경우, 공리주의 대항자보다는 오히려 그가

---

5) 제3권 4장 §1.
6) 나는 여기서 제3권 14장의 결론들 모두를 가정하지 않는다는 점을 알게 될 것이다.

모순을 논하는 것으로 보이기 때문이다. 공리주의가 각 행위자는 모든 다른 행위자의 행복을 자신의 행복과 똑같이 중요하다고 간주해야 한다고 규정하면서 일반적으로 자비심의 항목으로 규정되는 의무의 기준을 넘어선다고 생각된다면, 이러한 점에서 그것이 상식과 충돌한다고 말하기는 어렵다. 왜냐하면 공리주의의 이러한 이론적 불편부당의 실천적 적용은 여러 중대한 고려사항들에 의하여 제한되기 때문이다. 첫째, 일반적으로 말해서 각 사람은 자신의 욕망과 필요에 대하여 더 깊은 지식을 가지고 있고 그것들을 만족시킬 더 많은 기회를 가지기 때문에 다른 사람의 행복보다 자신의 행복에 대하여 더 잘 대비할 수 있다. 게다가 대다수 사람들의 활동력은 자기이익의 자극에 의하여 가장 쉽고 완벽하게 끌어내진다. 이러한 자극이 제거될 경우 노동에 의하여, 그리고 다소는 노동 자체의 감소에 의하여 얻어지는 행복의 수단을 크게 상실함으로써 전체의 행복은 줄어들 것이다. 이러한 이유로 각 사람이 자신의 행복만큼 다른 사람의 행복에 관심을 기울일 경우, 현실적 상황에서는 그것이 보편적 행복을 증진하지 못할 것이다. 동시에 내가 그 의무를 추상적이고 관념적으로 숙고할 경우, 상식도덕도 나에게 "나의 이웃을 나 자신처럼 사랑하라"고 명령할 것처럼 보인다.

다른 한편으로 관대함과 자기희생 등의 개념에서, 공리주의가 승인하는 것 이상으로, 상식은 이기주의의 억제를 (그것을 의무로 규정하지는 않더라도) 칭찬한다는 그럴듯한 반론이 제기될 수도 있다. 왜냐하면 어떤 사람이 제공하는 행복이 그가 포기하는 행복보다 명백히 작아서 전체적으로 행복이 감소되는 경우에조차, 아마 우리는 다른 사람을 위하여 자신의 행복을 포기하는 사람을 유덕하다고 칭찬하기 때문이다. 그러나 (1) 희생과 이익 사이의 불균형이 분명하고 현저할 경우에조차 우리가 이러한 행위를 철저히 승인할지는 매우 의심스러워 보인다. (2) 관찰자는 흔히 행복이 전체적으로 줄었는지 판단할 수 없다. 왜냐하면 (a) 관찰자는 희생한 사람이 공감적·도덕적 쾌락에 의하여 얼마만큼 보상을 받는지를 말할 수 없으며, (b) 이러한 희생이 행위자와 다른 사람에게 미치는 도덕적 효과로부터 나오는 먼 미래의 결과적 행복도 고려되어야 하기 때문이다. 동시에 (3) 특수한 경우에는 손실이 일어날지라도 여전히 자기희생에 대한 칭찬은 공리주의적으로 정당화될 여지가 있다. 왜냐하면 이러한 행위는 행복을 증진하는 일반적 추세에서 평균을 훨씬 상회하는 성향을 보여주고, 우리가 칭찬하는 바는 그 특수한 행위가 아니라 아마 이 성향이기 때문이다.

공리주의적 공식의 엄격한 불편부당성은 각 사람이 모든 인간 중 몇몇과 연결되는 특별한 관계에 적용되는 특수한 요구권리와 의무를 명백히 무시한다고 말했다.[7] 따라서 모든 옳은 행동은 누

---

7) 존 그로트(John Grote: 1813-1866), 『공리주의 철학에 대한 고찰(*An Examination of the Utilitarian Philosophy*)』(1870), 5장을 참조하시오.

군가의 행복에 이바지하고 어느 정도 유익하다는 명제에 대하여 공리주의와 상식의 의견이 일치할 수 있지만, 선행의 분배와 관련된 근본적 물음에 대해서는 화해할 수 없을 정도로 다르다.

여기서 공정한 반대자들조차 공리주의의 입장을 이해하지 못한 것으로 보인다. 그들은 각 사람의 봉사의 분배가 불평등함으로써 전체의 행복이 가장 잘 달성되리라는 이유에서 "각자 모두가 하나로 간주되고, 누구도 하나 이상으로 간주되지 않는다"는 벤담의 유명한 공식을 공격한다. 그러나 전체의 행복이 분명 이러한 방식으로 가장 잘 달성된다면, 공리주의는 필시 이러한 방식으로 그것을 겨냥하라고 지시할 것이다. 벤담의 언명은 궁극적 목적을 가장 잘 달성할 행위의 규칙을 직접 지시하는 것이 아니라 단지 그 목적을 명확히 하려는—한 사람의 행복은 전체의 행복의 한 요소로서 다른 사람의 행복만큼 (동일한 정도라고 가정되는) 중요시되어야 한다고 규정하는—언명으로 이해되어야 한다. 각 개인이 일반적으로 인정받은 유대관계와 요구권리에 의하여 정해진 경로로 자신의 선행을 분배하는 것이 일반적으로 말해서 전체의 행복에 도움이 되는 이유는 어지간히 명백하다.

첫째로 제3권 4장에서 논한 주요 관계에서—가족관계, 그리고 혈족, 우정, 이전의 호의, 특별한 필요에 의하여 형성된 관계에서—상식적으로 의무로 규정된 봉사는 흔히 자연적 애정에 의하여 유발되고, 동시에 그것은 이러한 애정을 발전시키고 유지하는 데 도움이 된다. 그런데 인간들 사이에서 자비로운 애정의 존속은 그 자체로 공리주의적 목적을 위한 중요한 수단이다. 왜냐하면 (샤프츠베리와 그의 추종자들이 강력히 주장한 것처럼) 우리의 쾌락들 가운데 가장 강렬하고 고평가되는 것은 이러한 애정에서 나오기 때문이다. 그 정서 자체가 매우 유쾌하고, 그것은 그것이 자극하거나 지속시키는 활동에 이러한 성질을 전달하고, 이렇게 산출된 행복은 다른 사람에게 베푼 쾌락의 공감적 반향으로 계속 늘어나기 때문이다. 또한 진정한 애정이 존재할 경우, 앞서 주목한 자발적 선행에 대한 실천적 반론은 크게 약해진다. 왜냐하면 이러한 애정은 쉬이 보답을 받고, 그것의 결과이자 표현인 친절은 일반적으로 애정으로 보답받기 때문이다. 이것이 사실이라면, 그 친절은 수혜자의 활동의 원천을 약화시키는 경향이 적고, 이기적인 것과는 다른 활력의 원천을—개인적 애정, 보은, 사랑받을 가치를 가지려는 욕망, 선행을 모방하려는 욕망을—자극함으로써 활동의 원천을 강화시킬 수 있다. 따라서 자선행위가 진실한 공감과 친절함으로부터, 그리고 진심 어린 보은의 반응을 끌어내는 방식으로 주어진다면, 적어도 자선의 유해한 효과가 크게 줄어든다는 점을 종종 관찰할 수 있다. 더 나아가 애정에서 나오는 선행은 지식 부족 때문에 좌절될 가능성이 적다. 왜냐하면 우리는 우리가 사랑하는 사람의 행복의 실제 여건을 연구하려는 강한 자극을 받을 뿐만 아니라, 이러한 연구는 애정에 자연히 동반하는 공감에 의하여 더 효과적이게 된다.

이러한 근거에서 공리주의자도 분명 애정의 배양과 애정 어린 봉사의 수행을 찬성할 것이다. 그러나 우리가 승인해야 할 것은 특별한 개인에 대한 애정보다는 그 범위에서 더 보편적인 감정이라고—자애나 박애, 혹은 (그렇게 불리는 것처럼) "인간애의 열정"이라고—말할 수 있다. 확실히 모든 특별한 애정은 경우에 따라서 전체의 행복을 증진하라는 원칙과 충돌하는 경향이 있다. 따라서 공리주의는 이 경향을 최대한 중화시키는 감정의 수양을 지시해야 한다. 그러나 대다수 사람들은 가까운 관계, 특히 가족관계의 몇몇 인간을 향해서만 강한 애정을 가질 수 있다고 생각된다. 만약 이 애정이 억눌린다면, 대다수 사람들이 같은 인간 일반에게 느낄 것은 아리스토텔레스의 말처럼 "희미한 친절"과 자기애에 대한 아주 빈약한 평형추일 것이다. 그래서 현재의 사회조직이 통상적으로 산출하는 이렇게 특수화된 애정은, 대다수 사람들이 느낄 수 있는 한에서는, 그들 안에서 더 광범위한 자비심을 발달시키는 최선의 수단을 제공한다. 게다가 각 사람은 대체로 힘이나 지식의 한계로 극소수의 사람들에게게만 큰 좋음을 행할 입장에 있다. 따라서 이러한 이유만으로도 그의 최고의 자비로운 충동도 이에 상응하여 제한되는 것이 바람직하게 보인다.

둘째로 이 논증은 애정은 차치하고라도 특별한 관계에는 일반적으로 봉사에 대한 특별한 요구권리가 부여될 수 있다고 인정하는 편이 전체의 행복에 이로운 이유를 숙고하게 하고, 얼핏 보기에 공리주의가 가르치는 선행의 분배에서의 불편부당성을 수정하게 한다. 이 논증은 앞의 논증과 쉽게 분리될 수 없지만, 더 분명히 말하기 위해서 이 논증을 따로 다루는 편이 최선으로 보인다. 왜냐하면 문제의 봉사는 대체로 애정 없이는 그리 쉽게 제공될 수 없는 것이기 때문이다. 이러한 경우 우리가 본 것처럼,[8] 만약 그 애정이 배양될 수 있는 것이라면 상식은 그 애정 자체를 의무로 간주한다. 불행하게도 애정이 없을지라도 상식은 여전히 봉사의 수행을 지시한다. 사실 우리는 일반적으로 가족 간의 애정에 이끌려 수행하는 봉사와 보은 및 동정심에 이끌려 수행하는 봉사를 현존하는 상황에서 정상적 삶과 사회의 행복을 유지하는 상호부조 체계의 필수적 부분으로 정당하게 간주할 수 있다. 그 봉사들은 법으로 명확히 지시된 훨씬 더 본질적인 봉사의 필수적 보완물이거나 상업적 용어로 명시적 거래(express bargain)의 일부가 된다. 정치경제학자들이 설명한 것처럼, 행복의 수단은 문명화된 사람들 사이에서 점진적으로 조직되는 복잡한 협력체계에 의하여 무한히 증가한다. 한편 이러한 체계에서는 일반적으로 각 개인이 자유계약에 의하여 자신이 제공하려는 봉사와 그가 그 봉사로부터 얻는 보답을 교환하도록 하는 것이 대체로 최선이라고 생각되지만, 이 일반적 원

---

8)　제3권 4장 §1.

칙에는 수많은 예외들이 있다. 이 예외들 중 가장 중요한 것은 어린이의 경우에서 나온다. 다음과 같은 것이 인류의 복리에 필수적이다. 각 세대에 너무 많지도 적지도 않은 적절한 수의 어린이들이 태어나야 한다. 어린이들은 스스로 부양하도록 내버려 둘 수 없기 때문에, 유아기 동안 그들은 적절한 영양과 보호를 받아야 한다. 더 나아가 그들은 지적·도덕적·신체적인 좋은 습관을 갖도록 조심스런 훈련을 받아야 한다. 일반적으로 생각하기에, 이러한 목적을 웬만큼 달성할 수 있는 최선의 혹은 알려진 유일한 수단은 법적·도덕적 규칙들이 결합된 토대에 의존하는 현재의 가족제도에 의하여 제공된다. 왜냐하면 법은 부모에게 평생 동안의 결혼과 완벽한 상호충실의 의무, 그리고 일정 연령에 이르기까지 자녀에게 생필품을 제공할 의무를 부과함으로써[9] 상호봉사의 최소치를 정해주고 여러 가족 구성원들을 위한 행위의 대략적 윤곽을 그려주기 때문이다. 대신에 법은 부모에게 같은 기간 동안 자신의 자녀에 대한 통제권을 주고, 그들이 늙고 빈곤할 경우 때로는 자녀에게 부모를 부양할 의무를 부과한다. 그리하여 도덕은 더 완벽한 이익들의 조화와 더 광범위한 친절의 교환을 가르치면서 법이 그려놓은 윤

---

9) 물론 엄밀히 말해서 근대 국가들의 법은 이것을 강제하는 것이 아니라, 다만 어떤 다른 종류의 혼인계약을 인정하지 않을 뿐이다. 그러나 사회적 결과는 실질적으로 동일하다.

곽을 채울 뿐이다. 그러나 우리가 발견한 바로는, 상식이 인정하는 가족 간의 상이한 의무들을 공식화하는 시도에서 대다수의 경우에 일반적 동의를 단언하기 어렵고 사실상 지속적 논쟁의 무대를 형성하는 광범위하고 모호한 여백이 있다. 그러나 우리는 이제 일반적인 도덕적 의견의 잠재적 공리주의를 가장 분명히 드러내는 것이 바로 이 여백이라는 점을 깨달아야 한다. 왜냐하면 (예컨대) 남편과 부인 혹은 부모와 자녀 서로 간의 정확한 의무에 대한 물음이 제기될 때, 각 논쟁자는 흔히 어떤 제안된 규칙을 일반적으로 인정하는 것이 인간의 행복에 미치는 결과에 대한 예측에 의해서 자신의 견해를 뒷받침하기 때문이다. 이것은 그 문제가 만장일치로 의지하게 되는 기준으로 보인다.

이와 유사하게 특별한 필요에서 발생하는 (우리가 자연적 공감에 의하여 인정하게 되는) 봉사에 대한 요구권리는 명백히 공리주의적 기초에 의존할 수 있다. 사실 이 의무의 적절한 이행은 사회복리에 매우 중요하게 보이기 때문에, 일반적으로 근대의 문명화된 공동체에서는 그것이 어느 정도 정부의 활동영역에 들어와 있다. 우리가 인식한 바로는, 모든 부자가 남아도는 부를 빈민에게 나눠주는 것이 왜 옳지 않은가에 대한 주된 공리주의적 이유는 (기혼 여성은 제외하고) 각 성인은 자신의 재원으로 자기에게 필요한 물건을 공급하리라는 기대를 유지하는 편이 대체로 모든 사람의 행복을 가장 크게 증진하기 때문이다. 그러나 어떤 사람이 예견할 수 없었던 갑작스런 재난 때문에 고통이나 심각한 불편을 면하기에는 확실히 재원이 불충분하다는 사실을 내가 알게 된 경우에는, 상황이 변한다. 그의 행복을 나 자신의 행복만큼 고려해야 할 나의 이론적 책무는 즉시 실천적 책무가 된다. 나는 나 자신이나 다른 사람에게 더 큰 행복의 손실을 유발하지 않는 한에서 그를 구제하려고 노력해야 한다. 그러나 적당한 주의를 기울여 그 재난을 예견하여 피할 수 있었다면, 나의 의무는 더 불분명해진다. 이러한 경우 공리주의자는 이 간접적 해악을 고통과 가난의 제거라는 직접적 좋음과 비교하여 계량해야 한다. 오늘날에는 빈민 부양의 문제는—법으로 그들에게 보장될 최소치를 고려하든 사적 자선의 적절한 보완적 작용을 고려하든—이러한 것들을 요소로 삼는 공리주의적 문제로 간주되어야 한다는 점을 훨씬 더 일반적으로 인정한다.

빈곤은 한 사람이 다른 사람에게 공짜로 봉사를 제공하는 것이 전체의 행복에 도움이 되는 유일한 경우가 아니다. 어떤 여건이나 직업에서든 사람은 일반적 거래의 방식으로 획득할 수 없는 종류의 도움 없이는 어떤 해악을 막거나 정당하거나 가치 있는 목적을 실현할 수 없다는 사실을 알 수 있다—여기서 말하는 도움은 한편으로 그 위급상황의 이례적 성질로 인하여 받는 자에게는 나쁜 효과를 전혀 미치지 않으면서 주는 자에게도 무거운 짐이 되지 않을 도움이다. 다시 일부 법학자들은 제공될 봉사가 크면서도 그것의 제공에 따른 부담이 매우 적을 경우에 그것은 마땅히 법적 책무의 문제가 될 수도 있다고 생각했다. 그래서 (예컨대) 단지 손을 내미는 것만으로 익사하는 사람을 구할 수 있음에도 그 행위를 하지 않는다면, 나는 법적으로 처벌될 수 있어야 한다고 생각했다. 이 생각이 어떠하든, 이러한 위급상황에서 도움의 거절을 비난하는 도덕규칙은 명백히 전체의 행복에 이롭다.

더 나아가 이렇게—말하자면—우연히 공짜로 주어지는 봉사 외에, 보통 시장가격이 없는 봉사가 있다. 예컨대 삶의 깊은 혼란에서 어떤 사람이 진정한 친구로부터만 받으려는 조언과 도움이다. 이러한 봉사가 일반적으로 제공될 수 있다는 것은 전체의 행복을 크게 증진시킨다. 이러한 이유에서, 그리고 직접적으로 발생하는 정서적 쾌락을 통해서, 우리는 우정을 공리주의적 목적을 위한 중요한 수단으로 인식한다. 동시에 우리가 느끼기로는, 정서의 흐름이 자발적이고 자연스럽지 않다면 우정의 매력은 사라진다. 이 두 견해의 결합은 상식이 모든 친밀하고 강렬한 애정을 칭찬하지만은 않는다는 공감에 의하여, 그리고 상식이 그 애정의 쇠퇴를 비난하지만은 않는다는 유감에 의하여 정확히 표현되는 것으로 보인다.

공짜의 봉사를 제공하는 것이 전체의 행복에 도움이 될 경우, 상식과 마찬가지로 공리주의도 보은을 (이 말이 어떤 사람이 적합한 기회에 자신이 취할 수 있는 어떤 방식으로든 은혜를 갚으려는 고정된 성향을 의미할 경우) 명령한다. 왜냐하면 우리는 경험을 통하여 어떤 종류의 성가신 봉사든 그것에 보답하려는 일반적 성향이 없다면 충분히 제공되지 않을 것이라고 예상하기 때문이다. 사실 우리는 이렇게 말할 수 있다. A가 B에게 줄 수 있는 모든 이로운 봉사에 대하여 B가 어떤 식으로든 보답하리라는 일반적 합의는 봉사의 거대한 사회적 교환의 주요 부분을 조정하는 명확한 계약들에 대한 자연적 보완이다. 사실 어떤 한 종류의 보답은 다른 종류의 보답과 뒤섞여 합쳐지고, 그 둘 사이에 분명한 경계선은 그려질 수 없다. 어떤 은혜에 대한 보답이 순수한 보은의 행위인지 암묵적 합의의 이행인지를 항상 명료하게 구분할 수는 없다.[10] 그러나 보은이 거래의 이행과 유사하다는 견해에는 문제가 있다. 왜냐하면 사심 없음은 우정에 특유한 봉사의 필수적 특징이고, 어떤 경우든 보답에 대한 기대 없이 주어진 은혜는 고유한 탁월성을 가지고 실로 보은을 자극하기에 아주 알맞다고 말할 수 있기 때문이다. 만약 봉사가 이러한 보은에 대한 기대에서 주어진다면, 그것은 이러한 탁월성을 상실한다. 보은을 기대하지 않았던 사람을 친구로 대하는 것도 매우 어려울 것이다. 이것은 언뜻 보기에 손댈 수 없을 정도로 뒤엉킨 것 같다. 그러나 다른 경우처럼 여기서도 명백한 윤리학적 모순이 심리학적 복잡성으로 바뀐 것으로 보인다. 우리의 행동의 대다수는 공존하거나 빠르게 교차하면서 연달아 일어나는 여러 상이

---

10) 때로는 이렇게 흥정되지 않은 보답이 법적 책무이기도 하다. 자녀가 노후의 부모를 부양함으로써 그들에게 쏟은 보살핌에 보답해야 하는 경우처럼 말이다.

한 동기들에 의하여 행해지는 것이기 때문이다. 그래서 어떤 사람은 전혀 사심 없이 다른 사람에게 이익을 주려는 욕망을 가질 수 있고, 어쩌면 이 욕망은 보답에 대한 모든 희망이 차단된 경우에도 모든 상충하는 동기를 압도할지 모른다. 그럼에도 이렇게 관대한 충동은 보답이 아주 없지 않으리라는 막연한 신뢰에 의하여 유지되는 편이 좋을 수 있다. 사실 이 외견상의 난제는 상식의 잠재적 공리주의에 대한 또 하나의 예증을 제공한다. 한편으로 공리주의는 봉사의 제공이 전체의 행복에 도움이 될 때마다 그렇게 해야 한다고 지시하고, 봉사에 대한 보답에서 발생하는 자기이익을 고려하지 않더라도, 이것은 흔히 사실일 수 있다. 다른 한편으로 평균적 사람들은 사실 이기적이기 때문에 보답에 대한 기대 없이는 이러한 봉사가 충분히 제공되지 않을 것이라고 추론할 수 있으므로, 사람들이 봉사에 대한 보답을 도덕적 책무로 인식하는 편이 전체의 행복에 도움이 된다.

우리는 애정의 의무들 중 가장 특징적인 것만을 논했다. 아마 유사한 추론이 명백히 다른 의무들의 경우에도 적용될 것이다.

이 모든 [애정의 의무들의] 경우에 얼핏 보기에는 공리주의적 원칙의 불편부당한 보편성과 대립하지만, 특별한 관계에서 생기는 특별한 요구권리와 의무에 대한 일반적으로 인정받는 견해는 [공리주의적] 원칙의 충분히 숙고된 적용에 의하여 옹호된다는 사실을 증명하는 세 가지 방향의 논증이 있다. 첫째, 도덕은 여기서 어떤 의미로는 자연적이고 자비로운 애정의 정상적 경로와 방향을 지키는 것이다. 이러한 애정의 발달은 쾌락의 직접적 원천일 뿐만 아니라, 더 광범위한 "이타주의"를 위한 필수적 준비과정으로서 인간의 행복에 가장 중요하다. 또한 이러한 애정이 정상적이라는 단순한 사실이 그것의 자연적 표현인 봉사에 대한 기대를 일으키고, 이러한 기대의 좌절은 필시 고통스럽다. 이러한 고려사항과 별개로, 마지막으로, 우리는 각 경우에 일반적으로 말해서 다른 사람보다는 이러한 요구권리를 가진다고 일반적으로 인정받는 사람들에게 봉사를 제공해야 할 강력한 공리주의적 이유를 제시할 수 있다.

결론적으로 우리는 직관주의적 방법으로 이 의무들의 한계와 상대적 중요성을 결정하는 과정에서 발견했던 문제들은 공리주의적 체계에서는 쾌락주의적 비교(hedonistic comparison)의 문제로 변형된다는 점을 주목해야 한다.[11] 왜냐하면 전술한 논증들 각각은 문제의 요구권리를 충족시킴으로써 얻게 되는 여러 종류의 쾌락과 피하게 되는 여러 종류의 고통을 우리에게 보여주었기 때문이다. 첫째, 요구된 봉사가 직접 증진하는 쾌락이나 막아주는 고통이 있다. 둘째, 봉사가 제공되지 않을 경우, 기대 좌절의 고통과 이차적 해악이 있다. 셋째, 특히 보답을 받을 경우, 자연적이고 자비로

---

11)   이 문제들을 공리주의적 형식으로 다루는 방법에 대한 더 깊은 논의는 다음
      두 개의 장에서 발견될 것이다.

운 애정을 보존하려는 행위자의 성품에 미치는 간접적 영향을 비롯하여, 우리는 이러한 애정의 발휘와 연관된 다양한 쾌락들을 계산해야 한다. 이 모든 상이한 쾌락과 고통은 상이하게 결합하고 상황 변화에 따라서 거의 무한한 변형들을 만들면서, 문제의 요구권리들 각각에 대한 공리주의적 이유가 된다. 이러한 [공리주의적] 이유들 중 어느 것도 절대적이고 결정적인 것은 아니다. 그러나 각각의 이유는 자체의 무게를 가지는 동시에 다른 이유들에 의하여 압도될 수도 있다.

§4. 나는 정의라는 포괄적 개념에서 종종 자비심의 의무와 대비되는 또 다른 집합의 의무들을 고찰하고자 한다.

흄은 "정의가 사회에 유용하다는 점을 증명하는 것은 불필요한 일"이라고 말한다. 그가 상당히 길게 증명하려 한 것은 "공익이 정의의 **유일한** 기원"이라는 것이다. 존 스튜어트 밀도 기원에 대한 동일한 문제에 주목했다.[12] 하지만 여기서 우리는 공리의 경험들로부터 발생하는 정의감의 성장보다는 성숙한 개념의 공리주의적 토대에 관심을 가진다. 또한 앞서 제시한 분석이 옳다면, 일반적으로 요구되고 가르쳐지는 정의는 이 저술가들이 인식했던 것보다 더 복잡하다. (예컨대) 흄이 정의라는 말로 의미한 바는 더 정확히 말

---

12)   존 스튜어트 밀, 『공리주의』, 5장.

해서 가장 넓은 의미로 이해한 정의, 즉 내가 질서(Order)라고 부를 만한 것이다. 그것은 엄밀히 법적이든 관습적이든 어떤 사회의 상이한 구성원들을 하나의 유기적 전체로 결속시키는 현실적 규칙체계의 준수를 의미한다. 이 규칙체계는 악의적이거나 유해한 충동을 억제하고, 사람들의 여러 상충하는 욕망 대상들을 분배하고, 관습적이든 계약적이든 일반적으로 채무의 문제라고 인식되는 적극적 봉사를 강제한다. 플라톤이 인용한 혁명적 역설, "법은 지배자의 이익을 위하여 부과된다"는 역설에 대하여 그럴듯한 경험적 논증이 요구된 적은 거의 없지만, 질서나 법 준수의 습관이 일반적으로 사회의 행복에 이롭다는 것은 흄의 말처럼 증명할 필요가 없을 정도로 명백하다. 실로 특정한 법이 명백히 유해한 경우에조차, 그 법의 위반이 개인에게 부과하는 처벌과 별개로, 그것을 준수하는 편이 일반적으로 이롭다는 것은 한 공동체에 엄청나게 중요한 사실이다. 그러나 우리가 본 바로는, 상식은 "우리는 사람보다 신에게 복종해야 한다"는 이유로 때로는 나쁜 법의 준수를 (비록 저항을 정당화하는 나쁨의 종류나 정도에 대한 분명한 직관은 없다고 보이지만) 거부하라고 명령한다. 더 나아가 상식은 "필요 앞에서는 법도 무력하다"와 "국민의 안녕이 최고의 법이다(salus populi suprema lex)"라는 이유로 특수한 위급상황에서는 일반적으로는 좋은 규칙들의 위반을 허락한다.

이 의견뿐만 아니라 유사한 일반적 의견들도 법의 준수 의무의 한계는 적어도 공리주의적 고려사항에 의하여 결정된다고 제안하는 것처럼 보인다. 공리주의의 견해는 입법권한의 정말로 정당한 원천을 직관적으로 정의하려는 시도가 부과한 문제들을 해소하는 동시에,[13] 정부의 본질적 정당성에 대한 현재의 여러 견해들 각각을 어느 정도 정당화한다. 한편으로 공리주의적 견해는 확립된 정치질서의 도덕적 기초를 그것의 원인보다 주로 그것의 결과에서 구한다. 그래서 일반적으로 말해서 아주 나쁘게 통치하지만 않는다면 **사실상의** 정부에 마땅히 복종해야 한다고 생각될 것이다. 다른 한편으로 어떤 특정한 방식으로 입안된 법이 (1) 더 낫거나 (2) 더 기꺼이 준수된다면, 이 새로운 방식의 입안을 도입하려고 노력하는 것이 공리주의적 의무다. 따라서 사회발전의 일정 단계에서는 (예컨대) '대의제(representative system)'가 대중적으로 요구되거나, 어쩌면 (극단적 경우에는) 강제로라도 도입되어야 한다는 주장이 옳을 수도 있다. 반면에 옛날의 입법방식을 유지하는 것에도 이로운 점이 있다. 왜냐하면 사람들이 이러한 방식에 기꺼이 복종하기 때문이다. 야심가들이 권력찬탈을 너무 쉽게 꿈꾸지 못하게 만들기 위하여, 일시적 고통과 무질서를 무릅쓰고라도 권력을 빼앗긴 정부에 충성하는 편이 전체적으로 이로울 수도 있다. 다른 곳에서처럼 여기서도 공리주의는 일반적으로 절대적이라고 주장되는

---

13) 제3권 6장 §2와 §3을 참조하시오.

상이한 이유들을 뒷받침하는 동시에, 그것들을 이론적으로 공통된 척도로 가져간다. 이리하여 우리는 어떤 특수한 경우에든 상충하는 정치적 주장들 사이에서 의사결정의 원칙을 가지게 된다.

전술한 것처럼, 그것이 다른 개인들의 이익에 영향을 미치는 한에서, 이러한 법 준수가 바로 우리가 종종 정의라는 말로 의미하는 바다. 그러나 철저히 분석해보면 정의 개념은 다소 복잡한 방식으로 결합된 여러 별개의 요소들을 포함하는 것으로 보인다.[14] 따라서 이 요소들 각각이 나타내는 잠재적 공리를 탐구해야 한다.

우선 정의로운 것과 법적인 것이 구별되지 않는 경우에조차 정의 개념 속에서 나타나는 항구적 요소는 불편부당성 혹은 임의적 불평등의 부재(不在)다. 우리가 본 것처럼[15] (법의 제정에서 나타나든 그것의 집행에서 나타나든) 불편부당성은 어떤 두 사람의 경우가 모든 실질적 환경에서 유사할 경우에 그들을 다르게 대우하는 것은 옳지 않다는, 더 일반적인 준칙의 특수한 용례일 뿐이다. 우리가 본 것처럼, 공리주의는 다른 윤리체계들과 마찬가지로 이 준칙을 받아들인다. 또한 이러한 부정적 기준은 법에서나 행위 일반에서나 무엇이 정의로운가를 완전히 결정하기에는 분명 불충분하다. 이 기준을 받아들일 경우, "법에서, 그리고 법의 영역 밖에서, 쾌락

---

14)   제3권 5장을 참조하시오.
15)   제3권 13장 §3.

과 고통의 분배에서 임의적이지도 부당하지도 않은 불평등은 무엇인가? 그리고 그것은 어떤 일반적 원칙에 의존하는가?" 하는 물음이 남는다.

우선 우리는 개인의 행위의 일정 부분[16]에서는 명백히 임의적인 불평등이 부정의로 간주되지 않는, 심지어―일부 경우에는―전혀 비난할 만한 것으로 간주되지 않는 이유를 공리주의적 원칙에 의거하여 설명할 수 있다. 왜냐하면 행동의 자유는 행위자에게 중요한 행복의 원천이고, 그들의 활력을 위한 사회적으로 유용한 자극물이기 때문이다. 따라서 부나 친절한 봉사를 베풂에서 사람의 자유로운 선택은 다른 사람들의 이익이 명백히 요구하는 바를 초월하는 법적 처벌이나 사회적 비난에 대한 공포로 인하여 억압당하지 않는 편이 분명히 이롭다. 따라서 명백히 인정받은 요구권리들이 만족될 때, 다른 개인들은 한 개인의 단순한 선호를 그의 재산이나 봉사의 불평등한 분배의 정당한 근거로 간주하는 것이 그 정도까지는 이롭다. 오히려 앞서 본 것처럼, 정상적이고 적절하게 말해서 자발적이고 강제되지 않은 감정에 의하여 유발된 봉사의 제공에서처럼, 각 개인은 자신의 불합리한 충동을 실제로 행동의 합당한 근거로 간주하는 편이 일정 한계 내에서는 이롭다.

일반적으로 인정된 '정의로운 요구권리들'에 근거를 제공하는 일

16)　앞의 원문 268쪽의 주해를 참조하시오.

반적 원칙들을 고찰하면서, 우리는 이 많은 요구권리들의 근거가 '정상적 기대(normal expectation)'라는 일반적 제목에 포함될 수 있다는 점을 알게 된다. 이 책무의 엄중함은 그 기대들이 명확한 약속에 기초를 둔 것인지, 아니면 모호한 상호합의에 기초를 둔 것인지, 혹은 어떤 평균적인 사람이 다른 사람들의 행위에 대한 과거의 경험으로부터 만들어낸 것인지에 따라서 그 정도가 매우 다르다. 후자의 경우들에서, 상식은 그 요구권리들의 타당성과 관련하여 다소 혼란에 빠지는 것처럼 보인다. 그러나 공리주의자에게는 이러한 문제가 존재하지 않는다. 공리주의자는 모든 기대의 좌절은 그 정도만큼 악이라고 생각하지만, 기대하던 개인이 예전에 가졌던 안전감에 비례하여 동료의 행위에 대한 신뢰를 깨트린 충격에서부터 더 큰 악이 나온다고 생각할 것이다. 또한 공리주의자는 그 충격이 어떻게든 그 개인의 좌절을 알고 있는 모든 사람에게 영향을 미칠 경우, 일반적으로 그 기대가 정상적이고 합당하다고 인식되는 정도에 비례하여 그 악이 몇 배 더 커질 것이라고 생각할 것이다. 서로의 행동에 대한 신뢰는 인간에게 매우 큰 중요성을 가지기 때문에, 실제로 일반적인 경우의 명확한 약속에서 그 약속의 위반에 의하여 발생하는 해악을 상쇄할 이득은 거의 없다. 그러나 우리가 발견한 바로는, 상식은 신의의 규칙의 여러 예외와 제한조건을 다소 명확히 인정한다.[17] 이러한 예외와 제한조건의 대다수는 공리주의적 근거를 가지고, 그 근거의 식별은 별로 큰 통찰력을 필요로 하지 않는다. 우선 피상적 견해는 약속의 책무를 공리주의자의 주장처럼 수약자에게 생긴 기대가 아니라 약속자의 언명에 달려 있는 것으로 만드는데, 우리는 이러한 견해가 실제로는 상식에 속할 수 없다는 점을 알 수 있다. 상식은 어떤 약속의 준수가 다른 사람과 직접 관계되지 않아서—어떤 사람이 완전한 금욕의 서약을 어긴 경우처럼—그것의 위반이 다른 사람에게 나쁜 선례라는 간접적 악만 수반하는 경우보다는 다른 사람이 그것을 믿고 행동한 경우에 그것의 위반을 더 강하게 비난한다. 또한 우리는 약속준수에 대한 공리주의적 이유들이 상황의 중대한 변화에 의하여 어떻게 줄어드는지 알 수 있다.[18] 왜냐하면 이러한 경우에 약속의 위반에 의하여 좌절되는 기대는 적어도 그 약속이 애초에 만들어낸 기대가 아니기 때문이다. 사람들이 사기나 불법 폭력으로 맺어진 약속의 이행을 신뢰할 수 있다는 것은, 이러한 목적을 위한 사기나 폭력의 사용이 조장될 경우, 명백히 공동체에 불이익일 것이다.[19] 또한 상식은 약속의 이행이 수약자에게 해를 끼칠 경우에는 약속의 책무가 사라진다는 점을 인정하고, 약속자만 해를 당하는 것이 아니라 그 해악이 매우 심한 경우에는 과연 그 약속을 지켜야 하는지

---

17) 제3권 6장.

18) 앞의 제3권 6장 §8을 참조하시오.

19) 만약 비합법적 공격자가 피해자의 약속에 의존할 수 없다면, 그는 피해자에게 더 심한 상해를 가하게 될 수도 있다는 상쇄적 고려사항이 있다.

에 대하여 의문을 품는다는 것을 보았다―두 경우 모두에 제한조건은 공리주의와 일치한다. 이와 유사하게 다른 제한조건과 예외에 대해서도 마찬가지다. 사람이 자신의 약속 준수의 일반적 공리가 분명한 경우, 그 다른 제한조건과 예외는 모두 명백히 공리주의적인 것이 된다.

더 나아가 정상적 기대의 만족의 이로움은 그 기대가 명확한 계약에 근거한 것이 아니더라도 부정할 수 없다. 이러한 기대가 가급적 적게 좌절되는 것이 분명 사회적 존재의 평온에 도움이 되고, 사회적 행복을 크게 좌우하는 안정적이고 적응된 활동에도 도움이 될 것이다. 여기서 공리주의는 정의로운 행위를 절대적으로 정확하고 명확하다고 보는 일반적 견해를 둘러싼 문제들로부터 우리를 해방시켜준다. 왜냐하면 우리는 이렇게 모호한 영역에서 타당한 주장과 부당한 주장 사이의 명확한 경계선을 그릴 수 없기 때문이다. '부정의'는 점점 순전한 '고난'으로 변한다. 따라서 자연적 기대의 좌절은 악이지만 때로는 더 큰 좋음을 위하여 초래될 수밖에 없는 악이라는 공리주의적 견해는 상식이 실천적으로 받아들일 수밖에 없는 견해다. 비록 도덕에 대한 직관주의적 견해에서 정의의 이론적 절대성과 공리주의적 견해를 조화시키는 것은 어렵지만 말이다.

이 책무의 상대성을 인정함으로써 얻는 이득은, 내가 이상적 정의로 분류한 것을 고찰하고 현존 사회질서에 대한 현재의 비판들

속에서 명시적으로 표현되거나 잠재되어 있다고 생각되는 이상적 정의의 일반적 개념을 검토할 때 훨씬 더 잘 느껴질 것이다.

우리가 본 바로는, 이상적으로 정의로운 사회질서에 대하여 두 가지 경쟁적 견해가 있다—혹은 평범한 사람들의 느슨한 개념들은 두 극단적 유형 사이에서 동요하는 것처럼 보인다고 말할 수 있다. 나는 그것들을 각각 개인주의적 견해와 사회주의적 견해라고 불렀다. 전자의 견해에 따르면, 이상적 법체계는 자유 혹은 공동체의 모든 구성원 사이의 완벽한 상호불간섭을 절대적 목적으로 삼아야 한다. 그런데 각 합리적 성인이 자기 방식대로 자유롭게 행복을 추구하도록 허락해야 할 일반적인 공리주의적 이유는 뚜렷하다. 일반적으로 말해서 각자는 자신의 이익을 도모할 최적임자이기 때문이다. 설령 그가 자신의 이익이 무엇이고 어떻게 그것을 얻어야 할지를 가장 잘 아는 사람이 아니더라도, 그는 어쨌든 그것에 가장 강렬한 관심을 가지고 있기 때문이다. 또한 자유와 그것에 동반하는 책임에 대한 의식은 사람들의 활동의 평균적 효과를 증가시킨다. 이외에도 억압의 불쾌함은 바로 악이고 그만큼 피해야 한다. 그럼에도 우리가 보았듯이[20] (행복 대신에) 최대 자유를 절대적 목적으로 삼는 일관성 있는 법전을 만들려는 시도는 놀랄 만한 모순과 해결할 수 없는 난제에 도달할 수밖에 없다. 사실 '자유' 개

---

20)   제3권 5장 §4.

념에 대한 실천적 해석과 그것의 현실적 실현의 추구의 한계는 항상—가장 자유로운 사회에서조차—어느 정도는 의식적으로 이로움의 고려에 의하여 결정되었다. 그래서 상식이 개인주의적 견해를 정치학에서 이상적인 것으로 채택한다면, 우리는 그 견해가 항상 공리주의의 제일원칙에 종속되고 그 원칙에 의하여 제한된다고 정당하게 말할 수 있다.[21]

그런데 우리가 이상적 정의의 이름으로 일반적으로 요구하거나 열망하는 것은 자유의 실현보다 응분(Desert)에 따른 좋음과 악의 분배로 보인다. 사실 자유는 종종 후자의 목적을 위한 수단으로서 옹호된다. 왜냐하면 우리가 사람들을 상호간섭으로부터 완전히 보호할 경우, 각자는 자신의 행위의 좋은 결과와 나쁜 결과를 얻을 것이고 자신의 응분에 비례하여 행복하거나 불행할 것이라고 이야기되기 때문이다. 특히 부와 봉사의 자유로운 교환이 허용될 경우, 각 개인은 사회로부터 자신의 봉사의 진정한 가치에 걸맞은 돈이나 이득을 얻는다는 것이 널리 주장되는 바다. 그러나 우리가 보았듯이 한 개인이 완벽한 자유무역 체계에서 그가 교환한 부나 봉사로 얻는 대가는 여러 이유들로 그가 교환한 것의 사회적 공리에 비

---

21)   또 다른 저술(『정치경제의 원칙(*Principles of Political Economy*)』(1883), 제 3권 2장에서 나는 산업의 조직화에서 완전한 자유방임은 여러 방식들로 부의 가장 경제적 창출에 미치지 못한다는 점을 증명하려고 시도했다.

례하지 않을 수 있다. 반성적 상식은 도덕감정의 무반성적 발언을 바로잡는 공리주의적 고려의 영향을 받아 이러한 불균등을 어느 정도는 정당하다고 인정하는 것처럼 보인다.

특수한 경우를 생각해보자. 어떤 도덕적인 사람이 흥정을 하면서 다른 사람의 무지를 이용하는 것이 얼마만큼 옳은가 하는 물음을 받을 경우, 아마 그의 맨 처음 충동은 이러한 방법을 철저히 비난하는 것일 것이다. 그러나 내가 생각하기에 그는 숙고를 통하여 이러한 비난이 너무 무차별적이라고 보게 될 것이다. "만약 A의 우월한 지식이 근면함과 선견지명을 정당하게 사용하여 얻은 것이고 B도 똑같이 성공적으로 이러한 근면함과 선견지명을 이용할 수 있었다면, 낯선 사람 B와의 협상에서 자신은 알고 있는 사실에 대한 B의 무지를 이용한 것에 대하여 A를 비난하는 것"은 상식에 어긋날 것이다. "내가 생각하기에 … 이 경우나 유사한 경우에 우리가 이렇게 비난하지 못하는 이유는" 경제학적 지식의 "자유로운 추구와 활용에 실제적인 사회적 제약을 가할 경우에 공동체의 부에 막대한 손실이 일어날 수 있다는 사실에 대한 다소 의식적인 우려 때문이다." 전체의 이로움이라는 다소 유사한 이유에서, 어떤 계급의 사람들이 그들과 거래하는 다른 계급의 불리한 경제적 상황을 이용하여 이득을 얻는 것이 공정한가 하는 물음이 제기될 경우, 상식은—어쨌든 이러한 불리한 상황이 "일반적 원인들의 점진적 작용에" 기인한 것이고 "이득을 얻는 사람들이 그 원인들의 존재에 딱

히 책임이 없을 경우"—적어도 이러한 이득을 비난하기를 주저한
다.[22]

상식이 진정 '공적에 대하여 보상하라'는 일반적 원칙을 사람들
의 사회적 관계에 실제로 적용할 수 있는 원칙으로 인정하는 한에
서, 그 원칙은 대체로 공리주의와 일치한다. 왜냐하면 우리는 명백
히 행복을 가져오는 행위에 대하여 보상을 줌으로써 전체의 행복
의 산출을 고무하기 때문이다. 보상의 공리주의적 척도는 실행한
봉사의 크기만이 아니라 부분적으로 사람들이 이 봉사를 실행하도
록 유도할 때의 난이도에 의하여 결정될 것이다. 상식은 후자의 요
소를 (아마 무의식이겠지만) 항상 고려하는 것처럼 보인다. 왜냐하
면 우리가 알아챈 것처럼,[23] 사람들이 자연적으로 옳은 행동을 너
무 많이 행하려 할 경우 우리는 일반적으로 이러한 행동에서 공적
을 인정하지 않기 때문이다. 과실은 그릇된 의도에 있다는 직관주
의적 원칙이 처벌을 순전히 예방적이라고 보는 공리주의적 견해와
충돌하는 경우에도, 우리가 발견한 바로는, 형사사법의 현실적 집
행에서 상식은 마지못해서라도 결국 공리주의와 실천적으로 일치
하게 된다. 그래서 내전(內戰) 후에 상식은 가장 충성스러운 반역자

---

22) 인용들은 나의 『정치경제의 원칙』, 제3권 9장에서 나온 것이다. 여기서 이 물
     음들은 다소 더 길게 논의된다.
23) 앞의 §2와 제3권 2장 §1을 참조하시오.

의 처형을 요구한다. 철도사고 후에 그 결과만 아니라면 아주 사소한 것으로 치부할 수 있을 비의도적 태만에 대해서도, 상식은 중벌을 요구한다.

만약 응분에 대한 고려사항이 쾌락과 특권 혹은 고통과 부담의 분배에 적절히 개입하지 않으면(즉 분배할 좋음과 악이 양자 중 하나를 받을 사람의 행위와 아무 연관도 없다면)—혹은 이러한 고려사항을 참작하는 것이 실천적으로 불가능하다면—상식은 정의로운 할당의 원칙으로서 단순한 평등에 의지하는 것처럼 보인다.[24] 우리가 관찰했듯이 이 가상적 경우에서는 공리주의자도 평등을 유일하게 임의적이지 않은 분배방식으로서 합당하다고 받아들일 것이다. 행복의 수단의 이러한 할당방식은 전체적으로 더 많은 행복을 산출할 수 있다는 사실을 관찰할 수 있다. 이것은 사람들이 부조리에 대하여 사심 없는 반감을 가지기 때문이기도 하지만, 그보다는 사람들이 어떤 종류든 다른 사람들에 대한 열등감에 (그 열등함이 부당하게 보이는 경우에는 훨씬 더 강화되는) 반감을 가지기 때문이다. 이 후자의 감정은 너무 강하여, 종종 응분에 대한 분명한 주장보다 우세해진다. 심지어 그 감정이 그렇게 우세해지는 것이 때로는 이로

---

24) 앞서 나는 사적 행위의 영역을 인정하는 것이 공리주의적 원칙과 다소 일치하고, 그 영역 안에서 각 개인은 부정의하다는 비난을 받지 않고도 자신의 선택대로 자신의 부와 친절한 봉사를 불평등하게 분배할 수 있다는 점을 관찰했다.

울 수도 있다.

공리주의는 정의 개념에 포함된 상이한 요소들이 환원될 수 있는 공통의 기준을 제공한다는 사실을 주목해야 한다. 이러한 기준은 절대로 필요하다. 왜냐하면 이 상이한 요소들은 계속 상충할 수 있기 때문이다. 예컨대 현실 정치에서 보수주의자와 개혁주의자 사이의 쟁점은 종종 이러한 충돌을 표현한다. 문제는 이상적 정의에 더 일치하도록 행복의 수단을 분배할 목적으로 현존 사회질서에서 자연히 발생하는 기대를 거슬러야 하는가 하는 물음이다. 만약 여기서 제시한 일반적 정의 개념에 대한 나의 분석이 논리적으로 옳다면, 그 개념에서 이 쟁점에 대한 분명한 판결을 도출하려는 시도는 필히 실패할 것이다. 왜냐하면 그 충돌은 말하자면 상식의 핵심에 영원히 숨겨져 있기 때문이다. 그러나 공리주의자는 이 [일반적] 정의 개념을 상이한 종류의 공리들로 나아가는 길잡이로만 사용할 것이다. 이 상이한 종류의 공리들이 양립할 수 없을 경우, 그는 한 집합의 이득을 다른 집합의 이득과 저울질하고 무게의 우위에 따라서 결정할 것이다.

§5. 진실을 말할 의무는 때로는 공리주의적 근거에 의존하지 않는 도덕규칙의 인상적 사례로 간주된다. 그러나 인간의 일반적 의견이 실제로 이 의무를 가르칠 때의 제한조건들에 대한 면밀한 연구는 정반대의 결과로 우리를 인도하는 것으로 보인다. 왜냐하면

792

진실을 말함의 전체적 공리는 너무 분명하여 증명할 필요가 없을 뿐만 아니라, 우리가 발견한 바로는 이러한 공리가 없는 경우 혹은 특수한 나쁜 결과가 이 공리보다 더 크다고 보일 경우에 상식은 적어도 이 규칙의 강행을 주저하기 때문이다. 예컨대 어떤 사람이 범죄적 목적을 추구할 경우, 이 목적의 추구에서 다른 사람들의 언명을 신뢰함으로써 그가 도움을 얻을 수 있다는 것은 언뜻 보기에 공동체에 유해하다. 그렇다면 여기서 속임수는 범죄로부터의 정당한 보호책이다. 습관에 미칠 나쁜 결과를 숙고하더라도, 그리고 사례를 통하여 단 한 번의 거짓말의 나쁜 결과를 숙고하더라도, 공리주의적 원칙에 따르면 그 경우는 의심스러워 보인다. 이것이 바로 상식의 견해다. 또한 진실을 아는 것이 일반적으로 사람의 관심사지만, 그것이 그에게 해를 끼치는—병자가 나쁜 소식을 듣는 경우처럼—예외적 경우가 있다. 여기서도 상식은 그 규칙을 보류하려 한다. 또한 우리가 본 바로는, 진실성이 어디에 있는가를 정확히 규정하기는 어렵다. 왜냐하면 우리는 입으로 말한 낱말에서, 아니면 화자가 그 낱말에서 추론될 것이라고 예견한 결론에서, 아니면 양자 모두에서 진실성을 요구할 수 있기 때문이다. 완벽한 솔직함은 분명 양자 모두에서 진실성을 요구할 것이다. 그러나 이러한 요구가 불편하게 보이는 다양한 상황들에서, 우리가 종종 발견하는 바로는, 상식은 반쯤 자발적으로 그 이중적 책무의 어느 한 부분은 요구하지 않는다. 그래서 우리는 존경할 만한 학파의 사상가들이 종교적 진리가 역사적 허구를 통하여 올바르게 전달될 수 있다고 주장하는 것을 발견했다. 다른 한편으로 완벽한 솔직함이 우리의 기존 사회적 관계에 부적합하다는 점은 일반적 예절에서 인정되고, 이 예절은 흔히 우리에게 진실을 감추고 거짓말을 꺼낼 필요성을 부과한다. 나는 어느 경우에서도 상식이 아주 결정적으로 거짓말에 찬성한다고 말하려는 것이 아니다. 그러나 진실을 말하는 일반적 습관을 유지하는 것의 공리가 아주 커서 그 규칙을 어길 만한 아주 강력한 특별한 이유가 분명 그 공리보다 더 중요하다는 것을 증명하기가 쉽지 않을 경우, 공리주의도 결단을 내리지 못한다.

우리는 악의적 충동의 정당성에 대한 상이한 견해들로부터 상식을 위한 일관된 학설을 수립하는 것은 어렵다는 사실을 발견했는데, 어떻게 그 견해들이 이러한 충동을 만족시킨 결과에 대한 상이한 예측들과 정확히 대응하는가를 지적할 가치가 있다. 언뜻 특정한 사람을 위해하려는 욕망은 전체 사람들에게 되도록 많은 이익을 주려는 숙고된 목적과 일치하지 않는 것처럼 보인다. 우리가 알아낸 바로는, 내가 피상적 상식이라고 부르는 것은 이러한 욕망을 전면적으로 비난한다. 그러나 현실사회의 사실들에 대한 연구에 따르면, 분노는 위해의 억제에서 중요한 역할을 수행하고, 이러한 억제는 사회적 복리에 필요하다. 따라서 사려 깊은 윤리학자는 그것을 완전히 배제하기를 꺼린다. 개인적 악의가 전체의 행복을 위한 매우 위험한 수단이라는 점은 분명하다. 왜냐하면 그것의 직접적 목적이 행복과 정반대이기 때문이다. 이 목적의 실현이 어떤 경우에는 두 가지 악 중 더 작은 것일 수도 있지만, 자극을 받으면 그 충동은 정당한 처벌의 한계를 넘어선 고통을 부과할 수도 있다. 따라서 윤리학자는 의분(indignation)이 사람이 아니라 항상 행위를 향하도록 지시하고자 한다. 이렇게 제한된 의분이 위해의 억제에 효과적일 경우, 이것은 전체의 행복에 가장 도움이 되는 정신상태로 보인다. 그러나 평균적 인간의 본성이 이러한 특성을 잘 유지할 수 있을지, 그리고 그것이 유지될 수 있다면 더 정교한 반감이 그것만으로 충분한 효과가 있을지는 의문스럽다. 따라서 상식은—개인적 악의가 악의의 만족에 대한 욕망을 포함하더라도—악행자들을 향하여 개인적 악의를 비난하기를 주저한다.

마지막으로 절제와 자제심, 그리고 일반적으로 자기-관계적 덕이라고 부르는 것이 그것들을 가진 개인에게 '유용하다'는 점을 보여주는 것은 쉽다. 윤리학자들이 지금껏 많이 가르치고 칭송해온 욕구와 정념의 조절과 억제가 지향해야 할 목적이 무엇인가는 상식의 견해에서는 별로 분명하지 않더라도, 적어도 이 목적을 행복이라고 정의하는 것에는 아무 장애가 없어 보인다. 감각적 쾌락을 근본적으로 나쁜 것으로 보고 거부하는 금욕주의자의 극단적 자제심에서조차, 우리는 무의식적 공리주의의 흔적을 발견할 수 있다. 왜냐하면 금욕주의자의 주된 비난은 항상 사람들이 아주 건강에 위험할 정도로 과도하게 빠져들기 쉬운 쾌락을 향하고 있고, 건강에 유해하지 않더라도 이러한 쾌락의 자유로운 탐닉은 행복의 중요한 원천인 다른 능력과 감수성의 발달을 저해한다고 생각되기 때문이다.

§6. 이 진술에 대한 하나의 명백한 예외는 성욕의 경우에서 순수나 순결이라는 개념으로 지시된 규제에 의하여 성립될 수 있다고 할 것이다. 분명 이 항목에서 우리는 나중의 고통이 즉각적 결과인 쾌락보다 명백히 더 크지 않은 행위가 아주 격렬하고 엄중하게 비난받는다는 사실을 발견한다. 그러나 이 예외에 대한 면밀한 검토는 그것을 현재의 논쟁에 중요한 기여를 하도록 변형시킨다. 왜냐하면 그것은 도덕감정과 사회적 공리 사이의 아주 복잡하고 정교한 일치를 보여주기 때문이다.

우선 남녀의 관계를 지배하는 도덕감정의 특별한 강도와 미묘함은 명백히 그 감정을 수단으로 삼는―즉 어린이들의 적절한 양육과 훈련에 필요하다고 생각되는 영속적 혼인관계의 유지라는―목적의 커다란 사회적 중요성에 의하여 완벽히 정당화된다. 그러므로 이 부문에서 제일의 근본규칙은 부부간의 정절을 직접적으로 보장하는 규칙이다. 남녀의 모든 혼외성교를 비난함으로써 간접적으로 부부관계를 보호하는 것에 대한 공리주의적 근거는 명백하다. 왜냐하면 이러한 성교에 대한 도덕적 비난을 없애는 것은 사람들이 부부관계가 수반하는 속박과 부담을 감내할 동기를 심히 감소시킬 것이기 때문이다. 양 성별의 젊은이들은 그들을 결혼에 부적합하게 만드는 감정과 행위습관을 들일 것이다. 이러한 성교로 자식을 낳을 경우, 후세에 대한 불완전한 돌봄이 수반될 것이고, 그것을 방지하는 것이 영속적 혼인관계의 목적으로 보인다. 동시에 이러한 성교로 자식을 못 낳는 경우, 우리가 볼 수 있는 한에서는, 인간 종족의 미래는 훨씬 더 심각하게 위태로워질 것이다.

더 나아가 부정(不貞)이라는 단순한 위법행위와 관련하여 상식도덕이 항상 설정해온 두 성별 사이의 이상한 차별을 설명할 수 있는 것은 오직 공리주의적 원칙이다. 왜냐하면 그 위법행위는 남자의 경우에 일반적으로 더 고의적이기 때문이다. 남자는 여자를 유혹하고 설득하는 추가적 죄를 짓는다. 여자의 경우 그 위법행위는 우리가 단순한 색욕을 넘어선 동기에 의하여 일어나는 경우가 훨씬 더 흔하다. 따라서 직관주의적 도덕의 일반적 규범에 따라서, 그 위법행위는 남자의 경우에 더 엄하게 비난받아야 한다. 이러한 결과의 현실적 반전은 여성의 순결의 더 높은 기준을 유지함으로써 사회가 얻는 더 큰 이익을 고려할 경우에만 정당화될 수 있다. 왜냐하면 이 기준의 하락은 부모로서의 애정의 발휘에서 남자의 안전감을 손상시켜 가족생활의 뿌리에 타격을 줄 것이기 때문이다. 그런데 남자의 부정에 대해서는 이에 상응하는 결과가 없다. 비록 그것이 가족의 복리를 손상시킬지라도, 남자의 부정은 가족의 존재 자체를 위태롭게 만들지 않고도 크게 성행할 수 있다.

오늘날 기독교 국가의 일반적 도덕감에 의하여 남자의 부정도 비난받는다는 것은 충분히 분명하고 뚜렷하다. 남자의 부정을 대수롭지 않거나 아주 사소한 것으로 취급하는 느슨한 규범이—말하자면 '세속'의 도덕이—존재한다는 점은 인정하지만 말이다. 두 규범 사이의 바로 이러한 차이는 현재의 논증을 어느 정도 뒷받침한다. 그 차이는 일정한 도덕적 제재의 유지의 결과에 대한 쉽게 설명되는 통찰의 차이와 대응한다. 부분적으로 '세속의 남자들'은, 적어도 열정이 가장 강렬한 삶의 시기의 남자들은 현실적으로 성욕의 만족을 억제할 수 없다고 생각한다. 따라서 그들은 가족의 복리를 직접 위협하지 않는 종류나 정도의 부정한 성교를 너그럽게 봐주는 것이 이롭다고 생각한다. 또 부분적으로 어떤 사람은 상식에 더 강하게 반대하면서 (현재처럼 사회의 나머지 사람들과 신중히 분리된 특별한 부류의 여자들과 함께) 다소 제한된 양의 이러한 성교의 존재는 사실 악이 아니고, 심지어 전체의 행복과 관련하여 긍정적 이득일 수 있다고 주장한다. 왜냐하면 성욕의 절제는 어쩌면 건강에 다소 위험하고, 어쨌든 상당한 강도의 쾌락의 손실을 수반하기 때문이다. 동시에 오래된 사회에서 바람직한 수의 인구를 유지하기 위하여 각 세대에서 일정 비율 이상의 여자들은 가족의 어머니가 될 필요가 없다. 만약 남은 일부 여자들이 남자와 가볍고 일시적인 성적 관계를 가지는 것을 직업으로 삼는다면, 그들의 삶이 사회의 덜 혜택받은 계급의 다른 여자의 삶과 비교하여 덜 행복하다고 말할 필요도 전혀 없다.

이러한 견해는 아마 피상적 설득력을 가질 것이다. 그러나 그것은 다음과 같은 가장 중요한 사실을 무시한다. 부정의 확산을 막기 위하여 창부(娼婦) 계급을 여성사회의 나머지 사람들과 충분히 분리하는 것은 도덕적 불승인에 기대어 부정한 여자에게 사회적 경멸과 배척이라는 벌을 엄하게 집행함에 의해서일 뿐이다. 또한 남녀의 간통은 종의 적당한 발전을 실질적으로 저해하지 않는 한계 내에서 억제된다. 이러한 고려는 공리주의자가 이러한 종류의 행위에 대항하여 기존 규칙을 지지하고, 따라서 그 규칙의 위반을 전체적으로 불행을 가져온다고 비난하도록 결심하기에 충분하다. 설령 그 규칙의 위반이 그것에 부과된 도덕적 비난의 결과에서만 이렇게 불행을 가져오는 성질을 가진다고 보이더라도 말이다.[25] 더 나아가 양성 모두에게 순결이 높은 가치를 가지는 경우를 제외하고, '세속의 사람들'은 일반적으로 말해서 가능하지 않은 고상한 유형의 성적 관계를 유지하는 것이 인간 종족에게 지닌 거대한 중요성을 무시한다. 이러한 관점에서 순수의 덕은 개인의 행복과 가족의 복리 모두에 가장 도움이 되는, 남녀 사이의 강렬하고 고상한

---

25) 사회적 제재가 가해질 경우, 사회가 추방을 선고한 여성들의 삶은 혼란과 수치심으로 인하여 불행해지고, 다른 사람들에게 불행의 원천이 되리라는 점은 명백하다. 또한 남자들이 인정받은 필수적 도덕규칙을 어기는 것은 분명 그들의 도덕적 습관 전반에 유해한 영향을 미칠 것이다.

애정이 성장하고 번성할 수 있는 필수적 피난처를 제공한다고 간주될 수 있다.

이러한 방식으로 우리는 순수라는 항목에 의한 상식의 행위규제를 관찰하면서 여러 사려 깊은 사람들을 혼란에 빠뜨린 것이 무엇인지를 설명할 수 있다. 한편으로 이 규칙을 지지하는 감정은 매우 강렬하여, 이 부문에서 옳음과 그름 사이의 주관적 차이는 특히 강하게 느껴진다. 다른 한편으로 이러한 개념으로 비난받는 행위를 분명하게 정의하는 것은 불가능하다고 느껴진다. 왜냐하면 억제해야 할 충동이 너무 강력하고 모든 종류의 자극에 너무 민감하여, 순수에 대한 감정이 그것의 보호적 기능을 충분히 수행하려면 그 감정이 매우 예민하고 생생할 필요가 있기 때문이다. 또한 불순에 대한 반감은 근본적으로 금지될 필요가 있는 행위를 훨씬 넘어서까지 확장되어야 하고, 그것의 범위에 음탕한 생각을 자극할 수 있는 (의복, 언어, 사회적 관습 등에 있는) 온갖 것을 포함해야 하기 때문이다. 이러한 문제에서 옳음과 그름 사이의 경계선이 이론적으로 정확하게 그려질 필요는 없다. 한계는 다소 모호한 채로 남더라도 의무영역의 중심부가 강하게 조명된다면, 그것으로 실천적 목적에 충분하다. 사실 사회가 유지해야 할 상세한 규제들은 습관과 관념들의 연합에 크게 의존하기 때문에, 이 규제들은 시대와 나라에 따라서 크게 다를 수밖에 없다.

§7. 상식이 상충하는 주장들의 상대적 중요성을 불확실한 상태로 남겨둔 경우들에서, 앞선 관찰은 그 주장들 사이에서—(예컨대) 상이한 애정의 의무들 사이에서, 그리고 분석을 통하여 우리의 일반적 정의관에 포함된다고 증명된 상이한 원칙들 사이에서—결정을 내릴 방법으로서 공리주의를 도입하는 방식의 여러 실례들을 제공한다. 또한 현행의 도덕규칙에 정확한 영역과 정의에 대한 논쟁이 일어난 경우, 우리는 어떻게 그 규칙의 상이한 수용들이 전체의 행복 혹은 사회의 복리에 미치는 영향이 일반적으로 그 논쟁을 해결할 궁극적 근거로 간주되는지를 알게 되었다. 사실 이 두 논증은 실제로는 하나로 만난다. 왜냐하면 그것은 일반적으로 사람들에게 각각에 대하여 정확한 정의를 내릴 필요를 통감하도록 해주는 준칙들 사이의 충돌이기 때문이다. 이러한 경우에서 일반적으로 거론되는 결과는 공리주의자가 이해하는 '전체의 행복'보다 '사회의 복리'에 미치는 영향이고, 이 두 개념을 동일시해서는 안 된다고 주장할 수도 있다. 나는 이 점을 받아들인다. 그러나 나는 제1권의 마지막 장에서 궁극적 좋음 혹은 복리 개념에서 첫눈에도 쾌락주의적 해석을 수용하는 요소들에 대한 실천적 결정에서, 상식이 무의식적으로 공리주의적이라는 사실을 증명하려고 시도했다. 이제 우리가 관찰할 수 있는 것처럼, 이 '무의식적 공리주의' 가설은 상이한 집합의 사람들이 개별적 덕들에 상이한 상대적 중요성을 부여하고, 인간들이 흔히 동일한 덕을 상이한 집합의 사람

들에게 상이하게 강조하여 가르치는 이유를 설명한다. 이 차이들은 일반적으로 상이한 상황에서 그 덕들의 공리주의적 중요성에서의—실재하거나 외면상의—편차들에 대응한다. 그래서 우리가 주목한 것처럼, 남자보다 여자에게 순결이 더 크게 강조된다. 다른 한편 용기는 남자한테 더 크게 평가된다. 왜냐하면 남자는 불시의 심각한 위험에 더 활동적으로 대처하라는 요구를 받기 때문이다. 이와 유사한 이유로 군인은 성직자보다 더 높은 수준의 용기를 보여줄 것이라는 기대를 받는다. 또한 우리는 대다수 사람들의 경우에서는 솔직성과 빈틈없는 진실성을 존경하지만, 비밀을 감춰야 하는 외교관의 경우에는 이러한 것들을 요구하지 않고, 자기 상품을 설명하는 상인이 고객에게 그것의 단점을 솔직하게 알려주리라고 기대하지 않는다.

마지막으로 상이한 시대와 나라의 상이한 도덕규범들을 비교할 때, 우리가 보는 바로는, 그 규범들 사이의 불일치는 행동이 행복에 미치는 실제적 영향에서의 차이나 그것들을 지키는 사람들이 일반적으로 예견하는—혹은 중요하다고 간주하는—이러한 영향의 범위에서의 차이와 적잖이 일치한다. 이미 이 점과 연관된 여러 사례들을 주목했다. 공리주의의 대항자들도 공리주의적 저술가들이 크게 강조한 일반적 사실을 받아들이고 심지어 강조하였다. 그래서 듀갈드 스튜어트[26]는 인간의 도덕판단이 "그들의 물리적 상황의 다양성", "그들이 도달한 문명의 불평등한 단계", 그리고 "그들의 지식이나 역량의 불평등한 정도"에 의하여 달라지는 정도를 강조한다. 예컨대 그는 남태평양 제도에서는 절도가 아주 가벼운 위법행위로 간주되는 점을 지적한다. 왜냐하면 거기에는 생활비를 벌 만한 일이 거의 혹은 전혀 없고, 상업이 불완전하게 발달된 사회에서는 일반적으로 이자를 받으려고 돈을 빌려주는 것을 비난하고, 이러한 공동체에서 '고리대금업자'는 동료의 어렵고 부득이한 처지로부터 이득을 쥐어짜는 밉살스런 입장에 있고, 범죄 처벌을 위한 법적 제도가 없는 곳에서는 남의 눈을 피한 살인이 정당화되거나 아주 가벼운 죄로 생각되기 때문이다. 필요하다면 다른 많은 예들을 추가할 수 있다. 그러나 이 주제를 연구한 사람들 가운데, 내가 생각하기에, 대대로 물려받은 도덕규범의 변화들과 그 규범이 지시하거나 금지하는 행동이 전체의 행복에 미치는 실재적 혹은 지각된 영향의 변화들 사이에 일정 정도의 상호연관이 있다는 사실을 부정할 사람은 거의 없을 것이다. 결과에 대한 이해가 더 넓어지고 정확해질수록, 우리는 대대로 물려받은 도덕규범의 변화뿐만 아니라 완벽히 진보한 공리주의에 더욱 근접한 방향의 진보의 흔적을 발견할 수 있다. 우리는 이러한 진보에서 스튜어트가 언급하지 않은 또 다른 중요한 요인을 분명하게 인식해야 한다. 그것은 공동체의 평균적 구성원의 공감 역량의 확장이다. 이전 도덕규

---

26) 『인간의 활동적 능력과 도덕적 능력에 대한 철학』, 제2권 3장.

범의 불완전성은 지성의 모자람만큼 공감의 모자람에서 기인한다. 흔히 무례한 사람은 필시 자신의 행위가 다른 사람에게 미치는 영향을 지각하지 못했다. 그 영향을 어느 정도 지각했더라도, 그는 흔히 그것에 관심을 거의 혹은 전혀 느끼지 못했다. 그래서 어떤 공동체의 양심의 변화는 흔히 그 공동체의 평균적 구성원이 다른 사람의 감정을 느낄 수 있는 감수성의 범위와 정도의 변화와 일치하기도 한다. 이 점과 관련하여 역사적으로 기독교의 영향으로 산출된 도덕발달은 친숙한 실례를 제공한다.[27]

나는 공감에 의하여 예상하는 행위결과에서의 변화와 현행 도덕의 발달 사이의 이러한 상호연관이 완전하고 정확하다고 주장하려는 것은 아니다. 반대로—내가 다음 장에서 지적할 것처럼—도덕의 역사는 공리주의의 관점에서는 도덕감의 부분적 탈선으로 보이는 것에 대한 많은 증거들을 우리에게 보여준다. 그러나 이러한 사례들에서도 우리는 흔히 무의식적 공리주의의 조짐을 발견할 수 있다. 흔히 그 탈선은 명백히 유용한 감정의 과장일 뿐이거나, 그

---

27) 그리스로마 문명세계의 현행 도덕에서 전적으로는 아니더라도 주로 기독교로 인한 공감의 확장과 강화에서 기인한 확실한 변화들 가운데 특히 다음 것들에 주목할 수 있다. (1) 유아를 집 밖에 버리는 관행에 대한 엄중한 비난과 최종적 금지, (2) 검투사 격투의 야만성에 대한 실제적 혐오, (3) 노예제의 직접적인 도덕적 완화와 강력한 노예해방의 장려, (4) 병자와 빈민에 대한 자선 식량공급의 거대한 확대.

감정이 정확히 적용되지 않는 경우와의 잘못된 비유로 인한 그 감정의 확장일 뿐이거나, 어쩌면 한때는 유용했지만 지금은 더 이상 유용하지 않은 감정의 잔존물일 뿐이다.

더 나아가 나는 어떤 종류의 행위든 행위의 옳음에 대한 지각이 언제나—혹은 일상적으로도—결과로서 생겨난 이익의 지각으로부터 의식적 추론에 의하여 파생된다는 주장을 조심스럽게 피했다는 점에 주목해야 한다. 이 가설은 전술한 것과 같은 관찰에 의하여 자연히 제시된다. 그런데 내가 보기에 역사적 증거는 이 가설을 뒷받침하지 않는다. 왜냐하면 윤리적 사고의 발달과정을 거슬러 올라가 보면, 내가 이 장에서 보여주려 했던 현행 도덕의 공리주의적 토대가 일반적 도덕의식보다 오히려 덜 분명하게 감지되는 것으로 보이기 때문이다. (예컨대) 아리스토텔레스는 고대 그리스의 상식에 의하여 인정된 바처럼 용기(안드레이아, ἀνδρεία)라는 덕의 영역이 전쟁에서의 위험에 제한된다고 본다. 이러한 제한은 개인의 행복이 현재보다 더 철저히 국가의 복지와 얽혀 있던 동시에 국가의 존재 자체가 종종 적의 침략으로 위태로웠던 시대에서 이러한 종류의 용기의 공리주의적 중요성을 언급함으로써 설명될 수 있다. 그러나 이러한 설명은 아리스토텔레스 자신의 숙고의 범위를 상당히 넘어선다. 우리의 도덕적 개념과 감정의 기원은 자유로운 억측이 가능한 가상적 역사의 불투명한 영역에 감춰져 있다. 그러나 우리는 우리의 회고가 이 [불투명한] 영역의 경계에 근접할 때 일반적으로 인정받은 도덕규칙과 전체의 행복에 미칠 예상된 결과 사이의 사람들 마음속의 의식적 연결을 더 분명하게 추적할 수 있을 것이라고 느끼지 않는다. 옛날 사람이 성품의 아름다움 혹은 탁월함에 대하여 느낀 감탄은 그가 다른 아름다움에 대하여 느낀 감탄만큼 직접적이고 무반성적이었을 것이다. 원시시대의 법과 관습의 엄중함은 그것들을 지키지 않아서 일어날 자연적인 나쁜 결과에 대한 미숙하고 모호한 예측보다는 신의 노여움이 그것들을 지키지 않은 사람에게 초자연적으로 가할 해악에 의하여 허락된 것처럼 보인다. 따라서 공리주의는 상식을 인간이 태초에 가졌던 행위규제의 방식, 즉 원시적 형태의 도덕이 아니라, 이제 우리가 알 수 있는 것처럼 인간의 발달이 항상 지향해온 성숙한 형태의 도덕으로서 수용할 것을 아주 합당하게 주장할 수 있다.

---

[28]만약 우리가 공리주의적 관점에서 윤리학과 정치학의 관계를 고찰한다면, 입법자와 판사는 피통치자들에게 어떤 행위규칙을 정

---

28)　제2판 이후로 제1권 2장에 나온 이 문단은 제6판에서는 제4권에 포함시킬 의도로 시지윅 교수가 삭제했다. 그러나 그는 이 문단을 교정하기 전에 죽었다.

해주고 적용해야 하는가 하는 물음은 사적 도덕의 모든 물음을 해결하면서 사용될 것과 동일한 종류의 결과 예측에 의하여 판정될 것이다. 우리는 이러한 규칙이 전체의 행복에 미치는 영향을 평가하고 저울질하려고 노력할 것이다. 그러나 사적 행위에 대한 공리주의적 이론과 입법에 대한 공리주의적 이론을 구분하고 어떤 것이 우선하는가 하고 묻는다면, 그 대답은 법전의 상이한 부분들에 따라서 상이할 것으로 보인다.

1. 공리주의적 법전에서 정해진 규칙들은 법적 구속력이 없을지라도 진실로 전체의 행복을 증진하길 바라는 사람이라면 일반적으로 따르려고 노력할 규칙들이다. 이러한 종류의 규칙들은 다음과 같다. 자기방어나 악의 징벌인 경우를 제외하고는 누구에게도 신체적 해악이나 불필요한 불쾌감을 가하지 않아야 한다는 규칙. 다른 사람이 행복의 수단을 추구하는 것, 혹은 자신의 노동이나 다른 사람과의 자유로운 합의에 의하여 획득한 부의 향유를 방해하지 않아야 한다는 규칙. 누군가와 자유롭게 맺은 모든 약속을 이행해야 한다는 규칙—여하튼 그 약속의 이행이 다른 사람에게 해를 끼치거나 그에게 주는 이익보다 훨씬 더 많은 해를 자신에게 끼치지 않는다면 말이다. 혹은 상대 당사자가 쌍무계약에서 자기 역할을 이행하지 않을 것이라고 추측할 충분한 근거가 있지 않다면 말이다. 의지할 데 없는 어린이와 노쇠한 부모를 부양해야 하고, 어린이를 미래의 삶에 충분할 만큼 교육해야 한다는 규칙. 이러한 규칙

들과 관련하여 공리주의적 윤리학은 정치학과 별개이고 자연히 그것에 선행하는 것으로 보인다. 우리는 우선 어떤 행위가 사적 개인들에게 옳은가를 살펴보고, 그 다음 이 중에서 얼마만큼을 법적 처벌에 의하여 그들에게 유리하게 강제할 수 있는가에 주목한다.

2. 만약 그것들의 준수가 다른 사람들에게 강제되기만 한다면, 그것들을 준수하는 것이 분명 전체의 행복을 위한 것인 다른 규칙들이 있다. 예컨대 상해에 대한 개인적 보복을 삼가야 한다는 규칙과 계약을 대체로 주저 없이 이행해야 한다는 규칙은, 아마 그것들이 법적으로 강제되지 않는 경우보다는 강제되는 경우에 더 이로울 것이다.

3. 또한 봉사와 자제에 대한 사회구성원들의 서로 간의 권리요구들의 완전한 판정에서 옳은 사적 행위에 대한 공리주의적 이론은 여러 지점에서 법과는 별개로 상이한 상황들에서 관련 고려사항들의 중대한 힘의 차이로부터 매우 다양한 결론들에 도달할 것이다. 동시에 일률성은 논쟁과 실망을 방지하기 위해서 불가결하거나, **일반적으로**—**보편적으로**는 아니지만—이로운 행위규칙을 효과적으로 유지하기 위해서 매우 바람직하다. 전유의—예컨대 문학작품과 기술발명품의 소유권과 관련된—한계, 상속법의 대부분, 그리고 가족관계를 규제하는 법에 대한 더 정확한 정의가 이러한 항목에 속할 것이다. 이러한 경우들이 이론적으로 정해질 수 있는 한에서, 이러한 경우들에서 공리주의적 윤리학은 공리주의적 정치학과

다소 복잡하게 뒤섞이는 것 같다. 왜냐하면 어떤 사적 개인을 구성원으로 삼는 사회에서 더 약하고 덜 명확한 도덕적 의견의 제재뿐만 아니라 법적 처벌로 (만약 있다면) 어떤 규칙을 지키는 것이 대체로 이로운가를 먼저 숙고하지 않는다면, 우리는 특수한 경우에 그 개인에게 옳은 행위를 결정할 수 없기 때문이다. 게다가 구체적 경우에서 이 문제는 실정법과 실정도덕의 미묘한 상호관계의 고려에 의하여 필시 더욱더 복잡해진다―왜냐하면 우리는 일정한 시기에 일정한 사회에서 일반적으로 갖고 있는 현실적인 도덕적 의견을 불러낼 수 있기 때문이다. 한편 입법에서 일반적으로 승인되거나 묵인되는 행동을 (혹은 행동하지 않음을) 금지함으로써 실정도덕을 초월하는 것은 위험하기 때문이다. 다른 한편 이러한 위험이 심각해지는 지점까지 입법은 바람직한 방향으로 여론을 수정하거나 강화하는 아주 효과적인 도구이기 때문이다. 사회역학의 이렇게 어려운 문제를 제쳐두고, 잘 조직된 사회에서는 통상 가장 중요하고 불가결한 사회적 행위규칙은 법으로 강제될 것이고, 덜 중요한 행위규칙은 실정도덕에 의하여 유지되도록 내버려 둘 것이라고 말할 수 있다. 말하자면 법은 도덕의 살과 피를 입은 사회질서의 골격을 구성할 것이다.

4장
공리주의의 방법

§1. 만약 상식도덕의 일반적인 공리주의적 토대에 대하여 이전 장에서 주장한 견해가 충분히 확실하다고 간주될 수 있다면, 우리는 이제 실제로 공리주의의 수용이 옳은 행위를 결정하는 어떤 방법으로 인도할 것인가를 면밀히 고찰할 위치에 있다. 물론 가장 명백한 방법은 제2권 3장에서 논한 경험적 쾌락주의의 방법이다. 이 방법에 따르면, 우리는 각 경우에 우리에게 주어진 상이한 대안적 행위들의 개연적 결과로 예견될 수 있는 모든 쾌락과 고통을 비교해야 하고, 대체로 최대 행복으로 이어질 수 있는 대안을 택해야 한다.

그런데 제2권에서 우리가 거기서 고찰해야 했던 [경험적 쾌락주의의] 방법의 더 제한된 적용조차 많은 혼란과 불확실성을 수반하는 것처럼 보였다. 심지어 자신의 쾌락을 예측하는 일에만 몰두할 때에도, 한 개인은 상당히 중요한 오류를 피하기 어렵거나 불가능해 보인다. 기억 속에 표상된 과거의 자기감정들의 유쾌함을 정확히 비교하는 경우든, 다른 사람들의 경험을 가져오는 경우든, 과거로부터 미래를 입증하는 경우든 말이다. 이 문제들은 명백히 우리의 행동에 의하여 영향을 받을 수 있는 모든 감성을 지닌 존재들에게 우리의 행동이 미치는 모든 영향을 고려해야 하는 경우에 더 증가한다. 동시에 제2권에서 우리는 이러한 경험적 비교방법에 대한 만족할 만한 대안을 발견할 수 없었다. 행복의 원천에 대한 일반 사람들의 무비판적 믿음에 기대는 것은 합당해 보이지 않았다. 사실 이 주제에 대한 상식의 혼란하고 가지각색의 발언들로부터 충분히 분명하고 확실한 의견일치를 끌어내는 것은 불가능해 보였다. 개인이 과학적으로 확인할 수 있는 행복의 신체적·심리적 조건의 실현에 자신의 노력을 실천적으로 국한함으로써 자신에게 열려 있는 최대 행복을 획득할 가능성이 더 많아지리라는 점도 증명할 수 없었다. 인정받은 도덕원칙들에 따름으로써 바라던 결과가 얻어지리라는 결론을 경험적 근거에 의거하여 추론하는 것도 가능해 보이지 않았다. 그러나 개인의 행복이 아니라 인간 (혹은 감성을 지닌) 존재들 일반의 행복과 관련하여 이 후자의 원칙들을 고찰할 경우, 쾌락주의와 직관주의 사이의 조화 문제는 언뜻 보기에 전혀 다른 양상을 나타낸다는 점은 이전 장으로부터 분명하다. 방금 살펴본 고려사항들로부터 우리가 상식도덕에서 이미 일련의 공리주의적 학설을 건네줄 준비가 되어 있다는 결론으로 나아가는 것은 실로 간단하고 쉬운 일이다. "대중을 위한 도덕규칙들"은 "행동이 자신의 행복에 미치는 영향에 대한 인간의 긍정적 믿음"으로 간주될 수 있고,[1] 그래서 상식의 분명한 제일원칙은 공리주의적 방법의 "중간 공리(middle axioms)"로 받아들여질 수 있다. 상식의 판단이 모호하고 충돌하는 것처럼 보이는 문제를 해결하기 위해서만 공리주의적 고려사항들을 직접 참조하게 된다. 이 견해에 의하면, 덕의 옹호자와 행복의 옹호자 사이의 전통적 논쟁은 차근차근 조화롭게 해결될 것이다.

이 견해를 뒷받침하는 논증은 이미 제시되었고, 이 논증은 오늘날 널리 수용된 가설, 즉 도덕감정은 복잡하고 점진적인 과정에 의하여 결국 쾌락과 고통의 경험에서 나온다는 가설로부터 확실히 지지를 받는다. 그 가설의 간략한 형태는 이러할 것이다. (1) 인간 공동체의 각 구성원의 경험에서 그 자신이나 다른 사람의 행동에 의하여 발생한 고통이나 불안은 연상작용에 의하여 그에게 이러한 행동에 대한 반감을 일으키는 경향을 가지고, 혈연이나 이익

---

1) 존 스튜어트 밀, 『공리주의』, 2장을 참조하시오. 밀은 철학자가 더 나은 것을 얻을 때까지 잠정적으로 "다수를 위한 도덕규칙들"을 받아들일 수 있다고만 주장한다.

공동체나 특별한 공감적 유대에 의하여 그와 연결된 다른 사람들에게 발생한 고통이나 위험에 대한 그의 지각도 미약하나마 유사한 결과를 낳는다. (2) 또한 경험은 다른 사람의 분노와—그의 지배자의 분노, 그리고 종교의 영향력이 강한 경우에는 초자연적 존재의 분노와—그 결과에 대한 그의 공포를 통하여, 다른 사람에게 고통이나 불안을 일으키는 행동을 억누르려는 감정을 그에게 일으키는 간접적 경향을 가진다. (3) 이 후자의 감정과 다른 사람의 고통 일반에 대한 공감적 반감이 뒤섞이면서, 이 반감은—처음에는 비교적 미약하지만—도덕이 발달할수록 강해지는 경향을 가진다. 동일한 방식으로 쾌락과 보은의 경험, 다른 사람의 선의와 그 결과에 대한 욕망은 자신이나 다른 사람에게 쾌락을 일으킨다고 인식되는 행동에 대하여 호감을 일으키는 경향을 가진다. 한 사회의 구성원 대다수의 본성과 조건의 전반적 유사성으로 인하여 그들에게 일어나는 유사한 반감과 호감은 의사소통과 모방을 통하여 더욱 비슷해지는 경향을 가진다—다른 사람의 선의를 유지하려는 각자의 욕망은 개인의 일탈을 억누르는 작용을 한다. 그래서 공동체 전체나 일부에게 유쾌한 영향을 주는 행위에 대한 일반적 호감, 그리고 고통과 불안을 일으키는 행위에 대한 일반적 반감은 점점 발달하게 된다. 그것들은 아마 부분적으로는 신체적 유전에 의하여, 주로는 부모에서 자녀로 이어지는 전통에 의하여, 그리고 젊은이들이 어른들을 모방함에 의하여 대대로 전해진다. 이렇게 그 호감과 반감의 기원은 모호해지고, 그것들은 결국 도덕감정이라고 불리는 것으로 나타난다. 나 자신의 도덕의식을 반성함으로써 그 호감과 반감을 검토할 수 있다면, 내 견해로는, 이 이론은 도덕판단과 추론의 능력의 현실적 결과를 충분히 설명하지 못한다. 앞서 말한 것처럼, 추상적이고 일반적인 성격으로 인하여 어떠한 종류의 특수한 경험과도 인식할 만한 관계를 가지지 않은 직관을 제외하고는, 이 이론은 엄격한 시험을 통과할 만한 분명한 직관을 산출하지 않기 때문이다.[2] 그러나 이 이론이 특수한 도덕감정과 습관, 그리고 일반적으로 인정받은 규칙들의 역사적 기원에 대하여 부분적으로 참된 설명을 제공한다는 것을 의심할 이유가 없다. 그래서 나는 이 이론이 상식도덕이 무의식적으로나 '본능적으로' 공리주의적이라는 점을 보여주는 데 도움이 되는 이전 장의 논증을 보완한다고 생각했다.

현행 도덕이 조금은 의식적이지만 대체로 무의식적으로 행동의 영향에 대한 인간 경험의 결과를 표현한다고 주장하는 것과, 이 도덕이 분명하고 확실한 한에서, 그것을 최대의 전체 행복을 획득할 수 있는 최선의 지침으로서 일괄 수용하는 것은 전혀 다른 일이다. 직관주의적 방법과 공리주의적 방법의 이렇게 단순한 조정이 얼마

---

2) 나는 제3권 13장에서 정의된 타산, 정의, 합리적 이타심이라는 추상적 원칙들을 가리킨다.

나 매력적이든, 내가 생각하기에, 그것이 실로 증거에 의하여 보장되지는 않는다. 우선 나는 도덕감의 발달에 대한 완전한 견해에서는 행동에서 생기는 감정에 대한 공감의 결과와 함께 행동을 자극하는 충동에 대한 공감의 결과에 더 두드러진 지위를 부여해야 한다고 생각한다. 애덤 스미스[3]는 행동에 대한 우리의 승인과 불승인의 결정에서 공감의 작용에—(말하자면) 무관심한 관찰자의 가슴에 일어나는 각 행위자의 정념에 대한 반향에—제일순위를 부여한다는 사실을 관찰할 수 있다.[4] 그는 행위가 다른 사람에게 미치는 영향에 대한 공감을 전자를 바로잡거나 제한하는 이차적 요인으로만 간주한다. 이렇게 멀리까지 가지 않더라도, 내가 생각하기에, 결과적 도덕의식이 두 종류의 공감 사이의 균형 혹은 절충을 나타내는 경우가 확실히 많다. 그리고 그 절충은 공리주의가 규정한 규

---

3) 애덤 스미스, 『도덕감정론』, 제1권.

4) 공감의 작용은 살인에 부과된 처벌의 약함에 의하여, 그리고 범죄자가 현장에서 잡혔는가 아닌가에 따라서 동일한 범죄에 부과된 처벌의 놀라운 차이에 의하여, 원시적 공동체들의 형법전에서 두드러지게 예증된다. 헨리 메인(Henry Maine: 1822-1888) 경은 『고대의 법(*Ancient Law*)』(1861), 10장에서 다음과 같이 말한다. "원시시대 사람들이 상해를 입은 사람의 충동이 그가 마땅히 요구할 만한 복수의 적절한 척도라고 철석같이 믿었고, 그들은 처벌의 등급을 결정하면서 상해를 입은 사람의 정념의 개연적 기복을 그대로 따랐다는 사실을 관찰하는 것은 흥미롭다." 더 문명화된 사회들에서도 오래전에 범한 범죄에 처벌을 가하는 것이 적절한가에 대해서는 매우 불확실한 일반적 감정이 있고, 그것은 동일한 원천에서 기인한다고 본다.

칙으로부터 여러 단계로 벗어날 수 있다. 왜냐하면 정념이나 다른 능동적 충동은 도덕감정과 마찬가지로 분명 쾌락과 고통의 경험의 영향을 받지만, 이 영향이 그 정념과 충동을 개인의 행복을 초월하여 전체의 행복을 위한 확실한 지침으로 만들기에 충분하지 않기 때문이다―우리의 일부 도덕감정 자체가 명확히 알려주는 것처럼 말이다. 우리가 일반적 도덕감정을―직접적으로나 간접적으로―순전히 근본적이고 공감적인 고통과 쾌락에 대한 축적되고 전파된 경험에서 기인한다고 간주하더라도, 분명 이렇게 생겨난 감정이 우리를 전체의 행복의 증진으로 인도할 정확도는 주로 어떤 행동방침이든 그것에서 발생하는 유쾌한 결과와 고통스런 결과의 총합이 공동체의 평균적 구성원의 의식에 표상되는 정확도에 달려 있다. 이 표상이 항상 매우 중대한 오류에 빠질 수 있다는 점은 도덕의 진보를 고찰하면서 어느 정도 알아챈 원인들로부터 한눈에 보인다. 우리는 우선 공감의 한계를 인정해야 한다. 왜냐하면 모든 시대와 나라에서 감성을 지닌 다른 존재들에 대한 평균적인 사람의 공감과 그들의 호감과 반감에 대한 그 사람의 이기주의적 관심은 그의 행동이 다른 사람들의 감정에 미치는 영향보다 훨씬 더 제한적이기 때문이다. 더 나아가 우리는 지성의 한계를 인정해야 한다. 왜냐하면 모든 시대의 평범한 사람들은 자연의 이치에 대하여 매우 불충분한 지식을 가지고 있기 때문이다. 행위에 대하여 느껴진 간접적 결과는 흔히 잘못된 원인에서 기인한 것으로 생각되고, 목적과 수단의 관계에 대한 불완전한 이해 때문에 잘못된 도덕적 치료책을 만나게 된다. 또한 권위에 복종하고 계급을 존중하는 습관이 강한 경우, 우리는 아마 상관의 호의를 얻거나 그의 분노를 피하려는 욕망의 왜곡된 영향을 인정해야 한다. 이와 유사하게 우리는 사이비 종교의 영향을 인정해야 한다. 종교교사들의 감수성이 정상적이거나 전형적이지 않고 예외적이고 특이한 장소들에서, 우리는 그들의 감수성이 추종자들이 수용할 의무규칙에 영향을 미칠 수 있는 가능성을 인정해야 한다.[5]

다른 한편, 우리는 이렇게 굴절된 영향이 이전 시대에 상이한 인간 종족들 및 공동체들 사이의 생존투쟁에 의하여 다소 제한되고 중화되었다고 가정해야 한다. 왜냐하면 어떤 도덕적 습관이나 감정이 사회적 유기체의 보존에 불리했다면 그것은 생존투쟁에 불리한 조건이었을 것이고, 그래서 그것에 집착한 공동체와 함께 사라졌을 것이기 때문이다. 이러한 힘이 실정도덕을 항상 공리주의적 이상과 일치하도록 만들기에 충분하리라고 가정할 이유는 없다.

---

5) 분명 이러한 영향은 엄밀한 한계 내로 제한된다. 그 어떤 권위도 극도로 불행을 초래하는 규정들을 사람들에게 항구적으로 부과할 수는 없다. 실천적으로 가장 독창적인 종교교사들은 그들이 활동하는 사회에서 기존의 감정들에 새로운 힘과 생기를 부여함으로써 그들의 영향력을 발휘했다. 그럼에도 (예컨대) 모하메드가 와인을 좋아했고 여자들에게 무관심했다면, 그것은 인류에게 중대한 차이를 낳았을지 모른다.

왜냐하면 (1) 불완전한 도덕은 여러 불리한 조건들 중 하나일 뿐이고, 그 불완전성이 심각하지 않았다면—특히 생존투쟁이 가장 활발하게 작용했던 사회적·도덕적 발달의 초기 단계에서는—내가 생각하기에 그것은 가장 중요한 불리한 조건도 아니었을 것이기 때문이다. (2) 인간 공동체를 완전하게 보존하는 도덕이 행복을 가져다주는 데에는 불완전할 수도 있고, 공리주의적 관점에서는 상당한 향상을 필요로 할 수도 있기 때문이다.[6] 더 나아가 어떤 공동체의 도덕적 본능이 어떤 특정한 시기에 그것의 생존 여건에 얼마나 완벽하게 적응할 수 있었던지 간에, 우리는 상황의 빠른 변화가 전에는 유용했지만 이 변화 때문에 쓸모없어지거나 해로워진 본능의 잔존으로 인하여 그 적응을 교란시킬 것이라고 예상하게 된다. 또한 외부적 상황의 명백한 변화와는 무관하게, 인간발달의 어떤 법칙의 작용으로 인하여 과거에는 인간행복의 가장 완벽한 체계적 경험이 미래의 행복을 극대화하는 올바른 수단으로 우리를 인도하는 데에는 실로 불완전할 수도 있다. 예컨대 어떤 일반적 충동의 평균적 강도의 사소한 감소가 이 충동을 통제하는 전통적 규칙과 감정을 대체로 불행을 초래하는 것으로 만들 수도 있다. 이러한 추상적 고려사항들로부터 역사로 눈을 돌려 다른 시대와 나라의 실제 도덕을 검토할 때, 우리가 확실히 발견한 바로는, 전체의 행복

---

6) 이 점에 대해서는 다음 절에서 더 자세히 이야기할 기회를 가질 것이다.

을 산출하는 도구로 간주되는 그 도덕이 지속적으로 명백한 불완전성을 드러내는 것처럼 보인다면, 비록 습관과 친숙함 때문에 명백하지는 않을 테지만, 분명 우리 자신의 도덕률에도 유사한 불완전성이 발견될 것이라는 강력한 가정이 있다.

마지막으로 우리는 상이한 시대들과 나라들의 도덕을 비교할 때 우리가 발견하는 차이는 어떤 일정한 시기의 어떤 사회의 도덕에서든 어느 정도 나란히 존재한다는 사실을 간과해서는 안 된다. 어떤 소수파가 품고 있는 상이한 의견들이 너무 많아 어떤 다수파의 신조를 공정하게 상식의 분명한 발언이라고 간주할 수 없을 경우, 어떤 상위의 원칙, 일반적으로 공리주의에 의지할 수밖에 없다는 점은 이미 관찰하였다. 이보다 더 적은 소수파가 판단된 행위의 결과에 대하여 특별히 잘 알고 있는 계몽된 사람들로 구성된 경우, 그들은 합당하게 상식에 대한 불신을 우리에게 일으킬 수 있다. 실천의 기술적 부분에서 우리는 통속적 사람들의 본능보다 소수 훈련된 전문가의 판단을 택하는 것처럼 말이다. 그럼에도 이 상이한 규범들, 그리고 이 규범들과 사람들이 살아가는 상이한 환경들의 관계에 대한 숙고는 상식도덕이 사실 평범한 환경의 평범한 사람들에게만 적용된다는 점을 말해준다—상식도덕에 대한 다른 견해는 평범한 사람들의 마음에 대한 지배력을 위태로울 정도로 약화시킬 수 있기 때문에, 그들은 상식도덕을 절대적이고 보편적인 명령으로 간주하는 편이 여전히 이로울 수 있다. 이것이 사실인 한에서, 특수한 환경에 있는 사람들은 상식이 기꺼이 허용해주는 것보다 각별히 더 그들에게 적합한 도덕을 얼마만큼 필요로 하는지를 알아보기 위해서 공리주의적 방법을 사용해야 한다. 또한 특별한 신체적 혹은 정신적 구조를 가진 사람, 예컨대 천재성을 가졌거나 강렬한 감정적 본성을 가졌거나 비범한 타산이나 자제심을 가졌다고 주장되는 사람들은 얼마만큼 일반적 규칙들로부터 면제를 받아야 할지를 알아보기 위해서 공리주의적 방법을 사용해야 한다.

더 나아가 여러 계급들과 개인들의 도덕적 본능들 사이에 존재하는 광범위한 차이 외에도, 어떤 계급이나 개인의 도덕적 본능과 그들의 미숙한 지성이 습관적으로 수행하는 공리주의적 추론 사이에 명백한 불일치가 있다는 점을 인식하는 것이 중요하다. 행위에는 많은 사람들이 옳기는 하지만 이롭지는 않다고 생각하거나, 혹은 애초에 옳다고 판단하지 않았다면 이롭다고도 생각하지 않았을 사정들이 많다. 그들이 경험만 가지고 판단을 내린다면, 전체의 행복에 도움이 되는 것에 대한 그들의 결론은 그들의 도덕적 직관과 대립한다. 이러한 대립은 일반적으로 편의에 대한 성급하고 피상적인 고려에서 나온다고 말할 수 있다. 그 불일치는 행동의 결과에 대한 더 깊고 더 철저한 검토 후에는 사라질 것이라고 말할 수도 있다. 나는 이것이 종종 사실로 밝혀진다는 것을 부정하지 않는다. 그러나 우리는 이것이 얼마만큼 사실일지를 선험적으로 말할 수 없기 때문에, 이것은 공리주의적 방법의 포괄적이고 체계적인 적용을 위한 추가적 논증을 구성할 뿐이다.

우리의 결론은 상식의 도덕규칙들은 지금까지 대체로 최대량의 행복을 산출할 수 있는 종류의 행위에 대한 적당한 심판관들의 합의를 표현한다고 생각할 수 없다는 것이다. 오히려 앞서 나열한 원인들이 (어쩌면 다른 원인들이) 실제로 얼마만큼 상식과 철저히 공리주의적인 도덕률 사이의 차이를 만들어냈는가를 알아보려면, 이 규칙들을 철저히 수정하는 것이 체계적 공리주의의 불가피한 의무로 보일 것이다.

§2. 이 문제를 이렇게 진술하면서, 우리는 이 비교에서 후자의 항이 만족스럽게 정의될 수 있고 충분히 드러날 수 있다고 가정하고 있다. 또한 인간을 위하여 공리주의적 원칙들로부터 연역된 참된 도덕률을 구성하는 규칙들의 체계를 충분히 정확하게 만들 수 있다고 가정하고 있다. 지금 검토하는 방법을 채택한 학파는 일반적으로 이렇게 가정해왔을 것이다. 그러나 진지하게 이러한 체계를 구성하려 할 때, 우리가 발견한 바로는, 그것은 심각한 문제들에 둘러싸여 있다. 쾌락주의적 비교 전반에 수반되는 불확실성을 무시하고, 인간들 사이에서 어떤 행위 계획의 수립에서 발생하는 행복의 양이 실천적 목적을 위하여 충분히 정확하게 확인될 수 있다고 가정해보자—그 계획이 아직은 상상으로만 세워진 경우라도 말이다. 여전히 우리가 세우려는 이 가상적 행위 계획의 대상인 인

간의 본성은 무엇인가 하고 물을 수 있다. 왜냐하면 인간이 언제 어디서든 동일한 속성을 나타내는 것은 아니기 때문이다. 인간의 지성을 고찰하든 인간의 감정을 고찰하든 인간의 신체적 조건과 상황을 고찰하든, 우리는 그것들이 시대와 나라에 따라서 너무 달라서 인간 전체를 위한 이상적인 공리주의적 규칙들의 집합을 설정하는 것은 언뜻 보기에 어리석다고 생각되기 때문이다. 결국 이 차이들은 주로 세부적인 것과 연관된다고 말할 수 있다. 언제 어디서든 인간의 본성과 인간의 삶의 상황에는 어쨌든 충분한 일치가 있기에 인간 전체를 위한 이상적 행위의 대략적 계획은 가능하다고 말할 수 있다. 그러나 지금 우리의 주된 관심은 그 세부적인 것이라고 대답해야 한다. 왜냐하면 이전 논의가 충분히 보여준 것처럼 상식이 승인한 행위는 공리주의가 명령할 행위와 일반적 유사성을 갖지만, 우리가 확인하려는 것은 그 유사성이 정확히 어디까지 이어지는지, 그리고 현행의 도덕규칙들이 인간의 삶의 현실적 필요와 조건에 얼마나 섬세하고 정확하게 적합한지이기 때문이다.

우리가 탐구영역을 축소하여 우리의 시대와 나라에서 우리가 아는 사람들에게 적합한 규칙을 확인하려 한다고 가정해보자. 우리는 곧 딜레마와 마주치게 된다. 우리가 아는 사람들은 다소 명백히 일정한 도덕률을 받아들이는 존재들이다. 그들을 이 점에서 있는 그대로 받아들일 경우, 우리는 동시에 그들을 새로운 규범을 세워줘야 할 존재들로 생각할 수 없다. 다른 한편 현실의 어떤 사람을—예컨대 평균적 영국인을—택하여 그의 도덕을 제거할 경우 남는 것은 순전히 가상적 존재자이기 때문에, 이러한 존재들의 공동체를 위하여 도덕규칙들의 체계를 세운다는 것이 어떤 실천적 목적에 이바지할 수 있는지가 불분명하다. 사실 이러한 체계의 과학적 연역이 그것의 일반적 수용을 보장한다고 가정할 수 있을까. 모든 인간, 아니면 적어도 모든 교육받은 사려 깊은 인간이 즉시 공리주의적 원칙으로 전향하여, 의사가 개별 신체의 건강을 그렇게 생각하듯이, 모든 설교자와 교사가 보편적 행복을 자신의 노력을 바쳐야 할 절대적 목표로 간주할 것이라고 합당하게 기대할 수 있을까. 사람들의 도덕적 습관과 감정이 힘을 허비하지 않고 즉각이 변화된 규칙들에 맞춰질 것이라고 확신할 수 있을까—그렇다면 아마 공리주의적 규범을 세우면서 우리는 현재의 도덕을 정당하게 무시할 수도 있다. 그러나 내가 생각하기에 우리는 이렇게 가정할 근거가 없다. 우리는 사람들의 도덕적 습관과 충동과 취미를 그들의 나머지 본성과 마찬가지로 우리가 개선하려고 노력해야 할 요소로 간주해야 한다. 그리고 우리는 이 요소가 부분적으로만 과거의 추론으로부터 생기는 것이기에 그것을 우리가 지금 그것에 적용할 수 있는 추론에 의하여 부분적으로만 변할 수 있는 것이라고 간주해야 한다. 따라서 경험이 보여주는 바대로 사람들이 다른 측면들에서 이상적이라고 생각하는 도덕을 세우면서 그들의 현재의 도덕을 제거해야 한다는 가상적인 공리주의적 문제에 대한 해결책은 분명 우리가 실천적으로 필요로 하는 결과를 제공하지 못하는 것으로 보인다.

아마 이렇게 말할 것이다. "필시 이러한 이상적 공리주의 도덕은 점진적으로만, 어쩌면 끝내 불완전하게 도입될 수밖에 없다. 그러나 그것을 우리가 접근할 수 있는 본보기로 간주하는 것이 유용할 것이다." 그러나 첫째로 그것에 접근하는 것이 사실은 가능하지 않을 수도 있다. 왜냐하면 현존하는 특수한 도덕규칙이 현존하는 상황에 놓인 현존하는 사람들과 같은 존재들에게 이상적인 최선의 규칙이 아닐지 모르나, 그것이 그들이 복종할 수 있는 최선의 규칙일 수도 있기 때문이다. 그래서 다른 규칙을 제안하는 것은 쓸모없는 일이고 심지어 해로운 일일 것이다. 왜냐하면 그것은 오랜 도덕적 습관을 새로운 습관으로 효과적으로 대체하지는 못하면서 오랜 습관을 손상시킬 수도 있기 때문이다. 둘째로 현존하는 인간의 본성에서 도덕과 무관한 부분은 변하지 않는 상태로 남는다는 가정 위에서 세워진 도덕에 점진적으로 접근하려는 노력은 잘못된 길로 인도할 수 있다. 왜냐하면 사람들의 지식과 지적 능력의 상태, 그리고 그들의 공감의 세기, 그들의 지배적 충동의 방향과 세기, 외부세계 및 그들의 상호관계는 지속적으로 변하고 있고, 이러한 변화는 다소 우리의 통제 아래에 있고 고도의 행복을 가져다줄 수 있기 때문이다. 인간의 삶의 중요한 요소와 여건의 물질적 변화는, 이렇게 삶의 여건이 변한 사람들이 가능한 최대 행복을 얻기 위하여, 기존의 도덕규칙과 감정의 상당한 변화를 요구할 수 있다. 요컨대 우리가 다가가야 할 이상으로서 공리주의적 규범의 구성은 두 번째 딜레마에 맞닥뜨리게 된다—현재나 가까운 미래에 관심을 국한시키지 않을 경우, 우리는 인간의 본성과 그의 삶의 여건이 일정하다고 편리하게 가정할 수 없다. 동시에 현재나 가까운 미래의 여건을 고려할 경우, 우리는 나머지 부분만큼 크게 변할 수 없는 본성의 일부로서 사람들의 현재의 도덕적 습관과 감정을 고려해야 한다.

또한 나는 인간 역사의 진보가 지향하는 완벽한 최종 형태의 사회를 세움으로써, 그리고 이 완벽한 사회의 구성원들이 준수해야 하고 그들이 준수할 상호 간의 행위규칙을 결정함으로써 실천윤리의 문제를 해결할 수 있다고 생각한 스펜서[7]의 의견에 동의할 수 없다. 첫째, 공리주의적 관점에서 완전한 인간 공동체가 가능하다고 생각할 수 있다고 인정하더라도, 그리고 이 완전성에 대한 스펜서의 정의를—모든 구성원의 자발적 행동은 그것에 의하여 영향을 받는 모든 사람에게 "고통은 조금도 섞이지 않은 쾌락"을 일으킨다는 정의[8]를—인정하더라도, 내가 보기에 이러한 공동체를 구성하

---

7) 나는 특히 『윤리학 자료』 최종 장들에서 스펜서가 제시한 견해들을 가리킨다.
8) 내가 보기에 이러한 정의는 공리주의의 관점에서 받아들일 만하지 않다. 왜냐하면 이러한 의미에서 완벽한 사회는 가능한 행복의 최대치를 실현하지 못할 수도 있기 때문이다. 사회는 완전성에 대한 스펜서의 견해가 배제하는, 약간의

는 사람들의 본성과 관계를 예측하고 그들의 도덕률을 충분히 분명하고 확실하게 대략적으로라도 정의하는 것은 거의 불가능하기 때문이다. 둘째, 사정이 다르더라도, 즉 과학적으로 스펜서의 이상적 도덕을 세울 수 있더라도, 나는 이러한 구성물이 현실의 인간의 실천적 문제를 해결하는 데 쓸모가 있으리라고 생각하지 않는다. 왜냐하면 처벌 같은 것이—한 가지 항목만 예로 든다면—없는 사회는 필시 우리의 사회와 아주 다른 본질적 구조를 가진 사회일 것이기에 그 사회의 행위규칙들을 충실히 모방하려는 시도는 무익할 것이기 때문이다. 아마 이러한 규칙들 중 일부를 대략 따르는 것이 우리에게 최선일 수도 있다. 그러나 우리는 이러한 사실을 각각의 특수한 규칙을 자세히 검토함으로써만 알 수 있을 것이다. 그 규칙을 최대한 따르는 것이 우리에게 최선일 것이라는 결론을 내릴 일반적 근거는 없을 것이다. 왜냐하면 이러한 이상적 사회가 결국 실현될 수 있다고 가정하더라도, 그 사회는 상당한 진화의 간격으로 우리로부터 멀리 떨어져 있을 것이기 때문이다. 따라서 그것으로 나아가는 최선의 길은 명백히 그것으로 직행하는 길과는 다른 길일 수도 있고, 그것에서 멀어짐으로써 그것에 더 쉽게 도달할 수도 있다. 이것이 사실인지 아닌지, 그리고 얼마만큼 사실인지는 행위가 현실의 인간들에게 미치는 영향을 면밀히 검토하고 가까운 미

고통이 섞인 쾌락을 통하여 행복의 실질적 증가를 가져올 수도 있다.

래에 존재하리라고 예상할 수 있는 사람들에게 그 행위가 미치는 개연적 영향을 추론함으로써만 알 수 있다.

§3. 진화론파의 다른 사상가들은 스펜서의 방법보다 더 단순한 방법으로, 즉 도덕의 **실천적인** 궁극적 목적과 기준으로서 행복 대신 사회적 유기체의 "건강" 혹은 "능률"을 채택함으로써, 공리주의적 방법의 문제를 회피할 수 있다고 제안한다. 예컨대 레슬리 스티븐은 『윤리과학』에서 이러한 견해를 주장하고 있고,[9] 그것은 면밀히 고찰할 만한 가치가 있다. 내가 이해한 바로는, 스티븐이 말하는 "건강"은, 사회적 유기체의 존재 여건이 알려져 있거나 예상될 수 있는 경우, 이 여건 아래에서 유기체의 보존에 이바지하는 그것의 상태를 의미한다. 그가 말하는 "능률"도 같은 것을 의미한다. 그의 견해에 따르면, 사회적 유기체가 "능률적"이어야 할 작업은 단순히 생존의 작업, 즉 "지속(going on)"의 기능이다. 나도 이렇게 말한다. 다만 그 이유는 "능률"은 사회적 유기체가 단순한 생존의 임무를 초월하여 수행해야 할 어떤 '인류의 임무'를 의미한다고 이해될 수도 있고, 이와 유사하게 "건강"은 단지 존재가 아니라 **바람직한** 존재의 보존에 이바지하는 상태를 의미한다고 간주될 수도 있기 때문이다―바람직함은 어떤 비쾌락주의적 방식으로 해석된다.

---

9) 특히 9장 §§12-15를 보시오.

이러한 경우, 두 용어 중 하나의 고찰은 우리를 다시 궁극적 좋음에 대한 논의(제3권 14장)에서 고찰한 입장으로 인도할 것이다.[10] 그러나 나는 이러한 의미들이 스티븐의 마음속에 있었다고 생각하지 않는다. 이러한 의미들은 분명 그의 논증의 일반적 경향과 일치하지 않을 것이다. 따라서 문제는 어떤 도덕체계에서 전체의 행복이 진정한 궁극적 목적으로 받아들여질 경우에도 사회적 유기체의 보존을 도덕규칙들의 실천적으로 궁극적인 "과학적 기준"으로 간주하는 것이 합당한가 하는 물음이다.

내가 이 물음에 부정적으로 답하는 이유는 두 부분으로 이뤄져 있다. 첫째, 우리가 사회적 유기체의 보존만을 목표로 삼을 경우, 나는 그 유기체의 개별 구성원들이 가능한 최대 행복을 확보하리라고 가정할 충분한 근거가 있는지 모르겠다. 내가 아는 한에서, 보존에 똑같이 이바지하는 두 사회적 상태 중에서 하나의 상태가 다른 하나의 상태보다 무한히 더 행복할 수 있다. 앞서 관찰된 것

---

10) 위의 정의에서 '바람직함'을 쾌락주의적으로 해석할 경우, 분명 "건강"은 우리에게 공리주의적 도덕의 일반적 문제의 해결을 위한 새로운 제안이 아니라 그 문제에 대한 새로운 명칭을 제공할 뿐이다. 스티븐은 여기 인용된 부분에서 "사회복지" 혹은 "복리"라는 개념들을 사용한다는 사실을 말해두어야겠지만, 나는 그가 말하는 "사회복지" 혹은 "복리"라는 개념들의 의미가 내가 이해하기로는 그가 말하는 "건강" 혹은 "능률"의 의미와 다르다고 생각하지 않는다─즉 사회적 유기체의 존재조건들하에서 그것의 보존에 이바지하는 그것의 상태를 의미한다.

처럼,[11] 교양 있는 사람들이 가장 높이 평가하는 쾌락들—심미적 쾌락들—중 대부분은 개인의 생명을 보존하는 실질적 경향을 가지지 않은 행위와 과정에서 나온다.[12] 개인을 사회적 유기체로 대체하더라도 그 진술은 여전히 참이다. 첨언하자면 아주 세련된 도덕은 분명히 개인이나 사회를 파괴하는 경향을 가지지 않은 고통의 예방에 관여한다. 한편으로 나는 예방적 습관과 감정의 유지가 공리주의 도덕의 가장 필요한 기능이라는—생존이 인간 공동체의 어려운 임무인 도덕발달의 초기 단계에는, 어쩌면 도덕의 거의 유일한 기능이라는—점을 확실히 인정한다. 그러나 내가 생각하기에 우리가 단순히 인류 전체의 존재를 보장하는 것에 만족해야 하고, 보장된 존재를 더욱 바람직한 것으로 만들려는 노력은 하지 않고 이러한 보장의 증진에 노력을 집중해야 한다는 주장은 합당하지 않다.

둘째, 사회적 유기체의 보존과 전체의 행복이라는 두 개의 목적이 일치하더라도, 나는 스티븐이 '사회적 유기체의 보존에 이바지하는 경향'이라는 기준이 필시 '전체의 행복에 이바지하는 경향'이라는 기준보다 더 정확히 적용될 수 있다고 주장하는 근거가 무엇

---

11)   제2권 6장 §3.
12)   나는 어떤 형태의 '놀이'가 신체적 건강에 필요하지 않다고 주장하려는 것이 아니나, 건강에 좋은 한에서 놀이의 장려에서부터 사회문화의 증진까지는 거리가 멀다.

인지 모르겠다. 또한 전자가 "과학적 기준의 조건을 만족시킨다"고 주장하는 근거가 무엇인지 모르겠다. 만약 우리가 아는 사회학이 단지 가능한 미래 과학의 스케치가 아니라 실제로 정립된 과학이라면, 나는 이 주장이 어쩌면 사실일 수 있다는 점을 인정해야 한다. 그러나 스티븐 자신이 말한 것처럼, 현재의 사회학은 "입증되지 않은 추측들과 모호한 일반화들의 모음에 불과하고, 유사과학적 전문용어라는 다소 과장된 장치로 위장하고 있다." 이 말은 내가 감히 사용했을지 모를 말보다 더 과격하다. 그러나 나는 일반적으로 이 말이 표현하는 견해에 동의한다. 내가 보기에, 이러한 견해를 가진 저술가가 옳은 행위의 기준과 모범으로 간주되는 "사회적 건강" 개념이 어떤 정도로든 "전체의 행복" 개념보다 더 "과학적"이라고 주장하기는 어렵다.

사회학의 현재상태에 대하여 이러한 평가를 내릴 경우, 내가 생각하기에, 공리주의적 관점에서 보면 사회적 유기체의—단순한 보존 대신—"발전"이라는 개념을 도덕의 실천적인 궁극적 목적이자 기준으로 채택하는 것에 대해서도 반대할 결정적 이유가 있다. 한편으로 "발전"이 "능률"이나 예방적 성질의 증가를 의미할 경우, 이 개념은 (사회적 유기체는 계속 더 능률적이게 된다는—두렵건대—보증되지 않은 가정을 포함하여) 방금 논한 것의 낙관적 분화일 뿐이다. 그래서 그것에 대항하는 새로운 논증을 주장할 필요가 없다. 그러나 발전이 무언가 다른 것을 의미할 경우—(예컨대) 스펜서 신봉자는 "명확하고 일관성 있는 이질성"의 증가를 의미할 수도 있다. 이러한 증가가 예방적이든 아니든 말이다—나는 이러한 증가의 달성에 노력을 집중함으로써 전체의 행복을 가장 잘 증진시킬 수 있을 것이라는 결론에 대한 과학적 근거가 무엇인지 모르겠다. 나는 인간사회의 명확하고 일관성 있는 이질성의 모든 증가가 그 사회구성원들의 행복의 총합을 증가시키는 것이 불가능하다고 단언하지는 않는다. 그러나 나는 스펜서든 누구든 이 명제가 요구하는 종류의 증명을 제공하려고 시도했는지 모르겠다.[13]

요컨대 나는 우리의 지식의 현재상태에서 공리주의자는 아마 (그의 도덕을 제거한다면) 지금 존재하는 사람을 위해서나 존재해야 하고 앞으로 존재할 사람을 위해서 새로운 도덕을 구성할 수 없다고 생각한다. 대략적으로 말해서, 그는 현재의 사회질서와 그 질서의 일부인 현재의 도덕에서 출발해야 한다. 이 규범에서 벗어나는 것이 권할 만한 일인가 하는 물음을 판단하면서, 그는 이러한 일탈이 일반적으로 그 규범을 내재하고 있다고 생각되는 사회에 미치는

---

13) 근대 산업의 발달은 산업 노동자의 기능들의 전문화라는 형태로 개별 노동자의 삶을 답답하고 단조롭게 만드는 이질성의 증가를 가져왔는데, 보통 박애주의자들은 이러한 이질성의 증가가 심각한 불행을 가져온다고 생각했다. 그들은 그 증가를 현재 소수가 향유하고 있는 지적 문화의 일반적 보급을 통하여 축소될 필요가 있다고 생각했다—만약 실현된다면, 지적 문화의 일반적 보급은 그만큼 그 공동체의 상이한 계급들의 삶을 덜 이질적인 것으로 만드는 데 이바지할 것이다.

직접적 결과를 주로 숙고해야 한다. 분명 사려 깊고 제대로 교육받은 공리주의자는 어슴푸레 어떤 길을 미리 볼 수 있고, 현재의 도덕에 대한 그의 태도는 자신이 본 바에 의하여 다소 바뀔 수 있다. 그는 일정 부문에서 새롭고 더 엄중한 의무 개념을 채택해야만 효과적으로 피할 수 있는 미래의 해악을 식별할 수 있다. 다른 한편으로 그는 도덕률의 여타 부분들의 완화를 이롭거나 불가피한 일로 만들 사회변화를 예견할 수도 있다. 그러나 그가 과학적 선견지명을 공상적 유토피아의 억측으로부터 구별하는 경계선 안에 머무른다면, 그의 실천적 결론에 부합하는 형태의 사회는 현재의 사회와 크게 다르지 않은, 현실적으로 수립된 도덕규칙들 및 덕과 악덕에 대한 관습적 판단들의 체계를 가진 사회일 것이다.

5장
공리주의의 방법 (계속)

§1. 만약 우리가 상식도덕을 정확하게 또는 완전하게는 아니지만 감성을 지닌 존재들 전체의 가능한 최대 행복의 산출에 대략 일반적으로 적합한 규칙과 습관과 감정의 조직으로 간주할 수 있다면, 다른 한편으로 그것을 이러한 목적의 달성을 위하여 즉각 다른 조직으로 대체할 수 없고 단지 점진적으로 수정할 수만 있는 현실적으로 확립된 조직으로 받아들여야 한다면, 과학적 공리주의자가 자기 시대와 나라의 실정도덕에 대하여 가지는 복합적이고 균형적인 관계의 실천적 결과를 살펴보는 일이 남는다.

일반적으로 말해서 과학적 공리주의자는 분명 상식도덕을 따를 것이고, 다른 사람들에게서 그것의 발전을 증진하려고 노력할 것이다. 왜냐하면 인간존재의 모든 현실적 여건에서 발견되는―인간의 관점에서 감정된 우주 전체에서라고 말할 수도 있다—불완전성은 실정적이라고 간주되는 한에서는 결국 도덕 자체에서도 발견되지만, 우리는 여전히 실천적으로는 그 도덕의 실현이나 시행만큼 그것의 수정이나 개선에 관심을 기울이지 않기 때문이다. 공리주의자는 순전히 외적·인습적인 것으로서 기존 도덕에 반항하려는 경향을 철저히 거부해야 한다. 사려 깊은 사람은 기존 규칙이 본질적으로 합당하지 않다고 확신하자마자 항상 이러한 경향에 빠지기 쉽다. 그는 물론 직관주의 윤리학자가 가르치는 절대적 혹은 신성한 규범으로서 기존 도덕을 경외하는 마음도 미신적인 것으로서 거부해야 한다.[1] 그럼에도 그는 자연히 존경과 경이의 마음으로 그것을 자연의 기적적 산물이라고 볼 것이다. 그것은 오랜 세월에 걸친 성장의 결과이고, 가장 정교한 물질적 유기체의 구조들이 보여주는 바와 마찬가지로 여러 부분들에서 복잡한 긴급사태들에 정교하게 적응한 수단들을 보여준다. 그는 기존 도덕을 인간행복의 현재 양을 지속적으로 산출하는 필수적 조력자이자 의견과 성향이라는 유동적 요소들로 구성된 체제로서 정중하고 섬세하게 다룰 것이다. 그것은 '정치가나 철학자'가 만들 수 있는 체제가 아니

---

1) 나는 이러한 감정이 내 견해로는 공리주의와 양립할 수 없다고 말하는 것은 아니다. 내 말은 그것이 행위의 하위규칙들이 아니라 전체의 행복의 모든 요소에 대한 불편부당한 관심을 가지고 행동하라는 최상의 원칙에만 부여되어야 한다는 것이다.

고, 그것이 없다면 더 단단하고 굵은 실정도덕의 조직도 영속적으로 유지될 수 없고, 인간의 삶은—홉스가 설득력 있게 표현한 것처럼—"고독하고 가난하고 불쾌하고 잔인하고 짧을" 것이다.

이러한 현재의 도덕질서는 명백히 불완전하기 때문에, 그것의 개선을 돕는 것이 공리주의자의 의무일 것이다. 마치 근대의 문명화된 사회의 가장 순종적이고 준법적인 구성원은 자신의 정치적 의무 개념에 법률개혁을 포함하는 것처럼 말이다. 따라서 우리는 어떤 시간과 장소에서든 도입을 시도하는 것이 실천적으로 이로울 만한 실정도덕의 특정한 변화를 어떤 방법으로 규명할 것인가를 고찰해야 한다. 여기서 우리의 탐구는 결국 경험적 쾌락주의를 이러한 문제의 궁극적 해결을 위하여 일반적으로 적용할 수 있는 유일한 방법으로 남겨두는 것처럼 보인다—적어도 사회학이 확실히 구축될 때까지는 말이다. 우리가 현재 가지고 있는 사회학적 지식의 기초가 아무런 실천적 가치가 없다고 말하는 것은 아니다. 왜냐하면 현재 우리가 가진 불완전한 지식으로도 사회적 유기체의 존재 자체에 위험하다고 생각되는 도덕의 변화들을 제시할 수 있기 때문이다—실제로 같은 인간의 이익에 깊은 관심을 가진 사람들은 이러한 변화들을 제시했기 때문이다. 그러나 이러한 변화들은 대부분 실정법에서의 변화도 수반한다. 왜냐하면 조직화된 공동체의 보존을 위하여 준수해야 할 가장 중요한 규칙의 대다수는 직접적으로나 간접적으로나 법적 제재에 의하여 유지되기 때문이다. 내 견해로는, 이러한 종류의 변화를 이 책에서 논하는 것은 윤리학과 정치학을 구분하는 경계선을 넘어 너무 멀리 나아가는 것이다. 사적 의무를 결정하는 공리주의적 방법을 고찰하면서 우리가 일차적으로 다루는 규칙은 단지 도덕적 제재에 의하여 뒷받침되는 규칙이다. 이러한 규칙을 유지하거나 변경하는 문제는 인간사회의 존재 자체보다 대체로 복리와 관계된다. 따라서 공리주의적 관점에서 이 문제를 숙고하는 것은 현재 확립된 일정한 규칙을 유지함으로써 기대할 수 있는 쾌락과 고통의 총량과 그 규칙 대신에 제안된 규칙을 도입하려고 노력함으로써 기대할 수 있는 쾌락과 고통의 총량의 비교로 귀결된다. 우리는 이러한 비교가 일반적으로 대략적이고 불확실한 성질을 가진다는 점을 이미 알고 있다. 그럼에도 우리는 그것을 대체할 방법을 발견할 수 없을 것이다. 물론 각 개인이 이러한 문제를 다루면서 자신의 독자적 판단에 의존할 수밖에 없다는 말은 아니다. 각 개인은 행위가 행복에 미치는 영향에 대하여 말이나 책으로부터 많은 전통적 경험을 흡수한다. 그러나 이러한 경험을 전달하는 주요 방식들은 대체로 불명확하고, 그것들의 적절한 적용범위도 불확실하고, 그것들이 토대로 삼는 관찰과 귀납도 결정적이지 않다. 그래서 어떤 특수한 경우에는, 특히 그것들의 적용가능성과 관련하여, 그것들은 계속 추가적인 경험적 입증을 필요로 하는 상태에 있다.

공리주의 학파의 일부 사상가들[2]은 공리주의 윤리학자 앞에 놓인 쾌락주의적 계산의 임무가 너무 광범위하다고 생각할 수 있다는 사실, 또한 "윤리적 명령"이 적용되지 않는 "개인적 선택사항과 자기지침(self-guidance)의 대다수"를 제거함으로써 그 임무를 단순화하자고 제안할 수 있다는 사실은 어쩌면 놀랄 일이 아니다. 나는 이러한 종류의 구분선을 긋는 것이 분명 이롭다는 점을 확실히 인정할 수 있다. 그런데 내가 보기에 그 구분선을 그을 단순하고 일반적인 방법은 없다. 그 구분선은 인간의 삶의 다양한 관계들과 상황들에 따라서 변화하는 결과를 표준으로 삼는 면밀한 공리주의적 계산에 의해서만 그려질 수 있다. '개인은 그의 행위에서 자기 자신과만 관련된 부분과 자유롭고 속임수가 없는 상태에서 동의한 타인과 관련된 부분에 대해서는 사회에 책임질 필요가 없다'는 일반적 공식을 써서 요구된 구별을 시도하는 것[3]은 내가 보기에 사실상 무익하다. 왜냐하면 문명화된 공동체의 구성원들을 연결하는 관심과 공감은 복잡하게 얽혀 있기 때문에, 한 개인에 의한 중대한 행복의 손실은 대체로 다른 사람들에게 그들의 동의 없이 적잖은 영향을 끼칠 수 있기 때문이다. 나는 존 스튜어트 밀처럼 단지 "추

---

2) 예컨대 알렉산더 베인, 《마인드》(1883년 1월, 48-49쪽).
3) 이 문장은 정확한 인용은 아니지만, 존 스튜어트 밀이 그의 논고 『자유론』(서론)에서 제시한 학설의 요약이다.

정적이거나 가정적"일 경우 다른 사람들에 대한 이러한 이차적 위해는 개체성의 자유로운 발달의 허용이 가져올 이득에 비추어 무시될 수 있다고 말하는 것이 공리주의적 관점에서 어떻게 정당화될 수 있는지 알 수가 없다. 왜냐하면 우려되는 손해가 중대하고 그것이 발생할 것이라는 가정이 경험적으로 타당하게 보일 경우, 내가 생각하기에 도덕적 제재를 철회함으로써 발생할 해악의 명확한 위험성이 개체성을 특정한 방향으로 억압함으로써 발생할 손해의 불명확한 가능성보다 분명 더 중요할 것이기 때문이다.[4] 더 나아가 단순하고 포괄적인 공식에 의하여 "개인적 선택사항과 자기지침의 영역"을 제거할 수 있다고 가정하더라도, 그 개인이 공리주의적 원칙에 따라서 스스로를 합리적으로 통제하기를 바랄 경우, 이 영역 안에서도 그는 자신의 행동이 다른 사람들의 행복에 미치는 모든 중요한 영향을 다소는 살펴야 한다. 만약 그가 방법론적으로 이렇게 한다면, 내가 생각하기에 그는 제2권에서 고찰한 경험적 방법을 사용해야 한다. 그리고—이러한 예상에 너무 놀라지 않으려면—분별 있는 모든 사람은 일반적으로 자신의 행위의 대다수를 사실상 이러한 방법으로 결정한다고 가정된다는 점을 주목할

---

4) 존 스튜어트 밀, 『자유론』, 5장을 보시오. 밀의 학설은 확실히 상식과 반대된다는 사실을 관찰할 수 있다. 왜냐하면 (예컨대) 그의 학설은 미혼과 독신 성인들이 범하는 거의 모든 형태의 성적 부도덕을 비판의 대상에서 제외할 것이기 때문이다.

수 있다. 도덕이 설정한 한계 안에서, 분별 있는 사람은 어떻게든 행복과 불행을 가져오는 행동의 영향에 대한 자신과 다른 사람들의 경험을 결합하여 다른 사람들과 자신이 맺은 관계에 따라서 다른 인간들과 자신의 최대 행복을 얻으려고 노력할 것이라고 가정된다. 실제로 각 사람은 평소 이러한 방식으로 (예컨대) 어떤 직업을 선택할지, 자녀를 어떤 방식으로 교육할지, 결혼을 할지 독신으로 남을지, 도회지에 살지 시골에 살지, 영국에 살지 해외에 살지 등을 숙고한다. 우리가 본 것처럼,[5] 물론 행복 외에도 지식과 아름다움처럼 흔히 명백히 바람직하다고 인정받을 뿐만 아니라 대체로 장래의 결과에 대한 고려 없이 추구되는 다른 목적들이 있다. 그런데 이 목적들을 추구하는 것이 다른 방식으로 행복의 명백한 희생을 동반할 경우, 이러한 상황에서 그 목적의 추구를 계속해야 하는가 단념해야 하는가 하는 실천적 물음은 항상 대략적으로라도 순수한 경험적 쾌락주의의 방법을 적용함으로써 해결될 것이다.

이것이 필시 공리주의 윤리학자의 방법이라고 말하면서 내가 의미하는 바는 단지 그가 다루는 문제의 다양한 요소들을 공통적 척도로 환원하면서 보통은 다른 방법이 사용될 수 없다는 것이다. 물론 이 다양한 고려사항들 각각의 성질과 중요성을 사정하면서 공리주의적 도덕기술은 다양한 과학들의 도움을 끌어들일 것이다.

---

5)　제3권 14장을 참조하시오.

예컨대 그것은 정치경제학으로부터 찬탈자에 대한 일반적 비판이나 통 큰 자선에 대한 일반적 칭찬이 공동체의 부에 미칠 수 있는 영향이 무엇인지를 배울 것이다. 그것은 생리학자로부터 대체로 술을 삼가는 것이나 절제라는 명목으로 제안된 욕구억제가 건강에 미칠 수 있는 결과를 배울 것이다. 그것은 어느 분야든 과학 전문가로부터 일반적인 도덕적 혹은 종교적 감정에 거슬리는 탐구에 의하여 지식이 얼마만큼 증진될 수 있는지를 배울 것이다. 그러나 나는 경험적 쾌락주의의 방법을 제외하면 부나 지식의 증가나 건강의 향상이 어떤 상황에서 얼마만큼 다른 고려사항들에 종속되는지를 판정할 과학적 방법을 알지 못한다. 앞서 말한 것처럼, 내가 보기에 우리의 옛 윤리학자들이 '자연적 좋음(Natural Good)'이라고 부른 것의—즉 덕이나 도덕이 정한 한계 내에서 덕이나 도덕을 제외하고 본질적으로 바람직한 모든 것의—추구를 규제하기 위하여 인류의 상식이 [경험적 쾌락주의의 방법 외에] 다른 방법을 적용했거나 추구했다고 생각하지 않는다. 여기서 공리주의자는 이러한 추구가 일으키는 문제에 적합하다고 일반적으로 인정받는 추론과정을 평범한 사람보다는 다소 더 일관성 있고 체계적으로 수행할 따름이다. 공리주의자로서 그의 독특한 특징은 동일한 방법을 그 제한적 도덕 자체에 대한 비판과 교정에 적용해야 한다는 것이다. 이러한 비판의 세부사항은 분명 인간본성과 상황의 변화에 따라서 거의 무한히 변할 것이다. 여기서 나는 중요한 부류의 관련 고려사항을 빼먹지 않도록 공리주의적 비판가가 취해야 할 일반적 관점을 논하자고 제안할 뿐이다.

§2. 우선 앞서 주목한 구분,[6] 즉 일반적으로 생각하는 의무와─한 사람이 묶여 있거나 해야 하는 행위와─칭찬받을 만하거나 훌륭한 행위 사이의 구분을 상기해보자. 왜냐하면 공리주의와 상식의 도덕판단의 관계를 고찰하면서 더 중요하고 필수적인 요소로서 현행 도덕의 전자의 요소, 즉 어떤 사회에서든 공통적 의견에 의하여 부과되는 규칙들의 **총체**로부터 시작하는 것이 편리할 것이기 때문이다. 이 규칙들은 불문법을 형성하고, 엄밀한 의미의 법을 보완하고, 사회적 냉대와 경멸이라는 처벌에 의하여 집행된다. 이러한 불문법은 집단적으로 행동하는 명확한 단체의 사람들로부터 나오는 것이 아니기 때문에, 그것은 그것에 **합의**한 사람들의 공식적 심의나 결의에 의하여 변경될 수 없다. 따라서 그것의 모든 변화는, 공리주의적 고려사항에 의하여 결정되든 다른 고려사항에 의하여 결정되든, 필시 개인들의 사적 행동에서 나올 것이다. 곧 보겠지만, 공리주의의 실천적 문제는 모든 사회에서 그 공동체의 여러 분파들의 도덕적 의견들 사이에서 발견되는 충돌과 차이에 의하여 다소 복잡해질 수 있다. 우선은 '일반적 동의'에 의하여 분

---

6) 특히 제3권 2장을 참조하시오.

명하게 뒷받침되는 의무규칙의 경우에 관심을 집중하는 것이 편리할 것이다. 이러한 규칙의 결과를 고찰하고 나서 어떤 공리주의자가, 다른 측면들에서 현재의 것과 똑같은 사회에서―혹은 약간 다른 사회에서 (실천을 위한 토대를 제공할 만큼 우리가 충분히 분명하게 사회변화를 예상할 수 있는 한에서)―유사하게 확립될 경우, 다른 어떤 규칙이 전체의 행복에 더 크게 이바지하리라는 결론에 도달한다고 가정해보자. 우리는 우선 이 새로운 규칙이 긍정적으로뿐만 아니라 부정적으로 이전 규칙과 다르다고 가정할 것이다. 전자의 규칙은 단지 후자의 규칙을 초월하고 그것을 포함하는 것이 아니라 사실상 후자의 규칙과 충돌한다. 이전 규칙에 반하는 새로운 규칙을 지지하는 것이 옳은가를 (즉 전체의 행복에 이바지하는가를) 실례와 수칙에 의하여 판정할 수 있으려면, 그 공리주의자는 이 새로운 규칙에 필연적으로 따르는 일정한 불이익의 힘을 측정해야 하는데, 그 불이익은 다음과 같은 항목들로 편리하게 배열될 수 있다.

첫째, 그 자신의 행복과 그와 연결된 다른 사람들의 행복이 그가 겨냥하는 보편적 목적의 일부를 형성하기 때문에, 그는 자신이 당할 사회적 비난의 처벌이 자신과 그들에게 가지는 중요성을 고려해야 한다. 그는 이러한 사회적 비난의 직접적 고통 외에 다른 방식으로 사회에 봉사하고 전체의 행복을 증진할 수 있는 자신의 능력을 감소시키는 그 비난의 간접적 영향도 고려해야 한다. 물론 이러한 고통과 손해의 예상이 혁신에 결정적으로 반대하는 것은 아니다. 왜냐하면 그 고통과 손해는 어느 정도 현행 도덕에서 이러한 종류의 개혁의 이득을 얻기 위하여 치러야 할 통상적 대가이기 때문이다. 여기서 많은 공리주의적 계산들에서처럼 모든 것은 산출된 결과의 양에 달려 있다. 그 결과는 그 가상의 사례에서 가벼운 불신과 냉대로부터 엄한 비난과 사회적 추방에 이르기까지 다양할 수 있다. 종종 미숙하게 변화를 시도함으로써 혁신자는 가장 엄한 형태의 도덕적 처벌을 받을 수도 있을 것이다. 반면에 몇 년만 기다렸다면, 그는 가장 관대한 형태의 처벌로 용서받았을지 모르는데 말이다. 왜냐하면 어떤 도덕규칙이 일반적인 사람에게 미치는 영향력은 그것이 편의의 계산에 대립하는 순간부터 약해지기 시작하기 때문이다. 또한 이러한 쇠퇴과정이 일정한 지점에 이르기 전까지는 그 개인뿐만 아니라 공동체를 위해서도 그 규칙이 공공연하게 공격받지 않는 편이 더 나을 것이기 때문이다.

외견상의 개선이 정말로 다른 사람들에게 유익한 영향을 줄 것인지를 의심할 일반적 이유들을 지적하는 것은 더욱 중요하다. 이전 규칙보다 더 많은 행복을 가져오지만, 새로운 규칙이 혁신하려는 공동체의 다수가 그것을 채택하지 않거나 채택되더라도 따르지 않을 수 있다. 그것은 너무 미묘하고 정밀하거나 너무 복잡하고 정교할 수 있다. 그것은 공동체의 평균적 구성원에게서 발견할 수 있는 것보다 더 대단한 지적 발달이나 더 높은 자제심을 요구할 수도 있고 비범한 자질이나 감정의 균형을 요구할 수도 있다. 이에 응답하여, 그 가설에 의하면 혁신자의 사례는 그것이 작용하는 만큼 나쁜 규칙을 더 좋은 규칙으로 대체하는 경향을 가지므로 필시 그만큼 좋을 것이라고 말할 수는 없다. 왜냐하면 경험에서 드러나듯이 이러한 종류의 사례가 긍정적이기보다는 부정적으로 힘을 발휘할 수도 있기 때문이다. 다른 인간사에서처럼 여기서도 세우기보다 무너뜨리기가 더 쉽다. 전통과 관습에 의하여 지지되지 않는 새로운 억제의 습관으로 어떤 도덕규칙을 대체하는 것보다는 습관적이고 일반적으로 복종해온 도덕규칙이 사람들의 마음에 미쳐온 억제력을 약화시키거나 파괴하는 것이 더 쉽다. 따라서 본질적으로 좋은 사례의 영향이 대체로 나쁠 수도 있다. 왜냐하면 그것의 파괴적 작용이 그것의 건설적 작용보다 더 강력할 수 있기 때문이다. 이러한 파괴적 영향은 침해당한 특정한 규칙뿐만 아니라 다른 모든 규칙의 측면에서도 고려되어야 한다. 왜냐하면 어떤 실정법의 위반이 필시 일반적으로 불법성을 조장하는 경향을 가지듯이, 일반적으로 인정받은 도덕규칙의 침해는 어떤 사회에서든 도덕적 무정부 상태로 몰아가는 경향에 힘을 보태는 것처럼 보이기 때문이다.

우리는 관습적 도덕의 위반이 행위자의 마음에 미칠 반작용을 무시하면 안 된다. 왜냐하면 각 사람이 계승이나 훈련을 통하여 받아들인 규칙적 습관과 감정은 그의 의지를 주로 그의 이성이 명령한 행위로 몰아가는 중요한 영향력이기 때문이다. 말하자면 유혹적 정념 및 욕구와의 충돌에서 이성의 자연적 조력자이기 때문이다. 이 조력자의 힘을 감소시키는 것은 실천적으로 위험할 수 있다. 반면에 합리적으로 행동하는 습관은 가장 좋은 습관이고, 자신의 모든 충동과 감정을 더욱더 이성과 완벽히 일치하도록 만드는 것이 분별 있는 존재의 목적이어야 한다고 보일 것이다. 사실 어떤 사람이 진심으로 어떤 도덕원칙을 받아들일 때, 그가 이미 가지고 있던 규칙적 습관과 감정 가운데 이 원칙과 일치하지 않는 것들은 자연히 약해지거나 사라지는 경향이 있다. 그것들이 다른 사람들의 공감에서 끌어내는 지지를 제외하고는 그것들을 고려할 가치는 별로 없을 것이다.

　이 마지막 것은 아주 중요한 고려사항이다. 왜냐하면 각 개인의 도덕적 충동은 일반적으로 대부분의 영향력을 다른 인간들의 공감으로부터 끌어내기 때문이다. 내 말은 각자가 공감을 통하여 다른 사람들의 도덕적 호감과 반감으로부터 얻는 쾌락과 고통이 그 개인의 행복의 요소일 뿐만 아니라 행복을 가져오는 행위의 동기로서 중요하다는 것만을 뜻하지는 않는다. 내 말은 더 나아가 행위와 관련된 다른 사람들의 판단과 감정에 대한 각자의 직접적인 공감적 반향이 그 자신의 유사한 판단과 감정을 뒷받침한다는 것을 뜻한다. 이러한 공감의 이중 작용을 통하여, 대다수 사람들이 자신이 만든 도덕규칙보다 그들이 속한 사회에서 수립된 도덕규칙에 따르는 것이 실천적으로 더 쉬워진다. 이러한 일반적인 도덕적 공감이 어떤 사람에게 미치는 영향을 약화시키는 행위는 그만큼 그의 의무이행을 더 어렵게 만들 수 있다. 반면에 우리는—특수한 변화의 본질적 이득 외에도—견실한 공리주의의 현저한 사례를 인류에게 제공하는 것의 전반적 이점을 고려해야 한다. 왜냐하면 다른 경우들처럼 이 경우에서도 어떤 사람은 여론에 순응하기보다는 그것과 대립하는 행위를 통하여 진정한 신념의 더 강력한 증거를 제시하기 때문이다. 이러한 효과를 낳으려면, 여론에 대한 불복종이 혁신자의 개인적 편리를 증진하지 않아야 한다는 것은 거의 필수적이다. 왜냐하면 이러한 경우, 여론을 따르지 않는 것이 옳다는 공리주의적 연역이 아무리 그럴듯하게 보이더라도, 그것은 거의 확실하게 이기주의적 동기로 치부될 것이기 때문이다.

이 다양한 고려사항들의 정확한 영향력은 경우에 따라서 무한히 달라질 것이다. 그것들에 대한 일반적 평가를 시도하는 것은 유익하게 보이지 않을 것이다. 그러나 우리가 주목했던 일반적 논증들은 대체로 상식도덕에 대하여 부정적 혹은 파괴적 성질을 가지는 공리주의적 혁신들에 대한 중요한 합리적 시험을 구성한다.

이제 단지 긍정적이고 보완적인 혁신, 그리고 상식에 의하여 이미 확립된 규칙에 새로운 규칙을 더하는 식의 혁신을 고찰할 경우, 공리주의자 자신이 새로운 규칙을 준수하는가와 관련된 한에서, 사실 방법들의 충돌은 전혀 없다고 나타날 것이다. 왜냐하면 그는 가정에 의하여 이러한 모든 규칙이 공동선에 이바지한다고 믿기 때문에, 그는 단지 상식이 보편적 자비심의 일반적 의무를 느슨하고 불확실하게 남겨두는 지점에서 그 의무에 대한 특별히 엄격한 해석을 제공할 뿐이기 때문이다. 따라서 위에서 열거한 억제적 고려사항들은 이 경우에 적용되지 않는다. 그것이 무엇이든 그가 자신에게 옳은 행동을 비슷한 상황에 놓인 다른 사람에게 승인하거나 권하는 것은 당연히 옳은 일이다. 그러나 그가 자신의 새로운 규칙을 채택할 준비가 되지 않은 사람들을 비난하면서 그들에게 그 규칙을 강요해야 할지는 다른 문제다. 왜냐하면 이것은 다른 사람들에게 불쾌감을 주는 직접적 해악뿐만 아니라, 이러한 공격적 태도로 인하여 발생하는 반작용 때문에 그의 도덕적 본보기의 전반적인 좋은 효과를 약화시키는 추가적 위험을 동반하기 때문이다. 이러한 문제로 그의 결정은, 스스로 그것을 평가할 수 있는 한에서, 대체로 자신의 혁신이 다른 사람들의 지지와 공감을 받을 것이라는 전망에 의존할 것이다.

견실한 공리주의자가 도입하려 할 대중적 도덕의 개혁의 대부분은 아마 (이전 규칙과 충돌하든 단지 그것을 보완하든) 새로운 규칙의 수립보다 이전 규칙의 집행에 있을 것이라는 점을 주목해야 한다. 왜냐하면 도덕의 상당 부분은 형식적 존경과 승인을 받은 상태에 있지만, 정말로 여론의 실제적 힘에 의하여 뒷받침을 받고 있지는 않기 때문이다. 어떤 두 사회의 도덕 사이의 차이는 흔히 각 사회의 도덕률이 포함해야 하는 규칙들에 대한 의견불일치보다 그

도덕률의 다양한 부분들에 부여된 상이한 강조에서 더 두드러지게 나타난다. 우리가 고찰한 경우에서, 공리주의자가 지금보다 더 맹렬하게 비난하려는 것은 주로 포괄적 공감이나 공공심(public spirit)의 부족을 나타내는 행위다. 이러한 종류의 행위는 많다. 그 행위의 직접적 결과는 개인들에게 명백한 쾌락을 제공하지만, 그것이 먼 미래에 간접적으로 일으키는 훨씬 더 많은 양의 해악은 상식에 의하여 희미하게만 인식된다. 이러한 행위가 그르다고 생각될 때에도, 공통적 의견은 그것을 매우 관대하게 처리한다. 그것이 자기-관계적이지 않은 충동에 의하여 유발된 경우에는 특히 그러하다. 그럼에도 이 모든 경우에서 우리는 사회의 도덕감정을 공리주의적 체계를 특징짓는 더 포괄적인 목적과 인간행복에 대한 더 불편부당한 관심과 일치시키기 위하여 새로운 도덕학설을 공표하기보다는 그 도덕감정을 보강하고 뚜렷하게 만들 것을 요구한다.

§3. 지금까지는 혁신자가 자신뿐만 아니라 다른 사람들을 위하여 상식이 인정하는 규칙보다 전체의 행복에 더 도움이 되는 새로운 행위규칙을 도입하려 한다고 가정했다. 어쩌면 이것은 공리주의와 상식 사이에서 가장 일반적으로 일어나는 쟁점이 아니라고 생각할 수도 있다. 차라리 양측 모두가 일반적으로 타당하다고 받아들이는 규칙에 예외가 있을 수 있는지가 쟁점이라고 생각할 수도 있다. 왜냐하면 사람들이 자신의 악의적 충동과 성욕을 억제하

면서 진실을 말하고 약속에 충실하고 법을 따르고 다른 사람들의 전형적 기대를 만족시키려는 것이 **일반적으로 말해서** 공동의 행복에 이바지한다는 점은 아무도 의심하지 않지만, 쾌락을 주는 결과와 고통을 주는 결과에 대한 독점적 관심은 종종 상식이 절대적인 것으로서 부과하는 규칙들에 대한 예외를 허용하리라고 생각되기 때문이다. 그러나 일반적인 이유에서 어떤 예외를 용인하는 것은 더 광범위하고 단순한 규칙보다는 더 복잡하고 정교한 규칙의 수립일 뿐이라는 점을 주목해야 한다. 왜냐하면 이러한 예외를 어떤 한 경우에 인정하는 것이 전체의 좋음에 이바지할 경우, 그것은 모든 유사한 경우에도 마찬가지로 그러할 것이기 때문이다. (예컨대) 어떤 공리주의자가 비밀투표로 치러진 정치적 선거에서 자신이 투표한 방식에 대한 물음에는 거짓으로 답하는 것이 일반적인 이유에서 옳다고 생각한다고 가정해보자. 그의 이유는 아마 다음과 같을 것이다. 거짓말에 대한 공리주의적 금지는 ⑴ 특정한 개인을 오해하도록 만듦으로써 일어나는 해악과 ⑵ 거짓 진술이 상대방의 주장에 대하여 사람들이 가져야 할 상호신뢰를 감소시키는 경향에 근거한다. 그렇지만 ⑴ 이 예외적 경우에는 질문자가 오해하는 편이 이롭고, 동시에 ⑵ 그 거짓말이 누군가의 투표방식에 대한 모든 주장에 대한 전반적 불신을 일으키는 경향이 있다면 오히려 그것은 투표가 비밀로 치러진 목적을 증진한다. 만약 이러한 이유가 누구에게든 타당하다면, 그것은 분명 모든 사람에게 타당하다. 사실 그것은 진실 혹은 거짓과 관련된 이전 규칙보다 더 복잡하고 새로운 일반적 규칙, 공리주의자가 보편적으로 복종하길 바랄 수 있는 규칙의 편의를 입증한다.

물론 세상 일이 보통 그렇듯이, 흔히 일어날 것 같지 않은 종류의 도덕적 혁신도 있다. 공리주의적 추론이 어떤 사람으로 하여금 상식이 정의나 신의라고 간주하는 것에 반하는 공적 방책을 지지하거나 그러한 정치적 혁명에 참여하도록 유도하는 경우다. 그런데 이러한 경우에 합리적 공리주의자는 보통 일반적 원칙에 따라서 움직일 것이고, 그는 유사한 상황에 처한 모든 사람이 이 원칙을 실행하길 바랄 것이다.

이것과는 근본적으로 다르지만 공리주의가 허용한다고 보이는 또 다른 종류의 예외를 고찰해야 한다. 행위자가 자신이 따르는 규칙이 보편적으로 채택되는 것을 이롭다고 생각하지는 않지만, 자신의 개별적 행위는 자신에게 열려 있는 다른 행위보다 더 큰 쾌락의 잔여를 산출하기 때문에 옳다고 주장하는 경우다.

그런데 상당수의 행위들이 좋음보다 더 많은 해악을 일으킬 것이기 때문에 이 종류의 어떤 행위가 이러한 결과를 낳을 것이라고 당당히 주장할 수 없다. 심지어 그 행위가 이러한 결과를 낳는 **경향**을 가진다는 말 또한 언어의 왜곡일 수도 있다. 누구도 (예컨대) 다리 위로 걸어가는 한 무리의 사람들이 그 다리를 무너뜨릴 것이기 때문에 한 여행자가 그 다리를 건너는 것도 그 다리를 파괴할 경향을 가진다는 말을 하지 않을 것이다. 신중한 의사는 식사규칙들을 제공하면서 절대적 규칙성보다는 가끔 그 규칙에서 벗어나는 것이 건강에 더 도움이 된다고 추천하듯이, 일반적 준수가 공동체의 복리에 필수적이지만 다소의 비준수가 더 이득이 되는 사회적 행위의 규칙이 있을 수 있다.

여기서 우리는, 옳은 행동은 행위자가 "그 준칙이 보편적 법칙이 되기를 의지할" 수 있는 행동이어야 한다는 칸트의 근본원칙과 충돌한다고 생각한다.[7] 앞서 진실성의 특수한 경우에서 알아챘던 것처럼,[8] 우리는 이 원칙의 어떤 적용은 그것의 실천적 영향력을 크게 변화시킨다는 점을 인정해야 한다. 우리는 문제의 행동을 널리 따르지 않을 것이라는 믿음이 칸트의 원칙이 적용되는 준칙의 본질적 제한조건인 경우를 인정해야 한다. 왜냐하면 이 원칙은—적어도 내가 그것을 자명하다고 인정한 한에서—단지 그 행위가 한 개인에게 옳다면 그것이 일반적인 이유에서, 따라서 어떤 **부류**의 사람들에게는 필시 옳은 행위라는 것을 의미할 뿐이기 때문이다. 위에서 언급한 것처럼 우리가 이 부류의 사람들을 그 행위는 예외적 행위로 남을 것이라고 믿는 특징을 가진 사람들로 규정하지 못할 이유는 없다. 물론 이 믿음이 잘못된 것이라고 밝혀질 경우, 어

---

7) 제3권 1장과 13장을 참조하시오.
8) 제3권 7장 §3.

쩌면 심각한 해악이 일어날 수도 있다. 그러나 다른 여러 공리주의적 연역들에 대해서도 이렇게 말할 수 있다. 그것을 아주 널리 따르는 것을 우리가 두려워하지 않는다는 이유만으로 상식에 의하여 정당하다고 주장되는 행위의 사례를 발견하는 것은 어렵지 않다. 독신주의의 경우를 예로 들어보자. 인간 종족의 번식에 대한 보편적 거부는 공리주의적 관점에서는—즉 다른 동물의 행복보다 인간의 행복이 더 우월하다는 일반적으로 인정받는 믿음에 따르면—상상할 수 있는 최대의 범죄일 것이다. 따라서 문제의 원칙이 위에서 주어진 제한조건 없이 적용될 경우, 그것은 누구에게든 독신주의를 자신의 행복에 가장 도움이 되는 상태로 선택하는 것을 범죄로 만들 것이다. 그러나 상식은 (적어도 오늘날에는) 이러한 선호를 옳은 행위의 경계 안에 있다고 간주한다. 왜냐하면 사실상 번식의 경향이 다소 과도하다고 생각되기 때문에 충분한 인구가 유지되지 못할 것이라고 두려워하지 않기 때문이다.

이러한 경우, 그것은 우리가 평소의 정신력으로도 예상할 수 있다고 생각하는 도덕과 무관한 충동이다. 그러나 왜 공리주의자가 동일한 절차를 실존하는 도덕감정에 적용할 수 없는가에 대해서는 아무런 형식적 혹은 보편적 이유가 나타나지 않는다. 그 결과는 공리주의와 상식도덕 사이의 특이한 종류의 불일치일 것이다. 왜냐하면 후자를 확립한 견고함은 그것의 책무들로부터 개인을 풀어주려는 공리주의적 이유일 것이기 때문이다. 우리는 전체의 행복이

(운문의 작성의 탁월성이 그러한 것처럼) 일반적으로 인정받는 규칙들의 전반적 준수에 약간의 불규칙성을 혼합함으로써 높아지리라는 것을 알아야 한다. 따라서 우리는 다른 공동체 구성원들이 충분히 규칙적 행위를 보여주리라고 합당하게 기대할 수 있다는 근거에서 몇몇 개인들의 불규칙적 행위를 정당화해야 한다.

내가 보기에 이러한 추론은 지금과 같이 구성된 인간사회에 적용될 경우 필시 건전하지 못한 것으로 여겨질 수 있다. 진심으로 전체의 행복의 증진을 바라는 사람이 이러한 추론이 적용될 수 있다고 생각하는 경우는 분명 드물 것이다. 왜냐하면 예외를 인정하면서도 일반적 규칙을 적절히 유지하기 위하여 우리가 의존하는 인간 일반의 감정이 도덕적인가 도덕과 무관한가는 근본적 차이를 만든다는 점을 주목해야 하기 때문이다. 도덕감정은 그것이 유발하는 행위가 자신뿐만 아니라 유사한 상황에 처한 모든 유사한 사람에게 객관적으로 옳다는—말하자면 그것이 그렇다고 생각되든 않든, 그렇다고 느껴지든 않든—신념과 불가분하기 때문이다. 따라서 그 도덕감정은 어떤 경우에든 정반대의 행위의 승인과 공존할 수 없다. 이 경우가 그 행위자에게는 그의 행위에 반하는 일반적 도덕감정이 없다는 점 이외의 중요한 차이를 나타내지 않는다면 말이다. 그래서 일반적 부정직과 일반적 독신주의는 모두 최악의 종류의 악이라고 가정하면서도, 우리는 결혼을 유발하는 자연적 감정이 강력하다는 이유에서 사람들은 자신이 원한다면 독신으로 남는 것이 정당하다고 간주할 수 있다. 왜냐하면 일반적 인간에게서 이러한 감정의 존재는 독신주의의 정당성에 대한 보편적 인정에 의하여 영향을 받지 않기 때문이다. 그러나 이와 유사한 방식으로, 거짓말에 반대하는 실존하는 감정이 얼마나 강력하든, 사람들은 자신이 원한다면 거짓말을 하는 것이 정당하다고 말할 수는 없다. 왜냐하면 이러한 정당성이 일반적으로 인정되자마자, 그 감정은 쇠퇴하고 사라질 것이라고 예상되기 때문이다. 따라서 우리가 모두 계몽된 공리주의자일 경우, 누구든 자신이 하는 거짓말은 정당하다고 말하면서 유사한 상황에 처한 다른 사람들이 하는 거짓말은 부적당하다고 인정할 수 없을 것이다. 왜냐하면 그는 유사한 상황에 처한 사람들이 자신과 다르게 행동할 것이라고 생각할 근거를 가지고 있지 않기 때문이다. 분명 지금같이 구성된 사회에서는 상황이 다르다. 이러한 사회에서 실제로 유효한 도덕은 공리주의적 추론이나 여타 추론과 무관한 토대에 의지하면서 특정한 개인의 특정한 행위나 표현된 의견에 의하여 크게 영향을 받지 않을 수 있다고 상상할 수 있다. 그러나 내가 상상하기에 정말 양심적인 사람이 이러한 도덕에 확신을 느끼고 (**보편적**이지는 않더라도) 일반적으로 준수하는 것이 명백히 이로운 어떤 규칙의 특정한 위반을 승인하면서 자신은 아마 전체에게 해를 끼치지 않을 것이라는 결론을 내릴 수 있는 상황은 매우 드물다. 특히 이전 절에서 주목했던 혁신에 대한 모든 반론은 혁신자가 새롭고 더 나은 일반적 규칙을 도입한다고 주장하지 않을 경우에는 더 강하게 적용된다.

내가 보기에 공리주의적 원칙에 의거하여 일반적 규칙들로부터 예외가 용납되어야 하는가 하는 물음에 대한 실천적 의혹이 일어날 수 있는 경우는 대부분 이 절의 첫 문단에서 논한 경우다. 아마 소수일 것이라는 이유만으로 그 예외가 몇몇 사람들에 대해서만 주장되는 것이 아니라, 이례적 상황에 처한 사람들 일반에게, 혹은 지성이나 기질이나 성품의 이례적 성질로 규정될 수 있는 부류의 사람들에게도 주장되는 경우다. 이러한 경우, 분명 공리주의자는 대체로 계몽된 공리주의자들로 구성된 공동체에서는 이례적인 윤리적 처우에 대한 이러한 근거를 타당하다고 간주하리라는 점을 의심하지 않을 수 있다. 그럼에도 내가 말한 것처럼 그는 이러한 예외를 인정하는 더 정밀하고 복잡한 규칙이 자신이 실제로 살고 있는 공동체에 적합한가 하는 의문을 가질 수 있다. 이 규칙을 도입하려는 시도가 현재의 도덕의 질을 개선하여 좋음을 가져오기보다 현재의 도덕을 약화시켜 더 많은 해악을 가져오지 않는가 하는 의문을 가질 수 있다. 이러한 종류의 경우에서 혹은 이전 문단에서 논한 드문 경우들 중 하나에서 이러한 의문이 일어날 것이라고 가정한다면, 공리주의자는 자신의 조언이나 본보기가 사람들에게 위험한 영향을 미칠 가능성의 범위를 면밀히 숙고할 필요가 생긴다. 분명 이 숙고의 결과는 대체로 그가 자신의 조언이나 본보기에 부여한 공지성(publicity)의 정도에 달려 있을 것이다. 따라서 어떤 상황에서는, 공리주의적 원칙에 따르면, 공공연하게 옹호하지 않는 편이 옳았을 것을 행하거나 사적으로 권하는 것이 옳을 수도 있다. 다른 사람들에게 가르치는 것은 그릇된 것을 어떤 집단의 사람들에게는 공공연하게 가르치는 편이 옳을 수도 있다. 어지간히 비밀리에 행할 수 있을 경우, 상상컨대 체면불구하고 그릇된 일을 행하는 것이 옳을 수도 있다. 완벽한 비밀유지를 합리적으로 기대할 수 있더라도, 사적 조언이나 본보기로 권하는 것은 좋지 않을 일을 행하는 것이 옳을 수도 있다. 이 결론들은 모두 역설적 성격을 가지고 있다.[9] 평범한 사람의 도덕의식은 분명 대중적으로 가르치는 도덕과는 다른 비교적 도덕(esoteric morality)의 일반적 개념을 대체로 거부한다. 공개적으로 행한다면 나쁜 행동이 비밀리에 행한다고 좋은 행동이 되지 않는다는 점에 대체로 동의할 것이다. 그러나 우리는 대체로 후자의 일반적 의견을 지지할 공리주의적 이유가 있다는 점을 관찰할 수 있다. 일반적으로 말해서 마땅히 사회적 비난에 의하여 억눌러야 할 행위가 알려질 수 있다는 것은 분명 이득이 된다. 그렇지 않으면 그 비난은 작용할 수 없을 것이다. 그래서 어떤 도덕적 자극으로든 자신의 그른 행위를 숨기려는 사람들 일

---

9) 특수한 경우에 그것들은 상식에 의하여 어느 정도 받아들여진다. 예컨대 책으로는 정당하게 출판될 수 있는 불온한 종교적 혹은 정치적 의견을 대중연설에서 표현하는 것은 일반적으로 그르다고 생각될 것이다.

반의 자연적 성향을 북돋는 것은 이롭지 못해 보인다. 게다가 이러한 은폐는 대다수의 경우 진실을 말하는 행위자의 습관에 매우 유해한 영향을 미친다. 조심스럽게 말해서, 공리주의자의 결론은 다음과 같을 것이다. 비밀유지가 다른 상황에서라면 옳지 않을 행동을 옳은 행동으로 만들 수 있다는 의견 자체도 상당히 비밀로 지켜져야 한다. 마찬가지로 비교적 도덕이 이롭다는 학설 자체도 비전(祕傳)으로 지켜지는 것이 이롭다고 생각된다. 혹은 이러한 은폐를 유지하기 어려울 경우, 계몽된 몇몇만 안다면 이로울 학설을 거부하는 편이 상식적으로 바람직할 수 있다. 그래서 공리주의자는 공리주의적 원칙에 따라서 인간들이 그의 결론들 중 일부를 받아들이지 않기를 바랄 수도 있다. 심지어 그는 저속한 사람들은 전체적으로 그의 체계에서 멀리 떨어져 있기를 바랄 수도 있다. 그의 체계의 계산의 불가피한 불명확성과 복잡성이 그 사람들의 손에서 나쁜 결과로 이어질 수 있다면 말이다.

내가 말한 것처럼, 물론 계몽된 공리주의자들의 이상적 공동체에서는 이러한 혼란과 역설의 무리는 사라질 것이다. 왜냐하면 이러한 사회에서는 다른 사람들이 자신이 택한 원칙과는 다른 도덕적 원칙에 따라서 행동할 것이라고 생각할 이유가 없기 때문이다. 물론 계몽된 공리주의자는 이러한 극치를 바랄 것이다. 도덕적 의견의 모든 충돌은 유혹적 충돌에 대한 저항에서 도덕 일반의 힘을 감소시키는 경향을 가지므로, 그 충돌은 필시 그만큼 악으로 간주될 것이다. 그럼에도 이러한 충돌은 매우 다양한 지적 · 도덕적 발달의 등급들이 존재하는 문명화된 공동체의 현실적 여건에서는 필요악일 수도 있다.

우리는 바로 앞 절에서 유보했던 문제, 즉 공리주의는 같은 사회의 상이한 구성원들이 동시에 상이한 도덕적 의견들을 주장한다는 사실을 어떻게 처리해야 하는가 하는 문제로 나아가게 된다. 왜냐하면 상이한 두 종류의 행위가 동일한 상황에서 모두 옳은 행위일 수는 없지만, 행위의 옳음에 대한 두 모순된 의견이 어쩌면 모두 이로울 수 있다는 것이 분명해졌기 때문이다. A가 어떤 행위를 하는 동시에 B, C, D가 그것을 비난하는 것이 전체의 행복에 가장 도움이 될 수 있다. 물론 공리주의자는 정말로 그 비난에 동참할 수 없지만, 그 비난을 흔들리지 않는 상태로 내버려 두는 것이 이롭다고 생각할 수는 있다. 그래서 일반적으로 어떤 사회의 일정한 발전단계에서 그 사회에 상충하는 도덕률들이 있는 편이 대체로 최선일 수도 있다. 이미 암시한 것처럼, 도덕감의 개연적 기원과 인간의 변화하는 생활 여건에 맞춘 그것의 유연한 조정에서 나온 동일한 일반적 추론이 상식도덕은 현재와 같은 성질을 가진 사람들에게 적합한 공리주의적 규범과 대략 일치한다는 추정을 제공했고 이렇게 상이한 규범들에도 적용될 수 있다. 이 상이한 규범들이 자신의 상황에 맞춘 복잡한 조정의 일부를 형성하고, 그것들은 상식도덕의 보완과 제한을 위하여 필요하다고 말할 수 있다.

이 학설이 아무리 역설적으로 보이더라도, 상식은 암암리에 이 학설을 수용하는 경우를 발견할 수 있다. 적어도 상식이 그 자체와 모순되지 않기 위해서라도 이 학설을 필요로 하는 경우를 발견할 수 있다. 예컨대 반란에 대한 일반적 도덕판단을 살펴보자. 한편 이렇게 갑작스런 질서의 파괴가 때로는 도덕적으로 필요하다는 일반적인 생각이 있다. 다른 한편 이러한 파괴에 항상 강력히 저항해야 하고, 이러한 파괴가 실패한 경우 적어도 우두머리들을 극형으로 처벌해야 한다는 생각이 있다. 그렇게 하지 않으면, 누군가 충분한 정당성이 없는 상황에서도 이러한 파괴를 시도할 것이기 때문이다. 인간의 도덕감정의 현실적 여건에서 이렇게 강경한 진압은 단순히 반란자들이 성공확률을 잘못 계산했다고 비난하는 것이 아니라 그들을 그르다고 비난하는 의견을 가진 강력한 집단의 지지를 필요로 한다는 것은 명백할 것이다. 비슷한 이유로 사회의 일정 직군이나 부문에서는 어떤 도덕규칙이 특별히 완화되지만, 동시에 나머지 사람들은 이러한 완화를 계속 비난하는 것이 아마 전체적으로 이로울 것이다. 그러나 이러한 지속적 의견충돌에서 발생하는 해악이 너무 심각하여, 계몽된 공리주의자는 아마 대다수의 경우에 그 충돌을 제거하려고 시도할 것이다. 문제의 특수한 상황에서 일반적 도덕규칙을 완화할 필요성을 공공연하게 주장하거나, 아니면 반대로 그 규칙을 습관적으로 위반하는 부문에 속하는 양심적인 사람들이 모두 그것을 인정하고 실행하게 만들려고 노력할 것이다. 이 두 방향 중에서 그는 대다수의 경우에 후자를 택할 것으로 보인다. 왜냐하면 이러한 규칙을 검토해보면, 그것은 일반적으로 공동체 전체의 이익을 위해서라기보다 개인의 편리를 위해서 완화될 것이기 때문이다.

§4. 마지막으로 일반적 도덕에서 엄밀한 의무의 범위를 넘어선 부분, 즉 어느 시대 어느 공동체에서나 탁월성 혹은 완전성의 총합으로서 일반적으로 존경받고 칭찬받는 성품 및 행위의 이상과 공리주의의 전반적 관계를 살펴보자. 우선 탁월성과 엄밀한 의무 사이의 구별은 공리주의에서는 당연하게 인정될 수 있지 않다는 점을 고려해야 한다―일부 탁월성은 부분적이고 간접적으로만 의지로 제어할 수 있고, 행위에서 이러한 탁월성의 실현과 어느 순간에든 항상 행할 수 있는 것으로서 엄밀한 의무의 수행을 구별할 필요가 있는 경우를 제외한다면 말이다. 왜냐하면 공리주의자는 어떤 사람이 스스로 보편적 행복에 가장 도움이 된다고 생각하는 바가 아닌 무언가를 알면서 행하는 것은 항상 그르다고 주장해야 하기 때문이다. 그럼에도 다른 사람의 엄밀히 자발적인 행위를 판단하면서, 칭찬할 만하고 존경할 만한 부분과 단지 옳은 부분 사이의 구별을 계속 사용하는 것은 실천적으로 이롭다고―따라서 공리주의적 원칙에 의거하여 간접적으로 합당하다고―본다. 왜냐하면 개인의 성품이나 행위를 우리의―공리주의적이든 아니든―가장 높

은 이상이 아니라 평균적 기준과 비교하고 그 기준을 넘어선 것을 칭찬하는 것은 우리에게 자연스런 일이기 때문이다. 그리고 이러한 자연적 존경의 감정을 고무하고 발전시키는 것이 결국 전체의 행복에 이바지하는 것으로 보인다. 왜냐하면 인간본성은 그것이 지금 달성할 수 있는 최선의 의무수행을 위하여 다른 사람들로부터 칭찬과 비난이라는 이중적 자극을 필요로 하기 때문이다. 만약 '사회적 제재(social sanction)'가 순전히 형벌이 된다면, 그것은 덜 효과적일 것이다. 사실 양심의 가책과 비난의 고통은 그 자체로 피할 수 없는 것이기 때문에, 분명 법률적 도덕(Jural morality)의 공리주의적 구성은 본질적으로 자기제한적이다. 즉 그것은 사회적 처벌에 의하여 승인된 규칙의 시행을 통하여 획득할 수 있는 행복의 증가가 불확실하거나 사소한 부문의 행위를 피하도록 지시한다. 이러한 부문에서 도덕의 심미적 국면은 여전히 합당한 자리를 발견할 수 있고, 판단하고 비난하는 것이 이롭지 않은 경우를 우리는 정당하게 존경하고 칭찬할 수 있다. 그렇다면 공리주의자는 평균적 사람이 일정한 상황에서 행할 행위보다 더 많은 행복을 가져올 경향을 가진 행위를 칭찬하는 것은 합당하다는 결론을 내릴 수 있다—물론 그는 칭찬할 만함의 한계는 자신의 시대와 나라에서 인류가 도달한 도덕적 진보의 특정한 상태에 비례한다는 점을 알고 있다. 그는 이 기준을 계속 높이려는 노력이 바람직하다는 점도 알고 있다. 마찬가지로 공리주의자는 행복을 가져올 행위를 일으킨다고 생각되는 성향이나 성품의 영속적 성질을 칭찬할 것이다. 이러한 행위를 유발한다고 생각되는 동기가 자주 발생하는 편이 확실히 전체의 행복을 늘릴 경우, 그는 그 동기를 칭찬할 것이다. 우리가 본 것처럼,[10] 그는 장려하는 편이 일반적으로 바람직한 종류의 성향이나 동기가 특수한 경우에 일으킨 행위를 비난하는 동시에, 모순 없이 이러한 종류의 성향이나 동기를 칭찬할 수 있다.

이제 성품에 대한 공리주의적 이상의 내용과 상식이 인정하는 덕들 및 여타 탁월성들을 비교할 경우, 우리는 우선 흄과 여타 사람들이 강조했던 그 둘 사이의 일반적 일치를 관찰할 수 있다. 인간은 현저하게 행복을 가져다주는 효과를 가지고 적절한 한계 안에서 분명하게 전체의 행복에 이바지한다고 증명될 수 없는 자질을 탁월하다고 칭찬한 적이 없다. 그런데 사회가 항상 이러한 자질을 공리주의자가 바라는 만큼 촉진하고 장려한다는 결론은 나오지 않는다. 우리와는 다른 사회의 도덕을 관찰해보면, 어떤 유용한 자질은 심히 무시되고, 너무 과도하면 대체로 불행을 가져올 자질이 과대평가되고 심지어 존경받는 것이 흔히 관찰된다. 따라서 견실한 공리주의자는 지배적인 도덕적 이상을 중요한 세부항목에서 교정할 필요가 있다고 느낄 수 있다. 그는 일반적으로 인정받은 의무규칙들의 경우에는 존재한다고 보였던 혁신에 대한 공리주의적

---

10) 제4권 3장 §2를 참조하시오.

제한들을 여기서는 발견할 수 없을 것이다. 왜냐하면 행위의 상이한 탁월성들에 대한 상식적 개념은 (엄밀한 의무의 범위를 넘어서 확장되는 것으로 간주한다면) 일반적으로 너무 모호하여, 그것들의 범위에 대한 공리주의적 해석에 명확한 저항력을 제공할 수 없기 때문이다. 이러한 [공리주의적] 해석을 가르치고 그것에 따라 행동함으로써, 어떤 사람이 상식과 불길한 불화에 빠질 위험에 처하지는 않는다. 특히 도덕적 탁월성의 이상은 동일한 공동체의 경계 안에서도 엄밀한 의무규칙보다 훨씬 더 다양해 보이기 때문이다. 예컨대 극단적 금욕이 칭찬받는 시대에 무해한 신체적 쾌락 향유의 모범이 되는 사람이나 쓸모없는 대담함이 존경받는 집단에서 주의와 신중함을 드러내고 권하는 사람은 최악의 경우 그가 받았을지 모를 약간의 칭찬을 받지 못하고 따분하다거나 공명심(功名心)이 없다고 생각될 뿐이다. 그는 상식과 명백한 충돌에 빠지지 않는다. 아마 우리는 일반적으로 이렇게 말할 수 있다. 계몽된 공리주의자는 성품에 대한 상식적 이상에서 현저하게 드러나는 부정적 덕들, 즉 억제하고 삼가려는 경향들의 함양을 덜 강조하고, 행위자나 다른 사람들에게 긍정적 쾌락의 직접적 원천이 되는—상식은 그 일부를 탁월성으로 인정하지 않는—마음의 성질들에 상대적으로 더 많은 가치를 둘 것이다. 그런데 그는 이러한 혁신을 일반적 비난을 초래할 정도까지 확대하지 않을 것이다. 왜냐하면 계몽된 공리주의자는 구속적이고 억압적인 덕들의 근본적 중요성을 무시할 수 없고, 현재 이러한 덕들이 평범한 사람들한테서 충분히 발달되어 그것들이 당연히 도덕적 존경으로부터 배제되어야 한다고 생각할 수 없기 때문이다. 그러나 그는 이 덕들이 다른 유익한 성질들을 간과할 정도로 도덕적 완전성에 대한 일반적 개념에서 지나치게 두드러진다고 생각할 수는 있다. 아니, 우리는 감히 이렇게 말할 수 있다. 대부분의 상황에서 진심으로 공리주의적 이상을 성공적으로 실현하려고 노력하는 사람은, 일반적으로 인정받은 완벽한 성품의 유형으로부터 아무리 벗어나더라도, 상식으로부터 충분한 인정과 칭찬을 받을 수 있다. 왜냐하면 도덕 전체가 공감의 뿌리로부터 나왔다는 말이 참이든 아니든, 평균적인 사람들한테서 자기애와 공감의 결합은 충분히 강력하여 공동선을 증진하려는 특별한 노력에 감사의 존경심을 가지는 것은 확실하기 때문이다. 설령 이러한 노력이 다소 새로운 형식을 취하더라도 말이다. 일반적으로 보이는 것보다 더 확장된 공감이나 더 열렬한 공공심의 표현에 대하여, 그리고 다른 사람들한테서 이러한 성질을 발달시키려는 노력에 대하여, 상식의 반응이 결코 없지는 않다. 물론 이러한 충동들이 현실적 상황에 대한 충분한 지식과 목적-수단의 관계에 대한 통찰을 동반한다면, 그리고 그 충동들이 인정받은 의무규칙과 충돌하지 않는다면 말이다.[11] 공리주의의 최근의 확장은 우리 사회의

---

11) 우리는 공리주의자가 때로는 이러한 규칙들을 무시해야 할 수도 있다는 점을

이상을 주로 이러한 방향으로 적극적으로 변형시켰고, 앞으로도 그것을 더 변형시킬 것이다. 따라서 공리주의자는 모든 종류의 사회적·정치적 활동을 강조하고, 공리주의적 윤리학은 정치학의 일부가 되는 경향을 보여준다. 왜냐하면 행복을 초래하는 결과에 비례하여 행위를 평가하려는 사람은 자연히 사적 삶의 세부에서 덕의 가장 순수한 표현보다는 공무에서 효과적 선행을 더 높이 평가할 것이기 때문이다. 반면에 직관주의자는 일반적으로 (필시 어떤 사람이 공무에서 행할 수 있는 모든 좋은 일을 행해야 한다는 점은 모호하게 인정하겠지만) 덕은 큰 규모의 일에서만큼 작은 규모의 일에서도 완전하고 훌륭하게 표현될 수 있다고 생각한다. 따라서 성실한 공리주의자는 열성적 정치가가 되기 쉽다. 그러나 그의 정치적 행동은 어떤 원칙에 따라서 결정되어야 하는가의 문제는 이 논고의 탐구범위 안에 있지 않다.

보았다. 그러나 그 경우는 이전 절에서 논의한 항목에 속한다.

종장

세 가지 방법의 상호관계

§1. 이제 마지막 장에 도달한 이 논고의 대부분에서, 우리는 옳은 행위를 결정하는 세 가지 방법을 고찰했다. 이들 방법은 대체로 평범한 사람들의 실천적 추론에서 다소 모호하게 결합된 것으로 보이지만, 나의 목적은 그것들을 최대한 따로따로 밝히는 것이었다. 상이한 세 가지 방법의 완전한 종합은 이 저술에서 시도되지 않지만, 동시에 그것들의 상호관계를 논하지 않고 그것들의 분석을 마무리하는 것도 만족스럽지 않을 것이다. 사실 우리는 그 분리된 방법들에 대한 고찰과정에서 이렇게 하는 것이 매우 이롭다는 사실을 알았다. 그래서 이 권과 앞의 권들에서 우리는 직접적으로나 간접적으로 직관주의적 방법과 공리주의적 방법의 상호관계를 아주 충분히 고찰했다. 우리는 직관주의자와 공리주의자 사이의 일반

적 대립이 완전히 폐기되어야 한다는 점을 알았다. 왜냐하면 진정 자명하다고 인정할 수 있는 추상적 도덕원칙들은 공리주의적 체계와 양립불가능하지 않을 뿐만 아니라, 이 체계에 합리적 토대를 제공하기 위하여 필요해 보이기 때문이다. 그리하여 우리는 정의 혹은 형평의 본질은(그것이 분명하고 확실한 한에서), 보편적 적용이라는 이유를 제외하고는, 상이한 개인들을 상이하게 대우하지 않아야 한다는 것임을 알았다. 또한 이러한 이유는 보편적 자비심의 원칙에 의하여 제공되고, 이 원칙은 각자에게 다른 모든 사람의 행복을 자신의 행복만큼 추구할 만한 가치를 가진 대상으로 설정한다. 하지만 다른 전통적 덕들도 인간의 삶의 다양한 상황에서 불편부당한 자비심의 특수한 표현이거나, 혹은 다양한 비합리적 충동들의 유혹적 위력 아래에서 타산적이거나 유익한 행위의 지속에 필수적인 습관과 성향이라고 적절히 설명을 할 수 있을 것이다. 언뜻 살펴보면, 우리의 일반적 도덕감이 절대적 구속력을 가진다고 선언하는 것처럼 보이는 다른 규칙들도 있다. 그러나 평범한 사람들의 습관적 도덕판단에서 표현되는 바로 이러한 상식에 대한 면밀하고 체계적인 숙고는 이 규칙들이 앞서 주어진 원칙들에 실로 종속된다는 사실을 드러내 보였다. 더 나아가 특수한 덕들과 의무들을 체계화하는 이러한 방법은 도덕의 역사에 대한 비교연구로부터 매우 강력한 지지를 받는다. 왜냐하면 상이한 단계에 있는 상이한 사회들의 다양한 도덕률들의 편차는 일정한 종류의 행위가 상이한 지역들의 인간 종족의 전체적 행복을 실제로 증진하거나 그렇다고 믿는 경향상의 차이와 대단히 일치하기 때문이다. 또한 선사 시대의 도덕적 기능의 여건과 발단에 대한 가장 그럴듯한 추측이 이 견해와 완전히 일치해 보이기 때문이다. 이 세 가지 방법의 이러한 종합을 전면적으로 인정하더라도, 한편 우리의 특수한 도덕감정 및 불합리한 판단과 다른 한편 특수한 공리주의적 계산의 명백한 결과들 사이에는 분명 세부적 불일치가 있을 것이다. 전자에 복종할 일반적인 공리주의적 이유와 후자를 저울질하면서, 우리는 실천적 문제를 가질 수도 있다. 그러나 사회적 의무를 결정할 원칙에 대해서는 더 이상의 이론적 혼란은 없을 것이다.

남은 일은 보편주의와 이기주의로 구분한 두 종류의 쾌락주의의 관계를 살펴보는 것이다. 제4권 2장에서 우리는 자신의 최대 행복을 목표로 삼는 것이 합당하다고 생각하는 사람이 그것 대신 보편적 행복을 옳은 행위의 궁극적 기준으로 삼을 수 있게 되는 ('증명'이란 말을 확대해석한) 합리적 과정을 논했다. 그러나 우리가 본 바로는, 이 과정이 적용되려면 이기주의자는 암시적으로든 명시적으로든 그의 최대 행복이 자신을 위한 합리적인 궁극적 목적이 아니라 보편적 좋음의 일부라는 점을 긍정해야 한다. 이렇게 긍정하기를 거부함으로써, 그는 공리주의의 증명을 회피할 수 있다. 한 개인과 다른 개인 사이의 구분이 실질적이고 근본적이라는 점, 그리고 다른 개인들의 존재의 질에 관심이 없다는 근본적으로 중요한 의미에서, 결과적으로 한 개인으로서 "나"는 나의 존재의 질에 관심을 가진다는 점을 부정하는 것은 상식과 상반될 것이다. 그렇다면 나는 어떻게 이러한 구분이 한 개인의 합리적 행동의 궁극적 목적을 결정하면서 근본적이라고 생각할 수 없다고 증명될 수 있는지 모르겠다. 사람들에게 전체의 행복을 목표로 삼는 것이 합당하다는 점을 아무리 열심히 확신시키려 해도, 대다수 공리주의자들은 일반적으로 이기주의적 원칙에서 보편주의적 원칙으로 나아가는 논리적 이행에 의하여 이러한 결과를 달성하려 하지 않는다는 사실을 관찰할 수 있다. 그들은 대체로 공리주의적 규칙의 제재, 즉 그 규칙을 따르는 개인이 얻는 쾌락과 피하는 고통에 의존한다. 사실 이기주의자가 우리가 증명이라고 말하는 것에 감동받지 않을 경우, 그가 합리적으로 전체의 행복을 목표로 삼도록 유도할 유일한 방법은 이렇게 하는 것이 그 자신의 최대 행복을 가장 잘 획득할 수 있는 방법임을 보여주는 것이다. 더 나아가 어떤 사람이 합리적 자비심의 원칙을 자명하다고 인정하더라도, 그는 여전히 다른 사람을 위하여 자신의 목적, 즉 행복을 희생하는 것은 비합리적이라고 주장할 수 있다. 따라서 도덕을 완벽히 합리적인 것으로 만들려면, 타산의 준칙과 합리적 자비심의 준칙 사이의 조화는 어떻게든 증명되어야 한다. 후자의 견해가 (앞서 말한 것처럼) 대체로 상식의 견해로 보인다. 그리고 그것이 나 자신이 주장하는 견해다. 그래서 요구된 증명이 얼마만큼 어떤 방식으로 성취될 수 있는가를 검토할 필요가 있다.

§2. 공리주의 도덕이 상식도덕과 일치하는 한에서―그것이 대체로 그렇다는 사실을 보았기에―이 탐구는 부분적으로 제2권 5장에서 수행된 셈이다. 거기서는 꽤 좋은 상태의 사회에서는 **일반적으로** 다른 사람을 향한 의무수행과 사회적 덕의 발휘가 장기적으로 유덕한 행위자의 최대 행복의 달성과 일치할 가능성이 있어 보이나, 여전히 이러한 일치의 **보편성**과 **완전성**은 경험적으로는 증명될 수 없어 보였다. 사실 인간 삶의 현실적 여건에서 작용한다고 생각되는 여러―법적 · 사회적 · 양심적―제재들을 더 면밀하게 분석하고 평가해보면, 그것들이 이러한 일치를 만들어내기에 항상 충분할 것이라고 믿는 것은 더욱더 어려워 보인다. 이 논증이 투철한 공리주의자에게 미칠 자연적 결과는 단지 그가 인간 삶의 현실적 여건을 바꾸려고 노력하게 만드는 것뿐이다. 만약 우리가 사회의 법 기관의 적합성을 개선하여, 일반적 칭찬과 비난의 부여를 유도하고 지휘하여, 그리고 공동체 구성원의 도덕감을 발달시키고 훈련시켜 각 개인이 분명 신중하게 전체의 좋음을 최대한 증진하도록 만든다면, 그것은 확실히 인간의 현실적 행복에 가장 소중한 기여일 것이다. 그러나 우리는 지금 견실한 공리주의자가 미래를 위하여 실행할 것이 아니라, 견실한 이기주의자가 현재 실행하려는 것을 살펴보고 있다. 현 상태로는 공리주의 도덕과 상식도덕 사

이에 어떤 차이가 있든, 그 차이가 전자의 경우에 이기주의와의 일치를 훨씬 더 힘들게 만드는 종류의 차이라는 점을 인정해야 한다. 왜냐하면 행위자의 사익(私益)이 최대 다수의 최대 행복과 양립할 수 없는 경우, 공리주의는 상식보다 더 완고하게 그 이익의 희생을 요구한다는 사실을 우리는 알고 있기 때문이다. 공리주의자의 원칙이 그를 일반적으로 인정받은 도덕규칙과 충돌하게 만들 경우, 물론 사회적 제재의 모든 힘은 그가 자신의 의무라고 생각하는 바를 행하지 못하도록 만든다.

§3. 공리주의학파의 일부 저술가들은 인간행복의 한 요소로서 공감의 최대의 중요성을 마땅하게 숙고함으로써 우리는 각자의 좋음과 전체의 좋음이 일치하는 점을 알게 되리라고 주장하거나 암시하는 것처럼 보인다.[1] 이 견해에 반대하면서도, 나는 지금과 같

---

1) 공리주의에 대한 존 스튜어트 밀의 논고(3장 곳곳)를 보시오. 그러나 거기서 세 가지 상이한 탐구 대상들 사이의 혼동으로 인하여 논증을 따라가기가 쉽지 않다. (1) 공리주의적 윤리학의 규칙들에 따르도록 유도함에 있어서 공감의 현실적 효과, (2) 그것이 미래에 가질 수 있는 이러한 방향의 효과, (3) 계몽된 이기주의자에 의하여 평가된 공감적 쾌락과 고통의 가치. 각 사람 자신의 쾌락이 그의 유일한 욕망 대상이라는 자신의 심리학적 학설 때문에, 밀은 이 물음들 중 첫 번째와 세 번째를 분명하게 구별하지 않았다. 그러나 이 학설에 대한 나의 논박(제1권 4장 §3)이 타당할 경우, 우리는 공감이 작용하는 두 방식을 구별해야 한다. 공감은 공감적 쾌락과 고통을 발생시킨다. 그 쾌락과 고통은 이기주의적 쾌락주의의 계산에 포함되어야 한다. 또한 공감은 이타적 행동에 대한

은 상태의 인간에게 행복의 한 원천인 공감의 가치를 평가절하하려는 바람은 결코 가지고 있지 않다. 사실 나의 의견은 공감적 쾌락과 고통이 실제로 사회적 덕에 대한 내면적 보상과 사회적 부정행위에 대한 처벌의 큰 부분을 차지한다는 것이다. 제2권 5장에서 나는 대략 그것들이 도덕감정에서 기인한 것으로 간주했다. 왜냐하면 나는 나 자신의 의식에 대한 자기분석을 통하여 공감적 감정과 엄밀한 도덕적 감정을 어느 정도 구별할 수 있지만, 사실 나는 이 두 요소가 정확히 어떤 비율로 결합되는지는 말할 수 없다. 예컨대 나는 앞서 말한—내 견해로는 부분의 좋음보다 전체의 좋음을 선호해야 한다는 도덕적 직관의 통상적인 정서적 부산물이거나 그 직관의 표현인—"이기주의의 천박함에 대한 감각"과 다른 사람에게 고통과 손해를 끼치면서까지 자신의 쾌락을 의식적으로 선택하는 것에 동반하는 공감적 불쾌함의 충격을 구별할 수 있다. 그러나 내가 생각하기에, 실제로 후자의 감정과 분리될 경우, 전자의 감정이 어떤 힘을 가질지를 측정하는 것은 불가능하다. 나는 이 두 종류의 감정이 상이한 개인들 속에서 매우 다양하게 결합된다고

충동을 일으킨다. 그 충동의 힘은 이러한 행동이 행위자에게 보장해줄 것으로 보이는 공감적 쾌락(혹은 고통의 경감)보다 확실히 더 크다. 그래서 평균적인 사람이 자신의 좋음을 위하여 전체의 좋음을 희생시키려는 자극을 절대로 느끼지 못할 정도로 발달된 공감에 도달할 수 있을지라도, 이것이 그가 이렇게 행동하는 것이 이기주의적으로 합당하다는 것을 증명하지는 못할 것이다.

생각하려 한다. 어쩌면 우리는 도덕의식의 발달에서 나타나는 이 두 요소의 상대적 비율의 편차에 대한 일반적 법칙을 그 인종뿐만 아니라 개인들에서도 찾을 수 있다. 왜냐하면 도덕의식의 발달의 일정한 단계에서 마음은 절대적인 것처럼 보이는 추상적인 도덕적 관념 및 규칙과 연관된 정서를 더 잘 느낄 수 있다고 생각되기 때문이다. 동시에 이 단계에서 벗어난 후와 이 단계로 들어가기 전에 개인적 관계에 속하는 감정들은 더 강하다.[2] 확실히 공리주의자의 마음에서 공감은 사회적 행동을 지시하는 모든 본능적 도덕감정 중에서 도드라진 요소가 된다. 왜냐하면 그의 견해에 따르면, 필시 도덕적 충동의 합리적 기반은 궁극적으로 자신이나 다른 사람들이 획득한 쾌락과 감소된 고통에 놓여 있기 때문이다. 그래서 그는 결코 어떤 몰개인적(Impersonal) 법칙을 위해서가 아니라 항상 조금이라도 동료의식을 느끼는 존재 혹은 존재들을 위해서 자신을 희생해야 한다.

대다수의 인간에 대한 공감적 쾌락의 현실적 중요성을 인정할 뿐만 아니라, 더 나아가 나는 경험적 근거만으로도 계몽된 자기이익은 대다수 사람들이 일반적으로 현재 도달한 단계보다 더 높은

---

2) 나는 그 변화의 과정이 단지 순환적이라고 암시하려는 것은 아니다. 초기의 공감은 더 좁고 단순하고 현전하는 것이다. 후기의 공감은 더 넓고 복잡하고 재현적인 것이다.

공감적 감수성을 배양하고 발휘하도록 명령한다고 주장할 수 있다. 자기애와 자비심 사이의 세속적 대조에 반대하는 버틀러의 유명한 논증이 유효하다는 것은 부정할 수 없다. 사람들이 행복의 수단의 헤픈 낭비들 가운데 일반적 의미의 이기적임보다—다른 개인의 쾌락과 고통에 강렬한 관심을 전혀 느끼지 못할 정도로 지나치게 자신의 행복에만 관심을 집중하는 것보다—더 경솔한 것은 없다는 말이 결코 터무니없는 말은 아니라고 들린다. 이렇게 생겨난 자아의 지속적 돌출은 사람들의 명민함과 열의로부터 모든 즐거움을 빼앗고 빠른 싫증과 권태를 낳는다. 이기적인 사람은 폭넓은 관심을 통한 고귀함과 확장의 감각을 놓친다. 그는 한 개인의 행복보다 장기적으로 더 안정된 목적을 향한 활동과 지속적으로 동반하는 더 확실하고 평온한 만족감을 놓친다. 그는 공감의 복잡한 반향에서 나오고, 항상 우리가 사랑하거나 감사하는 사람들에게 주는 봉사에서 발견되는, 독특하고 풍부한 달콤함을 놓친다. 그는 그의 본성이 도달한 품위의 등급에 따라서 자신의 삶의 리듬과 그의 삶을 하찮은 파편으로 포함하는 더 거대한 삶의 리듬 사이의 불협화음을 수없이 다양한 방식들로 느끼게 된다.

이 모두를 인정하더라도,[3] 내가 보기에 당장은 아주 소수의 비

---

3) 나는 앞 문단에서 받아들인 것을 **보편적으로** 참이라고 진술하는 것이 정당하다고 생각하지 않는다. 몇몇 극소수의 철저히 이기적인 사람들은 적어도 이기적

범한 사람들에게만 가능한 일이지만 강도에 있어서든 외연에 있어서든 최대한도의 공감의 발달이 공리주의적 의무와 자기이익의 완벽한 일치를 가져오지 않으리라는 점은 쾌락주의적 계산에 의하여 도달한 결론만큼 확실하다. 여기서 필요한 부분만 약간 수정하면 양심의 제재의 불충분함을 보여주기 위하여 제2권 5장 §4에서 말한 것이 공감에도 똑같이 적용될 것이다. 어떤 사람이 전체의 좋음에 대한 존중이―공리주의적 의무가―그로부터 생명의 희생이나 극단적 위험의 감수를 요구한다고 느끼는 경우를 가정해보자. 어쩌면 그에게 아주 소중한 한두 사람이 있고, 자신의 행복을 위하여 그들의 행복을 희생함으로써 얻는 나머지 삶은 이기주의적 관점에서 보면 그에게 무가치할 것이다. 그러나 이러한 계산을 하려고 "냉정하게 생각하고" 있는 많은 사람들이 이것을 정말 긍정할지는 의문스럽다. 물론 우리 자신의 행복의 희생을 요구하는 전체의 행복의 특정한 부분은 아무래도 우리에게 특별히 소중하지 않은 사람들의 행복일 것 같다. 그러나 우리의 가장 예민하고 강렬한 공감이 이렇게 아주 작은 수의 사람들에게 국한된다는 사실에서, 공감의 발달 자체가 공리주의적 의무에 반발하는 세력을 증가시킬 수

이지 않은 사람들 대다수보다 더 행복하게 보인다. 정말로 사심은 없지만 인간의 행복이 아닌 목적을 향한 활동에서 주된 행복을 얻는 것으로 보이는 이례적 성질들이 있다.

도 있다. 아무리 강렬하고 폭넓게 공감을 느끼더라도, 인류 전체의 쾌락과 고통에 대하여 자기 아내나 자식이나 연인이나 가까운 친구에 대한 관심과 완전히 일치하는 정도의 공감을 느낄 수 있는 사람은 극소수다. 우리의 공감의 일반적 배분에서 이러한 비율을 크게 바꿀 수 있는 감정의 훈련이 당장 가능하더라도, 이러한 훈련이 대체로 행복을 가져올 것으로서 장려될 수는 없어 보인다.[4] 그래서 공리주의적 의무가 우리에게 자신의 행복만이 아니라 사랑하는 사람들의 행복을 전체의 좋음을 위하여 희생하라고 요구할 때, 필시 공리주의가 가장 의존하는 제재가 그것의 수칙에 강력히 대립하는 작용을 할 것이다.

이러한—이 추상적 문제를 해결하기에 충분한—예외적 경우를 차치해도, 어떤 사람이 아주 충분하게 공감의 보상을 (그 보상을 경험적으로 확인할 수 있는 한에서) 획득할 행동방향은 전체의 행복을 증진하려는 진실한 욕망이 그에게 지시할 행동방향과 흔히 매우 다르게 보일 것이다. 왜냐하면 고통과 재난의 구제가 공리주의적 의무의 중요한 일부지만 구제받는 사람들의 상태는 대체로 고통스럽기 때문에 이러한 상황의 공감은 그것의 강도에 비례하여 필시 쾌락보다는 고통의 원천으로 보일 것이기 때문이다. 고통의 구제에서 자비심의 복합적 쾌락의 여타 요소들이 확실히 공감적 고통

---

4) 제4권 3장 §3, 432-433쪽을 보시오.

보다 더 크다는 주장은 대체로 참일 것이다. 왜냐하면 동정심의 표현은 그 자체로 유쾌하고, 우리는 일반적으로 우리가 구제해주지 않았을 경우 고통받는 자에게 일어났을 고통보다는 우리의 노력에 의한 그의 상태의 개선을 더 예민하게 느끼고, 또 그의 감사로부터 얻는 쾌락이 있고 영구적 가치를 가진 목적을 향한 강한 충동에서 명령된 활동의 통상적 반사작용으로 발생하는 쾌락이 있기 때문이다. 그럼에도 그 고통이 견디기 어렵고 지속적이어서 우리의 온갖 노력에도 부분적으로만 덜어줄 수 있을 경우, 박애주의자의 공감적 불쾌는 필시 상당할 것이다. 고상한 행복이 아주 없지 않더라도, 고통과 싸우는 일은 다른 많은 형태의 활동들보다 대체로 훨씬 덜 행복할 것이다. 그런데 의무가 우리에게 명령하는 것으로 보이는 것은 바로 이러한 일이다. 또 어떤 사람은 자신이 그것의 실현을 보리라고 바랄 수 없는 목적을 위하여 상대적으로 외롭게 일함으로써, 아니면 그다지 애정을 느낄 수 없는 사람들 사이에서 그들을 위하여 일함으로써, 아니면 가장 사랑하는 사람들을 멀리해야 하거나 몹시 슬퍼하게 만들 일을 함으로써, 아니면 아주 친밀한 인간적 유대 없이 살아야 하는 일을 함으로써 자신이 전체의 행복을 최대로 증진할 수 있다고 생각할 수 있다. 요컨대 공리주의자로서 그가 절대적으로 따라야 하는 합리적 자비심의 명령은 샤프츠베리와 그의 추종자들이 아주 설득력 있게 합리적 자비심의 보상으로서 제시한 다정한 애정의 만족과 수없이 다양한 방식으로 충돌할 수 있다.

§4. 이전 절의 논의에 의하여 보완된 제2권 5장의 논증으로부터 우리는 다음과 같은 결론을 내릴 수밖에 없을 것이다. 공리주의적 의무와 그것을 따르는 개인의 최대 행복 사이의 불가분한 연결은 경험적 근거로는 만족스럽게 증명될 수 없다. 따라서 공리주의학파의 또 다른 분파는 의무의 무게를 종교적 제재에 던져두려 했다. 공감을 동기로서 강조하는 사람들 중 일부가 이러한 방법을 채택하였다. 이 관점에 따르면, 공리주의적 규범은 사람들에게 전체의 행복을 증진하라고 명령하고 자신의 명령에 복종하는 사람에게는 상을 주고 복종하지 않는 사람에게는 벌을 주겠다는 의도를 공표한 신법(神法)으로 간주된다. 전능한 존재가 어떻게든 이렇게 명령하고 공표했다고 확신할 경우, 합리적 이기주의자는 분명 자신의 삶을 공리주의적 원칙에 맞출 추가적 동기를 바랄 수 없다. 남은 일은 이 확신이 어떻게 얻어지는가를 고찰하는 것뿐이다. 이 확신은 일반적으로 초자연적 계시나 이성의 자연적 활동에 의하여, 혹은 두 가지 모두를 통하여 얻어진다고 생각된다. 전자와 관련하여, 신은 계시를 문자기록으로 남긴 지난 시대의 특별한 개인들에게, 혹은 특정한 방식으로 지명되어 영구적으로 계승하는 사람들에게, 혹은 일반적으로 초자연적 방식으로 종교적인 사람들에게 자신의 법을 밝혔다고 주장하는—몇몇 예외도 있지만—윤리학자들은 이

렇게 계시된 바가 공리주의적 규범이 아니라 차라리 어떤 특별한 수정과 추가를 거친 상식도덕의 규칙들이라고 생각한다. 그러나 밀이 강조한 것처럼 인류 전체의 행복을 위한 개인의 행복의 희생을 요구함에 있어서 공리주의가 상식보다 더 엄격한 한에서, 공리주의가 기독교의 가장 특징적 가르침과 엄밀히 일치한다. 여러 상이한 계시 규범들과 공리주의의 정확한 관계를 논하는 것은 불필요해 보인다. 왜냐하면 그 규범들에 어떤 신성한 기원이 부여되었다는 근거를 탐구하는 것은 우리의 연구범위를 넘어설 것이기 때문이다.

이성에 의하여 신법에 대한 지식을 얻을 수 있다고 믿을 경우, 윤리학과 신학은 매우 밀접히 연결되어 보이고, 우리는 그것들의 범위를 예리하게 식별할 수 없다. 왜냐하면 앞서 본 것처럼[5] 도덕 규칙들과 신성한 입법자의 관계는 이 규칙들을 구속력 있다고 식별하는 사고작용에 의하여 암묵적으로 인식된다고 널리 주장되기 때문이다. 이 규칙들에 대하여 이야기할 때 우리가 일반적으로 사용하는 (예컨대 '도덕적 책무' 같은) 용어는 자연히 법적 제재를 연상시키고, 또 이것을 공표하고 집행하는 주권자를 연상시킨다. 사실 로크 이래로 많은 사상가들은 권리, 의무 등의 용어에서 입법자에 의하여 부과된 규칙 이외의 의미를 인정하지 않았다. 그러나 이 견

---

5)   제3권 1장 §2를 보시오. 또한 제3권 2장 §1을 보시오.

해는 상식과 대립한다고 생각된다. 이러한 대립은 어쩌면 신성한 입법자 자신이 도덕적 행위자로, 즉 옳은 것을 규정하고 좋은 것을 의도하는 자로 간주된다는 점을 지적함으로써 가장 쉽게 밝혀질 수 있다.[6] 이 생각에서 적어도 '옳음'과 '좋음' 개념은 분명 어떤 상위의 입법자를 가리키지 않고 독립적으로 사용된다. 그 개념들이 여기서 그것들의 일반적 의미와 본질적으로 다르지 않은 의미로 사용된다는 것은 종교적인 사람들의 합의를 통하여 확인될 것으로 보인다. 그런데 상식은 도덕규칙들을 그것들에 복종하는지 위반하는지에 따라서 사람에게 상벌을 줄 전능한 존재의 명령일 뿐이라고 간주하지 않지만, 그것은 분명 이러한 견해가 이 규칙들에 대한 부분적이지만 참된 견해이고 어쩌면 이 견해를 직관적으로 이해할 수 있다고 주장한다. 만약 우리가 숙고를 통하여 상식의 특수한 도덕원칙들이 현저히 확실하고 반박할 수 없는 직관인 공리주의의 제일원칙에 종속된 것들로서 체계화될 수 있다는 결론에 도달한다면, 물론 우리는 공리주의적 규범에 신적 제재들이 첨부되리라고 생각할 것이다.

혹은 우리는 이렇게 논할 수도 있다. 만약—모든 신학자가 동의하듯이—우리가 신을 어떤 목적을 위하여 행동한다고 생각한다면, 우리는 그 목적이 보편적 좋음이라고 생각해야 하고, 만약 공리주

---

6) 제1권 3장 §2를 참조하시오.

의자가 옳다면 그 목적은 보편적 행복이라고 생각해야 한다. 도덕적으로 통치되는 세계에서 어떤 사람이 우리가 신의 의도라고 믿는 바에 의식적으로 반대되는 행동을 하는 것을 타산적일 수 있다고 상상할 수 없다. 따라서 어떤 경우에든 두 대안적 행위의 결과를 계산한 후 전체의 행복에 덜 이로워 보이는 행위를 선택할 경우, 우리는 고통밖에 기대할 것이 없는 방식으로 행동할 것이다.

이 주장에 대하여 다음과 같은 반론이 제기된다. 현실세계에 대한 관찰은 감성을 지닌 존재들의 행복은 불완전하게 획득되고 고통과 비참함이 광범위하게 뒤섞여 있다는 사실을 보여주고 있는데, 신이 전능하지 않음을 인정하지 않을 경우 우리는 사실 보편적 행복이 그의 목적이라고 말할 수 없다. 분명 신의 전능함에 대한 주장은 제한적으로 이해될 필요가 있다. 그러나 사려 깊은 신학자들이 암묵적으로 항상 인정해온 것보다 더 제한적으로 이해될 필요는 없을 것이다. 왜냐하면 이 신학자들은 예컨대 과거를 바꾸는 것과 같은 것은 신에게도 불가능하다는 점을 항상 인정해왔기 때문이다. 어쩌면 우주에 대한 우리의 지식이 완전할 경우, 우리는 우주 안에서 마침내 획득될 행복의 양은 과거를 바꾸는 것처럼 상상하기조차 어렵고 터무니없다고 여기는 바를 달성하지 않고도 획득될 수 있는 정도라고 이해할 수 있다. 그러나 이 견해를 발전시키는 것은 신학자에게 속하는 일이다. 나는 차라리 좋음에 대한 일반적 해석들 중 어떤 다른 해석에 따르더라도 그것이 현실 우주에서 더 완전하게 실현될 것으로 보이지 않는다는 점을 강조할 수 있다. 왜냐하면 물질세계에서 우리가 칭찬하는 작품의 경이로운 완전성은 거의 어디서나 불완전성과 뒤섞여 있고 파괴되고 부식되기 때문이다. 이와 유사하게 행복이 비참함에 의하여 상쇄되는 것처럼, 인간행위의 세계에서 덕은 악덕에 의하여 적어도 그만큼 상쇄된다.[7] 만약 궁극적 좋음을 행복으로 해석하도록 이끄는 윤리학적 추론이 옳다면, 자연신학으로부터 그 추론에 대항할 논증은 나오지 못할 것으로 보인다.

§5. 만약 신학자들의 **합의**에 의하여 신이 존재한다고 상정되는 것처럼 우리가 이러한 존재의 존재를 가정할 수 있다면, 공리주의자는 사회적 의무규범에 대한 신적 제재의 존재를 공리주의적 토대 위에 세워진 것이라고 정당하게 추론할 수 있을 것이다. 이 제

---

7) 어쩌면 이러한 비교는 자유지상주의자들에게는 아무 위력이 없다고 말할 수도 있다. 그들은 덕의 본질이 자유로운 선택에 있다고 생각한다. 그러나 자유로운 선택이 유덕하다고 말하는 것은—좋음 못지않게 악도 자유롭게 선택될 수 있다고 인정하는—대다수 자유지상주의자들도 받아들이기 어려운 역설일 것이다. 따라서 신의 목적을 실현한다고 생각되는 것은 좋음의 자유로운 선택이어야 한다. 그렇다면—이리하여 자유롭게 선택된—좋음에 대한 공리주의적 해석을 위한 논증들은 필요한 수정을 가하면 여전히 적용될 수 있을 것이다. 그렇다면 공리주의적 의무규칙들을 신이 찬성한 것으로 간주하려는 논증들도 적용될 수 있을 것이다.

재는 물론 모든 사람의 지식을 총동원하여 보편적 행복을 증진하는 것을 항상 모든 사람의 이해관심이 되도록 만들기에 충분할 것이다. 그러나 결론을 내리기 전에, 이 가정이 윤리학적 근거에 의해서만 뒷받침되는 한에서, 우리는 그것의 타당성을 면밀히 검토하는 것이 바람직하다. 왜냐하면 지금 보듯이 윤리과학이 독립적 토대 위에서 구성될 수 있는가, 혹은 그것이 신학이나 어떤 유사한 원천에서 기본적·필수적 전제를 빌려와야 하는가 하는 아주 중요한 물음이 이러한 검토의 결과로 결정될 것이기 때문이다.[8] 이 검토를 올바르게 수행하기 위하여 우리의 도덕적 직관들 중 가장 분명하고 가장 확실한 것에 대하여 숙고해보자. 내가 생각하기에, 유사한 상황에서는 나 자신이 대우받아야 한다고 생각하는 방식대로 나도 다른 사람들을 그렇게 대우하는 것, 그리고 보편적 좋음이나 행복에 궁극적으로 도움이 된다고 믿는 바를 행하는 것이 '옳고' '합당한' 일이라는 점을 나는 산수나 기하학의 공리를 볼 때처럼 분

---

8) 우리가 단순히 윤리학을 하나의 가능한 독립적 과학으로 간주할 경우, 우리가 지금 그 타당성을 검토하려는 기본적 전제를 유신론의 형태로 던져 넣을 필요는 없다. 기성 종교가 도덕에 제공한 뒷받침이 항상 이러한 형태를 취한 것은 아니라고 본다. 불교의 교의에서 옳은 행위에 불가분하게 따라붙는 보상에 대한 이러한 개념은 기독교에서보다 훨씬 더 정교하고 체계적인 방식으로 발전된 것처럼 보인다. 그러나 계몽된 불교도들이 생각하듯이 이러한 보상은 무상(無上)의 인격의 의지가 아니라 비인격적 법칙의 자연적 작용에 의하여 분배된다.

명하고 확실하게 지각하고 있다. 그러나 나는 이 의무규칙을 따른 것에 대하여 나에게 충분한[9] 상을 주거나 그것을 위반한 것에 대하여 나에게 벌을 줄 신이 실제로 존재한다는 인식이 이 신념과 불가분하게 연결되어 있고 단순한 반성적 직관에 의하여 그러한 인식을 획득할 수 있다고 생각할 수 없다.[10] 아니면—그 명제의 엄밀히 신학적 요소를 제거하고—나는 나의 도덕의식에서 의무수행은 충분히 보상받을 것이고 의무위반은 벌을 받을 것이라고 분명하고 확실하게 주장하는 직관을 발견하지 못했다고 말할 수 있다. 사실 나는 이러한 결과가 나 자신의 경우뿐만 아니라 보편적으로 실현될 수 있다는, 분명 도덕감정으로부터 거의 분리될 수 없는 욕망을 느낀다. 그러나 경험이 보여주듯이 인간 욕망의 대부분이 좌절되리라는 사실을 고려할 경우, 단지 그 욕망의 존재가 그것의 성취가 능성을 입증하지는 못할 것이다. 또한 나는 어떤 의미에서 이러한

---

9) 여기서 '충분하다'는 말이 반드시 '응분에 비례한다'가 아니라, '보편적 좋음을 증진하는 것이 반드시 그 행위자의 이익이 되도록 만들기에 충분하다'를 의미한다는 점을 독자에게 상기시키는 것이 좋을 것이다.

10) 비록 사변적으로 신이 정말로 존재한다고 주장할 자격은 없지만, 나에게 나의 모든 의무가 마치 어떤 무사의 존재의 계율인 것처럼 간주할 도덕적 필요성이 있다는 방법에까지 의존할 수는 없다. 나는 사변적 진리라고 주장할 근거를 전혀 발견하지 못한 것을 실천적 목적을 위해서 믿어야 한다고 생각하지 않고, 그래서 나는 이러한 낱말들이 표현한 것으로 보이는 마음의 상태는 순간적이고 반쯤은 의도적인 비합리성으로서 철학적 절망의 격렬한 발작을 일으킨 것이라고 생각할 수밖에 없다.

결과가 실현되어야 한다고 판단한다. 이러한 판단에서 '당위'는 엄밀히 윤리학적 의미에서 사용된 것이 아니다. 그것은 단지 우리의 실천이성이 일관성을 가지기 위하여 덕과 자기이익의 이러한 연결을 증명하거나 가정할 중대한 필요성을 표현할 뿐이다. 왜냐하면 그 연결을 부정할 경우 우리는 무엇이 합당한 행위인가에 대한 우리의 명백한 직관에서 궁극적이고 근본적인 모순을 인정할 수밖에 없기 때문이다. 이렇게 인정함으로써, 이러한 모순적 판단들에서 나타나는 실천이성의 분명히 직관적 작용은 결국 환상이라는 결론이 나올 것이기 때문이다.

내 말은 우리가 세계의 도덕적 질서에 대한 정당하게 획득된 결론이나 가정을 통하여 이 근본적 모순에 대한 실천적 해결책에 도달하려는 희망을 포기할 경우, 우리가 도덕을 완전히 버리는 편이 합당하다는 말이 아니라, 도덕을 완전하게 합리화한다는 생각을 버릴 수밖에 없을 것이라는 말이다. 그럼에도 우리는 분명 자기이익뿐만 아니라 사회적 복리를 보호하는 공감과 감정, 즉 교육을 통하여 전달되고 다른 사람과의 의사소통을 통하여 확인되는 공감과 감정을 통하여 전체의 행복에 도움이 되는 규칙들의 일반적 준수에 대한 욕망을 느낄 수 있다. 여전히 실천이성은 의무라고 인정받은 것이 올바르게 이해된 자기이익과 조화를 이루는 보다 일반적 경우에는 우리에게 단호하게 의무수행을 요구할 것이다. 더 드물긴 하지만 자기이익과 의무 사이의 인식된 충돌의 경우, 실천이성은 스스로 분열하면서 어느 쪽에도 동기가 되지 못할 것이다. 이 충돌은 비이성적 충동의 두 무리 중 어느 하나의 상대적 우위에 의하여 결정될 것이다.

만약 의무와 자기이익의 조정이 우리 사고의 한 주요 부문의 근본적 모순을 피하기 위하여 논리적으로 필요한 가설이라고 간주될 수 있다면, 남은 문제는 이러한 필요성이 이 가설을 받아들일 만한 충분한 이유가 되는가 하는 물음이다. 그러나 이 물음은 심히 어렵고 논쟁의 여지가 있는 물음이고, 그것에 대한 논의는 윤리학의 방법에 대한 작업보다는 일반적 철학에 대한 논고에 속한다. 왜냐하면 그 물음은 참된 믿음과 거짓 믿음의 기준에 대한 전반적 검토 없이는 만족스럽게 대답될 수 없기 때문이다. 자연과학의 체계는 실제로 자명한 전제들에서 논리적으로 추론된 결론들로 구성된다고 주장하는 사람들은 철학적 확실성을 주장하는 실천적 판단도 이 정도의 견고한 토대에 기초해야 한다고 합당하게 요구할 수 있다. 그러나 우리가 자연세계에 대한 우리의 가정된 지식에서 흔히 보편적으로 참이라고 간주되는 명제들이 우리가 그것들을 받아들이려는 강력한 성향을 갖고 있다는 사실과 그것들이 우리의 믿음들의 체계적 정합성에 필수불가결하다는 사실에만 의존한다는 점을 발견할 경우, 보편적 회의주의로의 문을 열지 않고는 윤리학에서 이와 유사하게 뒷받침된 가정을 거부하는 것은 더 어려울 것이다.

칸트의 자유의지 개념

[《마인드》(1888), 제13권, 51호에 실린 논문을 약간
생략하여 재인쇄한 것]

나의 목표는 자신의 학설에 대한 칸트의 해설의 여러 부분들에
서 본질적으로 다른 두 개념이 자유라는 동일한 낱말로 표현된다
는 점을 보여주는 것이다. 동시에 칸트는 그 용어의 의미에서 아무
변화도 의식하지 못하는 것처럼 보인다.

[한 의미로 자유는 곧 합리성이다. 그래서 사람은 이성에 따라서 행동
하는 만큼 자유롭다.] 나는 자유라는 용어의 이러한 사용이 일반적
용법에서 벗어난다고 해서 그것에 전혀 반대하지 않는다. 반대로
내가 생각하기에 이러한 사용은 담화에서 일상적인 도덕적 경험
에 대한 사람들의 자연스런 표현에서 많은 지지를 받는다. 우리 모
두 안에서 지속적으로 일어나는 비합리적 충동과 우리가 실천이성
의 명령이라고 생각하는 것 사이의 충돌에서, 우리는 자신을 전자

보다 후자와 관계하도록 하려는 습관을 가지고 있다. 휴얼이 말한 것처럼, "우리는 욕망, 사랑, 분노가 우리를 지배한다고 말하는 동시에 우리가 그것들을 통제한다고도 말한다."―우리는 지속적으로 사람들을 욕구와 정념의 "노예들"이라고 부르지만, 누구도 이성의 노예라고 불린 적은 없다. 따라서 윤리학자들이 자유라는 용어에 이미 어떤 다른 의미를 붙이지 않았다면―단지 그것을 일상적 담화로부터 꺼내어 윤리학적 논의를 위하여 그것을 더 정확히 특징짓는 문제라면―"사람은 그가 합리적으로 행동하는 만큼 자유로운 행위자다"라는 진술에 대하여 나는 아무 반론도 제기할 수 없다. 그러나 사람의 자유로운 행위능력에 대한 영국 옹호자들이 일반적으로 주장하려 한 바는 "사람은 좋음과 악 사이에서 **선택**의 자유를 가진다"는 것이고, 그 자유는 그가 고의로 좋음을 선택할 때만큼 그가 고의로 악을 선택할 때 실현되거나 나타난다. 만약 우리가 사람은 합리적으로 행동하는 만큼 자유로운 행위자라고 말한다면, 우리는 동시에 같은 의미로 그가 비합리적으로 행동할 때 그는 자신의 자유로운 선택에 의하여 비합리적으로 행동한다고 말할 수는 없다. 두 진술에서 자유 개념이 근본적으로 다르다는 점을 인정해야 한다. 위에서 언급한 명제들 중 어느 하나만 긍정할 경우, 자유라는 낱말이 어느 한 개념을 표현하는 용법이 정당하게 허용되지만, 두 명제를 모두 긍정하면서 그 낱말이 양자 모두를 표현하도록 사용하는 것은 분명 불편하다. 의미의 차이를 지적하지 않고 그

892

낱말을 이렇게 사용하는 것은 사고의 혼란을 동반한다.

이것을 받아들일 경우, 다음 문제는 칸트가 이 용어를 이렇게 이중적으로 사용한다는 사실을 보여주는 것이다. 이 문제를 논하면서, 우리는 별개의 두 개념으로 받아들이는 것에 대하여 명칭을 부여하는 것이 편리할 것이다. 따라서 내가 먼저 언급한—사람은 그가 이성의 지침에 따라서 행동하는 만큼 자유롭다고 말하는—종류의 자유는 '좋은 자유' 혹은 '합리적 자유'라고 부를 것이고, 좋음과 악 사이의 선택에서 드러나는 자유는 '중립적 자유' 혹은 '도덕적 자유'라고 부를 것이다.[1]

칸트의 해설에서 '좋은 자유'와 '중립적 자유'가 따로따로 나타나는 다른 문단들로 진행하기 전에, 후자의 개념을 아마 그것과 혼동할 수 있는 더 넓은 개념과 구별하는 것이 바람직하게 보인다. 이 넓은 개념을 칸트의 것으로 생각하는 것은 분명 잘못된 일이다. 나는 "동기 없이 행동할 능력"을 말하는 것이다. 흔히 자유지상주의계로 불리는 토머스 리드(Thomas Reid)와 여타 저술가들은 그것을 주목할 필요가 있다고 생각했다. 리드는 다음과 같이 말한다. "만약 사람이 동기 없이 행동할 수 없다면, 그는 어떠한 능력도"—리

---

[1] 두 개념 사이의 유사성을 제시하고 싶을 경우, 내가 보기에 '합리적'과 '도덕적'이라는 용어가 가장 적절하다. 그것들의 차이점을 강조하고 싶은 경우, '좋은'과 '중립적'이라는 용어가 더 낫다고 생각된다.

드의 의미로, 어떠한 자유로운 행위능력도—"가질 수 없을 것이
다." 내가 말한 것처럼, 이러한 자유—편의에 따라 이것을 '변덕의
자유'라고 부를 수 있는—개념은 분명 칸트의 개념이 아니다. 그는
이 개념을 명시적으로 거부할 뿐만 아니라, 어디에서도—내가 아
는 한—이 개념을 무의식적으로 끌어들이지 않는다. 사실 이 개념
은 인간의 의지에 대한 그의 설명의 어떠한 부분과도 양립할 수 없
다. 중립적 자유에—좋음과 악 사이에서의 선택능력에—대한 그
의 옹호의 독창성과 관심은 변덕의 자유 혹은 **모든 특수한 의지**에서
동기 없이 행동할 능력을 완전히 회피하는 것에 있다.

  이 구별은 어떻게 여러 지적 독자들이 칸트의 설명에서 내가 발
견한 두 가지 자유를—좋은 혹은 합리적 자유와 중립적 혹은 도덕
적 자유를—알아보지 못했는지 이해할 수 있게 해준다. 독자들은
칸트가 주장한 합리적 혹은 도덕적 자유와 그가 확실히 거부한 변
덕의 자유 사이의 차이에만 주목했다. 그리하여 그들은 칸트와 더
불어 우리가 옳은 일을 하는 만큼 실현하거나 나타내는 자유와 옳
은 일 혹은 그른 일의 선택에서 마찬가지로 실현되거나 나타나는
자유 사이의 구별을 간과하게 된다. 일단 변덕의 자유, 즉 동기 없
이 행동할 능력 혹은 단순히 자연적 혹은 비합리적 욕망들이나 반
감들이 경합할 때 가장 강력한 동기에 저항하여 행동할 능력을 고
려하지 않으면—이러한 자유를 배제하는 데 동의하고 좋은 자유와
중립적 자유의 차이에 관심을 집중한다면—내가 감히 생각하건대

누구도 칸트에서 후자의 대립을 구성하는 각 요소를 놓치지 않을 것이다. 그는 이 두 개념을 구별하지 않기 때문에, 아무리 주의 깊은 독자라도 항상 어느 개념으로 이해해야 할지를 말하기는 자연히 불가능할 것임을 쉽게 알 수 있다. 그러나 많은 문단들에서 그의 논증은 분명 전자의 개념을 요구하고, 다른 많은 문단들에서는 분명 후자의 개념을 요구한다. 대체로 말하자면, 자유 개념을 도덕적 책임이나 비난 개념과 연결시켜야 하는 지점에서, 이 맥락에서 자유의지를 주장하는 여타 모든 윤리학자처럼, 칸트는 (그것만은 아니지만 주로) 중립적 자유를—옳은 일의 선택만큼 그른 일의 선택에서 드러나는 자유를—이야기하고 있다고 말할 수 있다. 사실 이 문단들에서 그가 주로 관심을 기울인 것은 그른 일을 선택하는 자의 자유다. 왜냐하면 그는 그른 일을 선택하는 자가 특히 자기 책임을 자기가 통제할 수 없는 원인으로 떠넘기지 못하길 바라기 때문이다. 그러나 그가 감각적 충동의 간섭 없이 선택에 영향을 미치는 이성의 독립성을 제시할 때처럼 법에 대한 사심 없는 복종의 가능성을 증명해야 할 경우, 모두는 아니지만 많은 진술들에서 그는 분명 이성의 이러한 독립성을 자유와 동일시하면서 사람은 합리적으로 행동하는 만큼 자유롭다는 명제를 넌지시 비춘다.

첫 번째 종류의 사례로서 나는 「실천이성의 분석학」 제3장의 결말을 향하는 문단을 들 것이다.[2] 여기서 칸트는 도덕적 책임과 관련하여 인간행동에서 이중적 성질의 인과관계에 대한 독특한 형이상학적 학설을 다룬다. 그에 따르면, 시간 속에서 결정되는 현상 (phenomenon)으로서 간주되는 인간의 모든 행동은 이전 시간 속의 결정 원인들의 필연적 결과라고 생각되어야 한다—아니면 그것의 존재는 상상할 수도 없다. 그러나 그 행동은 그것이 현상이 되는 "실체(noümenon)", 즉 물자체로 간주되는 행위자와 관련하여 주목될 수 있다. 자유 개념은 그의 현상들과 이렇게 관련된다고 생각되는 행위자에게 적용될 수 있다. 왜냐하면 물자체로서 그의 존재는 시간-조건(time-conditions)에 종속되지 않기에, 이 실체적 존재의 아무것도 이전 원인들의 결정 원칙에 따르지 않기 때문이다. 따라서 칸트가 말한 것처럼 "이러한 그의 존재에서 아무것도 그의 의지의 결정에 선행하지 않고, 모든 행동은 … 심지어 감각적 존재로서 그의 존재의 전체 연쇄조차 그의 초감각적 존재에 대한 의식에서 하나의 실체로서 그의 인과율의 결과일 뿐이다." 이것이 자유의지와 물리적 인과관계의 보편성을 조화시키는 문제에 대한 유명한 형이상학적 해결책이다. 지금 나는 그것을 비판하려는 것이 아니다—나의 요지는 자유에 대한 이러한 견해를 받아들일 경우 그것은 명백히 중립적 자유여야 한다는 것이다. 그것은 한 명의 성자로 보이는 실체와 도덕법이나 정언명령을 따르는 좋은 혹은 합리적 의지 사이의 관계와 마찬가지로 한 명의 악당으로 보이는 실체

---

2)   *Werke*, v. 100-104쪽(Hartenstein).

와 도덕법을 위반하는 일련의 나쁜 의지 사이의 관계를 표현해야 한다. 앞서 말한 것처럼 칸트는—특히 도덕적 비난의 가능성을 설명하고 양심의 판결을 정당화하는 것에 관여하는—이 문단에서 그의 예증으로서 특히 나쁜 현상을 보이는 실체를 택한다. 그가 명시적으로 제기하는 물음은 이것이다. "어떻게 도둑질하는 사람이" 도둑질하는 순간에 "아주 자유롭다고 말할" 수 있는가? 그의 대답은 이것이다. "이성적 존재가 자신이 행한 **모든 불법적 행동**에 대하여," 비록 현상으로서 그 행동은 선행하는 상황에 의하여 결정되고 그렇기에 필연적이지만, "그는 그 행동을 하지 않을 수도 있었다고 정당하게 말할 수 있는 것"은 그의 "선험적 자유" 덕분이다. "왜냐하면 그것은 그것을 결정한 모든 과거 사건과 더불어 그가 스스로 만든 자신의 성격의 단일한 현상에 속하기 때문이다. 이로 말미암아 그는" 다른 원인들과 함께 받아들인 그의 나쁜 성격에서 필연적으로 발생하는 나쁜 행동을 "자기 탓으로 만든다." 따라서 그가 아무리 자신의 잘못을 스스로에게 자라나게 만든 나쁜 습관 탓으로 해명하더라도, 스스로는 물리적 필연성의 연속에 의하여 어쩔 수 없이 빠져든 무언가로 기억하는 불법적 행위를 채색하기 위하여 어떤 술책을 부리더라도, 이것이 그에게 자기비난을 막아줄 수 없다. 아주 어릴 때부터 악행을 보여주어 그가 도덕적으로 절망적 조건에서 태어났다고 생각하는 편이 합당하더라도—그렇더라도 그는 "다른 사람만큼 책임을 져야 한다"고 옳게 판단될 것이고 스스로도 그렇게 판단할 것이다. 왜냐하면 그의 실체적 자아와 관련하여 시종일관 그의 삶 전체는 절대적으로 자유로운 선택에서 발생한 단일한 현상이라고 간주될 수 있기 때문이다.

이 요지는 더 상세히 논할 필요가 없다. 도덕적 책임에 대한 칸트의 형이상학적 설명의 필연성은 그로 하여금 내가 중립적 자유라고 부른 개념, 즉 좋은 의지와 합리적 의지 못지않게 나쁜 의지와 비합리적 의지에서 드러나는 일종의 인과율을 유독 두드러지고 충실하게 표현하도록 만든다는 점은 명백하다.

내가 보기에, 자유라는 용어가 좋은 혹은 합리적 자유를 아주 뚜렷하게 나타내는 문단을 발견하는 것도 쉬운 일이다. 사실 이러한 문단은 내가 보기에 상이한 의미를 분명히 요구하는 문단보다 더 흔하다. 그는 이렇게 말한다. "자유의지는 그것의 결정원칙을 [도덕] '법'에서 찾아야 한다."[3] "그 인과율이 오직 도덕법에 의해서만 결정될 수 있는 자유는 바로 이것에, 즉 그것은 순수한 법에 대한 복종의 상태로 모든 경향성을 제약한다는 것에 있다."[4] 앞서 검토한 논증에서 그는 각각의 의지를 그것의 현상으로 드러내는 실체 혹은 초감각적 존재는 불법적 행위에서 "자유의 인과율(free causality)"을 행사한다는 점을 증명하는 것에 모든 노력을 기

---

3) 같은 책, 30쪽.
4) 같은 책, 83쪽.

울렸던 반면에, 동일한 논고의 다른 곳에서 그는 다음과 같이 말한다. "감각적 본성"도 가지는 합리적 존재의 "초감각적 본성"은 "모든 경험적 조건과 별개인 법칙에 따르는 존재이고, 따라서 순수 [실천]이성의 자율성에 속한다."[5] 이와 유사하게 한 초기 저술에서 그는 이렇게 설명한다. "인과율 개념은 법칙들의 개념을 포함한다. … 자유는 물리적 법칙에 의존하는 의지의 속성은 아니지만, 그럼에도 그것이 이러한 이유로 무법적인(lawless) 것은 아니다. 반대로 그것은 고유한 성질을 가진 불변의 법칙에 따르는 인과율이어야 한다. 아니면 자유의지는 망상일 (구속력이 없을) 것이다."[6] 더 나아가 그는 "자유" 혹은 "자율"의지의 이러한 불변의 법칙은 도덕의 근본원칙이고, "그래서 자유의지와 도덕법에 지배를 받는 의지는 동일한 것이다"라고 말한다.

내가 이 마지막 문구를 인용한 이유는 그것이 합리적 자유 개념을 분명히 보여주기 때문이 아니라, 반대로 이 개념이 다른 개념과 얼마나 쉽게 혼동될 수 있는가를 보여주기 때문이다. 자신의 도덕법에 지배를 받는 의지는, 그것이 자유로운 한에서 이 법에 따르는 의지를 의미할 수 있다. 또한 그것은—중립적 자유를 행사하면서—자유롭게 이 법을 어길 수도 있다고 생각될 수 있다. 그러나

---

5) 같은 책, 46쪽.
6) *Werke*, iv. 294쪽.

자유는 "불변의 법칙에 따르는 인과율"이라고 말하는 순간, 모호함은 사라진다. 왜냐하면 이것은 단순히 따를 수도 있고 따르지 않을 수도 있는 법칙을 설정하는 능력을 의미할 수 없다는 점이 명백하기 때문이다. 이것은 자유로운 것으로서 의지는 이 법칙에 따라서 행동한다는 것을 의미해야 한다—확실히 인간은 종종 이 법칙에 반하는 행동을 한다. 그러나 이 견해에 따르면, 이러한 행동의 선택은 "자유롭게" 결정되는 것이 아니라 행동의 "물리적"이고 "경험적인" 원천에 의하여 "기계적으로" 결정되는 것이다.

만약 칸트의 "자유"가 때로는 합리적 혹은 좋은 자유로 이해되어야 한다는 점을 증명하기 위하여 추가적 논증이 필요하다면, 칸트가 명시적으로든 암시적으로든 의지와 이성을 동일시하는 수많은 문단들 중 한두 개를 인용할 수도 있다. 왜냐하면 이러한 동일시는 의지가 이성과 비이성적 충동 사이에서 선택할 가능성을 명백히 배제하기 때문이다. 그래서 『도덕 형이상학 정초』[7]에서 그는 "법칙에서 행동을 끌어내기 위하여 이성이 요구될 때, 의지는 다름 아닌 순수 실천이성이다"라고 말한다. 이와 유사하게 『실천이성 비판』에서 그는 "순수의지의 객관적 실재나 **이와 동일한 것으로서** 순수 실천이성"에 대하여 이야기한다.[8] 따라서 어떤 문단[8]에서는 그가 "자유"와 동일시한 "자율"이 "의지의 자율"로 이야기되는 데 반

---

7) *Werke*, iv. 260쪽(Hartenstein).

해서, 다른 문단에서 그는 "도덕법은 바로 순수 실천이성의 자율, 즉 자유를 표현한다"고 말한다.[10]

생각건대 이제 나는 칸트의 자유의지 설명을 더 분명하게 이해시키기 위하여 착수했던 용어상의 모호함을 입증했다. 나는 그의 해설에서 이 기본 용어가 양립할 수 없는 의미들 사이에서 갈팡질팡한다는 점을 보여주었다. 어쩌면 이렇게 지적된 결함이 용어 교정만으로 제거될 수 있다고 생각할 수도 있다. 칸트 윤리학설의 요지는 계속 보존될 수 있고, 여전히 그의 형이상학설과 연결될 수 있다고 생각할 수도 있다. 이성은 우리가 항상 보편적 법칙이 되기를 의지할 수 있는 준칙에 따라서 행동할 것을 명령하고, 자유롭게 어길 수 있는 법칙이라고 인정하더라도 우리는 이성과 이성의 법칙에 대한 순수한 존경심에서 이렇게 행동할 것을 명령한다고 계속 주장할 수도 있다. 이러한 도덕적 자유의 실재는, 그것을—시간 조건과 무관한—행위자의 실체적 자아와 시간 속에서 드러나는 그의 성격 사이의 관계라고 간주함으로써, 물리적 인과관계의 보

---

8) *Werke*, v. 58쪽. 칸트가 "의지"라는 용어를 얼마나 혼란스럽게 사용했는가에 대한 날카로운 논의는 나보다 앞서 위의 인용들을 고려한 제이콥 굴드 셔먼 (J. G. Schurman: 1854-1942)의 『칸트 윤리학과 진화 윤리학(*Kantian Ethics and the Ethics of Evolution*)』(1881)을 보시오.

9) 예컨대 *Werke*, iv. 296쪽.

10) 예컨대 *Werke*, v. 35쪽.

편성과 조화될 수 있다고 계속 주장할 수도 있다. 유일하게 필요한 교정은 행위자나 행동의 속성으로서의 좋음 혹은 합리성을 자유와 동일시하지 않는 것이다.

나는 도덕에 대한 칸트의 학설과 자유에 대한 그의 학설의 가장 중요한 부분은 보존될 수 있다는 점을 확실히 인정할 수 있다. 아마 나는 후자의 학설은 유전과 진화라는 근대적 개념과 불공평한 싸움을 하도록 내버려 둘 수 있다고 말하고 싶다. 여하튼 나는 그 학설이 여기서의 나의 논증에 의하여 근본적 영향을 받지 않는다는 점을 인정한다. 그러나 내가 생각하기에, 만약 자유라는 낱말의 모호함에 의하여 유입된 혼란이 내가 제시한 방식으로 제거될 수 있다면, 보정된 형태의 칸트주의로부터 단지 몇몇 문단의 자유라는 "낱말"보다 훨씬 더 많은 것이 나올 것이다. 내가 생각하기에, 의지가 경험적 혹은 감각적 충동에 굴복할 경우, 의지의 "타율성"이라는 논제 전체가 버려지거나 크게 수정되어야 한다. 나는 대다수 칸트 독자들이 그 손실을 심각하게 느끼지 않을까 우려한다. 왜냐하면 칸트의 윤리학 저술에서 사람이 잘못하여 자기행동을 경험적 혹은 감각적 자극에 의하여 결정되도록 내버려 두면 물리적 인과관계, 즉 잔인한 외부세계의 법칙에 종속되는 반면, 도덕법에 복종할 때에야 자신의 진정한 자아의 목적을 실현한다는—그가 다양한 형태로 반복하여 표현한—관념보다 더 매혹적인 것은 없기 때문이다. 그러나 우리가 자유와 합리성의 동일시를 부정하고 인간 물자체와 그것의 현상의 관계를 표현하는 칸트의 다른 자유 개념만을 확실히 받아들일 경우, 자유감정(sentiment of Liberty)에 대한 이렇게 고무적인 호소가 한가한 수사로 치부되지 않을까 우려된다. 왜냐하면 성자의 삶은—그것의 어떤 부분에서든—악당의 삶만큼 필시 물리적 인과관계의 필연적 법칙에 종속되어 있기 때문이다. 성자가 좋은 삶의 선험적 선택에서 그의 특징적 자아를 보여주는 만큼, 악당은 나쁜 삶의 선험적 선택에서 그의 특징적 자아를 보여줄 것이다. 그러나 이러한 결과를 회피하기 위하여, 우리가 딜레마의 다른 뿔을 잡고 내적 자유와 합리성을 동일시할 경우, 더 심각한 적출이 요구될 것이다. 왜냐하면 '중립적' 혹은 '도덕적' 자유와 더불어, 실체와 경험적 성격의 관계에 대한 칸트의 견해 전체가 버려질 것이고, 도덕적 책임과 도덕적 비난을 지지하는 칸트의 방법 전체가 버려질 것이기 때문이다. 사실 영국의 (일반적 의미의) 자유의지 옹호자들이 칸트의 학설을 논리적으로 옳다고 믿지 않더라도, 그들에게 그의 학설을 흥미롭고 감명 깊게 만든 모든 것이 사라질 것이다.

옮긴이 해제

1. 무관의 제왕

헨리 시지윅(Henry Sidgwick)은 1838년 5월 31일 영국 북요크셔 지역의 스킵턴(Skipton)이라는 마을에서 지역 목사이자 중등학교 교장이었던 윌리엄 시지윅(William Sidgwick)의 셋째 아들로 태어났다. 그는 어려서부터 학업에 충실하여 케임브리지 대학교 트리니티 칼리지(Trinity College)에 진학했고 거기서도 매년 장학금을 받으면서 성공적인 경력을 쌓아나갔다. 그 뒤 1859년 강사로서 고전(古典) 수업을 담당하게 된 것을 시작으로 1883년 나이트브리지(Knightbridge) 철학교수로 임명되기까지 전형적인 교수자의 길을 걸었다.[1]

시지윅은 19세기 후반 영국의 가장 유력한 도덕철학자인 동시에 일반적으로 공리주의 사상가로 알려져 있다. 논란의 여지가 많지만, 그는 흔히 벤담(Jeremy Bentham) 및 밀(John Stuart Mill)과 더불어—쾌락주의(hedonism)를 공통요소로 가지는—소위 '고전적 공리주의(classical utilitarianism)' 사조를 대표하는 인물로 꼽힌다. 그들의 지적인 성취와 그들이 남긴 저술의 학문적인 가치는 실로 무량한 것이지만, 벤담과 밀은 사회개혁에 관심을 집중하면서 학계(學界)와 일정한 거리를 두었다. 이에 비하여, 아내와 함께 영국 최초의 여자대학 뉴엄 칼리지(Newham College)를 설립하는 등의 실천적인 활동이 없지는 않았으나, 시지윅은 평생에 걸쳐 케임브리지 대학교의 울타리 안에 있었다.

비록 오늘날의 윤리학 입문서를 비롯하여 공리주의를 소개하는 각종 대중적인 문건에서는 이름조차 언급되지 않는 경우가 흔하지만, 학계에서 시지윅의 위상이나 학자적인 면모는 벤담이나 밀과는 차별화된 매력을 발산했다. 특히 전문학자들 사이에서 그의 영향력은 벤담과 밀의 그것에 버금간다. 예컨대 무어(G. E. Moore), 스마트(J. J. C. Smart), 헤어(R. M. Hare) 등을 비롯하여 비교적 현대의 파핏(Derek Parfit)과 싱어(Peter Singer) 등에 이르기까지 20세기

---

1) 나이트브리지(Knightbridge) 철학교수는 케임브리지 대학교 철학과에서 최고 영예의 교수직을 일컫는 명칭으로서, 존 나이트브리지(John Knightbridge, 1619-1677)에 의하여 1683년에 제정된 이래로 오늘날까지 모두 22명이 이 직책에 임명되었다.

의 쟁쟁한 공리주의 사상가들뿐 아니라 비판가들이 공히 주목했던 공리주의의 대표 저서는 그의 『윤리학의 방법』이었다.[2]

자신들의 잘 알려진 저술에서 벤담이나 밀도 공리주의의 근본원칙에 대한 나름대로 심오한—오늘날에도 열띤 논쟁거리인—정의와 설명을 제공하지만, 『윤리학의 방법』은 그 근본원칙에 대하여 실로 전문가적인 분석과 포괄적이고도 상세한 해설을 제공하는 20세기 이전의—어쩌면 오늘날까지도—유일한 저서라고 말할 수 있다. 더 나아가 이 저서가 제공하는 공리주의와 다른 주요 윤리이론들과의 미묘하고도 복잡한 관계에 대한 논의는 오늘날의 윤리학 관련 저술에서조차 쉬이 발견하기 어려운 기념비적 성취라고 평가할 수 있다. 비록 벤담처럼 '철학적 공리주의의 아버지'라는 영예도 밀처럼 대중적인 인지도도 얻지 못했지만, 시지윅은 전문학자들 사이에서는 공리주의에 대한 본격적 논의의 원료를 제공한 무관의 제왕이다.

---

2) Henry Sidgwick, *The Methods of Ethics*, the Hackett edition, Hackett Publishing Company, Inc. Indianapolis, 1981. 이하 ME로 약칭. 예컨대 대표적인 공리주의 비판가인 존 롤스는 그의 유명한 『정의론』(1971)에서 벤담이나 밀보다 시지윅을 훨씬 더 많이 거론한다.

2. 이 저서의 목적에 대한 오해

『윤리학의 방법』은 세 가지 주요 윤리이론, 즉 (1) 이기주의, (2) 직관주의, (3) 공리주의에 대한 논의로 구성되어 있다. 분량상으로는 직관주의를 다루는 부분이 가장 크다. 그런데도 그것이 주로 공리주의의 대표 저서로서 널리 주목받아온 것은 분명한 사실이다. 시지윅 자신이 무엇이라고 말하든, 이 저서에는 윤리학의 방법으로서 이기주의와 직관주의에 대한 비판과 공리주의의 우위에 대한 논증이 담겨 있다. 그러나 공리주의의 옹호나 해설만이 이 저서의 목적이라고 판단하는 것은 다소 섣부르다. 그는 생전에 네 번에 걸쳐서 이 저서의 개정판들을 내놓았다.[3] 그것들의 「서문」에서 그가 반복적으로 지적했던 것은 이 저서의 궁극적인 목적과 관련된 잘못된 인상들이다.

초판 「서문」에서 시지윅은 인간의 상식적인 도덕의식에서 발견되는 "당위에 대한 이성적 확신을 획득하는 상이한 방법들"을 검토하는 것이 자신의 임무라고 천명한다(ME, vii). 즉 이기주의, 직관주의, 공리주의의 방법들을 검토하는 것이다. 같은 취지의 진술

---

3) 제6판(1901)과 제7판(1907)은 그의 제자 중 한 명이었던 콘스턴스 존스(E. E. Constance Jones)에 의하여 그의 사후에 출판되었다. 따라서 제6판과 제7판의 「서문」은 그가 직접 쓴 것이 아니다.

이 이후의 개정판들의 「서문」에서도 되풀이되고, 곧바로 그는 이러한 검토의 과정에서 자신이 가장 염려하는 바는 중립성과 공평성이라고 논한다: "여기서 전개되는 모든 상이한 방법은 중립적 입장에서, 그리고 최대한 공평하게 해설되고 비판될 것이다."(ME, viii) 게다가 그의 탐구의 직접적인 대상은 "실천"이 아니라 "지식"이고, 우리의 상식에 내재하는 윤리적 사고의 다양한 양식들을 관찰하는 것이다(ME, viii). 저자 자신의 이러한 해명을 진지하게 받아들인다면, 『윤리학의 방법』의 목적이 한 특정한 윤리학적 입장, 말하자면 공리주의의 옹호라고 단언하는 것은 필시 잘못일 것이다.

예컨대 이 저서에 붙인 자신의 「머리말」[4]에서 20세기의 대표적인 공리주의 비판가인 존 롤스(John Rawls)는 이 저서가 "우리가 '고전적 공리주의 학설'이라고 말할 수 있는 것에 대한 가장 명료하고 가장 접근하기 쉬운 공식"을 제공한다고 평한다(ME, v).[5] 그는 이 저서에서 정의된 공리주의가 자신이 생각하는 고전적 공리주의의 결정판이고, 공리주의의 진리를 확립하는 것이 이 저서의 궁극적인 목적이라고 논한다. 그러나 이러한 견해는 시지윅이 개정판들의 「서문」에서 한사코 불식시키려 했던 잘못된 인상들 가운데 하

---

4) 1981년 출판된 『윤리학의 방법』의 해킷(Hackett) 출판사 판에는 존 롤스의 「머리말」이 붙어 있다. 비록 짧은 글이지만, 이 「머리말」을 통하여 시지윅과 『윤리학의 방법』에 대한 롤스의 전반적인 평가와 해석이 잘 드러난다.

5) J. Rawls, *A Theory of Justice*, Harvard University Press, 1971, 22쪽.

나일 뿐이다. 제2판 「서문」에서 말하듯이, 그가 가장 우려했던 인상은 『윤리학의 방법』이 직관주의 혹은 상식도덕(common sense morality)의 원칙들에 대하여 "단순히 외부로부터의", 요컨대 공리주의적 관점으로부터의 "적대적 비판만을 포함한다"는 인상이었다 (ME, xii).[6] 다시 말해 자기 탐구의 기조가 중립성과 공평성이라는 것은 그저 하는 말일 뿐, 그는 결국 다른 모든 윤리이론을 압도하는 공리주의의 우위를 밝히려 한다는 인상이다.

이와 연관하여 시지윅이 우려했던 또 하나의 잘못된 인상은 이 저서의 주된 목적이 "이기주의의 억압"이라는 인상이다. 흔히 이기주의는 도덕적인 것과 관계가 없거나 상반되는 것으로 인식된다. 한 개인이 자신의 행복 혹은 이익을 좇는 것에 도덕적이라고 말할 것이 없다는 것이다. 오히려 그것은 우리가 일반적으로 도덕적이라고 생각하는 것에 반하는 행위로 이어지는 경향을 보인다. 그러나 시지윅의 정의에 따르면, '윤리학의 방법'이란 주어진 상황에서 무엇을 행해야 하는가를 결정하는 합리적 절차를 뜻하므로, 이렇게 합리적 행위결정의 절차 중 하나로서 이기주의 역시 윤리학의 한 방법에 해당한다. 여기서 그가 말하는 이기주의는 그가 구분한

---

6) 시지윅은 '직관주의'와 '상식도덕'이라는 용어를 다소 혼란스럽게 혼용한다. 그러나 일부 학자들은 이 둘을 구별해야 한다고 주장하면서, 후자가 전자보다 더 넓은 개념이라고 주장하기도 한다. 그러나 이 해제에서는 복잡한 논의를 피하기 위하여 이 둘을 명확히 구별하지 않는다.

쾌락주의의 두 유형, 즉 '이기주의적 쾌락주의'와 '보편주의적 쾌락주의' 가운데 전자에 해당하는 것으로서, 한 개인은 자신의 쾌락(혹은 행복)을 최대로 추구해야 한다는 원칙을 제시한다. 그리고 후자의 '보편주의적 쾌락주의'가 공리주의에 해당하고, 그것은 한 개인은 자신의 쾌락(혹은 행복)을 타인의 쾌락(혹은 행복)과 동등하다고보는 불편부당한 관점에서 전체 사회의 행복을 최대로 추구해야한다는 원칙을 제시한다.

사람들은 일반적으로—어쩌면 당연하게도—보편주의적 쾌락주의의 원칙을 도덕적인 원칙 혹은 목적이라고 볼 것이다. 그런데도시지윅은 양자의 원칙의 동등한 합리성을 인정하기에 이른다. 다시 말해 그는 이 두 원칙이 한 개인이 주어진 상황에서 자신이 행해야 할 행위에 대한 합리적 선택의 과정에서 대등하게 경합할 수있는 원칙들이라고 본다. 이러한 맥락에서 그는 전체의 행복(혹은쾌락)을 목적으로 삼는 원칙, 즉 공리주의가 개인 자신의 행복(혹은 쾌락)을 목적으로 삼는 원칙, 즉 이기주의보다 더 합리적이라고단언할 수 없다고 말한다(ME, xii). 동시에 그는 이렇게 쾌락주의의두 유형에 동등한 합리성을 부여하는 것이 필연적으로 수반할 결과, 다시 말해 행위 선택의 과정에서 한 개인의 마음에 이기주의적 원칙과 공리주의적 원칙이 경합할 경우 "어떤 행위가 합리적인가에 대한 우리의 명백한 직관들 속에 궁극적이고 근본적인 모순"이 남는다는 결과를 뚜렷하게 의식하고 있다(ME, 508쪽). 만약『윤리학의 방법』의 목적이 진정 여타 윤리이론들에 대한 공리주의의 절대적인 우위를 확증하려던 것이었다면, 그가 합리성의 차원에서 이기주의를 공리주의와 대등한 입장에 놓은 것은 어떻게 이해해야 하는가.

그런데 시지윅이 잘못된 인상이라고 지적한 것들이 정말 잘못된 인상일까? 이러한 인상에 대한 책임은 누구에게 있는가? 그는 자신의 주요 논증이 보편주의적 쾌락주의, 즉 공리주의를—혹은 그것의 우위를—증명하기 위한 것이라는 인상을 독자들이 갖지 않기를 원했던 또 하나의 인상으로서 거론한다(ME, xii). 그러나 아이러니하게도 그는 보란 듯이 제4권에서 공리주의의 증명에 착수하여 공리주의의 원칙이 그 타당성에 있어서 이기주의뿐만 아니라 직관주의 도덕의 원칙들보다 우위에 있음을 밝히려고 시도한다. 그리고 결국 공리주의가 인류에게 가용한 최선의 윤리이론이라는 결론에 도달하는 것처럼 보인다.[7] 따라서 그가 여러 「서문」들에서 했던

---

7) A. Donagan, "Sidgwick and Whewellian Intuitionism," *Canadian Journal of Philosophy* 7(1977), 447-465쪽을 참고하시오. 도너건(A. Donagan)은 시지윅의 『윤리학의 방법』의 근본 목적을 이기주의와 직관주의 혹은 상식도덕(commonsense morality)에 대응하여 "수정된 공리주의(revised utilitarianism)"를 옹호하려는 것이라고 규정한다. 또한 A. Skelton, "Sidgwick's Philosophical Intuitions," *Ethics & Politics* 10(2008), 185쪽을 참고하시오. 스켈턴(A. Skelton) 역시 『윤리학의 방법』의 목적은 "공리주의를 위한 논변을 제공하는 것"이라고 단언한다.

말들의 진실성에 대해서는 논란의 여지가 남아 있고, 판단은 독자들의 몫이다.

3. 직관주의와 공리주의 사이에서

시지윅 본인은 공리주의의 옹호나 해설이 유일한 목적은 아니라고 역설했지만, 많은 학자가 『윤리학의 방법』에서 찾고자 했던 것은 벤담이나 밀의 공리주의에 대한 주요 비판들에 대하여 그가 제시했을 법한 해답들이다. 흔히 공리주의는 상식적 혹은 직관적인 도덕적 기준이나 판단에 반하는 행위를 허용하거나, 심지어 이러한 행위를 옳은 행위로 규정하는 반직관적인(counterintuitive) 결론을 낳는다는 비판을 받는다. 이러한 비판을 간단히 '반직관성 비판'이라고도 한다. 요컨대 전체 사회의 행복(혹은 쾌락)을 최대로 추구해야 한다는 공리주의의 궁극적인 원칙 혹은 목적은 사람들이 상식적 혹은 직관적으로 옳다고 받아들이는—예컨대 '거짓말하지 말라'든가 '무고한 사람을 해치지 말라'와 같은—도덕규칙들에 반하는 행위를 지시할 수도 있다는 비판이다. 이러한 비판은 공리주의에 대항하여 많은 학자가 제기했던 가장 강력한 비판 중 하나이므로, 과연 확고한 공리주의 사상가로 알려진 시지윅이 『윤리학의 방법』에서 이러한 비판에 어떠한 대응방법을 제시했을까 하는 문제는 첨예한 논쟁의 대상이었다.

이러한 비판에 대한 공리주의자의 대응방식으로는 크게 두 가지를 상상할 수 있다. 하나는 상식적 혹은 직관적인 도덕적 기준이나 판단의 근원적인 결함을 밝혀서 그것을 비판하고 거부하는 방식이다. 다른 하나는 상식적 혹은 직관적인 도덕적 기준이나 판단과 공리주의적인 도덕적 기준이나 판단의 내밀한 연관성을 밝혀서 후자가 전자를 포용할 수 있다고 주장하는 방식이다. 전자의 대응방식에 따르면, 행위의 옳고 그름에 관한 판단을 그 행위로부터 산출되는 쾌락과 고통의 양을 비교한 결과, 즉 엄밀한 사실적 판단(factual judgment)으로부터 도출하려는—그리하여 윤리학을 일종의 과학의 반열에 올려놓으려는—공리주의자는 소위 자명성(self-evidence)을 주장하는 상식적 혹은 직관적인 도덕적 기준이나 판단이 실제로는 진지한 반성을 결여하거나 일관성이 없는 신념들의 소산일 뿐이라고 반박할 수 있다. 다시 말해 공리주의자는 상식적 혹은 직관적인 도덕적 기준이나 판단의 권위를 부정함으로써 그 기준이나 판단에 근거한 비판들을 논박하는 전략을 취할 수 있다.

한편으로 시지윅도 이러한 대응방식을 취하는 모습을 발견할 수 있다. 실로 상식적 혹은 직관적인 도덕적 기준이나 판단에 대한 비판적 검토는『윤리학의 방법』의 주요 내용을 구성한다. 제3권 11장에서 직관주의 도덕의—지혜, 자비심, 정의, 진실성 등의—주요 원칙들에 대한 세밀한 검토의 결과를 마무리하면서, 그는 그 원칙들이 자신이 설정한 자명성의 조건들을—도덕 제일원칙의 필요조건들을 충족시킬 수 없다는 결론에 도달한다. 예컨대 흔히 사람들이 직관적으로 자명하다고 생각하는 원칙들이 서로 충돌할 수 있다는 가능성은 그것들이 실제로는 자명하지 않다는, 그래서 절대적일 수 없다는 사실을 입증한다.[8] 예컨대 우리의 직관적인 정의(justice) 개념은 "그것에 대한 상당히 다른 두 관념을, … 정치공동체에 대한 개인주의적 이상과 사회주의적 이상"을 포함한다(ME, 293쪽). 전자는 자유를, 그리고 후자는 분배적 정의를 궁극적인 목적으로 삼는다. 자유는 모든 사람이 욕구하며 행복의 중요한 원천이지만, "자유의 실현이 분배적 정의와 하나의 궁극적인 목적일 수 없다."(ME, 278쪽) 현대 사회에서 우리가 목도하듯이, 자유와 분배적 정의는 언제든 충돌할 수 있다. 그래서 우리의 직관적인 정의관은 내적 일관성(internal consistency)이라는 조건을 만족시키지 못한다. 따라서 실천에의 적용에서 직관적인 정의관은 스스로 규정할 수 없는 예외와 한계를 가질 수밖에 없고, 옳음의 최종적인 기준의 임무를 수행할 수 없다. 또 하나의 유력한 해석에 따르면, 시지윅이 제4권에서 제시한 공리주의의 증명은 결국 "직관주의자든 이기주의자든 … 이미 다른 원칙을 마음에 품고 있는 사람"(ME, 419쪽)

---

8) 예컨대 롤스에 따르면, 직관주의는 상호 충돌할 수 있는 다수의 제일원칙들을 인정하며, 이러한 충돌을 해결할 수 있는 명시적 방법이나 우선순위 규칙들(priority rules)을 가지지 않은 윤리이론이다. John Rawls, *A Theory of Justice*, Harvard University Press, 1971, 34쪽.

에게 공리주의를 받아들이도록 강요하기 위한 논증일 뿐이다. 이러한 해석에 따르면서, 예컨대 시몬스(A. J. Simmons)는 『윤리학의 방법』에서 시지윅의 궁극적인 의도는 "직관주의의 명백한 거부인 동시에 공리주의의 적극적인 옹호"라는 점을 부정할 수 없다고 주장한다.[9]

그러나 직관주의는 틀렸으니 이제 공리주의를 받아들이라는 주장이 앞서 말한 반직관성 비판에 대한 설득력 있는 대응이 될 수 있을까? 시지윅은 실로 이러한 주장을 펼치고 있는 것일까? 그는 분명 이렇게 주장하는 것과는 다른 전략, 즉 직관주의와 공리주의 사이의 화해를 모색하는 모습도 보여준다. 그는 「서문」에서 자신의 궁극적인 윤리학적 입장을 "직관주의적인 토대에 기초한(on an Intuitional basis)" 공리주의라고 묘사한다(ME, xx). 또한 공리주의의 증명을 전개하는 제4권에서는 상식적 혹은 직관적인 도덕적 기준이나 판단이 "적어도 무의식적으로는 공리주의적"이라고 선언한다(ME, 424쪽). 상충하는 해석의 여지가 있지만, 이러한 주장들은 그 자신의 윤리학적 입장, 즉 공리주의와 직관주의 사이의 내밀한 연관성을 암시하는 것들로서, 그의 근본적인 의도가 직관주의와

---

9) A. J. Simmons, "Utilitarianism and Unconscious Utilitarianism," H. B. Miller and W. H. Williams eds., *The Limits of Utilitarianism*, University of Minnesota Press, 1982, 91쪽.

공리주의 사이의 화해를 모색하는 것에 있었다는 점을 뒷받침하는 근거로 제시될 수 있다.

이 저서의 가장 큰 분량을 차지하는 제3권의 직관주의 도덕에 대한 분석에서, 시지윅이 보여주려고 시도했던 것은 분명 직관적인 도덕규칙들의 불완전성과 충돌가능성이다. 이러한 불완전성을 보완하고 충돌가능성을 해소할 상위의 원칙으로서 제시되는 것이 공리주의의 원칙이다. 그러나 그는 이러한 공리주의의 원칙도 결국은 모종의 직관에 근거하고 있음을 인정함으로써 직관주의 자체의 거부를 주장하지는 않는다. 공리주의의 원칙은 그가 참으로 자명하다고 간주한 세 가지의 철학적 직관 혹은 원칙, 즉 (1) 불편부당성(impartiality) 혹은 형평(Equity), (2) 타산(prudence), (3) 합리적 자비심(rational benevolence)의 결합에서 도출된다.[10] 요컨대 공리

---

10) 첫 번째의 불편부당성 혹은 형평의 원칙은 "정의에 대한 공통적인 개념에 중요한 요소"(ME, 380쪽)로서, 시지윅은 그것을 다음과 같이 표현한다: "만약 나에게는 옳은 (혹은 그른) 어떤 종류의 행위가 다른 어떤 사람에게는 옳지 (혹은 그르지) 않다면, 그것은 … 두 경우 사이에 어떤 차이가 있기 때문이어야 한다."(ME, 380쪽) 달리 말하면 이 원칙은 '모든 유사한 경우는 유사하게 판단되어야 한다'는 도덕적 판단에서의 일관성을 요구하는 원칙이다. 두 번째의 타산의 원칙은 단순하게 말하면 한 개인은 시간상의 선후와 무관하게 전체적으로 자신의 좋음을 추구하는 것이 합리적이라고 말하는 원칙이다. 세 번째의 합리적 자비심의 원칙은 "각 개인은 다른 개인의 좋음을 자기 자신의 좋음만큼 중시해야 할 도덕적 의무가 있다"(ME, 382쪽)고 말하는 원칙이다. 그리고 이 원칙이 바로 "공리주의의 근본원칙"이다(ME, 387쪽). 이 세

주의는 결국 그의 표현대로 "직관주의적인 토대" 위에 서 있다. 제3권의 더 중요한 결론은 직관주의 혹은 상식도덕의 규칙들은 상호 간의 충돌을 해소하고 그것들의 하나의 정합적인 체계로 통합할 수 있는 어떤 "종합의 원칙(a principle of synthesis)"을 절실히 요구한다는 것이다. 그 규칙들은 "과학적으로 완전하고 체계적으로 숙고된 형태"로 결합해야 하는데, 바로 공리주의의 원칙이 이러한 이상적 종합의 원칙이 된다(ME, 425쪽). 그런데 이러한 종합의 원칙으로서 공리주의의 원칙도 결국은 인간의 가장 심오한 직관들을 통해서 도출되는 원칙이다.

4. 무의식적 공리주의

제3권에서 시지윅은 우리의 상식적 혹은 직관적인 기준이나 판단이 지닌 근원적인 결함을 밝히지만, 결코 이러한 기준이나 판단이 공리주의적인 기준이나 판단과 항상 불일치한다거나 전연 무용하다고 주장하는 것은 아니다. 오히려 그는 직관주의 혹은 상식도덕의 요구들과 공리주의의 요구들이 일상적인 실천의 환경에서 상

가지 원칙 사이의 관계에 대해서는, 강준호, 「시즈위크의 『윤리학의 방법들』에서 직관주의와 공리주의의 관계」, 《범한철학》 제78집, 범한철학회, 2015년, 227-253쪽을 참고하시오.

당히 일치한다고 인정한다. 대부분의 일상적인 상황에서 직관주의
자든 공리주의자든, 예컨대 '우리는 진실을 말해야 한다'거나 '무고
한 사람을 해치지 말라' 등의 규칙들에 동의할 것이다. 그러나 이
것이 직관주의 혹은 상식도덕의 요구들의 절대적인 권위를 인정하
는 것과는 거리가 멀다. 만약 양자의 실천적인 요구들이 거의 정확
히 일치한다면, 우리가 전자가 아니라 후자, 즉 공리주의를 우리의
도덕적 판단의 기준으로 선택해야 할 이유가 사라진다. 공리주의
의 원칙이 더 이상적이고 설득력 있는 종합의 원칙으로 인식되려
면, 양자의 실천적인 요구들 사이의 일치는 불완전한 상태여야 한
다. 이러한 맥락에서 상식적 혹은 직관적인 도덕적 기준이나 판단
이 '무의식적으로 공리주의적'이라는 그의 주장은 다음과 같이 이
해되어야 한다. 요컨대 직관주의 혹은 상식도덕의 규칙들은 공리
주의의 원칙을 의식적으로 적용하지 않기 때문에, 그것들은 공리
주의의 요구들을 오직 "미숙하고 불완전하게만" 반영한다(ME, 425
쪽). 그러니 특정한 상황에서는 공리주의가 이렇게 불완전한 직관
주의 혹은 상식도덕을 대신해야 한다.

　직관주의 혹은 상식도덕의 요구들과 공리주의의 요구들 사이
의 일치에 대한 관찰은 밀의 대중적으로 가장 잘 알려진 저서인
『공리주의』 제5장에서도 발견된다: "정의의 명령들은 전체의 편의
(expediency)의 일부와 객관적으로 일치한다."[11] 여기서 '정의의 명
령들(dictates of justice)'이란 대략 직관주의 혹은 상식도덕의 요구

들에 해당하고, '전체의 편의의 일부'란 대략 인간의 좋음 혹은 공리에 해당한다. 요컨대 직관주의 혹은 상식도덕의 요구들과 공리주의의 요구들이 어지간히 일치한다는 말이다. 더 나아가 그는 "세계에서 통용되는 정의의 준칙들은" 단지 우리의 삶의 중요한 영역에서 전체 사회의 행복 증진에 "도구적(instrumental)"일 뿐이라고 말한다.[12] 그런데 이러한 준칙들이 서로 충돌하는 결과를 낳을 경우, 유일한 해결방법은 공리주의의 원칙에 호소하는 것이다. 여기서 밀은 정의의 명령들 혹은 준칙들, 즉 시지윅의 논의에서 직관주의 혹은 상식도덕의 규칙들은 "인간 복리의 본질적인 요소들(essentials of human well-being)"에 관여한다고 주장한다. 요컨대 그 규칙들은 결코 의식적으로는 아니나 근본적으로 공리주의적이다. 밀은 분명 그 규칙들이 공리주의적인 견지에서도 정당화될 수 있는 행위를 요구한다고 생각한 것처럼 보인다.

밀의 이러한 생각은 시지윅의 '무의식적 공리주의(unconscious utilitarianism)'라는 명제와도 깊이 연관되어 있다. 직관주의 혹은 상식도덕의 규칙들이 무의식적으로 공리주의적이라는 명제는 두 가지로 해석될 수 있다. 첫째, 직관주의 혹은 상식도덕의 규칙들은 공리주의의 요구들과 무관하게 형성된 것들이다. 실천적으로는 그

---

11)   J. S. Mill, *Utilitarianism*, Hackett Publishing Company, 1979, 42쪽.

12)   같은 책, 59-60쪽.

규칙들이 요구하는 바가 공리주의의 요구들과 얼마만큼 일치하든 상관없이 말이다. 요컨대 그 규칙들과 공리주의의 요구들 사이의 상당한 일치는 우연의 산물이다. 둘째, 그 규칙들은 단지 의식적이지 않고 엄밀하지 않을 뿐이지 공리주의의 요구들을 반영하여 형성되고 변화해온 결과물이다. 인간 사회의 유지와 발전에서 그 사회를 지배하는 규칙들은 공리주의의 요구들을 암암리에 반영할 수밖에 없었을 것이다. 요컨대 그 규칙들이 요구하는 바가 후자의 요구들과 상당 부분 일치하는 현상은 결코 우연의 산물이 아니라는 말이다.

시지윅의 '무의식적 공리주의' 명제는 필시 후자의 의미로 해석되어야 한다. 그에게 "도덕은 혼돈(Chaos)이다."[13] 평범한 인간의 일상적인 도덕적 사고는 그가 이 저서에서 논한 세 가지 방법 중 어느 하나에 의하여 철저히 지배되지 않는다. 직관주의 혹은 상식도덕의 규칙들은 이러한 '혼돈' 속에서 오랜 세월에 걸쳐 형성된 것들인데, 그것들의 형성과 변천에는 단지 '인격적 완전성(perfection of character)'에 도달하려는 이념뿐 아니라 개인의 것이든 사회 전체의 것이든 행복이라는 궁극적인 목적에 대한 욕망과 의지가 작

---

13)   Arthur Sidgwick and Eleanor Sidgwick eds., *Henry Sidgwick: A Memoir*, Macmillan, 1906, 472쪽. 이 진술의 맥락과 의미에 대한 더 자세한 설명은, 강준호, 「시즈위크의 상식도덕 개념에 대한 고찰」, 《대동철학》 제44집, 2008, 164-165쪽을 참고하시오.

용했을 것임이 틀림없다. 이러한 맥락에서 그는 언뜻 보기에는 공리주의적인 가치를 갖지 않는다고 여겨지는 규칙들 혹은 그것들을 따르려는—예컨대 진실을 말하려는—인격적 성향들에 대해서도 공리주의적인 설명을 제공하려 한다. 그에게 "사람들이 이러한 성향들을 가지는 사태의 공리주의적인 가치를 살펴보는 것이 매우 중요하기" 때문이다.[14] 그리고 이러한 설명은 공리주의적인 견지에서 그 규칙들을 정당화하는 데 상당히 중요한 역할을 담당한다.

시지윅은 이 저서의 여러 지점에서 우리의 도덕적 사고의 수준을 둘로, 말하자면 일상적인 상황에서의 평범한 사람들의 도덕적 사고의 수준과 대다수 사람보다 더 성찰적(reflective)이고 철학자적인 정신에 근접하는 도덕적 사고의 수준으로 나눈다. 전자에서는 직관주의 혹은 상식도덕의 규칙들이 막강한 영향력을 발휘하지만, 후자에서는 앞서 언급한 철학적 직관들이 발견되고 그것들로부터 도출된 공리주의의 원칙과 방법이 지배한다. 그는 벤담과 마찬가지로 세상 모든 사람이 항상 공리주의적으로 사고할 수 있다거나 이러한 상황이 바람직하다고 말하지 않는다. 공리주의의 원칙과 방법이 요구되는 순간은 특수한 상황에서 상이한 주장들의 심각한

---

14) Bernard Williams, "The Point of View of the Universe: Sidgwick and the Ambitions of Ethics," *Making Sense of Humanity*, Cambridge University Press, 1995, 163쪽.

충돌의 해소방법이 절실한 순간이다. 물론 공리주의자는 자신이 이렇게 특수한 상황뿐 아니라 일상적인 상황에서 상식적 혹은 직관적인 도덕적 기준이나 판단의 모호함으로부터 기인하는 모든 의사결정의 문제에 대해서도 최상의 합리적인 해답을 제공할 수 있다고 주장할 수도 있다. 시지윅의 표현대로, 직관주의 혹은 상식도덕의 규칙들이 일으키는 난제와 혼란은 공리주의의 원칙과 방법을 통해서 가장 잘 치유될 수도 있다(ME, 425-426쪽). 그러나 그는 그렇게 하는 것이 자신의 입장이라고 말하지 않는다. 요컨대 그는 공리주의의 원칙을 모든 도덕적 판단의 상황에서 직관주의 혹은 상식도덕의 규칙들을 완전히 제압하고 대체하는 원칙으로 삼아야 한다는 것이 아니라, 그것을 하나의 '조화의 원칙'으로서 제안하는 것이다.

이와 연관하여 시지윅은 상식과 심각한 충돌을 일으키는 모든 도덕론은 거부될 것이라고 주장했다는 사실도 주목할 가치가 있다(ME, 373쪽). 이러한 주장은 공리주의의 원칙과 방법을 앞세워 직관주의 혹은 상식도덕의 규칙들의 권위를 지나치게 억압하는 것은 오히려 공리주의에 반하는 결과를 가져올 것이라는 예견으로 보인다. 바꿔 말해 공리주의적인 관점에서 본다면 그 규칙들의 권위를 적절히 인정해주고 그것들과 화해나 조화를 꾀하는 편이 더 합리적이고 더 나은 결과를 가져올 것이라는 예견이다. 왜냐하면 실천의 영역에서 그 규칙들을 엄밀히 따르려는 성향들은 공리주의적으로 매우 가치 있는 요소이기 때문이다. 인간의 도덕적 사고의 전역을 하나의 윤리학적 원칙과 방법에 따라 지배할 수 없음을 경험적인 사실로 인정하기에, 직관주의 혹은 상식도덕의 규칙들이 일상적인 상황에서 평범한 사람들의 도덕적 사고에 막강한 영향력을 행사하고 그것들의 권위를 충분히 인정하는 것이 가장 현명한—공리주의적인—선택이라는 점도 경험적인 사실로 인정할 수 있다.

5. 실천이성의 이원성: 혼돈과 절망

윤리학 전반에 대한 제1권의 총괄적인 논의 후에 이기주의(제2권), 직관주의(제3권), 공리주의(제4권) 순으로 이어지는 구성은 언뜻 보기에는 이 저서가 이 세 가지 주요 윤리이론에 대한 개별적 탐구를 단순히 병렬하고 있다는 인상을 줄 수도 있다. 그러나 제4권의 결론 부분의 "완전한 종합(complete synthesis)"이라는 말에서 암시적으로 드러나듯이, 이 저서에서 시지윅의 의도는 각 윤리이론에 대한 개별적 검토의 단순한 병렬이 아니라 이 세 가지 윤리이론을 하나의 궁극적인 원칙에—'보편적 자비심(universal benevolence)'의 원칙에—연결하여 종합하는 것이다. 그는 적어도 공리주의와 직관주의의 종합을 위한 자신의 시도가 어느 정도 성공적이었다고 확신하는 듯하다: "우리는 공리주의자들과 직관주의자들 사이의 일반적인 대립을 완전히 버려야 한다는 것을 알게 되었다. 우리가 진정 자명하다고 인정할 수 있는 추상적 [직관적] 도덕원칙들은 공리주의의 체계와 양립불가능하지 않으며, 오히려 이러한 체계에 합리적인 기반을 제공하는 데 필요한 것처럼 보이기 때문이다."(ME, 496쪽)

앞서 언급한 것처럼, 공리주의의 원칙도 기본적으로는 인간의 가장 심오한 합리적 직관들에 뿌리를 두고 있으며, 우리의 도덕적 추론에서 그 원칙의 근본 역할은 단순히 인간의 상식적 혹은 직관적인 도덕적 기준이나 판단의 결함을 지적하여 폐기하자고 주장하는 것이 아니라 그 결함을 보완하여 우리의 일상적인 도덕적 추론과 판단을 과학의 수준으로 합리화하고 고양하는 것에 있다. 그런데 시지윅은 이렇게 세 가지 윤리이론 중 두 가지, 즉 공리주의와 직관주의 사이의 종합에 대해서는 분명한 노력의 흔적을 남기지만, 이기주의와 공리주의 사이의 종합에 대해서는 이러한 흔적을 보여주지 못한다. 오히려 그는 이기주의와 공리주의 사이의 관계에 대해서는 그것들의 극명한 대립, 말하자면 양자의 동등한 합리성을 인정함으로써 우리의 도덕적 추론이나 판단에서 양자의 주장들이 대등하게 경합하는 상황을 불가피한 것으로 받아들이려는 자세를 취한다. 이러한 대립의 양상을 흔히 '실천이성의 이원성 (Duality of Practical Reason)'이라고 한다.

시지윅은 자신의 윤리학적 입장인 공리주의와 이렇게 대립하는 이기주의를 간단히 무시해버릴 수 없었다. 이기주의든 공리주든 그 원칙들은 본질적으로 우리의 직관들 혹은 통찰들(insights)이다. 그 자신의 표현을 빌리면, "무엇이 합리적인 행위인가에 대한 우리의 명백한 직관들"이다(ME, 508쪽). 그리고 이기주의의 원칙은 이러한 직관 중 하나이며 인간의 '상식'을 구성하는 중대한 요소다. 비록 이기주의의 원칙에 기초한 행동규칙은 통상적으로 "의무와 덕에 의하여 규정된" 것으로 인식되지 않지만, 그 규칙은 우리의 상식에 깊이 뿌리박고 있다(ME, 175쪽). 달리 말해 이기주의의 원칙은 인간의 상식적인 도덕의식 전체에서 상당한 지분을 차지하고 있다. 그런데 그것이 단지 공리주의의 원칙과 대립한다는 이유만으로 우리의 도덕의식에서 몰아내야 할 것이라고 치부하는 것은 실천적으로 가능하지도 않고 바람직하지도 않다.

시지윅에게 있어서 이기주의는 엄연히 실행가능한 윤리학의 한 방법론이다. 그런데 그는 이기주의를 하나의 '도덕'으로 간주하였는가? 도덕을 '의무(duty)'에만 관여하는 것으로 정의하고, 의무와 덕은 '자기이익(self-interest)'이나 '자기애(self-love)'와 무관하거나 반대되는 것으로 생각할 경우, 이기주의는 도덕의 영역으로부터, 따라서 상식도덕으로부터도 배제될 것이다. 이러한 식의 해석은 저명한 윤리학자 프랑케나(William Frankena)에게서 발견된다: "일반적으로 '한 개인이 자신의 행복에 가장 도움이 되는 방식으로 행동하는 것은 합리적'이라고 생각되므로, 또한 그가 그렇게 행하는 것이 사실상 궁극적으로 합리적이므로, 윤리학적 이기주의를 하나의 윤리학이라고 부르려 하지만, 내가 알아본 바로는, 시지윅은 그것을 도덕이라고 부르지는 않는다."[15] 그러나 이러한 해석에는 논쟁의 여지가 없지 않다.

시지윅이 이기주의를 하나의 도덕으로 간주했다는 긍정적 근거로서 두 가지 점을 언급할 수 있다. 첫째, 그에게 있어서 '도덕'은 단순히 '윤리학의 방법'을—무엇을 행하는 것이 옳은가를 결정하는 합리적 절차를—뜻한 것으로 해석할 수도 있다. '윤리학의 방법'에 대한 정의에서 그는 '무엇을 행해야 하는가'와 '무엇이 옳은 행동인가'라는 물음을 '무엇이 합리적인 행동인가'라는 물음과 아무런 조건 없이 동일시하고 있다. 요컨대 옳음과 당위를 합리성과 동일시한다. 둘째, 그는 도덕의 완전한 체계화와 합리화는 이기주의의 원칙과 공리주의의 원칙 사이의 결합, 그의 표현대로 "타산의 준칙과 합리적 자비심의 준칙 사이의 조화"를 요구한다고 역설한다(ME, 498쪽). 도덕 영역의 '완전한 종합'은 그것의 본질적인 일부로서 이기주의의 원칙을 포함한다. 또한 그는 상식도덕은 자기이익과 덕

---

15) William K. Frankena, "Sidgwick and the Duality of Practical Reason," *Monist* 58, 1974, 452쪽. 여기서 '윤리학적 이기주의(ethical egoism)'는 도덕적 행위자는 자신에게 이익이 되는 것을 행해야 한다고 주장하는 규범적 입장을 뜻한다. 이와 비교하여 '심리학적 이기주의(psychological egoism)'는 사람들은 오직 자신에게 이익이 되는 것만을 행할 수 있다는 심리학적 사실을 진술한다. 또 '합리적 이기주의(rational egoism)'는 자기 자신에게 이익이 되는 것을 해하는 것이 합리적이라고 주장하는 견해다.

의 궁극적인 조화를 가정한다고 주장하면서, 자신의 이해관심이나 행복에 대한 염려를 하나의 덕이나 의무로 간주할 수 있다고 논한다. 이러한 의무를 "타산의 의무(Duty of Prudence)" 혹은 "타산의 덕"이라고 부를 수 있다고 말한다(ME, 327쪽).

시지윅은 이기주의가 일반인들이 '도덕'이라는 낱말로 의미하는 바와 상당히 다를 뿐만 아니라, 통상적인 '도덕' 개념이 사회적 의무 혹은 타인에 대한 의무와 견고하게 연결되어 있음을 충분히 의식하고 있다. 프랑케나의 주장처럼, 그는 윤리학적 이기주의를 도덕이라고 부르기를 꺼렸다. 이기주의는 "우리가 도덕으로부터 의례적으로 기대하는 … 통상적인 의무 개념"과 실천적으로 충돌을 일으킨다(ME, 199쪽). 그러나 그는 '윤리학의 방법'과 '도덕' 사이에 명료한 구분을 제시하지는 않는다. 오히려 그는 이 저서에서 그것들을 교환가능한 용어들로 간주하는 것처럼 보인다. 제2권에서 그는 "인류 전체의 도덕의식을 만족시킬 만한 도덕체계는 단순히 이기주의의 토대 위에 구축될 수 없다"는 언명으로 시작한다(ME, 119쪽). 결론은 이기주의가 그 막중한 임무에 부적합하다는 것이다. 그러나 이것은 우리의 도덕적 의사결정에서 이기주의의 방법이나 원칙이 차지하는 역할의 중요성을 부정하는 것이 아니다.

이러한 맥락에서 이 저서의 주된 의도가 "이기주의의 억압"이라는 것은 시지윅의 지적처럼 잘못된 인상이라고 말할 수 있다. 오히려 그는 실천이성의 이원성, 즉 동등한 합리성을 가진 두 유형의 쾌락주의의 원칙들 사이의 갈등을 절망스러운 눈으로 바라본다. 1887년 3월 16일자 일기에 그는 다음과 같이 적었다: "나는 실천이성의 관점에서 도덕은 혼돈이라는 것을 가르치기 위하여 나의 지위를 이용할—그리고 월급을 받아낼—것인가. 거기에 인간은 결국 합리적인 존재가 아니까 여하튼 도덕은 유지되지 못할 것이라고 덧붙이면서 말이다."[16] 대부분 인간은 철저히 이기적일 수도 철저히 이타적일 수도 없다. 그래서 상대적으로 더 이기적이거나 역시 상대적으로 더 이타적인 사람들이 있을 수 있지만, 대부분 인간은 많은 경우에 동일한 결론에 도달할 가능성이 없지는 않다. 그런데도 전체 사회의 행복(혹은 쾌락)을 위하여 한 개인의 행복(혹은 쾌락)의 희생을 요구하는 경우처럼 공리주의와 이기주의 사이에 선명한 충돌이 발생할 수 있다. 이러한 충돌에 당면하여 우리는 어떤 실천적 해결책을 구할 것이다. 어쩌면 이기주의와 공리주의 사이의 대립은 쉽지는 않겠지만 결국 실천적인 조정(coordination)의 문제인 것처럼 보일 수도 있다. 그러나 시지윅은 이러한 해결책의 발견에 대하여 상당히 회의적인 듯하다. 심지어 그는 그 대립을 극복하는 유일한 방법은 신학적 전제에, 즉 세상의 도덕적 질서를 주관하고 이기주의와 공리주의 사이의 일치를 보장할 수 있는 무상(無上)의

---

16) Arthur Sidgwick and Eleanor Sidgwick eds., *Henry Sidgwick: A Memoir*, Macmillan, 1906, 472쪽.

존재에게 호소하는 것이라고 말한다.

이기주의와 공리주의 사이의 대립에 대한 시지윅의 절망은 절대 간단치가 않다. 그 대립은 단순히 "실천적인" 문제가 아니라 "원천적"이고 "이론적"이다. 그는 자신이 도덕의 체계화와 합리화에 있어서 필수적이라고 생각했던 합리적 타산의 원칙(이기주의의 원칙)과 합리적 자비심의 원칙(공리주의의 원칙) 사이의 조화는 "결국 환영이라는(after all illusory)" 결론에까지 도달한다. 거의 모든 중요한 순간에 그는 그 대립을 화해불가능한 이성의 요구들 사이의 충돌로 기술하고 있다. 이러한 맥락에서 이 저서가 어떻게든 공리주의의 절대적인 우위를 밝히려 했다고 보는 것도 잘못된 견해라고 말할 수 있다. 어쩌면 누군가는 그러한 우위를 증명해내지 못했다는 것이 그의 한계라고 말할지도 모른다. 그러나 그 대립의 해소에 대한 그의 절망적인 결론은 그의 학자적인 솔직함이라고 말할 수도 있다. 오히려 누군가에게는 이러한 솔직함이 시지윅이라는 사람과 이 저서의 가장 큰 매력이라고 말할 수도 있다.

찾아보기

354

강준호

경희대학교 후마니타스칼리지 객원교수. 경희대학교 철학과에서 문학사, 미국 펜실베이니아 대학교 철학과에서 문학석사, 미국 퍼듀 대학교 철학과에서 철학박사 학위를 받았다. 공리주의와 존 롤즈를 전공하였으며 관련 논문을 여러 편 출판하였다. 옮긴 책으로는 『윤리학입문』(2005), 『인종: 철학적 입문』(2006), 『분배적 정의의 소사』(2007), 『생명의학 연구윤리의 사례연구』(2008), 『도덕과 입법의 원칙에 대한 서론』(2013) 외 다수가 있다.

윤리학의 방법

·······································

대우고전총서 045

1판 1쇄 찍음 | 2018년 10월 11일
1판 1쇄 펴냄 | 2018년 10월 25일

지은이 | 헨리 시지윅
옮긴이 | 강준호
펴낸이 | 김정호
펴낸곳 | 아카넷

출판등록 2000년 1월 24일(제406-2000-000012호)
10881 경기도 파주시 회동길 445-3
전화 031-955-9510(편집) · 031-955-9514(주문) | 팩스 031-955-9519
책임편집 | 이하심
www.acanet.co.kr

ⓒ 강준호, 2018

Printed in Seoul, Korea

ISBN 978-89-5733-606-9 94190
ISBN 978-89-89103-56-1 (세트)

이 도서의 국립중앙도서관 출판예정도서목록(CIP)은
서지정보유통지원시스템 홈페이지(http://seoji.nl.go.kr)와
국가자료공동목록시스템(http://www.nl.go.kr/kolisnet)에서 이용하실 수 있습니다.
(CIP제어번호: CIP2018031119)